Sunyo Translation Series in Accounting Classics

COMPARATIVE INTERNATIONAL ACCOUNTING

Tenth Edition

Christopher Nobes and Robert Parker

三友会计名著译丛

"十一五"国家重点图书出版规划项目

比较国际会计

（第十版）

（英）克里斯托弗·诺比斯 罗伯特·帕克 ◉ 著

薛清梅 ◉ 译

东北财经大学出版社
Dongbei University of Finance & Economics Press

大连

图书在版编目（CIP）数据

比较国际会计：第 10 版 /（英）诺比斯（Nobes，C.），（英）帕克（Parker，R.）著；薛清梅译．— 大连：东北财经大学出版社，2010.6
（三友会计名著译丛）
书名原文：Comparative International Accounting
ISBN 978-7-81122-992-9

Ⅰ．比…　Ⅱ．①诺…②帕…③薛…　Ⅲ．国际会计－对比研究　Ⅳ．F234.5

中国版本图书馆 CIP 数据核字（2010）第 085577 号

辽宁省版权局著作权合同登记号：图字 06-2008-412 号

东北财经大学出版社出版
（大连市黑石礁尖山街 217 号　邮政编码　116025）
教学支持：（0411）84710309
营 销 部：（0411）84710711
总 编 室：（0411）84710523
网　　址：http://www.dufep.cn
读者信箱：dufep@dufe.edu.cn

大连图腾彩色印刷有限公司印刷　　东北财经大学出版社发行

幅面尺寸：185mm×260mm　字数：754 千字　印张：35　插页：1
2010 年 6 月第 1 版　　2010 年 6 月第 1 次印刷

责任编辑：吴迅捷　王　玲　　责任校对：毛那惠
封面设计：冀贵收　　版式设计：钟福建

ISBN 978-7-81122-992-9
定价：76.00 元

前 言

目的

《比较国际会计》的写作目标在于对国际财务报告进行全面连贯的讲解，它主要适用于本科生及研究生的比较会计和国际会计课程。我们认为，如果希望对国际财务报告有恰当的理解，首先应当对此问题有一个大概认识（第一部分），之后还需要进一步了解具体国家和公司的详细信息（第二部分到第四部分），并对主要问题进行国际比较（第五部分和第六部分）。

本书的最初于 1981 年出版，目前的这一版（第十版）对第九版的内容进行了全面更新。我们增加了一章（第 7 章）：考察世界各国在执行国际财务报告准则时存在的差异，包括产生这种差异的动机和机会。

教师指导用书的修订版可在下列网站上查询：http：//www. booksites. net/nobes。该网站提供了一些计算题和选择题，以及这些问题和课后练习题的参考答案。此外，现在网站还有大量的幻灯片可供使用。

作者

在编写这本书的过程中，我们试图从那些对当地情况非常了解的人士那里获得有益的帮助，这一点可以从下面我们要致谢的人士名单中反映出来。例如，关于北美那一章的原稿是和一位英国人合作写成的，他曾经是美国财务会计准则委员会的助理研究主任，因此他可以方便地向非美国读者介绍美国会计。修改稿是由本书的一位编辑所完成的，他曾执教于美国的几所大学。这样做的最大好处是可以突出差异，并避免由于过分熟悉而遗漏一些重点。关于政治游说一章是由斯蒂芬·A. 泽夫撰写的，普遍认为他是对该领域的历史和国际会计发展最为了解的美国作者。其他的一些作者目前在德国、瑞典和美国生活或者工作。

结构

第一部分解释了比较国际财务报告研究的背景。无论在引言（第 1 章）中，还是在考察差异产生的原因时（第 2 章），我们都同时比较了许多国家的情况。然后尽可能将这些国家的会计制度进行分组（第 3 章），并进一步讨论会计国际协调的目的和进程（第 4 章）。

所有第一部分的内容都是为本书的其他部分作准备。然而，读者只有在掌握了后面所有的内容以后，才会对第一部分有充分的理解。读者应当在读完全书后重新回到第 1 章来对全书进行最后的总结。

第二部分考察了上市公司的财务报告问题。世界上大多数上市公司的会计报告，至少其合并报表使用的是国际会计准则理事会和美国的规则。除了对这个问题的概述和对这两种会计制度进行介绍的章节之外，第二部分还有一章专门讨论国际财务报告准则在不同国家是否存在不同的版本，此外还有两章分别讨论会计法规执行问题以及政治游说问题。

第三部分包括两章，分别考察欧盟和东亚的协调与转轨进程。

第四部分与单个公司的财务报告相关，在这方面仍然存在大量的国际差异。第四部分包括三章，分别涉及单个公司的环境、监管风格和会计差异。

第五部分广泛考察和比较了几个主要财务报告问题：关键的非合并问题、合并、外币折算以及分部报告。

第六部分包括了国际分析和管理会计的四个问题：国际财务分析、国际审计、公司所得税的国际问题以及管理会计。

本书的最后提供了与国际会计相关的简写术语表，以及各章节部分问题的参考答案。

虽然我们为此付出了辛勤的努力，但是难免存在错误和遗漏，敬请读者指正。

克里斯托弗·诺比斯

罗伯特·帕克

伦敦大学和埃克塞特大学

目　录

第二部分 上市公司财务报告

第三部分 欧洲和东亚的协调与转轨

第四部分　单个公司的财务报告

第五部分 跨国公司财务报告专题

第六部分　分析与管理专题

第一部分　确定背景

第1章　导　论

罗伯特·帕克

内容

目标

读完本章后您应当能够

- 解释为什么尽管欧盟成员国和其他很多主要国家都采纳了国际财务报告准则（IFRS），但是财务报告的国际差异仍然持续存在。
- 解释会计如何受到世界政治、国际贸易和对外直接投资的增长、股票市场全球化、各种股权模式以及国际货币体系的影响。
- 概括跨国公司的性质及其发展。
- 从历史的、比较的和协调的角度来解释学习比较国际会计的理由。

1.1　财务报告的差异

财务报告的差异起源于标准的不同。来自不同国家的数位会计师，甚至来自同一国家的数位会计师，如果被要求根据相同的交易事项编制财务报告，他们得到的报告不会完全相同。导致这种结果的原因很多。尽管所有会计师都会按照某些规则来编制财务报告，但无论清晰的还是模糊的规则，都不可能广泛到覆盖所有事项，并详细到对每个细节进行描述和说明，因而总是存在职业判断的空间。会计的职业判断受到会计师所处环境（例如他们是否将税务机关看作是财务报告的主要使用者）的影响。更重要的是，会计规则本身也可能存在差异，这种差异不仅存在于国家之间，在一个国家的内部也会存在。公司集团所面对的规则和单个公司所面对的规则尤其不同，特别是那些跨国经营的公司集团，由于在不止一个国家经营，各国会计规则的差异给它们带来了无尽的烦恼。

由于认识到了这些差异，最近几十年以国际会计准则理事会（International Accounting Standards Board，IASB）和欧盟（EU）为代表的国际机构，在缩小差异方面进行了不懈的努力。其中国际会计准则理事会发布了国际财务报告准则，欧盟针对会计与财务报告发布了指令和相关规则。美国股票市场的重要性使得最详细和最著名的准则——美国公认会计原则（generally accepted accounting principle，GAAP）极大地影响了世界各地准则的制定。这些监管机构的努力在一定程度上减少了国际差异，但是正如本书将要讲述的，还有许多差异仍然存在，其中一些将永远不会消失。

我们可以通过葛兰素史克公司（GlaxoSmithKline，GSK）及其前身葛兰素威康（GlaxoWellcome，GW）公司自1995年以来的会计数据来说明，为什么国际差异能够并且会继续产生。葛兰素威康公司兼并了史密斯克兰比彻姆制药公司（SmithKlineBeecham）。该公司同时在纽约和伦敦证券交易所上市。根据美国证券交易委员会（Securities and Exchange Commission，SEC）的要求，公司需要将按照英国会计规则（2005年以后是按照国际财务报告准则）计算的利润和所有者权益数据调整成为根据美国公认会计原则编制的数据。表1—1和表1—2中所披露的调整前后差异是惊人的。本书后面还会提供类似的调整案例。虽然并非所有公司都像葛兰素史克公司这样极端，但非常明确的一点是国际差异是巨大的，而且并不存在简单易行的调整方法。其中一个原因是，国际差异并不能简单地归因于几个规则之间的差异，还取决于按照这些规则编制报表的公司对会计政策的选择。从2005年开始，欧盟国家的上市公司采纳了国际财务报告准则，而且这些准则和美国公认会计原则日益协调，这些努力都减少了国家间的差异，但不会完全消除这些差异。

表1—1　**葛兰素史克公司按照美国公认会计原则调整净利润**　金额单位：百万英镑

	英国准则	国际财务报告准则	美国 GAAP	差异（%）
1995年	717		296	-59
1996年	1 997		979	-51
1997年	1 850		952	-49
1998年	1 836		1 010	-45
1999年	1 811		913	-50
2000年	4 106		(5 228)	-227

续表

	英国准则	国际财务报告准则	美国 GAAP	差异（%）
2001 年	3 053		(143)	-105
2002 年	3 915		503	-87
2003 年	4 484		2 420	-46
2004 年	4 302		2 732	-36
2005 年		4 816	3 336	-31
2006 年		5 498	4 465	-19

表 1—2　**葛兰素史克公司按照美国公认会计原则调整的所有者权益**

金额单位：百万英镑

	英国准则	国际财务报告准则	美国 GAAP	差异（%）
1995 年	91		8 168	+8 876
1996 年	1 225		8 153	+566
1997 年	1 843		7 882	+328
1998 年	2 702		8 007	+196
1999 年	3 142		7 230	+130
2000 年	7 517		44 995	+499
2001 年	7 390		40 107	+443
2002 年	6 581		34 992	+432
2003 年	5 059		34 116	+574
2004 年	5 925		34 042	+475
2005 年		7 570	34 282	+353
2006 年		9 648	34 653	+259

比较国际会计的一个主题是理解为什么财务报告过去存在差异，现在这些差异为什么仍然存在，以及为什么差异在未来也不会消失。在后面两个章节，我们将考察会计和财务报告的环境，特别是跨国公司的性质和发展。然后我们将详细地论述学习比较国际会计的理由，最后一部分我们将介绍本书的结构。

1.2　会计的全球化环境

会计是一种技术手段，它适用于各种各样的国际或国内政治经济和社会环境。但至少是从 20 世纪的最后 25 年开始，会计规则和会计实务的国际化已经变得不可阻挡，仍然把会计或财务报告看成是一国范围内事务的观点已经无法维系。

其中最重要的全球化环境因素包括以下几个方面：

- 主要的政治事件，例如美国在国际社会中的主导地位以及欧盟的扩展。
- 经济全球化，包括国际贸易和对外直接投资的迅猛发展。

- 全球金融市场的出现。
- 股权模式的盛行，以及私有化的影响。
- 国际货币体系的变化。
- 跨国公司的成长。

这些相互联系的发展环境都对财务报告产生了影响，并且促使会计技术在国家之间传播。下面我们将对上述几个方面逐个进行分析。

1.2.1 会计和世界政治

1945 年第二次世界大战结束以后最重要的政治事件包括：美国和苏联成为世界两大超级大国，以及随后 20 世纪 80 年代末苏联的解体；英国和欧洲大陆国家海外殖民王国的解体；欧盟的成立和扩展（从最初的 6 个国家扩张到包括英国在内的其他欧洲国家，并最终包括了前社会主义国家）。这些政治事件对会计的影响会在后面的章节详细阐述，这里我们只作简单的分析。

- 美国有关会计和财务报告的思想曾经在几十年中风靡全球，到今天为止仍然占主导地位。2001 年，美国著名的能源企业安然公司倒闭，并累及其审计事务所安达信公司，这一事件对世界主要经济体的会计都产生了影响。
- 国际会计准则的发展主要归功于前英联邦国家的会计师（最初的时候与美国会计帅的关联度很少），国际会计准则委员会及其改组后的继任者，国际会计准则理事会总部都设在伦敦，倡导成立该组织的本森爵士（Lord Benson）是出生于南非的一名英国会计师。
- 发展中国家的会计仍然受到前殖民国家的强烈影响。前英联邦国家通常都有注册会计师协会（在独立以后成立的）、《公司法》和民间准则制定机构。前法国殖民地一般都有详细的政府训令，从复式记账到财务报告编制等所有事物都在国家会计总方案和《商法》中进行了规定。
- 欧洲的会计受到了欧盟协调计划的深远影响，特别是其中与会计有关的欧盟指令，以及最近对上市公司合并报表必须采用国际财务报告准则编制的规定。
- 中欧和东欧国家社会主义的解体导致许多前社会主义国家的会计和审计开始转轨。德国的统一减缓了德国经济的发展，结果许多大型德国公司需要到德国以外的资本市场去融资，并且因此而不得不改变它们的财务报告。

1.2.2 经济全球化、国际贸易和对外直接投资

第二次世界大战以后全球经济的一个显著特征就是经济活动的日益全球化。这意味着在世界范围内传播的不仅包括商品和劳务，还包括劳动力、技术和理念。职业会计师的人数剧增，国际会计师联合会（International Federation of Accountant，IFAC）的会员团体现在已经超过 200 万个。世界上主要国家的会计师都遇到了以前对他们来说陌生的会计规则、实务或理念。

有关全球化的论著汗牛充栋，而论点各不相同，甚至相反。其中《外国政策》（*Foreign Policy*）周刊每年披露的“全球化指数”是引人注目的一种方法，它试图将各国的全球化程度进行量化并排序。该指数的内容包括：科技连通性（通过互联网

使用来计量)，个人联系度（通过交通、旅游和电话线路繁忙程度等来计量）以及经济融合性（通过国际贸易和外国直接投资等来计量）。该指数的编制者承认全球化的所有方面并不是都可以量化的，例如他们没有包括文化交流。每年各国的排名都有所变化，但是根据该指数显示，全球化程度最高的国家是那些规模比较小的开放经济体，例如新加坡、瑞士和爱尔兰。然而，规模并不是唯一的决定因素，一般而言，全球化程度最高的前二十名国家总是包括英国、美国和德国。该排名可能会引申出一个推论是全球化的计量受到国家边界的影响。假如把欧盟作为一个国家或者把美国的各个州看作不同国家，那么排名会变成什么样呢?

从财务报告的角度来看，全球化最重要的两个方面就是国际贸易和对外直接投资（例如以控制或具有重大影响为目的而拥有一个外国公司的股份）。表1—3用商品出口额占国内生产总值（GDP）的比例来衡量国际贸易自由化程度和增长程度。自第二次世界大战以来，全世界的国际贸易量增长了三倍之多。国际贸易对欧盟成员国的重要性尤其明显，其中许多都是欧盟的内部贸易。在地区之间的经济一体化方面，欧盟和包括北美（美国、加拿大和墨西哥）自由贸易协定（North American Free Trade Area，NAFTA）在内的其他组织推动了经济的融合和自由贸易的发展。贸易的自由化发展还归功于关税与贸易总协定（General Agreement on Tariffs and Trade，GATT）以及其后继者世界贸易组织（World Trade Organization，WTO）多轮谈判下对各国贸易壁垒的解除。但是农产品贸易并没有获得完全的自由化，这也是贸易自由化被批评为对发达国家比对发展中国家更有利的原因。芬（Finn，1996）的论文阐述了国际贸易的优势和劣势。

表1—3　**按1990年价格计算的部分国家商品出口额占国内生产总值的比例（%）**
（部分国家，1950年—1998年）

	1950年	1973年	1998年
法国	7.7	15.2	28.7
德国	6.2	23.8	38.9
荷兰	12.2	40.7	61.2
英国	11.3	14.0	25.0
西班牙	3.0	5.0	23.5
美国	3.0	4.9	10.1
墨西哥	3.0	1.9	10.7
巴西	3.9	2.5	5.4
中国	2.6	1.5	4.9
印度	2.9	2.0	2.4
日本	2.2	7.7	13.4
全球	5.5	10.5	17.2

资料来源：Maddison，A.（2001）*The World Economy*：*A Millennial Perspective.* Organisation for Economic Co-operation and Development（OECD），Paris.

表1—4说明了对外直接投资的重要性，在该表中列示了根据公司国外资产规模排名的前十大跨国公司。该表还展示了这些跨国公司在国外的资产、销售额和员工所占比重，以及一个简单的跨国指数（TNI），即上述比重的平均数。这些跨国公司的母国分别属于美国（4个）、法国（2个）、英国（2个）、日本（1个）以及荷兰/英国（1个）。所属行业分别是电子器材、通讯、汽车和石油。其中两个英国公司（沃达丰公司和英国石油公司）的跨国化指数分列第一和第二位。

表1—4　　2004年按照外国资产排名的前十大世界非财务性跨国公司

公司	国家	行业	外国资产（单位：10亿美元）	外国因素占全部因素的百分比（%）			
				资产	销售收入	雇员	TNI
通用电器（General Electric）	美国	电子	449	60	37	46	48
沃达丰（Vodaphone）	英国	通讯	248	96	85	80	87
福特汽车（Ford Motor）	美国	汽车	180	59	42	46	49
通用汽车（General Motors）	美国	汽车	174	36	31	35	34
英国石油（BP）	英国	石油	155	80	81	83	81
埃克森美孚（Exxon Mobil）	美国	石油	135	69	70	50	63
皇家荷兰壳牌（Royal Dutch/Shell）	荷兰/英国	石油	130	67	64	84	72
丰田汽车（Toyota Motor）	日本	汽车	123	53	60	36	49
道达尔（Total）	法国	石油	97	86	81	56	74
法国电信（France Telecom）	法国	通讯	86	65	41	40	49

注：TNI＝跨国指数（transnationality index），根据资产、销售收入和雇员所占比重的平均数计算而得。

资料来源：United Nations Conference on Trade and Development（UNCTAD）（2007）*World Investment Report* 2007：*Transnational Companies*，*Extractive Industries and Development*. Geneva，UNCTAD。

1.2.3　股票市场全球化

随着国际贸易和对外直接投资的增长，资本市场也在日益全球化。最主要国家金融市场管制的放松（例如1986年英国伦敦证券交易所的“大爆炸”式改革）、金融创新的加速（包括新交易方式和新金融工具的产生）、电子通讯技术的迅猛发展，以及国内和世界金融市场的逐步衔接均使国际筹资成为可能。表1—5列出了具有250个以上本国上市公司的证券交易所，在这些交易所上市的公司的市场价值超过8 000亿美元。

表 1—5　　　　主要证券交易所（2007 年 4 月）

国家/地区	交易所	上市的本国公司数	本国股权的市值（单位：10 亿美元）	本国市值相当于英国股票市值的百分比（%）
欧洲和非洲				
—	泛欧证券交易所	956	2 229	56
德国	德国证券交易所	658	1 022	26
南非	约翰内斯堡证券交易所	345	807	20
瑞士	瑞士证券交易所	256	1 342	34
英国	伦敦证券交易所	2 603	3 961	100
美洲				
巴西	圣保罗证券交易所	362	845	21
加拿大	多伦多证券交易所	3 832	1 823	46
美国	纳斯达克证券交易所	2 788	4 061	102 *
	纽约证券交易所	1 795	16 112	406 *
亚太地区				
中国	香港证券交易所	1 177	1 821	46
印度	孟买证券交易所	4 826	932	23 *
日本	东京证券交易所	2 396	4 653	117
韩国	韩国证券交易所	1 695	905	23
澳大利亚	澳大利亚证券交易所	1 777	1 282	32

* 根据四舍五入计算，此三个数应为 103、407 和 24。——编者注

资料来源：世界证券交易所联合会；欧洲交易所。

准确衡量世界各国股票市场的国际化程度并不容易。可使用两种初步的衡量指标：跨国上市公司的数量和为方便外国投资者，该证券市场的上市公司将其年报翻译成外语的程度（即翻译为几种外语）。例如，法国公司在以下几国（或地区）的证券交易所上市：澳大利亚、比利时、加拿大、德国、卢森堡、荷兰、西班牙、瑞典、瑞士、英国和美国（Gélard，2001，pp. 1038 –9）。表 1—6 反映了外国公司在世界八大主要的证券交易所上市的情况。从绝对数来看，纽约证券交易所（世界最大的交易所）的外国上市公司数量是最多的；按照比例来看，瑞士证券交易所的外国上市公司数量最多。明显缺少外国上市公司的交易所是东京证券交易所（世界第二大证券交易所）和多伦多证券交易所。戴维斯等人（Davis *et al*，2003）检验了从 19 世纪以来股票市场的国际特征，并做图说明了对位于伦敦、柏林、巴黎和纽约的交易所日益严格的上市要求。

表 1—6　　八大主要证券交易所的外国上市公司数量（2007 年 4 月）

	上市公司数	占上市公司总数的百分比（%）
泛欧证券交易所（法国、荷兰、比利时、葡萄牙）	246	20
德国证券交易所	101	13
伦敦证券交易所	648	20
纳斯达克证券交易所	326	10
纽约证券交易所	447	20
瑞士证券交易所	89	26
多伦多证券交易所	54	1
东京证券交易所	26	1

资料来源：World Federation Exchanges。

一些公司采用不止一种语言来公布它们的年报，这主要是因为大型的跨国公司需要在美国和英国的市场上融资并交易股票。这也可以解释为什么英语是最常见的第二报告语言。还有一些其他原因促使公司使用多种语言公布其年报，例如跨国公司的总部所在国有不止一种的官方语言，跨国公司的总部位于一个以上的国家，或者跨国公司在多个国家有主要的经营活动。例如芬兰的通讯公司诺基亚不仅用芬兰语和瑞典语（这是芬兰的两种官方语言）来公布其年报和财务报表，而且还用英语来公布。该报告的企业介绍部分甚至还用法语、德语、意大利语、葡萄牙语、西班牙语、中文和日语来公布（Parker，2001b）。第 20 章将进一步介绍年报的翻译问题。埃文斯（Evans，2004）的文章讨论了翻译会计术语时存在的问题。

一个更复杂的衡量国际化的方法是证券市场“一体化”的程度，也就是说证券定价在多大程度上受到国际因素而非国内因素的影响（Wheatley，1988）。弗鲁特和达波拉（Froot and Dabora，1999）认为即使是皇家荷兰壳牌公司和英荷消费品集团联合利华（Unilever NV/PLC）这种英国—荷兰“孪生”股票，国内因素对其定价也仍然是很重要的。

各国股票交易的监管机构不仅在本国市场上发挥作用，而且通过其参与的一些国际组织（例如证券委员会国际组织（International Organization of Securities Commissions，IOSCO）以及欧洲证券监管委员会（Committee of European Securities Regulators，CESR））在会计规则国际化的过程中发挥着日益重要的作用（参见第 4 章和第 11 章）。

1.2.4　股权模式

股票市场的全球化并不意味着全球的投资者行为都将一致。每个国家的股权模式及其发展趋势都具有显著差异。上市公司中投资者的性质对财务报告风格具有重要意义。这些公司的所有者和管理者分离程度越大，越需要公开可获得的且经独立会计师审计过的财务报告。拉·波特等人（La Porta *et al.*，1999）对分散持股公司、家族控股公司、国家控股公司、由分散金融公司或分散非金融公司控股的公司进行了区分。他们的数据涵盖20世纪90年代中期的27个国家（不包括中国、印度和东欧），其中36%的公司是分散持股的，30%是家族控股的，18%是国家控股的。最大的20家公司中，大多数（60%以上）为分散持股的国家包括（按照降序排列）：英国、日本、美国、澳大利亚、爱尔兰、加拿大、法国和瑞士。最大的20家公司中，大多数（60%以上）为家族控股的国家和地区包括：墨西哥、中国香港和阿根廷。最大的20家公司中，大多数（35%以上）由政府控制的国家包括：奥地利、新加坡、伊朗、意大利、芬兰和挪威。15%以上的公司由金融公司分散持股的国家包括：比利时、德国、葡萄牙和瑞典。

全球范围内的股权调查为我们提供了更新的数据，并显示了各国的不同发展趋势。例如，美国个人股票投资者（包括直接投资和通过共同基金投资，类似英国的信托基金）所占比重从1983年的19%上升到1992年的37%，到2002年已经上升到50%（Investment Company Institute，2002）。同样的数据在英国却从1990年的26%下降到1998年的20%，到2002年和2004年已经下降到16%。相反，在英国，不断增长的是外国投资者所拥有的股权（1990年为12%，1998年为28%，2004年为33%）和类似养老金和保险公司这样的金融机构投资者所拥有的股权（2004年从1991年的峰值51%下降为33%，随后由于外国投资者分量的增加开始下降）（National Statistics，2005）。

许多国家通过私有化（例如出售国有企业）极大地扩张了私人企业规模。例如在英国，公用事业和其他国有企业从20世纪80年代开始进行私有化，在法律和会计准则许可的范围内诞生了一些特大型公司。从短期来看这增加了个人拥有的股份，但是其中很多股份都被出售了，而且有些公司还故意减少了小股东人数。私有化对外国投资者敞开了大门，因此刺激了对外直接投资的增长，也为英国公司向外国市场扩张提供了便利。在中欧和东欧的前社会主义国家，私有化过程更加激烈。例如在俄罗斯，私有化的结果是把国有大公司的股权转给了一小部分名为“寡头”（Oligarchs）的组织。

1.2.5 国际货币体系

从1945年到1972年，布雷顿森林协议（Bretton Woods Agreement）下确定的国际货币体系基于一种定期调整的固定汇率制度。从1973年开始，主要的货币开始相互浮动，汇率波动非常大（详见表18—1）。然而在欧盟国家中，除了英国的英镑以外，大多数国家的货币都已经在1999年被统一的货币——欧元所代替。会计准则制定者都非常关注套期活动和其他外币交易。有关问题将在第16章和第18章中讨论。

1.3 跨国公司的性质及发展

跨国公司可以泛指那些在两个或两个以上国家生产商品或提供服务的公司，这是一个经济概念而非法律概念。大多数跨国公司的规模决定了它们需要获得外部融资，因此它们大多采取在股票市场上市的股份公司形式。上市公司（也就是股票被公开交易的公司）的财务报告必须遵守特别的规定，本书第二部分将详细探讨这个问题。

跨国公司的存在给许多领域增添了新的内容，例如在审计方面，原先只有国内审计而没有国际审计（见第 21 章）。此外，为编制合并财务报表，需要对外国子公司的财务报表进行外币折算，这是跨国公司的特有问题（见第 18 章）。世界上大多数跨国公司按照美国公认会计原则、国际财务报告准则或类似的准则来编制合并报表。

上述跨国公司的定义非常宽泛，按照这个定义，十四世纪初的企业也可以算作是跨国公司，例如加勒拉尼（Gallerani）公司是一个在伦敦及其他各地设有分部的锡耶纳（Sienese）商人的公司，该公司流传下来的会计记录为我们提供了现存最早的复式记账的范例之一（Nobes，1982）。十六世纪后期起，特许的地产公司和贸易公司——尤其是英国、荷兰和法国的东印度公司（East India Companies）成为早期“资源探求”型跨国公司的范例，因为这些公司的主要目标是获取在本国无法获取的自然资源。现代跨国公司萌芽于 1870 年到 1914 年间，当时欧洲人和欧洲的投资大规模地输出到世界其他地方，同时美国也作为新兴工业力量崭露头角。第一次世界大战前夕，累积的对外直接投资（FDI）中的股份（即拥有外国公司的股权的目的是为了控制或施加重大影响）按规模大小绝大部分集中于英国、美国、德国、法国和荷兰。两次世界大战削弱了欧洲国家在经济方面的相对重要性，却增强了美国的经济影响。表 1—7 反映了 1914 年至 2005 年间这些国家在直接投资方面的排名变化。第二次世界大战后，美国成为世界上最大的对外直接投资的输出国，这一地位至今未变。然而，最近欧洲跨国公司的地位相对有所回升，而且美国和英国的跨国公司都受到日本跨国公司的挑战。以上所有的国家既是对外直接投资的主要被投资国又是对外直接投资的主要投资国。

表 1—7　1914 年至 2005 年跨国公司原籍国估计累积对外直接投资股权所占股份的百分比（%）

	1914 年	1938 年	1980 年	1990 年	2000 年	2005 年
英国	45	40	15	13	14	12
美国	14	28	42	24	20	19
德国	14	1	8	8	8	9
法国	11	9	5	6	7	8
荷兰	5	10	8	6	5	6
其他西欧国家	5	3	9	16	22	17
日本	–	–	4	11	4	4
世界其他国家	6	9	9	16	20	25
	100	100	100	100	100	100

资料来源：基于 Dunning（1992）和 UNCTC（2006）。

我们可以根据跨国公司的主要活动对其进行分类。绝大多数 19 世纪及之前的跨国公司都属于“资源探求”型。在 20 世纪，其他类型的跨国公司诞生了。一些跨国公司是“市场开拓”型的，即它们建立子公司主要是为了生产商品，供应子公司所在国的市场。其他跨国公司是“追求效率”型的，它们生产多种产品，其下属的每一个子公司专门负责生产其中的一小部分产品或负责特定产品的某几个流程。制造业跨国公司也已创建了专门从事贸易和销售，或专门提供保险、金融或财务服务的子公司。一些大银行和大会计师事务所也成为了跨国公司，其服务范围遍及全球。专门从事信息传输的海外子公司也在技术进步的推动下诞生了。

不同国家和不同行业生产商品和提供服务的国际化程度是不同的。美国对外直接投资的绝对数是全世界最高的，但由于美国经济规模较大，因此对外直接投资占经济总量的比重不像欧洲国家那样大。但值得注意的是，美国对外直接投资比重大于日本（见表1—8）。表1—9说明了总部位于美国、日本或欧盟的大型跨国公司的数量。

表1—8　　**2005年累积对外直接投资占国内生产总值（GDP）的百分比（部分国家）**

	百分比（%）
挪威	123
瑞士	107
比利时	104
荷兰	103
瑞典	57
英国	56
法国	41
加拿大	35
德国	35
意大利	17
美国	16
日本	9
全世界	24

资料来源：United Nations Conference on Trade and Development（UNCTAD）（2007）World Investment Report 2007：Transnational Companies，Extractive Industries and Development。Geneva，UNCTAD。

经济学家和其他人士一直试图解释跨国公司存在的原因。目前最流行的理论是邓宁（Dunning）的折中范式（eclectic paradigm）。该理论认为，某一特定国家的公司乐于参与或扩大海外生产，是由三个相互联系的条件决定的。这些条件包括公司拥有或有特权使用的资产的规模，这些资产将使该公司比当地公司更具竞争优势；相关交易费用的合理程度，这样的交易费用使得公司自己使用这些优势比将其作为许可证或特许权让渡给其他公司更为有利；相关成本因素和政府政策推动公司在海外就地生产而不是从本国输出商品以满足当地需要的程度。

跨国公司发展的一个重要结果就是大量的国际贸易不仅发生在公司内部，同时还发生在国与国之间。公司内部交易的价格是内部转移价格而非公开的市场价格。这对税收、管理控制、跨国公司与所在国家之间的关系来说具有重要的意义。在第22章和23章中将进一步研究这些问题。

表1—9　　2005年按照收入排名的世界500强企业的所有权

美国		170
法国	38	
英国	38	
德国	35	
荷兰	14	
意大利	10	
西班牙	9	
瑞典	6	
比利时	4	
芬兰	2	
丹麦	2	
英国/荷兰	1	
比利时/荷兰	1	
爱尔兰	1	
卢森堡	1	
欧盟合计		162
日本		70
中国大陆		20
加拿大		14
瑞士		12
韩国		12
澳大利亚		8
印度		6
巴西		4
墨西哥		5
俄罗斯		5
中国台湾地区		3
挪威		2
其他国家和地区（各1家）		7
		500

资料来源：*Fortune Global* 500，2006。

跨国公司的出现是会计职业界国际化的主要因素之一。随着会计师事务所的客户不断国际化，事务所本身也在走向世界，它们在海外建立新的办公室或者兼并海外公司。我们将在第21章中进一步阐述跨国公司的审计问题。

1.4 会计的比较特性和国际特性

上述的国际化环境为学习国际会计提供了很充分的理由。此外，还有至少三个原因可以说明采用比较方法学习国际会计是恰当的。首先，通过比较我们可以提醒大家，并不只有美国和其他英美（Anglo-Saxon）① 国家对当今世界会计实务作出过贡献；其次，它证明了世界各国的报表编制者、使用者和监管机构可以相互学习对方的思想和经验；最后，它解释了为什么会计需要进行国际协调以及为什么协调如此困难（Parker，1983）。下面我们将详细阐述这三个原因。

从历史上看，许多国家对会计发展作出了重大的贡献。罗马人尽管没有采用复式记账法，但他们已经采用了簿记形式并进行利润核算。在欧洲还处于黑暗年代时，伊斯兰国家就已经在算术和簿记方面有所发展，这为会计业日后的发展奠定了基础。在14 世纪和 15 世纪，意大利城邦作为商业贸易方面的领先者，其会计也居于领先地位。“意大利式”的复式簿记首先传到其他欧洲国家，并最终传播到世界各地。意大利会计的主导地位影响至今，其中一个表现是英语中有许多会计和财务术语均源自意大利语，例如，银行（bank）、资本（capital）、现金（cash）、借（debit）、贷（credit）、账页（folio）、预付款（imprest）和日记账（journal）。

19 世纪英国在会计方面处于领先地位，20 世纪之后则由美国取而代之。结果英语成为会计的世界语言（Parker，2000 and 2001a）。表 1—10 列示了国际会计师联合会的成员，显示了现代会计职业最早在苏格兰和英格兰得到发展。一些国家（例如澳大利亚、加拿大和英国）有不止一个的会计职业团体。会计团体多样化的情况主要存在于英美国家，最大的会计职业团体是美国注册会计师协会。

表 1—10 没有显示增长速度，中国注册会计师协会最近一些年发展迅速，目前已经成为世界第三大协会。该表也没有显示哪些团体不仅仅拥有国内成员，而且还在向国际范围发展。两个英国的会计执业团体，英国特许公认会计师公会（ACCA）和英国特许管理会计师公会（CIMA）在这方面是最活跃和最成功的。仔细阅读该表还会发现一些国家的会计师占总人口比重较大，例如法国（总人口为 6 000 万，拥有17 000名会计师）和新西兰（总人口 400 万，拥有 27 000 名会计师）。当然，这种比重在一定程度上受到各国对“会计师”的定义的影响。我们将在第 2 章详细讨论各国会计职业团体。

表 1—11 说明绝大多数最大的国际性会计师事务所均诞生于英国和美国。会计技术、会计惯例和会计概念已经在全世界范围内被借鉴和传播。例如，英国不仅从意大利引进复式记账法并将职业会计学理论传播到世界的其他国家，同时还传播了真实公允的理念。这一理念最初仅传播到了其他英联邦国家，最近又传播到了欧盟其他成员国（Parker，1989；Nobes，1993）。在工业化国家中，管理会计理论和实务的兴起在很大程度上应当归功于美国人的创新精神。20 世纪的后 50 年中，日本对管理会计和控制也作出了贡献。卡耐基和内皮尔（Carnegie and Napier，2000）使用了一个很有说服力的案例对国际会计历史进行了比较研究。

① 本书中使用的此表达方式取其普通的欧洲之意，即英国、美国和其他英语国家，如加拿大、澳大利亚和新西兰。

表 1—10　**国际会计师联合会部分成员的创建时期和规模**

国家	团体	创建日期[①]	大致成员数（单位：千人）2006 年
澳大利亚	澳大利亚注册会计师协会（CPA Australia）	1952（1886）	112
	澳大利亚特许会计师协会（Institute of Chartered Accountants in Australia）	1928（1885）	43
巴西	巴西会计师协会（Conselho Federal de Contabilidade）	1946	194
加拿大	加拿大特许会计师协会（Canadian Institute of Chartered Accountants）	1902（1880）	71
	加拿大注册会计师协会（Certified General Accountants Association，CGAA-Canada）	1913	42
	加拿大管理会计师学会（Society of Management Accountants，CMA- Canada）	1919	37
中国	中国注册会计师协会（Chinese Institute of Certified Public Accountants）	1988	142 +
法国	法国注册会计师协会（Ordre des Experts Comptables）	1942	18
德国	德国法定审计师协会（Institut der Wirtschaftsprüfer）	1932	13
印度	印度特许会计师协会（Institute of Chartered Accountants of India）	1949	131
日本	日本公认注册会计师协会（Japanese Institute of Certified Public Accountants）	1948（1927）	17[②]
荷兰	荷兰皇家注册会计师协会（Koninklijk Nederlands Instituut van Registeraccountants）	1967（1895）	13
新西兰	新西兰特许会计师公会（Institute of Chartered Accountants of New Zealand）	1909（1894）	29
英国和爱尔兰	英格兰及威尔士特许会计师协会（Institute of Chartered Accountants in England and Wales）	1880（1870）	128
	苏格兰特许会计师协会（Institute of Chartered Accountants of Scotland）	1951（1854）	17
	特许注册会计师协会（Association of Chartered Certified Accountants）	1939（1891）	115
	注册管理会计师协会（Chartered Institute of Management Accountants）	1919	70
	爱尔兰特许会计师协会（Institute of Chartered Accountants in Ireland）	1888	13
美国	美国注册会计师协会（American Institute of Certified Public Accountants）	1887	330

注：①括号中反映的是该组织前身的创办日期，某些团体的名称有时会变化。

②不包括初级注册会计师。

表 1—11　　　　　　**居领先地位的国际会计师事务所（2008 年）**

	主要诞生国
德勤会计师事务所（Deloitte）	英国、美国、加拿大、日本
安永会计师事务所（Ernst & Young）	美国、英国
毕马威会计师事务所（KPMG）	荷兰、英国、美国、德国
普华永道会计师事务所（PricewaterhouseCoopers）	英国、美国

注：上面所提供的是国际会计师事务所的名称，国内会计师事务所可能有不同的所名。

采用比较方法的第二个原因是可以学习其他国家成功和失败的经验，从而避免会计民族优越感的危险。一个国家可能通过观察其他国家对某些会计问题所采取的处理方法来提高其自身的会计水平。这些被观察国家，尤其是工业化国家，对会计问题的处理方法一般不会有很大的差异。当会计方法有差异时，也可能证实产生这些差异的原因是不同的经济、法律和社会环境，而非纯粹出于历史偶然性。这些偶然事件不会阻碍会计的协调化（见 2.6 部分），那些更加根本的差异才是更难协调的。

最近几十年国际会计的特征表现在世界各国接受和采纳其他国家会计方法和制度的程度方面。本书将列举许多这方面的例子。例如，英国接受了欧洲大陆国家的观点，促使财务报告更加统一。法国和德国接受了英美国家编制合并报表的方法。荷兰强化了对公司会计和审计的管制，这在以前是不存在的。法国和澳大利亚建立起了类似于美国证券交易委员会（SEC）的机构。过去德国会计准则的执行机制一直不够强硬，因此目前也正在寻找一种介于美国证券交易委员会和英国财务报告复核小组（Financial Reporting Review Panel，FRRP）之间的折中模式。甚至是美国，由于受到了 2001 年会计丑闻的动摇，也表现出了愿意考虑英国和国际会计准则理事会准则制定原则的方法所带来的优势。

采用比较方法的第三个原因是为了更好地理解国际协调。从 20 世纪 70 年代末期开始到现在国际协调的重要性与日俱增。我们将在第 4 章中讨论赞成和反对协调化的争论。请注意，不同国家都采用极其不同的方式处理诸如租赁会计、合并会计、外币折算等主要的会计问题，当然有时也许能发现各国处理这些问题的共同模式，这将在本书的第五部分中介绍。美国会计师作为人数最多和最强势的群体，他们提出的解决方案历来都很有影响力，但也并非都被采纳。事实上，许多国家和公司采纳国际准则的一个原因就是它不是美国的公认会计原则。另一方面，由于国际准则和美国的公认会计原则很相似，所以能被大多数证券交易监管机构所接受。

国际会计准则理事会的力量日益增长，欧盟对其颁布的会计准则的采纳（部分的原因是阻止欧洲的跨国公司采用美国公认会计原则），可以看作是国际会计准则理事会和美国财务会计准则委员会之间对管制进行的竞争（Esty and Geradin，2001），“看谁能爬得更高”。在欧盟内部，每个主要国家所提出的解决方法也受到挑战，因而它们不得不接受技术上和政治上的妥协。显然，任何协调财务报告的尝试都会涉及比会计本身更广泛的问题。在第 2 章中，我们将考察差异存在的一些基本原因。然而，在此之前我们需要解释一下本书的结构。

1.5 本书的结构

1.5.1 大纲

本书分为六个部分。第一部分介绍了背景，包括产生财务报告差异的原因和差异的性质、会计制度的分类以及对国际协调的简介。第二部分与上市公司财务报告有关，国际财务报告准则和美国公认会计原则以及二者之间的竞争主宰着上市公司财务报告。第三部分考察了欧洲（包括西欧和东欧）和东亚（特别指日本和中国）的协调与转轨问题。第四部分涵盖了继续由各国规则所监管和规范的财务报告（特别是单个法律主体的报告），这些财务报告中有部分内容和国际财务报告准则及美国公认会计原则差别很大。第五部分考察了跨国公司面对的一些主要会计技术问题。第六部分考察了一些分析和管理问题。

下面将详细阐述本书六个部分中每章的内容。

1.5.2 确定背景（第一部分）

尽管欧盟27个成员国采纳了国际财务报告准则，而且国际财务报告准则和美国公认会计原则于2002年已经正式承诺将相互趋同，但这些依然没有消除各国财务报告的差异。其中一个原因是许多国家仅仅要求在合并报表中采用国际财务报告准则，另外一个原因是世界各国具体应用的国际财务报告准则不同。第2章讨论了产生这些差异的原因及差异的性质。研究国际会计的一些作者曾试图对全球财务报告进行分类。第3章将讨论并评价这些分类。大多数分类都是针对国家的，这些分类都或明确或含蓄地假设存在着同质性的财务报告。后来研究人员认识到，一个国家（甚至是某个公司）可能使用不止一种会计制度，因此研究重点从针对国家的分类转向了针对“会计制度”的分类。对国家差异和各国模式的考察引导我们进入第4章，这一章讨论了国际协调问题，并解释了最近几十年对国际协调的需求发生变化的原因以及是如何变化的。我们尤其关注国际会计准则委员会以及其继任者国际会计准则理事会在满足这些需求方面所取得的成绩。

1.5.3 上市公司财务报告（第二部分）

第5章继续第4章提出的问题，考察国际准则和各国准则之间的关系，其中包括国际财务报告准则与最有影响力的国家准则——美国公认会计原则之间的“竞争”与“趋同”问题。第6章总结了国际财务报告准则的要求，首先按照主题（概念框架、资产、负债、集团会计、披露），随后按照准则的编号顺序进行介绍。第7章考察了各国运用国际财务报告准则的会计实务存在差异的原因。第8章描述并分析了美国的公司财务报告及其环境，并对美国规则和国际规则进行了比较。第9章讨论了在美国、欧盟的主要成员国（英国、法国和德国）和其他重要国家（例如澳大利亚）应用国际财务报告准则和美国公认会计原则来编制财务报表的上市集团公司是如何实施准则以及如何受到监管的。制定和实施会计制度在某种程度上属于政治事件，因此第10章考察会计的政治性，特别是财务报表编制者的政治游说活动。

1.5.4 欧洲和东亚国家的协调与转轨（第三部分）

欧盟内部各国的财务报告存在巨大差异，第 11 章将考察欧盟为了协调这些财务报告所作的努力，同时这些协调活动也是欧盟消除经济障碍总目标的一个部分。本章描述了协调欧洲大陆方法和英美方法的艰难，欧洲许多国家正在从社会主义会计转变为以市场为基础的会计，本章还将解释这些国家加入欧盟以后出现的新问题。第 12 章介绍并比较了东亚两个主要国家（日本和中国）的财务报告制度。两个国家过去和现在都受到很大的外部影响，但是却都仍然保持着自己独特的民族特征。

1.5.5 单个公司的财务报告（第四部分）

与上市集团公司的财务报告相比，单个公司的财务报告的国际差异更大。第 13 章解释了存在这种现象的原因，还特别关注了税务部门的信息需求和对未分配利润的确认。第 14 章分析了各国设计的不同规则制定方式（会计方案、法律条文、法令、准则），并对其有用性进行了评价。第 15 章解释了适用于单个公司的会计规则与国际财务报告准则或美国公认会计原则的不同之处，特别参考了法国、德国和英国的情况。

1.5.6 跨国公司财务报告专题（第五部分）

会计准则总在变化，国际财务报告准则和美国公认会计原则也不例外。仅仅学习这些准则在某个时刻的详细内容是不够的。所有的准则都是折中和妥协的结果，在国际层面要获得认可更是如此。第 16 章考察了八个关键的财务报告专题：无形资产的确认、资产计量、金融工具、准备金、雇员福利、递延所得税、收入确认以及综合收益。该章展示了准则的计价规则不符合统一概念框架的情况，并从概念的角度讨论了国际财务报告准则和美国公认会计原则的区别。第 17 章到第 19 章考察了与跨国公司尤为相关的三个问题：合并财务报表、外币折算以及分部报告，并比较了国际财务报告准则和美国公认会计原则的要求。

1.5.7 分析和管理专题（第六部分）

第 20 章考察了财务报告的国外读者和分析师面临的问题，随着国际财务报告准则和美国公认会计原则的使用日益广泛，上市公司面临的问题虽然已经减少，但并没有完全消除。第 21 章介绍了审计国际化的情况，特别关注了跨国公司、国际资本市场、国际会计师事务所和国际财务报告准则的作用。本章考察了国际审计准则（International Standards on Auditing，ISAs）、实务中的国际审计程序，以及在国际范围内的审计期望差距。第 22 章讨论了公司所得税的国际层面，包括应纳税所得额和会计利润之间的关系、国际税收筹划、税收制度以及税收协调。第 23 章以对跨国公司内部的管理会计问题的考察结束了本书的讨论，该章特别关注了使用不同货币经营时所面临的问题以及如何处理各国文化的差异。

小结

• 尽管欧盟以及其他许多国家的上市公司已经采用了国际财务报告准则，公司财务报告之间的国际差异仍然巨大。

• 第二次世界大战以后，财务报告面临的全球环境出现了以下特征：世界政治的巨大变化；国际贸易和外国直接投资的巨额增长；股票市场的全球化；股东所有权模式多种多样；不稳定的国际货币制度；跨国公司的兴起，这些跨国公司是外国直接投资的主要输入方和输出方，并且是会计职业国际化的主要推动因素。

• 历史上一些国家对于会计和财务报告的发展作出了重要的贡献。

• 比较各国的会计规则和实务可以非常好地抵制会计的民族优越感，一个国家成功的创新实践可以被其他国家所模仿。

• 本书由六部分组成：背景、上市公司的财务报告、协调和转轨、单个公司的财务报告、跨国公司财务报告专题以及分析和管理专题。

参考文献

Carnegie, G. D. and Napier, C. J. (2002) 'Exploring comparative international accounting history', *Accounting, Auditing & Accountability Journal*, Vol. 15, No. 5.

Davis, L., Neal, L. and White, E. N. (2003) 'How it all began: the rise of listing requirements on the London, Berlin, Paris, and New York Stock Exchanges', *International Journal of Accounting*, Vol. 38, No. 2.

Dunning, J. H. (1992) *Multinational Enterprises and the Global Economy*, Addison-Wesley, Wokingham.

Esty, D. C. and Geradin, D. (eds) (2001) *Regulatory Competition and Economic Integration*, Oxford University Press, Oxford.

Evans, L. (2004) 'Language, translation and the problem of international accounting communication', *Accounting, Auditing & Accountability Journal*, Vol. 17, No. 2.

Finn, D. (1996) *Just Trading. On the Ethics and Economics of International Trade*, Abingdon Press, Nashville.

Froot, K. A. and Dabora, E. M. (1999) 'How are stock prices affected by the location of trade?' *Journal of Financial Economics*, August.

Gélard, G. (2001) 'France – Individual Accounts', in D. Ordelheide, and KPMG, *Transnational Accounting*, Vol. 2, Palgrave Publishers, Basingstoke.

Investment Company Institute and the Securities Industry Association (2002) *Equity Ownership in America. 2002.* Available at www. ici. org/stats.

La Porta, R., Lopez-de-Silanes, F. and Shleifer, A. (1999) 'Corporate ownership around the world', *Journal of Finance*, April.

Maddison, A. (2001) *The World Economy. A Millenial Perspective*, OECD.

National Statistics (2005) *Share Ownership. A Report on Ownership of Shares as at 31st December 2004.* Available at www. statistics. gov. uk/StatBase.

Nobes, C. W. (1982) 'The Gallerani account book of 1305 – 8', *Accounting Review*, April.

Nobes, C. W. (1993) 'The true and fair view requirement: impact on and of the Fourth Directive', *Accounting and Business Research*, Winter.

Parker, R. H. (1983) 'Some international aspects of accounting', in S. J. Gray (ed.), *International Accounting and Transnational Decision*, Butterworths, London.

Parker, R. H. (1989) 'Importing and exporting accounting: the British experience', in A. G. Hopwood (ed.), *International Pressures for Accounting Change*, Prentice Hall, London.

Parker, R. H. (2000) 'Why English?' *Accountancy*, August.

Parker, R. H. (2001a) 'European languages of account', *European Accounting Review*, Vol. 10, No. 1.

Parker, R. H. (2001b) 'Read with care', *Accountancy*, June.

United Nations Center on Transnational Corporations (UNCTC) (2006) *World Investment Report.*

Wheatley, S. (1988) 'Some tests of international equity integration', *Journal of Financial Economics*, Vol. 21, No. 2.

实用网址

www. accountingeducation. com
www. baa. group. shef. ac. uk
www. eaa-online. org
www. iasb. org
www. ifac. org
www. unctad. org
www. worldbank. org
www. world-exchanges. org
www. wto. org

课后问题

书末提供带星号问题的参考答案。

1.1* 第二次世界大战以后，世界主要的政治事件对会计和财务报告产生了哪些影响？

1.2* 为什么主要的会计师事务所已经成为国际性的会计师事务所？它们主要发源于哪些国家？它们为什么发源于这些国家？

1.3 下列哪些国家对会计和会计术语的发展作出了历史性的重大贡献：意大利、英国、美国、日本？

1.4 就下列几个方面来说，哪三个是最发达的国家？

（1）世界500强公司的份额；

（2）合格会计师的数量；

（3）证券交易所的市值？

为什么这三个问题的答案是不同的？

1.5　什么因素使得世界股票市场国际化成为可能？

1.6　什么因素导致了跨国公司的产生？

1.7　从历史的角度看，哪些国家是跨国公司的发源国？这些国家同样也是国际性会计师事务所的诞生地吗？

1.8　为什么新西兰人均会计师人数超过法国？

1.9　为什么欧盟国家的一些公司要在非欧洲国家（特别是北美）的证券交易所上市？

1.10　为什么英语是国际公司财务报告的主要语言？

1.11　登录葛兰素史克公司的网站（www.gsk.com），解释2004年之后根据美国公认会计原则、国际财务报告准则和英国会计准则该公司披露的年报差异。如果公司采用国际财务报告准则和英国会计准则所允许的其他方法，这些差异（按照表1—1和表1—2所列示）是否会减小？该公司存在如此巨大的会计国际差异是否因为其为制药公司？

第2章 国际差异及其原因

克里斯托弗·诺比斯

内容

目标

读完本章后您应当能够

- 指出在多大程度上国际会计的差异可以由文化差异来解释。
- 指出西方世界的两种主要法律体系，以及它们与会计差异的关系。
- 解释为什么各国公司的主要融资方式存在差异，这对会计的目标和特征有怎样的影响。
- 说明税收和财务报告之间的关系，并指出为什么这些关系在某些国家更紧密。
- 指出国际会计多样性和各国会计职业界差异之间的关系。
- 综合上述所有的因素来解释财务报告产生国际差异的原因。
- 列举出德国会计比英国会计更加保守的方面。
- 解释准备金和公积金的区别，并能指出在某些国家准备的定义如何更为宽泛。
- 指出在主要国家中资产的主要计价基础。
- 总结在财务报告格式中的国际差异。

2.1 引言

并不是每个会计人员都能意识到会计实务中存在着很大的国际差异，更不用说非会计人员了，他们可能觉得会计就是复式记账的同义词，而全球的复式记账都是差不多的。本书的许多内容都是在探索会计实务中的重大差异。在本章的2.9部分，我们将列举国际差异的几个例子。但在此之前，我们试图寻找导致这些差异的可能原因。尽管很难确定就是以下讨论的原因引起了会计差异，但可以通过证明这些原因和会计差异之间是否具有相关性来作出合理的推论。

在其他研究者以前出版的著作中提到过许多可能引起会计国际差异的原因（如Choi和Meek，2005，第2章；Radebaugh、Gray和Black，2006，第3章）。有一些研究者根据他们对这些原因的判断对世界各国的会计体系进行了分类（见第3章）。另外还有一些研究者对观察到的会计实务差异与所观察到的原因是否具有相关性进行了研究（如Frank，1979；Doupnik和Salter，1995）。

在进一步讨论之前，有必要定义一下什么是“会计”。在这里，我们特指为公司公开发布的年度财务报告。从某种意义上来说，使用“会计制度”（accounting system）这样的术语更为恰当，因为它指的是某一特定公司对其年报所使用的一系列财务报告惯例。同一个国家的不同公司可能使用不同的“会计制度”，而相同的公司可能因为不同的目的而使用不同的“会计制度”。例如在许多欧盟国家，合并报表采用国际财务报告准则编制，但非合并报表却采用本国的规则编制。本章的目的是考察为什么各国的会计制度会有所不同，以及如何不同。然而，本章提出的观点也可以用于解释第7章将要进一步解释的问题，即为什么世界各国对国际财务报告准则的采纳风格可能存在不同。

现在，我们将分析几个看起来与会计制度差异相关的因素。从下面的讨论可以看出，这些因素并不一定就是引起差异的原因，相反可能是差异所导致的结果。

2.2 文化

显然，会计是受环境影响的，包括所处国家的文化。霍夫斯蒂德（Hofstede，1980）提出了一个文化模型，该模型类似一个思想集合程序，可以将一类人群和另一类人群区分开来。霍夫斯蒂德认为，就像计算机操作系统包含一系列规则作为参照系，以及对更高程序有系列约束条件一样，文化也包含一套促使制度形成并执行的社会价值观和习俗。如格雷（Gray，1988，第5页）指出：

> 社会价值观取决于生态的影响，并随外部因素而改变……反过来，社会价值观在法律体系、政治体系、资本市场特性、公司所有权形式等的形式中具有制度性的后果。

任何国家的文化都包含着个人可能具有的最基本的价值观，这影响着人们选择社会结构的方式，以及他们与社会子系统相互作用的方式。会计可以被认为是其中的一个子系统。正如格雷（1988，第5页）所指出：

> 人们可能认为会计人员的价值观体系与社会价值观有关，并源于社会价值观，而与会计人员工作相关的具体的社会价值观尤为如此。反过来，会计“价值观”又会对会计制度产生影响。

为了对不同国家基本的文化模式有一定的认识，我们再来看一下霍夫斯蒂德的研究。霍夫斯蒂德（1984，第83页、第84页）在对39个国家的10万多名IBM员工进行研究的基础上，对文化的下列四个基本方面作了定义和评述：

(1) 个人主义与集体主义（individualism versus collectivism）。个人主义代表着对松散的社会结构的偏好。在这种社会里，个人被认为只关心他们自己及其直系亲属……这个方面所阐述的基本问题是社会个体之间相互依存的程度问题。

(2) 权力差距（power distance）的大小对比。权力差距是指社会成员能够接受机构和组织中权力分配不平等的程度……存在巨大权力差距的各阶层的人们接受等级制度。在这种制度中，每个人的身份无需进一步证明。这个方面阐述的基本问题是，当出现人与人之间的不平等现象时，社会如何处理这种不平等的现象。

(3) 不确定性规避（uncertainty avoidance）的强与弱。不确定性规避是指社会成员对不确定和意义不明之事感到不安的程度。这种感觉使得他们相信具有确定性的承诺，并维护制度，保护一致性。具有强的不确定性规避的社会对信仰和行为保持着严格的准则，不能容忍偏离正常社会标准的人和想法。具有弱的不确定性规避的社会保持一种较为宽松的氛围，在这种氛围中习惯比规则更重要，人们较能容忍偏离常规的行为。这个方面所阐述的基本问题是，社会如何对时间的不可逆性以及对不可知的未来作出反应，是试图控制未来，还是任其发展。

(4) 阳刚性与阴柔性（masculinity versus femininity）。阳刚性是指社会中对成就、英雄主义、自信和物质上的成功的偏爱。与之相反，阴柔性则偏爱人际关系，谦逊，关爱弱者并关注生活质量。

格雷（1988）将这些文化差异用于解释会计人员行为的国际差异，进而说明会计实务的本质差异。例如，格雷认为一个具有高不确定性规避和低个人主义的国家较喜欢采用稳健的收入计量，并偏好限制那些与其经营活动密切相关的信息的披露。在本章下文中将把稳健主义作为国际差异中的一个例子来考察。

格雷提出了以下几对相对立的“会计价值观”：

- 职业化与法律控制；
- 统一性与灵活性；
- 稳健主义与乐观主义；
- 保密性与透明度。

前两对观念与权威性和强制性有关，格雷发现“盎格鲁”（Anglo）文化地区和亚洲地区之间在这两个方面存在明显的差别。后两对观念与计量和披露有关，格雷发现“盎格鲁”文化和拉丁文化、日耳曼文化之间存在差异。

这种方法可能对检验审计师行为的国际差异及类似问题非常有帮助（如 Soeters 和 Schreudder，1988）。然而，对财务报告而言，与会计外部环境的某些具体因素（如法律体系或产权市场，见下文）相比较，文化属性的计量显得含混不清而且不那么直截了当。此外，在会计领域中使用的文化方面的论据可能也并不可靠。例如，尽管西非国家的法律和会计制度有很大不同，但是霍夫斯蒂德仍将它们归为了一类。为了找到充分的依据，霍夫斯蒂德考察了一个大型跨国公司的员工，这导致了另外一个问题的出现。在衡量文化特征时，人们是如何处理位于阿布扎比（Abu Dhabi）和新加坡等国的跨国公司中的许多员工来自其他国家或少数民族这一事实的。巴斯克维尔（Baskerville，2003）认为通过文化来划分国家类别是很危险的，因为人们很难通过数据度量的方法来理解一种文化。对这种批评，霍夫斯蒂德（Hofstede，2003）作出了回应。

索尔特和奈尼斯旺德（Salter and Niswander，1995）试图运用29个国家的样本对格雷的假设进行检验。但是，在计量格雷所提出的几个“会计价值观”时他们遇到了相当大的困难，因此他们通常使用间接的计量方法。例如，对于统一性程度，他们部分通过考察一个国家是使用习惯法（common law）还是成文法（code law）来进行。但是，这并不是真正对会计实务差异进行的检验，而仅是对差异产生的可能原因进行检验。如果要使用更直接的方法来计量统一性，格雷的假设就得不到验证了。在稳健性方面，格雷的一些假设关系是成立的，但还有一些则是不成立的。格雷的假设中有一个因素获得了较为令人信服的证据支持，即当不确定性规避减弱时，透明度会增加。但是其他与保密性相关的预期都没有得到验证。强查尼和威利特（Chanchani and Willett，2004）以印度和新西兰的财务报告信息的制定者和使用者为样本，调查其会计价值观。他们发现了一些支持格雷构造的关于职业化和统一性的证据。

研究会计环境的另一种方法是找出如法律体系、公司理财、税收系统等更直接的潜在影响因素。这些因素与文化因素以复杂的方式相互作用，而且也似乎影响着一个国家财务报告的模式和会计职业界。我们将在本章其余部分研究这些外部环境因素。

在研究造成会计差异可能的原因时，应注意会计环境还包括殖民主义的影响。许多国家深受其他国家，特别是前殖民主义列强的影响，其文化方面的影响是不可忽视的。所以，在预测或解释许多非洲或亚洲国家的会计实务时，考察其殖民地历史可能比研究其他原因更有用。这些问题将在第3章研究分类问题时再接着讨论，同时在研究特定国家的一些章节中也会涉及。

强查尼和麦格雷戈（Chanchani and MacGregor，1999）提供了一个有关会计与文化的文献综述。多普尼克和查库弥斯（Doupnik and Tsakumis，2004）更新了这方面的文献。

2.3 法律体系

有些国家的法律体系依赖数量有限的法律条例，法律的解释权在法庭，法庭通过逐步积累的大量判例对法令进行补充。这种“习惯法”体系最初形成于英格兰，主要是在诺尔曼征服英国之后，由法官以国王的名义制定的（van Caenegem，1988）。习惯法不像成文法那么抽象（见下文），它的规定是试图为某一特定案例提供答案而不是为将来制定一个普遍适用的规则。虽然这种习惯法体系发源于英格兰，但在许多受英国影响的国家也存在类似的法律体系。因而，美国的《联邦法》以及爱尔兰、印度、澳大利亚等国家的法律都或多或少地仿效了英国的习惯法。这自然影响到《商法》，但是传统上《商法》并没有对公司行为和公司应当怎样编制其财务报表作出规定。从很大程度上说并未对会计作出特殊的详细规定。因此，会计人员自己为会计实务制定了规则，这些规则后来可能逐渐被以建议或准则的形式记载了下来。

其他一些国家的法律体系以《罗马万民法》（Roman *ius civil*）为基础，该法由查士丁尼（Justinian）于公元6世纪编纂，12世纪以来由欧洲一些大学的学者们逐步完善而形成。该法规与公平和道德的理念相联系，它们是立法的信条。“成文”（codified）一词可能就是与这样一种法律体系有关。与上述习惯法的这一差异其重要影响是《公司法》或《商法》必须对会计和财务报告制定法则。例如在德国，公司会计很大程度上是《公司法》的分支。

表2—1说明发达国家对两类法律体系的采用情况。在一些罗马法系国家，统制（集权化和控制经济的欲望）导致了“会计方案”的存在（见第14章）。大卫和布莱尔利（David and Brierley，1985）探讨了法律体系的分类。

表2—1 **西方国家法律体系**

习惯法	成文法
英格兰和威尔士	法国
爱尔兰	意大利
美国	德国
加拿大	西班牙
澳大利亚	荷兰
新西兰	葡萄牙
	日本（商法）

注：苏格兰、以色列、南非、魁北克、路易斯安那和菲律宾的法律表现为两种体系的综合。

很明显，一个国家的会计法规（accounting regulation）的性质（相对于会计规则的内容而言）受到了该国法律体系的影响，这是第9章和第14章的主题。此外，习惯法国家和大型资本市场（见2.4部分）可能也有一些关联。进一步说，习惯法国家与特定类型的会计实务似乎也有联系，但是原因却并不清楚（见2.8部分）。例如，雅吉和洛（Jaggi and Low，2000）发现习惯法国家的公司信息披露程度更高。布什曼和皮奥托斯基（Bushman and Piotroski，2006）研究了习惯法国家更迅速地报告会计损失的动机。

即使一个国家的会计监管制度受到该国法律体系的影响，会计规则和实务也会更可能受到其他方面的影响。更极端的是，无论其法律体系是什么样的，一个国家可能部分地或全部地采用国际财务报告准则。

2.4 资金提供者

各国流行的企业组织形式和所有制形式也存在差异。在德国、法国和意大利，由银行提供的资本数额巨大，同时小型家族企业的资本数额也较大。相反，在美国和英国，很多公司是依靠成千上万民间股东来融资的。我们只要观察一下不同国家上市公司的数量就能发现这一特征。前一章的表1—5列出了在各国证券交易所上市的本国公司的数量，其中2007年资本市值为8 000亿美元或以上的上市公司就有250多家。表2—2选取其中4个国家的数据，并按照人口规模或经济规模进行调整比较。

比较英美和德法可以得到一些启示。很明显这几个国家可分为两类，与表2—1中关于法律体系的分类差不多。拉·波塔等人（La Porta *et al.*，1997）研究发现习惯法国家和发达的权益市场有统计相关性。拉·波塔等人（1998）认为习惯法国家的法律对投资者的保护要优于罗马法系国家。罗（Roe，2003）认为西方发达国家之间公司结构的差异来源于政治上的差异。这些政治上的差异不仅直接影响到公司结构，而且还通过影响技术制度（比如法律安排）来影响公司结构。

表 2—2　　　　　　　　　　**权益市场的强弱对比**

	国内上市公司/人口（百万）	权益市场资本总额/GDP
意大利	4.7	0.60
德国	7.9	0.56
美国	18.0	1.57
英国	44.4	1.75

资料来源：表 1—5 和 "Pocket World in Figures，2005"，The Economist。

具有偶然性的是，"上市"公司历史最长的国家是荷兰。虽然荷兰的证券交易所很小，但许多跨国公司（如联合利华、飞利浦和皇家荷兰等）都在那里上市。因此，将荷兰与英语国家一起归入"股东"类而不是"银行/家族"类似乎更合理。此外，表 2—3 列示了各国的资本负债率。总体上这些数字都与假设相符，因为对股权依赖程度越低，意味着对债权的依赖程度越高。像英国一样，美国也具有较低的资本负债率。

表 2—3　　　　　　　　　　**欧洲公司的资本负债率**

序号	国　家	资本负债率①
1	西班牙	240.26
2	德国	236.35
3	爱尔兰	223.20
4	希腊	194.15
5	丹麦	186.32
6	意大利	177.99
7	日本	175.33
8	澳大利亚	146.82
9	比利时	129.95
10	瑞典	129.15
11	奥地利	121.61
12	法国	120.64
13	挪威	112.15
14	波兰	108.72
15	英国	107.07
16	瑞士	100.55
17	美国	98.03
18	加拿大	87.10
19	新西兰	72.68

注：①负债占普通股权益的比重。

资料来源：数据来自 Datastream。

有人建议将国家按融资体系分类，齐斯曼（Zysman，1983）将其归纳如下：

- 资本市场制度（如英国、美国）；
- 政府贷款制度（如法国、日本）；
- 金融机构贷款制度（如德国）。

帕克（Parker，1994）将这一分析应用于10个西太平洋国家，并提出了其对财务报告实务的解释力。

齐斯曼提出的三种类型可被进一步简化为“股权国”和“债权国”两种类型。比较这两种类型后可进一步发现，在后一类国家中，即使为数不多的上市公司也可能被银行家、政府或创始家族这样的股东所控制。特别是德国的银行，它们既是德国公司重要的所有者也是公司债务融资的提供者。许多上市公司的大部分股票被银行以代理方式拥有或控制，例如德意志银行。在德国、法国或意大利这样的国家，很多情况下银行或政府直接提名董事，这样它们就可以从公司获取信息并可以影响公司的决策。既然欧洲大陆的上市公司都受银行、政府或家族控制，那么对公开信息的需求就不那么强烈。这种情况同样适用于审计，因为审计的目的是在所有者为“外部人”的情况下监督管理人员。弗兰克斯和迈耶（Franks and Mayer，2001）讨论了德国公司的所有权和控制。

在英美这样的国家，虽然股票越来越多地被机构投资者而非个人股东所持有（见第1章），但这仍有别于被国家、银行或家族持有。的确，机构投资者重要性的增强可能为这一假设提供支持，即在公司权益由分散股东持有的国家，股东无法获取内部信息，对信息披露、审计和“公允”信息会有迫切的需求。机构投资者比私人股东持有更大量的股票，并且组织方式更加有效，所以它们应当会增加对上述信息的需求压力。当然它们也许能够通过施加压力而比一般公众获得更加详细的信息。

我们需要对“公允”下定义。这是一个与大量外部所有者有关的概念。公司外部所有者需要有关公司经营成败及经营状况的无偏信息（Flint，1982；Parker and Nobes，1994）。虽然适当的谨慎是股东们所希望的，但他们更感兴趣的是将不同年度及不同公司的相关数据进行比较，这就需要一定程度的现实主义。这时就需要判断，从而需要专家。审计人员在审计财务报表时同样需要这种专业判断。在英国、美国及荷兰等国家中，经过几十年以后，专业判断促使会计人员倾向于制定自己的技术规则（正如前文所提到的）。这是政府可以接受的，因为会计职业的影响和专业知识总是超前于政府（以其作为股东、公众利益的保护者或税收征集者的身份）利益的。这样“公认会计原则”就会控制会计，而公认会计原则又是由会计人员主导的私人团体所制定的。依据政府介入的程度，它们会对披露、归档或呈报提出强制性的要求，但这些要求仅仅倾向于遵循最佳实践而不是创造最佳实践。

在大多数欧洲大陆国家和日本，传统的“外部”股东为数很少，这意味着对外财务报告在很大程度上是为了保护债权人和为作为征税者或经济调控者的政府而编报的，这种情况不可能促进灵活性、判断力、公允性或实验方法的发展。然而，这种方式却增强了谨慎性、统一性和稳定性。在这些国家，似乎债权人的地位越重要，会计实践方法就越谨慎。这是因为债权人更关心在最糟糕的情况下他们是否能够收回他们借出去的钱，而股东则对前景的准确预期更感兴趣。

然而，即使在德国、法国或意大利这些上市公司相对较少的国家，政府也已认识到自身有责任要求公众公司或上市公司公布详细的、经过审计的财务报表。大部分类似国家都制定了此类法律，政府为控制证券市场还设立了专门的机构：法国在 20 世纪 60 年代设立了证券事务监察委员会（*Commission des Opérations de Bourse*），后来该机构被金融市场管理局（*Authorité des Marchés Financier*）所代替；意大利在 20 世纪 70 年代设立了全国证券交易所监察委员会（Commissione Nazionale per le Società e la Borsa，CONSOB）；最近德国也建立了联邦金融服务监管局（Bundesanstalt für Finanzdienstleistungsaufsicht，BaFin）。可以说，这些机构都在某种程度上仿效了美国证券交易委员会（见第 8 章）。它们在财务报告的发展历程中扮演了重要的角色，这些国家的财务报告一般是循着英美会计实务发展的大方向而推进的。毫不奇怪，这些证券交易机构正扮演着本应由个人股东和机构股东所扮演的角色，个人股东和机构股东是在过去相当长的时期里促使英美会计体系得以形成的因素。

在某种程度上，原本清晰的分类图已经发生了变化。例如在法国和德国，机构投资者和个人投资者的地位日益重要，而且正如在第 14 章中将要解释的，20 世纪 90 年代后期，这两个国家都建立起了民间准则制定机构。然而，两种模式的差异似乎并未减少。

总而言之，我们认为负债/内部所有者与权益/外部股东的差别是造成财务报告国际差异的关键原因。以此为基础，我们对部分国家的初步分类如表 2—4 所示。

表 2—4　**以公司融资为基础的初步分类**

A	B
特征	
强大的权益市场	较弱的权益市场
许多外部股东	核心、内部股东
规模庞大的审计职业界	小规模的审计职业界
会计与税收法规分离	税收政策影响会计法规
国家的例子	
澳大利亚	法国
英国	德国
美国	意大利

这种双分类法得出了几个重要结果。首先，在负债/内部所有者的国家中，对经审计的、公开的财务报告没有巨大的市场需求。所以，对年度会计报表的需求与政府对应纳税所得额计算的需求紧密联系。结果税收方面的考虑会对会计法规起到决定性的作用。相比之下，在权益/外部股东的国家，会计执行着市场的功能，所以其法规必须从税收法规中分离出来，结果形成两套会计法规：一套用于编制财务报告，另一套用于应纳税所得额的计算。这将在下一节中进行讨论。

如果一个有效的权益市场得到了发展，那么满足其对不同类型信息需求的一个方法就是对上市公司的合并报表采用一套不同的准则（如国际财务报告准则）。这并不影响本国的会计准则以及应纳税所得额或可分配利润的计算。

这种基于融资体系所进行的国家分类的第二个结果是与权益/外部股东国家相比，负债/内部所有者国家对审计师的需求要少得多。这会影响会计职业的历史、规模和地位，如 2.7 部分将作的分析。

2.5 税收

虽然可以用多种方法对税收体系进行分类，但其中只有一些方法与财务报告相关。例如，我们可以很容易地将欧盟国家分成使用“古典税收制度”的国家和使用“归属税收制度”的国家（见第 22 章）。然而，这种区分对财务报告没有重大影响。更为相关的是税收法规对会计计量的影响程度，其原因在上节中已经讨论过。在某种程度上，通过学习由税收处理和会计处理的差异而产生的递延税项可以看出这个问题。例如，在英国和美国，递延税项问题已引起了许多争议，并形成了相当数量的会计准则文件。在法国和德国的传统会计中，这一问题则微不足道，因为这些国家税收法规与会计法规是一致的。在德国，税务账户（*Steuerbilanz*）应与商业账户（*Handelsbilanz*）相同，这个概念甚至还有一个专门的德语词汇来形容：“决定作用原则”（*Massgeblichkeitsprinzip*）（Haller，1992）。

受此差别影响的一个典型例子就是折旧。在英国，公开的财务报表中所计入的折旧金额是按 20 世纪就已形成的惯例确定的，并受到《财务报告准则第 15 号》（FRS 15）的影响，该准则要求（第 77 段）：

有形固定资产应折旧金额应该在其经济寿命内系统地分摊。所使用的折旧方法应当尽可能公允地反映主体消耗该资产经济价值的方式。

该准则提出的是一般本质性要求（有些类似于《国际财务报告准则》和《国际会计准则第 16 号》中的规定），而且其精神实质经常被忽视。惯例和实用主义（而不是准确的法规或甚至是准则的精神）往往决定了折旧方法的选择（通常是直线法，因为比较简单）、残值的确定（通常为零，因为这样比较容易）以及使用年限的预计。

在英国，以纳税为目的计算的折旧额与会计目的的折旧额是无关的。前者取决于资本免税额（capital allowance）——一项正式的税收折旧补贴计划，其设计旨在标准化补贴金额并刺激投资（见第 22 章）。因为会计制度和税收制度的分离，在税收补贴上完全可避免主观性，但在折旧费用的财务处理方面却留有充分的判断空间。

另一个极端是类似德国这样的国家，税收法规规定了特定资产可使用的最大折旧率，该折旧率一般建立在资产预计使用年限的基础上。但是在某些情况下，加速折旧也是允许的。例如，生产节能产品或环保产品的行业，或在德国东部某些地区经营的公司。如果这些折旧是因税收目的计提的（这通常必须是合理的），则必须在财务账户中作为费用扣减。用这样的费用计算出来的利润在英国会计师看来是不“公允”的，尽管它肯定是“正确”的或“合法”的。在德国，甚至在选择具体的折旧方法时都会受到这种影响，如巴斯夫公司（BASF）的解释所示：“大部分可移动固定资产的折旧是通过余额递减法计提的，当折旧额较高时改用直线折旧法。”（2004 年年报，第 87 页）。巴斯夫公司将在 2004 年的合并报表中继续使用德国会计准则，这不同于许多大型德国公司（见第 5 章）。

更多的例子随处可见：坏账准备（在意大利和西班牙由税法规定）或政府主导的资产重估（例如 1978 年在法国、1986 年在西班牙和 2000 年在意大利的资产重估）。

税法对会计的这些影响减少了权责发生制的操作空间（这是对不同折旧方法进行选择的动力所在），并降低了“公允性”。在德国、法国、比利时、意大利、日本和许多其他国家都存在各种各样的“决定作用原则”。这一方面可能是成文法系中条文的普遍作用所导致的，另一方面可能是因为在这些国家，税务当局是会计信息的主要使用者。有关合并报表的问题在这方面有一个重大的例外，该例外在 20 世纪 90 年代变得尤其重要。既然纳税一般与单个公司的应纳税所得额相关而与整个集团的会计利润不相关，国家税收当局可能对合并报表采取一种较宽松的态度，这促进了集团会计的国际协调化。

在英、美、荷兰等国家可以看到另外一种处理方法。在这些国家中，对外公布的报表主要反映了投资决策所需要的业绩指标。这些国家的商法与税法在很多会计领域是相互独立的。表 2—1 左栏的国家即不同程度地属于此类。大多数时候，英国的资本免税额形式并不体现税务和财务报告相互独立的程度。但是，在这些国家中，由于税务当局对财务会计的直接影响很小，所以为了获得它们所需要得信息，只能将财务报表按纳税目的进行调整。这种情况有一个例外，美国使用后进先出法进行存货计价，很大程度上则是出于税收的原因（见第 8 章）。

人们尝试着按税收与会计之间的关联程度对国家进行分类。例如，胡吉恩多恩（Hoogendoorn，1996）对 13 个国家进行分类，但是这种分类存在缺点，因为该分类必须具有 7 个组，并且还要同时考虑两个问题：税收与会计的关系，以及递延税款的处理。兰姆等人（Lamb *et al.*，1998）试图将第一个问题分离出来。他们断定有可能将英美税收和会计的分离与德国税收和会计的紧密联系进行区别分类。诺比斯和施文克（Nobes and Schwencke，2006）研究了随着时间的推移，税收和报告之间关系的发展。他们以挪威作为案例研究对象，以图形的方式展示了该国一个世纪以来税收和报告从密切联系到分离的演化过程。

2.6 其他外部影响

文化对会计发展的影响已经讨论过了。前文也提出殖民主义的影响可能会压倒一切其他影响因素。此外还有其他许多影响因素在会计实务的形成过程中发挥了作用，如由于经济或政治事件而导致的法律框架的变化。例如，美国 20 世纪 20 年代末 30 年代初的经济危机促使《证券交易法》的诞生，该法通过引入更广泛的披露要求和政府对会计准则的控制（通常只是通过威慑）改变了美国会计原来的发展方向。再如通过政府的选择将英美会计原则引入国内的意大利以及由于欧盟指令而将合并和详细披露要求引入国内的卢森堡，两者均与这些国家原先的做法背道而驰。西班牙所采用的会计方案是借鉴法国的，而法国的会计方案又受到 20 世纪 40 年代早期占领其国家的德国的影响。大概最明显和最非自然产生的会计方案是那些只有少数股份公开公司和私人股东的发展中国家采用的会计方案，这些国家采用的是英国的

《公司法》或国际会计准则，其财务报告实务包含在这些法律或准则中。反过来，由于欧盟的要求，1981 年英国采用了源于 1965 年德国《股份法》（*Aktiengesetz*）的统一报表格式。就罗马法系国家而言，目前它们不得不努力适应“真实和公允的观点”（见第 11 章）。

外部影响的一个主要例子是接受国际会计准则理事会制定的准则或者与之趋同。例如，欧盟强制要求其成员国上市公司执行这些准则，这是政治和经济双重因素的作用（见第 5 章），它比本章所列的其他因素都更重要。更微妙的是，欧盟成员国家的其他准则以及欧盟以外其他国家的准则也逐渐与国际会计准则趋同。

另外一个影响会计实务的因素是通货膨胀的水平。虽然英语国家的会计人员在进行决策时已经不再明显地感受到通货膨胀的影响，但在那些通货膨胀率一直居高不下的国家，该因素的影响依然很重要。在一些南美国家，会计实务最为明显的特征就是使用一般物价水平调整方法（Tweedie and Whittington，1984）。使用这一相对简单的方法可能是因为以下因素：当每年通货膨胀率以数百个百分点变动时，通货膨胀与任何特定的具体价格变动有着合理的联系；政府公布的指数具有客观性；会计与税收之间具有联系；受过良好训练的会计人员凤毛麟角。如果不考虑通货膨胀因素，我们就无法解释那几个受到该因素严重影响的国家的会计差异。

众所周知，从 20 世纪 70 年代起，在法国、西班牙、意大利和希腊，对通货膨胀提出处理措施的是政府，这一事实表明了这些国家政府对会计的监管。相反，在美国、英国和澳大利亚，主要是会计界对 20 世纪 70 年代的通货膨胀作出反应。人们可能会得出以下结论，即虽然任何一个国家都会对严重的通货膨胀作出反应，但究竟由谁做作出这样的反应更令人感兴趣，因为这能够说明该国会计制度的基本特征。

理论有时也会对会计实务产生重大的影响，最明显的例子是荷兰，微观经济学理论影响了会计实务。荷兰的会计理论家，著名的小西奥多·李姆伯格（Theodore Limperg，Jr）提出过这样的观点，即在特定公司的具体情况下，通过允许会计人员运用判断来选择和陈述会计数据，可以使财务报表的使用者对该公司的业绩及经营状况有最公允的了解。他特别指出重置成本信息是对事实的最好描述。荷兰宽松的法律和税收要求，以及职业界接受微观经济学的观点（无疑某种程度上是因为他们受学院派理论学家的教诲）导致了目前会计实务的多样化，强调通过判断实现“公允”，并尝试采用重置成本会计。

在其他国家，理论不那么受重视。在大多数欧洲大陆国家和日本，会计一直是国家的工具（例如为了征税）。在英美国家，理论在会计实务中一直是微不足道的，尽管这种情况自 20 世纪 70 年代中期提出概念框架以来已有所改变（见第 6 章和第 8 章）。

2.7 职业界

还有许多与财务报告密切相关的因素，在研究导致国际差异的原因时都被考虑过，会计职业界便是其中之一。然而，会计职业界可能只是一个因变量，而非自变量。

一个国家会计职业界的力量、规模和能力在很大程度上取决于以上所述的各种因素以及这些因素所产生的财务报表类型。例如，有些国家的私人股东和上市公司的影响较小，这就意味着它们对审计人员的需求比英美国家要小得多。然而，职业界的特征也会反过来影响已实施和可以实施的会计制度。例如，意大利1975年颁布的一项法令（直到20世纪80年代才生效）要求意大利与英美一样对上市公司进行广泛的审计，但该法令一直等到国际会计师事务所在意大利出现后才真正开始生效。这一因素成为深入协调各国会计实务的重大障碍。在德国实行欧盟第四号指令的过程中，是否需要更多的审计人员就是一个有争议的问题（见第11章）。

各国会计职业界的差异程度在第1章的表1—10中已作了说明，该表列示了一些会计团体，它们的成员都是公司财务报告的审计人员。需要对这些不寻常的数字作一番解释。例如，我们可以更仔细地比较一下德国和英国的数据。首先，德国有与会计分离的（虽有重叠）专业税务顾问（*Steuerberater*），其规模比会计职业团体还大。而在英国，由于会计职业团体中包括了许多专门从事及偶尔从事税务工作的人员，因此显得人数很多。其次，在德国，只有从事注册会计师工作的人才能成为会计师协会（Institut）的成员，但在英国至少有一半成员来自商界、工业界、政府、教育界等行业。再次，德国会计人员的培训期比英国的长，一般包括修4年的相关专业学位课程，具备6年的实践经验（其中4年在职业界）以及参加的一次职业考试（包括口试、笔试和一篇论文）。在德国，令人向往的会计师职位一直要到30岁至35岁才能开始从事。因此，许多德国的“学生”在英国体系中已可算作合格的会计人员了。最后，在20世纪80年代后期，德国成立了一种二级审计机构，这一组织中的审计人员只能对私人公司进行审计。

以上四个因素有助于解释各国会计师人数的差异。但是仍有大量差异是由英国有非常多的公司需要审计，以及“公允”判断的不同形成过程所造成的。但是出于以下原因，这种差异已经有所减少：审计要求已经扩展到欧盟国家的许多私人公司，英国的许多私人公司不再要求进行审计，德国审计师开始审计根据国际财务报告准则编制的合并报表。

2.8 总结造成国际差异的原因

财务报告的国际差异是多种多样的，本书将始终详细地探讨这些内容。很明显，文化差异与财务报告差异是相关的，至少它影响了那些决定财务报告的各种因素。多普尼克和索尔特（1995）曾建立了一个模型，该模型包括格雷可以解释的4个文化变量（见2.2部分）和6个其他变量（包括在上文2.3～2.7部分中）。然而，诺比斯（1998）认为这个模型存在问题，原因在于：（1）文化变量可能更应该被看作是影响其他6个变量的因素，而不是直接影响会计的变量；（2）其余的6个变量中，有几个变量（例如会计职业界的特征）不是自变量，而更像是因变量。

诺比斯（1998）提出，至少是为了把发达国家划分为几个大类（见第3章），财务报告差异的最重要、最直接的原因是对国家的双分类法：一类是拥有重要的权益市场和大量的外部股东的国家；另一类是以负债为基础的融资体系和少数外部股东的国家。权益/外部股东体系导致了税收法规与会计法规的分离，并促使庞大的审计职业队伍的形成。这一般与习惯法系也有联系，不过荷兰似乎是个例外：它是一个罗马成文法的国家，但许多与会计相关的特征却与美国或英国相似。

鲍尔等人（Ball *et al.*，2000）认为习惯法和会计的方面存在关联，例如对损失的报告速度。如前所述，拉·波塔等人（1997 and 1998）也考察了习惯法和大型权益市场之间的关系。

还有一些以上未涉及但却可能导致国际会计差异的原因，例如语言、历史、地理、宗教、教育等，其中有些因素过于模糊而缺乏实际的研究意义。例如，从历史的角度来看，与一般意义的历史研究相比，针对权益市场或法律体系的历史研究与会计的国际差异可能更具相关性。

然而，当考察受其他国家文化影响严重的那些国家（如许多前殖民地国家）时，可以比较准确地预言，这些国家的会计制度与前殖民列强的会计体系会很相像。前殖民因素往往比其他所有因素都重要，其影响甚至超过公司财务体系的影响。例如，一些前英国殖民地的非洲国家，尽管它们根本没有权益市场，但其会计制度是以英国会计体系为基础的。此外，前殖民地国家（如新西兰）除了继承殖民统治国家的会计体系外，还可能继承其法律体系、权益市场和会计职业。在许多英联邦国家，英国的影响目前已经被国际会计准则理事会的影响所取代了。

肖泽忠等人（Xiao *et al.*，2004）应用诺比斯（1998）和鲍尔（Ball，2000）的想法来研究中国会计发展问题。他们指出，政府的影响可以减缓一个会计体系随着权益市场的发展而变化的速度。塔卡等人（Tarca *et al*，2005）考察了德国会计制度向国际财务报告准则的转化，并确认了这种转化与外界权益增长之间的联系。泽咖和麦德比（Zeghal and Mhedhbi，2006）也指出，拥有资本市场以及英美文化的发展中国家更有可能采纳国际准则。然而，蒂勒尔等人（Tyrrall *et al.*，2007）认为，至少在新兴经济体中，采用国际财务报告准则的外部压力非常大，这使得诺比斯（1998）的分类不再适用。现在的问题变成，对国际财务报告准则采纳的速度有多快以及是否全面采纳。

2.9 差异举例

2.9.1 稳健性和权责发生制

文献对“稳健性”有两种不同的定义。本书中的稳健性是指低估利润和资产的倾向。政府希望减少股利发放而保护债权人利益，公司希望减少应纳税所得额，这些都是稳健性的表现。稳健性的另外一个概念（Ball *et al.*，2000；Ryan，2006）指的是报告损失的速度，我们将在20.5部分进一步作出解释。

或许因为不同国家财务报告使用者的构成不同，稳健的程度也各异。例如在德国，银行的重要性可能是其财务报告比较稳健的一个原因。人们普遍认为，银行家对“最低的”数字更感兴趣，这是因为他们更关心长期贷款的安全。同时，他们对“公允”观点不感兴趣，这导致降低了对修正稳健性的需求。

在《国际财务报告准则》中，目前更常用的是“谨慎性”（prudence）（如在《概念框架》中，第37段）而非“稳健性”（conservatism）。在谨慎性原则和权责发生制发生冲突的时候，多数情况下会计准则采取的是折中的解决办法。例如，在

《国际会计准则第38号》中，允许某些研发费用资本化被认为是不完全稳健的，但在特定条件下，这可以被认为是适当的谨慎。另外，《国际会计准则第11号》中关于长期合同的利润处理也是类似的例子。其他许多英美国家也用这样的方法来处理，例如尽管美国会计实务不允许研发费用资本化（SFAS 2），但它却要求确认某些未销售投资中的利得（SFAS 115）。洪（Hung，2000）发现，某些国家在不同情况下使用权责发生制会降低会计信息的有用性，但在英美国家不存在这样的情况。

通过研究一家上市公司的财务报表我们就可以看出，欧洲大陆的稳健性更加多样化。在此我们将以巴斯夫公司为例，研究其1998年到2004年的年报。在这些报告中，由于稳健性的证据取决于该年度发生的事项和公司报告的方式，因此要进行前后一致的调查研究是不太可能的。然而，这些报告能够代表大多数德国公司的会计实务。从以下的引文可以看出该公司的稳健性做法。应当说明的是，尽管合并报表与税收制度无关，而且巴斯夫公司也受到国际压力的影响，声称尽可能按照美国的法规进行会计处理，但这些稳健性的迹象还存在于合并报表和巴斯夫公司的报告中：

可移动固定资产绝大多数采用余额递减法计提折旧，假如这样做导致较高的折旧率，则改为直线折旧……

在1997年12月31日之前获得的子公司，其商誉基本上要在5年的期间内摊销。

贷款按成本呈报，如为不附息贷款或贷款利率低于市场利率，则按现值呈报……

未完工合同主要与国内和国外为第三方提供的在建厂房有关。预计利润在在建工程最终结算时确认；预计损失通过减值到可归属价值（attributable value）来确认。存货按以下价值确认：购置成本或生产成本，报价与市价孰低，适当的孰低价值……

存货计价主要根据后进先出法（以一个年度为基础的后进先出）计算。总之，64%的存货是按后进先出法计价的（BASF Aktiengesellschaft：91）……

应收款项通常按名义价值入账，应收票据和无息贷款或低息贷款按其折现后的现值入账……

在随后年度的最初三个月中会发生的还有不确定预计负债、未完成交易的预计损失和递延维修费用……

长期外币应收款项按取得日汇率或取得日与资产负债表日孰低的汇率折算，长期外币负债按取得日汇率或取得日与资产负债表日孰高的汇率折算……

欧洲大陆这种更加稳健的做法似乎是一种长期的现象。戴维森和科尔迈耶（Davidson and Kohlmeier，1966）和埃布尔（Abel，1969）指出，如果根据美国或英国所采用的方法，仅对类似公司报表的存货和折旧差异进行调整，则法国、瑞典、德国和荷兰（假定它们使用重置成本法）的利润数字将一直偏低。

对这个问题更精确的研究方法是建立一个“稳健性指数”。格雷（1980）提出了下面的比率：

$$1-\left(\frac{R_A-R_D}{|R_A|}\right)$$

式中：R_A——调整后利润

R_D——披露的利润

如果一个公司的上述比率超过1，则其使用的是相对乐观的会计实务，如果小于

1 则其会计实务相对保守。

为了构建稳健性指数，格雷（1980）研究了一些法国、德国和英国的公司在 20 世纪 70 年代早期的情况。他的结论是："法国和德国公司比英国公司保守或者说是悲观得多。（第 69 页）"然而，戴姆勒—奔驰公司 1992 年到 1995 年根据美国会计原则进行调整后披露的数字显示，在经济萧条时期，德国的数字就不再那么稳健（见 2.9.2）。前面我们提到过，鲍尔等人（Ball *et al.*，2000）发现欧洲大陆国家需要更长的时间来确认损失。

格雷通过对数据进行分析得出调整后的估计数据。另外一种数据来源是那些按照美国会计原则进行调整的公司的公开报表（见表 1—1）。许多研究人员运用这些数据为一些国家建立稳健性指数，还有一些研究人员会使用"比较指数"。表 2—5 列示了其中一些研究的具体情况。总的来说，从这些研究的结果可发现美国会计实务比英国和澳大利亚的会计实务要稳健一些，但是欧洲大陆国家的公司一般比上述国家的公司都要更稳健。

表 2—5　　**根据美国公认会计原则进行调整的相关研究**

作者	样本规模	国家	研究的期间
1. Weetman 和 Gray（1991）	57	英国、瑞典、荷兰	1986—1988
2. Cooke（1993）	5	日本	1989—1991
3. Hellman（1993）	13	瑞典	1981—1990
4. Norton（1995）	13	澳大利亚	1985—1993
5. Zambon 和 Dick（1998）	40	法国、德国、意大利	1983—1996
6. Zambon（1998）	68	英国	1994—1996
7. Weetman、Jones、Adams 和 Gray（1998）	25	英国	1988 和 1994
8. Rueschhoff 和 Strupeck（1998）	58	13 个发展中国家	1994
9. Adams、Weetman、Jones 和 Gray（1999）	41	英国	1994
10. Street、Nichols 和 Gray（2000）	33	运用国际会计准则的国家	1997
11. Whittington（2000）	2	英国和法国	1988—1996

资料来源：摘自里丁大学（University of Reading）未发表的博士论文，2001 年。

通过考察公司按照国际财务报告准则对本国报表的调整，可以获得更多关于谨慎性的最新数据。仍以德国为例，大众汽车公司（Volkswagen）的调整报表显示，在从使用德国规则调整为使用国际财务报告准则以后，其所有者权益翻了不止一番（见表 2—6）。

但是许多研究人员会忽略一个重要问题，即这些公开数据的公司可能并不是其所在国的典型案例。例如，某个德国公司为了减少调整数量，会尽量选择德国法律允许范围内与美国规则最相近的会计处理方法。这意味着该公司会遵循德国法律，但其会计处理方法却并非德国会计实务的典型。1993 年到 1995 年的戴姆勒—奔驰公司就是这样（例如其 1995 年年报第 65 页）。

表2—6 2001年大众汽车公司（期初余额调整）

	百万马克
权益（以德国准则为标准）2000年1月1日	9 811
开发成本的资本化	3 982
有形资产与无形资产可使用年限与折旧方法的修正	3 483
存货间接费用的资本化	653
出租方对租赁合同的处理方法的差异	1 962
金融工具的评估差异	897
递延税款的影响	-1 345
特殊项目的取消	262
养老金和类似债务评估的修正	-633
准备金会计处理方法的修正	2 022
不属于权益部分的少数利益的分类	-197
其他变化	21
权益（以国际财务报告准则为标准）2000年1月1日	20 918

资料来源：摘自大众股份公司2001年年报。Volkswagen AG，Wolfsburg，Germany。

此外，某些欧洲大陆国家和日本还通过使用法定公积金来保护债权人，即在宣告利润之前提取不可用来分配的法定公积金，这是在正常法规的资本保全之外对债权人的额外保护。在法国、德国和比利时，一个公司被要求拨出其年度利润的5%作为法定公积金，直到法定公积金达到已发行股本的10%（意大利和西班牙要求达到20%，日本要求达到25%）。

对国内法规的国际协调一直都未能改变稳健性方面的国际差异（见第11章）。例如，在欧盟和国际组织的协调工作中都未提到法定公积金问题。此外，在欧盟第四号指令中，稳健性在德语版本（和绝大部分其他版本）中是至高无上的原则，但在英语版本中却并非如此（Evans and Nobes，1996）。

2.9.2 准备金和公积金

准备和公积这两个词在英语中很难区分。例如，在美式英语中的“公积”（reserve）通常指的是英式英语中的“准备”（provision）（见表2—7）。在这里，我们将使用英式英语，但这仍然存在另外一个难点，即“准备”这个词可以有两种解释：（1）时间和数额不确定的负债（如“养老金准备”）；（2）对一项资产价值的备抵（allowance）或减值（impairment）（如“坏账准备”或“折旧准备”）。为了避免混淆，我们在本书中将一贯地使用“准备”的第一层意思，而使用“减值”代表其第二层意思。

建立一项准备或计提减值都会导致收入的减少，但它们之间存在一个重要的区别。计提减值只是在有关资产价值已被确认的情况下对资产的计量问题，而设立一项准备则要分三个步骤考虑：是否存在某一项负债，它应当被确认吗，应当怎样对它进行计量。我们将在第16章对这个问题给予更多的关注。

表2—7 **“准备”和“公积”的词汇**

英式英语	Provision	Reserve
美式英语	Reserve	[Element of equity]
法语	Provision	Réserve
德语	Rückstellung	Rücklage
意大利语	Fondo	Riserva

准备和公积之间的区别对财务报告说来是很重要的，因为前者是通过利润的借项被确认的负债，而后者通过利润分配而成为权益的组成部分。稳健性原则和宽松的税收法规似乎是导致确认过多准备的因素。我们已经讨论了这两种影响因素及其对准备金的影响。这种过多确认准备金的做法的结果将是践踏权责发生制原则和报告的“公允性”，并最终可能导致收益平滑。例如，建立与利润存在反方向波动关系的风险和或有事项准备可以导致收益平滑。

在“稳健性”一节中，对各项准备进行评论时已经提到过德国。在英国或美国，不能针对一般性风险设立准备金，所以不能通过准备的变化而减少收入的变动。1998年，英国准则制定者和国际会计准则理事会（见第4章）进一步明确了准备金的范围，规定当且仅当资产负债表日存在一项对第三方的负债时才能够确认准备金（《国际会计准则第37号》）。这一规定很明显地取缔了巴斯夫公司关于下一年度修理费准备的计提（见2.9.1部分的引文）。

另外一个语言问题是，一项准备（或一项公积）不应当同一笔货币或一项投资相混淆，后者应当被称为一项“基金”（fund）。例如，当一个公司确认它有一笔对现在的和从前的雇员支付未来养老金的负债，那么公司应当设立一项准备。然而，这仅仅是确认该项负债。假如公司希望采取进一步的行动为偿还这些负债而存钱，那么就需要设立一项基金。例如，在英国和美国，公司习惯于将钱存入一个合法独立的养老基金或人寿保险公司。该项基金的最终价值会减少资产负债表中的养老金负债准备。请注意，在表2—7中，准备的意大利语是“fondo”，而在意大利语中，这个词也表示基金，所以很容易引起混淆。

2.9.3 资产计价

对于在多大程度上允许偏离历史成本计量，世界各国存在巨大差异。如果一个国家的法律规定具体而详细，而且税务规定和企业会计实践相一致，则其主要的计量属性理应尽可能减少判断的成分。因为灵活性和主观判断会使审计人员难以确认公司是否已遵循法律条文，并可能导致不合理的税收要求。因而，像德国这样的国家要求采用严格的历史成本计价方法是可以理解的。同理，这也可以解释德国人对通货膨胀的抵触（及对调整通货膨胀的抵触），这种抵触情绪是由于战后恶性通货膨胀的恐慌经历所致。

采用另一种极端做法的国家是荷兰。一些荷兰公司（如飞利浦）采用重置成本编制财务报告，至今这一做法已经持续了40年了。虽然这种做法在实务中实属少数，但在通货膨胀期间，许多荷兰公司还是部分地使用或者辅助性使用了重置成本。荷兰的做法反映了微观经济学理论的影响和对公允性的追求。

处于这两个极端之间，英国的“规则”直到最近才允许混合情况的存在，一些公司可以在某些时候可以使用多种方法进行重估。除美国和加拿大因受美国证券交易委员会的影响而对主要财务报表保持历史成本计量外，绝大部分英语国家都使用混合的方法。所有英语国家在 20 世纪 70 年代和 80 年代通货膨胀期间都试行了现行成本会计，它们通常是以补充报表的形式呈报。目前国际财务报告准则和英国准则中允许资产重估，前提是资产应是可持续使用的并且同类资产采用相同的计价基础。如前所述，法国、西班牙和意大利受到更多税收及其他政府影响，这些国家会时不时地进行重估。

一些国家，尤其是南美国家，采用了一般购买力（general purchasing power，GPP）来调整会计数据。这种情况发生在通货膨胀率极高，政府/税收法规控制了会计实践，并且缺乏会计师的国家。一般购买力方法不仅简单而且统一，因为单一的通货膨胀指数可以被用于所有公司。当然，一般购买力会计其实就是具有“最后时点”年度指数化的基本历史成本会计。

2.9.4 财务报表格式

各国资产负债表存在两个主要的差异（见表 2—8）。在一些国家，资产是按流动性递减的顺序列示（首先列的是现金），但在另外一些其他国家，资产是按流动性递增的顺序列示（首先列的是无形资产）。区分这些国家的关键似乎是，使用递减顺序报表格式的国家受到美国的影响，而欧盟国家通常使用递增顺序的报表格式。

表 2—8 **通用资产负债表格式**

国家	流动性顺序	形式
澳大利亚	递减	财务状况
法国	递增	账户式
德国	递增	报告式
意大利	递增	账户式
日本	递减	账户式
西班牙	递增	账户式
英国	递增	财务状况
美国	递减	账户式或报告式

资产负债表的另一个主要不同之处在于它们的形式。一些国家的财务报表先列示所有的借方，再列示所有的贷方。这样的资产负债表在一页纸上列示，或采取账户式（资产在左边），或采取报告式（资产在上方）——见表 2—9。另外一些国家以计算净流动资产总额和净资产总额目的而安排各项目，这种方式可以称作财务状况格式。这三种格式（包括资产按流动性递增顺序）在欧盟国家都是允许的。美国则对资产负债表的形式没有要求。

表 2—9　　资产负债表的演变（简化版）

《1965 德国股份公司法》（第 151 节）	1971 年指令草案（第 8 款）	英国《1985 年公司法》（格式 2）
资产（列在左方）		
I 未缴股本	A 未缴股本	A 未缴股本
	B 开办费	
II 固定资产和金融资产	C 固定资产	B 固定资产
A 固定资产和无形资产	I 无形资产	I 无形资产
B 金融资产	II 有形资产	II 有形资产
	III 子公司	III 投资
III 流动资产	D 流动资产	C 流动资产
A 股票	I 股票	I 股票
B 其他流动资产	II 债务人	II 债务人
	III 证券	III 投资
		IV 现金
IV 递延费用	E 预付款项	D 预付款项
V 累计损失	F 损失	
	I 本年度	
	II 前期	
负债和资本（列在右方）		
I 普通股	A 已认购股本	A 资本和公积金
II 披露的公积金	B 公积金	I 催缴资本
		II 股本溢价
		III 重估准备
		IV 其他公积
		V 利润和损失
III 减值准备	C 价值调整	
IV 偿债准备	D 费用准备	B 偿债和费用准备
V 负债（4 年以上）	E 债权人	C 债权人
VI 其他负债		D 应计项目
VII 递延收入	F 应计项目	
VIII 利润	G 利润	
	I 本年度	
	II 前期	

表 2—9 显示了目前欧盟的报表模式来自于早期德国的报表格式。从中可以看出，指令的第一个（1971 年）草稿基本上遵照了之前德国的报表格式。指令最终的确定版本（1978 年）被融入了各成员国的国家法律（例如英国《公司法》）。表中所列示的英国格式其实是英国法律所允许的许多种格式之一。英国公司通常采用“财务状

况”格式，同时按照表 2—9 所示的顺序列示资产。部分出于对此很难达成国际性意见的原因，国际财务报告准则在财务报表问题上（《国际会计准则第 1 号》）没有对资产负债表格式提出要求，而且对流动性顺序或报表形式都没有进行规范。

资产负债表的国际差异应当不会造成很大的问题，只不过不同的报表格式使读者关注不同的总金额，例如有的格式使读者关注资产总额，而有的则使读者关注净资产总额。表 2—9 的格式没有单独列示流动负债，而从所给信息中很难计算出这一数据。

利润表的差异对财务报表的使用者来说是个更大的问题。表 2—10 列示了一些国家之间的差异。尽管非会计人员可能觉得分为左右两边列示的资产负债表难以理解，但总的来说，采用报告式或账户式的资产负债表应该不会给读者造成很大的障碍。真正的问题在于归集成本的两种方式，即是按性质还是按功能归集成本。在按性质归集成本的报表格式中，成本按照总采购费用、总折旧费用、总工资等方式列示。按功能归集成本的报表格式按照生产阶段列示成本，其中包括销售成本、管理成本、运输成本等。按功能归集成本的报表可以为制造企业计算出毛利，但按性质归集成本的报表则不能，因为它不提供为计算销售成本所需的制造工资和折旧等方面的成本信息。《国际会计准则第 1 号》中仍没有包含这一方面的要求。

本章讨论了外部股东的地位与会计之间的联系。股东定位比会计原则更具影响力，它影响着财务报表的格式。例如，非常明显的是，英国普遍使用报告式报表而法国或西班牙则使用账户式报表，这表明英国具有更大的股东倾向性。正如上文所指出的，这是因为报告式资产负债表允许列报营运资本和资本净值，并将资本净值与股东基金进行对比。竖式利润表对非会计人员说来更容易阅读。

表 2—10　　**常用利润表表**

国家	表格形式	成本归集
澳大利亚	竖式	功能
法国	账户式	性质
德国	竖式	主要根据性质
意大利	竖式	性质
日本	竖式	功能
西班牙	账户式	性质
英国	竖式	功能
美国	竖式	功能

然而，即使是复式簿记形式的资产负债表（见表 2—9），现行的欧洲格式比以前的格式有了更强的股东倾向性，它将股东基金放在一起列示，而不是将年度净利润作为一个单独的项目放在资产负债表的下端（或者将损失放在资产方的下端）列示，而《1965 年股份法》（1987 年以前的德国法规）和 1989 年以前的西班牙会计实务以及 1993 年以前的意大利会计实务都是这样做的。将“坏账准备”作为一项负债列示以及将“未缴催缴股本”作为第一项资产列示，这证明欧洲大陆对资产负债表复式

簿记方面的特征有更感兴趣。为实施第四号指令而引用的新格式消除了许多这样的差异。

小结

- 在文献中可以找到大量有关国际会计准则差异的成因。
- 很难说清楚文化差异对会计的影响。尽管很多人都试图对文化进行量化研究，但却很难将这种研究应用到对会计差异的计量上。我们可以在会计、法律和金融制度之间建立更直接的联系。
- 本书所考察的大多数国家都可以看作是习惯法国家或成文法国家，这与会计的类型似乎存在某种关联。
- 拥有大型权益市场的国家需要适合为投资者披露有用信息的财务报告，其他国家的会计制度则更可能与应纳税所得额和可分配利润的计算相关联。
- 在某些国家，税收与财务报告紧密联系，例如德国。
- 外部力量会对一个国家的会计制度产生影响，在前殖民地国家尤其如此。目前一个重要的外部力量是国际会计准则理事会。
- 高水平的通货膨胀率通常对会计会产生影响，但影响程度在各国有所不同。在大多数国家，会计理论似乎都对会计制度有很微弱的影响，但是在概念框架的形成中，其重要性日益增加。
- 各国会计职业的规模和力量的差异可能不是会计差异的原因，而是其结果。
- 总而言之，除非殖民主义的影响很大，会计体系主要是受是否有强大的权益市场的影响。
- 人们发现不同国家存在着不同程度的稳健性。可以预期，在税务与会计紧密联系的国家和拥有如银行家那样保守的会计信息使用者的国家其会计实践更具稳健性。一个较为保守的方法是制造“非必要”的准备金。然而，在情况不好的年度这些准备金将被冲回，这反而使收益数字更不稳健。
- 资产的计价显示出重要的国际差异。一些国家严格要求使用历史成本，另一些国家允许在特定时期对特定资产进行重估。在某些国家，政府已要求间或对固定资产进行有控制的重估（controlled revaluations）。
- 各国财务报表的格式明显不同，这给国际比较造成一些困难。在一个国家中，以股东为导向的程度影响着财务报表的格式、现金流量表的编制、特定项目的披露和许多其他的会计实务。

参考文献

Abel, R. (1969) 'A comparative simulation of German and US accounting principles', *Journal of Accounting Research*, Vol. 7, No. 1.

Adams, C. A., Weetman, P., Jones, E. A. E. and Gray, S. J. (1999) 'Reducing the burden of US GAAP reconciliations by foreign companies listed in the United States: the key question of materiality', *European Accounting Review*, Vol. 8, No. 1.

Ali, A. and Hwang, L. -S. (2000) 'Country-specific factors related to financial reporting and the value relevance of accounting data', *Journal of Accounting Research*, Vol. 38, No. 1.

Ball, R., Kothari, S. P. and Robin, A. (2000) 'The effect of international institutional factors on properties of accounting earnings', *Journal of Accounting and Economics*, Vol. 29, No. 1.

Baskerville, R. F. (2003) 'Hofstede never studied culture', *Accounting, Organizations and Society*, Vol. 28, No. 1.

Bushman, R. and Piotroski, J. (2006) 'Financial reporting incentives for conservative accounting: the influence of legal and political institutions', *Journal of Accounting and Economics*, Vol. 42, Nos 1, 2.

Chanchani, S. and MacGregor, A. (1999) 'A synthesis of cultural studies in accounting', *Journal of Accounting Literature*, Vol. 18.

Chanchani, S. and Willett, R. (2004) 'An empirical assessment of Gray's accounting value constructs', *International Journal of Accounting*, Vol. 39, No. 2.

Choi, F. D. S. and Meek, G. K. (2005) *International Accounting*, Prentice-Hall, Upper Saddle River, NJ.

Cooke, T. E. (1933) 'The impact of accounting principles on profits: the US versus Japan', *Accounting and Business Research*, Autumn, Vol. 23, No. 32.

David, R. and Brierley, J. E. C. (1985) *Major Legal Systems in the World Today*, Stevens.

Davidson, S. and Kohlmeier, J. (1966) 'A measure of the impact of some foreign accounting principles', *Journal of Accounting Research*, Vol. 4, No. 2.

Doupnik, T. and Salter, S. (1995) 'External environment, culture, and accounting practice: a preliminary test of a general model of international accounting development', *International Journal of Accounting*, Vol. 30, No. 3.

Doupnik, T. S. and Tsakumis, G. T. (2004) 'A critical review of tests of Gray's theory of cultural relevance and suggestions for future research', *Journal of Accounting Literature*, Vol. 23.

Evans, L. and Nobes, C. W. (1996) 'Some mysteries relating to the prudence principle in the Fourth Directive and in German and British law', *European Accounting Review*, Vol. 5, No. 2.

Flint, D. (1982) *A True and Fair View*, Gee, London.

Frank, W. G. (1979) 'An empirical analysis of international accounting principles', *Journal of Accounting Research*, Vol. 17, No. 2.

Franks, J. and Mayer, C. (2001) 'Ownership and control of German corporations', *Review of Financial Studies*, Vol. 14, No. 4.

Gray, S. J. (1980) 'The impact of international accounting differences from a security-analysis perspective: some European evidence', *Journal of Accounting Research*, Vol. 18, No. 1.

Gray, S. J. (1988) 'Towards a theory of cultural influence on the development of accounting systems internationally',*Abacus*,Vol. 24,No. 1.

Guenther,D. A. and Young, D. (2000) 'The association between financial accounting measures and real economic activity: a multinational study', *Journal of Accounting and Economics*,Vol. 29,No. 1.

Haller,A. (1992) 'The relationship of financial and tax accounting in Germany:a major reason for accounting disharmony in Europe', *International Journal of Accounting*, Vol. 27,No. 4.

Hellman,N. (1993) 'A comparative analysis of the impact of accounting differences of profits and return on equity:differences between Swedish practice and US GAAP',*European Accounting Review*,Vol. 2,No. 3.

Hofstede,G. (1980) *Culture's Consequences: International Differences in Work-Related Values*,Sage Publications,Beverley Hills.

Hofstede,G. (1984) 'Cultural dimensions in management and planning',*Asia Pacific Journal of Management*,January.

Hofstede, G. (2003) 'What is culture? A reply to Baskerville', *Accounting, Organizations and Society*,Vol. 28,Nos 7 – 8.

Hoogendoorn, M. (1996) 'Accounting and taxation in Europe – a comparative overview',*European Accounting Review*,Vol. 5,Supplement.

Hung,M. (2000) 'Accounting standards and value relevance of financial statements:an international analysis',*Journal of Accounting and Economics*,Vol. 30,No. 3.

Jaggi,B. and Low,P. Y. (2000) 'Impact of culture,market forces,and legal system on financial disclosures',*International Journal of Accounting*,Vol. 35,No. 4.

La Porta, R., Lopez-de-Silanes, F., Shleifer, A. and Vishny, R. W. (1997) 'Legal determinants of external finance',*Journal of Finance*,Vol. 52,No. 3.

La Porta, R., Lopez-de-Silanes, F., Shleifer, A. and Vishny, R. W. (1998) 'Law and finance',*Journal of Political Economy*,Vol. 106,No. 6.

Lamb,M., Nobes, C. W. and Roberts, A. D. (1998) 'International variations in the connections between tax and financial reporting',*Accounting and Business Research*,Vol. 28, No. 3.

Nobes,C. W. (1993) 'The true and fair view requirement:impact on and of the Fourth Directive',*Accounting and Business Research*,Vol. 24,Winter.

Nobes,C. W. (1998) 'Towards a general model of the reasons for international differences in financial reporting',*Abacus*,Vol. 34,No. 2.

Nobes,C. W. and Schwencke, H. R. (2006) 'Tax and financial reporting links: a longitudinal examination over 30 years up to IFRS adoption,using Norway as a case study', *European Accounting Review*,Vol. 15,No. 1.

Norton,J. (1995) 'The impact of financial accounting practices on the measurement of profit and equity:Australia versus the United States',*Abacus*,Vol. 31,No. 2.

Parker,R. H. (1994) 'Context,diversity and harmonization',Ch. 1 in T. E. Cooke and

R. H. Parker(eds), *Financial Reporting in the West Pacific Rim*, Routledge, London.

Parker, R. H. and Nobes, C. W. (1994) *An International View of True and Fair Accounting*, Routledge, London.

Radebaugh, L., Gray, S. and Black E. L. (2006) *International Accounting and Multinational Enterprises*, Wiley, New York.

Roe, M. J. (2003) *Political Determinants of Corporate Governance*, Oxford University Press, Oxford.

Rueschhoff, N. G. and Strupeck, C. D. (1998) 'Equity returns: local GAAP versus US GAAP for foreign issuers from developing countries', *International Journal of Accounting*, Vol. 33, No. 3.

Ryan, S. G. (2006) 'Identifying conditional conservatism', *European Accounting Review*, Vol. 15, No. 4.

Salter, S. B. and Niswander, F. (1995) 'Cultural influence on the development of accounting systems internationally: a test of Gray's [1988] theory', *Journal of International Business Studies*, Vol. 26, No. 2.

Soeters, J. and Schreuder, H. (1988) 'The interaction between national and organizational cultures in accounting firms', *Accounting, Organizations and Society*, Vol. 13, No. 1.

Street, D. L., Nichols, N. B. and Gray, S. J. (2000) 'Assessing the acceptability of international accounting standards in the US: an empirical study of the materiality of US GAAP reconciliations by non-US companies complying with IASC standards', *International Journal of Accounting*, Vol. 35, No. 1.

Tarca, A., Moy, M. and Morris, R. D. (2005) 'An investigation of the relationship between use of international accounting standards and sources of company finance in Germany', paper presented at the University of Sydney, 31. 3. 2005, under journal review.

Tucker, J. (1994) 'Capital structure: an econometric perspective on Europe', in J. Pointon(ed.), *Issues in Business Taxation*, Avebury, Aldershot.

Tweedie, D. P. and Whittington, G. (1984) *The Debate on Inflation Accounting*, Cambridge University Press, Cambridge.

Tyrrall, D., Woodward, D. and Rakhimbekova, A. (2007) 'The relevance of International Financial Reporting Standards to a developing country: evidence from Kazakhstan', *International Journal of Accounting*, Vol. 42, No. 1.

van Caenegem, R. C. (1988) *The Birth of the English Common Law*, Cambridge University Press, Cambridge.

Weetman, P. and Gray, S. J. (1991) 'A comparative international analysis of the impact of accounting principles on profits: the USA versus the UK, Sweden and the Netherlands', *Accounting and Business Research*, Autumn, Vol. 21, No. 84.

Weetman, P., Jones, E. A. E., Adams, C. A. and Gray, S. J. (1998) 'Profit measurement and UK accounting standards: a case of increasing disharmony in relation to US GAAP and

IASs', *Accounting and Business Research*, Summer, Vol. 28, No. 3.

Whittington, M. (2000) 'Problems in comparing financial performance across international boundaries: a case study approach', *International Journal of Accounting*, Vol. 35, No. 3.

Xiao, J. Z., Weetman, P. and Sun, M. (2004) 'Political influence and coexistence of a uniform accounting system and accounting standards: recent developments in China', *Abacus*, Vol. 40, No. 2.

Zambon, S. (1998) 'Twin accounting? A closer look at the compatibility of accounting practices of UK companies with US GAAP', University of Reading, Department of Economics, Discussion Papers, Series D, X(57).

Zambon, S. and Dick, W. (1998) 'Alternative standards (IAS/US GAAP) and continental European accounts: evidences of a competitive process', University of Reading, Department of Economics, Discussion Papers, Series D, X(58).

Zeghal, D. and Mhedhbi, K. (2006) 'An analysis affecting the adoption of international accounting standards by developing countries', *International Journal of Accounting*, Vol. 41, No. 4.

Zysman, J. (1983) *Governments, Markets and Growth: Financial Systems and the Politics of Industrial Change*, Cornell University Press, Ithaca.

课后问题

书末提供带星号问题的参考答案。

2.1* “在财务报告实务中，造成国际差异的基本原因是政府对会计不同程度的干预。”请讨论这种说法。

2.2* 评价下述观点：历史的偶然性应对公司财务报告的国际差异负主要责任。

2.3 假如你要尝试对各个非洲国家的财务报告实务作出预测，你将衡量哪些非会计的可变因素？

2.4 解释公司所有权和公司融资方面的国际差异是如何引起财务报告差异的。

2.5 是应纳税所得额计算规则的国际差异引起了会计差异，还是会计差异引起了应纳税所得额计算规则的国际差异？

2.6 为什么很难在特定的外部因素和会计国际差异之间建立一种因果关系？讨论在辨认这些可能的原因时所遇到的方法性问题。

2.7 本章所讨论的这些原因在不同国家是如何影响公司治理结构的？

2.8 财务报表格式的国际差异是进行这些报表比较的主要障碍吗？

2.9 请用几个不同的会计专题解释德国会计规则在哪些方面比英国会计规则更稳健。

第3章 财务报告的国际分类

克里斯托弗·诺比斯

内容

目标

读完本章后您应当能够

- 解释为什么分类在自然科学、政治社会科学以及会计研究中是一种有用的方法。
- 概括已有的会计制度分类方法，区分哪些是根据外部影响进行的分类，哪些是根据实务差异进行的分类。

- 解释为什么明确被分类的对象非常重要：是实务还是规则，是规则还是法规体系，是所有公司还是仅上市公司实务，是计量还是披露，是各个国家还是系列报表。
- 基于被分类国家指出哪些国家应被分在一组。
- 评论文献中的分类。

3.1 引言

在第2章中，我们已就财务报告实务中的国际差异的成因及性质进行了讨论。我们看到了国家之间所具有的相似性，并按照一定目的将这些国家分成了两大类，这对我们的讨论很有用。本章将更具体地考察是否可能根据这些国家在会计方面的相似之处和不同之处对它们进行分类。首先，我们将讨论自然科学及社会科学中的分类（3.2 和3.3 部分），随后将考察在会计学科中进行分类的目的。我们可以根据外部因素进行分类（3.5 部分），也可以根据会计实务进行分类（3.6 到3.8 部分）。最后将在3.10 部分对各种分类进行总结。

作为开场白，首先要说明的是，现在许多国家除了税收要求以及其他私人目的以外，还存在至少两套财务报告体系。例如在法国，上市公司的合并报表根据国际财务报告准则编制，而单个公司（无论是否是集团的组成部分）却根据法国的国内准则编制报表。关于分类的研究工作大多是在这一状况出现之前进行的，特别是在2005年之前。因此对于那些只关心上市公司合并报表的读者而言，本章关于分类的研究更多的是一种历史回顾。

不过在很多国家，大多数财务报表（例如所有的单个报表和部分合并报表）仍遵循国内准则，所以国际差异仍然很重要。即使如此，因为一些国家的国内准则本身正在与国际财务报告准则或美国准则相协调，所以极端的差异日益减少。但是，一个国家为了特定目的而采用国际财务报告准则的实践与这种整体上的“趋同”是不同的，这种区别非常重要。更进一步来说，各国对国际财务报告准则的不同解释或对处理方法的选择偏好，都可能带来国际差异。这将在第4章和第7章作进一步的阐述。

在研究国际协调（第4章）和本国准则（第15章）之前先研究分类是非常有必要的。

3.2 分类的性质

分类是科学家的基本工具之一。门捷列夫（Mendeleev）的元素表及林奈（Linnaean）的分类法分别是化学及生物学的基础。分类可以使描述和分析更为深入。根据一种元素在分类中的位置，可以揭示其结构并预计其特征。通过分类还可以了解什么元素曾经存在，将来可能存在，或者现在的确存在且正有待于人们去发现。

一般认为，分类必须具有四个性质（AAA，1977，第77～78页）：首先，必须一贯地保持其分类的特征，即在任何分类中用于区分不同要素的特征必须是相同的。分类的目的不同，则所采用的分类特征也不同。其次，一种好的分类，应该包含充分的子集，这样才能表示给定的整体。再次，所有子集必须是互不相容的，这样任何一种元素都不可能同时包含在一个以上的子集中。最后，必须注意分类层次的完整性。

例如，在林奈的生物分类中，任何特定“种”的植物或动物最后总处于该分类中的最底层，它一定属于某个“属”（genus），即该“属”又总是属于某个“科”（family），依此类推。罗伯茨（Roberts，1995，第653～655页）对这些性质进行了检验和评论。

人们可以进行不同类型的分类，从最简单的二项分组（例如，黑色物体与白色物体）或者等级排列（例如，在一个班级中按学生高度排列），到较为复杂的标准（例如周期表）或系统化（例如林奈的生物体系）。在社会科学中两种常用的元素分组法是“多维排列法”和“形态构造法”。第一种方法是在不同的数轴上运用两种以上的性质，以找出显示相似性质的元素簇；第二种方法试图找到一种根据元素的重大差别因素对元素惊醒排列的“形态”，通过这种方法就可以更加清楚地看出哪些元素是相类似的（例如图3—1就是这种方法）。

变量	按性质划分的各种形态				
	1	2	3	4	5
P_1 政治体制	传统的寡头政治	极权主义寡头政治	现代寡头政治	监护下的民主政治	民主政治
P_2 经济体制	传统经济	市场经济	有计划的市场经济	计划经济	
P_3 经济发展阶段	传统社会阶段	起飞前阶段	起飞阶段	趋于成熟阶段	总体成熟阶段
P_4 财务报告的目标	←——— 微观	———→		←——— 宏观	———→
	投资决策	管理业绩	社会计量	部门计划与控制	国家政策的目标
P_5 准则的来源及权威性	行政命令	法律行为	政府管理机构	政府与民间合作	民间制定
P_6 教育、培训与执业许可	←——— 政府	———→	←——— 民间	———→	
	非正式	正式	非正式	正式	
P_7 职业道德与准则的实施	行政性	政府管理性	司法性	民间性	
P_8 委托人	政府	公众	←——— 公司	———→	
			公开	非公开	

图3—1　美国会计学会的比较会计制度形态结构

资料来源：节选自 American Accounting Association（1977）*Accounting Review*, Supplement to Vol. 52, p. 99。

3.3　社会科学家的分类

在对分类的性质及方法作简单考察之后，我们再来研究一下与会计学相邻领域中的一些传统的分类方法。人们曾经对政治体制、经济体制及法律体制进行过分类。例如，将政治体制分为民主政治、监护的民主政治、现代寡头政治、极权主义寡头政治，以及传统寡头政治（Shils，1966）。经济体制则被划分为资本主义、社会主义、共产主义及法西斯主义。另一种经济体制的分类是传统经济、市场经济和计划经济（Neuberger and Duffy，1976）。在法律体制中也有一些分类（Kagan，1955；Derrett，1968；David and Brierley，1985）。一些作者在对法律体制进行分类时，为确定两种体制是否同属一类提供了判断的标准：如果“受一种法律教育的人能毫不困难地处理另一种法律制度下的案件”（David 和 Brierley，1985，第 21 页），那么就认为这两种体制属于同一类。此外，这两种法律体制不能“建立在相对立的哲学、政治或经济原则之上”。第二个标准确保了同一类体制不仅具有相似的外在特征，而且也具有相似的基本结构，并能对新的环境条件作出相似的反应。大卫和布莱尔利运用这些标准将法律体系分为如下四类：罗马—日耳曼体系、习惯法体系、社会主义法体系和哲学—宗教法体系。

在上述各例中，所采用的分类方法都是比较初级的，仅仅是将不同的体系分为几类，所划分的各类别有时定义得不够精确或是不够详尽。同时，用以确定类别并进行归类的方法大多是基于个人知识和描述性文献之上的主观分类。由于社会科学存在复杂性和“晦涩性”，这些不足是难以克服的。

3.4 会计分类

在第 2 章中，我们用“会计制度”这个词表示公司年报中的财务会计实务，根据各种会计制度的特征（相似或不同），我们可以将其划分为几组。如果一个国家中的全部或多数公司的会计实务都类似，那么可以按照会计实务对不同国家进行分类。但即使真的可以这样分类，各个国家所遵循的制度也可能每年都发生变化。在以下的讨论中我们将看到，不同的研究者试图对不同的对象进行归类，而不仅仅是对上述会计制度进行归类。

正如前面所述，对某一学科进行分类的原因，也是试图对财务报告各种“制度”进行分类的原因之一。在财务报告领域，分类是区别和比较不同制度的一种有效方法，它将有助于展示一个国家从某一制度转向另一制度的进程，并通过指明某一类的国家中其他国家的制度来说明该类别中主要国家的制度观念的发展进程。与分类有关的活动（例如上述多维排列法和形态构造法）应该力求准确。此外，在社会科学中，分类还有助于确定发展过程，而不仅仅是描述事物是如何存在和为什么存在。例如，分类应该有利于研究协调的必然性及其所面临的困难，这对于学术界和从事国际协调的组织或计量协调程度而言都具有价值（Doupnik，1987）。分类同时也应该有助于培训从事国际业务的会计师和审计师。另外，通过研究结构形态并观察其他国家所采用的特定制度，发展中国家也许能更好地理解现存的各种财务报告类型，并了解哪一种类型最适用于本国。同时，通过考察同类的其他国家的情况，一个国家应该有可能预测将会面临的问题以及有效的解决办法。

还有人认为，要促使一个国家从一种会计制度向另一种会计制度转变，可以先调节经济和政治环境等因素，这些因素变化以后将会传导到会计制度方面，从而获得想要的会计制度（AAA，1977，第 100 页）。然而，这种方法无异于通过摇动狗来使其摆尾。

下一节我们将概括一些分类方法，它们不是根据会计实务而是根据外部特征进行的，因此可以被称之为“外部的”分类，例如，某种分类的基础是影响会计发展的因素。当然，由于人们对于哪些因素是重要的具有不同看法（见第2章），这些看法就会带来不同的分类。

一个分类被称为“外部分类”是否恰当取决于被分类的对象。例如，下一节有一个与监管制度有关的分类即被称为“外部”分类。这是因为，此分类关注的中心问题是公司的会计实务以及这些会计实务被何种规则所控制，这些规则的内容是什么。这些问题受到经济因素和其他因素的影响，而会计实务在监管制度的框架范围之内。相对而言，如果某章关注的核心问题是监管制度，则直接根据这些制度性质进行的分类将是“内部的”分类。

3.6到3.8部分的所谓“内部”研究大部分也是从财务报告实务中升级来的，因为这些研究大多数建立在报告规则的基础上，而不是建立在实务基础上。重申一遍，关注分类的内容是很有用的。在很多情况下，分类的对象是国家，而且是根据一系列公司的财务报告规则/实务的性质对目标国家进行分类的。正如后面将要解释的，对财务报告制度本身进行分类会更好，而且最好根据其关键特征对其进行分类。

3.5 外部分类

3.5.1 缪勒的分类

20世纪60年代末期，格哈德·缪勒（Gerhard Mueller）教授独辟新径，提出对会计的国际分类（1967）以及对经营环境的国际分类（1968）。他将会计制度分为4种发展模式，这是一种简单的分组，并没有解释其所采用的方法。但是，“这4种模式已涵盖了目前世界各地所有我们知道的会计实务”（1967，第2页）。缪勒教授通过一两个例子对每一种制度都加以说明。需要指出的是，对于一项开创性的工作，期望进行更复杂的分类可能是不合理的，而且缪勒具有见地的判断可能已经是当时最好的分类方法之一。

缪勒强调，一个国家的会计规则是该国经济、政治和其他环境因素的产物，这些因素决定了会计制度的性质。这也表明，对于一个国家而言，其他国家的规则一般不适用，所以应该选择最适合该国需要的规则。但穆勒也因此对协调化的可能性和有用性产生了疑问。缪勒所阐述的这4种类型在之后的一部著作中（Choi和Meek，2005，第2章）作了精确的概括：

（1）宏观经济型会计。在这一类别中，会计已发展成一种国家经济政策的附属物。我们可以推测，这样的财务会计将强调增值表，鼓励收益平滑，使财务会计相当于税务会计相同，并会包括社会责任会计。瑞典被认为是这种类别的一个范例。

（2）微观经济型会计。这种会计最适合于市场主导的经济，在这种经济体制中，各私有公司是经济活动的核心。由于受微观经济学的影响，会计试图通过计量和计价来反映经济现实。这意味着会计法规必须细致且灵活。在这种类别中，重置成本会计的发展最易被接受。荷兰被认为是此类会计的典型。

（3）独立学科型会计。这一类别的发展不依赖于政府或经济学理论。会计在公司中发展，面对所出现的问题，并采用有效的解决方法。它几乎不重视理论，只是在紧急事件中或是试图在事后为已出现的结果寻找理由时才用到理论。“公认会计原则”这样的表述便是一个典型的例子。缪勒认为英国和美国的会计体系是这一类别的范例。

（4）统一型会计。这类制度在政府将会计作为对公司进行行政控制的一部分的国家中得以发展。会计可以衡量业绩、分配资金、估计产业及资源的规模、控制物价、征收税款、操纵公司各个部门等。它涉及概念、计量方法及表达方式的标准化。法国被认为是此类会计的典型。

缪勒没有直接根据实务上的差异来划分财务报告体系，而是间接地根据特定体系发展过程中经济、政府以及公司等因素的重要性差异来进行划分。然而，人们可以认为以相似方式发展的体系在会计实务中也应该是相似的。这在某种程度上是正确的，本书的第 2 章曾提过英国和美国有着相似的会计实践，缪勒的发展分类法同样也将其归为一类。

尽管如此，缪勒的分类法还是存在一些问题。它只有 4 组不相容的类别而没有划分等级，这降低了分类的有用性。荷兰是其中一个类别中唯一的一个国家，而且该分类也不能说明荷兰会计更接近于英美会计还是更接近于瑞典会计。同样的，这样的分类也无法说明德国会计所展示的特征既使人联想到宏观经济型会计又使人联想到统一型会计这个事实。这种分类完全没有考虑社会主义国家的会计。

随着时间的推移，这种分类方法逐渐显得过时。例如，瑞典已经朝英美会计迈进了一大步（特别是在 20 世纪 90 年代），同时荷兰也已经在很大程度上放弃了重置成本会计法。即便如此，缪勒的分类法现在仍有历史价值。

缪勒的第二种分类法（1968）基于经营环境。他指出不同的经营环境需要不同的会计体系，在试图变革或规范会计实务时要考虑到这一点。根据经济发展状况、公司的复杂性、政治和社会环境以及法律体系，缪勒将目标国家分为 10 个类别。这不是对财务报告的分类，而且这种分类法可能过于笼统，因而对我们并没有什么帮助。例如，有人认为在“近东和远东的发展中国家”这一类别中的国家应当有相似的会计体系，但事实上却并非如此。

3.5.2 各种形态结构

我们认为，分类的一种方法是通过绘制形态结构图，并运用实证数据进行分组。巴克利（Buckley，1974）和美国会计学会（1977，第 99 页）曾绘制过关于会计实务的形态结构图，美国会计学会的形态结构图如图 3—1 所示。尽管前两个特征（政治体制和经济体制）的相关性看起来似乎不如会计实务的真实特征，但是为了避免受到暂时的表面上的相似性的影响从而导致错误的分类，考虑这两个因素也许是十分重要的。正如美国会计学会的国际会计委员会所述，“变量……P_1 和 P_2 被认为是某一类会计体系确实（或可能）出现的关键因素”（第 97 页）。遗憾的是，这些形态结构图迄今还未能进一步地与实证数据结合起来。

3.5.3 影响范围

另外还存在一些基于“影响区域”的“主观”分类法。塞德勒（Seidler，1967）将会计实务分为3组：英国、美国和欧洲大陆。此外，美国会计学会的国际会计委员会根据会计体系的5个“影响区域”进行的主观分类（AAA，1977年，第105页和第129～130页）。这些类别分别为：

（1）英国；

（2）法国—西班牙—葡萄牙；

（3）德国—荷兰；

（4）美国；

（5）社会主义国家。

正如第2章所述，这种分类对发展中国家可能是最有用的，因为在发展中国家来自其他国家文化因素的影响占了主导地位。但除上述直接（按实务）和间接（按环境）两种分类方法以外如果在出现第三种财务报告分类法，似乎不太合适。这是因为这种分类法没有任何层次，因而没有考虑诸如美国和英国会计之间的联系。此外，在对第2章和第11章的资料进行考察时，作为对发达财务报告体系进行分类的一种方式，将“德国—荷兰”作为一个类别似乎是不合适的。

3.5.4 文化分类

正如第2章所述，格雷（1988）运用霍夫斯蒂德（1980）的文化分类来解释会计实务中的国际差异。显然，可以采用这一文化分类对会计实务进行分类，而且格雷（1988，第12页和第13页）也顺着这一想法提出了一些初步的看法。其他人（如多谱尼克和索尔特，1995）也用霍夫斯蒂德的文化因素对会计实务进行过分类。

我们曾在第2章中指出，应当将文化看作是国际会计差异成因的背景因素，本章我们将继续讨论这个观点。

3.5.5 会计制度的分类

普克斯蒂等人（Puxty *et al.*，1987）结合斯特里克和施米特（Streeck and Schmitter，1985）的研究提出，存在三种有局限性但却是理想的制度，分别通过“市场”、“政府”及“社团”形成。如果这一过程完全受市场力量的影响，则每个公司都可以自己选择规则，它们仅受来自市场，尤其是资本市场的压力的影响。19世纪英国的“自由经济”以及在证券交易委员会成立之前的美国经济，在一定程度上都是这种类型，其中有一些公司自愿披露会计信息并接受审计（Watts and Zimmerman，1983）。另一个极端则是整个过程都由“国家”控制，国家负责设立一个机构颁布必须遵循的会计实务，并提供实施机制。正如我们之后将会看到的，这一过程可以采用一些不同的方法来实现。第三种理想的范式是通过社团“自发地团结一致”以形成制度。

在这三种情况中，普克斯蒂等人通常将它们与“自由主义”（liberalism）、“协作主义”（associationism）、“社团主义”（corporatism）和“条文主义”（legalism）这些术语加以区分。如图3—2所示，在会计法规中，市场和政府比社团更具决定作用。普克斯蒂等人提出的4个模式形成了一个闭联体：一端是自由主义，这时所提供的法规完全遵守市场原则，公司仅在有商业上的需要时才披露信息；另一端则是条文主义，无保留地执行政府提出的规则，要求会计实务遵循法律条款，并通过国家独有的强制方法执行这些法律条款。

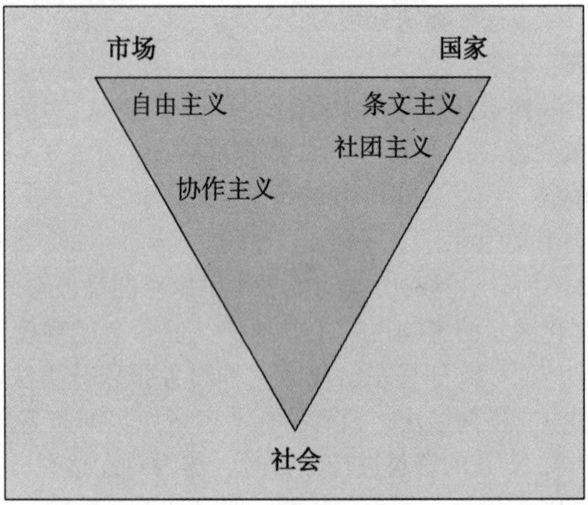

图3—2 财务报告制度

资料来源：Adapted from Puxty *et al.* (1987), 'Modes of regulation in advanced capitalism: locating accountancy in four countries', *Accounting Organizations and Society*, Vol. 12, p. 283. Copyright © 1987 Elsevier Science. Reproduced with permission.

在这两种极端情况之间是协作主义和社团主义，两者都将自由主义和条文主义与少量的社团影响结合起来。在协作主义下，规则通过某些组织的发展来完成，而这些组织的形成则是为了代表并提升其成员的利益。当然，这些成员只是社团的一部分，并不代表整体。社团主义则更依赖于等级控制的国家规范，国家不仅仅允许有组织的利益集团的存在，而且将它们都纳入其统一管理的制度等级体系中。协作主义和社团主义的基本差异在于国家为达到公众（即国家）目的而非私人目的（即市场）对利益集团"倾向"的程度。

普克斯蒂等将这一框架应用于美国、英国、德国和瑞典，如下所示：

- 美国：条文主义和协作主义并存，与前者相比，后者居次要地位；
- 英国：主要是协作主义；
- 德国：条文主义占主导地位；
- 瑞典：社团主义。

本书第9章和第14章将讨论其中3个（及其他）国家的制度体系。制度体系的国际差异在很大程度上是会计协调化存在的原因。诺比斯提出另一种制度体系的分类（1992a，第99~103页）。

3.5.6 审计师的能力

休恩瑟（Shoenthal，1989）想要表明英国和美国新近取得资格的审计师的能力可以作为一种分类变量。然而，这个变量究竟是否相关是值得怀疑的。仅对两个国家的比较研究除了能告诉我们这两个国家是不同的以外，并没有提供其他任何关于分类的信息（Nobes，1992b；Shoenthal，1992）。

3.6 内在分类：20 世纪 70 年代和 80 年代

3.6.1 介绍

一些研究者试图通过使用别人搜集的数据或使用自己生成的数据直接比较会计实务并对其进行分类。在大多数情况下，这些数据并不仅仅和会计实务相关，它们还和会计规则（或者是规则和实务的混合）相关。早期对分类的尝试及最近对不同国家体系的描述，构成了现代内在分类法的基础。有证据表明，自 20 世纪初，人们一直在使用三组分类法（英国、美国和大陆）（Hatfield，1911，于 1966 年出版）。除此之外，其他描述及分析也为内部分类提供了原始素材，其中包括泽夫（1972）、普华永道（1973、1975 和 1979）、美国注册会计师协会（1964 和 1975）、莱布兰德会计师事务所（Coopers & Lybrand，1993）、亚历山大和阿彻（Alexander and Archer，2001）以及奥德海德和毕马威（Ordelheide and KPMG，1995 and 2001）等都为分类提供了原始资料。

3.6.2 运用聚类方法进行的分类

达·科斯塔、布儒瓦和劳森（Da Costa，Bourgeois and Lawson，1978）利用普华永道（1973）《对 38 个国家的调查》（*Survey in 38 Countries*），提出了一种直接以会计实务为基础的分类法。这种分类法会产生两个群组：一组包括英国及大英帝国的 9 个前成员国，另一组包括美国、法国、德国、南美各国，以及除荷兰、加拿大外的其他国家（荷兰和加拿大被认为是无法分类的）。

另一位研究者（Frank，1979）利用相同的数据进行类似（但更为详细）的分析，提出一种似乎合理得多的分类。奈尔和弗兰克（Nair and Frank，1980）拓展了这一研究。他们利用普华永道 1973 年及 1975 年的调查，将财务报告的特征划分为与计量有关的和与披露有关的两个类别。这一区分非常有用，尤其因为其对德国等要求提前披露的国家所产生的影响。弗兰克（1979）曾把德国归入“美国”组，但仅仅使用了“计量”特征分类，而奈尔和弗兰克（1980）将德国归入“欧洲大陆”组。表 3—1 列示了 1973 年根据计量特征进行的分类结果。尽管仍然没有层次之分，但其全面结果看起来似乎很有道理，而且与本书前几章的分析完全吻合。然而，这些分类中尚有两个问题必须现在加以解决，即数据问题和方法论问题。

1. 数据

有人对采用普华永道的数据进行分类提出质疑（Nobes，1981）。1973 年的数据中有 4 个值得注意的问题：（1）显而易见的错误；（2）令人误解的答案；（3）用次要问题掩盖主要问题；（4）由于接受调查者熟知英美两国的相似之处（以及其差别所在），而夸大两者的差异。对 1973 年的调查我们不再重复，但将会提及 1979 年调查中的一些错误。

以合并会计实务为例，该项调查称，法国对第 209 号会计问题（“合并报表……要为股东编制”）仅作“要求”，原因是法国的证券交易委员会“要求”合并报表，而正如法国证券交易委员会的年报所示，1979年只有305家上市公司公布合并资产负债表和合并损益表（1978年为289家），还不到上市公司数量的一半。如果针对“向公众公布报表的公司”进行调查，则所占的比重更小得多了（PW，1979，第5页）。

表3—1 **根据1973年计量实务的分类**

英联邦模式	拉丁美洲模式	欧洲大陆模式	美国模式
澳大利亚	阿根廷	比利时	加拿大
巴哈马	玻利维亚	法国	日本
爱尔兰	巴西	德国	墨西哥
斐济	智利	意大利	巴拿马
牙买加	哥伦比亚	西班牙	菲律宾
肯尼亚	埃塞俄比亚	瑞典	美国
荷兰	印度	瑞士	
新西兰	巴拉圭	委内瑞拉	
巴基斯坦	秘鲁		
罗得西亚	乌拉圭		
新加坡			
南非			
特立尼达和多巴哥			
英国			

资料来源：Nair，R. D. and Frank，W. G.（1980） ‘The impact of disclosure and measurement practices on international accounting classifications’，*Accounting Review*，Vol. 55，No. 3，p. 429。

类似例子还有很多。在某种程度上，这表明所报告的调查并不体现实际的会计实务，而是遵循非强制规则时可能使用的会计实务，或者是普华永道的合伙人可能偏好使用的会计实务。存在的一般问题是，这种报告可能是会计规则和会计实务的混合。这一错误和其他类型的错误说明，对分类目的而言数据并不令人满意。至少，在解释结论时需要特别慎重。

2. 方法

上述所有研究者都基于普华永道的数据运用聚类方法进行分析，他们认为这种做法会优于前面所说的主观分类法。奈尔和弗兰克（1980）强调他们的研究“……旨在对会计文献中反复提到的国际分类的有效性作经验性的评价”（第449页）。

对这一“经验主义”（empiricism）必须提出批评，因为其并未直接对某个特定的假定分类进行检验，而只是将一堆并非为这一目的而收集的数据加以分类。对这种方法的运用使上述的研究者（达·科斯塔等人，1978，第79页）之一得到这样一个结论，即与英国这一组最不相像的国家是美国；换言之，乌拉圭或埃塞俄比亚会计要比美国会计更类似于英国会计。根据普华永道的数据得到的这样一个结论从统计的角度看是合理的，但显然这是对现实世界的一种极不正确的描述（见第3.9部分）。这样一个结论其本身是很有趣的，但研究者从令人质疑的数据中提出假说而不是去验证假说，这就陷入了过于看重研究结果的泥沼中。这使得他们得出这样的结论：包括法国、德国、比利时、意大利在内的一组国家“步了美国后尘，背离了英国模式中通用的会计方法”。然而，在这些国家中，这意味着那些用于指导会计实践的公司法和税法的制定者们在制定法律时要牢记他们应该与美国一致，或者应切断与英国的联系，这似乎是极不可能的。众所周知，美国会计实务与欧洲大陆的会计实务存在极大的差异，这种差异表明不存在偶然的或潜意识的后者“追随”前者的现象（见第15章）。

这些例子所暴露的问题是由使用错误且不为特定目的而设计的数据所引起的。以林奈的生物分类体系为类比，就分类体系的主观性与经验主义的对立而言，生命科学家们还是会多采用前者。究竟采用哪个标准对生物进行分类，以及应赋予其多大的权重，这是一个判断问题。人们需要进行判断，以避免出现柏拉图将人归为不长羽毛的两足动物这样的分类。事实上，现在人们意识到，相对于鸟类而言，人类与多数的四足动物及根本没有脚的海豚更为接近。亚里士多德认识到这一点，他提出了“同族体”和“类似体”，前者指结构相同但功能不同的物体（如人类的脚和海豚的鳍状肢），而后者指相同的功能由不同的物体完成（如鸟类的翅膀和蜜蜂的翅膀，两者结构完全不同，前者的实际上是“臂膀”）。只有同族体才能说明关系上的接近程度。

如果更为详细地研究林奈的生物分类法，人们会发现，生物学家在对动物进行分类时，往往忽略那些最为明显的特征，也就是说，他们并不根据重量、颜色、腿的数量、身体表层的特征，以及寿命的长短等对动物进行因素分析。因为注重这些特征只能对数据进行分类，会将人和鸵鸟分为一类，将海豚和鲨鱼归为一类，将蝙蝠和猫头鹰归为一类等等。事实上，生物学家注重的是涉及基本（但较不明显）的特征的主观模式，认为比起其他任何三类动物，人、海豚、蝙蝠相互间更为接近，这样就会发现同类之间的行为、智力、繁殖能力及世系关系开始吻合。因此，生物科学家采用进化论进行分类，并注重那些基本的主要变量。

值得一提的是，植物学家遇到的困难比动物学家来得大。这也许部分地要归因于植物没有骨骼，而且没有留存至今的化石可供研究。现代的生物分类法包括对不同有机体的DNA相似程度进行的分析。

会计分类法的类比似乎很清楚了。“经验主义”分类的危险在于只对那些关注短暂或表面差异（而且可能未被正确记录）的数据进行分类。显然需要一种基于会计实务演化和导致会计实务差异的变量的模式，这就需要通过经认真计量的“结构性”惯例来验证，同时需要清楚分类的目的何在。

3.6.3 利用模型和新数据进行分类

这样，我们可以对前述的几种分类提出批评，因为它们（1）对分类对象的定义缺乏精确性；（2）缺乏可以比较统计结果的模型；（3）缺乏可以更加敏锐表现各国差异大小的层次划分；（4）在选择“重要的”鉴别特征上缺乏判断。能否纠正这些问题呢？笔者在自己的研究中试图解决这些问题（Nobes，1983）。

1. 定义

研究的目的被定义为根据各国股份公开公司的财务报告实务对各国进行分类。所选择的国家是西方发达国家，报告实务涉及计量和计价。分类时间是 1980 年，即在欧盟国家执行关于公司法第四号指令之前（见第 11 章）。

股份公开公司的财务报表通常是可以获取的，其会计实务也是最易为人们所了解的。对股东、债权人、会计师事务所、税务机关、管理者及协调机构（如国际会计准则委员会或欧洲经济共同体委员会）而言，他们感兴趣的是这些公司在报告中的国际差异（Mason，1978，第 5 章）。实际上，也只有在发达国家股份公开公司的数量才很多。然而，通过拓展会计实务的定义而试图囊括更多的国家是有可能的。在某种意义上，已经作出了这种尝试（Nobes，1992a，附录 V 和 VI）。

研究之所以选择计量和计价实务，是因为它们决定了利润、资本、资产总额、流动性等数额的大小。奈尔和弗兰克（1980，第 426 页和第 428 页）指出，区分计量与披露实务是有益的。

2. 分层次的模型

类似于图 3—3 所示的假设性分类是以一些计量实务差异中的解释变量为基础的，例如法律影响或经济学影响的重要性。在图 3—3 的分支点上包括了一些描述。

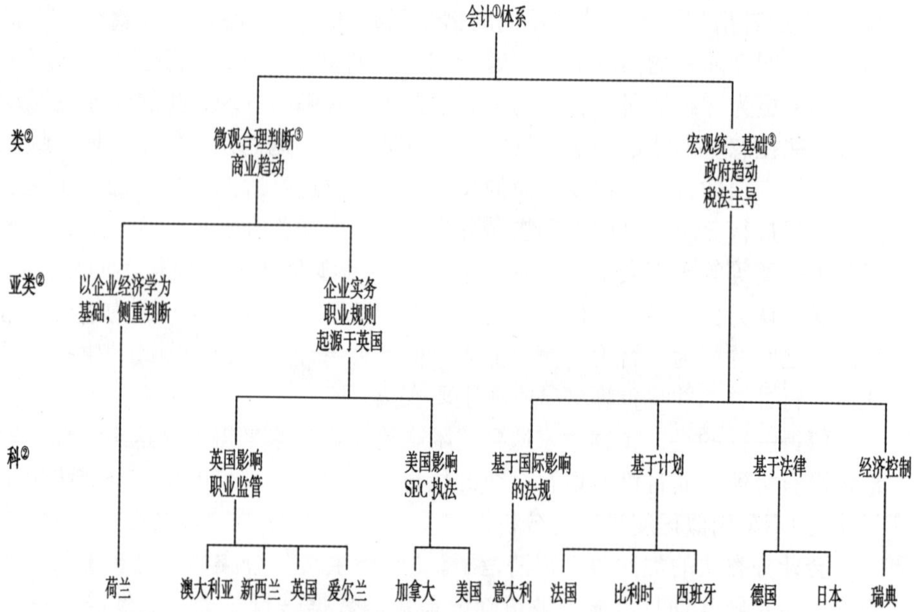

图 3—3　对 1980 年一些西方发达国家会计“体系”的一种分类

注：① 这是对公司财务报告的简称。

② 这些术语是从生物学中借用而来，仅仅是用于标明各个分散的层次。

③ 这些分支点上所用的术语，仅仅是根据其以下成员的会计体系的一些特征而归纳出的称谓。这一分类是由一英国的研究者提出的，所使用的一些术语可能会使其他文化环境下的人们产生误解。

所取的样本国家的数量为 14 个，但这些国家均是发达国家。普华永道的调查及上述研究者的结论也都涉及这些国家，同时还包括所有被梅森（Mason. 1978）定义为在国际协调化目的中“至关重要的”国家（即法国、日本、荷兰、英国、美国和德国）。

以往的分类包括不同的组（如表3—1），但没有划分可以表明各组间相对差距的层次。将英国和美国归入不同的组也许是合理的，但如果能够指出相对于欧洲大陆而言，这两组关系更加紧密，也许是有益的。

3. 鉴别特征

笔者曾尝试将一国财务报告实务中那些可能形成各国间长期根本性差异的特征分离出来，结果选择了9个因素，它们与上述多数研究者所考虑的因素不同，这些因素十分明显，因而可以进行检验、批评和修正（见表3—2）。

表3—2 **分类的因子**

1. 上市公司公开报表的使用者类型
2. 法律或准则在规定上的详细程度以及排除判断的程度
3. 税收法规在计量中的重要性
4. 稳健性/谨慎性（例如对建筑物、存货、应收账款的估价）
5. 应用历史成本（在历史成本报表中）的严格程度
6. 重置成本调整对主要报表或补充报表的影响程度
7. 合并会计实务
8. 允许提取准备金（不是公积金项目）以及平滑收益的能力
9. 各个公司应用会计规则的统一性。

这些因素的设计旨在与具有某些共同经济特征的发达国家具有相关性。如果想要包括发展中国家，则必须包括其他的鉴别因素，例如经济发展程度或经济体制的性质。但这样的一种处理过程可能是不适当的，因为在这些国家中极少存在或根本不存在股份公开公司，因此只能对公开的财务报告以外的其他事务进行划分。

将计量实务与解释变量区分开并不容易。然而，至少表3—2的前两个因素是解释变量，这是很显然的，而其他的因素则不那么明显。例如，可将“税收”视为解释差异的一种因素，而通过检验特定的计价是否受税法影响，这一因素也可被视为一种计量实务。除前两个因素之外的其他所有因素都被视为属于计量实务。

按照这9个因素对这14个国家进行归类，而后进行大量不同的演算及基于计算机的测试以得到聚类。这为图3—3中“微观/宏观”的划分找到了强有力的支持，同时也为更详尽的分组提供了相当的支持（Nobes，1983）。

3.7 有关诺比斯分类的发展

3.7.1 标准化程度的分类

阿尔·奈亚（Al Najjar，1986）进行了进一步的分类工作，所采用的方法类似诺比斯的方法（1983），但他根据会计的标准化程度对各国进行了归类。

3.7.2 检验

多谱尼克和索尔特（Doupnik and Salter，1993）运用他们的会计实务标准对诺比斯的分类进行了检验。其中存在的一个问题是，用于“检验”1980 年分类法的数据和 10 年之后的数据是相关的。后来，多谱尼克和索尔特（1995）提出一种关于会计差异成因的通用模式，设立了 10 个变量。然而，其中的一些变量似乎过于详尽，而有些变量又似乎与其他变量相重叠。例如，多谱尼克和索尔特使用一个基于边际税率计量的税收变量作为会计差异的一个成因。本书第 2 章中指出，税收和会计之间关系的国际差异更多的是会计差异的结果而非其成因（详见 Nobes，1998a）。此外，出于如下原因，边际税率似乎是一种不适当的计量：

● 不同时间税率的变动极大，但对会计的影响却不明显。例如，1987 年美国税率从最高的 46% 下降至 34%，而 1973 年英国的主要税率从 40% 上升至 52%，现在又降至 30%。

● 许多体制中有不止一个税率（如在德国，留存收益的税率为 45%，已分配利润的税率为 30%；在英国，大公司税率为 30%，小公司税率为 20%）。

● 税负多少取决于对“应税收益”的界定，而不仅仅取决于税率。

● 更重要的是，在税收和会计联系较少的国家中，税收对会计的影响很小；在两者关系密切的国家中，税收对会计的影响是同方向的，而且无论税率为 30% 或 50%，其影响可能都是同等大的。

尽管存在以上这些问题，多谱尼克和索尔特的文章仍然为图 3—3 的分类提供了大量的证明，特别是对区分最初两个类的证明。

3.7.3 改进

图 3—3 的分类包含了层次划分，这是从生物学借鉴而来的。这可能会遭到批评（见下文），正如缪勒的“宏观”及“统一”被批评为互相冲突（Feige，1997a；Nobes and Mueller，1997；Feige，1997b）。这里的问题部分是因为同缪勒的分类一样，诺比斯的分类现在已经过时，虽然其中的某些因素可能还可以更新从而适应现代环境。

罗伯茨（1995）批评并阐明了一些有关会计分类的问题。他指出，虽然图 3—3 中的分类类似于生物学上的分类，并采用诸如“种”这样的术语来进行归类，但它并未真正地改进。另外，分类的对象是国家似乎会使人误解。

为了对图 3—3 进行改进，我们可以更明确的是分类针对的是会计制度这一点，即针对某一特定公司年报中的财务报告实务。在一个国家中有可能做到所有公司在某一特定日期采用相同的制度，或者是采用几种不同的制度。我们将放弃使用最惹人争议的标志（如“种”），而承认分类并非是进化的——正如林奈的生物体系的确不是原创的一样。

图 3—4 列示了诺比斯（1998b）提出的一些财务报告体系的分类。我们对其中的一些特征进行解释也许是有益的。例如，“美国公认会计原则”这一体系是指根据美国制度要求，符合一定条件的美国公司必须采用的一系列被精确规定的会计实务

（见第 8 章）。当然，这一体系可能会在以后发生一些变化，这一体系的使用者包括在美国证券交易委员会登记的美国公司，以及一些大型的需要编制集团报表的日本公司（见第 12 章）。图 3—4 还表明“美国公认会计原则”类似于英国准则及国际会计准则，三者同属一科（见第 2 和第 6 章），适合应用在强势权益市场体系之中。

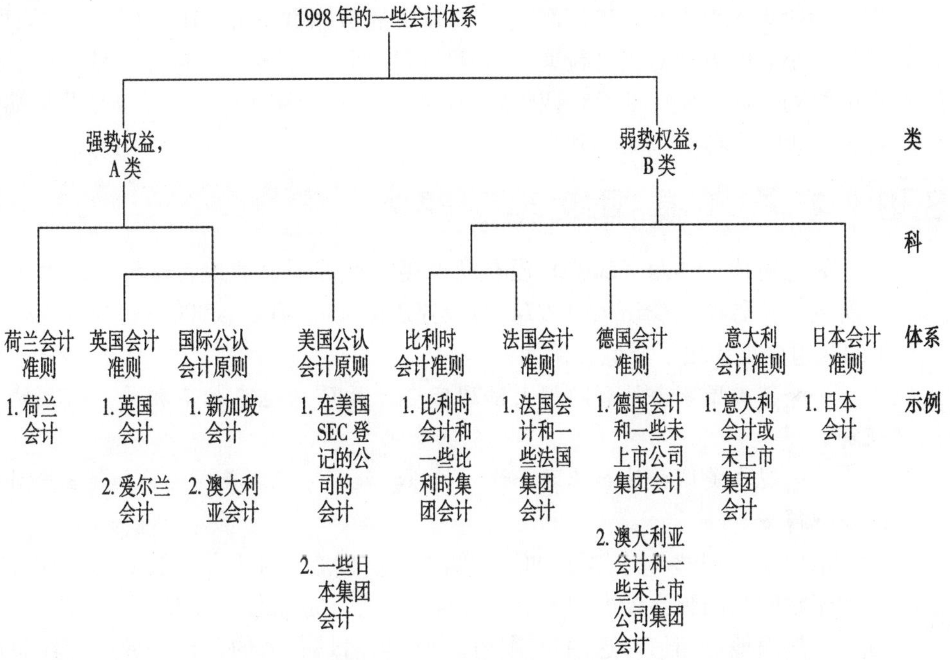

图 3—4　一种分类体系

3.8　进一步的内部分类法

3.8.1　新数据，新分类

达西（D'Arcy，2001）运用来自奥德海德和毕马威（1995，简称 OKPMG）的数据进行分类，该分类包括运用群分析建立的系统数图，在图中“英美国家”群里连英国和美国都找不到（第 341 页）。达西还根据多维缩放比例建立了一个两维图，并说明“瑞士和英国非常近似”（第 343 页），但澳大利亚和英国则非常不同：“特定的要求和禁令使澳大利亚的会计制度增强了其局外的地位。”（第 345 页）

尽管得到了这些与直觉完全相反的有关澳大利亚的结论，达西没有对数据提出疑问，而是接受了这种结果，并试图解释它。虽然达西运用了较好的方法，我们还是想起了前面所提到的建立在并非以分类为目的的数据上的分类方法。例如，前面提到的把德国和美国归为一类，而加拿大却被排除在外，以及和世界上其他国家相比英国会计和美国会计最不相像，对于这样的结论达·科斯塔等人（Da Costa *et al.*，1978）没有提出质疑，反倒试图进行证明。

3.8.2　新数据，旧问题

奥德海德和毕马威的数据比普华永道的数据要新的多，前者涉及的国家较少，而且也更可靠。此外，这些数据没有混淆规则和会计实务，而是清晰地只建立在规则的基础上。尽管这样，这些数据仍然存在问题。

首先，和普华永道的数据一样，奥德海德和毕马威的数据并非是以分类为目的而收集的。因此，存在重要的问题可能被忽略或被不太重要的问题所掩盖的情况。其次，和普华永道不同，奥德海德和毕马威的数据并非是编码的形式。达西（2001）运用很小心的方法对其进行编码，但是诺比斯（Nobes，2004）还是发现了这一过程中的系列错误。诺比斯发现调整后的数据不能证明澳大利亚在分类中是极端数据，却可能产生一个英美国家类别。

3.9 存在英美国家类别吗?

如上所述，达西（2001）没有发现存在英美国家群组，这可能是由于数据的缺陷所致。凯恩斯（Cairns，1997）以及亚历山大和阿彻（2000）也对图3—3和图3—4的两组分类提出了质疑，例如：

……英美国家会计和欧洲大陆国家会计的区别越来越不相关，而且越来越难以理解。

……现在美国会计和德国会计的相似之处有可能比美国会计和英国会计的相似之处还多得多。

诺比斯（1998c）同意这两组之间的差别可能已经变得不再那么分明，这部分地归因于欧盟和国际会计准则委员会的努力，尤其是在合并报表的国际协调方面取得的成功。然而他也相信对这两组制度的分类仍然是有力的，也有最近的经验证据证明（见3.7.2部分及下文）。事实上一些大型的德国公司集团运用国际会计准则或美国规则来编制合并报表，这并没有直接影响到德国会计规则本身。

亚历山大和阿彻（2001）认为有一些国家运用英美国家会计的现象是一个谜。然而他们讨论更多的是规范体系而非会计实务，规范体系在英国和美国是非常不同的（见3.5.5部分）。本书的引言那一章已经说明，从目的和实务的角度来说，存在定义清晰的英美国家群组。诺比斯（2003）认为“英美国家”假说有助于解释最近几年国际会计的发展。

有另外一种经验支持这两组分类。冈瑟和杨（Guenther and Young，2000）发现与法德相比，会计收益在英美与潜在的经济行为联系更为密切。有人（Hung，2000）发现在分别使用权责发生制会计和收付实现制会计的两组中，会计信息的有用性存在差异。阿里和黄（Ali and Hwang，2000）也发现，与市场导向财务体制的国家相比，银行导向财务体制国家的股价与财务报告信息之间的联系较少。

3.10 会计分类的分类法

为了检验我们所支持的观点，我们将本章所述的一些会计分类进行了归类。这样做的目的是使我们的描述和分析更加深入，并对大量事实进行排序。图3—5首先根据分类的直接主观因素是财务报告实务还是控制实务的规则内容，将分类划分为外部的和内部的。

然后根据其主题将外部研究划分为如下几类：文化、经济和相关环境、殖民影响范围或管制风格。内部研究根据数据来源进行分类。这种分类也和数据究竟与规则还是实务联系（在许多情况下都是混合的）相关。

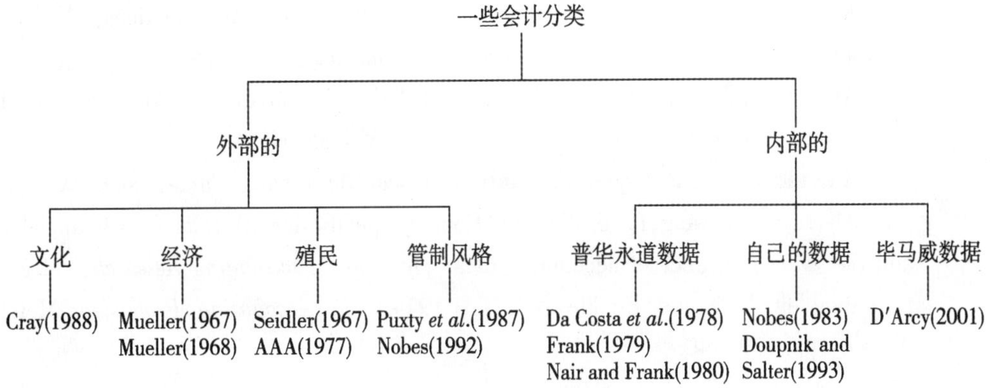

图 3—5　一些会计分类法

小结

• 对自然科学家而言，分类是至关重要的，在许多社会科学领域中，分类也同样得以运用。看来有理由认为，在比较国际会计方面尝试采用分类的方法是有益的，而且采用科学家们所使用的分类规则也可能是适当的。在会计领域，这样的分类有助于理解和培训，并有助于说明协调化的需要及进程。

• 在国际会计实践中，人们对分类已进行过许多尝试，在此方面有大量的相关描述，并进行过数据的收集工作。缪勒的会计实务四组分类以及此后的按环境进行的分类都是一些有益的初步尝试。然而，用分层次的方法对会计实务进行分类会更有益。

• 其他的一些尝试旨在构造形态结构，并辨别“影响范围”或是文化的影响作用。

• 其他的分类研究使用了普华永道 1973 年至 1979 年的调查数据，结果似乎各有其道理，但是关于这些数据的恰当性仍还存在疑问。

• 笔者也提出了一种分类，这一分类具有详细的层次划分，并采用多种方式进行了检验。在 20 世纪 80 年代和 90 年代，分类研究仍在继续进行着，并从许多相关评论中获得改善。

• 一项运用毕马威 1995 年的数据进行的分类与以前运用普华永道数据进行的分类犯了同样的错误。

• 一些分类研究现在只具历史性意义，但国际差异仍在很多国家中存在，在这些国家中，并非所有的会计目的都采纳了国际财务报告准则或与国际财务报告准则趋同。

参考文献

AAA（1977）*Accounting Review*，*Supplement to Vol. 52*，American Accounting Association.

AICPA(1964) *Professional Accounting in 25 Countries*, AICPA, New York.

AICPA(1975) *Professional Accounting in 30 Countries*, AICPA, New York.

Al Najjar, F. (1986) 'Standardization in accounting practices: A comparative international study', *International Journal of Accounting*, Vol. 21, No. 2.

Alexander, D. and Archer, S. (2000) 'On the myth of "Anglo-Saxon" financial accounting', *International Journal of Accounting*, Vol. 35, No. 4.

Alexander, D. and Archer, S. (2001) *European Accounting Guide*, Aspen, New York.

Ali, A. and Hwang, L. -S. (2000) 'Country-specific factors related to financial reporting and the value relevance of accounting data', *Journal of Accounting Research*, Vol. 38, No. 1.

Buckley, J. W. and Buckley, M. H. (1974) *The Accounting Profession*, Melville, Los Angeles, pp. 139 – 40.

Cairns, D. (1997) 'The future shape of harmonization: a reply', *European Accounting Review*, Vol. 6, No. 2.

Choi, F. D. S. and Meek, G. K. (2005) *International Accounting*, Prentice Hall, New Jersey.

Coopers & Lybrand(1993) *International Accounting Summaries*, Wiley, New York.

Da Costa, R. C., Bourgeois, J. C. and Lawson, W. M. (1978) 'A classification of international financial accounting practices', *International Journal of Accounting*, Vol. 13, No. 2.

D'Arcy, A. (2001) 'Accounting classification and the international harmonisation debate – an empirical investigation', *Accounting, Organizations and Society*, Vol. 26, Nos 4 – 5.

David, R. and Brierley, J. E. C. (1985) *Major Legal Systems in the World Today*, Stevens, London.

Derrett, J. D. M. (1968) *An Introduction to Legal Systems*, Sweet and Maxwell, Andover.

Doupnik, T. S. (1987) 'Evidence of international harmonization of financial reporting', *International Journal of Accounting*, Vol. 22, No. 1.

Doupnik, T. S. and Salter, S. B. (1993) 'An empirical test of a judgmental international classification of financial reporting practices', *Journal of International Business Studies*, Vol. 24, No. 1.

Doupnik, T. S. and Salter, S. B. (1995) 'External environment, culture and accounting practice: a preliminary test of a general model of international accounting development', *International Journal of Accounting*, Vol. 30, No. 3.

Feige, P. (1997a) 'How "uniform" is financial reporting in Germany? The example of foreign currency translation', *European Accounting Review*, Vol. 6, No. 1.

Feige, P. (1997b) 'Yet more misconceptions concerning the uniformity of German financial reporting', *European Accounting Review*, Vol. 6, No. 4.

Frank, W. G. (1979) 'An empirical analysis of international accounting principles', *Journal of Accounting Research*, Vol. 17, No. 2.

Gray, S. J. (1988) 'Towards a theory of cultural influence on the development of accounting systems internationally', *Abacus*, Vol. 24, No. 1.

Guenther, D. A. and Young, D. (2000) 'The association between financial accounting measures and real economic activity: a multinational study', *Journal of Accounting and Economics*, Vol. 29, No. 1.

Hatfield, H. R. (1966) 'Some variations in accounting practices in England, France, Germany and the US', *Journal of Accounting Research*, Vol. 4, No. 2.

Hofstede, G. (1980) *Culture's Consequences*, Sage Publications, Beverley Hills.

Hung, M. (2000) 'Accounting standards and value relevance of financial statements: an international analysis', *Journal of Accounting and Economics*, Vol. 30, No. 3.

Kagan, K. K. (1955) *Three Great Systems of Jurisprudence*, Stevens, London.

Mason, A. K. (1978) *The Development of International Reporting Standards*, ICRA, Lancaster University, Chapter 6.

Mueller, G. G. (1967) *International Accounting*, Part I, Macmillan, New York.

Mueller, G. G. (1968) 'Accounting principles generally accepted in the US versus those generally accepted elsewhere', *International Journal of Accounting*, Vol. 3, No. 2.

Nair, R. D. and Frank, W. G. (1980) 'The impact of disclosure and measurement practices on international accounting classifications', *Accounting Review*, Vol. 55, No. 3.

Neuberger, E. and Duffy, W. (1976) *Comparative Economic Systems*, Allyn and Bacon, Boston, pp. 96 – 7.

Nobes, C. W. (1981) 'An empirical analysis of international accounting principles: A comment', *Journal of Accounting Research*, Vol. 19, No. 1.

Nobes, C. W. (1983) 'A judgmental international classification of financial reporting practices', *Journal of Business Finance and Accounting*, Vol. 10, No. 1.

Nobes, C. W. (1992a) *International Classification of Financial Reporting*, Routledge, London.

Nobes, C. W. (1992b) 'Classification by competencies: a comment', *Journal of Business Finance and Accounting*, Vol. 19, No. 1.

Nobes, C. W. (1998a), 'Towards a general model of the reasons for international differences in financial reporting', *Abacus*, Vol. 34, No. 2.

Nobes, C. W. (1998b) 'The future shape of harmonization: some responses', *European Accounting Review*, Vol. 7, No. 2.

Nobes, C. W. (2003) 'On the myth of "Anglo-Saxon" financial accounting: A comment', *International Journal of Accounting*, Vol. 38, No. 1.

Nobes, C. W. (2004) 'On accounting classification and the international harmonisation debate', *Accounting, Organizations and Society*, Vol. 29, No. 2.

Nobes, C. W. and Mueller, G. G. (1997) 'How uniform is financial reporting in Germany?' *European Accounting Review*, Vol. 6, No. 1.

Ordelheide, D. and KPMG (1995) *Transnational Accounting*, Macmillan, London.

Ordelheide, D. and KPMG (2001) *Transnational Accounting*, Palgrave, New York.

Price Waterhouse (1973) *Accounting Principles and Reporting Practices: A Survey in 38 Countries*, ICAEW, London.

Price Waterhouse (1975) *Accounting Principles and Reporting Practices: A Survey in 46 Countries*, ICAEW, London.

Price Waterhouse (1979) *International Survey of Accounting Principles and Reporting Practices*, Butterworth, London.

Puxty, A. G., Willmott, H. C., Cooper, D. J. and Lowe, A. E. (1987) 'Modes of regulation in advanced capitalism: locating accountancy in four countries', *Accounting, Organizations and Society*, Vol. 12, No. 3.

Roberts, A. D. (1995) 'The very idea of classification in international accounting', *Accounting, Organizations and Society*, Vol. 20, Nos 7 – 8.

Seidler, L. J. (1967) 'International accounting – the ultimate theory course', *Accounting Review*, Vol. 42, No. 4.

Shils, E. (1966) *Political Development in the New States*, Mouton, The Hague.

Shoenthal, E. (1989) 'Classification of accounting systems using competencies as a discriminatory variable: A Great Britain – United States study', *Journal of Business Finance and Accounting*, Vol. 16, No. 4.

Shoenthal, E. (1992) 'Classification by competencies: a reply', *Journal of Business Finance and Accounting*, Vol. 19, No. 1.

Streeck, W. and Schmitter, P. C. (1985) 'Community, market, state – and associations', in their *Private Interest Government and Public Policy*, Sage, Beverley Hills.

Watts, R. and Zimmerman, J. (1983) 'Agency problems, and the theory of the firm: some evidence', *Journal of Law and Economics*, October.

Zeff, S. A. (1972) *Forging Accounting Principles in Five Countries*, Stipes Publishing, Champaign, IL.

课后问题

书末提供带星号问题的参考答案。

3.1* 分类可能以哪些方式作用于任一学科？试通过财务报告的国际差异来阐述你的答案。

3.2* “试图对世界范围内各种财务报告实务进行归类的本质问题在于基于某一种分类的数据是否适当。”请对这种说法进行评论。

3.3 不同国家的文化对于理解会计差异的成因，以及对国家进行归类有多大的相关性？

3.4 你怎样理解比较国际会计中相对成功的分类尝试？

3.5 你更倾向于哪一种会计的国际分类模式？请说出你的理由。

3.6 当提及比较国际会计领域的分类时，应该被分类的是什么？

3.7 本书中并未详细介绍下列国家。6个“主要”国家中（见3.6.3部分）哪一个与这里的每个国家在会计和公司财务报告方面最为相似？为什么？

比利时	新西兰
巴西	尼日利亚
芬兰	沙特阿拉伯

3.8　会计分类是否说明存在英美国家会计?

3.9　在什么程度上由于国际协调化而减弱了会计分类的相关性?

第 4 章　国际协调

克里斯托弗·诺比斯

内容

目标

读完本章后您应当能够

- 评价支持和反对财务报告国际协调的各种观点。

- 说明如何度量国际协调程度。
- 描述国际会计准则委员会的历史、目标及活动。
- 解释国际会计准则委员会在不同类型的国家有怎样不同的影响。
- 总结其他协调组织之间的关联性。
- 解释国际会计准则理事会的结构和工作。

4.1 引言

前述章节（及后续的章节）表明，不同国家的公司财务报告实务有很大的差异，这导致公开财务报表的编制、合并、审计和理解都极为复杂。由于内部财务信息的制作与公开信息的提供常有重合之处，这进一步加大了复杂性。为了避免这种现象，一些世界性组织正努力开展会计协调化或标准化的工作。市场力量也有助于会计协调化，这一点在后面将逐渐明确。

“协调化”（harmonization）是通过限定会计实务的变动程度增加其可比性的过程。“协调”一词指的是获得相互兼容之后的状态。“标准化”（standardization）似乎意味着建立一套更富刚性、更严密的规则。然而，在会计中，这两个词几乎已经成为专业术语，对二者的差异不能根据它们的一般意义来理解。“协调化”一词往往与欧盟的跨国立法有关，而“标准化”则经常与国际会计准则理事会相联系。从现在起，我们将更普遍地使用“协调化”和“协调”这两个词，因为其意义更广泛。区分协调准则（形式）和协调实务（实质）也非常重要。泰和帕克（Tay and Parker，1990）指出实质性的协调化/标准化比形式上的更为有用。“统一”（uniformity）指的是相同的两套或两套以上的会计规则或会计实务。

原则上，协调可以不通过统一就能实现，反过来也是如此。我们以存货计价为例，它的成本取决于是采用先进先出法（FIFO）入账还是采用后进先出法（LIFO）入账。如果两套准则都规定只能采用先进先出法，那就是形式上的统一。如果在实际操作中完全遵照这些准则，将产生实质上的统一。如果这两套准则是相同的，都允许使用先进先出法和后进先出法，则可以说这两套准则统一了，但这并不会带来实务上的统一。然而，如果这些准则规定，任何使用后进先出法的主体必须在附注中披露在先进先出法下的相关信息，则不通过完全的形式上的统一就能实现完全的实质性的协调。这是因为不同财务报表信息的使用者可以通过这些先进先出法的信息获得有关存货计量的相同结论。

正如前面提到的，如果公司不遵守这些准则，那么形式上的协调可能不会带来实质性的协调。但有时不必实现形式上协调也可实现实质性的协调。如在瑞士和日本，市场的力量促使某些公司遵照美国或国际会计准则理事会的准则编制英文的财务报告。

本章从关注会计标准化的目标和障碍开始，接着在4.3部分中阐述国际会计准则委员会的性质和工作，该委员会创立于1973年，并于2001年解散。4.4部分将简要介绍其他一些与协调化有关的国际组织，随后详细介绍国际会计准则委员会的继任团体——国际会计准则理事会，该理事会制定的会计准则将在第6章进行分析。欧盟所作的协调化努力将在第11章详细介绍。

4.2 协调化的原因、障碍及衡量

4.2.1 协调化的原因

一个国家的会计产品日益被用于其他许多国家，因此，对国际会计准则的需求同制定本国会计准则的需求是一样的。财务报表的监管者、编制者和使用者都能感受到会计国际协调的紧迫性。

投资者和财务分析师们必须能够理解他们打算购买其股份的外国公司的财务报表。他们希望能够确定不同国家的报表是可靠的，并且具有可比性，或者至少清楚差异的特征和大小。他们还需要对审计的有效性充满信心。

基于这一理由，不同政府间的跨国团体在诸多事务中都注意在其影响范围内保护投资者。而且，当外国股份公司在某一投资者本国的证券交易所上市时，证券交易所或其监管者也需要该公司提供与本国会计惯例一致的财务报表。此外，那些想要在比本国资本市场更广泛的范围内发行新股的公司将发现协调的会计实务有利于促进股票发行。国际信贷提供者，如世界银行，也面临着可比性的难题。乔伊和利维奇（Choi and Levich，1990）调查了国际会计差异对资本市场的影响。

那些不从事跨国经营的公司也同样会感受到这些压力。然而，对跨国公司而言，协调化的好处更为重要。假如全世界的报表都基于同一基础编制，那么财务会计人员在编制合并财务报表时就会简单得多。相应的，为评价不同国家子公司的业绩而准备可比的内部信息也会容易得多。投资评价、业绩计量以及其他利用管理会计信息进行决策等诸多方面都将从协调化中受益。对潜在的收购者而言，评价外国公司也会更为便利。跨国公司还会发现将会计人员从一个国家调到另一个国家更容易。最重要的是，如果会计可以变得更加可比和可靠，则投资者的风险就会降低，从而会降低资本成本。

协调化涉及的第三个群体是国际会计师事务所。它们支持会计协调化，部分是因为这对它们的大客户很有利。

世界各国的税务机关在处理不同国家以不同的利润计量方法计算的外国收入时，其工作会变得非常复杂。然而，不得不承认的是，税务机关本身也导致了许多会计差异，比如税收对大陆会计的影响（见第 15 章），以及美国对后进先出法的使用（见第 8 章）。发展中国家的政府可能发现，如果财务报告得以协调，特别当这意味着在某些情况下更加充分的披露时，理解和控制跨国公司的经营将会容易得多。其他将从更具国际可比性的公司信息中受益的组织是面向多国雇员的工会。协调化可能使所有这些团体都受益。

4.2.2 协调化需求的例子

本书的大多数章节都致力于分析会计的国际差异。差异的数量和大小决定了需要协调的范围。例如最基本的存货计价问题，主要国家的实务如下：

- 成本（先进先出法、后进先出法或加权平均法）（如某些日本公司）；
- 先进先出与可变现净值孰低法（如一般英国采用国际财务报告准则的做法）；
- 后进先出与现行重置成本孰低法（如常见的美国实务）。

正如第1章开始时所阐明的那样，所有的差异都集中在一起时，对净利润和股东权益的影响是非常大的。

4.2.3 协调化的障碍

协调化最基本的障碍就是不同国家之间会计实务现存差异的大小，按照第3章对会计制度的分类，即使在权益类国家之间也有重大差异，更不用说与其他类别之间的差异了。各类会计制度之间的差异从根本上来说是由各国编制会计信息的起因不同而造成的。因此除非观念和法律发生重大改变，否则股东/公允观点与债权人/税收/稳健观点之间的分歧所造成的障碍是难以克服的。

事实上，人们还不是非常清楚是否“应当”克服这种障碍。若财务报告的主要目的因国家的不同而不同，则报告似乎也理应不同。协调化与那些从不同国家的公司获取会计信息的使用者最相关。这可能意味着相关的公司应该编制两套财务报表：一套提供给国内使用者，另一套提供给国际使用者；或者一套是母公司报表，另一套是合并报表。4.3部分的最后内容将进一步讨论这个问题。

协调化的另一个障碍就是缺乏一个强有力的国际监管机构。欧盟是类似的一个区域性机构，证券交易委员会国际组织只对上市公司产生影响。这些组织将在第4.4部分中讨论。

一个更深层次的问题是民族主义。这可能表现在一个国家本身不愿承诺将会计惯例向其他国家的会计惯例靠拢。会计人员、公司或者那些不希望丧失其主权的国家可能都存在这种不情愿的情绪。民族主义的其他表现是对别国的会计不了解或不感兴趣。更微妙也是更容易接受的一种障碍是，当由于思想进步或环境变化，准则需要进行相应修改，如果准则的制定者非该主权国家，则修改工作会非常困难。

另一个难点就是“经济后果”对会计准则的影响（例如，见第5章、第10章和第18章）。各个国家会计准则所造成经济后果的差异程度及准则制定者对经济后果的重视程度都会成为阻碍协调化的力量。

4.2.4 协调化的度量

实质性协调和协调化的度量统计方法最早是由范德塔斯（van der Tas，1988，1992）提出的。他建议国家协调指数以H（Herfindahl）表示，国际协调指数以I（包括修正因素），表示，并提出C指数或可比性指数表示。阿彻等人（1995）把范德塔斯的C指数分解为国家之间的C指数和国家内的C指数，并认为后者比修正后的I指数更优。对统计特征的进一步讨论以及对这些指数的应用可以在赫尔曼和托马斯（Herrmann and Thomas，1995）、阿彻（1996）、克里斯门特（Krisement，1997）及莫里斯和帕克（Morris and Parker，1998）的研究中看到。利用这些指数的其他研究者包括埃蒙约钮和格雷（Emenyonu and Gray，1992，1996）。拉曼等人（Rahman *et al.*，1996）提出一些方法，用这些方法能够进行形式协调的衡量。

卡尼巴诺和莫拉（Cañibano and Mora，2000）研究了从 1991 年 2 月到 1996 年 7 月欧洲的实质协调。他们对 C 指数进行了显著性检验，发现该期间欧洲的会计确实得到了协调。他们认为这种现象的产生不是由于规则发生了改变，而是因为大型公司（全球公司）有在国际资本市场竞争的愿望。埃斯比特（Aisbitt，2001）检验了 C 指数的有用性，并运用 1981 年到 1998 年北欧地区的国际协调进行案例研究。她指出了存在的系列问题，并认为定性研究可能比日益复杂的统计研究更有益。

皮尔斯和惠特曼（Pierce and Weetman，2002）在阿彻等人（1995）以及莫里斯和帕克（1998）研究的基础上建立了一个国家间 C 指数的一般公式，该公式中没有区分适合披露和不适合披露两种情况。他们将该方法运用到 1986 年到 1993 年间丹麦和爱尔兰递延会计的协调化研究中。塔普林（Taplin，2003）指出，以前的研究者没有对指数的标准误差进行计算，从而无法对抽样总体指数的大致价值提供指导。他提出了标准误差的计算公式。塔普林（2004）考察了之前使用过的指数，并在 4 种标准的基础上对研究的任意部分提出了一种选择最合适指数的方法．

4.3 国际会计准则委员会

4.3.1 国际会计准则委员会的历史与目标

毋庸置疑，在协调化中做得最成功的组织是国际会计准则委员会及其继任者，国际会计准则理事会。本部分和下面各部分将详细介绍这两个组织和一些其他的组织。

国际会计准则委员会成立于 1973 年，最初其成员由以下国家的会计团体组成：澳大利亚、加拿大、法国、日本、墨西哥、荷兰、英国及爱尔兰、美国和前联邦德国（Benson，1979）。国际会计准则委员会的前身是成立于 1966 年的会计师国际研究小组（Accountants' International Study Group，简称 AISG），该小组由加拿大、英国和美国的专业团体构成，研究这三个国家会计实务的差异。与其相关的还有国际会计师大会（International Congresses of Accountants）（见 4.4 部分）。1972 年，在悉尼大会临时议程上安排了有关成立国际会计准则委员会的第一次讨论，当时另一个背景是英国在 1973 年加入了欧洲共同体（后来的欧盟）。第四号指令草案中包含着对英国公司或对美国跨国公司在欧洲的子公司不利的会计规则，英国和美国的会计职业界对此非常关心（Olson，1982，第 226 页）。他们认为国际会计准则委员会可以作为抵制力量。

马森（Mason，1978）早先提出有 6 个迫切需要协调的国家：法国、德国、日本、荷兰、英国和美国。他是根据国家会计职业实力的范围和制定准则的经验进行选择的。有人可能会对把荷兰包括在内感到奇怪，但荷兰确实有很长一段会计革新的历史，并拥有世界上最古老的股票市场，而且还曾举办过第二届国际会计师大会（见 4.4 部分）。

该委员会一直运行到 2001 年，之后被国际会计准则委员会基金会（International Accounting Standards Committee Foundation，IASCF）所代替，国际会计准则委员会基金会的执行机构就是国际会计准则理事会（IASB）。尽管是国际会计准则委员会建立了国际会计准则委员会基金会，但为了方便起见，我们仍将在第 4.5 部分中以 2001

年为界划将其分为两部分：国际会计准则委员会和国际会计准则理事会。

国际会计准则委员会独立于其他所有的团体，但从 1983 年起与国际会计师联合会建立了紧密的联系，我们将在后面对这个组织进行讨论。国际会计师联合会的会籍和国际会计准则委员会的会籍是完全相同的，到 2001 年，会员已经包括来自 110 个国家的 150 多个会计职业团体。国际会计师联合会关注诸如审计、管理会计和国际会计师大会等问题，而国际会计准则委员会只关注国际会计准则，其目标是“构建并公布符合公众利益的财务报表呈报应遵循的会计准则，并促使其在世界范围内被接受和遵循”（IASC，1992）。

从 1983 年到 2001 年，按照国际会计准则委员会的章程，由 17 个理事会成员国组成的理事会来管理该委员会：其中 9 个或 10 个为发达国家，3 个或 4 个为发展中国家，最多有 4 个来自其他组织（一般从国际会计准则委员会的顾问团体（包括世界银行、贸易协会国际联盟和证券交易所国际联合会）中选择）。表 4—1 是 2001 年 3 月 31 日的成员名单，这之后国际会计准则委员会就被改组了。改组前其成员国从未超过 16 个。

表 4—1　　**国际会计准则委员会理事会成员国**（2001 年 3 月 31 日）

澳大利亚	荷兰
加拿大	北欧会计师联合会（Nordic Federation of Accountants）
法国	南非（及津巴布韦）
德国	英国
印度（及斯里兰卡）	美国
日本	瑞士工业控股公司联合会（Federation of Swiss Industrial Holding Companies）
马来西亚	投资协会国际委员会（International Council of Investment Associations）
墨西哥	财务经理人协会国际联盟（International Association of Financial Executives Institutes）

国际会计准则委员会的预算资金大部分来自理事会成员的捐助。国际会计师联合会/国际会计准则委员会的其他成员向国际会计师联合会支付会费，之后，这些会费成为国际会计准则委员会预算资金的另一组成部分。出版物收入和捐款也是重要的资金来源。

4.3.2　准则

表 4—2 列示了直到国际会计准则委员会改组所发布的准则的列表。国际会计准则理事会在 2001 年全部接受了这些准则，而且直到 2003 年底才作出大的修改或补充，第 6 章列示了所进行的修改，并介绍了这些准则。所有的准则都事先发布征求意见稿。征求意见稿在发布前必须由理事会 2/3 多数表决通过。随后的准则必须由 3/4 以上的成员表决通过。

表 4—2　　**国际会计准则（2007 年下半年）**

编制和呈报财务报表的框架（1989 年）	
国际会计准则	标题
1	财务报表的列报
2	存货
[3]	合并财务报表（被 IAS 27 和 IAS 28 取代）
[4]	折旧会计（1999 年撤销）
[5]	财务报表中需披露的信息（被修订后的 IAS 1 取代）
[6]	价格变动的会计反映（被 IAS 15 取代）
7	现金流量表
8	会计政策、会计估计变更和差错
[9]	研究与开发费用（被 IAS 38 取代）
10	资产负债表日后事项
11	建造合同
12	所得税
[13]	流动资产和流动负债的列报（被修订后的 IAS 1 取代）
[14]	分部报告（被 IFRS 8 取代）
[15]	反映价格变动影响的信息（2003 年撤销）
16	不动产、厂场和设备
17	租赁
18	收入
19	雇员福利
20	政府补助的会计和政府援助的披露
21	汇率变动的影响
[22]	企业合并（被 IFRS 3 取代）
23	借款费用
24	关联方披露
[25]	投资会计（被 IAS 39 和 IAS 40 取代）
26	退休福利计划的会计和报告
27	合并财务报表和单独财务报表
28	联营中的投资
29	恶性通货膨胀经济中的财务报告
[30]	银行和类似金融机构财务报表中的披露（被 IFRS 7 取代）
31	合营中的权益
32	金融工具：列报
33	每股收益
34	中期财务报告
[35]	终止经营（被 IFRS 5 取代）
36	资产减值
37	准备、或有负债和或有资产
38	无形资产
39	金融工具：确认和计量
40	投资性房地产
41	农业

注：方括号内表示被取代或被撤销的准则。

国际会计准则委员会发布了概念框架，它与美国财务会计准则委员会的概念框架有些相似（见第8章），与澳大利亚和英国的概念框架也极其相似。国际会计准则理事会接受了该框架，并在后来制定准则时对此加以运用。受英美传统影响的国家最熟悉以这种方式制定的会计规则，且最有可能采用非政府规则。所以，毫不奇怪的是，国际会计准则委员会的工作语言是英语，它的秘书处设在伦敦。直到现在，大部分准则还是紧跟美国和英国的准则，或采取美国准则和英国准则之间的折中办法（如表4—3所示）。然而，就国际会计准则委员会的主导权问题，美国和英国之间存在激烈的争夺（例如，参见 Flower，1997；Cairns，1977；Flower，1998；Nobes，1998；Alexander 和 Archer，2000；Nobes，2003）。

到20世纪80年代后期，人们更加清楚国际会计准则中存在的大量备选方法是国际会计准则委员会地位进一步加强的障碍。尤其是1983年成立的政府监管机构委员会——证券交易委员会国际组织提出，在其成员（美国证券交易委员会）所在国家的证券交易所上市的公司需要以国际会计准则为标准编制财务报告。然而，证券交易委员会国际组织明确指出必须减少备选方法。这是发起E32项目的动因之一，该项目于1989年开始实施改进与可比性计划（Purvis 等人，1991）。

经过几年关于取消备选方法的详细讨论和研究之后，国际会计准则委员会于1993年11月通过了10个修订的准则。从表4—3所列示的例子可以看出修订的结果。在《国际会计准则第2号》的例子中，虽然E32建议取消后进先出法的选择，它却不可能获得必需的75%的多数赞成票（即当时14个理事会成员要有11个投赞成票）。在《国际会计准则第9号》和《国际会计准则第22号》中，不仅取消了备选方法，而且这些国际会计准则所要求的做法与英国和美国的惯例不同：

- 《国际会计准则第9号》（1993年制定，1998年被纳入《国际会计准则第38号》）要求将符合条件的开发费用资本化。这与美国的规定冲突（《美国财务会计准则第2号》不允许资本化该项费用）并与多数英国惯例不一致（《标准会计实务公告第13号》仅是允许进行资本化）。顺便提一下，它也与诸如法国、西班牙和日本等国家的惯例相冲突，在这些国家中，研发费用也允许资本化，但实务中都不这么做。
- 《国际会计准则第22号》（1993年制定）要求将商誉资本化，并在其使用期间内摊销，这一期间不应超过5年，除非能够证明它在一个更长的期间（不超过20年）内存在。这与美国法规（在40年内摊销）和英国惯例（一般是在公积金中冲销商誉）不一致。因此，如表4—3所示，为了彼此协调，英国会计准则与国际会计准则都作了修订，直到美国会计准则发生变化以后，国际会计准则也随之发生变化。

关于《国际会计准则第12号》（这不是E32项目的组成部分），1998年的修订导致英国及其他许多国家的准则与国际会计准则在递延税款方面不一致。

证券交易委员会国际组织对1993年修订的国际会计准则持欢迎态度，但要求进一步修订原有的国际会计准则并制定新的国际会计准则，以便使为跨国上市的公司编制财务报告而制定的一整套核心准则能够被接受。1995年，证券交易委员会国际组织和国际会计准则委员会商定了一个具体的计划以达到这个目标，并预定在1998年或1999年完成这个计划。在此期间，证券交易委员会国际组织接受了关于现金流量报告的《国际会计准则第7号》，而美国证券交易委员会不仅接受了该准则，还接受其他国际会计准则作为其外国注册公司编制报表的依据。随着1999年初《国际会计准则第39号》和2000年《国际会计准则第40号》的发布，国际会计准则委员会完成了这个核心计划。

表4—3　若干国际会计准则与美国和英国规则的比较（1993年之前到2008年）

项　目	美　国	英　国	国际会计准则（于1993年修正，并于1995年生效之前的做法）	国际会计准则（修订版）
存货（IAS 2）	允许使用后进先出法，同时披露先进先出法结果	不允许使用后进先出法	允许使用后进法	从1995年至2004年允许使用后进先出法，同时披露先进先出法结果；从2005年起不允许使用后进先出法
研究和开发费用（IAS 9；IAS 38）	全部费用化	研究费用费用化，特定的开发费用可以资本化	研究费用费用化，特定的开发费用可以资本化	从1995年起研究费用费用化，特定的开发必须资本化
商誉（IAS 22）	到2001年在最长为40年的期间内摊销；从2001年起不再摊销但进行减值测试	到1998年在有用期内摊销，或（通常）在公积金内立即注销；从1998年起在最长为20年的期间内摊销（可推翻的假定）	在有用期内摊销，或在公积金内立即注销	从1995年到1998年在最长为20年的时间内摊销；从1999年到2004年在最长为20年的时间内摊销（可推翻的假定）；从2005年起和美国的做法一致
递延税款（IAS 12）	从1992年起：完全分配；负债法；资产负债表基础	负债法；损益表基础。到2001年止：部分摊销。从2001年开始：完全摊销	部分或完全分配；递延法或负债法；损益表基础	从1998年起与美国的做法一样

从1993年开始发布或修改的国际会计准则（见表4—3）包含了比以前准则更少的选择，但是对公允价值的抵制（以及对未实现利得的确认）导致仍然存在很大的选择空间，在《国际会计准则第39号》、《国际会计准则第40号》和《国际会计准则第41号》中仍然允许使用成本计价（见第6章）。

1996年，国际会计准则委员会决定成立常设解释委员会（Standing Interpretations Committee，SIC），这个委员会负责解释国际会计准则委员会对某些问题的看法，这些问题在国际会计准则中没有足够详细的或清晰的论述。常设解释委员会的工作进一步使国际会计准则能够更严格地被遵循。常设解释委员会已经被国际财务报告解释委员会所取代（International Financial Reporting Interpretations Committee，IFRIC）。

4.3.3　国际会计准则委员会是成功的吗？

为了回答国际会计准则委员会是否成功这个问题，必须建立一个衡量成功的标准。我们可以从考察国际会计准则委员会所阐述的目标开始，不过我们在采用这些目标作为衡量标准之前，需要确认它们是合理且有用的目标。国际会计准则委员会的基本目标是发布准则并推动其在世界范围内被接受。这个目标一方面可能曾经被认为过于野心勃勃，而在另一方面又显得雄心不足。

在最近几年的变化发生之前，企图实现世界范围的会计标准化似乎是一个没有希望达到，也没有必要达到的目标。能从标准化中获得最大好处的，是那些拥有需要公布财务报告的公司并拥有外国投资者、审计师、母公司或子公司的国家。这意味着从实际上来看，国际会计准则委员会已在发达国家和那些已经与发达国家建立了重要经济联系的发展中国家实现了成功。例如，20 世纪 90 年代以前，试图使前苏联会计或中国会计与国际会计准则相一致，不仅没有多少好处而且也是不可能的。然而现在，国际会计准则委员会在中国和俄罗斯的协调化方面有着重要的影响力，所以正如后面将阐述的那样，用“世界范围”来表述似乎更加恰当。

公布准则并促进准则实施也不是一个充分的目标。幸运的是，国际会计准则委员会在其 1983 年公布的《序言和章程》中认识到了标准化会计实务这一更为基本的目标。现在需要做的是推进不同国家发布的财务报表向更简易、更可比的方向发展，或者至少对其差异的性质及重要性予以揭示。

人们可以通过两个目标来评价国际会计准则委员会。在发布会计准则方面，国际会计准则委员会显然是成功的。它已经发布了 41 个准则（其中多数后来进行了修订），同时还发布了概念框架及许多其他的公告文献。尽管人们批评这些准则允许采用太多的备选方法，但这个特征对早期的发展而言可能是必不可少的，并且在 20 世纪 90 年代初期就已经对其进行了认真的改进（见 4. 3. 2）。

至于提高准则质量，观察准则执行情况以及准则的总体协调这些目标就更加复杂了，尤其是国际会计准则委员会本身并没有权力要求公司必须遵循它们的准则。2001 年以前这一领域内目标的实现程度现在可以在 4 种类型的国家中进行检验：发展中国家、转轨国家、西欧大陆国家和日本以及资本市场国家。2001 年之后的情况将在 4. 5 部分中阐述。

1. 发展中国家

20 世纪 90 年代国际会计准则委员会在发展中国家和新兴工业化国家中堪称取得了最显著和最激动人心的成功。许多国家（如尼日利亚、马来西亚和新加坡）将国际会计准则稍作修订或不作修订便作为其本国的会计标准了。

国际会计准则对于其他许多发展中国家，特别是有着英国传统（即依靠民间机构制定准则）的国家来说也有着重要的影响。这些国家是国际会计准则委员会的成员国，其中一些是国际会计准则理事会的成员，另一些是特定准则工作组的成员。对这些国家而言，应用国际会计准则比自己制定准则更省力。对国内或国外公司或有国际业务往来的会计师们来说，国际会计准则在促进工作简便性方面具有极大的优势。采用国家会计准则的另一个好处是可以避免一些国家作为政治上的交换不得不接受美国或英国的会计准则的情况发生。国际会计准则的运用对这些国家有着重要的价值，并能够通过避免产生不同的规则而对会计的国际协调有所帮助。然而这些准则是否适合发展中国家是令人怀疑的（Briston，1978）。例如，对于那些很少有上市公司的国家来说，这些复杂的准则及其披露要求带来的收益可能会超过成本。

不过，桑达伽伦和迪伽（Saudagaran and Diga，2003）用东盟国家的数据说明，协调化进程会继续下去，而且将建立在国际会计准则理事会发布的准则基础上。泽伽和麦得彼（Zeghal and Mhedhbi，2006）提出，最有可能接受国际准则的是拥有资本市场和英美国家。

2. 转轨国家

转轨国家是那些正从社会主义转向资本主义的国家，如东欧国家，转轨国家这一名称与发展中国家有些相似。这些国家需要“快速”修整其会计实务，因为它们正在极速地改变那种没有利润、没有股东、没有独立审计、没有证券市场的经济。从某种程度上说，一些西方机构（如英国会计团体、法国政府、德国银行和欧盟）正在竞相对这些国家施加影响。然而，国际会计准则委员会作为一个世界范围的准则制定者具有成为关键影响势力的优势。第5章、第11章和第12章将对这个方面进行更为详尽的讨论。

3. 西欧大陆国家和日本

在所涉及的4种类型的国家中，要数欧洲大陆和日本对国际会计准则委员会有着最为矛盾的心理了。从某种程度上说，国际会计准则委员会被视为隐藏着盎格鲁·撒克逊人的特洛伊木马，它是藏在体面的国际化外表下的会计敌人。这匹“木马”驶入欧洲中心后，其肚中之物正在不易察觉地逐渐削弱传统大陆会计的影响力。或许直到20世纪90年代后期，这还是德国和意大利的会计组织以及欧洲委员会成员国的观点。

当然，1973年制定会计准则的宗旨和用公允信息服务于资本市场这一主导观点与欧洲大陆国家和日本是极不相容的。然而，国际会计准则委员会还是一直在这些国家的大力支持下前进着，极少遭到反对。促成这一情况的因素如下：

- 国际会计准则理事会和工作组中有众多非英美国家的代表，并且有一位法国人和一位日本人先后担任了国际会计准则委员会主席这一最高职务。
- 来自这些国家的代表均有在大型会计师事务所或跨国公司工作的实践背景，并且他们不是政府官员。
- 几个理事会成员国期望发展它们的资本市场，并对会计进行现代化改革（尤其是法国和意大利在20世纪70年代之后表现得更为强烈）。
- 不断强化的金融市场国际化，导致一些德国和日本公司也寻求海外融资。
- 期望避免美国在会计界的支配地位，因此国际会计准则委员会似乎成了一个危害性相对小一些的选择。

多数情况下，已获通过的国际会计准则与一些欧洲大陆国家或日本的规则在形式上或本质上存在不一致的方面。然而，这些国家的代表通常并不为他们本国的会计惯例投赞成票，而有时他们本国的会计惯例还会随着国际会计准则而变化。这后一个特征在集团会计处理中尤为明显，欧盟第7号指令（见第11章）在欧洲引起了巨大的变化，这些变化与国际会计准则的内容普遍一致。另外，租赁的资本化处理和递延所得税会计已逐渐渗入欧洲大陆国家的会计实务之中。

国际会计准则委员会的间接影响是它的许多观念逐步被欧洲大陆国家及日本所接受。例如，在欧盟第7号指令政府间谈判过程中，就是以当时关于集团会计的《国际会计准则第3号》作为参考，主要原因是通过该准则的国际会计准则委员会的理事会中有众多欧盟成员国。而且近年来，大国代表们已参加到国际会计准则委员会与其他国际性团体间从未间断的辩论之中，这对于理解和最终接受国际会计准则委员会的观点大有裨益。

国际会计准则委员会在所有这些方面的直接影响可以从两个方面来看：

（1）在某些情况下，制定准则的权力机构已允许本国会计使用国际会计准则，如法国、意大利在合并报表的某些方面就是如此。日本的监管机构已经启动一项程序以检验其会计规则与国际会计准则的一致性。

（2）一些公司已在其财务报表的主表或附表中有选择地部分或全部运用了国际会计准则，这种现象在瑞士尤为突出，德国自 1994 年以后亦是如此。同时，欧洲大陆国家的几家大公司也已完全采用了国际会计准则。

对于大型欧洲公司集团所提出的使用国际会计准则或遵循美国会计实务的要求，其政府作出了反应。1998 年德国通过法案，允许上市公司使用“国际认可的”规则来代替一般规则，但提出了一些附加条件，例如这些规则必须符合欧盟指令等。直到 2001 年《国际会计准则第 39 号》生效（见表 4—2 和第 6 章）时，这些附加条件才似乎不再成为运用国际会计准则的障碍。2001 年，欧盟指令得到了修订，以保证相互协调一致（见第 11 章）。然而美国准则是否符合这些条件还是值得怀疑的。

1998 年德国通过的法案所导致的一个结果是，到 1999 年为止，德国排名前 100 的公司中有一半都在使用国际会计准则编制合并报表。其他一些国家也颁布了类似的法律。例如，奥地利颁布了类似法律，其约束范围不仅仅包括上市公司，还延伸到了所有公司。法国和意大利也通过了类似的法律，但并没有执行。

欧盟对所有这些的反应是令人瞩目的，我们将在第 5 章和第 11 章进行阐述。

4. 资本市场国家

这最后一组国家包括前理事会成员国，如美国、加拿大、英国、澳大利亚、南非及荷兰。然而，越来越多的其他理事会成员国也已加盟这个资本市场的俱乐部，特别是当涉及大型公司或合并报表的时候（尤其值得注意的是法国和北欧联盟）。

上述国家的基本观点是，在资本市场上要经常公允地发布合并后经审计的会计信息，这些信息应当由在概念框架指导下制定出的会计准则进行规范，而且该会计准则不是由政府制定的。国际会计准则的内容（当然指改进后的项目）与这些国家的会计惯例是非常一致的。那么，这样来看似乎是这些国家影响了国际会计准则委员会，而不是国际会计准则委员会影响了它们。确实，在 20 世纪 90 年代末期以前，当本国准则和国际会计准则相左的时候，美国或英国的准则制定机构并没有作太大的努力去修订本国的准则。

不过，国际会计准则委员会对准则制定机构的影响是有目共睹的。例如，英国会计准则理事会的概念框架产生于国际会计准则委员会制定的概念框架之后，并且与国际会计准则委员会的概念框架非常接近。以前的英国会计准则委员会也已经开始运用国际会计准则委员会的概念框架了。英国、加拿大和澳大利亚的准则制定者在制定或修订它们本国的准则之前当然会密切关注相关的国际会计准则，如果它们的准则和国际会计准则委员会的规则一致，它们就会更轻松。20 世纪 90 年代后期，这些国家与国际会计准则委员会合作进行了几个项目（如修订《国际会计准则第 14 号》、《国际会计准则第 33 号》并制定了《国际会计准则第 37 号》）。20 世纪 90 年代后期，澳大利亚的准则制定者已经决定使其会计准则和国际会计准则委员会的准则保持一致了（见第5章）。

从这些国家的公司层面来看，2005年之前这些公司感觉不到多少国际会计准则委员会的直接影响，主要因为它们仍然被要求使用国内规则。

5. 2000年的支持者

国际会计准则委员会成功的主要证据出现在2000年。首先，证券交易委员会国际组织建议其成员采纳国际会计准则。这为美国证券交易委员会最终接受在美国证券交易所上市的外国公司采用国际会计准则增添了几分机会。同时，欧盟委员会建议应该强制所有欧盟上市公司到2005年都采用国际会计准则来编制合并报表（见第5章）。这些进展可被视为国际会计准则委员会改革（见第4.5部分）大环境中的一部分，而到2005年，这项改革也已经完成。

4.3.4 关于国际会计准则委员会的实证研究结果

对国际会计准则委员会的影响已有一些实证分析，麦金农和简尼尔（Mckinnon and Jannell，1984）在法律协调方面的实证结论是："国际会计准则委员会并未在改变现有准则或制定新准则方面获得成功。"埃文斯和泰勒（Evans and Taylor，1982）就遵循国际会计准则的情况检查了6个"重要"国家中的5个，认为国际会计准则委员会的影响力微乎其微。奈尔和弗兰克（1981）更广泛地关注了1973年至1979年间会计协调化的程度，他们得出极为有力的结论："国际会计准则委员会存在的期间恰好是会计准则不断协调化的期间。"

多普尼克和泰勒（1985）发现各国遵循国际会计准则的情形有所改善，但他们的结论随后受到诺比斯（1987）的质疑。其他的实证研究工作包括埃蒙约钮和格雷（Emenyonu and Gray，1996）所作的研究。对国际会计准则委员会的工作提出批评意见的人包括里维拉（Rivera，1989）、华莱士（Wallace，1990）和戈尔兹（Goeltz，1991）。然而，所有这些研究的都是1995年改进措施实施以前的状况。

惠特曼等人（1998）认为，英国会计制度与国际会计准则委员会或美国会计制度之间存在着越来越多的不协调。尽管他们考察的是1995年以后法律方面的进展，但是也研究了在此之前的实务。一项对62个国家的会计准则与国际会计准则协调程度的调查（结束于2001年12月31日）表明，几乎所有国家的会计制度都存在大量的差异（Nobes，2001）。例如，英国和美国的会计准则在许多细节上有差异；一些欧洲大陆国家的会计准则也存在许多不一致的地方；一些发展中国家和转轨国家的会计准则在许多领域还存在着空白。

阿里（2005）对协调化的实证研究作了综述。巴克和巴布（Baker and Barbu，2007）对国际协调更为广泛的研究成果进行了综述。我们将在9.4部分讨论那些声称采纳了国际会计准则的公司在多大程度上确实遵守了这些准则。

4.3.5 国家会计准则委员会史

已经出版了两本主要的国际会计准则委员会史：分别是卡夫曼和泽夫（Camfferman and Zeff）2007年的著作以及基尔希（Kirsch）2006年的著作。这两本书都受到国际会计准则理事会不同程度的支持，而且都是在对参与过国际会计准则委员会工作的人进行了大量访谈后写成的。

4.4 其他国际组织

这个部分考察20世纪70年代后与会计国际化问题有关的一些其他团体的特征及其重要性。

4.4.1 国际会计师联合会

1977年召开了第11次国际会计师大会之后成立了国际会计师联合会，该组织的目的是发展协调的国际会计职业。在1972年的第10次国际会计师大会召开后就已经形成了国际会计师联合会的先驱组织，起名称为会计职业国际协调委员会(International Coordination Committee for the Accountancy Profession, ICCAP)，国际会计师联合会成立后，该委员会就取消了。

国际会计师联合会在全世界有150多个会计团体会员，并在纽约设有一个专职的秘书处。它的工作包括制定国际审计准则（通过国际审计与鉴证准则理事会(International Auditing and Assurance Standards Board)）、职业道德准则、教育和管理会计准则，参与教育和技术研究，以及每5年组织举行国际性会议。表4—4列示了从1904年开始的历届会议。

表4—4 国际会计会议

1904	圣路易斯	1972	悉尼
1926	阿姆斯特丹	1977	慕尼黑
1929	纽约	1982	墨西哥城
1933	伦敦	1987	东京
1937	柏林	1992	华盛顿
1952	伦敦	1997	巴黎
1957	阿姆斯特丹	2002	中国香港
1962	纽约	2006	伊斯坦布尔
1967	巴黎		

洛夫特等人（Loft *et al.*，2006）考察了国际会计师联合会过去在结构上的变化以及其日益增长的重要性。他们指出，目前会计专家和国际会计师事务所对国际会计师联合会的影响超过了各国会计职业团体。

4.4.2 G4+1

在1977年国际会计师联合会成立时，和会计职业国际协调委员会同样终止运行的还有一个组织——会计师国际研究团体。该组织成立于1966年，由来自加拿大、英国和美国的职业团体成员组成。它的目标是研究并报告3个国家的会计实务，并发布了20个研究成果，这些研究的对象主要是财务报告。

20世纪90年代初人们发现又有了类似的需要。当时许多英美国家（如美国和英国，不包括加拿大和新西兰）的准则制定机构已经不再是职业团体，制定准则的职责已转移到独立的民间机构。G4 +1 小组包括澳大利亚、加拿大、英国和美国的准则制定机构，以及作为观察员的国际会计准则委员会秘书处（因此是 +1）。后来新西兰的准则制定机构也加入其中。

在 1995 年之后，G4 +1 小组发布了大量的讨论文稿，其内容涉及租赁会计和业绩衡量等方面的内容。其成员国的概念框架相似，而且成员国都认为，在开展工作方面，该小组可以比国际会计准则委员会的理事会更加迅速和深入。这一过程有助于协调这些准则制定机构的工作。

2001 年 2 月，新的国际会计准则理事会任命成立后，G4 +1 正式终止运行。第 4.5 部分的讨论将展示在许多前英美国家的准则制定机构成为国际会计准则理事会成员的情况下，为什么 G4 +1 不再有存在的必要。该部分还描述了 G4 +1 的工作并指出它对国际会计准则委员会和国际会计准则理事会的重大影响。斯特里特（Street, 2005）介绍了 G4 +1 的工作，并指出该团体对国际会计准则委员会及国际会计准则理事会有重大的影响。诺比斯（2006）认为斯特里特的观点有些夸张。

4.4.3 证券交易委员会国际组织

1983 年成立的证券交易委员会国际组织是政府证券监管机构的联合组织，其中包括例如美国的证券交易委员会（SEC）。这些监管机构决定对于国内或国外上市公司的财务报告来说，国外或"国际"的会计准则是否可接受。

在 20 世纪 80 年代后期，证券交易委员会国际组织和国际会计准则委员会在国际会计准则委员会将提高其标准以及证券交易委员会国际组织将考虑交付所有的交易方面达成了一致意见。国际会计准则委员会在 20 世纪 90 年代的任务基本上都是为了满足证券交易委员会国际组织的需要而设定的，证券交易委员会国际组织也以正式观察员的身份参加了国际会计准则委员会的理事会议。

2000 年，证券交易委员会国际组织认可了国际会计准则委员会制定的准则，特别是准许外国注册公司使用该准则。许多监管机制确实接受了外国公司采用国际准则，即使国内的公司仍被要求采用国内准则。2007 年，美国证券交易委员会也接受了国际准则。

证券交易委员会国际组织和美国证券交易委员会对 2001 年创立国际会计准则理事会作出了重要贡献（参见第 4.5 部分）。

2001 年成立了等同于证券交易委员会国际组织的欧洲成员组织，该组织被称为欧洲证券监管委员会（Committee of European Securities Regulators，CESR）。它是监管欧洲上市公司使用国际财务报告准则的执行代理机构，并起到了积极的促进作用（见第 9 章）。

4.4.4 欧盟

下文将使用更多的篇幅论述欧盟的情况：在 5.2 部分我们将关注自 2005 年起欧盟对上市公司编制合并报表要求使用国际财务报告准则，在第 11 章我们将关注自 20 世纪 70 年代以来欧盟为欧洲国家会计准则的协调化所作出的贡献。这两方面的努力都使欧盟在会计的协调化中扮演了重要的角色。

4.4.5 欧洲会计师联合会

1987 年初欧洲会计师联合会（Fédération des Experts Comptables Européens，FEE）开始运作，它接管了两个早期的欧洲团体：会计研究组（*Groupe d' Etudes*，成立于 1966 年）和欧洲会计师联盟（*Union Européenne des Experts Comptables*，UEC，成立于 1951 年）（见 McDougall，1979）。

欧洲会计师联合会的总部在布鲁塞尔，其成员会计实体遍布欧洲。它的职责范围包括审计、会计和税收。它研究这些领域的国际差异并努力消除这些差异。欧洲会计师联合会的大部分工作与欧盟有关，并就公司法和会计协调化问题向欧洲委员会提出建议。如果欧洲会计师联合会能使欧洲的会计师达成一致意见，则它在布鲁塞尔就有很大的发言权（尤其是在各国政府有不同看法的情况下）。

2001 年，欧洲财务报告咨询小组（European Financial Reporting Advisory Group，EFRAG）成立，欧洲会计师联合会是其背后的驱动因素。该咨询小组建议欧盟委员会接受国际会计准则理事会新颁布的和经修订的准则（见第 5 章）。

4.4.6 其他区域性组织

泛美会计协会（Inter-American Accounting Association，IAA）包括两个美洲大陆的会计团体成员。亚洲及太平洋会计师联合会（Confederation of Asian and Pacific Accountants，CAPA）的历史可追溯至 1957 年，尽管该组织直到 1976 年才正式成立。该组织包括许多成员国，可能由于它的成员国在环境方面的差异太大，以至不能形成一个“能独立发展的会计群体”（Choi，1981，第 31 页）。所以在以会计协调化为目标而定义该组织的区域范围时可能会存在问题。

就亚洲及太平洋会计师联合会的成员国而言，在它们当中可能有一个更成功的区域组织，即东盟会计师联合会（ASEAN Federation of Accountants，AFA），该组织于 1977 年在曼谷成立（Choi，1979）。乔伊（Choi，1981）认为东盟会计师联合会的一个功能就是“保护个别东盟国家，使之不必完全采用不适合当地情况的国际会计公告”。然而，亚洲及太平洋会计师联合会和东盟会计师联合会似乎都在协调化方面没有起到任何作用，也没有能够削弱国际会计准则委员会或美国的影响。克雷格和迪格（Craig and Diga，1996）调查了东盟国家制度结构方面的巨大差异，这些差异将阻碍会计的区域协调化。

东中南非洲会计师联合会（Eastern，Central and Southern Africa Federation of Accountants，ECSAFA）成立于 1990 年。它鼓励会计团体的建立和发展，负责举办会计会议，同时负责与国际会计师联合会沟通以及开展其他合作活动。

4.4.7 其他非会计组织

促进会计师和会计师职业团体朝着更好的国家会计准则和国际会计准则发展的因素之一是其他政府组织可能插手该项事务或赢得主动权。目前，除了欧盟外，其他国际组织只拥有影响力而没有权力。经济合作与发展组织（Organisation for Economic Co-operation and Development，OECD）已经研究并采纳了会计实务建议，即“跨国公司指南”（OECD，1986，第 100 页）。该指南主要关注披露要求。披露是自愿的，但是它可能影响大型的和具有政策敏感性的公司的行为。会计实务调查一直在进行（例如 OECD，1980），但是没有就怎样实现协调化达成一致意见。看来经济合作与发展组织在该领域的部分目的很明显是要保护发达国家免受可能来自联合国的任何极端的建议，联合国很关注对跨国公司的管制问题。

1977 年，联合国就此方面发布了一个报告，报告建议跨国公司应极大地增强财务与非财务信息的披露。1979 年，联合国进一步推进了这一方面的工作，成立了会计与报告国际准则政府间专家组（Intergovernmental Group of Experts on International Standards of Accounting and Reporting，ISAR）。这个组织已经发布了一些跨国公司披露准则。

4.4.8 协调机构的分类

本章已经讨论了许多协调机构，用简单的表格对它们进行归类是很有用的（表 4—5），该表格按照部门和地理位置对协调机构进行划分。表 4—5 并不完整，如前所述，还有许多其他区域性组织。此外，这些组织的职能也相当不同。

表 4—5　**与协调有关的一些机构**

部门	范围	
	世界性	区域性
政府间	联合国、经济合作与发展组织、证券交易委员会国际组织	欧盟
职业界	国际会计准则委员会、国际会计师联合会	欧洲会计师联合会
独立	国际会计准则理事会	—
混合	—	G4 +1、欧洲财务报告咨询小组

4.5 国际会计准则理事会

4.5.1 2001 年国际会计准则委员会的改革

1997 年，旧的国际会计准则委员会的理事会成立了一个“战略工作组”，讨论在完成了为证券交易委员会国际组织制订的核心计划后是否需要改变委员会的结构。该工作组的论文《为未来改组国际会计准则》（Shaping IASC for the Future）发表于 1998 年底。该项建议需要得到理事会（四分之三多数）以及国际会计准则委员会成员（简单多数）的批准才能通过。

建议进行改变的原因包括：

- 减轻兼职理事会代表的工作负担，他们工作非常辛苦，尤其是在完成核心计划的前两年。
- 能够使更广泛的国家和组织加入到理事会中。
- 增加与各国准则制定机构的伙伴关系，从而加速会计准则在世界范围的趋同。

关于是否改革的争论围绕着两个相互矛盾的问题展开：独立性和代表性。这也可以看作是英美国家和欧洲大陆哲学之间的斗争。“独立性”的观点认为，好的准则应当是为公众利益设计的，并由一个全职技术专家组成的小规模理事会设计。因此，那些在会计师事务所和大公司工作的兼职准则制定人员不够独立。“代表性”的观点认为，合理性来自于所有利益相关者集团的参与，因此一个大规模的兼职理事会是恰当的。

1998 年的战略文件提出了折中的办法，即采用一个小型的专家执行理事会和一个大规模的代表监督理事会。然而又出现了关于两个理事会哪个权力更大的另一场论战。最后独立性观点一方获胜，部分是因为其受到了美国证券交易委员会的支持，而美国证券交易委员会是证券交易委员会国际组织中最重要的成员。同时也存在着以下威胁，即美国财务会计准则委员会（FASB）或英语国家准则制定机构的联合会试图代替国际会计准则委员会掌管世界会计准则的制定权。

1999 年 12 月，理事会全票通过自行解散，2000 年 5 月各成员对此进行了确认。新组织从 2001 年 4 月 1 日起运行，它由国际会计准则委员会基金会（在美国合法注册）领导，受到 22 个（之前为 19 个）受托人的监管，这些受托人宣誓将为公众利益服务。原先的受托人由旧理事会建立的任命委员会选举产生，并由美国证券交易委员会主席任主席。

受托人具有地域代表性（见表 4—6）。他们的主要任务是筹集必要的基金，并任命 12 位全职和 2 位兼职的理事成员。最开始的时候，前英美国家准则制定者和前国际会计准则委员会理事会代表是新理事会（IASB）的主导力量。此外，理事会的成员不时地会有些许的变化，但是在 2007 年，绝大部分最初的成员（见表 4—7）仍是理事会的成员。在最初的制度下，准则只需要简单多数表决通过即可，但 2005 年变为 9 票通过。

表 4—6　　**首届国际会计准则委员会基金会受托人的地理背景**

	数量
美国	5
日本	2
澳大利亚	1
加拿大	1
南非	1
法国	1
德国	1
瑞士	1
巴西	1
中国（香港）	1
丹麦	1
意大利	1
荷兰	1
英国	1
	19

表4—7　　从2001年4月到2004年初国际会计准则理事会成员名单

国家	数量	评论
美国	5（或3）*	2个前财务会计准则委员会成员（Financial Accounting Standards Board of the USA，FASB）+1个前财务会计准则委员会受托人（以及前国际会计准则委员会主席）+2个兼职人员
英国	2（或4）*	两个都来自前英国会计准则理事会（Accounting Standards Board of the UK，ASB）
澳大利亚	1	前澳大利亚会计研究基金会（Australian Accounting Research Foundation，AARF）执行主任
加拿大	1	前加拿大会计准则理事会主席（Accounting Standards Board of Canda，AcSB）
南非	1	—
法国	1	前国际会计准则委员会理事
德国	1	来自戴姆勒—克里斯勒公司，一家运用美国公认会计原则的公司
日本	1	前国际会计准则委员会理事
瑞士	1	前国际会计准则委员会理事
	14	

注：* 两个理事会成员有在美国工作的背景，但是英国国籍。

国际会计准则理事会以及其秘书处仍然设在伦敦。国际会计准则理事会的7个成员负责联系8个国家的准则制定机构（见表4—7）。常设解释委员会被国际财务报告解释委员会所代替。

4.5.2 国际会计准则理事会初期的工作

国际会计准则理事会2001年开始在以下三个领域开展其工作：

（1）一个新的改进项目；

（2）继续的项目；

（3）主要的改革。

新的修订项目最后在2002年5月和6月发布了有关修改14个准则和撤销《国际会计准则第15号》的草稿（见表4—2）。在2003年颁布的最终修改稿和2004年颁布的新准则中，大量的备选方法被删除，例如后进先出法（《国际会计准则第2号》）以及《国际会计准则第8号——通过修改收入进行会计更正》。第6章对国际财务报告准则的考察将包括这些修订的版本。

国际会计准则委员会阶段就已开始了保险公司会计和矿产开发会计项目，这些项目由国际会计准则理事会继续承担。其中主要的改革包括收入确认和租赁会计等问题。然而，为了给公司一定的时间让它们能够在2005年开始执行准则，国际会计准则理事会承诺，新的实质性修改即使已经颁布也要等到2009年以后才会生效。

4.5.3 与美国的趋同

20 世纪 90 年代国际会计准则委员会的许多活动都和说服证券交易委员会国际组织接受国际会计准则相关，尤其是说服美国证券交易委员会接受在美国交易所上市的外国公司遵循国际会计准则。国际会计准则委员会基金会和国际会计准则理事会的成立目的就是为了和美国证券交易委员会有更密切的磋商。尽管如此，美国证券交易委员会一直到 2007 年才接受国际财务报告准则。

不过美国财务会计准则委员会（FASB）和国际会计准则理事会（IASB）已经开始密切合作了。这是因为两位前财务会计准则委员会成员和一些其他该组织的工作人员加入了国际会计准则理事会，而且一位前国际会计准则委员会的美国代表（Michael Crooch）成为了财务会计准则委员会的成员。到 2002 年，一位国际会计准则理事会成员（Bob Herz）被任命为新的财务会计准则委员会主席，并且在 2001 年和 2002 年，一些大型公司（如安然和世通等）被大的会计丑闻困扰，安达信（大型会计师事务所中最美国化的一家）倒闭。这些使得美国开始从内部寻找问题（见第 8 章），包括财务会计准则委员会开始调查其是否应该在制定准则的过程中采取更多的“原则基础”方法（如国际会计准则理事会的做法），而不是制定详细的规则。

在 2002 年下半年，国际会计准则理事会和财务会计准则委员会发布了一个趋同项目，该项目致力于在 2005 年以前尽量减少相互间的差异。《国际财务报告准则第 5 号》和《国际财务报告准则第 8 号》（见第 6 章）就是首次为实现趋同而制定的国际准则。现在，很明显两个准则制定机构正在努力消除差异，并竭力避免新差异的产生。

上述努力的最终结果是，2007 年美国证券交易委员会宣布接受外国公司按照国际财务报告准则编制的报表，而不必再根据美国会计规则进行调整。这项规定适用于 2007 年的报表（即 2008 年初提交的报告）。但是美国证券交易委员会只接受那些按照完整国际财务报告准则编制的报表（无需调整），而不接受被欧盟采用的版本或任何其他的版本。

4.5.4 欧盟的影响

前面已经提到过，欧盟从 2005 年开始要求强制使用国际财务报告准则编制特定目的的报告。所以，目前欧盟把自己看作是国际会计准则理事会最大的“客户”，因而也寻求相应的影响力。欧盟从 2005 年开始要求增加其受托人的数量，并增加理事会决策中的投票规模。同时，欧盟对于不接受某个准则的威胁也会被理事会认真地考虑。这些我们将在第 5.2 部分讨论。

欧盟强烈要求的另外一个问题是建立适合中小企业（SMEs）的简易国际财务报告准则。2007 年国际会计准则理事会发布了相关的征求意见稿。我们将在第 13 章讨论这个问题。

小结

- 有许多相关利益集团关注国际协调。这些相关利益集团包括股东、证券交易所、跨国公司、会计师事务所、贸易联盟以及税收部门。

• 协调的范围很广，因为实务方面的国际差异非常之大。同时，协调也存在相当多的障碍。导致差异的根本原因依然存在，并且它们受到民族主义的支持。目前，缺乏国际性的执行机构是关键性的问题。

• 从20世纪70年代开始，大量的团体正在为会计规则及披露方面的协调化而努力，其中比较引人注目的是国际会计准则委员会，它已颁布了相当数量的准则。

• 国际会计准则包括许多选择，并还有很多空白领域。然而获得了证券交易委员会国际组织的支持，到20世纪90年代末，国际会计准则已经有了很大的改善。它们被一些国家所接受，并被另外一些国家的很多公司所接受。

• 还存在其他关注世界范围或区域性协调化的团体。例如2000年，欧盟委员会建议所有上市公司强制采用国际会计准则来编报合并报表，并于2002年批准了相关的法规。

• 2001年国际会计准则委员会被国际会计准则基金会和基本全职的国际会计准则理事会所替代。

• 国际会计准则理事会受到其与财务会计准则委员会和欧盟关系的显著影响。

参考文献

Aisbitt, S. (2001) 'Measurement of harmony of financial reporting within and between countries; the case of the Nordic countries', *European Accounting Review*, Vol. 10, No. 1.

Alexander, D. and Archer, S. (2000) 'On the myth of "Anglo-Saxon" financial accounting', *International Journal of Accounting*, Vol. 35, No. 4.

Ali, M. J. (2005) 'A synthesis of empirical research on international accounting harmonization and compliance with international financial reporting standards,' *Journal of Accounting Literature*, Vol. 24.

Archer, S., Delvaille, P. and McLeay, S. (1995) 'The measurement of harmonisation and the comparability of financial statement items: within-country and between-country effects', *Accounting and Business Research*, Vol. 25, No. 98.

Archer, S., Delvaille, P. and McLeay, S. (1996) 'A statistical model of international accounting harmonization', *Abacus*, Vol. 32, No. 1.

Baker, C. R. and Barbu, E. M. (2007) 'Trends in research on international accounting harmonization', *International Journal of Accounting*, Vol. 42, No. 3.

Benson, H. (1979) *Accounting for Life*, London, Kogan Page.

Briston, R. (1978) 'The evolution of accounting in developing countries', *International Journal of Accounting*, Vol. 13, No. 1.

Cairns, D. (1997) 'The future shape of harmonization: a reply', *European Accounting Review*, Vol. 6, No. 2.

Camfferman, K. and Zeff, S. (2007) *Financial Reporting and Global Capital Markets: A History of the International Accounting Standards Committee, 1973 – 2000*, Oxford University Press, Oxford.

Cañibano, L. and Mora, A. (2000) 'Evaluating the statistical significance of *de facto* accounting harmonization: a study of European global players', *European Accounting Review*, Vol. 9, No. 3.

Choi, F. D. S. (1979) 'ASEAN Federation of Accountants: A new international accounting force', *International Journal of Accounting*, Vol. 14, No. 1.

Choi, F. D. S. (1981) 'A cluster approach to accounting harmonization', *Management Accounting* (USA), August.

Choi, F. D. S. and Levich, R. (1990) *The Capital Market Effects of International Accounting Diversity*, Dow Jones-Irwin, Homewood.

Craig, R. J. and Diga, J. G. (1996) 'Financial reporting regulation in ASEAN: features and prospects', *International Journal of Accounting*, Vol. 31, No. 2.

Doupnik, S. and Taylor, M. E. (1985) 'An empirical investigation of the observance of IASC standards in Western Europe', *Management International Review*, Vol. 25, No. 1.

Emenyonu, E. N. and Gray, S. J. (1992) 'EC accounting harmonization: an empirical study of measurement practices in France, Germany and the UK', *Accounting and Business Research*, Vol. 23, No. 89.

Emenyonu, E. N. and Gray, S. J. (1996) 'International accounting harmonization and the major developed stock market countries: an empirical study', *International Journal of Accounting*, Vol. 31, No. 3.

Evans, T. G. and Taylor, M. E. (1982) 'Bottom line compliance with the IASC: A comparative analysis', *International Journal of Accounting*, Vol. 17, No. 1.

Flower, J. (1997) 'The future shape of harmonization: The EU versus the IASC versus the SEC', *European Accounting Review*, Vol. 6, No. 2.

Flower, J. (1998) 'The future shape of harmonization: a reply', *European Accounting Review*, Vol. 7, No. 2.

Goeltz, R. K. (1991) 'International accounting harmonization: the impossible (and unnecessary?) dream', *Accounting Horizons*, Vol. 5, No. 1.

Herrmann, D. and Thomas, W. (1995) 'Harmonisation of accounting measurement practices in the European Community', *Accounting and Business Research*, Vol. 25, No. 100.

IASC (1983) *Preface to International Accounting Standards*, London.

IASC (1992) *Constitution of the International Accounting Standards Committee*, London.

Kirsch, R. J. (2006) *The International Accounting Standards Committee: A Political History*, Wolters Kluwer, Kingston-upon-Thames.

Krisement, V. (1997) 'An approach for measuring the degree of comparability of financial accounting information', *European Accounting Review*, Vol. 6, No. 3.

Loft, A., Humphrey, C. and Turley, S. (2006) 'In pursuit of global regulation: changing governance and accountability structures at the International Federation of Accountants (IFAC)', *Accounting, Auditing and Accountability Journal*, Vol. 19, No. 3.

McDougall, E. H. V. (1979) 'Regional accountancy bodies', in W. J. Brennan (ed.), *The Internationalization of the Accountancy Profession*, CICA, Toronto.

McKinnon, S. M. and Jannell, P. (1984) 'The International Accounting Standards Committee: A performance evaluation', *International Journal of Accounting*, Vol. 18, No. 2.

Morris, R. D. and Parker, R. H. (1998) 'International harmony measures of accounting policy: comparative statistical properties', *Accounting and Business Research*, Vol. 29, No. 1.

Nair, R. D. and Frank, W. G. (1981) 'The harmonization of international accounting standards, 1973 – 1979', *International Journal of Accounting*, Vol. 16, No. 1.

Nobes, C. W. (1987) 'An empirical investigation of the observance of IASC standards in Western Europe: A comment', *Management International Review*, Vol. 4.

Nobes, C. W. (1998) 'The future shape of harmonization: some responses', *European Accounting Review*, Vol. 7, No. 2.

Nobes, C. W. ed. (2001) *GAAP 2001: A Survey of National Accounting Rules*, Ernst & Young for IFAD. Also available at www. ifad. net.

Nobes, C. W. (2003) 'On the myth of "Anglo-Saxon" accounting: A comment', *International Journal of Accounting*, Vol. 38, No. 1.

Nobes, C. W. (2006) 'Book review' of Street (2005), *Accounting and Business Research*, Vol. 36, No. 1.

OECD (1980) *International Investment and Multinational Enterprises*, Paris.

OECD (1986) *Harmonisation of Accounting Standards*, Paris.

Olson, W. E. (1982) *The Accounting Profession – Years of Trial: 1969 – 1980*, AICPA, New York.

Parker, R. H. (1996) 'Harmonizing the notes in the UK and France: a case study in *de jure* harmonization', *European Accounting Review*, Vol. 5, No. 2.

Pierce, A. and Weetman, P. (2002) 'Measurement of *de facto* harmonization: implications of non-disclosure for research planning and interpretation', *Accounting and Business Research*, Vol. 32, No. 4.

Purvis, S. E. C., Gernon, H. and Diamond, M. A. (1991) 'The IASC and its comparability project', *Accounting Horizons*, Vol. 5, No. 2.

Rahman, A., Perera, P. and Ganeshanandam, S. (1996) 'Measurement of formal harmonisation in accounting: an exploratory study', *Accounting and Business Research*, 26, No. 4.

Rivera, J. M. (1989) 'The internationalization of accounting standards', *International Journal of Accounting*, Vol. 24, No. 4.

Saudagaran, S. M. and Diga, J. G. (2003) 'Economic integration and accounting harmonization in emerging markets: adopting the IASC/IASB model in ASEAN', *Research in Accounting in Emerging Economies*, Vol. 5, pp. 239 – 66.

Street, D. L. (2005) *Inside G4 + 1: The Working Group's Role in the Evolution of the International Accounting Standard Setting Process*, Institute of Chartered Accountants in England and Wales, London.

Taplin, R. (2003) 'Harmony, statistical inference with the Herfindahl index and C index',*Abacus*,Vol. 39,No. 2.

Taplin,R. (2004)'A unified approach to the measurement of international accounting harmony',*Accounting and Business Research*,Vol. 34,No. 1.

Tay,J. S. W. and Parker,R. H. (1990)'Measuring harmonization and standardization',*Abacus*,Vol. 26,No. 1.

van der Tas,L. G. (1988)'Measuring harmonisation of financial reporting practice',*Accounting and Business Research*,Vol. 18,No. 70.

van der Tas,L. G. (1992)'Evidence of EC financial reporting harmonization:the case of deferred tax',*European Accounting Review*,Vol. 1,No. 1.

Wallace,R. S. O. (1990)'Survival strategies of a global organization:the case of the IASC',*Accounting Horizons*,Vol. 4,No. 2.

Walton, P. (1992)'Harmonization of accounting in France and Britain: some evidence',*Abacus*,Vol. 28,No. 2.

Weetman,P.,Jones,E. A. E.,Adams,C. A. and Gray,S. J. (1998)'Profit measurement and UK accounting standards:a case of increasing disharmony in relation to US GAAP and IASs',*Accounting and Business Research*,Vol. 28,No. 3.

Zeghal,D. and Mhedhbi,K. (2006)'An analysis of factors affecting the adoption of international accounting standards by developing countries',*International Journal of Accounting*,Vol. 41,No. 4.

实用网址

www. cesr-eu. org
www. capa. com. my
www. eaa-online. org
europa. eu. ec/
internal_ market/accounting
www. efrag. org
www. fee. be
www. iasplus. com
www. iasb. org. uk
www. ifac. org
www. ifad. net
www. iosco. org
www. oecd. org

课后问题

书末提供带星号问题的参考答案。

4.1* 国际会计准则委员会是成功的吗？请给出你的理由。

4.2* 哪些当事方坚持增进会计的国际协调？为了完成协调化它们正在做什么？

4.3　反对国际会计协调化进程的理由有哪些?

4.4　讨论国际会计准则委员会的准则是否应该直接面向所有公司，或是仅面向某些规定的公司?

4.5　联合国和经济合作与发展组织为什么有兴趣从事会计协调化工作？它们做得如何?

4.6　区分协调、协调化和标准化。

4.7　区分形式上的标准化和实质性的标准化，举例说明它们中的一个或者两个是如何实现的。

第二部分　上市公司财务报告

第 5 章　上市公司财务报告的环境

克里斯托弗·诺比斯

内容

目标

读完本章后您应当能够

- 指出欧盟为什么要在某些方面采纳国际财务报告准则，并解释它们是如何采纳的。
- 解释“采纳”国际财务报告准则与两个会计制度“趋同”之间的差异。
- 指出为什么一些公司在外国交易所上市，以及为什么一些投资者要购买外国公司的股票。
- 解释各国的国内会计规则和国际会计规则的差异有多大。
- 概述国际财务报告准则和美国公认会计原则的根本差异和具体差异。
- 概述与国际财务报告准则及美国公认会计原则趋同相关的事件。

5.1　引言

本书的第二部分（第 5 章至第 10 章）考察了上市公司合并报表的财务报告规则及其实务。全球很大一部分上市公司都依据国际财务报告准则或者美国公认会计原则来编制合并报表。美国的上市公司自然是采用美国的公认会计原则，加拿大的公司大致也如此。欧盟公司（包括德国、法国和英国的公司）采用国际财务报告准则，瑞士、澳大利亚和中国香港的公司也采用国际财务报告准则。其中某些公司因为同时也在美国证券交易所上市，所以还要把它们按照国际财务报告准则编制的报表以美国公认会计原则为基础进行调整。从表1—5可以看出，世界上大多数上市公司都属于这些国家。

这样，大型证券交易所中就只剩下了中国（香港除外）和日本，我们将会在第12章看到，这两个国家的国内规则正在向国际财务报告准则或者美国公认会计原则趋同。同时，许多中国的公司也提供按照其国内规则和国际财务报告准则准备的财务数据，一些日本公司也按照美国公认会计原则对财务报告进行调整。

国际财务报告准则和美国公认会计原则的具体要求将分别在第6章和第8章中阐述。其间我们将在第7章考察各国采用的国际财务报告准则实务存在差异的原因和范围。第9章将考察这些规则的实施问题，第10章描述了政府和公司如何对准则制定者施加压力。在学习这些章节之前，本章要先介绍一下背景环境。本章第5.2部分考察欧盟对使用国际财务报告准则的要求。第5.3部分介绍了各国会计准则与国际财务报告准则趋同的进程。第5.4部分分析了为什么公司要在一个以上的交易所上市以及为什么投资者要对外国公司进行投资。双重上市公司会提供调整数据，而且经常是按照美国公认会计原则进行调整。第5.5部分通过这些调整数据说明从国家会计规则转向国际财务报告准则或美国公认会计原则时产生的差异及其大小。随后在第5.6部分将讨论国际财务报告准则和美国公认会计原则之间的根本差异，并对以原则为基础和以规则为基础的准则进行对比。第5.7部分通过介绍一些从国际财务报告准则向美国一般公认会计准则进行的调整，来说明二者之间的详细差异。最后，在第5.8部分考察国际财务报告准则和美国公认会计原则之间的趋同。

5.2 欧盟采纳的国际财务报告准则

到20世纪90年代末期，国际会计准则委员会所主导的协调化正如火如荼地展开，而欧盟通过指令方式进行的协调化已被远远地抛在后面，成为历史之丘，这一点已非常明显。2000年欧盟委员会试图重新把握主动权，并提出以下建议，即欧盟所有上市公司的合并报表都必须采用国际财务报告准则编制，采用国内准则或美国公认会计原则编制的合并报表都将被视为不合法。欧盟提出该想法的一个初衷是期望通过建立一个标准化的会计制度来增强欧盟资本市场。当然如果采用美国公认会计原则也能起到这个作用，但是出于以下两方面原因，欧盟没有选择美国公认会计原则：一方面美国的规则过分详细，过分地以规则为基础（参见第5.6部分），另一方面，美国公认会计原则的制定不会体现出欧洲的影响，因而在政治上无法为欧盟所接受。

随着大公司对国际准则的逐渐采纳，以及政府对此日益接受，欧盟的这一行动变的容易实施。例如为了降低融资成本，大量的德国公司从1994年开始使用国际标准或美国规则来编制它们的合并报表。随后在1998年，德国颁布了一项法律，允许上市公司可以不再按照德国会计要求编制合并报表，从而将这一状况通过法律制度化。

2001年欧盟委员会发布了规则草案，并于2002年得到欧洲议会和部长级会议的批准。该规则要求欧盟上市公司从2005年开始采用国际标准编制其合并报表。对于当前已经采用其他可接受准则（例如美国公认会计原则）编制报表或只公开发行债券的公司，该期限可延迟到2007年。

布鲁塞尔的法律和政治观点是，未来新准则的发布和旧准则的修订不可以事先在欧盟使用。因此该欧盟规则要求建立一个会计监管委员会（Accounting Regulatory Committee，ARC）来讨论国际财务报告准则的变化是否可以被欧盟所接受。这种方法将使欧盟对国际会计准则理事会产生影响，但是同时也产生了一种风险，那就是欧盟所采纳的国际财务报告准则的形式可能会与国际财务报告准则真正的形式有细微差别。为了协助欧盟委员会形成对新颁布或新修订的国际财务报告准则提出意见和看法，欧洲的审计师、报表编制者和其他团体于2001年成立了一个民间性的组织——欧洲财务报告咨询小组，该组织的任务之一就是和国际会计准则理事会保持联络，从而确保国际会计准则考虑到欧洲的一些重要情况。此后，欧洲财务报告咨询小组中由11个成员组成的技术专家小组对每个准则在欧盟是否可以被接受进行了研究。万·赫尔（Van Hulle，2005）的文章解释了这一认可机制。然而到了2006年，认可机制又发生了变化。欧盟委员会成立了一个由独立专家组成的小组（被称为准则咨询复核小组（Standards Advice Review Group)），该小组所提供的建议既不受政府机构（例如会计监管委员会）的影响，也不受会计师事务所和公司的影响（这与欧洲财务报告咨询小组不同）。

2004年，国际财务报告准则的大部分内容都得到了认可。然而，欧盟委员会拒绝全部采纳关于金融工具的《国际会计准则第39号》。尽管该欧盟规则并没有允许欧盟委员会对某项准则进行修订，但事实上它所做的就相当于对准则的修订。欧盟采纳的《国际会计准则第39号》不包括对任何金融工具采用市值计价（mark to market）的选择（即用公允价值对金融工具进行计价并将利得或损失计入当期损益）。同时，欧盟所采纳的《国际会计准则第39号》在使用套期会计方面也有更多的灵活性。然而，2005年国际会计准则理事会修订了《国际会计准则第39号》，限定了可以采用公允价值计价的金融工具的范围。这一修订被欧盟认可，目前《国际会计准则第39号》和欧盟采纳的版本只剩下套期会计方面的差异了。惠廷顿（Wittington，2005）的论文考察了欧盟对《国际会计准则第39号》的认可过程。我们将在第8章和第16章进一步探讨金融工具。这一过程中的政治问题我们将在第10章阐述。

2005年，欧盟拒绝认可关于发行权会计的《国际财务报告解释公告第3号》，从而又产生了新的问题。这一次不再是政治问题，欧盟认为该解释存在技术上的错误。2005年6月，国际会计准则理事会撤销了《国际财务报告解释公告第3号》，从而消除了这一分歧。

类似的情况于2007年再度出现，欧盟议会通过了一项议案，反对采纳《国际财务报告准则第8号——经营分部》，我们将在第19章讨论这个问题。

由于欧盟采纳的国际财务报告准则与国际财务报告准则本身存在差异，因此出现了许多混乱和审计方面的问题。例如，审计师对葛兰素史康2006年度合并报表的审计意见这样陈述：

我们认为：

- 集团的财务报表提供了真实公允的信息，2006年12月31日集团事务的现状及该年度利润和现金流量信息符合欧盟所采纳的国际财务报告准则的要求。
- 集团财务报表根据1985年公司法和国际会计法规第4条恰当地编报。

• 董事会报告所提供的信息与集团财务报表一致。

与国际财务报告准则相关的独立意见

正如集团财务报表附注1中所解释的，该集团除了根据其法律义务遵守了欧盟所采纳的国际财务报告准则外，也遵守了国际会计准则理事会所发布的国际财务报告准则。

我们认为，根据国际财务报告准则的要求，集团财务报表对2006年12月31日的集团事务状况以及该年度的利润和现金状况提供了真实公允的观点。

对于以上的审计报告，有以下几点值得关注：

• 审计师特别指出了为欧盟所采纳的国际财务报告准则，但又给出了关于国际财务报告准则的独立意见。这是因为公司选择了不采用欧盟版本的《国际财务报告准则第39号》中的套期会计的额外方法，所以它同时可以满足国际财务报告准则的两个版本的要求。

• 审计师特别指出了公司法的要求。遵守国际财务报告准则的公司并不是必须遵守本国准则以及与会计相关的大多数法律的。但是某些法律要求还是继续生效的（例如任命审计师和公布财务报表的法律）。

• 审计师特别指出了国际会计法规。这指的是欧盟2002年的法规，要求上市公司不再遵守本国规则，而是采用国际财务报告准则编制合并报表。

• 审计师特别指出了“真实公允观点”。这是因为欧盟法律仍然要求董事保证财务报表提供真实公允的信息（参见第2.4部分和第11.2部分），审计师需要对这方面发表意见。有趣的是，《国际会计准则第1号》要求使用另外一个词汇，即“公允表达”（参见第6.2部分），但实际上表达的是一回事。

• 审计师对报表是否真实公允的观点受到“根据国际财务报告准则的要求”的约束。2005年以前，英国（美国不这样）审计师把符合法律要求和提供真实公允观点看作是两个问题。

哈勒和艾尔乐（Haller and Eierle，2004）考察了德国公司采纳国际财务报告准则的过程。德尔瓦等人（Delvaille et al.，2005）考察了法国、德国和意大利的情况。

对上市公司合并报表采用国际财务报告准则的法定要求似乎将终止某些国家的国家准则的制定（这一问题将在第13.3部分讨论）。欧盟规则允许成员国对非上市公司以及非合并报表强制性要求采用或者允许采用国际财务报告准则。这一问题将在本书的第四部分论述。

5.3 采纳国际财务报告准则或与之趋同

区分对国际财务报告准则是“采纳”还是“趋同”是很重要的。在一国范围内，采纳国际财务报告准则就意味着不再使用其国家规则，而是直接要求或允许采用国际财务报告准则。如第5.2部分所述，对欧盟上市公司的合并报表而言，这一要求是强制性的。根据欧盟2002年规则，成员国可以允许或者要求非上市公司的合并报表采用国际财务报告准则，此前大多数国家都已经允许本国公司这么做。对于非合并报表，欧盟规则也允许成员国要求其国内公司必须采用或者允许其国内公司采用国际财务报告准则。成员国对该规则的反应各异，我们将在第13章进一步介绍。“采纳”

这个词也可以指一个公司选择使用除本国准则之外的一系列会计规则。

除了通过采纳国际财务报告准则来编制某种报表或者全部报表外，各国还可以采用逐渐改变本国会计规则并向国际财务报告准则转化的方式。这种方式可以被称为“趋同”，它是协调化或标准化的一种特定形式。第 4 章已经讨论过了对趋同行为的一些支持和反对观点，国际财务报告准则与美国公认会计原则的趋同将在第 5.8 部分学习。

澳大利亚会计是国际趋同方面的一个有趣的案例。从 2005 年开始，澳大利亚将所有国际会计准则和国际财务报告准则转化为澳大利亚准则（参见 aasb. com. au 网站上的 AASB 准则），例如《国际财务报告准则第 1 号》（IFRS 1）被称为《澳大利亚会计准则第 1 号》（AASB 1），《国际会计准则第 1 号》（IAS1）被称为《澳大利亚会计准则第 101 号》（AASB 101）等。然而，澳大利亚的版本增加了一些段落和附件，同时删除了国际会计准则理事会原版中的一些段落。例如，《澳大利亚会计准则第 107 号》要求采用直接法编制现金流量表，而《国际会计准则第 17 号》允许采用间接法。此外，澳大利亚会计准则体系中的一些准则在国际会计准则理事会中尚没有对应的准则。澳大利亚会计准则声称符合这些准则也就是符合了国际财务报告准则。这也许没错，但是澳大利亚的这种方式更接近于向国际财务报告准则趋同，而非直接采纳国际财务报告准则。2007 年，澳大利亚会计准则理事会改变了主意，部分原因是为了避免美国证券交易委员会以及其他国家有机会对于澳大利亚公司是否遵守了国际财务报告准则产生疑义。

通常，澳大利亚的审计师习惯于仅提到对澳大利亚会计准则的遵守。结果，外国人对于澳大利亚公司是否也遵守国际财务报告准则就不是很清楚了。然而，从 2007 年开始，澳大利亚开始要求审计师完全按照国际财务报告准则进行审计。

我们不得不承认，如果澳大利亚不算是百分之百地“采纳”国际财务报告准则，那么由于认可机制的存在，欧盟也不能算是完全采纳该准则。

第 15 章对各国（例如英国）规则向国际财务报告准则趋同的案例进行了进一步的考察，考察对象包括各国规则向国际财务报告准则趋同对非合并报表的直接影响，以及由于上市公司必须遵循国际财务报告准则，该准则对上市公司合并报表的影响。

转轨国家中有许多趋同的案例。我们在 4. 3. 3 部分学习国际会计准则委员会时曾简要地介绍过这些国家。最近在这些国家，趋同的脚步加快了。蒂勒尔等人（2007）考察了哈萨克斯坦对国际财务报告准则的使用情况。

霍普等人（Hope *et al.*，2006）研究了影响某个国家采纳国际财务报告准则的因素。他们的结论是那些希望改善投资者保护和资本市场的国家更可能采用国际财务报告准则。

5. 4 外国上市和外国投资

5. 4. 1 外国上市

在第 1 章中，表 1—5 和表 1—6 列示了在一些主要的证券交易所上市的本国公司和外国公司的数量。表 5—1 列出了在纽约证券交易所上市的 530 家外国公司的具体所在国。一些公司具有多种上市股票类型，因此表中的数据大于表 1—6 中的数据。

表 5—1　　　　**2007 年在纽约证券交易所上市的外国公司**

		数量
加拿大		89
百慕大		42
欧洲：		
	英国	54
	荷兰	31
	法国	18
	德国	17
	瑞士	15
	意大利	11
	希腊	10
	其他	44
拉丁美洲：		
	巴西	36
	墨西哥	16
	智利	17
	阿根廷	11
	其他	7
亚洲：		
	日本	19
	中国	21
	印度	10
	其他	38
其他地区		24
合计		530

资料来源：nyse. com，9 April 2007。

可以看出，其中加拿大的公司最多，其次是英国公司。总部位于百慕大小岛上的大量美国上市公司大部分都是金融机构，这些机构在百慕大这个安全的英语国家中享受着税优惠政策。一个公司可以在很多个交易所上市。例如，根据瑞典汽车制造商沃尔沃公司（Volvo）2000 年的年报，该公司在 5 个外国交易所上市，但其 2007 年的年报显示，仅在美国纳斯达克（NASDAQ）上市了。挪威能源企业海德鲁公司

(Norsk Hydro①) 2000 年披露其在 7 个国家的交易所上市，2007 年时已经减少到只在美国、英国、法国和德国交易所上市。

上述两个公司都来自很小的国家，但公司规模却相当大，从这两个例子中可以看出到外国交易所上市的一个主要原因是吸引更多的投资者和扩大股东范围。例如海德鲁公司的报告指出，该公司 18% 的股份被美国股东所拥有，9% 的股份属于英国的股东。格雷等人（Gray *et al.*，1994）的论文考察了一些大型欧洲公司在国外上市的情况。桑达伽轮（Saudagaran，1988）发现证据证明了一个公司和其国内交易所的相对规模可以解释其在外国上市的动因。

另外一个到外国上市的原因是这些公司希望提高其在外国潜在客户、员工或监管机构心目中的形象。第一个到美国交易所上市的德国公司（戴姆勒·奔驰公司，1993）的目的是在美国建立工厂并扩大销售额。随后该公司兼并了美国汽车公司——克莱斯勒公司（Chrysler），该兼并被称作是为了公共关系和会计目的而进行的“平等的合并”（参见第 8.7.2 节）。拉德鲍夫等人（Radebaugh *et al.*，1995）对该案例进行过深入的研究。

当然在外国上市除了有潜在利益，也会带来成本。例如，初始发行时为了满足外国交易所或其监管机构的会计要求和其他要求所发生的费用，以及后续不断需要提供在本国上市不需要的额外的或不同的会计信息。彼托和桑德格雷（Biddle and Saudagaran，1989）发现证据证明了 8 个国家（包括英国）的跨国公司对额外披露的抵制，不过格雷和罗伯特（Gray and Roberts，1997）没有发现证据证明英国公司也有这种抵制。世界上最大的权益市场都在纽约，其中包括纽约证券交易所（New York Stock Exchange）和纳斯达克（NASDAQ）。这些交易所本身有一些要求，但是对那些期望在这些交易所上市的公司而言，最大的问题在于它们必须满足美国证券交易委员会（Securities and Exchange Commission，SEC）的要求，其中包括根据《萨班斯—奥克斯利法案》规定的多种审计和公司治理要求。在美国证券交易委员会注册的外国公司可以按照美国公认会计原则提供全面的年度报表，但是通常这些公司都选择提供 20 - F 表格，该表格可以满足美国证券交易委员会的许多一般性披露要求，但同时允许非美国会计报表的所有者权益和收入根据美国公认会计原则进行数字调整。除非外国公司想要公开发行股票，否则可以只提供按照本国规则编制的简化分部报告。

如果一个非美国公司期望进入美国市场但却愿意不花费这么多成本，它可以通过美国存托凭证（American Depository Receipts，ADR）的方式安排其股份进行柜台交易（Over the counter），这种方式不属于完全上市。这样，交易的是美国存托凭证（包括一揽子股票），而非股票本身。在这种情况下，美国证券交易委员会可以接受不按照美国公认会计原则调整的国内年报。非美国公司也可以将美国存托凭证在交易所交易，但此时调整就必不可少。

就外国上市公司数量来说，世界上最大的证券交易所为伦敦交易所。2007 年初，在这里挂牌的外国公司超过 700 家，其中大部分来自其他欧洲国家。同样，伦敦交易所比欧洲其他交易所的流动性更高。在这种情况，在伦敦上市的额外成本要低得多，

① 也称为挪威水电公司。——译者注

因为整个欧盟都要求采纳国际财务报告准则。此外公司在伦敦交易所上市不需要遵守《萨班斯—奥克斯里法案》。部分出于此种原因，美国证券交易委员会于 2007 年宣布，自 2007 年它将接受外国注册公司根据国际财务报告准则编制的报表。

5.4.2 外国投资

以上我们考察的是为什么公司要寻找外国投资者，现在我们来看一下为什么投资者要寻找外国投资机会。

从历史上看，很容易找到在过去一年、五年或十年间有哪些国家股份增长数量超过本国发行数量。如果可以用过去预测未来，则这就是海外投资的证明。即使过去不能作为预测未来的依据，大的投资者可能也希望在不同国家分散投资，因为世界上不同地区股票价格变动的相关性不大。2000 年，外国人购买美国证券的总量为 7 万亿美元，美国居民购买外国证券的总量大约为该数量的一半。在过去 10 年间，这一数据增长了 10 倍（参见 Griever *et al.*，2001）。

然而，刘易斯（Lewis，1999）指出，欧洲、日本和美国的投资者只将其投资的 10% 用于购买外国股份，如果这些投资者真的认为外国股票是本国股票的完美替代品的话，则这一比例比预期的低太多了。乔伊和利维奇（1990）考察了美国、日本和欧洲的投资者，他们发现因为会计实务的差异导致许多投资者被劝阻投资外国股票。还有一些投资者则花费额外的费用对外国公司的报表进行调整。之后，乔伊和利维奇（1996）又发现只有大约 1/4 的欧洲投资者受到国际会计差异的约束。迈尔斯和诺比斯（Miles and Nobes，1998）发现伦敦的投资者一般不会对会计差异进行调整。

其他一些促使投资者更偏向于本国投资的因素包括国外投资的货币风险、政治风险、语言障碍、交易成本和税收因素。科沃尔和莫斯科维茨（Coval and Moskovitz，1999）发现即使在美国境内投资，投资经理们也表现出了地区偏好。在与此相关的另外一篇论文中，赫利韦尔（Helliwell，1998）指出，与和美国投资者进行交易相比，加拿大的投资者相互之间进行交易的意愿高出 10 倍。

5.5 从国内规则向美国公认会计原则和国际财务报告准则调整

第 1.1 部分中在说明从国内规则向美国公认会计原则和国际财务报告准则进行调整的规模有多么庞大时，我们列举了一些例子。这里我们将给出更多的例子来说明这一问题。表 5—2 显示了沃达丰公司（Vodafone）在采纳国际财务报告准则的头半年，将利润从按照英国准则计算向按照国际财务报告准则计算所进行的巨大调整。该差异很大程度上是因为消除了商誉摊销费用（参见第 6 章）。

另外一个例子显示的是从德国准则调整成美国规则，如表 5—3 所示。该表综合了德国大型化学制品公司巴斯夫公司提供的利润（income）和所有者权益调整数据。2004 年该公司的利润调整中有一些金额很大的项目恰好被注销了。然而 2003 年按照美国准则计算的利润比按照德国准则计算的利润高出 45%。这里面的一些问题将在第 13 章和第 15 章继续讨论。

表 5—2 **沃达丰公司利润表** 金额单位：百万英镑

	到 2004 年 9 月 30 日为止的 6 个月			
	英国会计准则	报告调整	会计调整	国际财务报告准则
收入	16 796	(54)	–	16 742
经营（损失）/利润	(1 615)	(598)	6 972	4 759
例外的非经营事项	22	(22)	–	–
非经营性收入和费用	–	16	–	16
净融资成本	(291)	91	(35)	(235)
税前（损失）/利润	(1 884)	(513)	6 937	4 540
所得税	(1 559)	865	(163)	(857)
例外递延所得税贷项	572	(572)	–	–
少数股东权益	(324)	220	36	(68)
当期（损失）/利润	(3 195)	–	6 810	3 615
基本每股（损失）/收益	(4.77 美元/股)			5.40 美元/股

资料来源：摘自沃达丰 2004 年中期报告中的沃达丰利润表。

表 5—3 **巴斯夫公司 2004 年从德国规则向美国规则的调整** 单位：百万欧元

	利润	所有者权益
按照德国会计准则编制的报告	1 883.0	15 765.0
按照美国公认会计原则进行的调整		
资本化的利息费用	(4.5)	472.7
资本化为内部使用而开发的软件	(53.5)	128.3
养老金会计处理	41.0	924.3
准备金会计处理	(8.1)	244.4
衍生工具和长期外币项目的会计处理	194.5	3.2
按照市价进行的证券估价	6.8	191.5
使用权益法进行会计处理的公司所进行的价格调整	(161.6)	39.0
存货计价	(3.4)	18.9
商誉摊销转回	148.7	469.5
其他调整	29.8	58.6
递延所得税以及对股利支付的所得税影响的确认	(210.4)	(810.8)
少数股东权益	0.5	(345.5)
按照美国公认会计原则编制的报告	1 862.8	17 159.1

资料来源：摘自 *BASF Annual Report*，*2004*，p. 92。BASF SA，Ludwigshafen，Germany。

当然，国际财务会计准则和美国国内准则并不相同，我们随后将讨论这一点。

5.6 国际财务报告准则和美国财务报告准则的根本差异

5.6.1 原则和规则

2001 和 2002 年发生的安然事件及其审计公司安达信的倒闭，成为促使美国重新思考如何制定会计准则的一个动因。2002 年，美国财务会计准则委员会发表了一个咨询文件，对其是否应该更多地向原则而非规则转变公开征求意见（FASB，2002）。

安然案例涉及的一个重要会计问题是，具有大量负债的许多受控实体（特别目的载体）没有被纳入到合并范围中。美国规则中对子公司的定义（《美国会计原则委员会第 18 号意见书》）取决于是否被拥有超过半数的投票权，而不是建立在国际会计准则理事会的原则“对财务和经营政策的控制能力”（《国际会计准则第 27 号》）的基础上。此外，美国也没有要求（甚至不允许）在报告结果存在误导的情况下可以背离准则，而在《国际会计准则第 1 号》中则存在这样的要求。然而，似乎美国财务会计准则委员会不大可能实质性学习国际会计准则理事会的准则制定风格，因为这意味着必须重写美国所有的文件并且重新培训美国的会计师和审计师。

这一问题引发了一场有趣的学术争论。斯基帕（Schipper，2003）指出美国财务会计准则委员会试图将原则基础运用于正在制定的会计准则中。尼尔森（Nelson，2003）认为，会计准则可能处于从原则转向规则的整体布局中的某个位置上。规则包括“具体标准、‘明确界限’门槛、例子、范围限制、例外……实施指南”（第 91 页）。尼尔森认为，规则在减少不严密方面可能是有用的，但却会导致过分复杂，并且为公司提供规划交易以躲避门槛要求的机会（例如避免合并或避免将租赁负债资本化）。

诺比斯（Nobes）认为对有些准则来说，可以通过建立更加明确的原则来减少规则的数量，这样不仅可以更加严密，同时还可以避免公司规划交易的空间。例如，他建议取消对经营租赁和融资租赁的区分（也可以参考 McGregor，1996 以及 Nailor 和 Lennard，1999），并将政府补助作为当期收入立刻确认（也可以参考 Westwood 和 Mackenzie，1999）。这些可以和第 6 章国际财务报告准则的现行要求进行比较。

除了较为详细之外，美国一般公认原则还有一个特征与国际财务报告准则不同，那就是其包括的明确的备选方法比较少。过去国际财务报告准则的备选方法更多，但在 2003 年已经取消了许多。目前仍然存在的一些备选方法列示在表 5—4 中。除了第一项以外，美国公认会计原则都不存在备选方法，而国际财务报告准则则都有一个备选方法。在表中括号内列示的章节中对相关内容进行了详细的介绍。

5.6.2 资产计价

国际财务报告准则和美国公认会计原则的另外一个根本性差异在于对公允价值和历史成本的使用，国际财务报告准则更多地要求使用或允许使用公允价值。其中一个主要的例子就是表 5—4 的最后一项。表 5—5 中列示了更详细的清单，这些在美国都是不允许的。此外，《国际会计准则第 39 号》要求交易性金融资产和金融负债以及可供出售金融资产采用公允价值计量（美国公认会计原则也是这样规定的）。

表 5—4　　国际财务报告准则和美国一般公认会计原则中存在备选方法的主要方面

	国际财务报告准则	美国公认会计原则
后进先出法（第 8 章）	不允许	允许
以流动性递增的顺序列报资产（第 2 章）	允许	允许
不确认一些精算收益或损失（第 16 章）	允许	不允许
联营公司采用比例合并法（第 17 章）	允许	不允许
按照公允价值计量建筑物（第 6 章）	允许	不允许

来源：作者总结。

表 5—5　　国际财务报告准则中允许采用而美国公认会计原则不允许公允价值计量的准则

国际会计准则第 16 号（可选择）	不动产、厂房和设备
国际会计准则第 38 号（可选择）	有活跃市场的无形资产
国际会计准则第 40 号（可选择）	投资性房地产
国际会计准则第 41 号（要求）	生物资产

来源：作者总结。

5.7　从国际财务报告准则向美国公认会计原则调整

在第 5.5 部分我们提供了从各国规则向国际财务报告准则或美国公认会计原则调整的例子。这些例子说明了各国规则和这两种国际标准之间的差异。在 5.6 部分我们研究了这两个国际标准的根本差异。本部分我们将通过公开的调整报告来解释国际财务报告准则和美国公认会计原则之间的具体会计操作差异，在 2007 年之前，美国证券交易委员会要求公布这种调整报告。这些数据来源于采用国际财务报告准则编制合并财务报表并且同时在美国交易所上市的公司。

表 5—6 和表 5—7 显示了德国拜耳公司（Bayer）和法国阿尔卡特朗讯（Alcatel-Lucent）公司的调整表（包括利润和所有者权益）。从表中可以看到几类调整项目。也有些公司的调整方向是相反的，即从美国公认会计原则向国际财务报告准则调整。这主要是一些已经使用美国公认会计原则的德国公司，为了满足欧盟 2002 年规则的要求而向国际财务报告准则进行的调整。表 5—8 列示了 2003 年德固赛集团（Degussa）的利润和所有者权益调整表。

第 6 章和第 8 章分别介绍了国际财务报告准则和美国公认会计原则，这两类规则的主要差异将在第 8.9 部分列示。表 5—6 和表 5—7 中最大的调整项目是由合并规则的差异所引起的。其中一些差异（例如国际财务报告准则中对商誉的摊销）从 2005 年开始不再存在。在第 17 章我们还会再次提到这些合并差异。

表5—6　　**拜尔公司2006年从国际财务报告准则向美国公认会计原则进行的调整**

单位：百万欧元

	利润	所有者权益
按照国际财务报告准则编制的报告	1 695	12 851
企业合并	79	950
养老金	(168)	11
正在进行的研究开发活动	(1 375)	(1 454)
资产减值	23	(114)
提前退休计划	(27)	74
重估盈余	4	(58)
其他	(17)	2
调整的递延所得税影响	67	3
少数股东权益	(12)	(84)
按照美国公认会计原则报告的利润	269	12 181

资料来源：摘自 *Bayer Annual Report*，*2006*。Bayer AG，Leverkusen，Germany。

表5—7　　**阿尔卡特朗讯公司2006年从国际财务报告准则向美国公认会计原则进行的调整**

单位：百万欧元

	利润	所有者权益
按照国际财务报告准则	(176)	15 493
企业合并：商誉	(403)	4 433
开发成本	39	(146)
重组	(47)	12
售后回租	(50)	(245)
复合金融工具	39	(840)
养老金	61	837
其他	(20)	2
税收影响	(33)	(262)
按照美国公认会计原则	(590)	19 284

资料来源：摘自 *Alcatel-Lucent Annual Report*，*2006*。Alcatel-Lucent，Paris。

表 5—8　**德固赛集团从美国公认会计原则向国际财务报告准则进行的调整** 单位：百万欧元

	利润 （2003 年）	所有者权益 （2003 年 12 月 31 日）
按照美国公认会计原则	（159）	5 017
少数股东权益（按照国际财务报告准则列在所有者权益项下）	–	42
商誉减值的减少	94	94
财产、厂房和设备减值损失	（115）	（255）
其他负债	–	（53）
养老金准备	（116）	（170）
其他准备	（97）	（316）
递延所得税	131	308
其他调整	1	（14）
按照国际财务报告准则	（261）	4 653

资料来源：摘自 *Degussa AG Annual Report*，*2004*。Degussa AG，Düsseldorf，Germany。

5.8　国际财务报告准则和美国公认会计原则的趋同

第 5.3 部分解释了“采纳”一套准则和与之“趋同”的区别，同时还考察了各国规则向国际财务报告准则的趋同。第 5.5 部分到第 5.7 部分考察了国际财务报告准则和美国公认会计原则之间的一些差异。本部分将考察二者的趋同。

埃斯蒂和杰拉丁（Esty and Geradin，2001）指出市场的自由化是最近几年的一个主要特征。他们就某些主题（不包括会计）考察了支持和反对两个及两个以上规则之间进行竞争的观点。竞争可能会带来对不同解决方案的检验和改善，可能还可以防止独裁管制行为以及无效率的官僚主义。另一方面，合作可能会减少因公司不得不在不同国家的不同规则下经营所导致的无效率，同时可以避免不同国家为吸引公司、提高竞争力而采纳松懈的规则。

在这种环境下，需要指出的是，无论从所涵盖主题、备选方法的减少还是从所要求的披露来看，美国公认会计原则和国际财务报告准则都是世界上最严格的规则。然而，很显然，美国公认会计原则是两者之中更为严格的。除此之外，如前所述，在美国交易所上市的外国公司的数量比世界上任何其他地方都多，尽管这些公司必须遵守如此严格的美国公认会计原则。

为了继续实现标准化以及其所附带的利益，美国财务会计准则委员会和国际会计准则理事会主动采取行动减少规则之间的竞争（参见第 4 章）。2002 年 9 月，美国财务会计准则委员会和国际会计准则理事会在一个名为“诺沃克协议”（Norwalk Agreement）的文件中宣布了趋同计划。趋同计划建议应当迅速消除一些细节上的差异，并逐步消除其他差异。表 5—9 列示了趋同的一些例子。第 6 章到第 8 章将详细讨论这些问题。2005 年，美国证券交易委员会宣布，它们已经在考虑接受按照国际财务报告准则编制的报表，而无需向美国公认会计原则调整。2007 年该建议正式发布，并用于在 2008 年向证券交易委员会提交的 2007 年年报。

表 5—9　　　　国际财务报告准则和美国公认会计原则的趋同

国际财务报告准则向美国公认会计原则趋同	美国公认会计原则向国际财务报告准则趋同
非持续经营，《国际财务报告准则第 5 号》(2004 年)	资产交换，《财务会计准则公告第 153 号》(2004 年)
分部报告，《国际财务报告准则第 8 号》(2006 年)	会计政策，《财务会计准则公告第 154 号》(2005 年)
借款费用，《国际会计准则第 23 号》(2007 年修订)	公允价值选择权，《财务会计准则公告第 159 号》(2007 年)

斯基帕（Schipper，2005）的论文考察了美国和国际财务报告准则趋同的启示。她认为国际会计准则理事会将面临着发布更详细解释的压力和提高执行力的压力（参见第 9 章）。德兰格和豪威森（De Lange and Howieson，2006）考察了美国财务会计准则委员会和国际会计准则理事会的制度结构，他们预测美国财务会计准则委员会将会主导准则的制定，而且美国公司并没有不愿意采用国际财务报告准则。

小结

• 世界上大多数的上市公司都采用国际财务报告准则或者美国公认会计原则编制合并财务报表。

• 国际准则在被欧盟公司采纳以前必须被欧盟所认可，准则中的一些条款尚未被认可。

• 一些国家为某些目的采纳了国际财务报告准则，某些国家则对其国内规则进行修改，使之与国际财务报告准则或美国公认会计原则更相似。

• 500 多家外国公司在纽约证券交易所上市。在外国上市的一个原因是为了进入更大的权益市场。在外国上市也会产生一些成本。

• 同样的，一些投资者寻找回报更丰厚的海外投资机会，但是这种投资活动受到风险和各种成本的约束。

• 国家规则和国际财务报告准则以及美国公认会计原则之间的差异可能会对财务报表产生很大的影响。

• 国际财务报告准则和美国公认会计原则之间存在差异。例如美国公认会计原则包括更多详细的规则，以及禁止超过成本计价。

• 公开的年报从国际财务报告准则向美国公认会计原则的调整数据说明了现存的一些比较大的差异。

• 这两种“国际”标准也正在趋同。

参考文献

Biddle, G. C. and Saudagaran, S. M. (1989) 'The effect of financial disclosure levels on firms' choices among alternative foreign stock exchange listings', *Journal of International*

Financial Management and Accounting, Vol. 1, No. 1.

Coval, J. D. and Moskovitz, T. J. (1999) 'Home bias at home: local equity preferences in domestic portfolios', *Review of Financial Studies*, Vol. 7, No. 1, pp. 2045 – 73.

Choi, F. D. S. and Levich, R. M. (1990) *The Capital Market Effects of International Accounting Diversity*, Dow Jones-Irwin, Homewood.

Choi, F. D. S. and Levich, R. M. (1996) 'Accounting diversity', in B. Steil (ed.) *The European Equity Markets*, Royal Institute of International Affairs, London.

De Lange, P. and Howieson, B. (2006) 'International accounting standards and U. S. exceptionalism', *Critical Perspectives on Accounting*, Vol. 17, No. 8, pp. 1007 – 32.

Delvaille, P., Ebbers, G. and Saccon, C. (2005) 'International financial reporting convergence: evidence from three continental European countries', *Accounting in Europe*, Vol. 2, pp. 137 – 64.

Esty, D. C. and Geradin, D. (2001) *Regulatory Competition and Economic Integration*, Oxford University Press, Oxford.

FASB (2002) *Principles-based Approach to US Standard Setting*, Financial Accounting Standards Board, Norwalk.

Gray, S. J., Meek, G. K. and Roberts, C. B. (1994) 'Financial deregulation, stock exchange listing choice, and the development of a European capital market', in Zimmerman, V. K. (ed.) *The New Europe: Recent Political and Economic Implications for Accountants and Accounting*, Center for International Education and Research in Accounting, University of Illinois.

Gray, S. J. and Roberts, C. B. (1997) 'Foreign company listings on the London Stock Exchange: Listing patterns and influential factors', in T. E. Cooke and C. W. Nobes (eds) *The Developments of Accounting in an International Context*, Routledge, London.

Griever, W. L., Lee, G. A. and Warnock, F. E. (2001) 'The U. S. system for measuring crossborder investment in securities: a primer with a discussion of recent developments', *Federal Reserve Bulletin*, Vol. 87, No. 10, pp. 634 – 50.

Haller, A. and Eierle, B. (2004) 'The adaptation of German accounting rules to IFRS: a legislative balancing act', *Accounting in Europe*, Vol. 1, pp. 27 – 50.

Helliwell, J. (1998) *How Much Do National Borders Matter?*, Brookings Institution, Washington, DC.

Hope, O. -K., Jin, J. and Kang, T. (2006) 'Empirical evidence on jurisdictions that adopt IFRS', *Journal of International Accounting Research*, Vol. 5, No. 2, pp. 1 – 20.

Lewis, K. K. (1999) 'Trying to explain home bias in equities and consumption', *Journal of Economic Literature*, Vol. 37, pp. 571 – 608.

McGregor, W. (1996) *Accounting for Leases: A New Approach*, FASB for G4 + 1, Norwalk.

Miles, S. and Nobes, C. W. (1998) 'The use of foreign accounting data in UK financial institutions', *Journal of Business Finance and Accounting*, Vol. 25, Nos. 3 & 4.

Nailor, H. and Lennard, A. (1999) *Leases: Implementation of A New Approach*, FASB for G4 + 1, Norwalk.

Nelson, M. W. (2003) 'Behavioral evidence on the effects of principles-and rules-based standards', *Accounting Horizons*, Vol. 17, No. 1, pp. 91 – 104.

Nobes, C. W. (2005) 'Rules-based standards and the lack of principles in accounting', *Accounting Horizons*, Vol. 19, No. 1, pp. 25 – 34.

Radebaugh, L. H., Gebhart, G. and Gray, S. J. (1995) 'Foreign stock exchange listings: a case study of Daimler-Benz', *Journal of International Financial Management and Accounting*, Vol. 6, No. 2, pp. 158 – 92.

Saudagaran, S. M. (1988) 'An empirical study of selected factors influencing the decision to list in foreign stock exchanges', *Journal of International Business Studies*, Spring, pp. 101 – 27.

Schipper, K. (2003) 'Principles-based accounting standards', *Accounting Horizons*, Vol. 17, No. 1, pp. 61 – 72.

Schipper, K. (2005) 'The introduction of international accounting standards in Europe: implications for international convergence', *European Accounting Review*, Vol. 14, No. 1.

Tyrrall, D., Woodward, D. and Rakhimbekova, A. (2007) 'The relevance of International Financial Reporting Standards to a developing country: evidence from Kazakhstan,' *International Journal of Accounting*, Vol. 42, No. 1, pp. 82 – 110.

Van Hulle, K. (2005) 'From accounting directives to international accounting standards', Ch. 6. 1 in C. Leuz, D. Pfaff and A. Hopwood, *The Economics and Politics of Accounting*, Oxford University Press, Oxford.

Westwood, M. and Mackenzie, A. (1999) *Accounting by Recipients for Non-reciprocal Transfers, Excluding Contributions by Owners*, FASB for G4 + 1, Norwalk.

Whittington, G. (2005) 'The adoption of international accounting standards in the European Union', *European Accounting Review*, Vol. 14, No. 1.

实用网址

第 4 章、第 6 章和第 8 章列示的网站和本章内容也相关。

课后问题

书末提供带星号问题的参考答案。

5.1* 区分下列词汇：协调化、标准化、趋同、采纳和欧盟认可。

5.2* 运用本章给出的调整数据和第 2 章的信息，对 2004—2005 年从德国会计或者英国会计向国际财务报告准则或美国公认会计原则调整所必需的调整步骤进行评价。

5.3 哪种类型的公司会希望到外国交易所上市？这种情况日益增加还是日益减少？为什么？

5.4 讨论国际财务报告准则和美国公认会计原则的根本性差异。美国证券交易委员会要求在美国交易所上市的外国公司将其按照国际财务报告准则编制的报表调整为按照美国公认会计原则编制的报表，这种做法正确吗？

5.5　解释允许国际会计准则理事会和美国财务会计准则委员会在会计准则条文方面的竞争的支持和反对意见，并说明哪种意见更有力？

第6章 国际财务报告准则的要求

克里斯托弗·诺比斯

内容

目标

读完本章后您应当能够

- 概括国际财务报告准则规范下的财务报告总体目标及基本假设。
- 讨论相关性和可靠性的含义，解释为什么二者可能相互冲突。
- 解释资产和负债的定义并说明这些项目应当何时在资产负债表中确认。
- 概括国际财务报告准则对各种资产所要求的计价方法。
- 举例说明按照国际财务报告准则的要求可以被确认的各类负债。
- 解释对子公司、合营公司和联营公司而言，集团会计的基本特征。

6.1 引言

第4章和第5章考察了国际协调的目标和迄今为止的进展情况，并介绍了国际会计准则委员会和国际会计准则理事会的历史和组织结构。然而这两章并没有详细介绍准则的要求（即国际财务报告准则），这将是本章的讨论范围。

表6—1是目前的国际财务报告准则一览表。表中的数字序号并不连续，缺少的那些已经被后续准则所代替（回顾表4—2）。事实上，大多数准则从最初发布到现在都经过了各种修订。

表6—1　　**国际会计准则理事会准则（2008年1月）**

《国际会计准则第1号》	财务报表的列报
《国际会计准则第2号》	存货
《国际会计准则第7号》	现金流量表
《国际会计准则第8号》	会计政策、会计估计变更和差错
《国际会计准则第10号》	资产负债表日后事项
《国际会计准则第11号》	建造合同
《国际会计准则第12号》	所得税
《国际会计准则第16号》	不动产、厂场和设备
《国际会计准则第17号》	租赁
《国际会计准则第18号》	收入
《国际会计准则第19号》	雇员福利
《国际会计准则第20号》	政府补助会计和政府援助的披露
《国际会计准则第21号》	汇率变动的影响
《国际会计准则第23号》	借款费用
《国际会计准则第24号》	关联方披露
《国际会计准则第26号》	退休福利计划的会计和报告
《国际会计准则第27号》	合并财务报表
《国际会计准则第28号》	联营企业投资会计

续表

《国际会计准则第 29 号》	在恶性通货膨胀经济中的财务报告
《国际会计准则第 31 号》	合营中权益的财务报告
《国际会计准则第 32 号》	金融工具：列报
《国际会计准则第 33 号》	每股收益
《国际会计准则第 34 号》	中期财务报告
《国际会计准则第 36 号》	资产减值
《国际会计准则第 37 号》	准备、或有负债和或有资产
《国际会计准则第 38 号》	无形资产
《国际会计准则第 39 号》	金融工具：确认与计量
《国际会计准则第 40 号》	投资性房地产
《国际会计准则第 41 号》	农业
《国际财务报告准则第 1 号》	首次采用国际财务报告准则
《国际财务报告准则第 2 号》	以股份为基础的支付
《国际财务报告准则第 3 号》	企业合并
《国际财务报告准则第 4 号》	保险合同
《国际财务报告准则第 5 号》	持有待售的非流动资产和终止经营
《国际财务报告准则第 6 号》	矿产资源的开采和评估
《国际财务报告准则第 7 号》	金融工具：披露
《国际财务报告准则第 8 号》	经营分部

有时候国际财务报告准则包含多种可供选择的处理方法，这是因为当时旧的理事会如果不将这些选项包括在内的话就很难作出取舍决定或很难获得多数票（2001 年之前都必须有 3/4 的票数才能通过）。在某些情况下会标出“基准方法（benchmark treatment）”和“备选方法（allowed alternative treatment）”。其中只有在一个情况中指明了“基准方法”是首选方法（《国际会计准则第 31 号》中的比例合并法，详细介绍见第 17 章）。2003 年取消了许多这样的备选方法。

本章分 5 节介绍国际财务报告准则的大部分内容，其中每节讨论的主题都是相互关联的。鉴于此，本章所讨论的主题不是按照国际财务报告准则序号的顺序进行的。本章省略了一些现行准则，其中包括和某个特定行业相关的准则（例如《国际财务报告准则第 4 号——保险合同》）。然而在本章最后部分的附录 6.1 中按照顺序提供了所有准则的摘要。

6.2 概念框架和一些基本准则

6.2.1 总体目标

国际会计准则理事会的《编报财务报表的框架》（*Framework for the Preparation*

and Presentation of Financial Statements）发表于 1989 年。它在很大程度上归功于 20 世纪 70 年代后期美国财务会计准则委员会发布的概念框架（详细介绍见第 8 章）。国际会计准则理事会和美国财务会计准则委员会正在合作修订该概念框架。2006 年，它们共同发布了关于目标和质量特征的讨论稿。

国际会计准则理事会的“框架”的目的是帮助理事会制定会计准则，以及帮助报表编报者、审计师和财务报表使用者理解会计准则。

该“框架”假设财务报表的主要目标是为不同的报表使用者（典型的代表是投资人）提供有用信息，以便改善他们的财务决策能力。“框架”本身不是准则，但是其中许多思想体现在了《国际会计准则第 1 号——财务报表的列报》中。“框架”和《国际会计准则第 1 号》中包含有大量的概念、假设等，这些可以用图 6—1 来归纳，不过在国际会计准则理事会的文件中并没有这么整齐地将其列为两列。

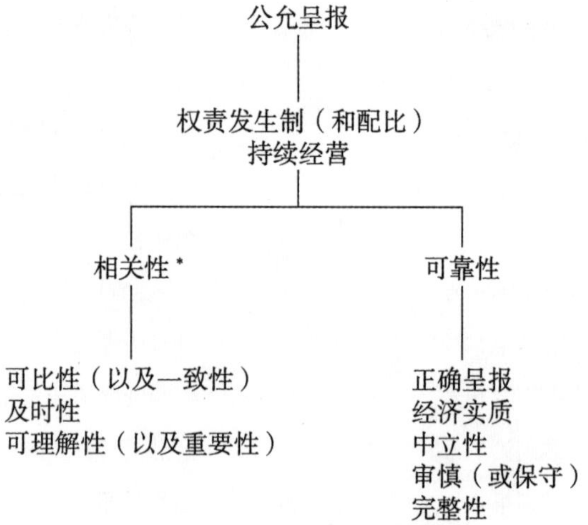

图 6—1　国际会计准则理事会的概念

注：*尽管国际会计准则理事会的文件介绍了本页所列示的所有概念，但是其所介绍的关系要比在本图左边的相关性下的三个概念更为复杂。

“框架”的总目标是要求对公司的经营状况和财务业绩进行公允的呈报，从而使财务报表的使用者可以制定合理的决策。“框架”指出，在国际会计准则理事会中，公允呈报也可以看作是提供了“真实和公允的观点”，这也是欧盟成员国法律中的一个基本要求（参见英国会计准则理事会，2005）。《国际会计准则第 1 号》包含着“公允呈报”高于一切的观念，诸如此类的观点也存在于欧盟第四号指令中（见第 11 章）。然而，《国际会计准则第 1 号》还有调整数字的要求，即要求将偏离国际财务报告准则编制基础而得出的任何数据都调整为建立在国际会计准则所要求的基础之上的数据。

为了能够“公允呈报”，呈报的信息应当是相关和可靠的，这一点很重要。大多数其他的概念都可以在这两个概念下进行解释。

6.2.2　基本假设

1. 权责发生制，包括配比

权责发生制的基本含义是：交易应当在发生时进行确认，而无需参照收到或支付现金的日期。同时，计算利润时要将收入和费用相关联（配比），这与将现金收入和现金支出相关联的计算无关。这两种计算结果可能都可以提供与未来预测有关的信息。资产负债表和利润表建立在权责发生制的基础上，但现金流量表并非如此。

《国际会计准则第 1 号》描述了会计的权责发生制基础，但也注明“应用配比原则不允许在资产负债表内确认不符合定义的资产或负债”。这意味着与对收入/费用的定义相比，国际会计准则委员会概念框架更重视资产/负债的定义（见下文）。

2. 持续经营

这是一个重要的会计惯例，意味着如果没有证据表明情况相反，则假设公司会在可预见的未来持续经营下去。在对资产负债表特定项目进行估价时，该惯例具有重要的影响。因为持续经营假设的存在，我们可以进一步假设存货最终会在正常的经营过程中被售出去，也就是以正常的价格进行销售。同时，持续经营假设产生了折旧的概念。如果某工厂在 10 年期间内对厂房进行折旧，那就是假设对这个工厂来说，该厂房的使用年限为 10 年。而这一假设又是建立在该工厂至少要持续经营 10 年的假设的基础上的。

3. 建议的变更

2006 年，国际会计准则理事会的讨论稿建议取消“基本假设”的概念。权责发生制概念成为了要求提供的相关信息的一部分，而持续经营则没有在讨论稿中提及。

6.2.3　相关性

很显然，信息要做到有用，首先必须和其目的相关，一般来说提供信息的目的就是制定经济决策。这就要求预测未来的现金流量。预测的时候，需要部分地依赖过去和现在的资产负债表和利润表中的相关信息。相关性和下列概念有关：

1. 可比性，包括一致性

除非能够在同一公司的不同期间或者在不同公司之间进行比较，否则财务信息不可能是相关的。这要求在计量和呈报数字时所运用的方法要尽可能地保持一致性；它还要求必须披露这些方法的任何变化。

2. 及时性

如果信息是最新的，则相关性会增强。这里出现了一个普遍问题，即概念之间的冲突。例如，为了保证信息的可靠性，就得减慢其公布的速度。许多国家的财务报告监管机构都对财务报告公布日期进行了限定，并要求至少每年报告两次。

3. 可理解性，包括重要性

很显然，除非信息可以被理解，否则是不会相关的。然而在复杂的现实世界中，为了公允地呈报，信息可能会变得非常复杂。“框架”允许规则制定者和信息提供者作出假设，认为重要信息使用者是受过教育的，而且是聪明的。

与此相关的概念是重要性，它指的是不应该同等重视不重要的项目和重要的项目。按照定义，不重要的项目不可能影响决策制定者的决策或者为其提供有用的信息，但它们可能会使账户复杂难懂。不重要的项目不需要单独披露，而且可能也不需要严格正确的说明。在特定环境下什么是“不重要的”项目可能是一个非常主观的判断。

6.2.4 可靠性

为了使信息有用，必须使使用者能够依赖这些信息。下面的几个概念是和可靠性相关的，尽管其中几个也很明显地和相关性有关。

1. 如实反映

财务报表的读者不应当被报表的内容所误导。交易、资产和负债的呈报应当尽可能地代表实际发生的情况。例如，不符合资产定义的项目不能列示在资产负债表的“资产”项下。这里假设读者对所运用的概念有很好的理解。

2. 经济实质

这个概念和如实反映相关。有时这个概念也被称作呈报“经济实质而非法律形式”，然而这么表述太过简单。因为特定的经济实质总是建立在特定的法律安排之下的。这里的关键问题是发现在任何法律形式或其他制度安排背后的真正的经济效果。

举个例子来说明，假设某个企业签定了一份租赁合约，承诺为使用一台机器支付租金，租赁期限为该机器的整个预计使用年限。这和借钱买一台机器是非常类似的，因为该企业（在两种情况下）都对资产有使用权，同时有付款义务。从法律形式来看该企业不拥有这台机器，也没有任何未付债务，但是从经济实质来看该企业拥有一项资产和一项负债（见下一部分的定义）。

同样的，如果一个企业将机器卖给一家金融公司，并立刻租回来，租赁期限是该机器的绝大部分使用年限，则从法律形式来看是发生了一笔销售，但在经济实质上该企业仍然拥有该资产。

3. 中立性

要做到可靠，信息应当是无偏见的，否则会使未来的预测有所偏颇。

4. 审慎或保守

会计上最著名的是对审慎或保守的偏好。尽管有上述中立的要求，但在会计中仍然留有审慎的空间。

目前仍然可以发现某些国家的会计实务非常保守（见第15章），其目的是保护特定使用者（包括债权人）不受经粉饰的财务报表的影响（特别是在某些商家过分乐观的情况下）。由于在会计中需要进行大量的估计，按照这一原则，会计人员应当通过一定程度的有意低估来确保避免高估。这要求以不同的方式处理一些积极的和消极的类似项目。

在国际会计准则理事会的“概念框架”中，审慎性原则并没有强烈地被当作是高于一切的原则。该“框架”只是要求会计人员在某些不确定的环境下持有一定程度的谨慎态度。在国际会计准则理事会2006年的讨论稿中，审慎性原则根本没有被详细讨论。

5. 完整性

信息应当在重要性的前提下尽可能地完整。对任何重要问题的忽视都有可能使财务报表对使用者造成误导。然而，规则制定者（这里指国际会计准则理事会）应当铭记在心的是，某些信息要求可能对公司而言成本过高。信息收益应当能够弥补信息的生产成本。

6.2.5 资产和负债

会计人员可以使用下面的任何一种方法作为工作基础：

方法一

- 20×1 年的费用是任何期间发生的与 20×1 年相关的成本，因此……
- 20×1 年年底的资产是任何借方余额。

方法二

- 20×1 年年底的资产是预期能带来未来收益的由公司控制的资源，因此……
- 20×1 年年底的费用是任何借方余额。

国际会计准则理事会的“框架”倾向于采用第二种方法来定义要素，首先将资产定义为（第49 段）：

资产是指由企业所控制的资源，该资源源自过去发生的事项，且预期能导致未来经济利益流入企业。

这种定义方法的结果是降低了前述配比概念的重要性。如果为了和未来收入配比而推迟一项费用的确认，则该项费用会先作为资产列入资产负债表。然而在国际财务报告准则下，除非这项费用符合资产定义，否则是不允许这样做的。对资产项下所列项目的限制并非出于对审慎性的考虑，而是为了符合“框架”中对一致性的要求。

对“负债”的定义国际会计准则理事给予了相同的重视，根据概念框架（第49 段）：

负债是指企业由于过去事项而承担的现时义务，该义务的履行预期会导致含有经济利益的资源流出企业……

要向第三方转移资源，债务是不可避免的要求。许多负债是金额明确的法律义务，例如应付账款或银行贷款。还有一些负债的时间或金额是不确定的，这些叫做“准备金”。根据法律合同的性质，有些准备金是法律强制的，例如支付给雇员的养老金或机器的售后维修费。另外一些债务不是建立在明确的法律或合同基础上，而可能是法庭根据一般企业惯例强制实施的，或者至少是如果企业不偿还一项无法合理避免的债务，会遭受严重的商业损失。

在修订“概念框架”的联合项目中国际会计准则理事会和美国财务会计准则委员会正在重新考虑负债的定义。

6.2.6 财务报表和会计政策

《国际会计准则第 1 号》和一些国家的准则不同，它没有对财务报表的格式加以限定。然而它确实给定了财务报表的最低列示要求。

《国际会计准则第 1 号》要求公司提供 4 张财务报表。首先是财务状况报表，在英国和美国会计实务中经常被称为资产负债表。本书中，我们将混用两种说法。如果存在重述的情况（例如由于会计政策变更或差错更正），则资产负债表中最早期间的期初余额也应当被列示。例如，如果报表中列示了两年的数据（这是《国际会计准则第 1 号》的最低要求），那么应当提供至少三年的资产负债表。

其次，必须有一张综合收益表（statement of comprehensive income，SCI）。该表必

须包括收入和费用的所有项目，其中包括重估的部分。表中不得有公积金的变动，不能将利得和损失直接计入所有者权益。然而，就利得和损失的处理方法（例如某些重估和外币损益）而言，传统上所有国家的会计制度与国际财务报告准则都存在不一致。《国际会计准则第 1 号》保留了该传统，因为这些项目作为“其他综合收益”（other comprehensive income）被列示在综合收益表的底端。扣除这些金额的总额被列示为“损益”（profit or loss）。会计术语“盈余”（earning）也不包括这些金额（参见第 6.6 部分）。

《国际会计准则第 1 号》允许主体在综合收益表之前列示一张单独的“利润表”，其中仅包括损益。如果主体列示了这样的报表，那么综合收益表就以净利润数据开始。在这种情况下，主体提供的将是 5 张财务报表，而不是 4 张。

本书中，我们有时也会使用“损益”一词来代表不包括其他综合收益的收入部分。在英国的报表中，这部分被称为“损益账户”（profit and loss account），在美国则被称为“利润表”（income statement）。因此，本书在某些章节会使用该术语。

遗憾的是，《国际会计准则第 1 号》没有用很清楚的原则来解释为什么某些利得和损失可以作为“损益”，而有些却不可以。我们将在第 16 章进一步探讨这个问题。

再次，在综合收益表之后还有一张所有者权益变动表（statement of changes in equity，SCE），该表列示了一定期间内所有者权益的所有变化。这些变化包括以下 3 类：

（1）综合收益（根据综合利润表而来）；

（2）重述的结果（例如政策变更）；

（3）与所有者的交易（例如发行股票或支付股利）。

最后，还需要提供一张现金流量表（见下文）。

《国际财务报告准则第 5 号》要求一个主体区分出那些将在一年内出售的资产，并把它们列示在资产负债表的“持有待售”项目下。如果某企业的主要生产线将在一年内出售或在过去的一年中已经出售，那它们的收入和费用也应该在利润表的“非持续经营”项目下单独列示。这些都是为了帮助信息的使用者更好地预测未来。

《国际会计准则第 7 号》要求呈报现金流量表，将现金流量划分为经营性、投资性和融资性三类。然后将现金流量的总额进行调整，从而反映当期现金和现金等价物总额的变化。

《国际会计准则第 8 号——会计政策、会计估计变更和差错》是关于会计政策的选择以及对会计政策变化的说明。它还包括差错更正，在该准则中要求通过调整资产负债表期初余额，而不是通过当期利润表来更正错误。对于某个主体第一次采用国际财务报告准则时所需要进行的会计政策的全面变更，《国际财务报告准则第 1 号》列举了所有重要的例子。该准则要求在采纳日有效运用准则的追溯调整法。

6.2.7 收入

《国际会计准则第 18 号——收入》是另外一个基本准则。简单来说，“收入”就是从客户那里获得的那部分“收益”。除了其他条件以外，直到卖方已经将与所有权有关的重要风险和经济利益转移给了买方且收入可以可靠地计量时才能确认收入。对于劳务而言，确认收入的另外一个条件是交易完成的阶段应当可以可靠地计量。相关内容将在第 16 章作进一步的介绍。

6.3 资产

6.3.1 有形资产和无形资产

有形的固定资产包括在《国际会计准则第 16 号——不动产、厂场和设备》和《国际会计准则第 40 号——投资性房地产》中；大多数无形资产在《国际会计准则第 38 号——无形资产》中提及，但购买的商誉在《国际财务报告准则第 3 号》中进行规范（见第 6.5 部分以及第 17 章）。生物资产是《国际会计准则第 41 号》所规范的主题。

《国际会计准则第 16 号》、《国际会计准则第 38 号》、《国际会计准则第 40 号》和《国际会计准则第 41 号》有着相似的确认规则。当一项资产符合资产的定义（见 6.2，即未来很可能会带来经济利益，并且成本可以被可靠地计量）时，才可以被确认为资产。这些条件使得内部创造的商誉、研究成本、品牌、客户名单等都不可以资本化。同样的，不能形成资产的费用（例如开办费）也不可以资本化。

资产（除了生物资产）最初应当按照其成本计量，之后可以继续按照其历史成本计量（这决定了折旧和减值的计提，见下文）。然而，投资性房地产（一般来说是那些非业主自己居住的房地产）却可以按照现行的公允价值计量，但要将整套资产一起进行估价（例如土地，或土地和建筑物）。准则制定机构对于无形资产比较谨慎，只允许在具有活跃市场的情况下才可以进行重估。因为这要求有同类资产和公开价格，所以大多数无形资产（如品牌和开发费用）都被排除在外。资产的估价（或计量）将在第 16 章进一步介绍。

对于采用公允价值计量的投资性房地产，重估盈余和损失计入损益，并且不计提折旧。对于其他资产，重估金额将替代原始成本，成为新的账面价值。所以重估盈余或损失将计入综合收益，折旧和销售损益也参照重估金额进行计算。

如果一个公司收到与资产有关的政府补贴，《国际会计准则第 20 号》允许其按照资产成本减去补贴金额，或者按照递延收入列报该补贴。出于折旧的减少或者递延收入的逐渐减少，无论采用哪种方法，该补贴都在该资产的存续期内被计入收入。坦白地说，这不是很有道理。因为如果现金是存放在银行里的，并且这个公司没有负债（不打算返还该补贴），那么这项补贴收入肯定形成了一笔利得。乍一看，通过把补贴收入在资产的整个存续期内递延似乎符合前述“框架”中描述的配比原则，然而即使用配比原则也不能说明资产的年限和这个问题有什么关联（例如将补贴用于购买没有折旧年限的土地）。遵循《国际会计准则第 20 号》将会导致这种补贴永远无法确认为收入。国际会计准则理事会已经意识到了这个问题，并宣布打算替换《国际会计准则第 20 号》。另一个影响资产账面成本的因素是《国际会计准则第 23 号》从 2009 年开始要求将资产建造中的利息资本化。

大多数资产应当在其经济使用年限内计提折旧。因为无形资产的使用年限可能很难估计，所以《国际会计准则第 38 号》要求任何没有明确定义使用年限的无形资产都要进行年度减值测试，而不再需要进行摊销。我们将在第 16 章更详细地论述无形资产。

根据《国际会计准则第 36 号》，应当在每个资产负债表日检查资产是否有减值迹象（例如物理毁损）。如果没有，则不需要进行计算。然而如果有减值的迹象，对资产价值的计算就是很必要的。如果资产的账面金额（如折旧成本）超过了可收回金额，则超过部分应当被减掉，并作为减值损失。可收回金额通过使用价值和净销售价格孰高法确认。因为管理层不会将大部分固定资产出售，这就意味着使用价值一般要比净销售价格高，因此使用价值一般即为可回收金额。可通过估计一项资产的预期贴现现金流来计量使用价值。

生物资产在初始计量和后续计量中都按照公允价值减去预计的当期销售成本计算，也就是净销售价格。利得或损失计入当期损益。收获生物资产时，其公允价值将被作为该项存货的成本。原国际会计准则委员会可以在《国际会计准则第 41 号》中制定如此明确的生物资产准则（不同于《国际会计准则第 16 号》、《国际会计准则第 38 号》和《国际会计准则第 40 号》中所存在的多种计量方法），一方面的原因是理事会多数代表不太关注生物资产，因此对公允价值及将“未实现收益”计入损益的政治性抵制比较少。

6. 3. 2　存货

《国际会计准则第 2 号》涉及大多数存货问题，《国际会计准则第 11 号》涉及建造合同问题。和其他各国会计制度的规定一样，该准则规定存货应当按照成本与可变现净值孰低法来计价。存货成本可以运用先进先出法或加权平均法来计量。2003 年开始不允许后进先出法的使用，并从 2005 年开始实施。

可以可靠计量的建造合同必须按照完工百分比法来计算。

6. 3. 3　租赁

《国际会计准则第 17 号》将租赁划分为两种，一种是租赁资产的所有主要风险和回报均转移给了承租人（融资租赁），另外一种是这些风险和回报仍然在出租人手中（经营租赁）。后者按照其法律形式应当按照租赁处理，而融资租赁则必须进行资本化，将之作为承租人的资产和负债，同时在出租人的账上记为应收款项。

在上述所有定义中都存在“实质上全部”的问题，而这个概念又很模糊。在美国和英国有一个参考标准是资产公允价值的 90%。因此如果一项资产租赁涉及其公允价值的 92%，一般会导致该资产的全面资本化并确认相应的负债。然而如果一项资产租赁只涉及到该资产公允价值的 88%，则完全不需要资本化。这毫无道理可言，因为在资产和负债的定义中并没有“实质上全部”这一词（见 6. 2 部分）。

国际会计准则理事会和其他准则制定机构（McGregor，1996）的结论是需要对租赁会计进行改革。当承租人签订了一项不可撤销的租约，往往就会产生一项负债，并且可合理推理会产生一项资产（对于一个理性的承租人而言）。这些都需要被确认。因此，所有的租赁都应当按照所涉及的金额进行资本化，不能是要么资本化所有金额，要么完全不需要资本化。

6.3.4 金融工具

《国际会计准则第 32 号》涉及金融资产、金融负债和权益等金融工具的定义和列报。

1995 年首次发布的《国际会计准则第 32 号》打破了常规，因为该准则要求按照金融工具的经济实质而不是法律形式对负债和权益进行分类。例如，可赎回优先股隐含着必须以现金偿付股东的约定，因而必须被当作负债处理，其股息必须按利息费用处理。当时主要国家的会计准则都不这样要求，现在大部分国家仍然没有类似要求。

经济实质在可转换债券中也同样应用，但效果和上述情况相反。这种金融工具应该部分作为权益来处理，其中一定比例的金融支付应重新归类，从利息转为股利。

金融资产定义广泛，包括现金、应收账款以及所有类型的投资。除非金融资产属于以下的任何一类，否则应当按照公允价值计价（根据《国际会计准则第 39 号》）：

- 没有可靠的公允价值（例如一些非上市的股份）；
- 那些决定持有至到期日的金融资产（例如一些债券）；
- 由公司发起的非交易性贷款（例如银行贷款）。

以上这三种类型的金融资产（和相关金融负债）可以按照历史成本法计价，但是《国际会计准则第 39 号》也允许在满足特定的条件时选择采用公允价值计量后两种金融资产。

对于按照公允价值计价的投资，其利得和损失应当确认为损益，但是那些归入“可供出售”类别的投资所产生的利得和损失应该计入综合收益表。对于在资产负债表内没有按照公允价值计量的金融工具，《国际财务报告准则第 7 号》要求在附注中披露其公允价值。

如果一项金融负债是衍生的或交易性的，则应该按市值定价（即按照公允价值计价，并且其利得或损失计入当期损益）。其他的金融负债则可以选择摊余成本计价法或按市值定价计价法（详情请见第 16 章）。

2000 年，国际会计准则委员会以及其他的准则制定机构公布了“准则草案”，试图运用完全的公允价值体系来代替这种混合计价制度。但是许多公司不赞成这一改变，因为公允价值计价法会带来的收益的波动。由于这些公司的反对，该项改革花费的时间超过了预期。

6.4 负债

6.2.6 部分已经陈述了国际会计准则理事会对负债的定义，上文也提到了金融性负债的相关内容。其他的负债还包括准备金、雇员福利和递延所得税。

6.4.1 准备金

准备金是时间和金额不确定的负债（根据《国际会计准则第 37 号》）。这里我们以维修准备金为例。在复式记账的分录中，贷记该项负债的同时借记一项费用。德国的会计传统是在每年年底预提下一年度前三个月的维修费（见第 15 章）。德国税法允许提前抵扣一项费用（可以抵减当年所得税），公司可以因此而获得税收优惠。下面是大型德国药品公司巴斯夫公司的例子（来自其2004年的年报）：

为弥补到年底为止遗漏的维休程序而建立了维修准备金，该维修费用预计在下一年度的前三个月中发生。

在20×1年底所做计提维修准备金的分录如下：

借：20×1年维修费

  贷：维修费准备金（将在20×2年继续挂账）

假设按照上述传统配比的方法定义费用（6.2.6的方法一），那么德国的做法很容易被看作是正确的。20×2年初需要维修机器的原因是20×1年机器受到了磨损，因此该项费用可以说是和20×1年相关的（虽然此答案并不是很清楚）。

然而，我们现在更倾向于使用国际会计准则委员会对“负债”的定义。在前述例子中，资产负债表日该公司有一项需要转移资源的对第三方的负债吗？恐怕是没有的。如果没有，则在20×1年底就没有负债存在，因此在20×1年也没有费用，所以不应该做上述分录。

回到《国际会计准则第37号》，确认一项准备金的时候，应该作出最好的估计，且应折现资金的时间价值。

或有负债是一种可能发生的负债或是一种无法量化且可能不会导致资源外流的负债。除非这种或有负债转变成负债的可能性极小，否则应该在附注中加以披露。第16章将详细介绍准备金和公积金。

6.4.2 雇员福利

《国际会计准则第19号》涉及津贴、退休福利（如养老金）等雇员福利。如果这些负债是可能发生且可以计量的，则应当在资产负债表中进行确认。

如果公司承诺按照设定受益计划支付养老金，例如根据服务时间长短和未来工资水平决定养老金，则最复杂的情况就出现了。原则上来说，这种负债应当在资产负债表日对现存负债的估计金额进行折现，然后减去公司为偿付这项负债所建立的外部基金的公允价值。

在某些公司中存在另外一种重要的雇员福利——以股份为基础的支付，这是《国际财务报告准则第2号》所规范的内容。如果向雇员承诺以现金形式进行支付，但是支付金额与公司股票价格有关，则公司应当在雇员为获得该项福利的工作期间同时记录一项负债和一项费用。如果该项支付的形式是股票或股票期权，则直接贷记所有者权益，而非贷记一项负债。

这些问题会在许多公司的财务报表中产生巨额数字，具体内容将在第16章详细论述。

6.4.3 递延税款

《国际会计准则第12号》要求公司完全按照现行（或未来将要执行的）税率来计算递延税务资产和递延税务负债，这些资产和负债即为公司资产和负债的账面价值与其税务价值的暂时性差异。这又是一个复杂问题，将在后面讨论（例如第8.6部分和第16.7部分）。

6.5 集团会计

本书第 8 章将讨论美国的集团会计问题，并将在第 17 章中从比较国际会计的角度再次对这一问题进行探讨。这里将概括国际会计准则理事会的有关要求。

6.5.1 企业合并

《国际财务报告准则第 3 号》要求企业合并按照收购（acquisitions）进行会计处理（也叫做购买 purchase)。该准则不再允许采用股权联合法（美国叫权益集合，英国叫兼并会计（merger accounting)），进行核算。在购买法下，新子公司的可辨认资产与负债都应该按照公允价值来计量。超出公允价值的所有支付都可以资本化为商誉。《国际财务报告准则第 3 号》要求对商誉进行年度减值测试，而不再进行摊销。这与《国际会计准则第 38 号》对于不确定使用年限的无形资产的处理要求是一致的。在出现负商誉的特殊情况下，应该立即将之确认为收入，因为它不是一项负债。

6.5.2 合并报表

《国际会计准则第 27 号》将子公司定义为被某个公司控制财务和经营决策的公司。如果是这样，该子公司的资产和负债都属于该集团公司，因此它们就应当被完全合并。即使子公司与集团中的其他公司完全不同，它也照样适用该原则。如果这种控制是暂时性的，则按照《国际财务报告准则第 5 号》的要求子公司也应该被合并，但应该在报表中的“持有待售”项目下列示。

正常的合并程序（例如公司内部交易余额的抵销）是必需的。虽然少数股东权益不是母公司的权益，但也必须作为集团的所有者权益列报（因为它既不符合资产的定义，也不符合负债的定义）。

6.5.3 合营

合营企业是两个或若干个企业签订协议，一致同意共同控制某主体的财务战略和经营决策。《国际会计准则第 31 号》所规范的就是这种情况下的会计处理。

对于联合资产或联合经营没什么大问题，可以根据控制方进行会计处理。有趣的问题是如何处理合营企业的会计问题。它是否属于投资公司集团里的一部分?《国际会计准则第 31 号》允许在以下两种方案中作出选择：比例合并法或权益法。运用比例合并法，就是将合营的资产、负债、费用和收入一项一项按照比例加总到合营企业的合并报表中。然而假设主体对合营企业拥有 40% 的所有权，主体是控制了合营企业的所有资产还是其 40% 的资产呢? 好像两个都不是。事实上主体根本没有控制任何资产。这说明比例合并法是不合适的。国际会计准则理事会预期将会取消此选择。这将在第 17 章中进一步讨论。

后文将讨论《国际会计准则第 31 号》提出的另一种可选择的方法（权益法），因为权益法是对联营投资编制合并报表所要求的处理方法。

6.5.4 联营

《国际会计准则第28号》将联营企业定义为投资者可以对其施加重大影响但不能对其进行控制的企业。投资者拥有某个企业20%或20%以上的普通股，就能够对该企业产生重大影响，这一参考依据使上述模糊概念有了些许精确性。显然，投资者没有控制该联营企业的资产等会计要素，因此也不应该将这些会计要素进行合并处理。然而，似乎仅仅按照历史成本来记录所拥有的股份，同时将股利看作集团收入是不够的。《国际会计准则第28号》折中了上述两种处理方法，要求运用权益法来编制合并报表。

权益法要求将投资者在联营企业中的所有者权益（等于净资产）份额和收益份额计入投资者的财务报表。但并不清楚的是，这是一种单向合并方法还是一种为了表明投资价值而使用的一种方法。权益法将在第17章中进一步介绍。

6.5.5 外币折算

第21号国际会计准则规范了外币交易、外币余额以及国外子公司、合营企业和联营企业财务报表折算问题。

外币交易一般应当按照交易日利率折算为企业报告货币。剩余的货币性余额（例如外币应收款和应付款）应当在后续的资产负债表日按照当日的现行汇率折算并计入报表，折算利得或损失计入当期损益。

国外经营应当根据其功能货币进行折算，折算规则相当复杂，将在第18章详细介绍。

6.6 披露

上述的所有准则都包括披露要求，一般来说都在各准则的最后统一陈述。然而也有其他专门规范披露的准则，这些准则不影响资产、负债、收入和费用的确认。下面总结了两个重要的披露准则。这两个准则仅仅适用于有公开交易证券的企业。

- 《国际财务报告准则第8号》要求按照分部来报告许多项目（例如资产、销售收入和利润），就如同向主体的主要经营总部报告一样。我们将在第19章详细介绍。
- 《国际会计准则第33号》要求披露企业基本的每股收益（EPS）。收益是指扣除所得税、特殊项目和优先股股利之后的净利润。“每股”数是当期流通在外普通股的加权平均数。此外如果任何可能的额外股份（如可转换债券）会恶化每股收益状况，则需要披露经过收益调整和股份数调整以后被稀释的每股收益。

小结

- 国际会计准则理事会的“框架”和在此之前的美国“框架”非常一致。该“框架”的目标是帮助投资者制定决策。“框架”要求公允列报，这意味着要尽可能提高信息的相关性和可靠性。
- “框架”将资产和负债放在首位，把权益、收入和负债看作是衍生的概念。
- 一些国际财务报告准则包含多种可选择的处理方法，这些方法被称作“基准方法”和“备选方法”。一般来说，这并不代表“基准方法”是优先选择或被要求采用的处理方法。2003 年国际会计准则理事会撤销了其中一些可选择的处理方法。

- 《国际会计准则第 1 号》要求编制综合收益表和权益变动表。
- 国际会计准则理事会的规则允许大多数资产进行重估，但计量基础是混合的，而且利得被确认为收入的时点也是混用的。目前的趋势倾向于更多地采用公允价值，并且将利得立刻确认为收入。
- 租赁资产和负债的资本化似乎符合“框架”要求，但是对经营租赁和融资租赁的划分似乎并非如此。
- 和某些国家的法规相比，国际会计准则理事会对准备金的定义是很严格的。准备金应当按照贴现金额列示，包括雇员福利义务也是如此。
- 企业合并中产生的商誉应予以资本化。传统上对商誉进行摊销的方法已经被年度减值计量所代替。
- 合营企业既可以按照比例合并，也可以采用权益法进行合并。
- 国际财务报告准则有大量披露要求，其中包括对分部报告和每股收益的披露。

参考文献

Alexander, D. and Archer, S. (2001) *IAS Accounting Guide*, Harcourt Brace, Orlando.

Alfredson, K. *et al.* (2007) *Applying International Accounting Standards*, Wiley, Milton.

ASB(2005) *The Implications of New Accounting and Auditing Standards for the 'True and Fair View' and Auditors' Responsibilities*, Accounting Standards Board, London.

McGregor, W. J. (1996) *Accounting for Leases: A New Approach*, FASB for the G4 + 1, Norwalk.

Nobes, C. W. (2001) *Asset Measurement Bases in UK and IASC Standards*, ACCA.

Nobes, C. W. (2003) *Liabilities and their Measurement in UK and International Accounting Standards*, ACCA, London.

后续读物

如果要了解国际会计准则理事会准则的全部内容，请参考国际会计准则理事会的年度合订本。对于国际财务报告准则应用指南，可参考亚历山大和阿彻（2001）或者奥尔夫勒德森等人（Alfredson *et al.*，2005）的著作。对于大型公司使用情况的调查，可参考凯恩斯（2001）的著作。对于国际财务报告准则下资产和负债计量的调查，可参考诺比斯的著作（2001 和 2003）。对于国际财务报告准则与不同国家要求的差异，可参考本书第二、第三和第四部分的各章。

实用网址

www. iasb. org
www. iasplus. org
www. kpmgifrg. com
www. pwc. com/ifrs

课后问题

书末提供带星号问题的参考答案。

6.1* 解释“概念框架”的目标和用途。

6.2* “中立性指的是没有偏见。审慎性却是一种偏见。在同一个‘概念框架’中很难同时遵守两个原则。”请讨论这一观点。

6.3 “实质重于形式是解决不同企业财务报表不可比问题的方法。”请讨论这一观点。

6.4 解释为什么必须先定义“资产”和“费用”中的一个，而不能同时定义两者？为什么国际会计准则理事会选择先定义前者？

6.5 对不同的资产采用不同的计量基础是否有必要，是否有用？

6.6 概括将合营企业包括在主体财务报表中的所有方法，并说明哪种方法最好？

6.7 “最近一些年，国际会计准则委员会/理事会很明显地从使用历史成本计价转向使用现行价值计价”。请讨论这一观点。

附录6 国际财务报告准则内容提要

这一附录概括了至2008年1月1日之前的国际财务报告准则的内容。

《国际会计准则第1号——财务报表列报》

该准则于1997年被修订，取代了旧的《国际会计准则第1号》、《国际会计准则第5号》和《国际会计准则第13号》，并于2003年、2004和2007年被再次修订。一组完整的财务报表由财务状况表、综合收益表、权益变动表、现金流量表和附注组成（第10段）。如果存在重述的情况，则还必须提供最早可比期间的期初财务状况表。主体可以在综合收益表之前列示一份单独的利润表（第12段）。该准则要求财务报表公允呈报，有时这可能会导致与某个国际财务报告准则相背离，此时需要披露这种背离，包括数量方面的影响（第15段至第24段）。

每一组财务报表都必须评估持续经营假设，以及在适当时候存在的偏离（需要披露）（第25段）。只有在其他准则特别允许的时候财务报表项目才可以相互抵消（第32段）。主体必须提供和上一期间相关的比较信息（第38段）。

一般要求区分流动和非流动项目（第60段）。该准则对财务报表的格式没有要求，但是对最低限度的披露内容有要求（第54段和第82段）。附录中也需要对格式加以举例说明。

《国际会计准则第2号——存货》

存货应以成本与可变现净值孰低法计价（第9段），成本包括使存货达到目前状态和位置所花费的所有费用（第10段）。该准则要求使用先进先出法或加权平均法对存货进行计价（第25段）。

《国际会计准则第3号》

已被《国际会计准则第27号》取代。

《国际会计准则第4号》

取消，因为其内容（关于折旧）已经在资产准则中包含（尤其是《国际会计准则第 16 号》和《国际会计准则第 38 号》)。

《国际会计准则第 5 号》

被《国际会计准则第 1 号》(修订版)取代。

《国际会计准则第 6 号》

被《国际会计准则第 15 号》取代。

《国际会计准则第 7 号——现金流量表》

主体应编制现金流量表(第 1 段),并应当按经营活动、投资活动和筹资活动对现金流量进行分类(第 10 段)。现金和现金等价物包括价值变动风险较小的短期投资(第 6 段)。

可以采用直接法或间接法编制现金流量表(第 18 段)。与税收相关的现金流量应该分别划归到经营活动、筹资活动或投资活动类别中披露(第 35 段)。

《国际会计准则第 8 号——会计政策、会计估计变更和差错》

会计政策变化应当遵循特定的过渡条款。如果没有这样的条款,就应该通过修改报告中最早的期初余额来追溯调整留存收益(第 19 段)。会计估计变化应当体现在当期收益中(第 36 段)。错误更正也使用同样的方法(第 42 段)。

《国际会计准则第 9 号》

被《国际会计准则第 38 号》取代。

《国际会计准则第 10 号——资产负债表日后事项》

如果发生在资产负债表日之后的事项能为资产负债表日已经存在的情况提供附加信息,就应该调整财务报表(第 8 段)。然而,如果对恰当估价是必要的,则应当对发生的其他事项进行披露(第 21 段)。拟发放的股利不应作为负债确认(第 12 段)。

《国际会计准则第 11 号——建造合同》

建造合同的定义没有涉及合同的期限,但要求合同应当被明确地议定(第 3 段)。

当合同的结果可以被可靠地估计时,收入和成本应当通过合同完成的阶段来估计。预期的损失应当被确认(第 22 段)。可靠估计的条件是(第 23 段):

(a)合同收入能被可靠地计量;

(b)与合同相关的经济利益很可能流入主体;

(c)合同的未来成本以及合同完工进度可以可靠地计量;

(d)合同成本能够清楚地辨认和可靠地计量。

假如合同的结果不能可靠地计量,则成本应在发生的当期确认为费用,收入应当根据合同成本可能得到补偿的情况进行确认(第 32 段)。

《国际会计准则第 12 号——所得税》

暂时性差异是指一项资产或负债的账面金额与其计税基础之间的差额(第 5 段)。除非与商誉相关(计税时其摊销额可抵税的除外)或特定的交易不会影响所得税和会计利润,否则递延所得税资产和负债应当被确认为暂时性差异(第 15 段和第 24 段)。除非未来可能获得充足的应纳税收入,否则递延所得税资产不能入账(第 24 段和第 34 段)。与集团公司有关的某些递延所得税资产和负债应当在暂时性差异可转回的情况下予以确认(第 39 段和第 44 段)。

当期的和递延的所得税资产和负债应当根据已执行或实质上已执行的税率计量（第46段和第47段）。递延所得税资产和负债不应折现（第53段）。

只有当当期的和递延的所得税与不在利润表中确认的交易相关时，才可以确认为收益或费用（第58段）。

《国际会计准则第13号》

已被《国际会计准则第1号》（修订版）取代。

《国际会计准则第14号——分部报告》

和其他国际会计准则不同，该准则只适用于公开交易权益性或债务性证券的公司（第3段）。

业务分部或地区分部是指一个公司中可区分的组成部分，它们具有与其他分部不同的风险和报酬（第9段）。一个公司的主要分部报告基于业务分部还是基于地区分部，取决于公司风险和报酬的主要来源和性质（第26段）。通常，管理当局的内部财务报告系统会与此相一致（第27段）。

报告分部是指那些对外部客户的销售额、经营成果或资产占整个公司数据的10%以上的分部（第35段）。对主要报告分部，公司应披露每一个分部的以下信息：收入、经营成果、经营资产、经营负债、资本费用和折旧（第50段至第58段）。

除了主要分部报告外，其他分部报告也要求披露收入、资产和资本费用（第69段和第70段）。

本准则被《国际财务报告准则第8号》取代（从2009年之后开始生效）。

《国际会计准则第15号》

取消。

《国际会计准则第16号——不动产、厂场和设备》

不动产、厂场和设备应该在同时满足以下两个条件时才能予以确认：（1）未来经济利益能够流入公司；（2）成本能够被可靠地计量（第7段）。

初始计量应当以成本为基础（第15段）。后续计量的一种方法是采用历史成本法，但同时也允许采用另一种方法，即根据资产类型使用最近的公允价值（第29段、第30段和第36段）计量。对于重估增值，除非以前该资产的重估损失计入了损益从而需要转回，否则将重估利得贷记公积金项目。对于重估减值，除非要转回以前贷记入公积金项目的金额，否则应将重估损失计入当期损益（第39段和第40段）。

资产的报废和处置所获得的利得或损失应当根据账面价值来计算（第68段）。

《国际会计准则第17号——租赁》

融资租赁是指把资产的所有主要的风险和报酬转移给承租人的租赁（第3段）。承租人应该使用公允价值和最低租赁付款额现值孰低法将融资租赁资产资本化（第12段）。

支付的租金应当划分为两部分：（1）负债的减少，（2）与所减少负债相对应的财务费用的增加（第17段）。租赁资产的折旧应当按使用年限计算，但是在资产的最终所有权不能合理地确定时，则应当采用使用年限与租赁期孰短法确定（第19段）。

经营性租赁应系统地确认为费用（第25段）。

对出租方来说，融资租赁应记为应收款项（第 28 段）。融资收益的确认应按照反映出租人在融资租赁中的投资净额能在每个期间获得固定的回报率的模式进行（第 30 段）。

对形成融资租赁的售后回租，超过账面金额的所得部分应在租赁期内递延和摊销（第 57 段）。

《国际会计准则第 18 号——收入》

收入应当按已收到或应收到对价的公允价值计量（第 9 段）。当符合以下条件时收入应被确认（第 4 段）：

- 重大风险和报酬被转移给买方；
- 管理权和控制权已经转移；
- 收入能够可靠地计量；
- 经济利益很可能会流入公司；
- 交易成本能够可靠地计量。

对劳务而言，当结果能够可靠地估计时，可根据完成劳务的程度应用相似的条件（第 20 段）。

《国际会计准则第 19 号——雇员福利》

对于养老金的设定提存计划，应将一个期间的缴款额确认为当期费用（第 45 段）。

对于设定受益计划，负债是该义务的现值总额加未予确认的精算利得，减去未确认的任何过去的服务成本，再减去计划资产的公允价值（第 55 段）。利润表中的费用是当前服务成本、利息费用、预期资产回报、已确认精算利得和损失、已确认过去服务成本以及缩减和结算的影响等的总和（第 62 段）。

指定的方法是精算估价法（也叫做预期累积福利单位法）（第 65 段）。所使用的贴现率应当根据高质量公司债券的市场收益率确定（第 79 段）。

精算利得与损失超过设定受益义务现值（或基金，假如它更大的话）的 10% 时，应在利润表中摊销确认。摊销期为计划中雇员的剩余工作期（第 94 段）。精算利得或损失应在综合收益表中立即全额确认。过去服务成本应在提供这些福利之前的期间内确认（第 98 段）。

《国际会计准则第 20 号——政府补助会计和政府援助的披露》

补助不应当直接贷记公积金，而应与相关成本配比确认为收入（第 7 段和第 12 段）。有关资产的补助应从资产成本中扣减或作为递延收入（第 24 段）。

《国际会计准则第 21 号——汇率变动的影响》

交易应按交易日汇率进行折算（第 21 段）。后续计量中，货币性余额按期末汇率折算，非货币性余额按有关计价基础（如历史成本）的汇率进行折算（第 23 段）。货币性项目折算差额应当计入当期损益（项目金额相当于对外国主体的投资净额的除外）（第 28 段和第 32 段）。

其他主体的功能货币如果不是报告货币，资产负债表应当使用期末汇率换算，收入和费用按交易时汇率（实务中常采用平均汇率）换算，其差异应当计入综合收益（第 39 段）。

《国际会计准则第 22 号——企业合并》

被《国际财务报告第 3 号》取代。

《国际会计准则第 23 号——借款费用》

建造项目中的借款费用必须资本化为资产成本的一部分，不过在 2009 年以前仍然允许将借款成本费用化。

在采用资本化方法时，对于为特定目的而专门借入的资金，符合资本化条件的借款费用金额应当根据本期内借款所发生的实际借款费用减去以该借款进行临时性投资而获得的投资收益来确定（第 12 段）。如果是一般性的资金借入，那么所使用的资本化率应为该期间所有未偿还借款的借款成本的加权平均数。资本化的借款费用不应超过其发生额（第 14 段）。

资本化应当始于资产的支出和借款费用发生时以及为使资产达到其预定可使用或可销售状态所必要的准备工作正在进行中时（第 17 段）。当未来期间开发活动中止时，应当中止资本化，当所有活动实质上已经完成时，则应结束资本化（第 20 段和第 22 段）。

《国际会计准则第 24 号——关联方披露》

关联方是指那些能够对公司进行控制并施加重大影响的各方，不过有一些例外情况（第 9 段和第 11 段）。应当披露关联方关系和关联交易（第 12 段和第 17 段）。

《国际会计准则第 25 号——投资会计》

被《国际会计准则第 39 号》和《国际会计准则第 40 号》所取代。

《国际会计准则第 26 号——退休福利计划的会计和报告》

该准则涉及退休福利计划的会计与报告问题，它与雇员无关。该准则分别针对养老金的特定提存计划和特定受益计划制定了单独的规则。

《国际会计准则第 27 号——合并财务报表》

“子公司”是指被其他公司控制的公司（第 6 段）。某些处于中间层次的母公司被豁免编制合并报表（第 4 段）。

除了为预期出售而临时控制的子公司以外，其他所有子公司都必须包括在合并范围内（第 12 段和第 16 段）。

被合并公司的报告日与其母公司报告日的差距不应超过三个月（第 26 段）。

在母公司的财务报表中，应以成本或作为可供出售的投资对子公司进行列示（第 37 段）。

《国际会计准则第 28 号——联营企业投资会计》

联营企业是投资者对其具有重大影响的企业，即投资者具有可参与其财务决策和经营政策决策的权力（第 2 段）。这里有一个可推翻的假设，即持有该企业 20% 或 20% 以上的表决权就可以具有重大影响（第 6 段）。

联营企业在合并报表中应当用权益法列示（即使近期要出售该股份）（第 13 段）。在投资企业的账户中，联营企业可以按照成本或作为可供出售的投资进行列示（第 12 段）。

《国际会计准则第 29 号——在恶性通货膨胀经济中的财务报告》

恶性通货膨胀具有几个特征，包括累计 3 年通货膨胀率接近或超过百分之百

（第 3 段）。

财务报表（包括对应数字）应按资产负债表日的现行计量单位呈报（第 8 段）。

《国际会计准则第 30 号——银行和类似金融机构财务报表中的披露》

被《国际财务报告第 7 号》取代。

《国际会计准则第 31 号——合营中权益的财务报告》

合营是指某项共同控制的合同约定（第 3 段）。对于共同控制经营中的权益，合营者应当确认其所控制的资产和所发生的负债以及其所发生的费用和在合营收益中所占的份额（第 15 段）。共同控制资产应按比例基础确认（第 21 段）。

在合并财务报表中，共同控制主体应按以下方法确认（第 30 段和第 38 段）：

（a）比例合并法；

（b）权益法（允许使用的另一种方法）。

然而，在《国际财务报告准则第 5 号》中规定，为单独再次出售而持有的利息应作为投资进行会计处理。

《国际会计准则第 32 号——金融工具：列报》

发行者应将金融工具划分为负债和权益两种类型，复合金融工具也要划分为这两种类型（第 16 段和第 28 段）。

库藏股（即公司买入自己的股票）必须按照所有者权益的减少来列示（第 33 段）。

当金融资产和金融负债具有法定可强制执行的权力并且公司打算执行此项权力时，金融资产和金融负债可以相互抵销（第 42 段）。

《国际会计准则第 33 号——每股收益》

本准则适用于普通股公开交易的公司（第 2 段）。

基本的每股收益（earnings per share，EPS）应按归属于普通股股东的净损益及当期发行在外普通股的加权平均数计算（第 10 段）。这个加权平均数应当根据所有列报期间发生的能改变发行在外的普通股股数但不会发生相应资源变化的事项（如红利发放）进行调整（第 19 段）。

稀释的每股收益应针对全部具有稀释性潜力的普通股调整收益和普通股股数（第 30 段）。

公司应在利润表内列报其基本的每股收益和被稀释的每股收益（第 47 段）。

《国际会计准则第 34 号——中期财务报告》

本准则不是强制性的，但证券交易监管机构可以要求上市公司执行（第 1 段）。

中期财务报告的内容至少应包括简明利润表、简明资产负债表、简明权益变动表、简明现金流量表和附注（第 8 段）。准则指定了中期报表及其附注的最低限度的披露内容（第 10 段和第 16 段），以前期间的数据也应列示在中期财务报告中（第 20 段）。

报告的频率不应影响公司的年度结果（第 28 段）。在大多数情况下，期间的终了应被视作年末并进行相同的会计处理（第 28 段、第 37 段和第 39 段）。

《国际会计准则第 35 号——终止经营》

被《国际财务报告第 5 号》取代。

《国际会计准则第36号——资产减值》

该准则要求公司在每一个资产负债表日检查其有关资产是否存在减值的迹象，并举例说明（第12段）。如果存在资产减值的迹象，公司应当计算资产的可收回金额，即资产的销售净价与其使用价值两者之中的较高者。资产的使用价值是指该资产预期的净现金流量的折现值，为了计算的可操作性，这个折现值应按最小的资产组（即现金产出单元）来计算（第66段）。

如果资产的可收回金额小于其账面价值，应确认此项资产的减值损失（第59段）。资产的减值损失应分摊到有关商誉中去（第104段）。在符合某些条件时，资产减值损失应当被转回（除了与商誉相关的资产减值）（第110段）。

《国际会计准则第37号——准备、或有负债和或有资产》

准备被定义为时间或金额不确定的负债。当然，如果要存在一项负债，则要求在资产负债表日存在一项义务（第10段）。除非对准备不能作出可靠的估计或含有经济利益的资源流出的可能性不大，否则公司应当确认准备（第14段）。

除非含经济利益的资源流出的可能性极小，不应该将或有负债（没有义务、不能可靠地计量或经济利益不可能流出）确认为负债，但应对其进行披露（第10段、第27段和第28段）。或有资产不应被确认（第31段）。

《国际会计准则第38号——无形资产》

当未来经济利益很可能流入公司且成本能够被可靠地计量时，应当确认无形资产（第21段）。

自创商誉不应资本化（第48段）。研究和许多其他自创无形资产不符合以上的确认标准（第54段和第68段）。开发费用可能有时会符合以上标准，符合标准的就必须资本化。本准则给出了较详细的指南（第57段）。费用化后的成本不应再被资本化（第71段）。

有活跃市场的无形资产应以公允价值入账（第75段）。

无形资产应该在其使用年限内进行摊销（第97段）。此外，要求每年对无形资产进行减值测试。

《国际会计准则第39号——金融工具：确认与计量》

所有的金融资产和金融负债（包括衍生金融工具）应在资产负债表中确认（第2段和第14段）。

除在以下情况下金融资产用摊余成本计量外，其他情况下都应以公允价值计量：

（a）源于公司但不是为交易而持有的应收账款；

（b）持有至到期的投资；

（c）其公允价值不能被可靠计量的金融资产（第46段）。

然而，对于（a）或（b）中的一些资产，还可以采用公允价值计量。

除了为交易而持有的负债以及属于负债的衍生工具应以公允价值计量外，金融负债应以摊余成本计量，但其他一些金融负债也存在可选择的方法（第47段）。

除了非交易项目形成的利得或损失可以被确认为综合收益外，金融工具形成的利得或损失应当被确认为当期损益（第55段和第56段）。

对于衍生金融工具和（仅针对外币风险的）其他金融工具，在某些情况下允许采用套期保值会计进行核算。这些套期保值行为必须是指定的和有效的（第88段）。

《国际会计准则第40号——投资性房地产》

投资性房地产是指那些不为所有者自己使用，而是为了赚取租金或为资本增值而持有的房地产（第5段）。

该项资产成本最初应该按照成本来计量，那些可以改善最初评价标准的交易费用也应当包括在初始计量中（第16段和第20段）。然后公司可以选择公允价值模型或成本模型进行后续计量（第30段）。选择前者时，利得或损失都计入损益（第35段）。如果使用公允价值模型在开始时无法决定特定的房地产公允价值，那就应该运用成本模型（第53段）。

如果投资性房地产转为所有者自己使用的房地产或转为存货，则应该按照公允价值来对其进行计量（第60段）。其他资产转换成投资性房地产时，可以根据《国际会计准则第16号》中规定的重新估价模型来处理最初的向公允价值的转换（第61段）。

在采用成本模型时，也应当披露投资性房地产的公允价值（第79段）。

《国际会计准则第41号——农业》

该准则涉及所有收获以前的生物资产（第1段）。这些资产按照公允价值减去销售时的成本来计价（第12段）。如果公允价值不能可靠地决定，则应当采用成本计价（第30段）。

农产品在收获时按照公允价值减去销售时的成本来计价，该价值即成为存货会计中的历史成本（第13段）。

因公允价值变化而产生的利得和损失应当计入损益（第26段和第28段）。如满足条件，政府补助也应当计入损益（第34段）。

《国际财务报告准则第1号——首次采用国际财务报告准则》

该准则适用于那些第一次明确且无保留地声明遵循国际财务报告准则的主体（第3段）。一个主体必须按照报表日的现行准则呈报最早期间的期初余额（第6段）。不存在相关的其他版本的准则，也没有过渡性准则。少数例外是允许的，例如企业合并（第13段）。此外，此准则还禁止了一些追溯估计，例如相关的套期保值会计（第26段）。

从旧规则转换为新的国际财务报告准则需要调整期初余额（第39段）。

《国际财务报告准则第2号——以股份为基础的支付》

除非确认一项资产，以股份为基础的支付应该被确认为一项费用。这种支付可以采用现金或股份的形式。以现金支付会增加负债，以股份支付会增加权益。公司应在取得商品或获得服务时对其进行确认（第7段）。对于非雇员来说，以股份为基础的支付应按商品或服务的公允价值确认，而对于雇员来说，以股份为基础的支付应按权益的公允价值确认（第10段）。

如果股份作废了或未在授予日前行权（第23段），则不需要作任何调整。

《国际财务报告准则第3号——企业合并》

所有的企业合并都应当被视作购买（第14段）并依此进行会计处理。商誉是购买企业支付对价的公允价值与被合并企业的资产、负债和或有负债公允价值之间的差额（第36段）。即使《国际会计准则第37号》对此有不同的规定，合并后的或有负债仍然应该被确认。

商誉应当每年进行减值测试（第 54 段）。负商誉应当立刻确认为收入（第 56 段）。

《国际财务报告准则第 4 号——保险合同》

该准则适用于保险合同，无论该保险合同是由什么类型的公司所签订的（第 2 段）。

承保人暂时可以不遵守《国际会计准则第 8 号》的一般要求，因为这些要求是在没有国际财务报告准则明确适用情况下才作出的（第 13 段）。除非变更会计政策后所提供的信息更加相关，否则不允许进行变更（第 22 段）。该准则要求进行负债适当性测试（第 15 段）。

《国际财务报告准则第 5 号——持有待售的非流动资产和终止经营》

如果一项非流动资产预期将在一年内出售，则应当将其划归为持有待售资产（第 6 段至第 8 段）。它们应当在资产负债表内单独列报，公司应按其账面金额和公允价值减去出售费用后的余额孰低法进行计量（第 15 段）。

终止经营是指公司中已被处置或被划归为持有待售的组成部分，并且该组成部分应当是一个独立的主要业务（第 32 段）。综合收益表内应当分别列示与终止经营相关的每个项目。

《国际财务报告准则第 6 号——矿产资源的开采和评估》

主体可以不遵守《国际会计准则第 8 号》对没有明确准则适用时的会计政策要求（第 7 段）。资产的计量应当遵守《国际会计准则第 16 号》的要求（第 12 段）。

在资产减值方面可以使用特别规定，即允许最大为一个经营分部的现金产出单元（第 21 段）。

《国际财务报告准则第 7 号——金融工具：披露》

所有类型的主体都必须对金融工具涉及的大量问题进行披露，其中包括公允价值（第 25 段）、信用风险（第 36 段）、流动性风险（第 39 段）以及市场风险（第 40 段）。

《国际财务报告准则第 8 号——经营分部》

该准则适用于上市公司（第 2 段）。经营分部是经常被主体的首席运营官考察的部分（第 5 段）。如果某个经营分部等于或大于所有分部的 10%，其信息就应当被报告。报告的项目很多，其中包括收入、资产、利息、折旧和所得税（第 23 段）。收入和非流动资产应当按照地区分部报告（第 33 段）。

第7章 国际财务报告实务的不同版本

克里斯托弗·诺比斯

内容

目标

读完本章后您应当能够

- 解释前几章所阐述的导致国际会计差异存在的潜在原因，在国际财务报告准则的环境下如何仍然发挥作用。
- 举例说明为什么不同版本的国际财务报告准则（包括不同的翻译版本）会同时被执行。
- 举例说明国际财务报告准则的缺失、选择和估计如何导致了会计实务的差异。
- 概括各国对国际财务报告准则监督和执行的差异如何导致了会计实务的差异。
- 讨论现存各国财务报告准则的不同版本所带来的启示。

7.1 引言

国际财务会计准则委员会基金会的目标包括制定“一套高质量、可理解且可实施的全球性会计准则”，以及“促使这些准则得到使用和严格的遵守”（国际会计准则委员会基金会章程第2段）。随着准则的日益严格和强制应用范围的不断扩大，在实现目标方面国际财务会计准则委员会基金会取得了持续的进步。然而，即使对那些宣称遵守了国际财务报告准则的公司而言，它们的会计实务真的统一了吗？

本章首先考察使用国际财务报告准则以后仍存在不同会计实务的动机（第7.2

部分)。特别是，考察是否存在导致国际财务报告准则在不同国家的使用中存在系统性差异的原因。第 7.3 部分将考察国际财务报告实务存在差异的范围。在该部分中，我们将考察在国际财务报告准则中存在的明显和隐蔽的备选方案。学习这一点不仅仅是为了完成本章特定的学习目标，更是为了帮助读者进一步理解国际财务报告准则。它不仅可以显示国家之间存在的国际财务报告准则实务的差异，还可以发现不同公司和不同行业所采纳的国际财务报告准则的实务差异。

就国际财务报告准则实务存在不同的版本而言，我们可以得到如下启示：

- 应当警告财务报表的使用者，不同公司、不同国家采用国际财务报告准则编制的财务报表可能没有他们所期望的可比性。
- 美国证券交易委员会对要求在美国挂牌的外国公司采用国际财务报告准则方面行动比较迟缓。
- 即使都采用了国际财务报告准则，“比较国际会计”仍然是值得研究的领域。

7.2 不同国际财务报告实务的动机

假设在国际财务报告准则范围内有机会存在各种各样的会计实务（见第 7.3 部分），那么在公司层面、行业层面以及国家层面都有动机利用这些机会。

公司面临不同的环境，因此可能会采取不同的政策选择（见 Watts 和 Zimmerman，1978)。例如，有些公司为了在股票市场中留下良好印象，因此倾向于显示高利润。其他一些公司为了支持价格上涨或者为了减少股利及工资的发放，可能会倾向于显示低利润。这些不同的动机在行业中也存在。例如，在公共事业行业（天然气和电信行业）中，价格管制是很正常的，因此有时候它们希望显示低利润，而其他大多数行业就不存在这种动机。

本章集中讨论为什么某些国家的公司按照国际财务报告准则开展的会计实务会和其他国家的公司不同。我们从第 2 章讨论过的那些因素开始研究，看看这些因素是否具有相关性。我们在这里尤其关注三个因素：融资制度、税收制度和法律制度。我们将使用德国和英国作为例子进行解释，因为这两个国家都是很重要的（欧盟最大的两个经济体和股票市场)，而且它们的会计实务形成了鲜明的对照（见第 3 章)。

在第 2.4 部分我们讨论过是否可以把国家划分为“内部融资”和“外部融资”两大类，然而这种分类已经变得日益不明显。例如，德国传统上被看作是“内部融资”国家，但最大的德国上市公司已经在使用股东融资文化（外部融资文化)，并从 20 世纪 90 年代中期就开始自愿采纳国际财务报告准则或美国公认会计原则（Weissenberger *et al.*，2004)。但是直到欧盟 2002 年第 1606 号规则出台，且德国证券交易所强制要求以后，更多德国上市公司才开始使用国际财务报告准则。这些德国公司可能仍然以“内部”融资为主导，没有市场压力要求它们采用创造性会计实务并进行更多的披露，这不同于美国或英国的市场。如果存在依照国际财务报告准则编制不同风格会计报表的机会，则这些德国公司就可能存在动机去编制不同风格的会计报表。

正如在第 2.3 部分所讨论过的，也有文献按照其法律制度把发达国家分成两个主要类型：罗马法系和普通法系（David and Brierley，1985)。不同法律制度影响着财务报告的监管。例如，按照德国本国的规则编制的财务报表主要受到商法（HGB)

和税法的规范，而英国规则的详细内容可在私有部门会计准则中找到。

德国和英国都采用国际财务报告准则，其内容是一样的。但是，监管制度和执行制度仍然是由各国自己来制定的，例如审计的性质和监管制度、证券交易所规则、股票交易监管者的活动和其他一些监督或复核机构的活动。这些领域的国际差异仍然存在，所以罗马法系和普通法系的差异仍然会影响财务报告实务。7.3 部分将对此进行举例说明。

第三个问题是税收对财务报告的影响。我们曾在第 2.5 部分讨论过这个问题，税收在德国的影响力大于在英国的影响力。但是对于采用国际财务报告准则编制的合并报表，税收也会有影响吗？乍看上去似乎没有影响，因为国际财务报告准则的合并报表与税收计算无关，至少在德国是这样的，税收根据未合并的单个主体税前会计利润计算。但有以下两个原因决定了税收实务可能会影响根据国际财务报告准则编制的合并报表：便利性（在德国）和税收统一性（在英国）。

在德国，公司必须按照商法中的传统要求来编制未合并财务报表，并以之为基础计算应纳税所得额和可分配利润。这种要求对于合并报表是否按照国际财务报告准则编制的主体都是一视同仁的（Haller and Eierle，2004）。在某些领域，以税收为目的编制的合并报表时选择的会计政策可能会影响到按照国际财务报告准则编制的合并报表。例如在德国，资产减值是可以减税的（在英国则不可以），所以德国公司对减值有很大的偏好。由于在国际财务报告准则资产减值程序中需要作出大量的职业判断（参见第 7.3 部分），上述对资产减值的偏好就可能会在德国的按照国际财务报告准则编制的合并报表中继续存在。

在英国，公司可以按照国际财务报告准则来编制单个公司的财务报表，并以此作为计算应纳税所得额的基础。通常税务机关希望各母公司和集团公司的子公司或成员公司采用相同的会计政策，因为这些公司的报表往往被作为一组报表来呈报。举例来说，无形资产的确认和计量会影响纳税，因此由于国际财务报告准则在这方面存在很大的判断空间，每个使用国际财务报告准则的成员公司在解释《国际会计准则第 38 号——无形资产》时会有动机尽可能减少所确认的无形资产，从而减少需缴纳的所得税，这种处理方法会延续到合并报表中。

总之，每个国家的会计传统都可能会继续影响到合并报告，这种影响存在于国际财务报告准则允许的范围内。这种影响并不仅仅来自于惯性，而是因为在某些情况下，导致不同会计传统出现的那些原因将继续发挥影响。当然，惯性本身也可以作为进一步的解释，因为公司本身可能会希望尽少地改变会计政策，从而为内部和外部使用者提供更容易理解的信息。

7.3 不同国际财务报告实务的机会

7.3.1 引言

无论什么样的动机促使每个公司、行业或国家采用不同的国际财务报告准则实务，如果根本不存在发生的机会，这些动机就都不重要。本节将考察这种机会（特别是在国际差异方面），并且仍然以德国和英国为例。

这里我们总结了使用 8 类不同国际财务报告实务的机会：国际财务报告准则的不同版本、不同的翻译、国际财务报告准则的不足、明确的备选方案、隐蔽的备选方案、计量估计、过渡问题和不完美的执行。下面我们将一一论述。

7.3.2 国际财务报告实务的不同版本

即使采纳了或宣称采纳了国际财务报告准则，在某个特定日期执行的国际财务报告准则仍可能存在国际差异。在这里将讲述三种情况。第一种情况是国际财务报告准则不同于欧盟采纳的国际财务报告准则，我们已经在 5.2 部分讨论过该问题。第二种情况发生在澳大利亚。澳大利亚没有要求公司直接采用国际财务报告准则，而是将国际财务报告准则转换为澳大利亚会计准则，直到 2007 年该准则才与国际财务报告准则完全相同（虽然之前也非常接近），而当时澳大利亚会计准则才是该国公司法定需要遵守的会计准则。我们可以举个例子来说明二者之间的差异。《国际会计准则第 31 号》允许公司集团选择比例合并法或权益法来处理其在合营中的权益，但是《澳大利亚会计准则第 131 号》（第 38 段）则要求必须采用权益法。尽管澳大利亚准则可以准确无误地认为遵守了该准则的要求就一定能够确保公司遵守国际会计准则的要求，但这仍可以看作是澳大利亚的“创举”。这意味着澳大利亚的公司集团不能使用比例合并法，但是既然国际财务报告准则是允许的，德国或法国的公司集团就很可能会使用这种方法，因为采用这种方法是它们以前采用本国规则时的惯例。

第三种情况是国际财务报告准则中的执行时期和年末日期具有差异。通常新准则的执行日期是“自 200×年 1 月 1 日或以后日期开始的年度期间”。然而，通常还是会允许提前执行的，所以就可能会存在两个不同版本的国际财务报告准则同时生效。例如，《国际财务报告准则第 8 号》、新版本的《国际会计准则第 1 号》和《国际会计准则第 23 号》在 2007 年就可以使用了，但是要求的执行时间从 2009 年开始。另外一个方面是欧盟的认可程序需要几个月的时间，所以可能国际财务报告准则的某个部分已经开始执行，但在某个公司的年末该准则还没有被欧盟认可。在这些部分被认可之前，欧盟公司被要求不遵守这部分的国际财务报告准则（KPMG，2005）。

此外，很多国家的公司其会计年度并非始于 1 月 1 日（例如澳大利亚和英国的公司，但不包括德国公司）。因此研究人员可能会发现一些样本公司，它们在结束于 2006 年的年报中会使用不同版本的国际财务报告准则。更有甚者，有些公司（例如英国的零售业）选择 52 或 53 周作为一个会计年度，因此有些公司的会计年度从 12 月 28 日开始，正好避开了一项新准则，因为新准则往往是在 4 天后开始生效。

7.3.3 不同的翻译

国际会计准则委员会基金会（国际会计准则理事会的上级组织）对国际财务报告准则有一个官方的翻译流程，其中包括一个专门负责复核翻译质量的委员会。国际会计准则有许多欧洲语言、阿拉伯语、中文和日语的官方翻译本。

在欧洲，欧盟 2002 年的法规授予国际财务报告准则翻译版本在不同国家的法律地位。欧盟和各国代表参加了国际会计准则委员会基金会的复核委员会，欧盟会计监管委员会（见第 5 章）也对这些翻译本进行了复核。

就像其他任何领域的翻译一样，准则的翻译过程中也存在着改变或丢失原始版本（英文）含义的风险。埃文斯（2004）考察了使用多种语言时在会计沟通中存在的主要问题。这里举两个例子说明。

《国际会计准则第7号》要求编制现金流量表，并最终调整为“现金和现金等价物”。在第6段到第9段对“现金等价物”这个术语进行了定义，其中包括：

“通常仅当投资的到期日很短（比方说三个月）时才将其视为现金等价物……”

采用这种方法的目的是为了避免将以原则为导向的准则写成以规则为导向的准则。但是《国际会计准则第7号》的葡萄牙语翻译版本中省略了“比方说”这个词。这虽然改善了准则的表述，但并没有准确地翻译。其导致的结果是，假如想要将刚好超过3个月到期的投资作为一项现金等价物，在葡萄牙就会比在爱尔兰更困难。

再举个例子，国际会计准则第41号（第34段）要求，当与生物资产相关的无条件政府补助成为“应收款项”时，才能被确认为一项收入。在挪威语版本中（DnR，2006，第543页）将“应收款项”翻译为“mottas”，意思是“已收款项”。有时这就可能造成一项重大差异。

7.3.4 国际财务报告准则未覆盖的领域

从理论上来说，国际财务报告准则不会有不足之处，因为《国际会计准则第8号》（第10段）已经指出在没有相关适用的国际财务报告准则时应该如何选择会计政策。在这种情况下，可以参考国际会计准则理事会的概念框架中提出的一般标准，或者参考和未覆盖领域情况有关的国际财务报告准则，以及参考拥有相似概念框架的其他机构所制定的更加详细的准则（这里很明显指的是美国公认会计原则）。这种要求就给了主体自由选择的空间，使得实务中的差异可以继续存在。

例如2007年的保险合同准则及石油天然气准则。《国际财务报告准则第4号》和《国际财务报告准则第6号》分别讨论了和这两个方面相关的一般性问题，但还有大量的问题尚未解决。在这种情况下，各国的传统做法可能作为填补国际财务报告准则空白的方法继续存在下去。

7.3.5 明确的备选方案

在前面的章节我们已经讨论过，20世纪90年代初国际会计准则中存在大量的备选方法。这些备选方法在逐步取消，特别是在1993年和2003年进行的两次“改进”之后。

尽管如此，还有许多备选方法是明确被允许的，表7—1中列示了2007年国际财务报告准则中的一些例子。这些例子中没有包括《国际财务报告准则第1号——首次采用国际财务报告准则》中的大量备选方法，我们将在第7.3.8部分专门讨论这个问题。本章主要关注的问题是，在选择这些备选方法时各国之间是否存在系统性的差异，倘若确实存在，那么“国际会计差异”仍然没有消失。

我们再次以英国和德国为例，并且仅讨论上市公司的合并报表。从下列例子中我们可以看出，每个国家的传统可能会对其选择何种会计政策有重要影响。例如（根据表7—1）：

表 7—1　　举例说明国际财务报告准则中明确允许的备选方案*

《国际会计准则第 1 号》	对财务状况表或综合收益表的格式没有要求（第 79 段和第 82 段）
《国际会计准则第 2 号》	确定存货成本时可以采用先进先出法或加权平均法（第 25 段）
《国际会计准则第 2 号》	允许商品经纪人以市价为基础计量存货（第 3 段）
《国际会计准则第 7 号》	允许以净额为基础报告现金流量表（第 21 段）
《国际会计准则第 7 号》	可以选择利息流和股利流的类别（第 31 段）
《国际会计准则第 16 号》	对整个类别的不动产、厂场和设备可以选择使用成本或公允价值计量（第 29 段）
《国际会计准则第 19 号》	精算利得和损失可以（1）立刻全部计入综合收益表；（2）立刻全部计入当期损益；（3）计划中雇员剩余服务期内全部计入收益；（4）在一个较短的时期内全部或部分地计入收益（第 92 至 93A 段）
《国际会计准则第 20 号》	与资产有关的政府补助可以从资产总额中扣除或者作为递延收益（第 24 段）
《国际会计准则第 23 号》	建造中的资产发生的利息费用可以资本化，也可以确认为费用（旧准则的第 7 段和第 10 段），2009 年之后取消了备选方案
《国际会计准则第 27 号》	在母公司的报表上，子公司可以以成本或者持有待售投资进行列示（第 37 段）
《国际会计准则第 28 号》	在投资者的报表上，联营企业可以以成本或者持有待售投资进行列示（第 38 段）
《国际会计准则第 31 号》	在集团报表上，对合营主体可以选择比例合并法或者权益法（第 30 段）
《国际会计准则第 31 号》	在合营者的单独财务报表中，合营主体可以以成本或持有待售投资进行列示（第 46 段）
《国际会计准则第 38 号》	对某些种类的无形资产可以选择成本或公允价值计量（第 72 段）
《国际会计准则第 39 号》	对某些金融资产和金融负债可以选择采用成本基础或市价基础（第 9 段）（在第 9 段中还允许了其他可选择的方式）
《国际会计准则第 40 号》	允许承租人将经营租赁下持有的房地产权益划分为投资性房地产（第 6 段）
《国际会计准则第 40 号》	主体可以选择对其所有的投资性房地产采用成本或公允价值计量（第 30 段）

注：*除非另作标注，否则所指的段落号以 2007 年 10 月 31 日版本的为准。

资料来源：节选自 Nobes，C. W.（2006）“The survival of international differences under IFRS：towards a research agenda”，*Accounting and Business Research*，Vol. 36，No. 3。

- （《国际会计准则第 1 号》）英国的集团公司可能会继续使用财务状况格式的资产负债表（见第 2.9 部分）。例如，普华永道英国公司所推荐的国际财务报告格式模板中使用的就是这种模式（2005）。然而，德国的集团公司更可能继续使用报告式资产负债表。

• （《国际会计准则第 1 号》）在于 2006 年开始实施，并在 2007 年和 2008 年继续生效的旧版本《国际会计准则第 1 号》中，英国的集团公司将呈报已确认收益和费用表，该表类似于英国的全部已确认利得和损失表（见第 15.4.1 部分），而德国的集团将会报告内容更加丰富的所有者权益变动表。

• （《国际会计准则第 2 号》）英国的集团公司大多数会继续使用先进先出法，但是许多德国公司会使用加权平均法，一方面该方法在德国公司中本来就普遍使用，另一方面德国税法禁止使用先进先出法（Kesti，2005）。德国公司的非合并报表中还会出现后进先出法（见第 15 章），但《国际会计准则第 2 号》禁止使用这种方法。

• （《国际会计准则第 19 号》）英国的集团公司将精算利得和损失全额计入综合收益表，而德国的集团公司将继续使用缓冲法（平滑方法）将精算利得和损失计入损益。

• （《国际会计准则第 40 号》）一些英国集团公司会继续使用公允价值来计量投资性房地产，但德国集团会继续使用成本法进行计量。

7.3.6 隐蔽的备选方案

出于对国际财务报告准则存在不同的解释以及报告中的一些隐蔽的备选方案和模棱两可的标准，国际财务报告准则在执行中也会存在国际差异。在执行准则的过程中不可避免地要作出一些估计，但我们所讲的差异无关这些估计（见第 7.3.7 部分）。表 7—2 列示了一些隐蔽的备选方案或模棱两可的标准。其中一些问题将在本书的后面部分继续深入探讨。从中我们可以看到，很多问题都是由对“很可能”这个词的理解引起的。多谱尼克和里克特（Doupnik and Richter，2004）认为，德国会计师对“很可能”这个词（在国际财务报告准则中出现了很多次）的理解比美国会计师要更加保守。

表 7—2 中提到的一个隐蔽备选方案是根据《国际会计准则第 38 号》的要求，将开发费用资本化。在欧盟内部，有的地方禁止资本化（例如德国），有的地方允许但不要求资本化（例如英国）。欧盟国家的要求一般不像《国际会计准则第 38 号》那样，即要求在满足了特定标准时必须资本化。这个差异非常重要，举个例子来说，大众汽车公司在 2001 年自愿从德国会计准则转为国际财务报告准则时（见第 2.9 部分），由于开发费用的资本化而导致股东权益增长了 41%。开发费用资本化也对宝马公司（BMW）产生了同样大的影响。

因为英国没有大的汽车公司，所以没有办法直接与德国进行对比。但是，开发费用是否资本化取决于一系列标准是否得到了满足，而这些标准是很模糊的，例如完成开发的可行性、完成开发的意愿以及是否有足够的资源支持开发的完成（《国际会计准则第 38 号》，第 57 段）。这就为有意或无意的系统性国际差异的出现提供了机会，产生这些国际差异的动机我们已经在第 7.2 部分讨论过了。例如我们曾讨论过，德国按照国际财务报告准则编制的合并报表是否将开发费用资本化不会影响纳税，而英国的情况不同，因为税收考虑会影响到开发费用是否资本化的实务操作，这种处理方法会延续到合并报表中。从另外一方面来看，与英国相比，将开发费用资本化与德国的稳健性传统相去更远。

表7—2　　国际财务报告准则中的一些隐蔽的备选方案或模棱两可的标准

《国际会计准则第1号》	确定一项负债是否为流动负债时，取决于预计的清偿日期或持有的目的（第60段）
《国际会计准则第8号》	各种目的的重要性的确定（第5段）
《国际会计准则第11号》	只有在建造合同的结果可以可靠估计的情况下才可以使用完工百分比法（第22段）
《国际会计准则第12号》	只有在未来很可能获得应税利润时才可以确认一项由结转亏损而导致的递延所得税资产（第34段）
《国际会计准则第12号》	只有在可预见的未来很可能发放股利时才可以确认与子公司未汇出利润相联系的递延所得税负债（第39段）
《国际会计准则第17号》	租赁类别的划分建立在“实质上所有风险和回报”的基础上，但对于这种描述并没有明确的数字标准（第8段）
《国际会计准则第21号》	基于混合的标准确定功能货币（第9段至第12段）
《国际会计准则第23号》	当与该资产相关的所有准备活动“实质上”已经完成时，借款费用的资本化应当停止（第22段）
《国际会计准则第27号》	以“控制能力”为标准判断是否为子公司（第4段）
《国际会计准则第28号》	以“重大影响”为标准判断是否为联营企业（第2段）
《国际会计准则第31号》	以共同控制“战略财务和经营决策”为标准判断是否为合营企业（第3段）
《国际会计准则第36号》	基于混合的标准辨认减值的迹象（第12段至第14段）
《国际会计准则第37号》	基于资源流出的概率确认准备（第14段）
《国际会计准则第38号》	在满足全部标准时将开发费用资本化（第57段）
《国际会计准则第38号》	只有在使用年限确定时才摊销无形资产（第88段）
《国际会计准则第39号》	在权益性工具不能可靠计量时采用成本模式（第46段）
《国际会计准则第39号》	将对套期有效性的估计作为使用套期会计的条件（第88段）
《国际会计准则第40号》	即使公司选择公允价值作为计量基础，对于公允价值不能可靠计量的投资性房地产也要采用历史成本法计量（第53段）
《国际会计准则第41号》	当公允价值不能可靠计量时采用历史成本法计量生物资产（第30段）
《国际财务报告准则第3号》	在对等合并中确认企业合并的购买方（第20段）
《国际财务报告准则第5号》	如果预期将在一年内销售资产则将该资产作为持有待售资产（第8段）
《国际财务报告准则第8号》	基于各种混合因素确定可报告分部（第11段）

资料来源：节选自 Nobes，C. W.（2006）“The survival of international differences under IFRS：towards a research agenda”，*Accounting and Business Research*，Vol. 36，No. 3。

诺比斯（2006）的论文中列举了更多在计量估计方面可能存在的国际差异，本章在一定程度上借鉴了该文。

我们可以从另外一个角度来看隐蔽的备选方法，即国际会计准则理事会的国际财务报告解释委员会的存在，恰好说明对准则可能会有不同的解释。国际会计准则理事会选择了以原则为导向而非以规则为导向的准则（见第5章），这意味着它会竭力避免详细的指南。国际财务报告解释委员会公布了与准则相关的一系列主题，但是它打算不对这些主题进行解释（例如，IFRIC，2007）。那些提出这些主题的人认为至少有两种答案是恰当的。

7.3.7 计量估计

表7—3列举了国际财务报告准则计量估计的一些例子（第7.3.6部分讨论的是与确认相关的估计）。计量估计的一个典型例子就是折旧，要估计折旧必须评估资产的预计使用年限和残值。此外折旧方法（例如直线法或余额递减法）也是一种估计而非政策选择，因为采用哪种方法恰当取决于资产的消耗方式。

表7—3 **国际财务报告准则中的一些计量估计**

《国际会计准则第2号》	存货的可实现净值（第30段和第31段）
《国际会计准则第11号》	可归属于一个合同的成本（第16段）
《国际会计准则第12号》	递延所得税计算中所采纳的税率取决于预期收回或清偿的方式（第51段）
《国际会计准则第16号》（以及《国际会计准则第17号》、《国际会计准则第38号》和《国际会计准则第40号》）	折旧（或摊销）的基础是对使用年限、残值和消耗方式的估计（第50、51和60段）
《国际会计准则第16号》（以及《国际会计准则第38号》和《国际会计准则第40号》）	公允价值可以作为计量基础（第31段至第34段）
《国际会计准则第19号》	养老金负债以对死亡率、最终薪金等的估计为基础（第64段）
《国际会计准则第36号》	减值需要计算的折现现金流和可实现净值（第18段等）
《国际会计准则第37号》	建立在现金流出可能性比率的基础上对准备作最佳估计（第40段）
《国际会计准则第39号》	特定金融资产和金融负债的公允价值（第48段）
《国际会计准则第41号》	生物资产的公允价值（第12段）
《国际财务报告准则第2号》	发放给雇员的权益性工具的公允价值（例如股票期权或非上市公司的股份）（第11段）
《国际财务报告准则第3号》	按照被收购企业资产和负债的公允价值对企业合并成本进行分配。（第36段）

资料来源：节选自Nobes，C. W.（2006）“The survival of international differences under IFRS: towards a research agenda”，*Accounting and Business Research*，Vol. 36，No. 3。

传统、方便性和税收都会对这个问题产生影响。英国的传统（FEE，1991）是采用最方便的方法（例如对厂房通常用直线法、零残值和 10 年期限）。这样做的原因是英国采用了折旧免税计划，这个计划与会计折旧毫无关系（参见第 2.5 部分和第 22.2 部分）。德国的传统是通过使用税法允许的最短使用年限来加速费用化，并使用余额递减法计提折旧（但是在资产使用年限即将终结时转为直线法），这种做法目前在非合并报表中仍然存在。

很明显，德国集团公司所编制的合并报表应当放弃上述为税收目的而估计的使用年限和其他的类似估计。例如，大众公司在向国际财务报告准则转换时由于放弃了上述估计而导致所有者权益增长了 36%（见第 2.9 部分）。同样，大多数德国公司的国际财务报告不再使用余额递减法，其中一部分原因是修订后的德国法律已经要求在根据德国本国会计规则编制的合并报表中取消以税收为基础的会计政策。然而在其他欧盟国家，根据国际财务报告准则编制的报表中可能仍然会使用余额递减法。

7.3.8 过渡问题

在第 7.3.2 部分中我们已经讨论了一个过渡问题，即有时候一项新准则允许存在一个过渡时期，在这个时期虽不强制要求但鼓励人们采用新准则。然而某些过渡问题可能会对根据国际财务报告准则编制的财务报表产生长期的影响。《国际财务报告准则第 1 号》允许公司在第一次从本国准则转换为国际财务报告准则时有多种选择，其中一个方面与商誉有关。在第 4.3 部分我们已经解释过，最近一些年各国对商誉的处理方法发生了很大的变化。在 1998 年以前，英国的会计实务把外购商誉以零值列示，并将随后产生的商誉在 20 年内摊销。其他国家（例如法国）一直都将商誉资本化。转换到国际财务报告准则以后，过去按照本国规则处理的商誉金额可以继续保留。因此，各国从起点上就存在的差异将影响未来按照国际财务报告准则编制的财务报表。

7.3.9 不完美的执行机制

即使要求各国公司都采纳国际财务报告准则，国际差异却依然存在，导致这一现象的最后一个可能的原因是世界各国对规则的执行程度（以及对这些准则的遵循程度）不同。如前所述，强制遵循国际财务报告准则（包括监督）是一国范围内的事。我们将在第 9 章讨论这个问题。从研究结果来看，德国公司对会计规则的遵循程度低于英国公司。如果在某些国家国际财务报告准则的遵循程度比较低，那么即使某公司宣称采纳了国际财务报告准则，其会计实务也可能与国际财务报告准则的要求不一致。

7.4 结论

本章讨论的问题是，即使各国都采纳了国际财务报告准则，是否仍然存在导致会计实务差异的动机和机会。虽然这个问题在公司及行业之间也是存在的，但我们这里强调的主要是国际差异。

7.2 部分总结了国际差异存在的动机，这些动机我们曾在以前的章节中讨论过，在这里稍有变化但仍然适用。7.3 部分从 8 个方面考察了国际财务报告实务存在差异的机会，在这个过程中我们提供了几张表格，分别列示了国际财务报告准则中明确的备选方案、隐蔽的备选方案和计量估计，这些问题可以作为对学习第 6 章国际财务报告准则内容的拓展。

随着时间的推移，能导致国际财务报告准则差异的某些机会被取消了。例如，国际会计准则理事会将继续取消一些明确的备选方案，弥补未覆盖的领域，并减少可能的解释，同时过渡性差异也会逐步减少。尽管如此，使用者在使用按照国际财务报告准则编制的财务报表时仍然要小心，因为德国版本的国际财务报告准则实务可能仍然不同于英国版本的实务。

小结

- 导致财务报告存在国际差异的一些原因将继续成为导致不同国际财务报告准则会计实务存在差异的动机。
- 相关的因素包括金融制度、法律制度和税收制度。
- 在国际财务报告准则中存在不同会计实务的机会可分为 8 大类别。
- 国际财务报告准则存在不同国家和地区的版本，且有不同的翻译版。
- 国际财务报告准则存在未覆盖的领域、明确的备选方案、隐蔽的备选方案、不同的计量估计和过渡性选择。
- 对国际财务报告准则的执行存在国际差异，这是因为执行仍然是一国自身的法律问题。
- 国际财务报告准则下的会计实务存在不同的国家版本，这是比较国际会计中的一个新特征。这对财务报表使用者以及美国对依照国际财务报告准则编制的财务报表的接受程度都有影响。

参考文献

David, R. and Brierley, J. E. C. (1985) *Major Legal Systems in the World Today*, Stevens, London.

DnR(2006) *IFRS på Norsk*, DnR Forlaget.

Doupnik, T. S. and Richter, M. (2004) 'The impact of culture on the interpretation of "in context" probability expressions', *Journal of International Accounting Research*, Vol. 3, No. 1.

Evans, L. (2004) 'Language, translation and the problem of international accounting communication', *Accounting, Auditing and Accountability Journal*, Vol. 17, No. 2.

FEE(1991) *European Survey of Published Accounts*, Routledge, London.

Haller, A. (1992) 'The relationship of financial and tax accounting in Germany: a major reason for accounting disharmony in Europe', *International Journal of Accounting*, Vol. 27, No. 4.

Haller, A. and Eierle, B. (2004) 'The adaptation of German accounting rule to IFRS: a legislative balancing act', *Accounting in Europe*, Vol. 1.

IFRC(2007) *IFRIC Update*, International Accounting Standards Committee Foundation, November, pp. 3 – 4.

Kesti, J. (2005) 'Germany', in *European Tax Handbook*, International Bureau of Fiscal Documentation, Amsterdam, part A. 1. 3. 4.

KPMG(2005) 'IFRSs and the EU endorsement process: a status report', *IFRS Briefing*, Issue 37, November; see also Issue 41, December.

Nobes, C. W. (2006) 'The survival of international differences under IFRS: towards a research agenda', *Accounting and Business Research*, Vol. 36, No. 3.

PricewaterhouseCoopers (2005) *IFRS/UK Illustrative Financial Statements for* 2005, PricewaterhouseCoopers, London.

Watts, R. L. and Zimmerman, J. L. (1978) 'Towards a positive theory of the determination of accounting standards', *Accounting Review*, Vol. 53, No. 1.

Weissenberger, B. E., Stahl, A. B. and Vorstius, S. (2004) 'Changing from German GAAP to IFRS or US GAAP: A survey of German companies', *Accounting in Europe*, Vol. 1.

课后问题

书末提供带星号问题的参考答案。

7.1* 导致欧洲会计制度存在差异的原因在多大程度上会继续影响欧洲采用国际财务报告准则后的会计实务，并成为这些实务差异的原因？

7.2* 举例说明国际财务报告准则中所允许的备选方法，并解释不同国家会如何选择这些方法。

7.3 “在按国际财务报告准则编制的合并报表中，税收对财务报告的影响是不相关的。”请对这句话进行讨论。

7.4 过去10年中，导致国际财务报告准则下的会计实务存在差异的机会在多大程度上减少了？

7.5 如果发现世界各国采用国际财务报告准则后仍然存在系统性的实务差异，请论述其影响？

7.6 如果国际财务报告准则的翻译版本中有你所熟悉的语言版本，请评价其翻译质量。

第 8 章　美国的财务报告

克里斯托弗·诺比斯[1]

内容

---

① 本章的初稿由曾在财务会计准则委员会工作的布赖恩·卡尔斯博格爵士（Sir Bryan Carsberg）和阿尔夫·易斯特咖得（Alf Eastergard）所著，并经过了相当大幅度的修改。

目标

读完本章后您应当能够

- 解释美国的准则制定和执行程序，以及公共机构和民间机构之间的关系。
- 描述美国财务报告的主要特征。
- 解释美国会计规范的主要特征。
- 概括美国公认会计原则和国际准则要求之间的主要差别。

8.1 引言

我们从第 4 章到第 7 章已经比较详细地学习过了国际准则（国际财务报告准则）。世界上大多数上市公司如果没有使用国际财务报告准则（或者以该准则为基础建立的其他类似规范）就在使用美国会计准则（或者以该准则为基础建立的其他类似规范）。全面描述和分析美国财务会计和财务报告惯例需要很长的篇幅。要将这么多惯例放在一章里讨论，我们不得不进行精选，着重讨论某些主题。在这些主题中对不同会计实务的选择会给公司报告的净收益和净资产带来重大影响。

如同其语言和法律体系，美国会计也发源于英国，例如美国会计之父亚瑟·杨（Arthur Yong）和詹姆斯·马威克（Jamas Marwick）都是英国人的后裔（他们的名字现在分别融入安永会计师事务所和毕马威会计师事务所的名称之中）。美国的其他两家大型会计师事务所的名字（如德勤和普华永道）也都取自英国人的名字，这说明了这些公司的起源问题。此外，虽然美国和英国的会计规则不同，但从第 2 章所讨论的国际差异的原因和性质来看，相对世界上的其他国家而言，这两国的会计实务是非常相似的。如果按国家进行分类，这种相似程度说明应当把美国和英国划分在同一个类别中。有些人因此而认为存在一种所谓的英美会计（Anglo-Saxon accounting），但是这种观点也受到了批判（在第 3.9 部分已经解释过）。

英国会计和美国会计的一个主要共同点是财务报告法规独立于税务法规（具体分析请参考兰姆等人 1998 年的著作）。这意味着税务法规对会计报表的影响较小，尤其对那些上市公司的合并报表更是如此，不过在后面第 8.6.5 部分中要提到的后进先出法是个例外。

比英美会计之间的相似性更重要的是美国和国际财务报告准则之间的相似性，原因有很多，但至少一个原因是英国公司现在也使用国际财务报告准则，而且不仅在合并报表中使用，还在单个报表中也可能使用该准则。正如本书前面章节已经说明的，美国对其他国家的会计实务和对国际准则的影响是非常深远的。然而从2001年开始，随着国际会计准则理事会的成立，美国恰好开始出现了一系列的会计丑闻，从此美国会计开始反过来受外部影响，特别是受到与国际财务报告准则趋同计划的影响。

在引言之后我们将详细介绍美国的法规框架（第8.2部分），特别是美国证券交易委员会，它对公众公司披露财务信息要求的详细程度在世界上堪称首屈一指。随后我们将介绍美国会计准则制定程序（第8.3部分）、对美国概念框架的考虑（第8.4部分）以及一些具体的会计和审计问题（第8.5部分到第8.8部分）。在本章的最后（第8.9部分）将会对比美国准则要求与国际会计准则理事会的要求。

在阅读本章的时候，请记住许多非美国公司也在使用美国的会计准则。如果某家外国公司在纽约证券交易所上市，该公司对这种准则的使用还会受到美国证券交易委员会的监控。如果某家公司并没有在美国上市但却采用了美国规则，其目的可能是为了吸引投资者。

8.2 法规框架

8.2.1 法律

美国是一个由50个州组成的联邦国家，各州都有自己的立法机构，这些机构具有在其辖区内控制商务活动及征税的许多权力。设立公司和向股东分配利润这样的事项受联邦法律控制。职业会计师的从业权利也是由各州授予的，其要求在各州之间略有不同；美国注册会计师协会（American Institute of Certified Public Accountants，简称AICPA）这一全国性会计职业团体的成员资格并不是授予会计师从业资格的前提条件，许多执业者并不参加该组织。所以表1—10中所列示的注册会计师人数中并没有包括所有具备执业资格的会计师。

管理证券交易的法规最初是由各州制定的，法规的制定在1911年从堪萨斯州率先开始，随后迅速传播到其他各州。它们一般被称为“蓝天法”（blue sky law），为讥讽肆无忌惮的堪萨斯州经营商试图出售蓝天而得名。它们通常要求对出售证券的计划进行登记，并披露必要的信息。在某些情况下，这些法律会赋予州政府官员否决证券出售计划的权力。

目前，管理证券交易的最重要的法规是由联邦政府推行的1933年的《证券法》和1934年的《证券交易法》。这两个法案是在1929年金融危机和“华尔街危机”（Wall Street Crash）之后通过的。但是，不论是这两部法规还是其他相关法律都没有包括与财务会计和财务报告有关的详细条款。在会计的强制要求方面，美国法规与英国《公司法》的会计部分或欧盟其他国家相似规则也不具可比性（见第14章）。对会计规则的需求，美国采取了完全不同的做法。联邦证券立法机构设立了证券交易委员会来管理证券法规，其主要职能在于确保投资者能够获得必要信息以便作出投资决策。证券交易委员会要求公司提供并公布招股说明书和定期财务报告，它还有权规定公司在编制财务报告时必须遵循的方法以及报告的格式和内容。

重要的一点是，只有很少一部分美国公司（大约14 000家）在证券交易委员会注册，进而必须遵循该委员会的会计和审计制度。对其他公司并没有强制性的审计或公布财务报告的要求，不过很多公司应股东和债权人的要求，也会出具经审计的会计报表。如上所述，如果某家公司希望在市场上公开发行证券，则必须在证券交易委员会注册。一旦注册，这家公司就要公布财务报表，归档财务报告，聘请注册会计师进行审计，遵循证券交易委员会的法规（见下文），并遵守美国公认会计原则。

公认会计原则的本义和其字面意思一致，即为大多数公司、审计师和教科书认可的会计实务。然而，正如本章后面要讲的，自20世纪30年代后，一些规则逐渐书面化（或“正式公布”）。所以，现在正式公布的公认会计原则实际上是来源于不同渠道的规则总和，它其实并不是“原则”，而是非常详细的规则，它也不是“一般公认”的，而是由证券交易委员会所批准的机构用书面方式记录下来的。

8.2.2 证券交易委员会

证券交易委员会由美国总统任命的5名成员组成，是享有准司法权的独立监管机构。它颁布了大量与会计相关的公告。然而，这些公告主要是和注册详情而非会计准则相关。《S－X规则》（Regulation S－K）规定注册公司应如何编制财务报告，其中10－K表包括年报和附加信息的格式，大型公司必须在年度结束后的60天内提交该表，10－Q表针对的是季度报告，8－K表用于披露（在4天内）有关重要事项（例如增发股份等）。

证券交易委员会有时候会通过《会计系列文告》（Accounting Series Release，ASR）或者《财务报告编制公告》（Financial Reporting Release，FRR）（这种公告是最近才开始发布的）发布与会计事项相关的指南。此外，还有一种相关的文件被称作《专职会计公报》（Staff Accounting Bulletin）。然而证券交易委员会自成立以来，一直倾向于把对其制定的会计准则的执行权力限制在监督职责之内，准许并鼓励民间机构（目前是通过财务会计准则委员会）在会计准则的制定过程中保持主导地位（见第8.3部分）。1973年，证券交易委员会颁布了第150号会计系列文告《关于建立和完善会计原则和准则的政策声明》（*Statement of Policy on the Establishment and Improvement of Accounting Principles and Standards*），重申了该委员会保持监督职能的意图：

在有效满足此法定责任并意识到会计职业界的专业性、能力和资源，且不推卸责任的过程中，本委员会历来依靠会计职业界任命的会计准则制定机构来引导会计原则的制定和改善工作。本委员会认为，这些机构的决定（除少数例外情况）能够满足投资者的需求。

美国注册会计师协会理事会目前任命的负责制定会计原则的机构为财务会计准则委员会……该委员会将继续采取依靠民间机构来领导会计原则的制定和改善工作这一政策……

基于这一政策，财务会计准则委员会通过《公告》和《解释》发布的原则、准则和惯例将被本委员会视为具有明确的权威支持，那些与财务会计准则委员会的公告相矛盾的原则、准则和惯例将被视为不具备这种权威支持。

为监督财务会计准则委员会在准则制定过程中的行为，证券交易委员会的工作人员与财务会计准则委员会的工作人员需保持定期的沟通。对于财务会计准则委员会已经发布的公告，有时证券交易委员会可能会有不同的观点。然而，迄今为止，证券交易委员会干预财务会计准则委员会职责范围的事例为数甚少，比较著名的例子有两个：

（1）1976 年 3 月，证券交易委员会颁布第 190 号会计系列公告，要求大型公众公司以重置成本为基础来披露存货、销售成本、生产能力和折旧费用等方面的信息。这一行动（下文会再提及）有效地推迟了财务会计准则委员会引进“不变币值会计”（美元购买力变动会计）的行为，同时加速了财务会计准则委员会引进“现行成本会计”（公司持有的特定资产价格变动会计）的行为。

（2）1978 年，证券交易委员会有效地否决了财务会计准则委员会关于石油和天然气会计的部分准则（Gorton，1991）。这一准则（第 19 号公告）要求采用“成效法”（successful efforts method）计量石油和天然气储量的历史成本，禁止采用“完全成本法”（full cost method）。根据第 19 号公告，所有公司在确定某个矿井不再具备经济效益时应将所发生的勘探成本作为费用处理。但是证券交易委员会认为，这两种以成本为基础的方法均未能提供充分的信息来满足投资者的需要。它决定进行一项可行性研究，找到一种可以有效计量石油和天然气储量价值的方法。在找到一种较为长期的解决方法之前，允许公司选择采用完全成本法或成效法。1978 年，证券交易委员会采纳了一项新规定，要求石油和天然气公司按照“储备确认会计”（Reserve Recognition Accounting）提供补充信息。根据这一方法，已证实的石油和天然气储量必须按其预计的未来现金流量的净现值进行计量。

证券交易委员会对上述两个领域进行干预的战略意义以及对会计实务作出的直接贡献是值得关注的，两项倡议都涉及有争议的问题。通常，作为民间的准则制定机构，想要提出一种新的要求并被接受是相当困难的，因为它必须获得执行这些要求的人们的广泛支持。假如该机构提出要求对财务报告进行创新，而这会增加财务报告编制者的负担，则可能就得不到支持。证券交易委员会却能够利用其立法权加快新会计实务的实施速度。它也明确表示，希望财务会计准则委员会能在相关领域内承担进一步制定新准则的工作。不过无论如何，对于公司和审计师而言，最重要的是证券交易委员会的成员如何解释会计准则。就很多主题而言，此问题的答案可以在证券交易委员会公布的《专职会计公报》中找到，而该公报也会成为公认会计原则的组成部分。

证券交易委员会要求在美国注册的外国公司（例如在纽约证券交易所上市的德国、日本或英国公司）按照美国公认会计原则编制报告，或者按照 20 - F 格式将报告调整成符合美国公认会计原则要求的报告。在第 5 章曾提到过，纽约证券交易所拥有世界上最多的外国公司。证券交易委员会于 2000 年发布了“概念公告”，其主题为是否允许外国注册公司不经调整直接使用国际会计准则（现在是国际财务报告准则）。2007 年，证券交易委员会发布了一个“建议公告”，对上述建议征求意见。随后该建议公告成为了一项正式规则，并在 2007 年即时生效（也就是对于在 2008 年提交的 2007 年的年报中开始生效）。证券交易委员会还提出，有可能未来美国国内的公司也可以有相同的权利来选择是否采用国际财务报告准则。该项议题之所以进展缓慢可能是因为布什总统在任时，证券交易委员会主席辞职，随后因为 2001 和 2002 年安然和世通公司的会计丑闻以及五大会计师事务所之一的安达信的倒闭，接任的主席也辞职了。这些事件促使国会设立了公众公司会计监督委员会（Public Company Accounting Oversight Board，PCAOB），该委员会受证券交易委员会监管（Carmichael，2004）。此外对董事的会计责任和对审计师独立性的要求也提高了（见第8.8部分）。

8.2.3 美国国会

美国的立法机构——国会偶尔会直接干涉会计问题，不过通常它是依靠证券交易委员会来维护公众利益的，但也需要指出一些例外的情况。首先是投资抵税问题，这是为了鼓励购置生产性资产而制定的税法条款。该条款允许公司在使用资产的第一年将新资产成本的一定百分比从所得税负债中扣除。该投资抵税的使用引起了关于应该何时将减税额计入损益的争议，一些人认为减税额应当计入当年的收益，其他一些人则认为减税应在有关资产的使用年限内分摊。最终，民间准则制定机构建议只采用一种方法，即将减税额按照资产的使用年限进行分摊。但是，在这一建议定稿之前，国会通过立法（1971年的《收入法案》）阻止任何准则制定机构对在政府机构（包括证券交易委员会）归档的报告中的投资抵税可接受的会计方法施加限制。

显然，国会的目的在于不削弱税收减免所带来的激励效果。国会认识到，如果当公司采取了最佳决策，而会计准则却为它提供较差的盈利方式，则最终它会选择“不经济的决策”，这将是个很遗憾的事情。会计准则应该尽可能对经济决策产生中立的影响，这一点现在已被广泛接受。财务会计准则委员会已发起研究，评估其准则的经济后果。国会的做法可视为提倡准则中立性方面的先驱。顺便说一下，作为通用税制改革的一部分的投资抵税自1986年起已被废除。

在美国，所罗门斯（Solomons，1978）和泽夫（1978）对会计的“政治化”问题进行了评述。最近，泽夫（1997）和莫兹（Mozes，1998）再次对此问题发表了看法，他们认定股票期权会计问题是准则制定者与政府部门之间的一场重要论战（见第8.6部分）。由于公司对禁止使用权益集合法的反对，国会在企业合并会计改革问题上曾有过进一步的参与（Beresford，2001）。这些案例以及会计准则制定中的政治参与的话题会在第10章详细讨论。泽夫（Zeff，2005）调查了在美国准则制定过程中政治游说的影响。

8.3 会计准则制定机构

8.3.1 职业界的准则制定机构

第一个系统介入美国会计准则制定的民间机构是由美国注册会计师协会设立的会计程序委员会（Committee on Accounting Procedure），该机构在证券交易委员会成立之后不久设立（1936年）（Davidson and Andersen，1987）。在1939年至1959年期间，该委员会先后发布了51个会计研究公报（Accounting Research Bulletin）。会计程序委员会于1959年被会计原则委员会（Accounting Principles Board，APB）取代。截至1973年，会计原则委员会共发表了31个意见书及4个说明书。根据惯例，只要会计程序委员会和会计原则委员会的公报尚未被财务会计准则委员会修订或废止就仍然有效。泽夫（Zeff，1972）考察了美国和其他国家在这个阶段的准则制定过程。

由于人们对会计准则制定程序越来越不满意，1971 年美国注册会计师协会成立了两个委员会对这些程序进行审查。人们对准则制定程序不满的第一个原因在于会计原则委员会完全由会计职业界支配，缺乏足够的规定确保其他利益集团的意见得到考虑。惠特委员会（Wheat Committee）受命研究这一问题，并于 1972 年作了题为《制定财务会计准则》（*Establishing Financial Accounting Standards*）的报告，从而促使三个新机构诞生：负责制定准则的财务会计准则委员会，负责任命委员会成员和筹集经费的财务会计基金会（Financial Accounting Foundation，FAF），负责咨询工作的财务会计准则顾问理事会（Financial Accounting Standards Advisory Council，FASAC）。

不满的第二个原因在于，为了使会计准则的制定奠定在更可靠的基础上，应当建立基本概念，但是会计原则委员会的此项工作进展缓慢。为了作出有关财务报告的目标的报告，成立了特鲁布罗德委员会（Trueblood Committee），这是在建立财务会计准则委员会的概念框架方面迈出的第一步。

英国的读者将会注意到，英国也颁布过与惠特委员会和特鲁布罗德委员会所作报告相似的报告（1988 年迪林（Dearing）的报告和 1989 年所罗门斯的报告），这些报告也产生了类似的结果，包括促成会计准则理事会的诞生。同样的，三个美国机构（财务会计准则委员会、财务会计基金会、财务会计准则顾问理事会）在 2001 年成立国际会计准则理事会的改革中发挥了同样的作用（见第 4 章）。表 8—1 列示了美国的和国际的准则制定机构

表 8—1　**准则制定的结构**

机构	美国	国际
监督基金会	财务会计基金会	国际会计准则委员会基金会
理事会	财务会计准则委员会	国际会计准则理事会
顾问委员会	财务会计准则顾问委员会	准则顾问委员会
解释理事会	新问题工作小组	国际财务报告解释委员会

尽管美国注册会计师协会已经放弃了其作为主要准则制定者的职能，但它仍然继续发布详细的指南，该指南被称为《立场公告》（Statements of Position），从 2003 年起该公告的重点在于对特定行业进行指导。

8.3.2　财务会计准则委员会

自 1973 年以来，财务会计准则委员会一直是证券交易委员会任命的负责制定美国财务会计和报告准则的民间机构，它的经费来自会计师事务所、实业界、投资者和信贷组织以及其他各种有关的组织及个人的自愿资助，各个利益集团的年度资助都有所限制，以确保委员会的独立性免受不当影响。

财务会计准则委员会的 7 位成员都是专职的，进入委员会之前，必须中断以前的全部业务或职业联系，这些成员具有不同的背景，并非全部来自会计师事务所。

财务会计准则委员会颁布财务会计准则公告（Statemnets of Financial Accounting Standards）、财务会计概念公告（Statements of Financial Accounting Concepts）和财务

会计解释公告（Statements of Financial Accounting Interpretations）。准则公告旨在制定新准则或修订过去发布的准则，概念公告旨在制定用于指导准则制定的一般概念，本身不包含可供直接应用的准则，而解释公告旨在澄清、解释或说明现行的准则。

在颁布公告之前，财务会计准则委员会必须按规定遵循时间扩展的“应循程序”(due process)。在开展每一个重要研究项目时，委员会应当：

- 任命特别工作组对研究项目提供咨询。该工作组由大量的技术专家组成，包括财务报表编制者、审计师以及财务信息使用者。
- 研究与该项目有关的学术文献并在必要时进行进一步研究。
- 公布对问题的全面讨论及可能的解决办法，并以此作为公众参与评议的基础。
- 举行公开听证会。
- 广泛地分发供公众评议的拟议公告的征求意见稿。

委员会的运作比其他任何国家的准则制定机构的运作都更为复杂，且其预算经费更多。大批委员会的专业人员从事研究工作，参加公众听证会，分析来自社会大众的口头和书面评论，编写供委员会考虑的建议书及文件草案。到本书撰稿时，财务会计准则委员会已经发布了160多份准则公告。

财务会计准则委员工作的另一个方面是新问题工作小组（Emerging Issues Task Force，EITF)。这个小组的成员来自大型会计师事务所和公司，美国注册会计师协会和证券交易委员会是这个工作小组的观察员。新问题工作小组负责处理那些新出现的问题，并提供被广泛认可的紧急指导。它的结论将被公开，并具很大的影响力。国际会计准则理事会的国际财务报告解释委员会及英国的新问题工作小组与此机构有些类似。

在2001年和2002年，由于一些大型公司（如安然）的突然倒闭，美国以规则为基础的会计标准和国际会计准则理事会以原则为基础的会计标准之间的差异受到特别关注。2002年，财务会计准则委员会就此问题专门发布了一个咨询文件。此外，财务会计准则委员会在2005年又发布了一个征求意见稿，比以前进一步明确了美国公认一般会计原则不允许因“公允呈报”的需要而偏离规则的要求。

2002年财务会计准则委员会宣布了与国际会计准则理事会合作的一个联合项目(即诺沃科协议)，决定在2005年之前尽可能地消除二者之间的差异，之后将寻求中期项目的进一步趋同。在第8.9部分将讨论这个问题以及两者之间现存的差异。

米勒等人（Miller *et al.*，1998）考察了美国财务会计准则委员会的运作。泽夫(1995）分析了美国政府法规和民间法规的混合状况。

8.3.3 其他有影响的团体

财务报表使用者的代表对准则的制定有很大的影响，在美国特别如此。财务会计准则委员会寻求并倾听注册金融分析师协会（即投资管理与研究协会（Association for Investment Management and Research，AIMR)）的意见，并且财务会计准则委员会的7个成员之一是专业的财务分析师。

大型公司的管理层（即财务报表编制者）自然会对准则的制定产生重要影响。有人认为他们会为私人利益去游说财务会计准则委员会（例如为了提高公司的股价)。管理层对国会议员和其他人的游说或许能解释国会的干预行动（见第 8.2 部分、第 8.6 部分和第 10 章)。

同时，学术界在准则的制定方面也发挥着重要的作用，在财务会计准则委员会中通常有一名成员以前是学者。财务会计准则委员会经常委托学术界研究一些正在讨论的问题。美国会计学会（American Accounting Association）代表会计学术界参与对征求意见稿的讨论。

8.3.4 实施

正如上文已提到的，财务会计准则委员会发布的准则被美国证券交易委员会正式确认为在美国具有权威性。美国注册会计师协会的规定进一步确保了财务会计准则委员会的准则得以执行。尽管如上所述，美国注册会计师协会的成员资格并非从事会计师职业的先决条件，但掌握执业审批权的各州当局一般都会采用美国注册会计师协会的规定，该协会的职业道德守则（Code of Professional Ethics）第 203 条这样规定：

> 如果财务报表背离了财务会计准则委员会发布的会计原则……且这种背离对报表整体具有重大影响，则协会成员就不应发表关于财务报表遵循公认会计原则的意见，除非他可以断定，基于特殊的情况，如果不背离公认会计原则，财务报告将使人产生误解。在这种情况下，他的审计报告必须就会计原则的背离、背离所产生的大致影响（如可行）以及为什么遵循公认会计原则会导致使人误解的报表等方面进行描述。

美国注册会计师协会的行为准则也宣称："在举行听证会之后，监察委员会可吊销、中止或开除违反……行为准则任何条款的（美国注册会计师协会）成员。"因此，任何无视背离财务会计准则委员会公告行为的注册会计师都有可能失去其执业地位，如果执照颁发部门同意美国注册会计师协会监察委员会所作出的结论，那么这位会计师将失去对企业财务报告的公允性进行鉴证的法定职权。

第 8.8 部分将进一步考察美国的审计问题。第 9 章将从国际比较的角度讨论上市公司的准则执行情况。

8.4 概念框架

8.4.1 引言

财务会计准则委员会自成立以来，就将相当一部分的精力放在制定"财务会计与报告的概念框架"工作上。如前所述，在研究财务会计准则委员会成立这一问题时，对概念框架的需求是当时一个主要研究课题。特鲁布罗德委员会所承担的研究工作为出台关于财务报告目标的一个重要公告作出了重大贡献。下面取自财务会计准则委员会发布的关于该项目的一份文件，它说明了概念框架的重要性：

> 尽管许多组织、委员会和个人已经发表了自己对概念框架或框架的某些方面的构想，但没有一个框架获得普遍的认可或者成为会计实务的依据。这些成果中突出的例子是会计原则委员会第 4 号公告《企业财务报表的基本概念和会计原则》（Basic Concepts and Accounting Principles Underlying Financial Statements of Business Enterprises）(1970 年)，但其主要目的是描述会计是什么，而不是"应该是什么"。

概念框架是一部章程（constitution），它是由相互依存的目标和基本概念组成的连贯体系，能够产生内在一致的准则，并规范财务会计和财务报表的性质、职能和局限性。其目标是确定会计的目的及意图，其中基本概念是指会计的基本概念，用于指导会计事项的选择、计量，将其汇总并传递至各利益集团。

建立概念框架的压力来自许多方面，其中包括执业会计师。对于那些完善定义的准则尚未覆盖的领域，执业会计师判断哪个方案相对更为理想，而概念框架可以减少判断的难度。财务会计准则委员会在其成立后的10年间一直致力于研究概念框架，其结论包含在下列概念公告中：

- 第1号概念公告描述了公司财务报告的基本目标，此外有一个单独的公告（第4号）描述了非营利组织的目标。
- 第2号概念公告描述了使会计信息具备有用性的信息质量特征。
- 第3号概念公告（后来被第6号概念公告所取代）对财务报表的主要要素进行了定义，例如资产、负债、收入和费用等。
- 第5号概念公告阐明财务报表要素的确认和计量标准，以及和财务报告内所呈报的信息有关的一些问题。

为补充概念框架，财务会计准则委员会于2000年发布了第7号财务会计概念公告《在会计计量中使用现金流量信息和现值》（*Using Cash Flow Information and Present Value in Accounting Measurements*）。这使得概念框架紧跟时代，并且使得资产负债表的某些项目从成本计量向现值计量迈出了一步。

2006年，财务会计准则委员会和国际会计准则理事会联合发布了一个讨论稿，目的是对概念框架的目标和质量特征提出修改建议。对于概念框架其他部分的修订意见也正在拟定中。

然而，尚不清楚现行概念框架是否有助于促使财务会计准则委员会对某个领域不得不作出某个特定结论。例如，对准则的讨论涉及不同的会计收益和成本的计量，出于利益冲突以及缺少强有力的证据证明成本和收益的等级，这些计量仍具有部分的主观性。许多论文都提到了框架及其应用的各种局限性（如Dopuch和Sunder，1980；Ketz和Kunitake，1998；DePree，1989；Mozes，1998）。

财务会计准则委员会的框架在全世界都具有影响力，例如，国际会计准则委员会的概念框架（见第6章）和英国的原则公告明显地继承了它的内容。对第1号公告、第2号公告和第6号公告的概括性结论将在下文中阐述。

8.4.2 财务报告的目标

财务会计准则委员会于1978年11月发布了财务会计概念公告系列中的第1号公告。此公告名为《企业财务报告的目标》（*Objective of Financial Reporting by Business & Enterprises*），其主要结论如下：

（1）财务报告旨在提供有助于经济决策的信息。

（2）目标可表述为：

（a）财务报告应为当前及潜在的投资者、债权人及其他使用者提供有用的信息以便他们作出合理的投资、信贷及类似决策。提供的信息应该为那些对公司和经济活动有一定了解并愿意比较认真地研究这些信息的人们所理解。

(b) 财务报告应该提供信息帮助当前及潜在的投资者、债权人及其他使用者评估来自股利或利息方面的预期现金流入的金额、时间分布和不确定性，以及评估来自证券或贷款的出售、偿还或到期时的实得款额。

(c) 财务报告应提供下列信息：公司的经济资源、对这些资源的索取权（公司把这些资源转移到其他主体和所有者权益的义务）以及导致资源变动和资源的索取权发生变动的交易、事项和情况。

(3) 一般来说，与局限于收付实现制财务影响的信息相比，建立在权责发生制基础上的公司收益信息能更好地说明公司创造有利现金流量的现有能力和持续能力。

(4) 预期财务报告能提供关于公司在某个期间的财务业绩的信息以及关于公司管理当局如何履行对所有者的经管责任的信息。

8.4.3 会计信息质量特征

关于质量特征的公告旨在确定那些使会计信息具有有用性的具体特性，它采用成本效益检验框架：提供会计信息是昂贵的，只有在会计信息的使用效益被判断为大于其成本的条件下，才应该提供这种信息，而最佳的信息量是能够使效益减去成本的盈余达到最大可能值的信息量。但是，这一公告也承认，这种检验在现阶段只能借助主观判断粗略地加以运用。

该公告强调使会计信息具有可理解性的重要性，但在那些使得信息有用的特性中，列居首位的是相关性和可靠性，信息只有满足了最低限度的相关性和可靠性才值得提供。一旦满足了最低限度，再要继续提高信息质量，则可能需要在两者之间作出抉择：为了获得相关性，可能需要牺牲一定的可靠性，反之亦然。

相关性包含着三个方面的质量特征：预测价值、反馈价值和及时性。预测价值质量特征的定义反映了会计目标公告的主体内容，即如果有助于评估未来现金流量，那么它就是有用的。反馈价值与预测价值相辅相成，使用者需要在他们事先进行预测的领域里获得有关实际结果的信息，从而权衡其预测过程的有效性。如果他们发现预测还有不足之处的话便可进行完善。及时性强调只有能够及时获得的信息才具有有用性。

可靠性也包括三个方面的质量特征：可验证性、如实表述及中立性。可验证性指的是人们应能使用认同的方法对数据进行独立的稽核。如实表述指会计信息必须代表本应代表的事实，换言之，它应该是真实的。中立性意味着尽可能避免偏见，虽然在实务中偏见可能难以察觉，但是选用信息至少不应该带着为维护某些集团的利益而牺牲其他集团的利益的想法。

8.4.4 财务报表的要素

第6号公告定义了财务报表的10个要素，最主要的是资产、负债、权益、收入和费用，其他要素的定义均基于“资产”和“负债”。资产被定义为：

由于过去的交易或事项……而获得或控制的可能的未来经济利益。

负债被定义为：

由现实义务所引起的可能的未来经济利益流出……这项现时义务是由过去的交易或事项引起的，需要在未来向其他公司提供资产或资源。

权益是资产和负债的差额；收入和费用则以资产与负债的增加和减少来定义。

在第 8.4.1 部分我们曾经提到过，在概念框架的使用中存在局限性。财务会计准则委员会并没有始终遵守其概念框架，或者它可能需要很多年才能够使美国的会计准则与概念框架保持一致。例如，直到 2003 年发布的财务会计准则公告第 150 号才提出强制要求，将可赎回优先股划分为负债，而这种规定早在多年前已经包括在《国际会计准则第 32 号》中了。然而，虽然可转换债券有权益类的要素，《国际会计准则第 32 号》要求将其单独列示，但美国却通常将其划分为负债。

8.5 年报的内容

8.5.1 引言

正如第 8.2.2 部分所介绍的，证券交易委员会要求公司以不同频率提交大量报告。公司被要求必须按照 10－K 格式编制财务报表（见下文）和附注，还被要求提供“管理层讨论与分析”表来解释公司的经营成果和财务状况。

美国公司主要有三张财务年报：资产负债表、利润表和现金流量表。这与其他英语语系国家的报表极为相似。表 8—2 和 8—3 列示了 600 家美国大公司的报表名称，该数据来源于美国实务年度调查报告（美国注册会计师协会，年报）。从表中可以看出，术语“利润表”在美国的使用日趋减少。有意思的是，国际财务报告准则却在同时转为偏向使用术语“利润表”（income statement）而废弃英国的术语“损益表”（profit and loss account）。

表 8—2　　**对应于“资产负债表”的美国术语**

	公司数量
资产负债表（blance sheet）	577
财务状况表（statement of financial position）	22
财务情况表（statement of financial condition）	1
合计	600

资料来源：American Institute of Certified Public Accountants（AICPA）（2006）*Accounting Trends and Techniques*（issued annually）。AICPA，Jersey City，New Jersey，p. 133（2001），p. 295（2006）。

表 8—3　　**对应于财务报告准则“利润表”或英国“损益表”的美国术语**

	2000 年公司数量	2005 年公司数量
经营状况表*（operations statement）	198	255
利润表*（income statement）	284	254
盈余表*（earnings statement）	108	86
其他	10	5
合计	600	600

注：*或利润表（statement of income）及类似说法。

资料来源：American Institute of Certified Public Accountants（AICPA）（2001/2006）*Accounting Trends and Techniques*（issued annually）。AICPA，Jersey City，New Jersey，p. 311（2001），p. 295（2006）。

8.5.2 资产负债表

美国的资产负债表中有一些标准要素，例如，资产在两栏式报表的左侧列示（或垂直式报表的上部列示）。与包括英国在内的欧洲国家的资产负债表格式不同的是，美国的流动资产位于固定资产之前，只有少数美国公司使用“财务状况”格式，即英国的标准格式（1985 年英国《公司法》中的附表 4 的格式 1，见第 15 章），所以对非专业的股东来说，美国的报表格式不是特别易于阅读。

通过对英国“股东资金”（shareholder's funds）对应术语的考查我们可以进一步证实美国公司所用术语的多样化。如表 8—4 所示，美国使用了很多不同的方式表述来表达“股东资金”这个词。此外，还有一个例子，对应于英国标准的用语“股本溢价”（share premium），美国也有多种不同的表述方法（见表 8—5）。

表 8—4　**对应于英国“股东资金”的美国术语**

	公司数量
股东权益（stockholders' equity）	302
股票持有者权益（shareholders' equity）	228
股票所有者权益（shareowners' equity）	19
股票持有者投资（shareholders' investment）	8
股东共同权益（common stockholders' equity）	7
股票持有者共同权益（common shareholders' equity）	4
赤字或亏空（deficit or deficiency）	25
其他称谓或无称谓	7
合计	600

资料来源：American Institute of Certified Public Accountants（AICPA）（2006）*Accounting Trends and Techniques*（issued annually）。AICPA，Jersey City，New Jersey，p. 273。

表 8—5　**对应于英国“股票溢价”的美国术语**

	公司数量
资本溢价（additional paid-in capital）	330
超设定值缴入股本（capital in excess of par or stated value）	106
实收资本（paid-in capital）	57
追加资本或其他资本（additional capital or other capital）	23
资本盈余（capital surplus）	18
其他说法	9
小计	543
非资本溢价账户（no additional paid-in capital account）	57
合计	600

资料来源：American Institute of Certified Public Accountants（AICPA）（2006）*Accounting Trends and Techniques*（issued annually）。AICPA，Jersey City，New Jersey，p. 278。

8.5.3 利润表

似乎美国的利润表比其他国家的利润表更详细，但是正如表8—3所示，其称谓各式各样。另一个与大多数国家的利润表的不同之处在于，美国的利润表要列示3年的数字，即包括前两年的比较数字，这是证券交易委员会的要求。

1997年，《财务会计准则公告第130号》首次要求编制一种第二利润表，即“其他综合收益表”。这与英国早先引入的全部已确认利得和损失表如出一辙（见第15章）。“其他综合收益”包括重估投资引起的未纳入利润表的利得（见第8.6.5部分），以及由于国外子公司财务报表的外币折算而产生的利得或损失。国际会计准则委员会也随之在1997年修订的《国际会计准则第1号》中要求提供类似的表格，并在2007年修订时与《财务会计准则公告第130号》进一步趋同。

《财务会计准则公告第130号》允许将其他综合收益上的信息包括在权益变动表中（美国通常使用的方法），作为单独的第二报表或作为综合收益表的一部分列示。另一个国际差异在于对已实现利得或损失（如出售外国子公司）的处理。换句话说，即在会计处理上，在出售时是否将之前计入权益的收益重新分类并计为当期收益的增加和其他综合收益的减少？表8—6显示了美国准则、国际财务报告准则和英国准则的不同之处。显然，这类问题需要受到准则制定者的关注，尽管从20世纪90年代末起，大量的工作组就对此展开了研究，但是截至本书撰稿时还未得出任何结论。

表8—6　**以前被列入“其他综合收益”的利得被重新分类为损益中吗？**

	美国准则	国际财务报告准则	英国准则*
财务资产价值重估	是	是	N/A
有形资产价值重估	N/A	否	否
国外公司报表折算	是	是	否

注：*适用于未上市公司的准则。

N/A = 由于实践中不允许，因此不适用。

8.5.4 现金流量表

现金流量表是证券交易委员会要求提供的，但它的出现晚于其他两张主要报表。它不是复式记账体系的一部分，而是以另一种方式看待资产负债表和利润中的部分信息（如其名称所示）。《国际会计准则第7号》和英国（FRS 1）也同样要求公司提供这种报表，但在多数欧洲大陆国家（使用国际财务报告准则之前），这种做法不常见。和利润表一样，美国准则的不同之处在于它要求公司提供连续3年的数字。

在1987年以前，美国要求公司提供“财务状况变动表”，这之后，应《财务会计准则公告第95号》的要求，财务状况变动表被现金流量表取代。后者更加注重现金的流动，而非广义上的“资金”。此表有3个主要项目：经营活动现金流量、投资活动现金流量和筹资活动现金流量。同英国报表不同，《财务会计准则公告第95号》所要求的报表使用税后利润，所以税款并不列示为现金的使用。

8.5.5 专业术语

表8—7列出了美国准则、国际财务报告准则和英国准则在会计术语上存在的一些差别。多数时候这些差别无关紧要。例如，多数讲英语的非美国人可以非常容易地理解像“应收账款”（accounts receivable）、“应付账款”（accounts payable）或“销售额”（sales）之类的术语。然而，在某些情况下，也有可能会产生误解，例如：

- 英国《公司法》针对“销售额”的术语为“营业额”（turnover），但是在美国“turnover”会被解释成“人员更替”。
- 英国术语“存货”（stock）和“股票”（shares）译成美国术语时通常“存货”（inventory）和“股票”（stock），因此，试图同美国人讨论“股票”（stock）计价的先进先出法（FIFO）是毫无意义的。国际财务报告使用术语“存货”（inventory）。更糟糕的是，美国术语“库藏股”（treasury stock）在英国可能会被认为是金边债券（gilt-eged loan securities，即政府公债），而它真正的意思是公司回购自己的股票，并将其库存在公司中。国际财务报告准则使用了折中的术语“库藏股”（treasury shares）。
- 有些词，如“财产”（property）的含义在大西洋两岸国家有着很微妙的差异。在英国，“财产”通常指土地（即不动产），或者可能指建筑物，而在美国“财产”有着更广的意义，包括任何有形的固定资产。
- 如在第2.9部分中所指出，“准备金”（provision）、“公积金”（reserve）及“备抵”（allowance）这三个词的意思很难区分。

表8—7　**美国准则、国际财务报告准则和英国准则中的一些会计术语**

美国准则	国际财务报告准则	英国准则
应付账款（accounts payable）	应付账款（payables）	应付账款（creditors）
应收账款（accounts receivable）	应收账款（receivables）	应收账款（debtors）
备抵（allowance）（如坏账备抵）	减值准备（impairment）	准备（provision）
资产负债表（balance sheet）	财务状况表（statement of financial position）	资产负债表（balance sheet）
公司章程（bylaws）	—	公司章程（articles of association）
融资租赁（capital lease）	融资租赁（finance lease）	融资租赁（finance lease）
资本公积（capital surplus）	—	股本溢价（share premium）
公司登记执照（certificate of incorporation）	—	公司章程（memorandum of association）
普通股（common stock）	普通股（ordinary shares）	普通股（ordinary shares）
不变币值会计（constant dollar accounting）	—	现行购买力（current purchasing power）

续表

美国准则	国际财务报告准则	英国准则
现行汇率法（current rate method）	—	期末汇率法（closing rate method）
财政年度（fiscal year）	—	财务年度（financial year）
一般物价水平调整（general price level adjusted）	—	现行购买力（current purchasing power）
收益（income）	利润（profit）	利润（profit）
利润表（income statement 或 operations statement）	利润表（income statement）	损益表（profit and loss account）
存货（inventories）	存货（inventories）	存货（stocks）
杠杆效应（leverage）	—	杠杆比率（gearing）
票据（notes）	—	票据（bills）
资本公积（paid-in surplus）	—	股本溢价（share premium）
面值（par value）	面值（par value）	名义价值（nominal value）
权益集合（pooling of interests）	权益集合（uniting of interests）	兼并会计（merger accounting）
优先股（preferred stock）	优先股（preference shares）	优先股（preference shares）
不动产、厂场和设备（property, plant and equipment）	不动产、厂场和设备（property, plant and equipment）	有形固定资产（tangible fixed assets）
购买会计（purchase accounting）	购买会计（purchase accounting）	收购会计（acquisition accounting）
不动产（real estate）	土地（land）	土地（land）
准备金（reserve）（如坏账准备）	减值准备（impairment）	准备金（provision）
准备金（reserve）（如养老金）	准备金（provision）	准备金（provision）
销售额（sales）	收入（revenues）	营业额（turnover）
股票（stock）	股票（shares）	股票（shares）
以股票为基础的薪酬（stock-based compensation）	以股票为基础的支付（share-based payment）	以股票为基础的支付（share-based payment）
股票股利（stock dividend）	发放红利（bonus issue）（小额）	发放红利（bonus issue）（小额）
股东权益（stockholders' equity）	所有者权益（equity）	股东资金（shareholders' funds）
股票分割（stock split）	发放红利（bonus issue）（大额）	发放红利（bonus issue）（大额）
库藏股（treasury stock）	库藏股（treasury stock）	自有股份（own shares）

8.6 会计原则

8.6.1 有形资产

北美的会计实务反映了由来已久的对历史成本基础的笃信，以及对只有与其他当事人发生了如实的正常交易时，才能确认收入和利得这一观念的遵循。因此，财务报表上的土地、厂房、设备的账面价值几乎从未基于重估或价格变动而增加，因为这些事项并不是“交易”。但是，国际财务报告准则与之不同，《国际会计准则第 16 号》、《国际会计准则第 38 号》和《国际会计准则第 40 号》允许对资产价值进行重估，《国际会计准则第 41 号》对资产重估提出了强制要求。

公司建造自用资产时所发生的资产“成本”必须包括“借款费用”，即为建造而借款所带来的利息和费用。大多数国家（例如在法国、德国或英国）不要求（有些地方甚至禁止）对借款费用资本化。当 2007 年《国际会计准则第 23 号》修订版本生效时也规定在 2009 年以前不要求将借款费用资本化。

在北美，将有形固定资产成本在其使用年限内摊销是普遍的做法，《会计研究公告第 43 号》第 9C 章的第 5 段阐述了美国的立场：

生产设备的成本是它在有效经济寿命内提供服务的成本之一。公认会计原则要求以以下方式将此项成本在设备的预计使用年限内分摊：尽可能在使用设备获取服务的期间内公平地摊销成本。这一程序即所谓的折旧会计，即旨在以系统、合理的方式把有形资本资产的成本或其他基础价值减去残值（如果有的话）后在预计的使用年限内进行摊销的会计体制，这是一种分配程序而不是计价程序。

必须强调的是，这一规定在美国准则中不存在任何例外，而在国际财务报告准则中却存在例外，投资性房地产便是一例。

与多数国家一样，折旧的计算方法有很多种，其中直线法是最为常见的，但是加速折旧的各种方法（包括余额递减法和年数总和法）也是得到认可的。

最近，《财务会计概念公告第 144 号》（前身为 121 号）对资产减值又进行了若干规定。它要求在每个资产负债表日测试资产是否有减值迹象（例如物理毁损）。如果有这样的迹象，则必须计算并比较下列两项金额：①资产的账面价值；②由使用和销售该项资产带来的可预计未来现金流总额（不折现且不计算利息）。如果②比①低，则应当确认减值损失，并以账面价值和公允价值之差来计量该项损失。

“公允价值”指有买卖意愿的双方在熟悉情况的公平交易中交易资产的金额。如果没有市场，则减值损失的计算可以通过参考折现现金流来估计公允价值。

作为对比，国际会计准则理事会（和英国）不使用非折现现金流来测试减值。如果存在减值迹象，则将市场价值和使用价值（即折现现金流）孰高者与资产账面价值进行比较，并以此来计量减值的金额。这意味着在国际财务报告准则下将会记录更多的减值，而在美国准则下这其中许多都因为使用非折现现金流（其金额更高）而被排除在外。

举例来说，假设某旧设备已经损坏，下面是与其相关的信息

（1）账面价值（折旧成本）=900 万美元

（2）可实现净值 = 600 万美元

（3）未折现净现金流 = 1 000 万美元

（4）折现现金流 = 800 万美元

根据美国公认会计原则，因为未折现净现金流（1 000 万美元）超过了账面价值（900 万美元），所以没有发生减值。但是根据国际财务报告准则，由于可收回金额（折现现金流和可实现净值孰高）[①] 为 800 万美元，而账面价值为 900 万美元，所以已经发生减值 100 万美元。

8.6.2 租赁

美国在租赁协议方面的会计要求已经有 60 年的历史了。这一要求从 1949 年开始，当时是相对简单的，即①承租人必须披露每年租金的金额和付款时间，②评估特定租赁是否可被认为是可被资本化的资产。这些要求已经逐渐演化为全面的，有时是复杂的并与承租人和出租人的租赁活动密切相关的一系列会计和报告标准。

与租赁有关的现行会计和报告实务是由《财务会计准则委员会第 13 号公告——租赁会计》进行规定的。尽管这个公告相当复杂，但第 13 号公告所体现出的财务会计准则委员会的基本结论却十分简单：如果与租赁资产所有权相联系的风险和报酬已转移给承租人，则出租人必须把该项租赁报告为资产出售（销售型或直接融资型租赁），而承租人则应把该项租赁报告为资产购置（融资租赁），即这是一项“融资租赁”。否则，承租人和出租人均应把该项租赁报告为“经营租赁”。融资租赁和经营租赁的划分界限是很武断的，《财务会计概念公告第 75 号》对融资租赁的一个划分界限是租赁期占资产使用年限的 75% 以上或资产的租赁费用占资产总价值的 90% 以上。作为对比，国际会计准则理事会的准则（IAS 17）没有明确指出具体的划分标准，而只是要求依赖其基本概念进行判断，即考察资产的大部分风险和收益是否转移给了承租人。这是美国的规则体系和国际会计准则理事会的原则体系的一个典型对比。

租赁业务应该成为等额报告资产和负债的基础，这种思想反映了“实质重于形式”的观念，即强调经济实质（承租人使用了大部分资产）而非法律形式（承租人并不拥有资产）。但是，这一点本身就会造成对此问题的误解，因为经济实质依赖于严格的法律协议。

在美国，利用租赁协议作为一种融资机制在过去 10 年间得到迅速发展。在一些行业里（如复印机或计算机设备生产行业），作为一种营销最终产品的手段，“租赁”已经取代了传统的“销售”。因为出租人知道承租公司不乐意将租赁资本化（尤其因为之后需要确认负债），所以通常会对租赁进行特别安排以使其达不到融资租赁的技术标准，这样会造成实质上属于融资租赁的业务没有按照融资租赁进行会计处理。财务会计准则委员会及其他准则制定者正在考虑是否要求将所有的不可撤消租赁都作为融资租赁进行处理，因为这似乎满足了“资产”和“负债”的定义（见 6.2 节）。但是这一变动极不受公司的欢迎。

---

① 《国际会计准则第 36 号》使用的术语是“使用价值”和“公允价值减去出售费用”。

8.6.3 无形资产

对无形资产的一般要求与对不动产、厂场和设备的要求相差无几。其中最明显的是，对这些资产必须以历史成本计价，如果可以辨别使用年限，则需在其使用年限内摊销。会计原则委员会的第 17 号意见书将有效使用年限定在 40 年之内，但 2001 年的《财务会计准则公告第 142 号》取消了该限定。现行准则要求对没有确定使用年限的无形资产（包括商誉）每年进行减值测试。

《财务会计准则公告第 2 号》对研究开发有特殊的规定，要求除非是创建了像实验室之类的有形固定资产，否则此类支出应在发生时立即作为费用处理。然而在美国这种禁止资本化的要求有一个特殊例外，即计算机软件产品。《财务会计准则公告第 86 号》要求在某些情况下，当此类产品的技术可行性已被确定时，应该资本化开发该产品的支出。

《财务会计准则公告第 2 号》探讨了审慎性（要求一次性全部作为费用）与权责发生制（建议将费用资本化以进行配比）之间的矛盾。然而，《财务会计准则公告第 2 号》的结论是，总的来看，审慎性和统一性要求都需要直接禁止资本化。美国的规定比国际财务报告准则的规定（国际会计准则第 38 号）保守得多，国际财务报告准则允许将某些开发费用资本化（详细内容见第 16 章），即结转为资产并与未来相关收入相匹配。

8.6.4 投资

在美国，并不要求用流动与非流动来区分投资，尽管许多公司提供的资产负债表是按这种方法分类的。为了满足计量的目的，《财务会计准则公告第 115 号》要求主要按管理意图，将投资分为 3 类：

（1）持有至到期的投资：按摊余成本计价。

（2）交易性投资：按公允价值计价。

（3）可供出售的投资：按公允价值计价。

后两种处理方法将产生未实现利得和损失。其中第二类应计入当期损益，第三类应计入其他综合收益。对第二类投资的处理（即公允价值直接计入当期损益）又被称为“市值计价”。对于交易性负债也用同样的方法处理。

为了达到披露目的，《财务会计准则公告第 107 号》要求许多按历史成本计价的投资提供公允价值信息。对比之下，许多国家都没有系统公允价值披露制度，固定资产投资通常按成本计价，而尽管许多金融机构倾向于按市价对有价证券进行计价，然而流动资产投资通常会按成本与可变现净值孰低法计价。

1998 年，《财务会计准则公告第 113 号》将公允价值的要求扩展至衍生金融工具。这些规则几乎被老的国际会计准则委员会全部照搬到《国际会计准则第 39 号》中。然而，2004 年《国际会计准则第 39 号》增加了使用市值计价的弹性。2007 年，美国第 159 号公告也采用了同样的方法。

8.6.5 存货

存货计价的总则在《会计研究公报第43号》中提出。美国最通用的规则是"成本与市价孰低法"，然而"市价"在美国准则中通常意味着重置成本，在英国准则和国际会计准则中则意味着可变现净值。在美国，一旦存货的价值从历史成本减记至市价，那么即使未来市场行情好转也不得转回该减值损失。但在国际财务报告准则或英国会计实务中是允许转回的。

美国存货计价的主要特征是许多公司采用后进先出法（LIFO）来确定存货的成本（见表8—8）。

表8—8　　**600家公司存货价值的决定**

	例子
先进先出法	385
后进先出法	229
平均成本法	155
其他	30
	799
	公司
以上使用后进先出法的251家公司：	
对所有存货应用的	16
对50%以上的存货应用的	113
对50%以下的存货应用的	76
无法确定的	24
使用后进先出法的公司	229

注：此表列示的是600家大型公司使用的方法，一家公司可能采用多种方法。

资料来源：American Institute of Certified Public Accountants（AICPA）（2006）*Accounting Trends and Techniques*（issued annually）。AICPA，Jersey City，New Jersey，p. 153。

后进先出法的运用意味着，从会计上认定最近购进的存货最早被用于生产或销售，剩下最早购进的存货作为年末的期末存货。如果某种存货的价格上升，则意味着当期利润和期末存货价值比使用平均成本法或先进先出法都要更低。

最初美国为税收目的允许使用后进先出法，以便在价格上涨时，存货持有利得可以免税。否则，由于存货的额外价值（尽管存货数量是不变的）所产生的收益将需要纳税。美国的这种会计处理存在的问题是，如果公司以纳税为目的采用后进先出法，税法要求它所公布的利润表也必须使用该方法。这让人想起在欧洲大陆的一些国家中，税法给会计处理带来的普遍影响（见第2章）。

如上所述，美国很多公司从后进先出法的使用中获取可能的减税减免。然而，正如表8—8所示，大多数公司实际上采用了多种方法，这可能是因为一些存货的价格呈下降趋势，也可能是因为要将国外子公司的非后进先出法计算的存货包括在内。那些仍在使用先进先出法的公司的目的可能是为了提高利润，因为管理人员薪酬与公布的净收益是紧密相联的。目前已经有人对此进行了大量的经验性研究（如 Jennings 等人，1992），但是这些研究并未解决市场能否识别后进先出法对盈利的负面影响以及对纳税额的正面影响这一问题。公认会计原则的运用被要求具有一贯性，禁止经常在先进先出法和后进先出法之间变换。

运用后进先出法的影响可能会很大。就期末存货的估价而言，涉及的价格可能是几十年以前的价格，而不是稍微过时的价格。后进先出法使存货成本与最先购进时的成本保持一致，这样，期末存货的计价可能会低得离谱。这一问题恐怕比过时的固定资产的计价更为严重，因为存货更多地用于销售，并且是构成流动比率的一个主要因素。更糟糕的是，可能因为生产中采用了更先进的材料使得存货的数量减少，这时以往的存货成本可能不会反映在利润表中。有人把这种现象称为“存货后进先出法的侵蚀作用”。尽管可以认为，因为后进先出法使得销售成本包括了更多的当前成本，所以它可以更好地表述收益，然而后进先出法仍然会导致令人误解的高收益。

公认会计原则要求公司披露其所使用的存货计价方法，证券交易委员会要求使用后进先出法的注册公司必须在附注中披露，假如采用先进先出法存货的价值是多少。表 8—9 中的两个例子对此进行说明：

表 8—9　**后进先出法调整为先进先出法的示例**　金额单位：百万美元

	后进先出法	调整	先进先出法	增长（%）
通用汽车公司（2006 年）	13 921	1 508	15 429	11
卡特皮勒公司（Caterpillar）（2006 年）	6 351	2 403	8 754	38

在卡特皮勒公司的例子中，如果采用先进先出法作为计价的基础则存货将会增加 38%，在该公司净流动资产（63%）和净资产（35%）的条件下这一差别是很重要的。

是否允许使用后进先出法是美国和国际财务报告准则（或英国）会计之间最大的差别之一，这一差别可涉及数百万美元的金额。没有特定的有关国际差异的理论可以解释这种实务中的差别，只不过美国允许公司为税收目的而采用后进先出法对存货计价，在其他很多国家则不允许。例如，在英国为税收目的而应用后进先出法是不允许的，这使得《标准会计实务公告第 9 号》（SSAP 9）明确指出：出于任何会计目的都不得使用后进先出法，因为该方法无法公允地表述期末存货价值。国际会计准则理事会也出于类似原因而于 2003 年禁止使用后进先出法。

8.6.6　雇员福利，包括以股份为基础的支付

很多美国公司的资产负债表中最重要的负债项目之一是与雇员福利相关的。美国公司倾向于不仅承诺退休金福利，而且还承诺退休后的医疗福利。这些负债必须以预期支付额的折现价值记账。当预期值发生变化，进而增加累计收益或损失，情况就复杂了。财务会计准则委员会、国际会计准则理事会和 2006 年发行的新的美国准则（《财务会计准则公告第 158 号》）对这些情况的处理各不相同。主要的一点是，累计损益必须立即在资产负债表中确认，而这在国际财务报告准则中只是一个可选项。这

些情况将会在第 16 章详细讨论。

除薪水之外，酬劳雇员的另外一种方式是赠送（或承诺赠送）股票（或股票期权）。这种酬劳方式起源于美国并且现在仍然在那里最盛行。举一个典型的例子：假设 X 公司在 2007 年 1 月 1 日赋予员工 Y 在 2008 年 12 月 31 日（或者从那天开始的特定期间内）以每股 5 美元的价格购买 X 公司 1 000 股股票的权利（如果该员工仍然在公司服务）。在期权授予日股票价格为 5 美元。

一种观点认为该股票期权没有任何价值（即没有“内在价值”），至少在期权授予日是这样的。但是股票期权会有市场（公允）价值，因为持有它们获得的收益最少为零，而且到 2008 年年末如果每股价格超过 5 美元，这些期权就存在价值。

公允价值会计要求在期权授予日评估期权的公允价值，并将之作为未来两年的雇员福利费用（同时贷计所有者权益）。公司的管理层则期望避免确认这种费用。财务会计准则委员会的前身（会计原则委员会）所发布的第 25 号意见书仅仅要求披露期权公允价值。财务会计准则委员会本身也曾试图发布一项公允价值标准公告，但是迫于公司和国会的压力而搁浅（见第 10 章），因此《财务会计准则公告第 123 号》最初也仅仅要求披露公允价值。2004 年，财务会计准则委员会修订了《财务会计准则公告第 123 号》以要求对股票期权公允价值进行会计处理，但是这次仍然受到了政治上的干预而不得不推迟到 2006 年才得以实施。该公告与国际会计准则理事会颁布的《国际财务报告准则第 2 号》（于 2005 年开始实施）非常相似。

想全面了解关于“以股份为基础的支付”的理论问题请参阅莫兹（1998）和基尔申海特（Kirschenheiter，2004）的研究。

8.6.7 公司税务会计

众所周知，在英美国家会计实务（或国际会计准则规范）中，按照公认会计原则计量的公司利润通常与应纳税所得额存在差异。形成这种差异的一般原因是，在计算应纳税所得额时，不论利润表上的折旧费按何种方法计算，加速折旧费用都是可扣减项目。因此，当公司资产相对来说是新购置的，当公司正处于扩张阶段，或当价格持续上升时，它所报告的税前利润很可能超过在利润表中公布的应纳税所得额。进而应税所得额将低于报告的利润。因此在利润表中列示的基于报告利润计算的“税收费用”会高于应纳税所得额。两者之间的差额与资产负债表中递延税款负债中的贷方余额（即一种延期的税款）相匹配。

看待这个问题的另一种方式是以会计目的持有资产和以纳税目的持有资产，其两者的价值是不同。根据税法在加速折旧的情况下，税收减计价值低于会计减计价值，这就产生了递延税款负债。传统上用利润表的观点来表述递延所得税会计（见第 8.4 部分）（例如，美国会计原则委员会的第 11 号意见书和英国的《标准会计实务公告第 15 号》），然而 1991 年财务会计准则委员会发布了《财务会计准则公告第 109 号》，改用资产负债表的观点来表述。《国际会计准则第 12 号》也采纳了这种观点，但是英国在 2000 年发布的《财务报告准则第 19 号》中仍然坚持利润表的观点。

英国准则、美国准则和国际会计准则都要求对公司所得税税率的任何变化都进行会计处理，因为这些变动将影响负债的规模（债务法）。其他一些国家准则（和旧的会计原则委员会第 11 号意见书）不考虑税率的变化，所使用的税率是产生时间性差异或临时性差异时的税率（递延法）。

经过多次变更之后，目前美国公认会计原则与国际财务报告准则对于递延所得税的要求已经趋于一致：采用负债法全面反映临时性差异。第 16 章更详细地介绍了递延所得税会计。有关美国递延所得税的历史发展，请参见舒尔茨和约翰逊（Schultz and Johnson，1998）的研究。

8.7 企业合并

8.7.1 合并范围

和其他的会计问题一样，美国公认会计原则在定义应当纳入合并范围的公司时，试图提供的不是一种原则，而是一种可审计的规则。国际会计准则理事会（《国际会计准则第 27 号》）对“有能力控制财务和经营政策”的概念就是一个明确的原则，但是在某些情况下需要根据该原则进行判断。美国会计原则委员会第 18 号意见书中对子公司的定义为，拥有超过半数的投票权或签订其他保证控制权的法律协议。这使得许多公司通过一系列手段来建立实际拥有控制权但却可以不在合并范围内的企业实体。然后这些“特殊目的实体”（special purpose vehicle，SPV）可以贷款、融资租赁以及进行其他形式的资产负债表外融资，而这些都不需要合并到母公司报表中。最典型的例子就是能源交易公司安然，到 2001 年至 2002 年该公司倒闭时，它拥有数以千计的特殊目的实体。安然的倒闭同时导致了其咨询/审计公司（安达信）的倒闭。

2002 年的《萨班斯—奥克斯利法案》（Sarbanes-Oxley Act）对此作出了反应，它要求对资产负债表表外负债进行脚注披露。此外 2003 年，财务会计准则委员会还发布了《财务会计准则解释公告第 46 号》，要求把受集团支持或由集团获得其剩余收益的实体也纳入合并范围。证券交易委员会和财务会计准则委员会联合调查“基于原则”的会计准则（见 8.3 节）的优点也与此事相关。

8.7.2 企业合并会计

关于合并报表的编制、企业兼并和收购的备选会计方法将在第 17 章详细论述。直到 2001 年，美国关于企业合并的会计实务标准才在会计原则委员会第 16 号意见书《企业合并》中确立。这个意见书允许公司采用两种会计方法处理企业合并会计：“购买法”（purchase method）和“权益集合法”（pooling of interests method）。

在购买法下（大体上类似于国际会计准则或英国准则的收购法），被收购公司在集团财务报表中的资产计价以合并时的公允价值为基础。会计原则委员会第 16 号意见书的第 11 段将购买法的实质描述为：

> 购买法把企业合并解释为一家公司收购另一家公司，收购公司将收购的资产价值减去应承担的负债记为收购成本。有形资产和可确认无形资产的公允价值减去负债后的金额与收购成本之间的差额即为商誉。收购公司的报告收益以收购公司的收购成本为基础，包括被收购公司在被收购后的经营成果。

在权益集合法下，被合并公司的会计计价基础保持不变，其资产的已折旧历史成

本合并入收购公司中。第 16 号意见书的第 12 段把权益集合法描述为:

权益集合法把企业合并解释为两个或两个以上的公司通过交换股份而实现所有者权益之联合。它之所以不确认为收购是因为这种合并的完成并未支出合并各方的资源，所有者权益继续存在，而且原先的会计基础保持不变，合并各方的原资产和负债原封不动地带入合并后的公司。合并公司的收益包括发生合并的整个会计年度内合并各方的收益，合并各方前期的报告收益也会合并起来，并重新表述为合并公司的收益。

在物价上涨时期，购买法和权益集合法的差异主要表现在两个方面：首先，固定资产的报告金额势必较高，同时经常会产生无形资产（商誉）；其次，在购买法下，企业合并后报告的净收益势必减少，因为在确认净收益时，必须既要扣减按较高的固定资产价值计算的折旧，又要确认商誉减值损失（或者以前的摊销，两者都列报为费用）。美国有相当一部分（约 1/5）的企业合并满足了官方文件规定的条件，从而能够按照权益集合法进行会计处理。

1999 年，财务会计准则委员会宣布要取消权益集合法，理由是该方法在大多数情况下只是一种备选方法。证券交易委员会也支持这种立场，但公司并不愿意这样做，因为如果将权益集合法改变为购买法就会产生商誉，从而导致出现大量的摊销费用。这方面的研究可以参考艾尔斯等人（Ayers *et al.*，2000）的著作。有一种方法可以减少对废除权益集合法的抵触，即修改对商誉的要求，具体如下。

2001 年，财务会计准则委员会发表了《财务会计准则公告第 141 号》，最终废除了权益集合法。然而，直到 2001 年 6 月 30 日为止所采取的权益集合法都可以继续在后续的资产负债表中继续使用。因此，要理解按照美国公认会计原则编制的财务报表，在很多年内都还需要继续考虑权益集合法。国际会计准则理事会在 20 世纪 90 年代已经比美国准则更严格地限制了权益集合法的使用，但是后来来自各方的压力要求其跟随美国的做法，废除权益集合法。2004 年，国际会计准则理事会实现了这一目标。

8.7.3 商誉

购买法下商誉的处理存在重大的国际差异。按照美国和国际会计准则理事会的准则，商誉都是按购买价与所取得净资产的公允价值之间的差额计算的。然而，实际操作中存在差异。美国采用收购方观点（直到 2009 年以前一直如此），而《国际财务报告准则第 3 号》采用中立的观点或市场观点。收购方观点涉及确认重组准备金，这将降低净资产价值并增加商誉，进而减少各项资产的折旧额，增加资产出售的账面利得，并承担今后的各种费用。

另一个不同之处是（也是到 2009 年为止），美国公司会将所收购资产按比例注销以避免负商誉的产生，所以一般不会出现负商誉。国际财务报告准则规定负商誉出现时立即作为一项收入。

更主要的区别在于对正商誉的会计处理。简单回顾一下美国、英国和国际会计准则理事会规则的变化，可以看到其可能存在的差异。2001 年以前，美国会计实务仍然按会计原则委员会第 17 号意见书的规定，将商誉作为一项资产，并将其在有效经济年限内摊销（不超过40年）。许多公司使用40年这个期限，其原因是估计商誉使用年限比较困难而且这一选择能尽可能减小费用。然而，证券交易委员会经常要求特定领域的公司使用更短的摊销期。相对而言，英国会计实务（根据SSAP 22的规定）则是从集团公积金中立即冲销商誉（直到1998年为止）。这意味着美国集团公司的资产看上去比英国集团公司的更多，而同时其利润看上去比英国集团公司的更少。有人认为这种差别导致了美国公司管理层在国际比较中处于劣势（Choi and Lee, 1991）。

在1995年以前，国际会计准则委员会允许公司按照英国的方法进行会计处理，但后来又将摊销的最长期限限定为20年。到20世纪90年代末，英国和国际会计准则委员会都转而要求公司按照20年的期限对商誉进行资本化。超过20年期限的商誉必须每年进行减值测试。

2001年，财务会计准则委员会发表了《财务会计准则公告第142号》。该委员会通过回顾以往的发展，最终得到了一个符合逻辑的结论。该公告废除了摊销方法，要求公司对商誉进行年度减值测试。因为商誉不一定会被消耗，所以无论选用哪种使用年限进行摊销都是武断的，最终所得出的费用都是毫无意义的。当然，去除了这些费用以后，废除权益集合法（见上文）就不是那么难以接受了。国际会计准则理事会在2004年采用了美国财务会计准则委员会的做法。

8.8 审计

独立审计师的报告可能是财务报告读者的一个重要信息来源，它解释了独立审计师在审计财务报表的公允性方面做了哪些工作，并从公认会计原则的角度阐明了报表是否公允。在2003年之前均由美国注册会计师协会控制的标准美国审计报告格式如下所示。

我们已经审计了XYZ公司及其子公司2007年12月31日和2006年12月31日的合并资产负债表以及截至2007年12月31日的三年相关合并利润表、现金流量表和所有者权益表。我们还审计了合并资产负债表、合并利润表、合并现金流量表和所有财务报表附表的补充信息。这些合并财务报表及其附表由公司管理当局负责，我们的责任是根据我们的审计对上述财务报表及其附表发表意见。

我们的审计遵循了美国公众公司会计监督委员会的准则。这些准则要求我们计划和执行审计程序以便合理保证财务报表不存在重大错报。审计包括在测试的基础上进行检查，以得到证据支持财务报表中的数值和披露。审计还包括评估管理当局所使用的会计原则和所作出的重大估计以及财务报表的整体表述。我们相信，我们的审计工作为发表意见提供了合理的基础。

我们认为，上述的财务报表符合美国公认会计原则，在所有重大方面，公允地反映了XYZ公司及其子公司在2006年和2007年12月31日的财务状况，以及截至2007年12月31日前三年的经营成果及现金流量。此外，我们认为，考虑到其与基本财务报表的整体联系，上述的财务报表附表在所有的重大方面都公允地反映了信息。

上述意见书的关键性措辞是“公允地……遵循公认会计原则”。对公认会计原则的参照反映了对权威文献的信赖（见 Zeff，1990 和 1992）。

2002 年，美国国会通过了《萨班斯—奥克斯利法案》。该法案要求公司高层管理人员保证财务报表的可靠性，并对审计人员的独立性提出了更高的要求。《萨班斯—奥克斯利法案》本身并不是直接和会计相关的，它只是提出了一些披露方面的要求。其主要内容与公司治理和审计有关。该法案的要求非常严格，这使得公司到证券交易委员会注册或者到美国证券交易所交易必须花费更多的成本。2003 年，公众公司会计监督委员会决定亲自制定审计准则，而不再委托美国注册会计师协会来制定，从而结束了 60 多年来美国注册会计师协会制定审计准则的历史。泽夫（2003）描述了在过去的一个世纪里美国的审计职业是怎样逐渐走出光环的。

就如前面第 8.2.1 部分所述，大部分美国公司都没有被强制执行审计，它们当中的许多公司都会选择“审计复核”（audit review）来代替审计。审计复核是一套标准的审计程序，但比全面审计要简略些。

8.9 与国际财务报告准则的差异

如第 5 章所述，世界上的大型公司在编制合并报告时都越来越倾向于采用美国的公认会计原则或国际财务报告准则。因此，这两种体系之间的差异对国际比较来说非常重要。

美国与国际会计准则委员会有着大致相同的概念框架，尤其是两者都认为财务报告的主要目的是为投资者提供预测未来现金流量的有用信息，且两者对“资产”与“负债”的定义也几乎相同，均视其为财务报表的基本要素。此外，在 20 世纪 90 年代后期，财务会计准则委员会与国际会计准则委员会/理事会在一些项目上进行了合作（如有关分部报告的《国际会计准则第 14 号》（已修订）和有关每股收益的《国际会计准则第 33 号》）。很明显，到 20 世纪 90 年代末，美国公认会计原则和国际财务报告准则为取得财务报告的世界主导地位展开了竞争。作为结果，美国财务会计准则委员会不断指出两种体系之间的差异，暗示国际会计准则存在诸多缺点（如 Bloomer，1999）。然而，从 2001 年开始运行的国际会计准则理事会的最初 14 名成员中包括两名前美国财务会计准则委员会成员和一名前美国财务会计准则委员会受托人，同时于 2002 年任命的美国财务会计准则委员会主席曾经是国际会计准则理事会的成员。此外，证券交易委员会也已经正式认可了国际会计准则理事会的新安排（参考 Camfferman and Zeff，2007，第 13 章）。正如前面提到的，在 2002 年两个机构宣布了一项正式的协调化项目。因此，现在这两个机构的合作正在加强，所有新的重大项目都会联合执行。2004 年，美国财务会计准则委员会发布了 4 项征求意见稿，目的是采用国际会计准则理事会的某些做法。表 5—9 列示了他们在发布准则方面取得的进展。

美国公认会计原则与国际财务报告准则一个普遍性的差异是前者在许多问题上更为详尽（“基于规则”），我们曾在第 5 章讨论过该问题。阻碍其他国家运用美国公认会计原则的因素是该准则只有英语版，而国际财务报告准则目前已经被官方翻译成了很多种语言。在第 5 章我们还讨论了从国际财务报告准则向美国公认会计原则的调整。

表 8—10 列举了一些美国规则不允许或不要求与国际财务报告准则保持一致的方法。从另一个角度来看这张表，国际财务报告准则在很多领域没有美国公认会计原则详细，或者提供的选择比美国一般公认会计准则更多。表 8—11 列举了一些例子。诺比斯（2001）把这些差异详细地列成表格，更新的信息请查阅 iasplus. com/country/compare. htm。安永事务所（2005）对两者之间的详细差异进行了考察。

表 8—10　**一些美国规则不允许或不要求与国际财务报告准则一致的方面**

- 和国际财务报告准则相比较，准备金的建立（包括企业合并中的准备金）更加广泛（8.7.3 部分）
- 通常不会产生负商誉（8.7.3 部分）
- 美国所确认的减值更少，因为减值测试使用的是非折现现金流（8.6.1 部分）
- 减值不得转回（8.6.1 部分）
- 复合金融工具不区分为负债部分和权益部分（8.4.4 部分）
- 存货按照现行重置成本减值（而不是按照可实现净值），而且减值不可以转回（8.6.5 部分）
- 允许使用后进先出法（8.6.5 部分）
- 实际上对其拥有控制权的一些企业没有被纳入合并报表（8.7.1 部分）
- 任何开发费用（除了软件产品）都不进行资本化（8.6.3 部分）

表 8—11　**一些美国规则不允许使用的国际财务报告准则中的备选方法**

- 资产负债表形式的自由选择
- 有形和无形资产估价可以高于成本
- 在建工程的借款成本计入费用（2009 年以前）
- 把精算利得和损失逐步计入资产负债表
- 合营企业进行比例合并（而非采用权益法）

小结

- 美国和国际会计准则理事会的会计原理和实务存在着许多相同之处。
- 美国没有联邦公司法，但有一个强有力的证券交易委员会。
- 公认会计原则大部分是由民间准则制定机构来提供的，目前制定准则的机构是财务会计准则委员会。
- 国际会计准则理事会的概念框架是建立在美国财务会计准则委员会的概念框架基础上的，该框架采纳的是资产负债表基础。
- 美国的资产负债表和现金流量表与英国的具有显著的差别。
- 在会计技术术语上英国准则、美国准则和国际财务报告准则有大量的差别。
- 美国坚持采用历史成本法来计量无形资产和有形资产，它所采用的减值测试方法也和国际会计准则理事会的不同。
- 美国创造了将租赁费用资本化的观念，并建议未来扩展对该观念的运用。
- 美国对特定投资引进了公允价值会计。

• 允许在存货计价中使用后进先出法，并且应用广泛，这导致资产负债表列示的金额大幅度减少。

• 美国对由暂时性差异产生的递延所得税采用全面会计方法，这是国际会计准则理事会学习的模式。

• 与其他国家公司相比，过去美国更多地在企业合并中采用权益集合法，但是从 2001 年开始美国禁止使用该方法。

• 10 多年来美国处理商誉的方法都是进行资本化并按照使用年限进行摊销，2001 年改变为资本化和减值测试方法。

• 美国的规则比国际会计准则理事会的更为广泛和详细，但是二者之间并没有很多直接的冲突之处。

参考文献

AICPA（annual）*Accounting Trends and Techniques*，issued annually，American Institute of Certified public Accountants，New York.

Ayers，B. C.，Lefanowicz，C. E. and Robinson，J. R.（2000）‘The financial statement effects of eliminating the pooling-of-interests method of acquisition accounting’，*Accounting Horizons*，Vol. 14，No. 1.

Beresford，D. R.（2001）‘Congress looks at accounting for business combinations’，*Accounting Horizons*，Vol. 15，No. 1.

Bloomer，C.（1999）*The IASC-US Comparison Project*，FASB.

Camfferman，K. and Zeff，S.（2007）*Financial Reporting and Global Capital Markets：A History of the International Accounting Standards Committee，1973 – 2000*，Oxford University Press，Oxford.

Carmichael，D. R.（2004）‘The PCAOB and the social responsibility of the independent auditor’，*Accounting Horizons*，Vol. 18，No. 2.

Choi，F. D. S. and Lee，C.（1991）‘Merger premia and national differences in accounting for goodwill’，*Journal of International Financial Management and Accounting*，Vol. 2，No. 3.

Davidson，S. and Andersen，G. D.（1987）‘The development of accounting and auditing standards’，*Journal of Accountancy*，Vol. 163. No. 5.

DePree，C. D.（1989）‘Testing and evaluating a conceptual framework of accounting’，*Abacus*，Vol. 25，No. 1.

Dopuch，N. and Sunder，S.（1980）‘FASB's statements on objectives and elements of financial accounting：a review’，*Accounting Review*，Vol. 55，No. 1.

Ernst & Young（2005）*IFRS/US GAAP Comparison*，Butterworths，London.（Later versions can be found online.）

FASB（2002）*Principles-based Approach to US Standard Setting*，Financial Accounting Standards Board，Norwalk.

GAAP Guide（annual），Harcourt Brace Jovanovich，issued annually，Orlando.

Gorton, D. E. (1991) 'The SEC decision not to support SFAS 19', *Accounting Horizons*, Vol. 5, No. 1.

Jennings, R., Mest, D. P. and Thompson, R. B. II (1992) 'Investor reaction to disclosures of 1974 – 5 LIFO adoption decisions', *Accounting Review*, Vol. 67, No. 2.

Ketz, J. E. and Kunitake, W. K. (1988) 'An evaluation of the conceptual framework: can it resolve the issues related to accounting for income taxes?' *Advances in Accounting*, Vol. 6.

Kirschenheiter, M., Mather, R. and Thomas, J. K. (2004) 'Accounting for employee stock options', *Accounting Horizons*, Vol. 18, No. 2.

Lamb, M., Nobes, C. W. and Roberts, A. D. (1998) 'International variations in the connections between tax and financial reporting', *Accounting and Business Research*, Vol. 28, No. 3.

Miller, P., Redding, R. and Bahnson, P. (1998) *The FASB: The People, the Process and the Politics*, Irwin/McGraw Hill, Homewood.

Mozes, H. A. (1998) 'The FASB's conceptual framework and political support: the lesson from employee stock options', *Abacus*, Vol. 34, No. 2.

Nobes, C. W. (ed.) (2001) *GAAP 2001; A Survey of National Accounting Rules*, Pricewaterhouse-Coopers, London; also available at www. ifad. net.

Schultz, S. M. and Johnson, R. T. (1998) 'Income tax allocation: the continuing controversy in historical perspective', *Accounting Historians Journal*, Vol. 25, No. 2.

Solomons, D. (1978) 'The politicization of accounting', *Journal of Accountancy*, November.

Watts, R. L. and Zimmerman, J. L. (1978) 'Towards a positive theory of the determination of accounting standards', *Accounting Review*, Vol. 53, No. 1.

Zeff, S. A. (1972) *Forging Accounting Principles in Five Countries: A History and an Analysis of Trends* (Arthur Andersen & Co. Lecture Series, University of Edinburgh 1971), Stipes Publishing Co., Champaign, IL.

Zeff, S. A. (1978) 'The rise of economic consequences', *Journal of Accountancy*, December.

Zeff, S. A. (1990) 'The English language equivalent of geeft een getrouw beeld', *De Accountant*, October.

Zeff, S. A. (1992) 'Arthur Andersen & Co. and the two-part opinion in the auditor's report: 1946 – 1962', *Contemporary Accounting Research*, Vol. 8, No. 2.

Zeff, S. A. (1995) 'A perspective on the U. S. public/private-sector approach to the regulation of financial reporting', *Accounting Horizons*, Vol. 9, No. 1.

Zeff, S. A. (1997) 'Playing the congressional card on employee stock options', in T. E. Cooke and C. W. Nobes (eds), *The Development of Accounting in an International Context*, Routledge, London.

Zeff, S. A. (2003) 'How the US accounting profession got where it is today', *Accounting*

Horizons, Vol. 17, Nos. 3 and 4.
Zeff, S. A. (2005) 'The evolution of US GAAP: the political forces behind professional standards', *CPA Journal*, January, pp. 18 – 27, and February, pp. 18 – 29.

后续读物

美国注册会计师协会每年都对美国公司的会计实务进行调查。在《公认会计原则指南》(GAAP Guide)(每年出版)中按照主题对美国公认会计原则的要求进行总结。安永公司(2005)对美国公认会计原则与国际财务报告准则的差异进行了总结。

实用网址

www. accounting. rutgers. edu/raw/aaa
www. aicpa. org
www. fasb. org
www. fei. org
www. nyse. com
www. pcobus. org
www. sec. gov

课后问题

书末提供带星号问题的参考答案。

8.1* "美国会计是世界上最好的。"请讨论这种说法。

8.2* 如果美国会计受其他国家会计的影响,那么其受影响的程度如何?

8.3 美国会计实务在哪方面与其他国家的不同?如何解释?

8.4 讨论中国与美国在财务报告和管制规则方面存在差异的原因(请列举重要的例子)。

8.5 "对美国会计影响最大的一直是证券交易委员会。"请讨论这种说法。

8.6 正如本章所指出的,美国和英国在会计的起因和性质方面非常相似,请指出造成现有差异的原因并进行讨论。

8.7 请描述美国公认会计原则和国际财务报告准则之间的主要差异,准则制定者能够轻易消除这些差异吗?

第 9 章　财务报告准则的实施

罗伯特·帕克

内容

目标

读完本章后您应当能够

- 解释对上市公司采纳财务报告准则情况进行监督和实施的各种方法。
- 比较和对照美国、欧盟成员国（特别是英国、法国和德国）和澳大利亚的监督和实施程序。

9.1　引言

第 5 章从一般意义上讨论了全球上市公司的财务报告。第 6 章到第 8 章考察了上市公司所采用的两种主要会计规则：国际财务报告准则和美国公认会计原则。本章将讨论这些规则和其他各种规则是如何被监督和实施的，以及监督和实施的程度如何。各国的规则实施机制存在巨大差异，这些差异比规则本身的差异更多。

实施机制包括：

> 一连串的不同要素，包括（1）清晰的会计标准；（2）及时的解释和应用指南；（3）法定审计；（4）监管者的监督；（5）有效的制裁机制。所有这些要素必须有效运行，即该制度能够为投资者和债权人提供强有力的保护。
>
> （欧盟委员会，2000 年，第 26 段）

本章将讨论上述要素中的倒数三个，这里不考察会计准则的内容或者准则的制定程序，而是考察这些准则在应用中受到的监督方式和实施方式。

“实施”（enforcement）是难以量化和计量的一个概念。霍普（Hope，2003）曾经编制了一种国家实施指数，其中包括五个要素：审计支出、司法效率、法律条文、内部交易法律以及股东保护。他计算了21个国家的实施指数，其中最高的是美国，随后是英国、加拿大、挪威、瑞典和日本。分值最低的是意大利，随后是西班牙、南非、葡萄牙和德国。本章我们将比较并对照五个国家的监督和实施机制，其中包括美国，欧盟的三个成员国——英国、法国和德国，以及澳大利亚。选择这几个国家的原因是它们的上市公司数量庞大而且公司的市场价值较高（参见表1—5）。

本章将重点讨论公开交易的公司（即上市公司），这也是上述国家的重心。因为对其他公司的实施机制往往仅限于年报存档，而不检查年报的内容。在本章讨论的国家中，上市公司的合并报表（有时候还包括其单个公司报表）被要求遵守美国公认会计原则、国际财务报告准则或者等同于国际财务报告准则的其他准则，无论哪套准则都包含有足够清晰的准则及应用指南。

9.2部分将考察实施的模式。9.3部分到9.5部分将关注在我们选择的这5个国家中，实施机制是如何运行的。

9.2 实施的模式

本部分我们要区分制定规则和实施规则（包括监督规则），考察各种类型的实施机构和监管机构，分析实施过程中审计师的作用，讨论实施和监管机构对程序的选择，并考察这些机构可以采取的管理措施和其他行为。

从概念上来看，制定规则不同于实施规则。这两种职能可以由不同机构承担，也可能合并由一个机构执行（参见Brown和Tarca，2005a）。比较极端的一种情况是，一些会计团体的职能只局限在规则的制定方面，而把规则的实施留给其他团体去做。典型的例子就是国际会计准则理事会，这是一个民间团体，背后没有任何国家政府的支持，它没有选择的余地，只能把实施职能留给其他团体。另外一个例子是英国的会计准则理事会，该组织为那些不执行国际财务报告准则的公司制定会计标准，其权力来自于国家法律，而法律并没有同时给予其实施准则的职能。另外一种极端的情况是，一些团体只行使实施的职能。例如法国的金融市场管理局（AMF）以及英国的财务报告复核小组（Financial Reporting Review Panel）。此外，还有一些团体既是规则制定者又是规则实施者。大家都知道的例子是美国证券交易委员会，不过正如第8章介绍的，其规则制定职能大多都是由财务会计准则委员会来承担的。

财务报告规则的实施职能可以由不同类型的机构承担，其中包括：

- 证券交易所；
- 股票交易监管机构；
- 政府部门和代理机构；
- 民间团体。

美国和澳大利亚的规则实施职能由股票交易监管机构承担。根据欧洲会计师联合会（2001）的报告，从2001年欧洲的会计规则实施情况来看，挪威、瑞典和瑞士的规则实施职能由证券交易所承担；比利时、法国、葡萄牙和西班牙的规则实施职能由股票交易监管机构承担；英国的规则实施职能由民间复核小组承担；丹麦和捷克共和国的规则实施职能由政府部门承担。剩余的欧洲国家在当时还不存在任何实施机构。但是在那之后，由于受到欧洲证券监管委员会的鼓励，加之对第8号指令的修订，德国（见下面的第9.4.4部分）、荷兰以及其他成员国也建立了实施机构。

没有理由认为存在一个理想的适合于所有国家的实施机构。选择哪种类型的实施机构，赋予它们哪些权力，这部分地取决于该国的整体监管制度，而反过来这种监管制度又被认为反映了一国的文化，或者更具体一些，反映了其政治、法律和金融环境。所有这些环境都随着时间的推移而发生变化。世界上最有效的两个实施机构是美国的证券交易委员会和英国的财务报告复核小组，它们是其他国家在建立实施机构时的模仿对象。例如，法国和澳大利亚模仿了美国证券交易委员会的模式，德国则按英国模式建立了审核小组。然而，你也得谨慎看待这个问题，不能因为这些机构的名称类似就认为其职能也相同。布朗和塔卡（Brown and Tarca，2007）比较了英国和澳大利亚的实施机构，但是无法得出结论说哪个模式更有效。

直到最近很多国家也只存在年度审计这一唯一的监督机制，但审计师不属于法规控制的一种形式（Baker *et. al.*，2001）。尽管审计属于监督和实施程序中的一个必要组成部分，然而只有审计这一种形式是不够的。大型公司的董事和投资人职能分离，作为代理人的董事和作为资金投资者的投资人都要求独立第三方能够对财务报表的真实性和公允性提供保证。但是，可以相信审计师确实是独立的吗？最近的会计丑闻令许多国家的立法机构相信审计师并不总是独立的，要保证审计行为的恰当性，就需要对其实施督导。人们发现审计师（经常实质上被他们为之提供税务咨询和管理咨询服务的董事所聘任，即使形式上有可能不是这样）很难保持独立性。如果有一个实施机构对其进行支持，审计师将会受益，因为他们促使公司符合财务报告准则的唯一方式是提出保留的审计意见。

直到最近，职业审计团体一般还都是采取行业自律形式的，至少在英美国家是如此。然而，现在这种职能已经被刚刚建立起来的监管机构所代替。这里所说的监管机构指的是独立于审计职业界的监管审计师工作的机构。该监管机构可以独立于财务报告实施机构，也可以与之合二为一。独立机构的例子包括美国的公众公司会计监督委员会和英国的会计职业监管委员会（Professional Oversight Board for Accountancy，POBA）。在法国和澳大利亚，准则实施机构的职能被扩展到包括监督审计师工作（在法国是金融市场管理局，在澳大利亚是澳大利亚证券和投资委员会（Australian Securities and Investments Commission，ASIC））。

本章后面部分总结的证据说明了审计师和准则实施机构都可以因对方的工作而受益。因为实施机构无法详细检查会计记录，所以在这方面必然要依赖外部审计师的工作。同时实施机构的存在增强了审计师的力量，使他们可以坚持遵守财务报告准则。例如在美国，审计师由公司董事任命，但是双方都清楚证券交易委员会要求严格按照公认会计原则实施会计业务和审计工作。在英国，董事和审计师都必须到财务报告复核小组那里备案（尽管不是很情愿）。相比之下，在德国，由于一直缺乏实施机构，因此审计师都已经接受了那些声称遵守国际准则然而在一定程度上并未遵守的公司。

实施机构不仅需要监督对财务报告准则的遵守情况，还要对未能遵守的情况采取适当的措施。如何监督以及行为的有效程度取决于法律授予实施机构多大的权力以及其拥有多少资源（包括人力资源和物力资源）。没有哪个机构有足够的资源监督所有公司每年的财务报表是否符合会计法规。即使是资源最丰富的美国证券交易委员会，也只监督公开交易证券的公司（大约有14 000家，占美国公司总量的0.3%），而且还是选择性的监督。其他资源较少的实施机构不得不作出选择，是采用事前主动监督，还是采用事后被动监督，如果采用后者，还需要选择是只对那些提出控诉的公司进行监督，还是采用例如轮换制和抽样等基于风险的战略，或是采用某种综合模式进行监督。它们还需要决定是否发布指南报告或（也许同时）事先禁止某种会计实务做法（有人把这种方法叫做预先清理），以及决定对未能遵守准则的事项采取什么样的行动（例如罚款、起诉公司或停市）。此外，它们还需要决定通过金融媒体还是其他方式向公众曝光。

汇总上述问题，设立和运行一个准则实施机构的责任包括作出以下决定：

- 监督哪些公司。
- 监督公司的哪些文件以及什么时候实施监督。
- 主动监督还是反应性监督。
- 多大程度上依赖公司审计师的意见。
- 是否发布指南报告。
- 是否提供事先禁止措施。
- 对于未遵守准则的情况采取行政措施还是司法措施。
- 如何向公众曝光。

不同实施机构的结论不同，有些实施机构会随着时间的推移而改变它们的选择。表9—1总结了2007年底以下实施机构的选择情况：美国证券交易委员会、英国财务报告复核小组、法国金融市场管理局、德国联邦金融服务监管局（BaFin）/财务报告执法委员会以及澳大利亚的证券与投资委员会。后面在介绍每个国家时会提供更加详细的解释。我们还要解释为什么在欧盟范围内不是只有一个国家实施机构，而是有这样的实施机构。

表9—1　**世界各国实施机构比较（2007年底）**

	美国	英国	法国	德国	澳大利亚
	SEC	FRRP	AMF	BaFin/FREP	ASIC
种类	股票交易的监管机构	民间团体	股票交易的监管机构	政府机构/民间团体	股票交易的监管机构
成立日期	1934	1991	1967	2004	1998
程序					
被动调查	是	是	是	是	是
主动监督	是	是	是	是	是
预先清理	是	否	是	否	否
权力					
曝光	是	是	是	是	是
罚金	是	否	是	是	否
法庭诉讼	是	是	是	是	是
停市	是	否	否	否	否

资料来源：节选自Brown，P. and Tarca，A.（2005a）“A commentary on issues relating to the enforcement of international financial reporting standards in the EU”，*The European Accounting Review*，Vol. 14，No，1。

要衡量一个实施机构是否运作成功并不容易。例如，毫无疑问，美国证券交易委员会确保了大多数公开交易公司遵守了美国公认会计原则的字面规定，但是它却不能阻止安然公司复杂的创造性会计（Benston and Hartgraves，2002），甚至不能防止世通公司所犯的简单误报（但是同样是灾难性的）。

更普遍的问题是，很难数量化监管和监管机构的成本效益并依此来确定其存在意义（例如可参考 Gwilliam *et al.*，2005）。与类似英国民间财务报告复核小组的监管机构相比，类似美国证券交易委员的监管机构会使纳税人承担高得多的直接成本。但是除了私人的成本效益以外，还存在社会成本效益，因此实施和监管机构的设立关系到所有利益相关者，而不仅仅是股东、董事和审计师。例如，因会计丑闻而倒闭的公司使得很多人失去了工作和养老金，而这些人不一定都是倒闭公司的雇员。类似这样的外部影响是主要国家的政府在考虑遵循财务报告准则时需要关注的一个额外因素。

9.3 美国

美国的财务报告已经在第 8 章详细讨论过了。这里我们将集中讨论与财务报告准则监督和实施有关的问题。

美国的会计师比欧洲（包括英国）的会计师更理所当然地认为，一旦一项准则被颁布，那么它就必须被遵守。这可能归功于证券交易委员会的权威。1934 年，美国国会立法成立了这个独立的联邦监管机构，该机构从设立之初就“在法规实施方面发挥了强有力的作用”。美国准则制定者的记忆中不太可能存在“财务报告没有被严格规范，而且规定没有被严格实施的时代”（Zeff，1995，64 页）。上市公司的有价证券申请上市登记表（招股说明书）在第一次进入市场的时候就已经受到详细的复核。其他公司的有价证券申请上市登记表和定期报告则会选择性地被复核。目前每个公司每三年被轮换到复核一次。证券交易委员会和注册公司之间的讨论是完全保密的。证券交易委员会不需要像英国财务报告复核小组那样频繁地利用金融媒体进行“公开谴责”（naming and shaming）。证券交易委员会拥有对公司处以罚金和取消注册的权力，这意味着许多争端不需要任何正式行动就可以解决。

证券交易委员会对准则遵循的严格实施意味着，与其他实行较宽松的监督和实施制度的国家相比，在美国存在更为严重的对准则制定者（目前是财务会计准则委员会）的游说（参见第 10 章）。证券交易委员会被批评为阻碍了会计创新（这可能是好事也可能是坏事）（Solomons，1986，第 194 页至第 198 页）

在美国证券交易所上市的非美国公司被要求按照美国公认会计原则呈报财务报表，或者编制一个向美国公认会计原则调整的报表。大多数公司都选择提供调整报表。这种要求意味着世界上大多数跨国公司（至少它们的审计师）必须熟悉复杂的美国公认会计原则。世界上其他的股票交易监管机构都没有要求提供类似的调整。也许是发现了伦敦证券交易所比纽约证券交易所能够更成功地吸引外国公司上市（Holgate，2007），2007 年美国证券交易委员会宣布它将取消对按照国际财务报告准则所编制的报表的调整要求，并且给予外国投资者和美国公司在美国公认会计原则和国际财务报告准则之间进行选择的权利。毫无疑问，证券交易委员会对国际财务报告准则实施的监管将如同其对美国公认会计原则实施的监管一样严格。

安然公司以及其他的会计丑闻极大地削弱了美国审计师的声誉。《萨班斯—奥克斯利法案》禁止审计师向其审计客户提供某些非审计服务，要求每5年对领导审计和复核业务的合伙人进行轮换，并要求审计师向审计委员会而非向管理层报告。正如在第8章和第21章所解释的，目前美国的审计师受到公众公司会计监督委员会的监管。该委员会负责审计师的注册，并有权进行检查和调查，执行惩戒措施以及实施处罚。

9.4 欧盟

9.4.1 引言

财务报告准则在欧盟的实施方式与在美国的非常不同，然而最近一些年，欧盟也受到了《萨班斯—奥克斯利法案》的影响（Haller *et al.*，2006）。很少有专门针对欧盟公司在2005年以前对国内会计准则遵守情况的系统研究，不过可能除了英国和法国，这种遵守准则的情况不会太理想。即使在法国，公司对遵守美国公认会计原则还是遵守国际会计准则的选择基本上还是采取哪个有利选哪个的方式（Ding *et al.*，2003）。格布哈特和海尔曼（Gebhardt and Heilmann，2004）发现，不仅德国公司未能完全遵守有关现金流量表的会计准则规定（无论是德国《会计准则第2号》、《国际会计准则第7号》，还是美国《财务会计准则公告第95号》），而且没有一个审计师对这种不遵守的情况提出保留意见。格劳姆和斯特里特（Glaum and Street，2003）的研究显示，与其他公司相比，同时在德国新市场和美国证券交易所上市的德国公司，其2000年的国内报告对美国公认会计原则和国际会计准则的遵守程度都更高一些。斯特里特等人（1999）、斯特里特和布莱恩特（Street and Bryant，2000）以及斯特里特和格雷（2001）研究了更多的公司，包括欧盟内部和欧盟外部的公司，并都得出了相同的结论。与公司所在地位于欧盟外部（主要是瑞士和中国）的公司相比，公司所在地位于欧盟内部（例如法国和德国）的公司在养老金、租赁、金融工具和每股收益的披露方面，对国际会计准则的遵循程度尤其差。

现在还不清楚这种对准则的遵循程度将会得到多大的改善。某些欧盟国家法律弱化，资源匮乏，而且没有一个有效率的审计职业界，这些都使得在这些国家遵守国际财务报告准则只能是自愿行为。然而，正如后文表21—2显示的，在欧盟的主要成员国内，绝大多数的上市公司都是由国际四大会计师事务所审计的。这些公司的“国际服务台”（国际财务报告准则技术核心）所拥有的技术资源可能会在这些国家改善准则遵循情况中发挥重要作用。公司本身也可能会面临着来自国际资本市场的压力，从而更加遵循准则的要求。美国的学者，同时也是美国财务会计准则委员会成员的斯基帕（2005）预测说，对一个泛欧洲实施机构的需求会日益增长，但也要看到设立这种机构的障碍非常多，其中包括来自政治方面和其他很多方面的障碍。短期内要用一个泛欧洲证券监管机构来代替各国证券监管机构是非常不可能的。然而，在欧洲证券监管委员会的组织下，各国的实施机构定期在欧洲实施机构合作讨论会（European Enforcers Co-ordination Sessions，EECS）上见面，交换观点并交流经验。欧洲证券监管委员会从其实施决策数据库中摘录一些公开发表的内容，但不披露这些实施决策分别是由哪个国家的实施机构执行的。在证券委员会国际组织的组织下，类似信息也在欧盟成员国和非欧盟成员国的实施机构之间进行交流共享。实施机制的多样化可能会带来“监管套利”（regulatory arbitrage）的危险（例如公司会选择在那些实施机制最弱的国家上市）（Brown and Tarca，2005b）。

对审计师的监管是起草第8号指令时主要关心的问题，但是其最终稿（1984年）却是流于形式，只是肯定了成员国现有做法，并没有作出任何改变。最近作出的变化是受到会计丑闻的驱动，而非受欧盟委员会的推动。预期2006年初会颁布修改后的第8号指令（见第21章），该指令要求所有成员国在本国建立一个监督审计师的机构，但并没有提出要建立一个统一的欧盟监管机构。欧洲审计师监管机构组织（European Group of Auditors' Oversight Bodies，EGAOB）于2005年成立，目的是鼓励各国监管者相互交流合作。

欧盟三个最大的经济体英国、法国和德国的情况将在下面三部分中分别阐述。

9.4.2 英国

在过去几十年间，英国的会计准则制定、监督和实施机制发生了好几次变化。在1990年之前，准则的制定权在会计职业界手中，准则没有任何的法律支持。准则的地位由于1988年德林报告（Dearing Report）的发布以及1989年《公司法》的颁布而得到加强（其中《公司法》于2006年进行了修订）。《公司法》要求公众公司和其他公司的董事在年报中披露任何与会计准则不一致之处。正如第14章将要讨论的，英国会计准则委员会在1990年被会计准则理事会所代替。会计准则理事会并没有被授予监督或实施的职能。相反，英国设立了一个单独的财务报告复核小组来监督公众公司和大型私人公司的财务报告。所有其他公司的会计报告监督工作则由英国贸易工业部（Department of Trade and Industry，DTI）负责。会计准则理事会和财务报告复核小组都是财务报告委员会（Financial Reporting Council，FRC）的下属机构，该委员会是一个独立机构，不仅独立于会计职业界，而且还独立于政府。在2000年英国金融服务局（Financial Services Authority，FSA）成立的时候，没有被授予实施会计准则的权力。金融服务局是欧洲证券监管委员会的成员，是应《金融服务与市场法》（Financial Services and Market Act）的要求设立的，目的是为了监管金融服务行业。

从1991年到2003年，财务报告复核小组在检查大型公司财务报表是否严重背离法案和会计准则的要求方面发挥了重要作用。该组织并没有打算监督所有管辖的公司，也没有试图采取主动监督的方式，而只是将其调查范围限制在那些引起它注意的公司中。它通过劝说来达到监督目的，尽管它也有权力因公司的财务报表没有遵守法规的要求（包括提供真实公允观点）而向法院起诉，并且要求公司董事重新编制修改的报表（董事需要自己支付费用）。

海因斯等人（Hines *et al.*，2001）讨论了财务报告复核小组在过去10年的工作，并对其有效性进行了评价。他们得出结论认为，这是一个有效的监管机构，尽管其权力有限，但也建立起了其法律地位。皮斯奈尔等人（Peasnell *et al.*，2001）等人研究了被审核小组关注的所有公司的特征，发现这些公司确实发表了有缺陷的财务报表。他们的证据显示，这些公司在财务报表出现问题的当年更有可能面临业绩困难，而且更不太可能聘请四大会计师事务所的审计师对其财务报表进行审计。还有一些不是很强的证据表明，这些公司建立审计委员会的可能性比较低，而且外部董事的比例也比较低。弗恩利等人（Fearnly *et al.*，2002）的研究显示，财务报告复核小组改变了允许公司采取不遵循准则行为的审计师的成本和效益。虽然审核小组的监管权力只针对董事而不针对审计师，但是它仍然能促使审计师改善公司对会计准则的遵循程度，并且能提高审计师的独立性。

安然事件和其他的会计丑闻发生以后，英国人重新思考了财务报告复核小组的作用。政府要求财务报告复核小组采取更多的主动监督，并且寻找与金融服务局合作的途径。从2005年开始，审核组的一个主要任务是确保上市公司的财务报告遵循国际财务报告准则。2004年，《公司审计、调查及社会责任（Audit，Investigations and Community Enterprise，CAICE）法》扩大了财务报告复核小组的审核范围，并且给予了其更大的权力。特别是，审核小组的审核范围从年报扩展到了中期报告、经营和财务报告（简称OFR）以及董事报告。其范围还包括审核公开交易公司是否符合了金融服务局上市规则中的会计要求。

财务报告复核小组同时采用主动监督和反应性监督的方式选择要审核的报表。它与金融服务局以及其下属的常设咨询小组进行讨论，确定整个经济中哪个行业或部门面临的压力较大，因此更有可能出现会计问题。之后即审核选择出的这个部门的大量财务报表。财务报告复核小组建立了一个风险模型来判断较容易出现会计问题的情况，例如公司治理薄弱的实体。它针对热门的会计问题进行审核，同时对公众、媒体或伦敦市政厅的不满作出反应。所有的选择都要考虑不遵循准则的风险以及在不遵守准则时具有显著后果的风险。

财务报告复核小组不采取事先禁止措施。通常如果被审核公司的董事承认他们的报表有缺陷并且针对审核组提出的问题进行了纠正或解释，审核组将对质询结论发布一个公告。在审核组没有发现报告存在缺陷的情况下，一般不会发布任何公告，不过审核组可能不指名某个公司，而是就它们关注的事项发布一个"一般性"提示。复核小组每年公布一份活动报告。

财务报告复核小组与金融服务局密切合作。《公司审计、调查及社会责任法》给予英国财政部门（英国税务及海关总署）权力，披露向审核组提供的公司账目信息。

现在来看一下审计师的问题。英国对审计师的正式监管始于为了实施欧盟第8号指令而于1989年修订的《公司法》的实施。该法案要求公司的审计师必须是注册审计师，也就是说他们的名字必须被记载在合法的登记簿上，说明其合格并且可以被任命为公司审计师，该登记簿应当由被认可的监管团体所保管。被认可的主要团体（被贸易工业部确认的）是三大注册会计师协会和英国特许注册会计师协会。该法案的实施意味着职业团体必须为公众利益而监督其成员，同时还得继续为其成员的自身利益服务。

这两种作用可能会导致利益的冲突，1998年会计职业团体咨询委员会（Consultative Committee of the Accountancy Bodies，CCAB）的一个监管复核实施工作组建议成立一个独立的审核理事会。结果成立了以下五个团体：会计基金会、复核委员会、道德准则委员会（Ethics Standards Board，ESB）、重组的审计实务委员会

(Auditing Practices Board，APB）和调查与纪律委员会（Investigation and Discipline Board，IDB)。会计基金会居于最高地位并负有领导责任；复核委员会的任务是监督制度的运行，以确保该制度符合公众利益；道德准则委员会的作用是确保所有会计师道德准则都建立在全行业的基础上并能得到发展；调查与纪律委员会处理公众关心的处罚案件。审计实务委员会被重组，从而独立于会计职业界，其执行董事都是全职人员。杜因和拉赛尔（Dewing and Russell，2002）指出，会计基金会负有进行惩戒的直接责任（通过调查与纪律委员会)，确保审计师独立性的间接责任（通过道德准则委员会)，但是对审计质量监管没有责任。

以此种方式建立的体制并非运行得非常成功，因此于2002年再次进行了改革。改革后的体制中，对金融管理局负责的团体包括以下六个：会计准则理事会（ASB)、审计实务理事会（APB)、财务报告复核小组、职业监管委员会（Professional Oversight Board，POB）和会计和精算调查和纪律委员会（Actuarial Investigation and Discipline Board，AAIDB)。

职业监督委员会独立于会计职业界和会计师事务所。目前其主席是英国政府主计审计长（Comptroller and Auditor General)，其责任包括监督被认可的团体对审计师的监管，监督重要公司的审计质量以及监督会计职业团体对会计职业界的监管。职业监督委员会下设立了一个审计监督单位，该单位于2005年对四大会计师事务所的审计质量作了报告。

除了发布其他文件外，审计实务委员会还负责发布审计准则公告（ISAs（英国和爱尔兰))、道德准则、投资报告准则（standards for investment reporting，SIRs）和报告会计师准则公告（statements of standards for reporting accountants)。会计调查和纪律委员会负责管理一个独立纪律计划，该计划的覆盖范围包括英国的六个会计职业团体。2006年新通过的《公司法》要求审计报告必须经过高级法定审计师（也就是负责审计业务的合伙人）签字，并代表该审计师事务所。它还第一次允许公司和审计师达成责任约束协议，将审计师的责任约束在公允和合理的范围内。该法案不要求对审计师进行轮换。

由于单个公司对准则的遵循情况在很大程度上依赖于审计师，因此与遵守国际财务报告准则的上市集团公司相比，受到监督的力度小得多。此外，许多私营公司不再被要求进行审计（参见第14章)。

9.4.3 法国

法国的实施机构是金融市场管理局（*the Authorité des Marchés Financiers*，AMF)，它是由证券事务监察委员会（*Commission des Opérations de Bourse*，COB）和其他两个股票交易机构于2003年合并而成的。金融市场管理局负责在上市公司中实施国际财务报告准则，但它不是一个准则制定机构。

金融市场管理局可以利用由股票交易委员会于1967年设立的程序，陶（Dao，2006）的论文对此进行了描述。证券事务监察委员会作为股票交易的监管机构，负责复核上市公司每年存档的招股说明书和各种文件（包括主动提交的和强制提交的文件)。以下两个机构负责验证文件的合规性：会计与税务部（*Service des Affaires*

Comptables et Fiscales, SACF）和公司金融部（*Service des Opérations et de l'information Financière*, SOIF）。公司金融部执行对文件的法律、经济和金融方面的一般性审查，其作用在于发现重要问题，随后委托法律和会计的专家进行进一步检查。会计与税务部的作用是验证文件是否符合当前的会计准则，并监督审计的质量。不过它们并不试图重新做一遍审计师已经做过的审计工作。

会计与税务部采用主动模式，按照风险基础模式选择被调查的公司，但偶尔也对媒体评论和公众的抱怨作出反应。证券事务监察委员会同时采用事先禁止措施和事后复核存档文件的方法。复核并不完全标准化，职业判断也是非常重要的。有时采用事先禁止措施需要对新出现的会计问题向国家会计准则制定机关（*Conseil National de la Comptabilité*, CNC）下属的紧急问题委员会（*Comité d'Urgence*）进行咨询。证券事务监察委员会通过研究来发现那些可能会受到新出现问题影响的公司，之后以不点名的方式发布建议公告，提醒注册公司要遵守特定的会计处理方法或披露要求。类似的建议虽不是强制性的，但通常都会被执行。

证券事务监察委员会授权被认可的全国性审计师团体（例如国家法定审计师协会（*Compagnie Nationale des Commissaires aux Comptes*, CNCC）等）对公司审计师是否恰当地检查了该公司对会计准则的遵守情况进行评价。上市公司审计质量的年度复核是由国家法定审计师协会下属的全国财务活动审查委员会（*Comité de l'Examen National des Activités*, CENA）代表证券事务监察委员会进行的。全国财务活动审查委员会采用轮换的方法进行复核。这种复核不仅仅是为了考察审计质量，它也是加强审计独立性的一种管理手段。请注意，这一职能并没有被授权给法国注册会计师协会（*Ordre des Experts Comptable*, OEC）。国家会计准则制定机关、国家法定审计师协会和法国注册会计师协会在会计规则制定方面的作用将在第 14 章进行讨论。

金融市场管理局有权拒绝招股说明书，同时如果认为公司财务报表不符合现行准则，也有权要求公司进行修改。它可以对公司采取行政措施，不过一般情况下都不需要这样做。对于监管机构而言，发现对披露规则的背离要比发现对计量规则的背离容易得多，而后者是审计师的长项。法国的金融市场管理局更类似于美国证券交易委员会，它不同于英国财务报告复核小组，不公开发布调查结果，也不曝光被发现的财务报表有缺陷的公司。

对公司审计的监督是通过很多种途径进行的。所有审计师都必须是国家法定审计师协会的成员。2003 年的《金融证券法》(Loi de Sécurité Financière) 既可以看作是对法国商法的补充，也可以看作是对安然事件和其他会计丑闻所作出的反应 (Stolowy, 2005)。根据该法案，法国建立了审计师高级理事会（Haut Conseil de Commissariat aux Comptes)，但其中只有 3 位成员是审计师。审计师高级理事会的职能是监督审计职业界，特别是监督其道德和独立性。2003 年的这一法案还要求审计师对公司内部控制制度发布一个新的报告，并且禁止向同一客户提供审计和咨询服务。

其他不同于美国和英国的规则还包括：

- 每六年任命一次审计师，而不是每年都任命。
- 如果公司既提供合并报表又提供母公司财务报表，则两张报表要由来自不同审计公司的两个审计师进行审计。

- 审计师应当将其所了解的被审计客户的犯罪案件报告给检察官。

关于哪些行为被认定为不符合法律的要求，法国的法规要比英、美的严格很多，但是在实践中差异没那么大（Mikol and Standish，1998）。

9.4.4 德国

正如9.4.1部分所述，德国会计规则的实施机制比较差，无论对公众公司还是私人公司都如此。大型和中型的私人公司第一次按照商法的要求（根据1985年会计指令法律的要求进行了修改）公开其财务报表，这是执行欧盟第四号指令的结果（Eierle，2005）。但是许多公司都没有遵照执行，直到德国政府迫于欧盟委员会的压力采取了措施为止。

从1998年到2005年，德国的上市公司可以采用美国公认会计原则或者国际会计准则代替德国的国内规则来编制合并财务报表，而且在2000年到2005年之间，所有在权益市场融资的主体都可以这样做。如前所述，格劳姆和斯特里特（2003）检验了在德国新市场（*Neuer Markt*）上市的公司的2000年财务报表对国际会计准则的遵循程度。他们的报告得出的遵循比率都相当低，而且他们发现遵循程度最高的公司是被国际四大会计师事务所审计的公司，以及同时在美国交易所上市从而受到美国证券交易委员会监管的公司。这些结论和以前的研究结论相吻合（例如斯特里特和布莱恩特（2000）以及斯特里特和格雷（2001））（见9.4.1部分）。

这些缺陷在德国引发了一场争论，即美国的证券交易委员会模式和英国的财务报告复核小组哪个相对更有优势。2001年，德国法定审计师协会（*Institut der Wirtschaftsprüfer*，IdW）建议不采纳美国证券交易委员会模式，而采纳英国财务报告复核小组的模式建立一个实施机构。该协会认为采用美国证券交易委员会的模式不符合德国放松管制和增加民间机构参与的整体发展趋势（Evans *et al.*，2002）。然而，2004年最终实施的是美国模式和英国模式的折中方案。根据《财务报告控制法案》（*Bilanzkontrollgesetz*，BilKoG）和《会计法改革法案》（*Bilanzrechtsreformgesetz*，BilReG）成立了一个新的财务报告监管框架（Eierle and Haller，2004），其中包括建立了两个新的实施机构：一个民间机构和一个公共机构。这一立法的逻辑是，可以通过现有的监管框架而非特定行动来阻止不遵守法律的行为。民间机构于2005年成立，被称为财务报告执法委员会（*Deutsche Prüfstelle für Rechnungslegung*，DPR），归属于德国联邦金融服务监管局（*Bundesanstalt für Finanzdienstleistungsaufsicht*，BaFin）。联邦金融服务监管局是一个股票交易监管机构，其职能类似于英国的金融服务局。它是一个公共机构，负责监督财务报告执法委员会的活动，并有权复检公司的财务报表。拒绝修改其会计处理方法的公司将被处以50 000欧元的罚款，但是这一罚款额度还不足以起到威慑作用。如果审计公司的行为被质疑，则联邦金融服务监管局可以让德国法定审计师公会（*Wirtschaftsprüferkammer*）对之进行检查，后者负责对审计职业界进行监管。从2005年开始，所有法定审计师公会的决策都受到审计监督委员会（*Abschlussprueferaufsichtkommission*，APAK）的公共监管，而审计监督委员会是一个公共部门的机构。

9.5 澳大利亚

澳大利亚证券和投资委员会的职能之一就是监督上市公司会计准则的实施情况（Brown and Tarca，2007）。该委员会成立于1998年，其前身为澳大利亚联邦政府模仿美国证券交易委员会模式于1990年成立的澳大利亚证券委员会（Australian Securities Commission，ASC）。澳大利亚证券和投资委员会与澳大利亚证券交易所关系密切。

澳大利亚证券和投资委员会在行使监督和实施职能的时候，总是采取主动的方式，从各种信息渠道获得信息，其中包括其自身的监督计划。目前每4年对上市公司进行一次复核。此外，对于可能有风险的问题还会采取监管目标措施，例如2001年的监管目标是网络公司。

澳大利亚证券和投资委员会的行动促使更多的信息被公开。要求采纳的最一般措施是修改账户，并在随后的年报中披露。不同于英国的财务报告复核小组，澳大利亚证券和投资委员会有权起诉公司。与英国相对应的机构不同，虽然该组织也尽可能采用其他补救措施，但起诉事件已经发生过很多次。澳大利亚证券和投资委员会也被不同意其管制的公司起诉过。在和控制组样本对比后发现，在1998年到2004年之间卷入澳大利亚证券和投资委员会案件中的公司通常盈利能力较差，而且也较没有可能是由四大会计师事务所执行审计的（da Silva Rosa *et al.*，2005）。

布朗和塔卡的论文（2005b，2007）进一步比较了澳大利亚证券和投资委员会与英国财务报告复核小组的不同之处。2003年，澳大利亚证券和投资委员会建议成立一个澳大利亚财务报告小组，作为解决争端的机构（Pound，2003）。该小组从2006年开始运行，目的是完成证券和投资委员会无法完成的任务，它不执行监管职能，也不能采取法律行动。

2004年的《公司法与经济改革计划（Corporate Law Economic Reform Program Act）（审计改革和公司披露）法案》使用财务报告委员会及证券和投资委员会监管审计师制度代替了审计师的职业协会自律体系。财务报告委员会负责监管审计师的独立性，而证券和投资委员会则负责审计师的注册。该法案还引入了一系列措施来加强审计师的独立性，其中包括限制审计客户雇用审计师，禁止为审计客户提供某些非审计服务，审计负责人和复核合伙人必须每5年轮换一次。

小结

- 会计准则的实施包括法定审计、监督机构的监管以及有效的惩罚措施。
- 从概念上来看，制定规则不同于执行规则，但是在实务中这些职责有时是重合的。
- 准则的实施职能可以由证券交易所、股票交易的监管机构、政府部门、代理机构或者民间团体来承担。
- 各国的实施模式各不相同，这部分取决于当地的环境因素。
- 对审计师的监管可以加强审计师针对董事的独立地位。
- 每个国家实施机构的权力和运行程序各不相同。

● 执行最严格、资源最丰富的准则实施机构是美国的证券交易委员会，美国的审计师由公众公司会计监督委员会监管。

● 欧盟没有一个统一的实施或监督机构，许多成员国的实施和监管机制薄弱；各国监管者之间的合作通过欧盟实施合作会议以及欧盟审计师监管机构小组进行。

● 在英国，从1991年开始，一个民间机构——财务报告复核小组——成为会计准则的有效实施机构。最近该组织采取了更加主动的工作方法，并与股票交易监管机构——金融服务局建立了密切的合作关系。

● 在法国，准则实施机构是股票交易监管机构——金融市场管理局，它采取主动监督和事先禁止等工作方式。它委托国家法定审计师协会下属的全国财务活动审查委员会对审计质量进行复核。国家法定审计师协会负责审计师的注册，并接受审计师高级理事会的监管。

● 在德国，会计准则的执行分别由金融监管局和一个民间机构——财务报告执法委员会承担。德国法定审计师公会负责审计师的注册，并受审计监督委员会监管。

● 在澳大利亚，会计准则由澳大利亚证券和投资委员会实施，这是一个股票交易监管机构，它采取主动模式，并且对某些公司采取过法律措施。审计师由澳大利亚证券和投资委员会以及财务报告委员会共同监管。

参考文献

Baker, C. R., Mikol, A. and Quick, R. (2001) 'Regulation of the statutory auditor in the European Union: a comparative survey of the United Kingdom, France and Germany', *European Accounting Review*, Vol. 10, No. 4.

Benston, G. J. and Hartgraves, A. L. (2002) 'Enron: what happened and what we can learn from it', *Journal of Accounting and Public Policy*, Vol. 21, No. 2.

Brown, P. and Tarca, A. (2005a) 'A commentary on issues relating to the enforcement of international financial reporting standards in the EU', *European Accounting Review*, Vol. 14, No. 1.

Brown, P. and Tarca, A. (2005b) '2005. It's here, ready or not: A review of the Australian financial reporting framework', *Australian Accounting Review*, Vol. 15, No. 2.

Brown, P. and Tarca, A. (2007) 'Achieving high quality, comparable financial reporting: A comparison of independent enforcement bodies in Australia and the United Kingdom', *Abacus*, Vol. 43, No. 4.

Commission of the European Communities (2000) 'EU financial reporting strategy: the way forward', COM(2000)359 final.

Dao, T. H. P. (2005) 'Monitoring compliance with IFRS: some insights from the French regulatory system', *Accounting in Europe*, Vol. 2.

da Silva Rosa, R., Filippetto, J. and Tarca, A. (2005) 'ASIC actions: Canaries for poor corporate governance?', working paper, University of Western Australia. Available at www.ssrn.com.

Dearing, Sir R. (1988) (The Dearing Report) *The Making of Accounting Standards*, *Report of the Review Committee*, presented to the Consultative Committee of Accountancy Bodies, London.

Dewing, I. P. and Russell, P. O. (2002) 'The new Accountancy Foundation: A credible form of regulation for UK listed companies?' *International Journal of Auditing*, Vol. 6, No. 3.

Ding, Y., Stolowy, H. and Tenenhaus, M. (2003) '"Shopping around" for accounting practices: the financial statement presentation of French groups', *Abacus*, Vol. 39, No. 1.

Eierle, B. (2005) 'Differential reporting in Germany-a historical analysis', *Accounting, Business and Financial History*, Vol. 15, No. 3.

Eierle, B. and Haller, A. (2004) 'Financial reporting enforcement in Germany', *World Accounting Report*, March.

Evans, L., Eierle, B. and Haller, A. (2002) 'Financial reporting in Germany-the enforcer', *Accountancy*, January.

Fearnley, S., Hines, T., McBride, K. and Brandt, R. (2002) 'The impact of the Financial Reporting Review Panel on aspects of the independence of auditors and their attitudes to compliance in the UK', *British Accounting Review*, Vol. 34, No. 2.

Fédération des Experts Comptables Européens (FEE) (2001) 'Enforcement mechanisms in Europe: a preliminary investigation of oversight systems'. Available at www.fee.be/publications/Fédération des Experts Comptables Européens (FEE) (2003) 'European enforcement coordination'. Available at www.fee.be/publications/

Gebhardt, G. and Heilmann, A. (2004) 'Compliance with German and International Accounting Standards in Germany: Evidence from cash flow statements', in C. Leuz, D. Pfaff and A. Hopwood *The Economics and Politics of Accounting: International Perspectives on Research Trends, Policy and Practice*, Oxford University Pres, Oxford.

Glaum, M. and Street, D. L. (2003) 'Compliance with the disclosure requirements of Germany's new market: IAS versus US GAAP', *Journal of International Financial Management and Accounting*, Vol. 14, No. 1.

Gwilliam, D., Macve, R. and Meeks, G. (2005) 'The costs and benefits of increased accounting regulation: a case study of Lloyd's of London', *Accounting and Business Research*, Vol. 35, No. 2.

Haller, A., Ernsberger, J. and Kraus, C. (2006) 'Extraterritorial impacts of the Sarbanes-Oxley Act on external corporate governance-current evidence from a German perspective', *Corporate Ownership & Control*, Vol. 3, No. 3.

Hines, T., McBride, K., Fearnley, S. and Brandt, R. (2000) 'We're off to see the wizard: an evaluation of directors' and auditors' experiences with the Financial Reporting Review Panel', *Accounting, Auditing & Accountability Journal*, Vol. 14, No. 1.

Holgate, P. (2007) 'Whither US GAAP?', *Accountancy*, Vol. 140, No. 1367.

Hope, O.-K. (2003) 'Disclosure practices, enforcement of accounting standards, and analysts' forecast accuracy: An international study', *Journal of Accounting Research*, Vol. 41, No. 2.

Mikol, A. and Standish, P. (1998) 'Audit independence and nonaudit services: a comparative study in differing British and French perspectives', *European Accounting Review*, Vol. 7, No. 3.

Peasnell, K. V., Pope, P. F. and Young, S. E. (2001) 'The characteristics of firms subject to adverse rulings by the Financial Reporting Review Panel', *Accounting and Business Research*, Vol. 31, No. 4.

Pound, G. (2003) 'A case for consensus', *CA Charter*, June.

Schipper, K. (2005) 'The introduction of international accounting standards in Europe: Implications for international convergence', *European Accounting Review*, Vol. 14, No. 1.

Solomons, D. (1986) *Making Accounting Policy: The Quest for Credibility in Financial Reporting*, Oxford University Press, New York.

Stolowy, H. (2005) 'Nothing like the Enron affair could happen in France(!)', *European Accounting Review*, Vol. 14, No. 2.

Street, D. L. and Bryant, S. M. (2000) 'Disclosure level and compliance with IASs. A comparison of companies with and without US listings and filings', *International Journal of Accounting*, Vol. 35, No. 3.

Street, D. L., Gray, S. J. and Bryant, S. M. (1999) 'Acceptance and observance of international accounting standards: An empirical study of companies claiming to comply with IASs', *International Journal of Accounting*, Vol. 34, No. 1.

Street, D. L. and Gray, S. J. (2001) *Observance of International Accounting Standards: Factors Explaining Non-compliance*, Association of Chartered Certified Accountants, London.

Swinson, C. (1999) 'Regulating the profession. The DTI's proposals', *Accountancy*, January.

Zeff, S. A. (1995) 'A perspective on the US public/private-sector approach to the regulation of financial reporting', *Accounting Horizons*, Vol. 9, No. 1.

实用网址

www. apak-aaoc. de

www. frc. org. uk/aaidb

www. frc. org. uk/apb

www. asic. gov. au

www. autoriteit-fm. nl

www. amf-france. org

www. Bafin. de

www. cesr. eu

www. cncc. fr

www. berr. gov. uk

www. frep. info

http: //ec. europa. eu/

internal_market/

auditing/egaob
www. fee. be
www. frc. org. uk/pob
www. pcobus. org
www. sec. gov

课后问题

书末提供带星号问题的参考答案。

9.1* 在美国，规则的制定在多大程度上与规则的执行是分离的？造成现状的历史背景是什么？

9.2* 支持和反对实施机构采取主动监管措施的论点各是什么？

9.3 为什么欧盟没有一个统一的泛欧洲会计准则实施机构？是否应该建立一个这样的机构？

9.4 为什么美国和法国都将股票交易监管机构作为会计准则的实施机构，而英国却不这样？

9.5 有人认为在大多数国家，建立和维持一个会计准则实施机构的成本大于收益。请对这种观点进行讨论。

9.6 “实施机构只不过是重复审计师的工作。”请讨论这种观点。

9.7 为什么许多国家最近开始建立审计师监管机构？这是发展还是倒退？

第 10 章　对会计准则的政治游说

——美国、英国和国际经验

斯蒂芬 A. 泽夫

内容

目标

读完本章后您应当能够

- 定义政治游说。
- 解释公司和政府游说准则制定者的动机。
- 举例说明某个具体准则在一些国家受到的政治游说。
- 举例说明准则制定机构在组织结构方面受到的游说。
- 解释为什么某些准则制定机构更容易受到游说。

10.1 引言

许多准则制定者都宣称将为投资者（而不是为公司或者审计师）利益服务，以概念框架为基础制定准则（参考第8.4部分），例如美国的财务会计准则委员会、国际会计准则理事会和英国的会计准则理事会等。最近这些准则制定者还宣布将相互趋同它们的准则。但是目前在趋同的过程中出现了一大挑战，即各国报表编制者和政府受到自身利益的驱动，会对其准则制定者进行政治游说。这个挑战可能会使得准则制定机构改变立场，从而冒险减弱甚至放弃其准则中所遵循的基本原则。

“经济后果”一词指的就是“会计报告对公司、政府、工会、投资者和信贷机构决策制定造成的影响”（Zeff，1978）。与决策制定行为有利益关系的那些人将会对准则制定机构施加压力，阻止其批准包含不利条款的会计准则，这就是所谓的游说。游说的方式包括撰写信件或在听证会进行口头作证。“政治游说”（political lobbying）的范围要广泛得多，我们用这个词来描述游说者采取共同的行动反对一项建议。游说者会采取明示或暗示的威胁，会寻求干预方式以便推翻一项提议的准则，或者会危害准则制定者的声誉、独立性、权力甚至会威胁要解散准则制定机构。

政治游说带来的压力包括威胁取消对准则制定机构的资助或其他重要支持，或者通过公众媒体呼吁公众赞同他们的意见。最近几十年来，报表编制者施加压力的方式已经上升到了一个更加具有威胁性的层次，即获得政府管理当局或立法机构的支持。这种演化在美国最为典型，但是《国际会计准则第39号——金融工具》在欧洲也遇到了同样的状况。

在美国，对提议的会计准则进行政治游说已经是一种长期存在的现象（如Sutton，1984等）。然而，其他准则制定机构也已经面临这种游说。最近，国际会计准则理事会在以股份为基础的支付和金融工具的会计处理方面也遭遇了游说，而且在未来的养老金准则、保险准则以及业绩报告方面，似乎都可能会出现这样的游说。在谈到报表编制者对理事会有关这些问题的游说所作出的反应时，国际会计准则理事会主席警告说“街上会血流成河”（Tricks and Hargreaves，2004）。

在什么情况下准则制定机构会被政治游说？答案是主要在准则制定机构对未曾有过规范的主题提出规则时，或者在对现有规则所允许的可选择性处理方法进行大量删减时，以及在准则制定机构参与加强对准则的执行力度时。在某些国家，如果提议的准则会降低公司的盈余或者增加其盈余的波动性，发生政治游说的可能性就会增加。例如在德国，公司所得税和利润①密切相关，公司为抵制德国采纳第四号指令而进行游说，因为执行该指令将增加公司的盈余（Ordelheide，1993，第87页；Von Wysocki，1984，第58页）。

准则制定者的任务是根据概念框架，辨别哪些政治游说是正确的以及在多大程度上是正确的，从而需要改变准则的方式以适应其需要。下面要讲述的例子并非都是不正确的政治游说。

在引言之后，本章（10.2部分）将考察政治游说的动机。之后的第10.3部分将

① 特别需要指出的是，这里的利润指的是单个公司按照本国规则编制的财务报表中所列示的利润。

考察在1990年前对准则制定者进行的政治游说案例。选择这一年作为分界点的理由是，20世纪90年代准则制定者日益倡导使用公允价值会计，这在美国、英国和国际会计准则委员会都是一个有争议的话题。同时在1990年，英国会计准则理事会成立了，它取代了原来的会计准则委员会。我们选取哪些国家的案例取决于证据的可获得性。选择美国和英国是因为这两个国家上市公司数目最多，民间准则制定机构最发达，并且相关案例的文献资料最齐全。别的国家也有一些政治游说的案例，例如前面提到过的德国的例子，泽夫和约翰森（Zeff and Johansson，1984）报告过1977年在瑞典议会曾干涉准则制定；克兰德尔（Crandall，1983）和斯科特（Scott，2003，第270页）都谈到过1982年对加拿大石油行业补助的会计处理进行游说的失败案例。

10.4部分考察了20世纪90年代以后的政治游说，我们选择的例子全部来自美国。1990年以后，除美国以外很少有完整的对准则制定机构进行政治游说的案例资料。其中部分原因可能是英国的会计准则理事会比其前身更加独立（Swinson，2004）。相对而言，国际准则制定机构在20世纪90年代及随后的日子里变得越来越重要（参见第4章），因此更可能成为被游说的对象。10.5部分考察对国际会计准则委员会/国际会计准则理事会的政治游说。

游说的目标可能还包括改变准则制定机构的结构模式以及运行模式。10.6部分考察了美国财务会计准则委员会和国际会计准则理事会在这方面所受游说的实例。

新千年也是准则制定的一个新时代，由于国际会计准则理事会的崛起，这时世界上出现了两大超级力量：国际会计准则理事会和美国财务会计准则委员会。10.7部分将关注美国财务会计准则委员会在和国际会计准则理事会的趋同的过程中所受到的政治游说。10.8部分提供了本章总结。

10.2 政治游说的动机

为什么报表的编制者和政府要对会计准则制定机构进行政治游说？对在主要资本市场运作的那些上市公司而言，存在着几方面的动机促使其进行政治游说，这些动机大多数都和高级管理人员所面对的压力（包括公司的收入情况及盈利状况）相关。证券分析师需对公司经理"负责"，前者公布的盈余预测能提高公司向股东发布的季度报告、半年年报和年度报告中的业绩门槛。即使公司宣布的每股盈余比预测数据只低几美分，它的股票价格也可能会受到很大的负面影响。例如网上拍卖公司易趣（eBay）宣布2004年第四季度的盈余比2003年同期高44%，然而因为其2004年第四季度利润比华尔街的预期低了每股1美分，该公司的股价在盈余宣布日下跌了12%。[①] 为了避免本公司股票受到这种影响，公司高层管理人员希望保留尽可能多的灵活性来"管理"盈余。由于公司的报告收入也是一个重要的市场指标，因此管理者也希望能有同样的灵活性来"管理"收入。当准则制定者建议控制这种灵活性的时候，公司管理者（即报表编制者）就会竭力抵制。[②]

---

① "EBay Misses Forecast a Bit, and Shares Fall", *The New York Times*, 20 January, 2005, p. C1.

② 有大量的实证研究文献支持公司确实在进行盈余管理的观点。例如，参见Burgstahler和Dichev（1997）以及Nelson等人（2003），还可以参考美国证券交易委员会主席亚瑟·里维特（Arthur Levitt）的主题演讲《数字游戏》（The "Nubmers Games"）（1998年9月28日），来源：http://www.sec.gov/news/speech/speecharchive/1998/spch220.txt。另可参见Bruns和Merchant（1990）、Dechow和Skinner（2000）以及Duncan（2001）。

在公司寻找机会进行恶意收购或者本身成为恶意收购的目标时，也会出现同样的管理盈余的动机，因为收购所涉及各方都希望能令目标公司的股东相信自己的盈余水平较高。20 世纪 60 年代兼并活动非常频繁，而从 20 世纪 80 年代开始直到今天兼并活动也一直都很活跃。

当存在活跃的首席执行官市场时，他们自然希望能够向外界证明他们是成功的经理人。提高一个大公司的收入和盈余，或者保持公司盈余的平稳增长，对于提高他们的声誉是非常有帮助的。此外，高级管理层也具有规划公司的收入和盈余的动力，如果准则制定机构试图减少高级管理层管理这些盈余数字的灵活性就自然会遭到他们的反对。

另外一个动机和公司高管报酬有关。从 20 世纪 80 年代开始，越来越多的高级管理层获得了大量以公司盈余和股票期权为基础的奖金。人们普遍认为，稳定的盈余记录将会提高这些股票期权的价值。如果这些高级管理人员感觉到准则制定机构将会改变会计规则，从而危及他们的这些报酬金额，他们就会强烈地抵抗这种改变。

特大型公司受到管制或者受到来自政治家的压力（例如反垄断运动），为了避免其活动受到干涉，可能也会进行政治游说以便减少其会计盈余，这样就不会引起政府不必要的关注。①

当公司管理者对准则制定机构的意图提出反对意见时，特别是在向立法机构或政府执行机构抱怨以获得救助时，他们当然不会以自己的利益为由。而且在立法机构那里，他们也不会就会计问题进行争辩，因为立法机构及其职员既不懂也不关心会计准则问题。这些报表编制者往往把论述的问题提到公共政策的高度，例如，他们会宣称准则制定机构提出的意见可能会抑制创业活动，或者给现有公司获得成长与发展所需的足够资本带来障碍，因为这些资本是建立在有保障的收入和盈余的基础之上的。如果银行界感觉准则制定机构给其带来了威胁，它们会指出提议的会计准则可能会带来银行系统不够稳定的形象，因此可能会限制信用能力。某个准则的执行甚至可能会迫使监管机构关闭一些银行，因为其财务报表中的资本余额低于偿债能力底线。当从公共政策的角度表达意见时，报表编制者就可能更容易获得立法机构和政府其他部门的同情。

政府也会对建议的会计准则进行政治游说。如果某个建议的会计准则会使得公司报告的盈余较低或者使盈余波动变大，这些公司可能会停止资本投资从而放弃扩展计划。这种决策的后果可能会增加失业率，甚至可能会使工厂关闭，这是政府期望不计代价都要避免的事情，尤其是当国内经济刚从萧条中恢复的时候更是如此。

从上面的讨论很容易看出，会计不过是政治象棋游戏中的一个卒子。借用体育术语，“玩游戏的方式决定了游戏怎么玩”。计分制度影响着行为。在足球赛中，如果规定踢成平局时，在比赛时间内角球数较多的那方为胜方（这种方法曾经被提出过），那么各球队将改变自己的战术以使角球机会最大化。在篮球赛中，建立三分线的规则变化促使许多球员从线外投篮。会计决定了公司游戏的计分，当会计规则发生变化时，公司的经营者将有动机去改变他们的管理行为，从而恢复或增加公司的报告

---

① 支持这一主题的证据可以参考 Watts 和 Zimmerman（1978）。

收入或盈余记录。那些准备改变公司行为的人会发现改变会计规则比试图劝说公司所有的经理人改变他们的行为要容易得多。

10.3 1990年以前的政治游说

10.3.1 美国[①]

早在20世纪40年代，人们就开始呼吁考虑"经济后果"，甚至试图对会计准则制定机构施加政治压力。这种情况最早发生在美国，原因至少有两点：其一，美国是最早制定准则的国家之一，特别是它们当时试图减少会计实务的多样化；其二，美国有一个严格的证券市场监管机构——证券交易委员会。该组织自从1934年成立以来，一直采取强有力的措施确保上市公司不会偏离公认会计原则。[②] 和证券交易委员会争辩是没有用的，因为除了极特别的情况之外，它非常顽固地坚守对公认会计原则的遵循。不喜欢提议的会计准则的那些公司明白它们只能同准则制定机构作斗争。其他没有哪个国家的证券市场监管机构拥有能够确保国内会计规则得到如此严格遵循的权威和工作人员。因此，美国的会计准则制定机构总是受到困扰，因为报表编制者总是不断地提出各种要求。如果一个准则的修订将损害报表编制者的利益，就会遭到他们的反对。有时候因为经济环境发生改变，采纳新准则有利于公司报告出更好的业绩，报表编制者又会要求准则制定机构修订一个现存的准则。

1. 战后通货膨胀的影响（1947年—1949年）

呼吁考虑"经济后果"是从20世纪40年代开始的，那正是战后的通货膨胀时期。克莱斯勒、美国钢铁和杜邦等大量制造业公司，都希望用重置成本代替历史成本来记录会计目的的折旧费用，但是历史成本法是公认会计原则中允许的唯一方法。因为历史成本反映的是战前非常低的固定资产价格，按照历史成本计算折旧费用被认为高估了公司的盈余，而且往往高估的比例非常高。对于制造业公司而言，折旧费用是其总费用中最大的一部分。这些公司的观点是符合会计原则的，因为过去的美元成本与新的美元收入无法配比，然而美国证券交易委员会和准则制定机构坚持使用历史成本法，毫不动摇。

公司发现，高估盈余会促使积极的工会组织要求增加工资和额外福利（例如养老金），股东也会因此要求获得更多的股利。更糟糕的是，国内的新闻媒体会把大型公司描述成在本来已经很困难的通货膨胀经济中损害公众利益的奸商。准则制定机构是否应该努力减轻这些经济后果可能带来的影响呢？管理者的另外一个动机是希望促使议会批准按照重置成本法计算的折旧来计算联邦所得税，否则公司认为国家是在对资本征税。如果公司可以说服会计准则制定机构在财务报表中按照重置成本确认折旧，那么它们在促使所得税按同样方法改革方面就有希望获得成功。在这一事件中，无论是准则制定机构还是议会都没有接受公司的意见。

虽然并没有证据表明公司对准则制订者施加了政治压力，但是这是最早把会计方

① 希望全面理解20世纪30年代到21世纪美国公认会计原则的政治起源和其他解释的读者，可以参考泽夫（2005）的论文。可在《会计师期刊》（*The CPA Journal*）杂志的网络版中免费获得该论文。

② 对于证券交易委员会所发挥的作用，可以参考泽夫（2005）论文中的讨论。

法和其可能的经济后果联系在一起的事件（Zeff，1993）。

2. 投资税收抵免的三个阶段（1962 年—1971 年）

早期对会计准则制定进行政治游说的最著名的案例，可能发生于 1962 年和 1971 年间。这段期间可以划分为三个阶段。1962 年，由于经济环境不景气，为了刺激资本性投资，联邦政府采纳了“投资税收抵免”（investment tax credit）政策。简单地说，税收抵免就是如果公司购买了 1 000 000 美元的机器设备，就允许公司将购买价格的 10% 抵减本年度的所得税负债。但是如何在公司财务报表中呈报这 100 000 美元呢？随即迅速产生了两个流派——“应付税款法”（flow-through method）和“递延法”（deferral method）。倡导应付税款法的人认为应当将100 000美元的税收抵免立刻计入盈余，这种做法受到公司的支持，因为公司想方设法要提高报告的盈余额。然而，递延法的倡议者认为公司应该通过销售而非购买来创造利润。他们认为，100 000美元实际上应作为政府补贴处理，从购买价格中扣除。编制财务报告时，应当将净购买价格900 000美元作为资产的有效成本，在资产的寿命期内计提折旧。当时的会计准则制定机构是由 20 名成员组成的会计原则委员会，该委员会对于采用哪种方法的意见不统一。“八大”会计师事务所在最后投票时为 4 票对 4 票，而会计原则委员会最终以 14 票对 6 票的结果通过了递延法。在该方法下公司必须将税收抵免从资产买价中扣除。会计原则委员会勉强获得 2/3 多数票通过递延法，并拒绝了将允许立刻将税收抵免额计入盈余的方法作为可选用的方法。

公司公开反对会计原则委员会的这一决定，而且获得了约翰·肯尼迪政府的幕后支持。约翰·肯尼迪政府指出，将税收抵免额作为资产买价的减项将会减少公司的报告利润，进而减少公司进行资本性投资及扩大就业的愿望。为了宏观经济政策，政府督促证券交易委员会允许采用两种处理方法。大量的公司经理人员以及反对“八大”的其他会计师事务所也恳求证券交易委员会不要同意会计原则委员会的意见书。最终，很可能是受到来自政府的压力，证券交易委员会在 1963 年 1 月宣布允许公司采用应付税款法或递延法。证券交易委员会对之前决定的更改令会计原则委员会非常吃惊，因为证券交易委员会一直要求减少会计实务中存在差异的领域。在所得税抵免的案例中，会计原则委员会积极采取措施，费了很大周折才最终使得只有一种方法被许可，然而证券交易委员会却否决了这一决定，允许采用两种处理方法。

当时人们并不知道是政治游说促使证券交易委员会推出令人惊讶的监管措施，允许采用两种处理方法。会计原则委员会曾以为，证券交易委员会只是在哪种会计处理方式更优先方面与自己有不同的观点。最终证券交易委员会没有支持会计原则委员会的决定，令其非常尴尬。直到 1967 年（见下文）会计原则委员会才了解证券交易委员会否决其决定的真正原因。到 1964 年，整整 3/4 的大型公司都采用将所得税抵免立即计入盈余的做法。①

1967 年，如何对投资税收抵免进行恰当的会计处理问题有一次得到了关注。那一年会计原则委员会再次建议要求将投资税收抵免从资产的买价中扣除，这一次明显

① 关于此问题的全面讨论，请参考下列文献：莫尼兹（Moonitz，1966）、凯勒和泽夫（Keller 和 Zeff，1969，第 417 页至第 420 页）、郝维兹和克洛德尼（Horwitz 和 Kolodny，1982，第 95 页至第 97 页）以及塞利格曼（Seligman，2003，第 424 页至 425 页）。

得到了证券交易委员会的支持。但是，随后财政部（税收政策）助理部长公开宣布了他的观点，即“强制将投资抵免获得的利益进行递延，很可能会减弱其对更新和扩张公司的激励效力”。① 一旦了解财政部反对会计原则委员会提议的准则，证券交易委员会立即撤回了其支持意见。从此，会计原则委员会明白了以下事实，即操纵局面的是财政部而不是证券交易委员会，这不是会计技术问题，而是一个政治问题。

这个问题于1971年第三次受到关注，理查德·尼克松政府提出了“工作发展信用”政策，其实就是“投资税收抵免”政策的翻版，只不过更强调提高就业率。随后会计原则委员会再次提出一个征求意见稿，建议将税收抵免从资产买价中扣除，但是财政部坚决抵制这种做法。财政部在实施工作发展信用的建议案草稿中规定，支付所得税的公司在编制提交给证券交易委员会的财务报表时，可以使用它们愿意使用的任何一种会计处理方法来处理税收抵免。议会通过了该提案，随后很快由总统批准发展为法律。该法律至今仍然有效，但是1986年议会将工作发展信用减少为百分之零，因此目前没有了实际效果。②

和所得税抵免有关的这三次事件（特别是第一次和第三次），在财经媒体上得到了大量报道，这些新闻报告和社论可能提醒了公司管理者，从政治角度对会计准则制定机构进行游说可能获得的好处。③

3. 企业合并（1968年—1970年）

20世纪60年代末，会计原则委员会受到了来自美国企业界和政府的各方压力，这迫使其不得不发布了一个高度折中的企业合并准则。企业界强烈反对取消“权益集合法”，而这是会计原则委员会的初衷。政府认为取消该方法可能有利于减缓合并运动的势头，因为似乎当时企业合并已经失去了控制。财务经理协会（Financial Executives Institute）使得全国的媒体都充斥着对会计原则委员会的批评，其下属的公司财务报告委员会（Corporate Financial Reporting Committee）要求财务经理协会的成员：

> 和您的外部审计师联系，要求召开有高级合伙人参加的会议，讨论您对提议的（会计原则委员会）建议的看法，而且（公司财务报告委员会）强烈建议您想办法确定您的审计公司在这个问题上的意见。④

这种做法是明目张胆地对八大会计师事务所施加压力，因为八大会计师事务所都有一位合伙人在会计原则委员会任职。对八大会计师事务所而言，投票反对其主要的审计客户就意味着将来有失去该客户的风险。因为会计原则委员会无法获得2/3的多数票，最终的结果是原则被扔到了一边，且发布了一个有缺陷的第16号原则公告，在该公告中没有取消权益集合法的使用（Chatov，1975，第13章和第14章；Seligman，2003，第419页至第430页；Zeff，1972，第212页至第216页）

4. 石油勘探成本、有价证券和租赁（1971年）

① Stanley S. Surrey，letter to AICPA re exposure draft of APB Opinion on Accounting for Income Taxes，dated 7 November 1976，凯乐和泽夫的论文曾引用（1969，第449页）。

② 参见泽夫（1972，第178页至第180页、第201页至第202页、第219页至第221页），以及泽夫（1993）。

③ 例如参见“A matter of Principles Splits CPAs”，*Business Week*（26 Jaunary 1963），pp. 50ff。

④ 财务经理协会公司报告委员会主席，J. J. 汉根（Hangen）写给财务经理协会成员的信件，封面写着“开始行动”（ACTION），日期为1969年10月15日。

在会计原则委员会存续期间还发生了其他一些类似的政治游说事件。1971 年该委员会就石油勘探成本、有价证券以及承租人的长期不可撤销租赁等会计处理问题召开了公众听证会。石油行业通过其影响力暂时阻止了会计原则委员会继续讨论石油勘探成本的处理方法（见下文）（Savoie，1974，第 326 页）。财产伤害保险行业反对将来自所持有价证券投资组合的不稳定的未实现持有利得和损失包括在当期利润表中，结果会计原则委员会甚至连征求意见稿都没能发布。① 将自愿签订长期不可撤销租赁资产合同（例如飞机、加油站等，承租方可以不必在资产负债表上披露租赁资产和负债）的几方联合起来，租赁行业获得了丰厚的利润。所以租赁行业极力反对会计原则委员会对这个问题进行正式的研究。资本化租赁资产和负债会对承租人的投资回报率以及负债权益比率产生负面影响，从而降低租赁合约的吸引力。为了与会计原则委员会作斗争，租赁行业发起一场邮件运动，全国各地 50 多个投票人在同一天用同样的格式写信给议会的主要成员，目的是让这些议员憎恶会计原则委员会。这些信件指出会计原则委员会有如下企图：

（1）提高直到 20 世纪 70 年代末提供给公众的电力成本，大约每年提高 5.5 亿美元。

（2）提高工业和公众的货运成本。

（3）减少有轨电车和机车的存货。

（4）提高民用飞机飞行成本。

（5）损害航空业。

（6）提高为公众提供的所有货物和服务的成本。

（7）阻止许多小型公司和成长型公司获得现代化低成本机器设备。

（8）对本国当前的国际贸易逆差有负面影响。②

信中陈述的某些问题使得所有议会成员都开始憎恶会计原则委员会。当时会计原则委员会才刚召开听证会，还没有起草任何的征求意见稿，更不要提发布这些意见稿了。但是，这些信件以及议会成员的憎恶，再加上来运输部长的反对，最终迫使会计原则委员会放弃考虑在承租人的资产负债表上资本化租赁资产和负债这一做法。政治又一次胜利了。

5. 分部报告（1966 年—1967 年）

当 20 世纪 60 年代末期分部报告开始受到关注时，政治力量也同样介入过。20 世纪 60 年代，大量合并产生了公司集团、分散化经营的公司和跨国公司。合并使得这些公司的经营范围横跨多个产品类别和地理区域。这些公司反对强制披露其在全世界的主要分部的信息，其中包括收入和盈利信息。其中一个主要目的是避免向竞争对手透露其盈利能力最强的产品线或经营区域。会计原则委员会试图发布编制分部报告的强制性准则，但由于公司集团的强烈反对而未能实现。结果会计原则委员会只是发布了一个非约束性的声明。③

---

① 详细内容可参考霍恩格伦（Horngren，1973）。由于将未实现持有利得和损失计入当期损益会引起盈利波动，因此这种做法受到财产伤害保险行业的反对。此外，还可以参考萨瓦（Savoie，1974，第 326 页）。

② 参考泽夫（1985），第 24 页脚注 3，以及萨瓦（1974，第 326 页）。

③ 参见泽夫（1972，第 202 页至第 204 页）。关于这次事件中证券交易委员会的讨论，可参见塞利格曼（2003，第 430 页至第 438 页）。

6. 不良负债重组（1973 年—1977 年）

财务会计准则委员会自从 1973 年成立以来，也受到了政治游说的困扰。1973 年至 1974 年，纽约市由于无法向全国范围的银行偿还其长期负债而濒临破产。银行协会的领导者通过延长债务到期日和减少利息重组了纽约市的债务。财务会计准则委员会开始考虑银行如何在其财务报表上反映这些经济损失。为此财务会计准则委员会召开了听证会，试图要求银行按照市场价值反映应收贷款，这将意味着银行要在其财务报表上记录重大损失。在听证会刚开始，花旗银行（Citicorp）总裁，全国银行家领军人物沃尔特 · B. 里斯顿（Walter B. Wriston）发表了一个声明，该声明令财务会计准则委员会的成员十分震惊。他的声明如下：

如果出于不良负债重组的结果，持有纽约市负债的银行被要求确认债务注销，比方说本金的 25%，那么这种负债重组就不会进行。某些与其合作非常必要的银行无法承担这种损失。这不是从经济角度得出的结论，而是从银行财务报表的读者理解盈利降低的方式而得出的结论。当时一些纽约银行已经面临着巨大的盈利压力，伴随着相应资本减少的巨大额外费用支付与预期是完全无法接受的。

（泽夫，1985，第 25 页脚注 4）

财务会计准则委员会是否应该冒着使城市或公司的未来债务重组受到损害的风险，坚持要求银行在资产负债表上立即注销应收款项呢？最后，财务会计准则委员会“收回了拳头”，没有要求立刻注销应收款项。对于该委员会来说，“经济后果”显然是压倒一切的。1977 年，委员会终于发表了第 15 号公告（两票反对），该公告被认为是所发布的公告中最糟糕的一个，原因就是存在政治干预（Zeff，1993）。

7. 石油开采成本（1975 年—1981 年）

20 世纪 70 年代后期的一个主要政治事件可以说明石油开采成本的会计处理，如前所述，该行业已经于 1971 年成功组织了对该问题的讨论。这个问题产生的背景是 1973 年阿拉伯石油禁运（Arab Oil Embargo），美国政府需要建立一个数据库来制定全国能源政策。1975 年的《能源政策和能源保护法》（Energy Policy and Conservation Act）要求证券交易委员会为石油和天然气开采制定一个统一的会计标准。在此之前，大多数大型的石油天然气公司将未发现储量的勘探成本费用化（即成功法（successful effort）），而大多数中小型公司则将所有勘探成本资本化（即完全成本法（full costing））。证券交易委员会的任务是制定一种所有公司必须使用的方法。因为证券交易委员会只能依赖财务会计准则委员会制定准则，根据 1975 年法案的授权，证券交易委员会便委托财务会计准则委员会制定该准则。财务会计准则委员会立刻开始认真工作。财务会计准则委员会的征求意见稿于 1977 年公布，建议将成功法作为唯一的处理方法。这一立场激怒了中小型公司，它们开始游说议会通过法案，阻止财务会计准则委员会或证券交易委员会取消对完全成本法的许可。之后议会起草了一份议案，但在议会和证券交易委员会谈判之后，该议案没有获得通过（Gorton，1991，第 32 页）。这一插曲令财务会计准则委员会和证券交易委员会意识到，石油天然气行业影响财务报告准则制定的能力有多大。尽管如此，财务会计准则委员会还是发布了《财务会计准则公告第 19 号》（4 票支持，3 票反对），取消了对完全成本法的许可。

随后，证券交易委员会在华盛顿和休斯敦举行了听证会，收到了数千页的反面证词。反对《财务会计准则公告第 19 号》的公司展开了一场疯狂的运动，阻止证券交易委员会执行该准则，它们号召那些来自产油州的议员给证券交易委员会写信反对执行准则。中小型公司害怕采用成功法以后，它们的盈余每年会大幅度波动，进而导致银行和其他的资本提供者停止为其提供所需资金。司法部（Department of Justice）和联邦贸易委员会（Federal Trade Commission）也支持这些公司，它们宣称要求采用成功法将会阻碍这些公司获得资金，并且担心最终会导致中小型公司将不得不被大型公司所兼并，这会减少行业的竞争者数量。这将进一步增加行业的集中程度，与政府的反垄断政策相悖。因此它们认为应该保留对完全成本法的许可。新成立的能源部（Department of Energy）也提出了对《财务会计准则公告第 19 号》的反对，其原因和会计毫无关系：

能源部认为，如果强制要求小公司采用成功法，这些公司将会故意从事风险较小的开采活动，以消除年度盈余的波动，而能源部的政策是鼓励在未被发现石油和天然气的地方进行勘探，因此前述结果与能源部的政策相悖。

（Zeff，1993，第 138 页）

在这种高压环境下，证券交易委员会决定既不采用成功法也不采用完全成本法（这两种方法都建立在历史成本基础上），而采用建立在现值基础上的储备确认会计，要求公司在资产负债表上报告已探明的石油和天然气储量。但是随后，主要的石油天然气公司对储备确认会计的使用提出了强烈地控诉，因为在这种方法下，未实现持有利得和损失必须被纳入当期盈余。当时恰逢石油输出国组织（OPEC）正在不断提高原油价格，这种处理方法会使得这些石油天然气公司因其膨胀的盈余而受到媒体和公众的强烈批评。向消费者提供的汽油供应量受到严格限制，其价格当然也会飙升到空前的高度。消费者愤怒了。这些主要的石油天然气公司认为，现时它们会不需要报告每个季度的盈余。最终，在强烈的批评和游说的压力下，证券交易委员会授意财务会计准则委员会制定了准则，要求在附注中披露石油天然气储量的现值，该行业的所有公司再次被授权可以选择采用成功法或完全成本法（Van Riper，1994，第 4 章；Horwitz 和 Kolodny，1982，第 102 页至第 107 页；Miller 等人，1998，第 125 页至第 127 页；Zeff，1993，第 137 页至 140 页）。政治再次成为胜利者。

8. 其他离职后福利（1987 年—1990 年）

报表编制者们认为，如果财务会计准则委员会要求公司在资产负债表上列示所有现任和退休员工迄今未确认的健康福利成本，将会带来灾难性的后果。尽管如此，财务会计准则委员会仍然成功地在 1990 年 12 月发布了《财务会计准则公告第 106 号》，并在其中提出了这样的要求。[①] 有趣的是，这一次报表编制者没能废除所提议的准则。以前公司的健康保险成本在支付时记录为费用，而不是在雇员有效服务期间内计提。雇员和工会担心某些公司的资产负债表上将出现越来越多规模庞大的负债，这会导致公司撤消某些雇员的健康福利，或者重新谈判并签订集体协议。在《财务会计准则公告第 106 号》公布的两年前，曾有报道认为这样的准则会带来这一后果，即

① 《财务会计准则公告第 106 号》是财务会计准则委员会的主要养老金项目的组成部分，它也催生了《财务会计准则公告第 87 号——雇员养老金会计》。

“数据表明，公司的福利成本（在利润表中）可能会提高 3 到 6 倍，这一爆炸性增长可能会导致某些公司出现亏损”（Loomis，1988，第 108 页）。[①]《财务会计准则公告第 106 号》允许公司或者将所有非供款责任归类为“会计变更的累积影响”在采纳该准则的当期一次性注销，或者作为一项普通费用在 20 年内进行摊销。大多数采纳准则的公司选择了第一种方法，也许它们认为市场不会注意所披露的一次性非现金费用的“累积影响”。较成熟行业中的公司的资产负债表因此而受到了严重的打击。通用汽车 1991 年末的所有者权益为 270 亿美元，1992 年报告的福利费用为 208 亿美元。克莱斯勒的税后费用超过了其资产负债表上的留存收益。但财务会计准则委员会还是受到了表扬，因为它迫使公司记录了它们必须支付给员工的累积健康福利成本，从而第一次要求这些公司计算和分析用于奖励员工的福利成本。《财务会计准则公告第 106 号》提出了那句名言，即“管理你能度量的东西”（Miller *et al.*，1998，第 136 页至第 137 页；Wyatt，1990，第 108 页至第 110 页；Loomis，1988，第 106 页和第 108 页）。[②]

10.3.2 英国

从 1970 年开始，随着英国和爱尔兰第一个准则制定委员会——会计准则筹划指导委员会（Accounting Standards Steering Committee，ASSC）的成立，英国公司开始认真关注会计标准的问题。其实除了审计师之外，没有人会连续地监督公司的财务报表，并确定其是否按照公司法的要求提供了“真实公允的观点”。（第 14 章）

1. 通货膨胀会计（1971 年—1975 年）

在会计准则筹划指导委员会试图建立通货膨胀会计准则的时候，出现了一次典型的政治游说。当时通货膨胀问题日益引发各方关注，1971 年 8 月会计准则筹划指导委员会发布了讨论稿《通货膨胀和会计》，提出使用“现行购买力”会计观点。这意味着公司必须提供一份作为年报补充报表的按照消费物价指数变化进行调整的财务报表。随后，在 1973 年 1 月，会计准则筹划指导委员会发布了第 8 号征求意见稿，提议将这种现行购买力补充报表作为强制要求，该征求意见稿的征求意见期间为 6 个月。尽管总体上会计师事务所都赞成使用现行购买力方法，但绝大多数报表编制者所提供的意见都反对这种方法（Tweedie 和 Whittington，1984，第 64 页至第 73 页）。

1973 年 7 月，在征求意见期截止前 6 天，英国议会宣布将成立一个独立的委员会调查公司对通货膨胀所进行的会计调整，理由是“这个问题影响到了国家利益”（Tweedie 和 Whittington，1984，第 74 页）。政府的这一举动“使会计职业界颇为吃惊”（Tweedie 和 Whittington，1984，第 74 页）。它使得会计准则筹划指导委员会无法将征求意见稿转变为强制性的准则。然而 1974 年 5 月，会计准则筹划指导委员会 6 个会计团体的理事会批准了《暂定标准会计实务公告（Provisional Statement of Standard Accounting Practice，PSSAP）第 7 号》，其中包含了第 8 号征求意见稿中推荐使用的方法。该准则是临时性的，这意味着对公司或审计师都没有强制约束力，但却鼓励他们在考虑通货膨胀影响时采用现行购买力方法。政府的调查委员会于 1974 年

---

① 也可参考 Dankner 等人（1989）。
② 要了解关于“管理你能度量的东西”的案例，请参见洛温斯坦（Lowenstein，1996）。

1 月任命。会计准则筹划指导委员会和各会计团体认为发布一个暂行的、非强制性的准则是恰当的。

有证据显示，“很多反对使用现行购买力会计的公司对政府进行了游说”（Tweedie 和 Whittington，1984，第 76 页；Rutherford，2007，第 4 章）。此外，政府担心现行购买力会计会使通货膨胀延续下去，同时担心现行购买力会计可能会被提倡作为公司税收的基础（Tweedie 和 Whittington，1984，第 76 页至第 77 页）。因此，政府认为会计准则筹划指导委员会的做法给其他一些重要的领域带来了问题。

最后，政府的调查委员会（也称为桑迪兰斯委员会（Sandilands Committee））在 1975 年 9 月发布了一个报告①，支持现行成本会计（主要基于重置成本），反对现行购买力会计。因此《暂定标准会计实务公告第 7 号》在实务中不再使用。

2. 递延所得税（1975 年—1978 年）

1976 年当英国会计准则筹划指导委员会（由会计职业团体的管理委员会（governing Councils）资助）批准发布《标准会计实务公告第 11 号——递延所得税会计》后，政治再次强行闯入了会计领域。该准则要求公司记录所有由应纳税所得额和会计盈余的时间性差异带来的负债。但是 20 世纪 70 年代通货膨胀相当严重，为此议会通过了两个纳税法案，对公司应纳所得税额作出了让步：对公司的许多固定资产在第一年给予 100% 的资本（如折旧）折让，以及对商业存货采取存货升值税额减免（一种变通的后进先出法）。通货膨胀时期的这种慷慨税收让步政策，会导致公司应纳税所得额和会计盈余产生巨大差异，为此公司必须确认金额巨大的递延所得税负债（见第 16 章）。由于大量负债将使公司资产负债表所显示的公司财务状况恶化，因此新准则受到实务界的强烈反对。

同时工党政府的一个部长正在倡导国有化改革。实务界认为这些所得税负债将会不断增长，永远不会减少，因此某些公司担忧政府最终将兼并公司，到时政府可能会将这些表面上的所得税负债当作公司的不利财务状况，从而压低兼并价格。从政府角度来看，政府官员也不喜欢这个准则，因为该准则会迫使公司记录金额远大于实际将发生的所得税负债额，因此使得政府给予公司的税收让步的效果大打折扣。上述所有这些都和会计问题无关，而只是反映了各方的利益需求。最后准则制定者迫于政治压力撤销了该准则，允许公司记录低水平的递延所得税负债，并在可预见的未来进行转回（Zeff，2002，第 46 页至第 48 页；Hope 和 Briggs，1982；Arnold 和 Webb，1989，第 29 页至第 30 页；Zeff，1988，第 21 页至第 22 页）。

3. 研究和开发（1977 年）

在 1977 年发布《标准会计实务公告第 13 号》时，准则制定机构也曾因为一个特别的请求而面临压力。航天行业通过下述方法劝阻了准则制定者在《标准会计实务公告第 13 号》中使用当期处理开发费用的方法。

应当允许递延确认开发费用，因为在和政府签订的合同中，允许的利润率是以耗用资本为基础进行计算的，而耗用资本包括资产负债表上列示的开发费用。因此，当期确认开发费用将减少计算出的利润。换句话说，航天行业对会计准则可能产生的经

① 《通货膨胀会计》（*Inflation Accounting*），膨胀会计委员会（Inflation Accounting Committee）的报告，Cmnd 6225，Her Majesty's Stationery Office，London，1975。

济后果感到担忧。①

结果，最终发布的准则并没有要求对开发费用作为当期费用处理。

4. 商誉（1987 年—1990 年）

在会计准则委员会（ASC）② 存续的最后三年，该组织曾努力试图对商誉处理的会计问题作出一些规范。1984 年发布的第 22 号标准会计实务公告对商誉处理几乎没有什么约束，大多数公司都选择直接将商誉冲减所有者权益。

会计准则委员会于 1990 年 2 月（在移交权力给会计准则理事会之前的几个月）发布了第 47 号征求意见稿，建议采用单一方法处理商誉，即在不超过 20 年的期间内摊销为费用。这一建议遭到了强烈的政治游说。实务界强烈反对摊销要求。反对性质的评论意见来自包括英国工业联合会（Confederation of British Industry）以及财务总监 100 集团（100 Group of Finance Directors）。会计准则委员会与第 47 号征求意见稿的工作小组的一位成员指出，当时会计准则委员会成员和工作小组受到了来自同行和客户的政治压力。③ 六大会计师事务所无一例外地表示了反对意见，其中一个原因是为了避免与当前以及潜在客户形成敌对。在众多的反对声中，会计准则委员会别无选择，只能将这个没有完成的商誉项目移交给了后继者。

10.4 1990 年以后美国的政治游说

10.4.1 有价证券（1990 年—1993 年）

美国证券交易委员会向来反对以市场价值计量公司资产的账面价值——1990 年以前唯一的例外是 1978 年针对石油行业提出的储备确认会计。然而在 20 世纪 90 年代初，证券交易委员会主席提出有价证券应当采用市值计价（marked to market）。财务会计准则委员会灵活应对该建议，并开始着手起草按照市价来计量权益性证券的会计准则，将未实现持有利得和损失计入当期损益。通常银行会持有大量由有价证券组成的投资组合，在其监管机构的挑唆下，银行业立刻掀起了反对建立类似准则的活动。实务界担心这样的准则会使得银行利润的波动性变得无法控制，在许多人看来，银行利润的剧烈波动意味着银行系统的不稳定。财政大臣写给财务会计准则委员会的信即为政治介入：

> 这个建议可能会对信用制度的有效性和金融制度的稳定性产生严重的、无法预料的影响，我强烈督促财务会计准则委员会不要在这个时候采纳这样的准则……（市值会计）甚至会导致更加频繁和严重的信贷危机，因为资产价格的暂时性下跌会导致银行资本立即减少，并且会不可避免导致银行借贷能力出现的降低。④

在银行业这样的攻击之下，财务会计准则委员会感到有必要寻找一种折中方案。权益证券可以被分为“交易性”的和“可供出售”的。两者都采用市价法，但只有

---

① 泰勒和特利（Taylor 和 Turley，1986，第 84 页）。霍普和格雷（Hope and Gray，1982）对此进行了更加详细的介绍。

② 1976 年，“会计准则筹划委员会”的名称去掉了“筹划”二字，改为“会计准则委员会”。

③ 诺比斯（1992，第 154 页脚注 9）。也可参考在拉瑟福德（Rutherford）对诺比斯的采访（2007，第 269 页）。

④ 尼古拉斯·F. 布拉迪（Nicholas F. Brady）写给财务会计准则委员会主席丹尼斯·R. 贝里斯福德（Dennis R. Beresford）的信，时间为 1992 年 3 月 24 日。

交易性证券的未实现持有利得和损失才计入当期损益，因为这些证券将在不久的将来出售。可供出售证券占据的份额通常大于交易性证券，前者所累积的利得和损失会计入所有者权益部分，在证券实际出售之前不会影响到利润。1993 年发布的第 115 号财务会计公告暗含了上述的这种折中方案，因此权益证券中大量的未实现利得和损失都没有计入当期损益。持有至到期的债务性证券则和以前一样，按照摊余历史成本记录（Kirk，1991；Wyatt，1991；Scott，2003，第 460 页至第 464 页）。第 16 章进一步讨论了这个问题。

10.4.2 雇员股票期权（1992 年—1995 年）

近来最著名的政治争议与雇员股票期权相关。因为这个问题可能会使得高级管理层的报酬计划面临危机，所以引发了空前的不满情绪。1993 年，财务会计准则委员会发布了一个征求意见稿，倡议采用基于期权定价模型对公允价值进行的估计，将雇员股票期权在当期利润表中强制费用化。以前公司在授予股票期权时根本不记录任何费用，为了避税，行权价格被设置为等于授予日的市场价格，所以这些期权没有“内在价值”。高级管理层，特别是高科技公司的高管层对财务会计准则委员会的这一建议极为愤怒。高科技公司（特别是小公司）会向其所有员工，而不仅仅是高级管理层授予股票期权。公司感到这种处理方法会使得它们的盈余受到重创。如果授予股票期权会使得公司盈余发生大幅下跌，公司股东可能就不愿意再慷慨地向雇员授予股票期权了。

当高科技公司发现财务会计准则委员会对它们的批评和反对置之不理时，它们立即求助于在议会的代表。结果议会通过的法案命令证券交易委员会不要执行财务会计准则委员会要求将股票期权费用化的准则。但同时，议会中的其他一些成员支持财务会计准则委员会的立场，提出了要求证券交易委员会执行该准则的议案。1994 年 3 月，财务会计准则委员会在硅谷举行公众听证会，结果导致了要求“阻止财务会计准则委员会”的抗议集会，充满激情的演讲者和游行乐队上演了一场狂怒的反对示威。当地媒体立刻广泛报道了这次集会。六周之后，财务会计准则委员会所制定准则的反对者召集了美国参议员，通过了一项决定性解决方案，88 票对 9 票通过督促财务会计准则委员会不要采纳该准则，因为它将“带来严重的经济后果，尤其是对那些特别依赖雇员创造能力的新兴行业……（而且）将会缩小而不是扩大雇员股票期权计划的范围”。①

美国著名的投资家和公司董事会成员沃伦·巴菲特（Warren Buffett）曾经为财务会计准则委员会这样辩护：

> 如果期权不是报酬的一种形式，那么它们是什么？如果报酬不是一种费用，那么它是什么？进一步说，如果费用不纳入利润的计算，那么应该在哪里计算？②

立场是明确了，但风险极高。1994 年 10 月，支持解决方案的一位议员游说议会提出了另外一个法案，如果该法案得到通过，将要求任何一项财务会计准则委员会的准则在实施之前都得到证券交易委员会成员的多数票表决通过。这样的法案将威胁到

---

① *Congressional Record-Senate*, 3 May 1994, p. S 5032.
② *Congressional Record-Senate*, 3 May 1994, p. S 5040.

财务会计准则委员会的未来生存。很快，证券交易委员会主席私下劝告财务会计准则委员会要考虑国会的激烈反应，不要继续坚持其立场。之前公开声称支持财务会计准则委员会征求意见稿的这位主席在信中写道：

我警告（财务会计准则委员会），如果采纳新准则，证券交易委员会不会执行……追溯来看，是我错了。我知道如果不是我促使财务会计准则委员会投降，它是不会缴枪放弃的。我从财务会计准则委员会的利益出发，这是错误的观念，对于它被围攻时勇敢的战斗我没有能够给予支持，这可能会使得未来会计准则制定受到更多的强势公司和议会的干预。

（Levitt 和 Dwyer，2002，第 110 页）

结果财务会计准则委员会以 5 比 2 的票数通过了《财务会计准则公告第 123 号》，该准则鼓励在利润表中使用公允价值将股票期权费用化，但很少有公司采用这种方法。另外一种可选择的方法是在附注中披露股票期权费用可能对利润产生的影响。①

这是一个痛苦的事件，财务会计准则委员会并不打算重蹈覆辙。然而正如我们将在 10.7 部分看到的那样，2002 年到 2004 年这个过程又重新上演了一遍，当时财务会计准则委员会试图实现与《国际财务报告准则第 2 号——以股份为基础的支付》趋同的承诺。

10.4.3 企业合并和商誉（1996 年—2001 年）

多年来证券交易委员会的会计职员一直期望财务会计准则委员会能够解决企业合并中的“权益集合法”和“购买法”会计（见第 8 章和第 17 章）问题。他们抱怨说，他们 40% 的工作时间都花在了处理与企业合并有关的问题上。1996 年，这个问题终于纳入财务会计准则委员会的议程。经过漫长的寻证后，委员会终于在 1999 年提出了征求意见稿，建议取消作为一种可选择方法的权益集合法，并且要求将商誉和其他无形资产的摊销年限从 40 年减少为 20 年，这种做法与《国际会计准则第 22 号》（1993 年修订）趋同。这种做法导致参议院和众议院分别于 2000 年 3 月份和 5 月份在国会举行了两次听证。财务会计准则委员会的一位前任主席在一次针对财务会计准则委员会提议准则的议会听证会上指出：②

财务会计准则委员会往往坐在被告席上，因为听证会通常是由反对财务会计准则委员会立场的公司、行业组织或其他人所召集的，它们宣称如果财务会计准则委员会最终采纳了提议的准则，将会带来严重的经济危害。尽管有时也会邀请同情财务会计准则委员会的代表发言，但听证会往往充斥着反对者的声音。

关于企业合并和商誉的两次听证也不例外，但是财务会计准则委员会坚持其立场不动摇。2000 年 6 月，在财务会计准则委员会将征求意见稿转换成最终准则之前，来自银行、住房和城市事务委员会（Committee on Banking, Housing, and Urban Affairs）的主席，也是一位高级参议员，举行了一次“商誉会计的圆桌讨论会”。在

---

① 对该事件的全面描述可参考泽夫（1997）、莫斯（Mozes，1998）、米勒等人（1998，第 137 页至第 142 页），以及雷夫森等人（Revsine *et al.*，2005，第 876 页至第 881 页）。

② 贝雷福德（Bereford，2001，第 74 页）。这是从 1996 年到 2000 年来关于企业合并和商誉争论的最佳作品。也可参考泽夫（2002，第 50 页至第 51 页）。

会议上，他对财务会计准则委员会主席讲出了下面的话：

如果只观察购买时点的财务状况，我同意购买法比权益集合法更好。然而随后问题就出现了，购买法要求在未来期间通过摊销来减少商誉，但只要是成功的并购，我们都期待未来商誉价值会上升而不是下降。

这个问题就演变成，采用购买法可以得到更接近现实的数据，这是该方法的好处，但是这种好处是否会被武断地减记商誉所大量抵消呢？是否存在一个大致的方法，可以让我们定期评价商誉的价值，确定商誉价值是没有改变，还是降低了或升高了呢？①

2000 年 3 月，这位主席在由其所在委员会主办的听证会上表达了类似的观点。②

财务会计准则委员会主席离开圆桌会议回到办公室后，该委员会决定重新考虑对商誉的建议处理方法。到了 12 月，委员会得出结论认为，从原则上来看，委员会支持对商誉进行定期减值测试。③ 因此该委员会决定发布一个修订的征求意见稿，不再要求对商誉在不超过 20 年的期间内摊销，而是要求定期对商誉进行减值测试。最终发布的《财务会计准则公告第 142 号》包括了对商誉进行定期减值测试的要求。

10.5 对国际会计准则委员会/国际会计准则理事会的政治游说

10.5.1 后进先出法的取消（1992 年）

即使在国际会计准则委员会的会计准则被许多国家采纳之前，由特殊利益所导致的游说就已经开始折磨国际会计准则理事会。这发生在 1992 年，国际会计准则委员会试图执行其发表于 1990 年的《意图声明》（*Statement of Intent*）中的一个条款，取消作为可选择处理方法的后进先出法。④ 因为德国、意大利、日本和韩国出于所得税目的而使用后进先出法，且在这四个国家中纳税申报和财务报告是紧密联系的，所以来自这四个国家的代表反对取消后进先出法。这些国家的代表显然受到了各自国内观点的影响，即不可以作出任何改变后进先出法带来的税收利益的行为。由于这四个国家的代表的阻挠，取消后进先出法的行动失败。这一行动的失败是未曾预料到的，这使得国际会计准则委员会异常尴尬。有趣的是，虽然美国公司普遍使用后进先出法（见第 8 章），美国代表却投票支持取消该方法，原因是他们认为这不是一种恰当的会计方法。

2003 年国际会计准则理事会修订了《国际会计准则第 2 号》，作为改进项目的一部分，终于取消了后进先出法的使用。

---

① "Gramm's Statement at Roundtable Discussion of Accounting for Goodwill", News from the Senate Banking Committee (14 June 2000).

② "Prepared Statement of Chairman Phil Gramm", *Pooling Accounting*, Hearing before the Committee on Banking, Housing, and Urban Affairs, United States Senate, 106th Congress, 2nd Session (2 March 2000), p. 47.

③ 参见 "Business Combination-FASB Reaches Tentative Decisions on Accounting for Goodwill", *FASB Status Report*, No. 331 (29 December 2000), p. 1 和 "A Landmark Proposal from FASB", *The Accountant* (December 2000), p. 3。委员会可能已经注意到英国会计准则理事会在 1997 年 12 月发布的《财务报告准则第 10 号》中要求商誉和其他有摊销年限的无形资产在不超过 20 年的期限内摊销，或者不进行摊销但要进行年度减值测试。

④ Comparability of Financial Statements, Statement of Internt, International Accounting Standards Committee, July 1990, p. 19.

10.5.2 以股份为基础的支付（2001 年）

2001 年国际会计准则理事会开始工作，其议程上的主题之一就是以股份为基础的支付，其中包括雇员股票期权问题。在发布征求意见稿之前，理事会事先发布了 G4 + 1[①] 对该主题的研究报告。[②] 该报告建议在雇员服务的每个报告期间，以期权在每个后续报告期末公允价值为基础，将股票期权作为当期费用处理。这一先期发布稿引发了来自 15 个欧盟主要国家的信件控诉运动。在这些信件中，公司抱怨说该建议中所包含的准则将使它们在与美国公司（运用美国公认会计原则）的竞争中处于劣势，因为美国公司不必确认这项费用，如果它们必须确认这项费用的话，它们的利润将会降低。下面是提交这些信的公司：

诺基亚公司（Nokia，芬兰）
爱立信公司（Ericsson，瑞典）
拜尔公司（Bayer，德国）
戴姆勒克莱斯勒公司（DaimlerChrysler，德国）
奥西集团（Océ，荷兰）
飞利浦公司（Philips，荷兰）
荷兰国际集团（ING，荷兰）
杰斐逊·斯墨菲特集团（Jefferson Smurfit，爱尔兰）
瑞士银行（UBS，瑞士）
雀巢公司（Nestlé，瑞士）
豪夫迈·罗氏有限公司（F. Hoffmann-La Roche，瑞士）
圣戈班集团（Saint-Gobain，法国）
拉法基集团（Lafarge，法国）
倍耐力集团（Pirelli，意大利）
雷普索尔 YPF 公司（Repsol YPF，西班牙）

部分信件的关键段落是相同的，这说明至少一些信件是经过沟通而写成的，而且这很可能是由欧洲行业者圆桌会议组织（一个大型跨国公司的游说组织）的。它们利用提议的正在由欧洲议会审议的国际会计准则法案的一段描述作为其观点的依据（见第 5 章）：

(15) 在国际会计准则理事会制定国际会计准则（IFRS 和 SIC-IFRIC）的过程中，对于其所发布文件中的立场，欧洲委员会应当考虑到使在全球市场中运营的欧洲公司避免陷入**竞争劣势**的重要性，并尽可能多地考虑会计监管委员会代表的意见。欧洲委员会要向国际会计准则理事会派驻代表。(重点强调)

尽管在国际会计准则理事会发布征求意见稿之前就受到了干预，然而理事会仍然在 2004 年 2 月成功地发布了《国际财务报告准则第 2 号》，要求公司将雇员股票期权的公允价值费用化。在征求意见稿阶段，公司的立场不再那么坚定，可能是因为考虑到安然和世通丑闻带来的会计滥用问题。一年之后，即 2005 年 2 月，欧盟委员会正式接受《国际财务报告准则第 2 号》在欧盟范围内使用。在 2004 年 12 月，美国会计准则委员会发布了《财务会计准则公告第 123 号》（修订版），该公告在很大程度上与《国际财务报告准则第 2 号》趋同，但是来自议会的政治反对阻挠了该公告在美国的生效，并最终导致阻击法案（blocking legislation）的引入（见第 10.7 部分）。

① 见第 4 章。
② 克鲁克（Crook，2000.）。

10.5.3 金融工具（2002 年—2004 年）

解决金融工具确认和计量问题的《国际会计准则第 39 号》（2003 年修订）是年轻的国际会计准则理事会自成立以来主要的政治战场。《国际会计准则第 39 号》的最初版本由国际会计准则委员会于 1998 年 12 月颁布，该准则是其“核心准则”系列中的最后一个准则，而核心准则系列于 2001 年 5 月最终被证券委员会国际组织接受。尽管相对而言，当时国际会计准则只对世界上很少国家的会计准则产生影响，然而国际会计准则委员会仍是花费了很多精力才实现了内部对该准则的统一认识。直到 2000 年 6 月，欧洲委员会才建议在欧洲上市的公司按照国际会计准则编制其 2005 年的合并报表，而在 2002 年 6 月，欧洲议会才通过相关法规强制要求遵照国际会计准则编制报表。

2001 年，欧洲委员会鼓励欧洲民间组织建立一个机构来从技术层面审核国际财务报告准则的正确性。该机构迅速成立，并命名为欧洲财务报告咨询小组。随后它又成立了一个技术专家小组（Technical Expert Group，TEG），该小组成员由欧洲国家的会计专家组成。技术专家小组对国际会计准则理事会的征求意见稿提出评论意见，并且向欧洲委员会提出国际财务报告准则技术属性方面的建议。为了保证委员会能够获得来自“政治”层面的建议，欧盟规则还要求建立一个由欧盟成员国政府代表组成的会计监管委员会。技术专家小组的建议同时也提送给会计监管委员会。是否在欧盟范围内采纳国际财务报告准则，进而是否使这些准则接受欧盟规则的规范的最终决定由会计监管委员会作出。

修订后的《国际会计准则第 39 号》是对国际会计准则理事会、欧洲财务报告咨询小组以及欧洲委员会这种新型关系的第一次严肃考验。该准则也是第一个面临欧洲报表编制者如此激烈反对的准则，它使得重要的欧洲报表编制者对欧洲议会持续施加压力，要求限制采纳该准则。国际会计准则理事会试图调和这种反对，但未能成功。[①] 反对主要涉及以下两个方面：对某些负债采用的完全公允价值，以及对套期会计使用的限制（这将阻止银行对其核心贷款投资组合进行套期）。最强烈的反对声音（尤其是来自法国银行的反对声音）指出，该准则将会使公司的盈利波动性高到无法接受的程度，从而迫使公司以不利的方式改变其风险管理方法。对银行负债的低估，特别是采用高利率进行折现，将反映出银行信贷能力虚弱。此外，欧洲委员会认为该准则对公允价值的全面使用违反了欧盟对公司会计第四号指令中的一个条款。除非是因为委员会可以提出一个程序来修改相应的指令，这一说法是有问题的。

到 2003 年 7 月，来自法国的反对声一浪超过一浪，终于达到了极点。雅克·希拉克（Jacques Chirac）总统写信给欧洲委员会主席罗马诺·普罗迪（Romano Prodi），指出国际会计准则理事会所提议的有关金融工具的准则可能会“对金融稳定性产生灾难性后果”。[②] 欧洲中央银行（Central Bank）和银行监管机构巴塞尔委员会（Basel

---

① 2004 年 3 月，国际会计准则理事会发布了修订后的《国际会计准则第 39 号》，“对利率风险套期投资组合的公允价值套期会计”，但是这并没能改善反对者对该准则的态度。

② 引用于“IAS Unstoppable”，*Global Risk Regulator Newsletter*（July/August 2003），http://www.globalriskregulator.com/archive/JulyAugest2003－19.html。在该新闻中包含了这段引文，虽然对法语“Nefaste”的英文翻译可能偏负面，但“灾难”一词是比较好的翻译。

Committee）也担心可能会导致表面波动性的准则。

从技术专家小组的角度来看，他们建议接受《国际会计准则第 39 号》，但是投票时却非常奇怪，出现 5 票支持和 6 票反对的结果。技术专家小组的规则是只有在超过 2/3 的成员投票反对时才拒绝接受提议的会计准则。2004 年 10 月，会计监管委员会建议接受《国际会计准则第 39 号》，但是要“去掉全面公允价值和对核心贷款进行投资组合套期的条款”。[①] 结果是同年 11 月，欧洲委员会在排除了上述两方面的条款后宣布部分采纳《国际会计准则第 39 号》。[②] 2005 年 6 月，面对众多批评，国际会计准则理事会对《国际会计准则第 39 号》的公允价值选择方面进行了修订，这使得欧洲委员会取消了对该主题的“排除”。但是对核心贷款的套期会计的“排除”仍然存在。

国际会计准则理事会面对的困境之一是，如果它完全接受来自欧洲的反对意见，那么以它们的观点看来，它们所发布的准则就不再是以原则为导向的。对国际会计准则理事会来说，与美国会计准则委员会进行趋同是至关重要的，但是美国会计准则委员会主席说得很清楚，美国只与高质量的会计准则进行趋同。[③] 此外，上述的“排除”也是美国证券交易委员会的会计职员所关注的问题之一，[④] 他们一直鼓励消除美国会计准则委员会和国际会计准则理事会各自高质量准则之间的差异。证券交易委员会和国际会计准则理事会都希望，未来的某一天，可以取消证券交易委员会对外国注册公司的以下要求，即按照美国公认会计原则对公司财务报告进行会计调整。但这种情况只会在证券交易委员会认为美国公认会计原则和国际财务报告准则已经在较高的质量水平上趋同时才会发生。

现在问题上升到了世界上其他国家的准则制定者或监管者是否也会步欧洲委员会之后尘，即在未来国内出现对国际财务报告准则的反对声音时，通过“排除”被反对的内容来满足国内需求。尽管欧洲委员会否认其对《国际会计准则第 39 号》的“排除”行为会构成一个先例，然而它在未来的国际财务报告准则中仍可能会采取类似的行动。[⑤]

10.5.4 经营分部（2006 年—2007 年）

2006 年，国际会计准则理事会发布了一个新准则，即《国际财务报告准则第 8 号》，代替关于分部报告的《国际会计准则第 14 号》。《国际财务报告准则第 8 号》与美国经营分部的披露准则比较相似，这也是国际会计准则理事会的目标之一。

欧洲财务报告咨询小组给出了同意采纳的建议，欧盟委员会也支持采纳。然而反

---

① “EU Accounting Regulatory Opinion on IAS 39”（19 November 2004），IP/04/1385，http：//www. iasplus. com/europe/0410arcopinion. pdf.

② “Accounting Standard：Commission Endorses IAS 39”，新闻稿，http：//www. iasplus. com. europe/0411ecia39pr. pdf。

③ 可参考如“US Watchdog Warns Europe：European Opposition to Derivatives Rules May Hinder Agreement on Global Accounting”，Financial Times，25 August 2003。

④ 在 2007 年 3 月 8 日的讲演中，证券交易委员会委员罗埃尔·坎波斯（Roel Campos）抱怨说证券交易委员会在 2005 年只收到了 40 份按照国际财务报告准则编制的外国公司财务报表。证券交易委员会本来预计会收到 300 份。在其他 260 份报告中，欧盟公司的审计师被要求作出公司财务报表公允地按照欧盟所采纳的国际财务报告准则进行编报的陈述。即使“排除”并不适用于除银行之外的其他公司，审计师和公司也很少确认财务报表是按照国际会计准则理事会发布的国际财务报告准则所编制的。参见 http：//www. sec. gov/news/speech/2007/spch030807rcc. htm。

⑤ “IAS 39 Financial Instruments：Recognition and Measurement – Frequently Asked Questions（FAQ）”（19 November 2004），MEMO/04/265，http：//www. iasplus. com/europe/0411ecias39faq. pdf.

对采纳的运动最终导致欧洲议会采取了行动。为了解决这个问题，对该准则的采纳延期到了2007年11月。具体细节参见第19章。

10.6 报表编制者试图控制会计准则制定者

10.6.1 美国

仅仅在特定会计问题上与财务会计准则委员会抵抗还不能满足报表编制者的要求。从1985年开始，他们采取了一系列步骤试图“驾驭”财务会计准则委员会。1985年，财务经理人协会（Financial Executives Institute，FEI）促使财务会计准则委员会的7个成员包括了两个报表编制者，从而结束了原来委员会中只有唯一的一个财务分析师代表的状况。1988年，由200多个大型美国上市公司和银行的首席执行官组成的企业圆桌会议（Business Roundtable）给证券交易委员会施加压力，要求与之合作建立一个董事会来监督财务会计准则委员会的工作。该董事会将对财务会计准则委员会议程进行实际控制，有权拒绝任何财务会计准则委员会已经批准的会计准则。证券交易委员会主席坚决地拒绝了这个建议，指出财务会计准则委员会是由证券交易委员会来监管的。然后，在1990年，很可能是受到了报表编制者游说团体的鼓励，承担任命财务会计准则委员会成员和筹集资金任务的财务会计基金会受托人，改变了财务会计准则委员会在批准准则时的最低投票规则，从原来的4比3改变为5比2，表面上延缓了理事会的工作进度。①

1996年爆发了一次重大的对抗。在财务会计准则委员会刚刚批准了和雇员股票期权相关的《财务会计准则公告第123号》之后就受到来自议会的政治攻击（见第10.4部分）。财务经理人协会主席向其在财务会计基金会的受托人主席表达了采取进一步行动的强烈愿望，希望将财务会计准则委员会纳入到报表编制者的控制之下。这使得证券交易委员会主席采取行动保护财务会计基金会受托人理事会的独立性。他坚持主张由财务会计基金会理事会任命4位代表公众利益的受托人，而在此之前，所有的受托人都是由财务会计基金会发起组织任命的，其中一个发起组织就是财务经理人协会。一开始，财务会计基金会拒绝了这一要求，但随后证券交易委员会主席威胁说如果不这样做，证券交易委员会将不再支持财务会计准则委员会。最后财务会计基金会任命了4位证券交易委员会主席所熟知的新受托人，从而将财务会计基金会理事会的规模从14人扩大为16人。

上述的几次干预，以及我们没有提及的其他干预说明美国报表编制者团体多么厌恶财务会计准则委员会干预它们的财务事务。②

10.6.2 国际会计准则理事会

《国际会计准则第39号》事件（见10.5.3）的结果之一是欧洲报表编制者团体向欧洲财务报告咨询小组施加压力，要求其扩展职能和使命，以便能够在未来国际财

---

① 2000年受托人将投票规则再次恢复到4比3的简单多数票原则。

② 对于1985年到1996年期间财务报表编制者团体采取行动的具体细节，可以参考米勒等人（1998，第179页至第193页），以及范里普尔（Van Riper，1994，第8章）。

务报告准则中考虑欧洲公司的自身利益。因此欧洲财务报告咨询小组冒险超越了其纯粹会计领域的范围，进入到政治和经济领域。2004 年 4 月，欧洲财务报告咨询小组发布的政策声明指出，为了符合扩大的权利范围，“欧洲财务报告咨询小组在对主要问题发表意见时，需要考虑给其他利益相关者带来的经济、法律和实务影响……其中一些问题可能会引发政治争论……”提议的国际财务报告准则将“在早期阶段就以‘欧洲公共利益’为背景进行全面讨论”。[①] 因此，政治影响成为了欧洲财务报告咨询小组考虑因素中很重要的一个组成部分。通过这种方式，欧洲实务界可以从“政治”角度与欧洲财务报告咨询小组以及欧洲委员会进行对话。

从 2003 年开始，作为国际会计准则理事会监督人的国际会计准则委员会基金会受托人对其章程和工作程序进行了复核。欧洲实业界和欧洲委员会一直在督促国际会计准则理事会改善其咨询程序，这意味着使报表编制团体更乐于接受批评性观点。欧洲实务界和欧洲委员会希望看到受托人和国际会计准则理事会中有更多来自采纳国际财务报告准则的国家的代表和较少的来自美国的代表，因为美国没有使用国际财务报告准则。他们成功地劝说受托人放宽了作为国际会计准则理事会成员的“技术专家”标准，该标准要求理事会成员必须具备“职业能力和实务经验”，这样理事会的“象牙塔”意味就会变得少一些。受托人还对理事会 14 位成员的投票规则由简单多数原则改为 9 比 5 的投票规则。欧洲委员会和欧洲财务报告咨询小组希望能使用 10 比 4 票，而且希望理事会有两个以上的兼职理事会成员。[②] 这些改革（从 1995 年 7 月 1 日生效）可能会让某些人联想到美国报表编制者试图控制财务会计准则委员会的尝试。但是，准则制定机构必须被受其决策影响的人看作是公平、公开的仲裁者。

10.7 在美国财务会计准则委员会和国际会计准则理事会趋同中的政治游说

10.7.1 雇员股票期权：第二轮（2002 年—2005 年）

2002 年，美国关于雇员股票期权的准则有了两个新发展。安然的破产和世通被曝光舞弊之后，实业界面临着巨大压力，它们需要采取措施重塑公众和股东的信任。那些未能将股票期权公允价值费用化的公司成为滥用会计准则的一个案例。结果如上所述，公司对费用的不当处理使得财务会计准则委员会发布了《财务会计原则公告第 123 号》。该准则发布于 1995 年，但实际上少有公司真正地选择遵循这一准则，而多数公司都选择在附注中披露该费用可能会对盈余产生的影响。在沃伦·巴菲特（Warren Buffett）的努力下，包括可口可乐、美国邮局和通用电气在内的几大公司于 2002 年宣布它们将在以后的利润表中记录股票期权费用。这种处理方法符合媒体和股东的心意，之后迫于压力，其他公司也不得不追随几大公司采用相同的方法记录股

① “The Enhancement of the Role and Working Process of EFRAG”（28 January 2004），http：//www. iasplus. com/efrag/0404enhancement. pdf.

② 受托人对章程修改建议的全文可以在国际会计准则理事会网站上下载。对该修改建议的小结可以在 IASPLUS（2004 年 11 月 23 日）的网站上获取。对于欧洲委员会最近对章程修改的督促，可以参考亚历山大·肖布（Alexander Schaub，内部市场和服务总指挥）于 2005 年 3 月 7 日写给汤姆·塞登斯藤（Tom Seidenstein，国际会计准则基金会主任）的信。基金会 2003 年发布征求意见稿后所收到的评论意见信可以在国际会计准则网站上获取。

票期权费用。这一态势蔓延迅速，到2004年底的时候，超过825家公司宣布使用这种处理方法，其中120家公司的股票是被广泛分散持有的，包含在标准普尔500指数中。但相对于在证券交易委员会注册的14 000家公司而言，这仍然只是很少的一部分。

2002年取得的另外一个进展是财务会计准则委员会发布了对《财务会计准则公告第123号》修订的征求意见稿，该修订稿是国际会计准则理事会刚刚发布的以股份为基础的支付准则征求意见稿的翻版（见第10.5部分）。这一举动是财务会计准则委员会在履行其将与国际财务报告准则趋同的承诺。财务会计准则委员会清楚地知道这将再一次掀起对雇员股票期权问题进行攻击的政治风暴。2004年3月，财务会计准则委员会发布了一个征求意见稿，倡议要求在利润表内按照股票期权公允价值确认费用，这和1993年发布的征求意见稿非常相似（见第10.4部分）。新发布的征求意见稿最终收到了超过14 000份的评论意见。①

主要在高科技公司的推动下，议会成员迅速对《股票期权会计改革法案》（Stock Option Accounting Reform Act）（HR 3574）提案达成一致支持意见。该法案的目的是为了严格限制财务会计准则委员会任何与征求意见稿相关的准则的应用。在该法案下，对股票期权公允价值的法定费用化处理只局限于公司首席执行官和其他4位薪酬最高的管理者所获得的期权。由于高科技公司往往将股票期权授予其所有员工，因此该法案可以看作是对这些公司的主要让步。该法案还规定，在使用期权定价模型来估计期权公允价值时，波动性应当为零，这违反基本的财务知识。众议院以312票对111票通过了该法案，这说明了该法案得到了来自众多党派的广泛支持。然而，许多重要的参议员都公开表示反对干预财务会计准则委员会。在2004年12月第108次国会休会的时候，参议院仍然在商议一个同伴法案（S. 1890）。

尽管如此，财务会计准则委员会在2004年12月一致通过了《财务会计准则公告第123号》（修订稿），但是生效日期被推迟到2005年6月15日，因为证券交易委员会认为2004年末上市公司为了执行2002年《萨班斯—奥克斯利法案》所要求的内部控制法案已经疲惫不堪。2005年4月，证券交易委员会再次推迟了该修订稿的生效时间，允许大多数公司在6个月后再执行。

2005年2月，以前议会中支持HR 3574法案的那些人再次向众议院提出了一个新的阻击法案，即《广泛基础股票期权计划透明法案》（Broad-Based Stock Option Plan Transparency Act）（HR 913）。② 该法案要求证券交易委员会改善财务报表附注中对股票期权的披露，包括其对每股盈余稀释的影响。三年后，证券交易委员会必须向议会报告改善披露后的效果。在这三年没有结束之前，证券交易委员会不得将《财务会计准则公告第123号》作为公认会计原则的组成部分。该法案的目的很明确，即从源头上阻止财务会计准则委员会的准则得到应用。

但是由于两个关键参议员的坚决反对，众议院法案没有被通过，财务会计准则委员会的准则在2006年开始生效。尽管如此，但是明显因受到公司游说而在众议院中产生的类似行动还会在其他方面（例如租赁）上演。政治游说是阻碍会计准则国际

① 基于股份的支付，《财务会计准则公告第123号》（2004年修订版）（FASB，2004年12月），第C23段。
② 众议院商业交易的完整信息请参见 http：//thomas. loc. gov。

趋同的潜在威胁。

10.8 一些结论

在20世纪90年代以前，美国证券交易委员会是唯一保证公认会计原则得到严格执行的证券市场监管者。20世纪90年代以后，特别是进入21世纪之后，其他国家也加强了准则执行机构的建设。但无论是欧洲还是其他地方，执行水平和行为的一致性仍然不够稳定，部分原因可能是缺少资金预算以及立法支持。此外，每个国家的法律传统也有差异。但是一旦准则制定者处于高水平且监管者也有高的质量，那么准则不仅能潜在地帮助改善公司报告的质量，而且来自报表编制者的持续政治游说还能弱化准则的作用或使准则作出妥协。至少这会使准则更加具体，例如增加一些段落说明特殊情况、豁免情况、例外情况以及进行澄清，其目的就是与那些给准则制定者施加压力的方面进行调和。

谁能否认政治游说是每个国家以及国际会计准则制定者所面临的现实问题呢？随着所涉及利益的增加，对不利变化的政治反对自然就会增长。到达一定程度后，报表编制者就会成为准则制定者的反对力量，准则制定者会被看成践踏了报表编制者的权利。要学习准则制定过程，就需要注意在这个过程中存在的政治游说现象。

小结

- 政治游说通常是来自公司或政府的对准则制定者的压力，它通常能带来特定提议准则的技术价值或执行成本之外的争论。
- 游说者的动机包括希望收益看起来更高、更低或具有较小的波动性。政府的游说动机主要是希望保证各种经济活动从会计的角度来看是有积极结果的。
- 在1990年之前，针对美国会计准则制定机构的游说包括重置成本折旧、投资税收抵免、企业合并、石油开发成本、有价证券、租赁、分部报告、债务重组和离职后福利问题。
- 英国政治游说的例子包括通货膨胀（政府被牵涉在内）、递延所得税、研究开发和商誉。
- 从1990年开始，美国游说者的目标涉及有价证券、股票期权和商誉，其中两个是以前曾经被游说过的。
- 随着国际会计准则委员会/国际会计准则理事会地位的日益提高，对该组织的游说也越来越多，例如涉及后进先出法、以股份为基础的支付和金融工具的游说。
- 报表编制者还曾试图控制财务会计准则委员会，后来也曾试图控制国际会计准则理事会。
- 在美国财务会计准则委员会试图与国际会计准则理事会趋同的时候，以股份为基础的支付再次成为美国政治游说的主要话题。

参考文献

Arnold, A. J. and Webb, B. J. (1989) *The Financial Reporting and Policy Effects of Partial Deferred Tax Accounting*, The Institute of Chartered Accountants in England and Wales,

London.

Beresford, D. R. (2001) 'Congress looks at accounting for business combinations', *Accounting Horizons*, March, pp. 73 – 86.

Bruns, W. J. Jr. and Merchant, K. A. (1990) 'The dangerous morality of managing earnings', *Management Accounting*(US), August, pp. 22 – 5.

Burgstahler, D. and Dichev, I. (1997) 'Earnings management to avoid earnings decreases and losses', *Journal of Accounting and Economics*, pp. 99 – 126.

Chatov, R. (1975) *Corporate Financial Reporting: Public or Private Control?*, The Free Press, New York, Chapters 13 and 14.

Crandall, R. H. (1983) 'Government intervention-the PIP grant accounting controversy', *Cost and Management*, September-October, pp. 55 – 9; reproduced in *Accounting Horizons*, September 1988, pp. 110 – 16.

Crook, K. (2000) *Accounting for Share-Based Payment*, Financial Accounting Series, No. 211 – A, FASB, July.

Dankner, H., Bald, B. S., Akresh, M. S., Bertko, J. M. and Wodarczyk, J. M. (1989) *Retiree Health Benefits: Field Test of the FASB Proposal*, Financial Executives Research Foundation, Morristown, NJ.

Dechow, P. M. and Skinner, D. J. (2000) 'Earnings management: reconciling the views of accounting academics, practitioners, and regulators', *Accounting Horizons*, June, pp. 235 – 50.

Duncan, J. R. (2001) 'Twenty pressures to manage earnings', *CPA Journal*, July, pp. 32 – 7.

Gorton, D. E. (1991) 'The SEC decision not to support SFAS 19: a case study of the effect of lobbying on standard setting', *Accounting Horizons*, March, pp. 29 – 41.

Hope, T. and Briggs, J. (1982) 'Accounting policy making-some lessons from the deferred taxation debate', *Accounting and Business Research*, Spring, pp. 83 – 96.

Hope, T. and Gray, R. (1982) 'Power and policy making: the development of an Rand D standard', *Journal of Business Finance and Accounting*, Winter, pp. 531 – 58.

Horngren, C. T. (1973) 'The marketing of accounting standards', *Journal of Accountancy*, October, pp. 63 – 4.

Horwitz, B. and Kolodny, R. (1982) *Financial Reporting Rules and Corporate Decisions: A Study of Public Policy*, JAI Press Inc., Greenwich, CT.

Keller, T. F. and Zeff, S. A. (eds) (1969) *Financial Accounting Theory II: Issues and Controversies*, McGraw-Hill Book Company, New York, pp. 417 – 20.

Kirk, D. J. (1991) 'Competitive disadvantage and mark-to-market accounting', *Accounting Horizons*, June, pp. 98 – 106.

Levitt, A. with Dwyer, P. (2002) *Take on the Street*, Pantheon Books, New York.

Loomis, C. J. (1988) 'Will "FASBEE" pinch your bottom line?' *Fortune*, 19 December.

Lowenstein, L. (1996) 'Financial transparency and corporate governance: you manage what you measure', *Columbia Law Review*, June, pp. 1345 – 52.

Miller, P. B. W. , Redding, R. J. and Bahnson, P. R. (1998) *The FASB: The People, the Process, and the Politics*, fourth edn, Irwin/McGraw-Hill, Burr Ridge, IL.

Moonitz, M. (1966) 'Some reflections on the investment credit experience', *Journal of Accounting Research*, Spring, pp. 47 – 61.

Mozes, H. A. (1998) 'The FASB's conceptual framework and political support: the lesson from employee stock options', *Abacus*, September, pp. 141 – 61.

Nelson, M. W. , Elliott, J. A. and Tarpley, R. L. (2003) 'How are earnings managed? Examples from auditors', *Accounting Horizons*, Supplement, pp. 17 – 35.

Nobes, C. (1992) 'A political history of goodwill in the U. K. : an illustration of cyclical stand ard setting', *Abacus*, September, pp. 142 – 67.

Ordelheide, D. (1993) 'True and fair view: a European and a German perspective', *European Accounting Review*, No. 1, pp. 81 – 90.

Revsine, L. , Collins, D. W. and Johnson, W. B. (2005) *Financial Reporting and Analysis*, third edn, Pearson Prentice Hall, Upper Saddle River, NJ, pp. 876 – 81.

Rutherford, B. (2007) *Financial Reporting in the UK: A History of the Accounting Standards Committee 1969 – 1990*, Routledge, London.

Savoie, L. M. (1974) 'Accounting attitudes', in R. R. Sterling (ed.), *Institutional Issues in Public Accounting*, Scholars Book Co. , Lawrence, KS.

Scott, W. R. (2003) *Financial Accounting Theory*, third edn, Prentice Hall, Toronto.

Seligman, J. (2003) *The Transformation of Wall Street: A History of the Securities and Exchange Commission and Modern Corporate Finance*, third edn, Aspen Publishers, New York, pp. 424 – 5.

Sutton, T. G. (1984) 'Lobbying of accounting standard-setting bodies in the U. K. and the U. S. A. : a Downsian analysis', *Accounting, Organizations and Society*, Vol. 9, No. 1, pp. 81 – 95.

Swinson, C. (2004) 'When politics and financial reporting don't mix', *Accountancy*, September, p. 28.

Taylor, P. and Turley, S. (1986) *The Regulation of Accounting*, Basil Blackwell, Oxford.

Tricks, H. and Hargreaves, D. (2004) 'Accounting watchdog sees trouble', *Financial Times*, 10 November, p. 19.

Tweedie, D. and Whittington, G. (1984) *The Debate on Inflation Accounting*, Cambridge University Press, Cambridge.

Van Riper, R. (1994) *Setting Standards for Financial Reporting: FASB and the Struggle for Control of a Critical Process*, Quorum Books, Westport, CT.

Von Wysocki, K. (1984) 'The Fourth Directive and Germany', in S. J. Gray and A. G. Coenenberg (eds), *EEC Harmonisation: Implementation and Impact of the Fourth Directive*, North-Holland, Amsterdam.

Watts, R. L. and Zimmerman, J. L. (1978) 'Towards a positive theory of the determination of accounting standards', *Accounting Review*, January, pp. 112 – 34.

Wyatt, A. (1990) 'OPEB Costs: The FASB establishes accountability', *Accounting Horizons*, March, pp. 108 – 10.

Wyatt, A. (1991) 'The SEC says: mark to market!' *Accounting Horizons*, March, pp. 80 – 4.

Zeff, S. A. (1972) *Forging Accounting Principles in Five Countries: A History and an Analysis of Trends*, Stipes Publishing Co., Champaign, IL.

Zeff, S. A. (1978) 'The rise of "economic consequences"', *Journal of Accountancy*, December, p. 56.

Zeff, S. A. (1985) 'The rise of "economic consequences"', the unabridged version reproduced in T. F. Keller and S. A. Zeff (eds), *Financial Accounting Theory: Issues and Controversies* McGraw-Hilk, New York.

Zeff, S. A. (1988) 'Setting accounting standards: some lessons from the US experience', *The Accountant's Magazine*, January, pp. 21 – 2.

Zeff, S. A. (1993) 'The politics of accounting standards', *Economia Aziendale* (monthly review of the Accademia Italiana di Economia Aziendale), August, pp. 130 – 32.

Zeff, S. A. (1995) 'A perspective on the U. S. public/private sector approach to the regulation of financial reporting', *Accounting Horizons*, March, pp. 52 – 70.

Zeff, S. A. (1997) 'The US senate votes on accounting for employee stock options', in S. A. Zeff and B. G. Dharan, *Readings & Notes on Financial Accounting*, fifth edn, McGraw-Hill, New York, pp. 507 – 17.

Zeff, S. A. (2002) '"Political" Iobbying on proposed standards: a challenge to the IASC', *Accounting Horizons*, March, pp. 46 – 8.

Zeff, S. A. (2005) 'The evolution of US GAAP: the political forces behind professional standards', *CPA Journal*, January, pp. 18 – 27, and February, pp. 18 – 29.

Zeff, S. A. and Johansson, Sven-Erik (1984) 'The curious accounting treatment of the Swedish government loan to Uddeholm', *Accounting Review*, April, pp. 342 – 50.

实用网址

www. asb. org. uk

www. europa. eu. int

www. efrag. org

www. fasb. org

www. fei. org

www. iasb. org

www. sec. gov

课后问题

书末提供带星号问题的参考答案。

10.1* 解释对准则制定者进行政治游说的各种动机。

10.2* 举例说明对美国准则制定者进行的政治游说，解释为什么这些游说与是否采纳了正确的技术解决方案无关。

10.3　为什么可以预期美国政治游说的案例会比其他国家的多?

10.4　举例说明针对国际会计准则委员会/国际会计准则理事会的政治游说，说明这些游说是如何逐年增加的，以及其原因是什么。

10.5　讨论下述观点：给予报表编制者在准则制定过程中更多的话语权就可以减少而且将会减少政治游说。

10.6　准则制定者独立于政府部门和会计职业界的程度是否影响其受到政治游说的数量?

10.7　讨论概念框架在抵制政治游说中发挥的作用。

第三部分　欧洲和东亚的协调与转轨

第 11 章　欧洲的会计协调和转轨

罗伯特·帕克

内容

目标

读完本章后您应当能够

- 解释为什么欧盟要对财务报告进行协调。
- 概括欧盟第四号指令的内容及其作用。
- 比较欧盟与国际会计准则理事会的协调化进程和成就。
- 解释中欧和东欧国家的财务报告如何对其经济转轨作出反应。
- 概括中欧和东欧国家在应用国际财务报告准则时遇到的问题。

11.1　引言

本书的第三部分将考察欧洲（本章）和东亚（第 12 章）这两大区域的会计协调和转轨情况。这两个区域的会计实践都受到了国际协调的显著影响，但同时地区或国家特征仍然影响着许多公司（或者所有公司）的财务报告和会计问题。

欧洲财务报告的演进历史非常好地证明了会计规则和会计实务是如何受到政治和经济变化影响的。欧洲的政治版图包括两类：欧盟成员国和前苏联解体后的多个国家。但是自从 2004 年第二类国家中的 8 个被接受加入欧盟以后，这两种分类开始有所重叠。本章我们首先讨论这些政治变化对欧盟会计协调化进程的影响，随后讨论中欧和东欧在转轨经济下的财务报告问题，其中包括已经纳入欧盟范围的（例如波兰和捷克共和国）以及欧盟范围以外的国家（主要是俄罗斯联邦）。

在11.2节我们将考察从20世纪60年代开始欧盟在会计协调方面所作的努力。这些努力到今天仍然有影响，因为某些原因，目前大多数欧盟国家的法律仍然强制执行或选择执行这些指令，尤其是在编制目的是计算应税收益和可分配利润的非合并财务报表方面。第5章已经介绍了欧盟上市企业合并报表使用国际财务报告准则的相关问题。第11.3节我们将考察20世纪90年代东欧国家从社会主义会计向资本主义会计转轨的过程。

11.2 欧盟内部的会计协调

11.2.1 欧盟协调的理由和遇到的障碍

根据1957年的罗马条约，欧洲经济共同体（于1993年11月1日发展为欧盟）于1958年成立。当时的6个创始国为法国、德国、意大利和三个经济联盟国（比利时、荷兰和卢森堡）。1973年英国、爱尔兰和丹麦加入，1981年希腊加入，1986年葡萄牙和西班牙加入，1995年奥地利、芬兰和瑞典加入，2004年塞浦路斯、捷克共和国、爱沙尼亚、匈牙利、拉脱维亚、立陶宛、马耳他、波兰、斯洛伐克和斯洛文尼亚加入，2007年保加利亚和罗马尼亚加入。目前欧盟人口数量已经接近5个亿。从会计角度以及许多其他角度来看，早些年欧盟受到了法国和联邦德国的主导。1973年英国和爱尔兰的加入为财务报告引入了英美观点。其他国家的加入对协调指令和法规没有产生很大影响，但是某些成员国在执行这些指令和规则方面存在困难。关于加入欧盟的程序，特别是与会计和审计相关的问题，可参考戴和泰勒（Day and Taylor, 2005）的著作。

会计和财务报告的协调动力最初来自罗马条约。该条约的目标包括建立人员、货物与服务和资本的自由流动。这涉及消除关税，向第三国征收共同关税并建立允许协调经济政策的程序。1970年的公共产业政策将该条约进一步具体化，号召创造统一的商业环境，包括统一的公司法、税收的协调，以及创造共同的资本市场。

公司、股东和其他利益相关者的跨越国界活动需要在整个欧盟范围内受到保护。为了实现这些目标并鼓励资本流动，欧盟各国的公司必须创造一种可靠的、同质的财务信息流。此外，如果欧盟内不同国家的公司以相同形式存在，而且互相竞争，则这些公司应该遵守同样的法律和税收政策。

与财务报告和公司法协调的障碍有关的问题已经在4.2部分进行了讨论。在此尤其重要的问题是，欧盟各成员国之间在会计制度的目的与环境上存在根本性差异。其中有传统的法兰西—德国的债权人/保密体系与英美—荷兰的投资者/披露体系的差异，还有法律/税收基础的规则和职业界制定的准则之间的差异。这些大量的差异导致各国会计职业的规模和力量有很大的不同。法兰西—德国体系国家会计职业团体的规模较小且力量较弱，这成为其向英美—荷兰体系会计和审计靠拢的障碍（见第2章）。

11.2.2 到 11.2.5 部分详细阐述了在 20 世纪 60 年代、70 年代和 80 年代，缓慢而卓有成效的财务报告和审计的协调是如何随着欧盟的扩张而逐步实现的。在 20 世纪 90 年代欧洲议会的工作重心转移到金融服务方面，1999 年发布了金融服务行动计划（Financial Services Action Plan，FSAP），2001 年试运行了拉姆法鲁西（Lamfalussy）报告，并在同年成立了欧洲证券监管委员会。

11.2.2 指令和规则

欧盟试图通过颁发指令和制定规则两种主要手段来协调公司法和会计实务。指令必须体现在各成员国的法律之中，而规则无须通过各成员国立法便可以成为欧盟成员国普遍遵守的法则。与公司会计相关的公司法及金融服务方面的指令和规则被列在表 11—1 中，表中还简要描述了它们的适用范围。与会计最相关的公司法指令是第四号和第七号指令（第七号指令的内容将在第 17 章讨论）。在对指令和规则的制定程序进行概述后，我们将在后文更为具体地讨论第四号指令。2002 年提出使用国际财务报告准则的欧盟法规已经在第 5 章中进行了讨论。

表 11—1 **有关公司会计的指令和规则**

关于公司法的指令	采纳日期	英国法律	主题
第 1 号	1968	1972	越权规则（*Ultra vires rules*）
第 2 号	1976	1980	股份有限公司的拆分、最低资本额、分配
第 3 号	1978	1987	兼并
第 4 号*	1978	1981	会计的格式与规则
第 5 号	—	—	公司的结构、管理和审计公司
第 6 号	1982	1987	反兼并
第 7 号	1983	1989	合并会计
第 8 号	1983、2006	1989、2006	法定审计
第 10 号	—	—	股份有限公司的国际兼并
第 11 号	1989	1992	分公司的披露
第 12 号	1989	1992	单一成员公司
账户现代化	2003	2006	第 4 和第 7 延伸工具的现代化和更新
透明度	2004	2006	欧盟资本市场的透明度
接管	2005	2006	欧盟境内跨国界接管
规则			
欧洲公司（Societas Europaes）	2004	—	遵守欧盟法律的欧洲公司
欧洲经济体利益集团	1985	—	跨国合资企业的企业形式
国际准则	2002	—	运用国际财务报告准则及其认可机制

注：＊银行和保险公司指令的特别条款分别于 1986 年和 1991 年被采纳。

首先，欧洲委员会（欧盟常设的法定机构）确定研究项目并任命专家准备一份报告。就第四号指令来说就是1967年的埃尔蒙多弗报告（Elmendorff Report）。然后要准备一份草案或讨论文件。委员会的工作组对该文件进行研究并发布指令草案，该指令草案将提交至欧洲议会（直接选举产生并拥有规定权力的机构）并由经济与社会委员会（由雇员、雇主及其他成员组成的顾问机构）对其进行评论。之后将修改后的计划提交给部长理事会（Council of Ministers）的工作组。该理事会由每一个欧盟国家的有关部长组成，它将决定指令或计划是否被采纳。就一项指令而言，成员国被要求介绍某一特定期间的本国法律，尽管经常超越这些法律，正如以下所要讨论的第四号指令。表11—1以英国为例，介绍了英国执行这些指令和法规的时间。对制定会计指令过程的分析可参见迪戈尔和诺比斯（Diggle and Nobes，1994）的研究。

11.2.3 第四号指令

任何指令对某一特定国家的确切影响将取决于该国立法通过的法律。例如，在第四号指令中有数十条条款都以这样的表述开始："成员国可以要求或允许公司……"这种弹性要求使得指令对每个国家的影响存在差异（见第15章）。然而我们似乎有必要了解指令的总体状况和使它采取这种最终形式的过程。

第四号指令（EC委员会，1978）适用于所有欧盟国家的股份有限公司和股份不公开公司。它的条款涉及计价规则、公开的财务报表的格式和披露要求，但它不包括合并问题（合并问题在第七号指令中规定）。第四号指令初稿于1971年发布，这是在1973年英国、爱尔兰和丹麦加入欧盟或向会计学者联合会（*Groupe d'Etudes*）（参见下面的解释）派驻代表之前。这个初稿深受德国公司法的影响，尤其受到1965年（联邦德国）的股份有限公司和《股份法》的影响，因此计价规则很保守，报表格式有严格、详细的规定，附注披露非常有限且财务报表必须遵从指令中的条款。

由于英国和爱尔兰对欧洲委员会、欧洲议会和会计学者联合会造成了一定的影响，1974年发布的草案经过了较多修改。该草案引入了"真实和公允的观点"。1974年草案的另一个变化是为财务列报提供了一定的灵活性。这种影响将继续发挥作用，直到最终颁布指令时"真实和公允"被确立为财务报表编制中的支配性原则（条款2，第2段至第5段）。此外，英国的《标准会计实务公告第2号》的四个原则（权责发生制原则、谨慎原则、一致性原则和持续经营原则）比1974年草案规定地更为明确（条款31）。对"真实和公允观点"的解释以及此观点对各个国家的影响一直被广泛地讨论（如Alexander，1993；Ordelheide，1993；Nobes，1993；Aisbitt和Nobes，2001）。

对财务报表中的项目进行更多的重新编排以及概括填报也成为可能（条款4）。1974年的草案也比1971年的草案要求更多的附注，最终的指令要求的附注比1974年的草案更多（条款43至46）。英美—荷兰会计师要求关注的另外一些事项是税制对法兰西—德国会计的影响。1974年的草案将税制影响作为额外披露的要求包括在最终的指令中（条款30和35）。

尽管该指令要求建立在历史成本的基础上，但成员国可能允许或要求采用某种通货膨胀会计。最终的指令在这方面的规定比1974年的草案更加详细（条款33）。为了进一步融合英美—荷兰会计的意见，欧盟成立了“联络委员会”（Contact Committee）并安排了国家公务员。这是为了回应对指令的批评，这些批评认为指令使得法律不能灵活地适应变化中的形势和变化中的态度。该委员会关注执行这个指令所产生的实际问题并作出修改的建议（条款52）。第四号指令应当于1980年7月前在成员国颁布，并于1982年1月前生效。如我们可以在表11—2中看到的那样，没有国家遵守前一个日期（表中包括了2004年5月新加入欧盟的国家所适用的执行日期）。

表11—2 **将会计指令作为法律执行**

	第四号	第七号
丹麦	1981	1990
英国	1981	1989
法国	1983	1985
荷兰	1983	1988
卢森堡	1984	1988
比利时	1985	1990
德国	1985	1985
爱尔兰	1986	1992
希腊	1986	1987
西班牙	1989	1989
葡萄牙	1989	1991
奥地利*	1990	1990
意大利	1991	1991
芬兰*	1992	1992
瑞典	1995	1995
挪威**	1998	1998

注：*为能全面付诸实施，对这些法律进行一些修改是必要的。

** 欧洲经济区域的成员国之一，而不是欧盟的成员国。

对英国、爱尔兰和荷兰来说，第四号指令引起的变化包括强制性的格式和详细的估价要求（Nobes，1983）。在其他国家，“真实和公允观点”是作为一个至高无上的要求被引进的，它在额外披露的要求、报表发布与审计的广度方面对绝大多数公司来说是重要的（见第14章）。

显然，第四号指令没有使资产估价、报表格式和披露的完全标准化成为必然的法律结果。然而协调的效果还很明显的。其他几个国家（如瑞士和波兰）对受到指令强烈影响的部分作了法律方面的修改，这在一些情况下是为成为欧盟成员作准备。欧盟以外的欧洲经济区域的成员（如挪威）也被要求执行该指令。

在估价方面，那些赞成对价格变化作出调整的国家（如一个极端荷兰）和那些反对这样处理的国家（如另一个极端德国）之间达成了一个并不严格的折中协议，即成员国可以采用不同的重估价模式。但有一个要求，即必须列示被调整数据和历史成本数据之间的差异。

很自然的，欧洲职业会计师团体也对协调产生了兴趣，并建立了监管和影响协调进程的机构（见第 4.4 部分）。目前最重要的机构是欧洲会计师联合会，该机构的作用是向欧洲委员会提供关于《公司法》和会计协调方面的建议。作为欧洲会计师联合会的前身之一的会计学者联合会于 20 世纪 70 年代接受了"真实公允"观点，并且认为需要编制合并报表。这可能在帮助欧洲委员会接受这些观点方面发挥了作用。

1990 年，欧盟成立了准则制定机构欧洲论坛（Forum of European），该论坛对指令尚未涉及的问题进行了讨论，如租赁会计和外币折算。然而，论坛也清楚地表明出台更多的指令是不可能的，因为它不过是一个讨论小组。欧洲论坛于 2001 年解散。如前所述，欧盟于 1995 年开始公开支持国际会计准则委员会（见第 4 章以及 Gornik-Tomaszewski，2005）。

从 1978 年起采用的第四号指令在 2001 年进行了第一次较大范围的修改。修改后的指令规定允许公司采用《国际会计准则第 39 号》的公允计价要求（见第 6 章），这样欧洲的公司就可以同时遵守指令和国际会计准则了。该指令于 2003 年接受了进一步的修改，允许更广泛地运用公允价值，并消除所有其他与国际会计准则理事会的标准不一致的规定。这和欧盟要求一些公司直接使用国际财务报告准则是两个不同的问题。

11.2.4 欧洲公司和欧洲经济利益集团

表 11—1 中的规则之一与一种全新的公司形式相关，这种公司将注册为欧盟公司并将遵守欧盟的法律。这种公司将被称为欧洲公司（Societas Europaea，SE）。然而，尽管委员会对此不断地施加压力，此事进展一直非常缓慢，部分原因可能是成员国不愿失去对其公司运作方面的主权，还有一部分原因是成员国发现很难在员工参与董事会这一公司结构问题上达成协议。该规则最终于 2004 年被采纳。2007 年，委员会开始讨论建立欧洲私有公司法（European Private Company Statute）的问题。

比较容易达成一致的建议是以合资企业的组织形式组成欧盟公司。有关"欧洲经济利益集团"（European Economic Interest Grouping，EEIG）的法规是以法国的公司形式——经济利益集团（*groupement d'intérêt économique*）为基础的。它所提供的是一种比欧洲公司规模更小、存在时间更短的公司组织。集团中的各成员是自主的盈利实体，而集团本身只是用于提供联合的便利或使某一特定目的的合并成为可能（McGee and Wetherill，1989）。

11.2.5 其他指令

第二号指令涉及与股权资本相关的许多问题以及股份有限公司与非股份有限公司之间的差异问题（Nobes，1983）。第七号指令涉及合并会计的内容，这将在第 17 章中讨论。

第八号指令与原先的草案完全不同，因为原先的草案会极大地影响培训方式和会计师的工作范围，尤其对英国的影响会更大，而目前这一指令的主要目的是要决定在某些会计师数量较少的国家（如丹麦和德国）中由谁来审计财务报表。关于审计师独立性及审计事务所的内容也发生了一些改变（例如，见 Evans 和 Nobes，1998a 和 1998b）。

由于安然事件和其他一些财务丑闻的发生，美国和世界上其他国家对法律作出了一些调整。2006 年，欧盟也批准了一个新修订的指令。该指令特别要求成员国建立审计监管机构，建立职业道德和独立性的规则，要求在法定审计中使用欧盟所采纳的国际审计准则，要求涉及公共利益的团体建立审计委员会，并且披露审计公司的透明度报告。在第 9. 4. 1 部分和第 21. 3. 2 部分对该指令进行了进一步的讨论。

欧盟采纳了金融服务指令，其中对欧盟资本市场透明度（2004）和跨国并购（2005）进行了特别要求。

11. 2. 6 研究结论

第 4 章提到过的一些经验研究，采用各种衡量协调的方法来研究欧洲的会计差异。研究发现欧盟内部并不那么协调或协调化。关于欧盟实施协调化之后，英国和法国情况的进一步实证研究是由沃尔顿（Walton，1992）完成的，在一个有关会计计量问题的案例研究中，他发现协调的证据极少。帕克（Parker，1996）检验了英国与法国之间财务报表附注在形式上的协调。他发现两国的附注仍然有许多不同情况，但法国的附注已经向英国附注方面扩展。

11. 3 中欧和东欧的转轨

11. 3. 1 引言

本部分将综合考察大量原先受前苏联影响的欧洲国家和地区的财务报告，其中包括前苏联的加盟共和国（俄罗斯、乌克兰、白俄罗斯、摩尔多瓦、爱沙尼亚、拉脱维亚、立陶宛）以及波兰、捷克共和国、斯洛伐克、匈牙利、罗马尼亚、保加利亚、阿尔巴尼亚、塞尔维亚、克罗地亚、波斯尼亚、斯洛文尼亚和马其顿王国。如前所述，其中的 10 个国家已经在 2004 年或 2007 年加入欧盟。在加入欧盟时这些国家的人均国内生产总值都远低于欧盟 15 国的平均水平。作为欧盟成员国，它们承诺将要求其上市公司按照国际财务报告准则编制其财务报表。渴望加入欧盟的国家（如克罗地亚）预期将修改其法律，即使是那些没有这种渴望的国家（如俄罗斯）也受到了欧盟的影响。然而财务报告和会计实务并不能仅仅通过采纳欧盟法律和实务来改革，正如我们看到的，它们本身就不是完全协调的。

这些转轨市场经济中的公司原先依赖政府的资金资助，现在则需要通过非政府的渠道进行筹资，包括采用负债和权益的方式。在这些国家中（特别是因高通货膨胀而缺乏个人存款的国家），负债，尤其是银行贷款可能比权益更重要，这意味着它们的会计法规偏向于保护债权人。另一方面，为了吸引海外投资，这些国家可能有必要建立以英美概念为基础的财务报告体系。公司若想通过国际代理商筹资，可能必须按被认可的国际格式披露会计信息，并且经过被认可的国际审计公司的审计。虽然“资本主义”会计（无论是英美式还是欧洲大陆式）并未被强加给这些国家，但它在不同的程度上仍是一个需要适应当地情况的“舶来品”。现在声称二者的适应可能会多么成功尚为时过早，特别是会计法规的变化并不一定就伴随着会计实务的变化。

从前苏联解体并失去对中东欧的影响力以来，所出现的众多事件已从多方面充分证明中东欧地区在政治、经济文化方面的差异之多不亚于西欧地区。正如反映在其他领域中一样，这些差异也清楚地体现在财务报告中。我们既不可能也没必要详细地考察每个国家，因为它们的法律、法规一直都处于迅速变化之中。原先的德意志民主共和国是个特殊的例子。该国的商业企业目前不得不遵守前德意志联邦共和国制定的会计法规（见第15章）。然而，正如本书别处所述，统一后的经济压力促使主要的德国公司对财务报告进行改革（Young，1999）。

与英美国家财务报告的发展相比，中东欧地区财务报告的发展曾被多次打断，但是没有一个国家可以完全脱离过去，这些国家财务报告所受到的影响不仅来自社会主义之前的时期，也来自社会主义时期。

11.3.2 前社会主义国家的会计

前社会主义的中东欧国家（不包括在两次世界大战之间成为苏联成员国的国家）的会计正如奥地利的会计一样（Nowotny and Gruber，1995），与德国会计有许多相似之处。由于缺乏完善的权益资本市场，这些国家侧重于保护债权人利益和税收，并且乐于采用全国会计科目表（主要基于20世纪20年代德国施马伦巴赫（Schmalenbach）的开拓性工作）。施马伦巴赫的会计科目表是针对市场经济设计的，但也能适用于计划经济（如20世纪30年代的纳粹政府和40年代早期法国的维西政府（见第10章）），它还适用于指令性经济（如20世纪20年代的苏联政府）。第二次世界大战期间，许多被占领的中东欧国家被迫采用德国的会计科目表，而战后它们又不得不采用苏联的会计科目表（Richard，1995a）。商业交易由以德国法案为基础的《商法》监管，德国法案又是以法国的《拿破仑法典》为基础的。

例如在波兰，两次世界大战的间隔期间经济发展缓慢，政府干预经济是其典型特征。产业融资主要依靠银行，包括国有和私有银行。有关会计、审计和公司的法规全部包含在深受德国法令影响的1934年波兰《商法》中。波兰会计师协会（Accountants Association in Poland，AAP）成立于1907年，但它对会计规范的影响微弱。会计职业界弱小并且涣散。当时尚无全国会计科目表。20世纪30年代会计实务的改进主要是因为受到来自税务机关的压力。在德国统治时期（1939—1944年），波兰执行统一的《德国通用会计计划》（German General Plan of Accounts）中的条例。

11.3.3 计划经济下的社会主义会计

由于几十年来中东欧社会主义国家的财务报告和会计惯例与西欧国家完全不同，并且在很大程度上切断了与后者的联系，致使这些国家会计角色的转变更加困难。不过某些国家（如匈牙利和波兰）的会计因为经济改革的民主化，早在1989年之前就具有更大的适应性和灵活性（Bailey，1988）。在缺乏私人企业和市场定价机制的情况下，这种特殊性不可避免地会存在。在传统的社会主义计划经济体制下，会计体系的主要目标是为高层预算提供财务统计资料（通常采用数量形式而非价值形式）。在这种体制下，问责制会被忽视，而在由股东任命的公司管理人员控制资源（为了鼓励投资股东仅承担有限的责任）的市场经济中，问责制是一个基本的要素。

因此，在计划经济下，会计的地位比较低，缺乏灵活性，并且无法根据市场创新作出变化。例如东欧国家普遍采用的苏联会计体系在很大程度上是一项文职人员的簿记工作，并且对所有的政府企业都具有强制性。苏联模式的全国账户一览表也具有强制性。正因为中东欧国家的会计过于标准化、简单化和例行化，所以会计便退化成了一项簿记工作，这样会计记录要比财务报表重要得多。

计划经济体制下的会计性质阻碍了中东欧的会计向后社会主义时期的会计进行转变。在社会主义体制中不存在完善的会计和审计职业界。会计工作者，引用拜利的说法（Bailey，1988，第12页），是“保守的、循规蹈矩的官僚主义的代表”。例如，在匈牙利，会计人员在社会主义时期被认为是简单的技术工人。因此会计职业名声低微，无法吸引有才智的青年（Borda，2001，第1 536页）。

在社会主义和集中计划经济时期（1944—1989年），波兰会计的重要性降低，其会计规范基本上由一套非常详细的以前苏联全国会计科目表（虽然经常被修订）为基础的财务条例组成。当时波兰没有独立的会计职业界，也不存在改革会计惯例的空间。会计成为中央管理经济的工具，政府通过对所有公司都具有强制性的统一的会计体系操作这个工具，而会计也退化为例行的簿记工作。

11.3.4 向市场经济转变所面临的问题

在指令性经济下，生产工具为国有制，政府控制经济，经济活动根据政府指令进行。相反，在市场经济体制下，生产工具主要为私有制，政府制定法律框架，经济活动在此框架内依照市场力量的指示进行。自从社会体制转型之后，中东欧国家开始在意识形态和实务两方面从计划经济向市场经济转变。显然这种转变将对会计产生重要影响，会计不再是政府经济管理的手段之一，相反，它成为商业组织支配的工具（Bailey，1995）。

每个国家转轨的进程都大不相同。年度宏观经济评估可参考欧洲重建和发展银行（European Bank for Reconstruction and Development）的《转型报告》（*Transition Reports*）。阿斯伦德（Aslund，2002）从6个方面总结了这些国家的成功，其中包括结构调整、通货膨胀控制、私有化、经济增长、腐败控制（可能这是与会计和审计最相关的一个方面）和民主政治。他的调查结果是，能给6个满分的国家只有爱沙尼亚和匈牙利。唯有这两个国家的腐败分数比透明度国际指数（Transparency International Index）中西欧国家的最低分要少。

从计划经济向市场经济转变的过程中，这些国家严重缺少熟练的会计和审计人员。会计职业界难以成为改进会计准则和会计实务的主角，于是这一重任便落到了不受信任的政府机构身上。财政部在改革后的会计法规中获得主导地位。这不仅反映了财政部在政府指导的经济计划中扮演的角色，也反映了其所具有的作为征税机关和收税机关的功能，而且在许多国家，为遵守欧盟指令财政部还会成为会计改革的立法机关。财政部在债权人和纳税保护国家（如法国、德国和日本）中也占据主导地位（见第2章）。

每个国家在实行会计转变的过程中不但可以利用它们在社会主义之前和社会主义时期的会计经验，而且还可以借鉴国外的法规和惯例，尤其是欧盟（许多中东欧国家于2004年或2007年加入了该组织，还有许多国家渴望加入该组织）、欧盟成员国以及国际会计准则理事会的准则惯例。国外的丰富经验（它们可能曾令东欧会计人员感到惊讶）并未使这种转变变得更为容易，因为欧盟内部的会计惯例也存在差异（即使在所有上市公司的合并报表都采纳了国际财务报告准则之后也是如此），同时国际会计准则在理念上承袭的是英美模式而非欧洲大陆模式。

吸取国内的在社会主义之前的经验和利用国外的非社会主义的资源有利亦有弊。社会主义之前的惯例和法规也许是针对特定的国家制定的，但它可能早已过时。来自外国的惯例或许先进得多，但它可能具有不必要的复杂性，并且还可能是一项“不适用的技术”。

无须惊讶的是，绝大多数的新法律都保留了旧法律的某些方面，尤其是在缺乏合格的会计人员以及会计对征税非常重要的情况下。在缺乏资本市场且政府能够提供贷款的国家中，后一种情况更为常见。这不仅意味着会计簿记和会计科目表具有重要的地位，它还意味着这些国家和德国一样，其会计法规能够管制所有类型的公司，而不仅仅管制有限责任公司。

在实务中，历时的和外部的资源均会被利用。第二次世界大战之前的《公司法》和《商法》已经被大量恢复。这些法律最初以德国法律为基础并与欧盟指令并不相斥。与发达的欧盟成员国一样，许多前社会主义国家正将欧盟指令写入法律之中。然而，国际会计准则委员会和四大国际会计师事务所（这些公司已进入这些地区，并迅速扩张，参见 Kirsch 等人，2000）的影响为这些国家带来了更多的英美会计理念。这种情况并非绝对不利，因为这些国家和以前的德国不一样，它们并无足够的经济实力能让其仅有的几个大公司免除向国际资本市场筹资的需要。进一步来说，外国投资者可能更愿意将其决策建立在由国际会计师事务所重新编制的非强制性的财务报表，而非法定财务报表之上（Bailey and Alexander，2001a）。独立的公司审计在东欧国家是新兴的概念，国际四大会计师事务所已经成功地获得了这些国家内最大型公司的审计工作。对本地会计师的需求通过按照英美会计技术培训本国的会计师来满足，这一目标部分地通过允许本地会计师取得英国特许注册会计师协会的职业资格来实现，部分地通过将会计教材翻译为当地语言来实现（Sucher 和 Zelenka，1998，第 730 页至 731 页；Focus，2000）。

计划经济中不需要外部审计和审计师的独立性，而且在转轨经济中，即使相关法律和法规已经建立，这些因素也无法得到迅速的培育，其中原因很多（Sucher and Kosmala-MacLullich，2004a，2004b）。审计师团体已经建立起来，但其内部充斥着的是在计划经济而非市场经济的文化和程序下成长和培养起来的会计师。此外，审计师独立性可能会受到多方面的威胁（例如审计师就客户进行的竞争、法律惩罚对税法的偏离），却不提供对投资者的保护。同时，审计师的独立性还受到客户公司的极度脆弱性的影响，这些公司一旦收到保留意见审计报告就会破产。在某些国家（例如捷克共和国）审计失败会被广泛宣传。捷克人第一次在国际会计词汇中使用“隧道效应”（tunnelling）来描述作为公司控制人的经理为了自身利益，将公司资产和利润进行转移（如同通过地下隧道一样）的行为（Johnson 等人，2000）。

不同的前社会主义国家具有不同的选择，这种选择受到政治因素和技术手段的影响。在波兰，关于银行和保险机构重组、开始私有化进程以及在华沙举行第一次股票交易的法案于1989年和1991年通过。在两次世界大战间隔期间制定的《破产法》也开始生效。《个人所得税法》和《公司所得税法》分别于1991年和1992通过。随着私有化的开始，1934年的《商法》又被重新启用。国有企业的私有化进展缓慢，部分是因为成立于1991年的负责监管股票市场的证券委员会（仿效美国证券委员会）制定的标准模糊不清。一部规定“大规模私有化”的法律于1994年通过，根据这部法律，500个中型企业被划入政府设立的15个国家投资基金（National Investment Funds，NIFs）之中。国家投资基金是公司的主要所有者。所有成年的波兰公民都获得一份可转换成国家投资基金股份的“全民”股权证明书（OECD，1996，附录4）。所有权的转变也可通过其他方式完成，但剩余的国有主体总数仍然很庞大（OECD，2000，第20页，附录5）。华沙证券交易所大约280家国内上市公司中大多数都由国际会计师事务所进行审计。

1991年1月，波兰财政部颁发了一部适用于除金融机构之外所有公司的《会计法令》（Accounting Decree）。该法案由于缺乏法律效力以及坚持无益的统一性而被强烈批评（Jaruga，1993）。1994年《会计法令》被《会计法案》（Accounting Act）所取代，之后《会计法案》于2000年再次被大规模修订（Reczek and Lachowski，2002）。

《会计法案》将第四号和第七号欧盟指令都考虑在内，即要求公司进行“真实公允”地呈报，这意味着会计规则正式（但在实务中并非一定如此）优先于税法要求。在实务中，公司按照法律要求遵守真实公允的规定，同时也遵守税收规则（Kosmala-MacLullich，2003）。真实公允这个概念被当成是要遵守的规则，而并没有深入考虑这个词背后所蕴含的深刻含义（Kosmala，2005）。1995年财政部颁发了一条专门针对合并报表的法令。

波兰会计行业一个重大的创举是纳税报告和财务报告的正式分离，同时还伴随了“递延税款”这一概念的引入（但其实务尚未普及）。递延所得税负债是必须计提的，而递延所得税资产则是可以计提的。另外，对谨慎性原则的强调和现金流量表的引入也很重要。

1994年《会计法案》并未规定采用强制性的统一会计科目表，但经济主体必须制订自己的会计计划。1995年，波兰会计师协会设计并发布了一份可自由选用的标准会计科目表（Jaruga and Szychta，1997）。

影响审计和会计准则实施的最主要问题是缺乏可靠并有经验的审计师队伍。尽管如此，却很少有关于审计失败的报道（Sucher and Kosmala-MacLullich，2004b）。有关波兰审计进一步的详细资料可参见克莱兹瓦德等人（Krzywda *et al.*，1998）和施洛德（Schroeder，1999）的著作。

波兰的计量规定自第二共和国以来就深受所得税条款的影响。1994年《会计法案》削弱了二者的联系，但是所得税条款的重要地位仍不容忽视，因为波兰的会计人员缺乏不依据税法规定编制财务报告的经验（Jaruga *et al.*，1996）。从纳税目的而不是财务报告本身出发，折旧率和折旧方法（包括鼓励投资的加速折旧法）、存货的计价方法以及坏账和存疑债务准备金在很大程度上都由财政部制定的法规决定，对单个公司来说几乎没有选择的余地。

《商法》要求股份有限公司计提法定公积金，但只包括极少的披露要求。《会计法案》已填补了这一空白，它采纳了欧盟第四号指令的财务报表格式。在亚鲁加和施洛德（Jaruga and Schroeder，2001）的著作中用波兰语和英语将这些格式重新表述了一遍。他们还对法案中关于对外公布的财务报表的内容和格式、资产计价和收益计量的条款进行了总结。然而，某些计划经济下的报告惯例仍然被保留下来，例如《会计法案》对"非常项目"的定义包括坏账和存疑债务、废弃项目的成本等内容（Krzywda 等人，1996，第 78 页）。

波兰财政部建立了一个会计准则委员会作为其下属组织，其成员包括来自学术界、大型跨国审计公司、国内审计公司、证券委员会、全国专业审计师公会、会计师协会和国内银行的代表。会计准则委员会致力于制定可实施的全国会计准则，以此作为对《会计法案》的修正和补充。

其他一些前社会主义国家的经验也是类似的。例如，博尔贝和埃文斯（Borbély and Evans，2005）对匈牙利执行 1991 年《会计法》的情况进行了介绍。虽然该法案的主要目的是将匈牙利法律与欧盟第四号指令进行协调，但实际上这个法案本身并不仅仅是第四号指令的内容，它还包括了很详细的规则。该法案承袭了德国会计的传统风格，其内容包括可选择的会计科目表（但在实务中其实是强制使用的）、财务报表的法定格式以及对谨慎性原则的特别强调。随着市场经济的发展，该法案在 20 世纪 90 年代经过多次修订，目的是为了执行其他欧盟指令（特别是第七号指令）以及与国际会计准则相融合，但实务中最关注的仍然是如何使税费最小化。2000 年新《会计法》的出台代替了 1991 年的《会计法》。这部法案主要目的仍然是与欧盟指令相协调，但其中已经有很深的国际会计准则的烙印。同样的，这部法律也经过了多次修订。1995 年匈牙利会计师协会成立，1997 年匈牙利审计师协会（类似德国的注册会计师协会）正式重建。1999 年匈牙利采纳了一套完整的审计准则（建立在国际审计准则的基础上），同时也建立了会计准则理事。但是匈牙利的监管者和会计师都仍然更偏好详细的规则。

在俄罗斯和其他从苏联分裂出来的国家中，会计改革的步伐十分缓慢。俄罗斯经历着巨大的非正式（黑色）经济，存在大量的腐败以及执法无力的问题。在这些国家，很少有外部投资者需要财务报表，而且传统上对外部审计和审计的独立性也没有要求。在实务中，审计师的主要作用是保证公司符合税法要求，他们有时候更像是政府的政治工具（Sucher and Bychkova，2001；Sucher *et al.*，2005）。这些国家向西方制度和资本主义靠拢的进程比较缓慢，同时还伴随有多次的经济和政治混乱。在这种环境下，加快会计改革的速度可能会导致"会计的不协调被会计混乱所取代"（Bailey and Alexander，2001b）。在俄罗斯，无条件接受英美会计模式"不被认为是改革国家会计体系的最佳方法"（Sokolov *et al.*，2001）。俄罗斯会计的某些方面具有固定做法，有些是社会主义时期形成的，有些是社会主义时期之前就已经形成的，无论美国和英国的会计制度的影响有多大，这些固定做法都难以改变。这样的固定做法的示例包括强调会计控制职能，坚持使用全国会计科目表，来自中央政权（例如财政部）的详细法规和指令以及相对弱小的会计职业界（Enthoven *et al.*，1998）。

然而随着俄罗斯政府努力使会计规则向国际财务报告准则转变，情况已经发生变化。许多俄罗斯的大型上市公司目前都按照国际财务报告准则或美国公认会计原则编制报表，而且俄罗斯还发布了许多新的法规，这使俄罗斯的会计法规更加接近国际财务报告准则（Enthoven *et al.*；Krylova，2003a）。尽管实务中大多数公司的会计账目仍然按照统一会计科目表（2001 年 1 月 1 日进行了大量修改）来编制，但是俄罗斯和欧盟一样，要求上市公司的合并财务报表遵守国际财务报告准则（Krylova，2003a）。

尽管俄罗斯和罗马尼亚都保留了强制性的全国会计科目表，但两国按不同的方式对该表进行了改革。俄罗斯把苏联的会计模式应用于市场经济，但却保留了起源于以生产处理为基础而不是以财务报表为基础（法国）的施马伦巴赫的会计制度科目表。另一方面，罗马尼亚抛弃了苏联的会计科目表，而采用了与法国模式相似的科目表。理查德（Richard，1995b）认为，在存在差异的诸多原因中，主要的原因是政治因素而非技术手段。罗马尼亚的会计人员不同于俄罗斯的会计人员，他们将苏联的科目表视为“舶来品”，某些罗马尼亚会计人员希望借助法国的帮助增强自身的影响力。法国的会计人员则希望扩大法国在罗马尼亚的经济利益。但在俄罗斯，法国模式的会计科目表被认为是脱离美国的惯例而不是向其靠拢的。俄罗斯的法律不同于罗马尼亚法律，它不曾受法国《会计法》（*droit comptable*）的影响。然而，一项由英国外事局资助的旨在帮助罗马尼亚会计向英美国家的资本市场型会计发展的计划已于 1996 年开始实施。金等人（King *et al.*，2001）对该项目的进程以及为何国际会计准则被视为是恰当的进行了深入的考察。1999 年罗马尼亚公布了部长令，将国际会计准则委员会的概念框架和国际会计准则融入了罗马尼亚的法律中。罗伯特（Robert，2001）考察了这一问题，他认为将以法国为基础的哲学思想和国际会计准则理事会的内容混合后会导致矛盾和混乱，并指出了这些矛盾和混乱的范围。

在转轨经济中，对会计改革的最大阻碍因素之一是财务报告和财政报告之间的紧密联系。俄罗斯最大的变革之一是对会计立法的修改和对税法第 25 章的实施。这有效地分离了财务报告和税务报告。在财务报告之外还必须建立一个单独的税务报告。这似乎是向积极方面的发展，因为这可以使俄罗斯的财务报告完全遵循国际财务报告准则的规定，但是人们也关心事实上将会发生什么。可能对大多数俄罗斯公司来说，同时满足两套准则太复杂了，而且成本也过高。许多公司可能只能符合税务报告规则（Krylova，2003b）。相对于股份公开的公司来说，私有公司更是如此，因为它们编制财务报表的主要目的就是将这些财务报表提供给税务局并最小化纳税额。为了吸引外部投资者，股份有限公司更有动机改善其报告盈余的质量。冈察洛夫和齐默曼（Goncharov and Zimmermann，2006）提供的经验证据表明，和世界上其他地方一样，相对于股份有限公司的财务报告而言，对税收规则的遵守对俄罗斯私有公司的财务报告有更大的影响。

11.3.5 应用国际财务报告准则

为了在 2004 年或 2007 年加入欧盟，许多中东欧国家进行了会计立法改革，使其会计制度与欧盟指令和法规相一致。从 1989 年许多国家初次颁布并实施了新的会计法规以来，它们已经对这些法规进行了更新，以便与国际财务报告准则更加一致。例如，捷克共和国于2001年和2003年对会计法令进行了修改（Sucher and Alexander，2002；Sucher and Jindrikovska，2004），波兰于2000年对会计法案进行了修改（Kosmala-MacLullich，2003；Vellam，2004）。2002年欧盟规则要求上市公司按照国际财务报告准则编制合并财务报表。在其他财务报表方面可以有选择地遵循国际财务报告准则。和其他西欧国家一样，这些转轨国家的反应也各不相同，而且很复杂。正如在后文的表13—3中所列示的，捷克共和国要求上市公司在单个报表中也使用国际财务报告准则，但却禁止非上市公司的单个报表使用国际财务报告准则。波兰则恰好相反，允许上市公司的子公司采用国际财务报告准则，但并不强制要求。匈牙利和法国类似，只允许上市企业合并报表采用国际会计准则，禁止在任何其他方面使用国际财务报告准则。三个波罗的海国家（与塞浦路斯和马耳他类似）要求所有公司的报表都采用国际财务报告准则，这可能是因为这些国家比较小，本身就缺少适合本国的规则。国际财务报告准则和各国会计规则存在相当大的差异（例如可以参考克莱兹瓦德和施洛德（Krzywda and Schroeder，2007）对波兰的介绍）。

尽管俄罗斯不是欧盟成员国，许多大型的俄罗斯公司为了满足海外融资需求，也声称按照国际财务报告准则编制财务报表。在实务中这些财务报表主要是由外部公司的审计师完成的，而且主要是由四大会计师事务所的审计师完成的。苏彻和亚历山大（Sucher and Alexander，2004）指出，他们对国际准则的遵守往往是不完整的，而且急需对国际财务报告准则的培训。

在转轨经济中执行国际财务报告准则非常不易。苏赫尔和亚历山大（Sucher and Alexander，2002）以及苏赫尔和金德褚斯加（Sucher and Jindrichovska，2004）讨论了捷克共和国存在的问题。执行过程由财政部主导，而且需要经过税收部门检查。大型捷克上市公司的董事在按照国际财务报告准则编制财务报表方面往往严重依赖国际会计师事务所，而这些董事本身根本不理解这些报表，尤其不理解实质重于形式的原则。小型捷克上市公司所有者是当地投资人，并由当地审计师审计，其向国际财务报告准则转变的过程就更加困难，而且对这些公司而言，这种转变看上去不会带来多少好处。这些发现可能对其他转轨经济国家也同样适用（对波兰的情况可以参考亚鲁加等人（Jaruga *et al.*，2007）的著作）。

小结

- 世界上有最大动力进行地区性趋同的是欧盟。会计趋同是欧盟委员会在欧盟内部消除经济障碍整体目标中的一个组成部分。
- 欧盟的趋同通过颁布指令和规则来实现。第四号指令促使多数欧盟国家的账户格式、披露或估价程序发生了变化。第七号指令在集团会计方面取得了显著的协调效果。
- 中东欧国家的财务报告变革是政治变化和经济改革的产物。
- 欧洲的前社会主义国家各行其是，它们的财务报告准则和实务也反映了这一点。许多国家接受了欧洲大陆会计模式，其中包括会计科目表和税法的主导作用，但是英法式会计也颇具影响力。和社会主义时期相比，在这些国家中会计以及会计职业界的地位和影响力均有所提高。

• 10 个中欧和东欧国家在 2004 年或 2007 年加入了欧盟，因此这些国家上市公司的合并报表将不得不按照国际财务报告准则来编制。尽管俄罗斯不是欧盟成员国，但是其上市公司也将被要求遵循国际财务报告准则来编制财务报表。在一些国家中，可能也会要求或允许公司的财务报告遵循国际财务报告准则。目前还不能确定这些国家的公司在短期内的遵守程度将会如何。

参考文献

Aisbitt, S. and Nobes, C. W. (2001) 'The true and fair view requirement in recent national implementations', *Accounting and Business Research*, Spring.

Alexander, D. (1993) 'A European true and fair view?', *European Accounting Review*, Vol. 2, No. 1.

Alexander, D. and Archer, S. (2001) *European Accounting Guide*, Aspen, New York.

Aslund, A. (2002) *Building Capitalism. The Transformation of the Former Soviet Bloc*, Cambridge, Cambridge University Press.

Bailey, D. (ed.) (1988) *Accounting in Socialist Countries*, London, Routledge.

Bailey, D. (1995) 'Accounting in transition in the transitional economy', *European Accounting Review*, Vol. 4, No. 4.

Bailey, D. and Alexander, D. (2001a) 'Eastern Europe: overview', in Alexander and Archer (2001), pp. 1456 – 63.

Bailey, D. and Alexander, D. (2001b) 'Commonwealth of independent states (CIS): overview', in Alexander and Archer (2001), pp. 1628 – 9.

Borbély, K. and Evans, L. (2006) 'A matter of principle: recent developments in Hungarian accounting thought and regulation', *Accounting in Europe*, Vol. 3.

Borda, M. (2001) 'Hungary', in Alexander and Archer (2001), pp. 1528 – 95.

Day, J. and Taylor, P. (2005) 'Accession to the European Union and the process of accounting and audit reform', *Accounting in Europe*, Vol. 2.

Diggle, G. and Nobes, C. W. (1994) 'European rule-making in accounting: the Seventh Directive as a case study', *Accounting and Business Research*, Autumn.

EC Commission (1978) *Fourth Directive on Company Law*, reprinted in *Trade and Industry*, 11 August 1978.

Enthoven, A. J. H., Sokolov, Y. V., Kovalev, V. V., Bychkova, S. M. and Semenova, M. V. (1998) *Accounting, Auditing and Taxation in the Russian Federation*, Center for International Accounting Development, Dallas, TX.

Enthoven, A. J. H., Sokolov, Y. V., Kovalev, V. V., Bychkova, S. M., Smirnova, I. M. and Semenova, M. V. (2001) *Accounting, Auditing and Taxation in the Russian Federation [An Update] 2001 Study*, Center for International Accounting Development, The University of Texas at Dallas; St. Petersburg State University, St. Petersburg; and East-West Management Institute, New York/Moscow.

European Bank for Reconstruction and Development (EBRD), *Transition Reports* (annual),

London.

Evans, L. and Nobes, C. (1998a) 'Harmonization of the structure of audit firms: incorporation in the UK and Germany', *European Accounting Review*, Vol. 7, No. 1.

Evans, L. and Nobes, C. (1998b) 'Harmonization relating to auditor independence: the Eighth Directive, the UK and Germany', *European Accounting Review*, Vol. 7, No. 3.

Focus(2000) 'Focus on Central and Eastern Europe', ACCA *Students' Newsletter*, April.

Goncharov, I. and Zimmermann, J. (2006) 'Earnings management when incentives compete: the role of tax accounting in Russia', *Journal of International Accounting Research*, Vol. 5, No. 1.

Gornik-Tomaszewski, S. (2005) 'Antecedents and expected outcomes of the new accounting regulation in the European Union', *Research in Accounting Regulation*, Vol. 18.

Jaruga, A. (1993) 'Changing rules of accounting in Poland', *European Accounting Review*, May.

Jaruga, A. and Schroeder, M. (2001) 'Poland', in Alexander and Archer(2001), pp. 1596 – 625.

Jaruga, A. and Szychta, A. (1997) 'The origin and evolution of charts of accounts in Poland', *European Accounting Review*, Vol. 6, No. 3.

Jaruga, A., Walinska, E. and Baniewicz, A. (1996) 'The relationship between accounting and taxation in Poland', *European Accounting Review*, Vol. 5, supplement.

Jaruga, A., Fijalkowska, J. and Jaruga-Baranowska, M. (2007) 'The impact of IAS/IFRS on Polish accounting regulations and their practical implementation in Poland', *Accounting in Europe*, Vol. 4.

Johnson, S., La Porta, R., Lopez-de-Silanes, F. and Sheifer, A. (2000), 'Tunneling', *American Economic Review*, Vol. 90, No. 2, May.

King, N., Beattie, A., Cristescu, A.-M. and Weetman, P. (2001) 'Developing accounting and audit in a transition economy', *European Accounting Review*, Vol. 10, No. 1.

Kirsch, R. J., Laird, K. R. and Evans, T. G. (2000) 'The entry of international CPA firms into emerging markets: motivational factors and growth strategies', *International Journal of Accounting*, Vol. 35, No. 1.

Kosmala, K. (2005) 'True and fair view of *rzetelny i jasny obraz*? A survey of Polish practitioners', *European Accounting Review*, Vol. 14, No. 3.

Kosmala-MacLullich, K. (2003) 'The true and fair view construct in the context of the Polish transition economy: some local insights', *European Accounting Review*, Vol. 12, No. 3.

Krylova, T. (2003a) 'Accounting in the Russian Federation', in P. Walton, A. Haller, and B. Raffournier, *International Accounting*, Thomson Learning, London.

Krylova, T. (2003b) book review of Enthoven *et al.* (2001), in *International Journal of Accounting*, Vol. 38, No. 3.

Krzywda, D., Bailey, D. and Schroeder, M. (1998) 'The development of the role of the statutory audit in the transitional Polish economy', *European Accounting Review*,

Vol. 7, No. 3.

Krzywda, D. and Schroeder, M. (2007) 'An analysis of the differences between IFRS and Polish accounting regulations: evidence from the financial statements of listed entities on the Warsaw Stock Exchange for the calendar years ending 2001, 2003 and 2004', *Accounting in Europe*, Vol. 4.

McGee, A. and Wetherill, S. (1989) *European Economic Interest Groupings*, Certified Bulletin No. 25, Chartered Association of Certified Accountants.

Nobes, C. W. (1983) 'The origins of the harmonising provisions of the 1980 and 1981 Companies Acts', *Accounting and Business Research*, Winter.

Nobes, C. W. (1993) 'The true and fair view requirement: impact on and of the Fourth Directive', *Accounting and Business Research*, Winter.

Nowotny, C. and Gruber, E. (1995) 'The history of financial reporting in Austria', in P. Walton, *European Financial Reporting. A History*, Academic Press, London.

Ordelheide, D. (1993) 'The true and fair view-a European and German perspective', *European Accounting Review*, Vol. 2, No. 1.

Organisation for Economic Co-operation and Development (OECD) (1996) *Economic Survey: Poland 1996 – 1997*, Paris.

Organisation for Economic Co-operation and Development (OECD) (2000) *Economic Survey: Poland 1999 – 2000*, Paris.

Parker, R. H. (1996) 'Harmonizing the notes in the UK and France: a case study in *de jure* harmonization', *European Accounting Review*, Vol. 5, No. 2.

Reczek, A. and Lachowski, W. (2002) 'Ties that don't bind', *Accountancy*, January, pp. 102 – 4.

Richard, J. (1995a) 'The evolution of accounting chart models in Europe from 1900 to 1945: Some historical elements', *European Accounting Review*, Vol. 4, No. 1.

Richard, J. (1995b) 'The evolution of the Romanian and Russian accounting charts after the collapse of the communist system', *European Accounting Review*, Vol. 4, No. 2.

Roberts, A. D. (2001) 'The recent Romanian accounting reforms: another case of cultural intrusion?' in Yelena Kalyuzhnova and Michael Taylor (eds), *Transitional Economies: Banking Finance Institutions*, Palgrave, London, pp. 146 – 7.

Schroeder, M. (1999) 'A description of the contents of the long-form statutory audit reports of a sample of Polish listed companies for 1996', *European Accounting Review*, Vol. 8, No. 1, pp. 1 – 23.

Sokolov, Y. V., Kovalev, V. V., Bychkova, S. M. and Smirnova, I. A. (2001) 'Russian Federation', in Alexander and Archer (2001), pp. 1642 – 84.

Sucher, P. and Alexander, D. (2002) *IAS: Issues of Country, Sector and Audit Firm Compliance in Emerging Countries*, Centre for Business Performance, Institute of Chartered Accountants in England and Wales, London.

Sucher, P. and Alexander, D. (2004) 'The preparation of IAS financial statements: A case study in a transitional economy', *Research in Accounting in Emerging Economies*, Supplement 2.

Sucher, P. and Bychkova, S. (2001) 'Auditor independence in economies in transition', *European Accounting Review*, Vol. 10, No. 4.

Sucher, P. and Jindrichovska, I. (2004) 'Implementing IFRS: A case study of the Czech Republic', *Accounting in Europe*, Vol. 1, September, pp. 109 – 41.

Sucher, P., Kosmala, K., Bychkova, S. and Jindrichovska, I. (2005) 'Introduction: Transitional economies and changing notions of accounting and accountability', *European Accounting Review*, Vol. 14, No. 3.

Sucher, P. and Kosmala-MacLullich, K. (2004a) *A Comparative Analysis of Auditor Independence in Economies in Transition*, Institute of Chartered Accountants of Scotland, Edinburgh.

Sucher, P. and Kosmala-MacLullich, K. (2004b) 'A construction of auditor independence in the Czech Republic: local insights', *Accounting, Auditing & Accountability Journal*, Vol. 7 (4), pp. 276 – 305.

Sucher, P. and Zelenka, I. (1998) 'The development of the role of the audit in the Czech Republic', *European Accounting Review*, Vol. 7, No. 4.

Taylor, S. (2000) 'Standard bearer', *Accountancy*, August, pp. 114 – 16.

Vellam, I. (2004) 'Implementation of international accounting standards in poland: Can true convergence be achieved in Poland?' *Accounting in Europe*, Vol. 1, September, pp. 143 – 67.

Walton, P. (1992) 'Harmonization of accounting in France and Britain: some evidence', *Abacus*, Vol. 28, No. 2.

Young, S. D. (1999) 'From plan to market: financial statements and economic transition in the East German enterprise', *European Accounting Review*, Vol. 8, No. 1.

实用网址

www. eaa-online. org

ec. europa. eu. int/internal_ market

www. fee. be

www. iasplus. com

www. oecd. org

www. gpw. com. pl

www. worldbank. org/ifa/rosc_ aa. html

课后问题

书末提供带星号问题的参考答案。

11. 1* 协调欧盟内部的公司财务报告是既必要又可能的吗?

11. 2* 社会主义之前和社会主义时期的会计以哪些方式影响了中东欧国家社会

主义之后的会计？

11.3 欧盟的协调对于欧洲非欧盟成员国产生了什么样的影响？

11.4 请讨论社会主义形态结束之后的俄罗斯和罗马尼亚对全国会计科目表的选择。

11.5 请比较20世纪90年代英美式会计和欧洲大陆式会计在东欧和中国的影响的重要性。

11.6 为什么在中东欧审计独立性会成为严重问题？

11.7 为什么罗马尼亚在社会主义体制结束之后采纳了英美模式而非法国模式的公司财务报告？说明该国在多大程度上进行了这样的采纳？

11.8 在2001年之前，哪种形式的协调更加成功，是国际会计准则委员会还是欧盟？

第 12 章　东亚会计协调与转轨

克里斯托弗·诺比斯①

内容

目标

读完本章后您应当能够

- 概括对日本会计产生影响的国外因素以及导致日本会计体系与众不同的原因。
- 解释来自政府的各种层次的要求以及《商法》与《证券法》对财务报告的要求的差异。
- 说明日本和其他国家会计实务方面的主要差别。
- 评价国际协调在日本已经取得和预期可以取得的成就。

---

① 12.2 部分是莱斯利·坎贝尔（Leslie Campbell）为第二版所著部分的修订版。

- 概述 20 世纪 80 年代末以后中国会计的发展。
- 解释中国是如何融合新旧会计思想的。
- 概括中国会计准则与国际会计准则之间现存的主要差异。

12.1 引言

上一章关注的是欧洲会计的情况，其中包括全球最富有国家“G7”中的四个——德国、英国、法国和意大利。本章将关注东方最大的两个经济体——日本与中国——的会计制度。日本是世界第二大经济体。在写本书的时候，中国刚刚成为世界第四大经济体，并且可能将最终成为世界上经济实力最强的国家。

尽管日本会计有一些独特之处，但是一个多世纪以来，它受到了外部因素的强烈影响，这些影响首先来自欧洲，随后来自美国。在新千年，国际会计准则理事会已经成为影响日本会计发展的关键因素，这些问题将在第 12.2 部分进行研究。同样，国际会计准则理事会在中国的会计改革方面也起到了十分重要的作用。这部分内容将在第 12.3 部分进行讨论。

本章将使用更多的篇幅来介绍日本会计，这是因为考虑到两个原因。首先，目前日本上市公司比中国上市公司更加重要。其次，日本会计体系从 19 世纪末开始就不断发展，而且在 20 世纪 40 年代末出现了一个重大的转变。中国现行体制在很大程度上是 20 世纪 90 年代后的产物。但是毫无疑问，中国会计将在国际上变得日益重要。

12.2 日本

12.2.1 会计环境

本部分将从 19 世纪末《商法》的引入开始研究日本会计的发展。我们尤其要分析过去 10 年的变化，并以此作为会计协调化的例证。在这一部分中，我们将首先考察一下日本的会计环境。下一部分将研究其法规框架，然后讨论会计实务及与国际财务报告准则的差异。

日本的工业化始于 1868 年初的明治维新，政府曾致力于刺激并促进工业的发展。日本的经济至少在第二次世界大战之前仍控制在少数财阀（Zaibatsu）手中，这些财阀是工业和政治联盟的财团，最初起源于显贵家族，而且通常拥有一家银行。尽管另外一种非正式的关联公司集团（Keiretsu）已取代了财阀，但银行的重要性和公司控制方面的某些封建因素仍然继续存在。

第二次世界大战以后，日本发展成为世界超级经济大国之一。到 1989 年底，东京证券交易所的股票市值超过纽约证券交易所（尽管之后前者市值大幅下降）。日经指数从 1989 年的最高峰 38 916 点下跌，到 2005 年其市值远低于 1989 年的 1/3。1994 年底，东京证券交易所的股票市值仍是伦敦证券交易所的三倍多（The Economist，1996，第 56 页），不过到 2007 年二者大体上持平（见表 1—5）。1994 年和 1995 年，全球最大的六家银行都是日本银行（The Economist，1996 年，第 54 页）。然而到 1998 年末，六大银行无一是日本银行（Financial Times，1999），其原因部分归结于日元的贬值，部分则归结于日本股票市场的下跌。

20 世纪 90 年代，股票价格和资产价格的大规模下挫导致需要通过重组来拯救银行，同时也使得会计界对变化与外界环境的影响更加开放。

在日本，政府对会计的影响最强烈（Arai and Shiratori，1991）。然而这种影响来源于三个相互独立的方面:《商法》（从欧洲大陆影响中衍生而来）、《证券交易法》（源于美国的影响）以及《税法》。这些将在第 12. 2. 3 部分进行讨论。这三个来源几乎没有进行全面的协调，事实上，这三个来源在财务报告问题上时有相互冲突的解决方案。

日本的上市公司必须遵循《证券交易法》的规定。东京证券交易所还制定了自己的上市要求。尽管日本目前的股票交易规模十分庞大（见表1—5），然而日本的公司通常主要依靠借贷而非发行股票作为其筹资的主渠道，因此银行是公司主要的资金提供者（Cooke 和 Kikuya，1992，第 46 页）。日本的短期债务融资通常由 90 天期固定利息本票构成。更长期的融资方式可能由将短期票据展期为若干年的非正式协定构成。短期债务融资经常在日本公司的固定资产中占重大的比例。很多时候，银行持有客户很大比例的股权，甚至可能是客户最大的股东。一般而言，日本公司的股权都被长期持有。银行深层次的介入和股权持有的长期性意味着日本不如英美那样重视短期盈利信息。银行能直接获取客户的会计信息，因此相对地并不关注公司的对外财务报告。此外，公司之间可能签订相互持股协议。这些股东和银行可能更倾向于获得内部会计信息，并且能在公司年度会议上投票选举管理层。

由于前述政府权力对会计的重要影响，日本会计职业界对财务报告的影响相对而言比较微弱。日本注册会计师协会（Japanese Institute of Certified Public Accountants，JICPA）是国际会计准则委员会的创始成员之一，但是该组织在 20 世纪 90 年代末期以前对日本财务报告影响甚微。主要原因是最初国际会计准则委员会试图通过国家会计职业机构的努力来推广其准则。对日本财务报告具有更明显的长期影响作用的是美国对日本《证券交易法》的影响和德国对其原来的《商法》的影响。美国的影响缩小了日本会计准则与国际会计准则的差距。尽管如此，在 1993 年至 1995 年间，国际会计准则委员会的主席由日本人担任，也正是这段时间，国际影响力在日本持续扩大。2001 年，日本成立了一个民间准则制定机构（见第 12. 2. 4 部分），部分原因是为了和新的国际会计准则理事会进行联络。

12. 2. 2 公司组织形式

日本最常见的公司组织形式是株式会社（*kabushiki kaisha*，KK）。它在很多方面与英国的公开上市公司相似，但与株式会社更为相似的公司组织形式是德国的股份公司（*Aktiengesellschaft*，AG）（见第 14 章）。日本大约有 100 万家株式会社。它们最低的股本发行量为 1 000 万日元。其中大约有 2 600 家株式会社公开交易股票，而仅有 2 400 家左右的株式会社在东京证券交易所上市。因此，虽然所有的公开交易其股票的公司都是株式会社，但到目前为止，绝大多数的株式会社只有很少的股东而且规模相当小。

日本另一个最常见的公司组织形式是有限会社（*yugen kaisha*）。与此最相似的英国的组织形式可能是私人股份有限公司，不过德国有限责任公司（GmbH）与有限会社的形式更接近。有限会社的股东承担有限责任的方式与株式会社的股东相同。有限会社和株式会社的主要差别在于对股东人数的限制方面。有限会社的股东人数不得超过50位，而株式会社的股东人数则没有上限。有限会社的股东仅在征得其他股东的同意时才可以处置所持有的股票。对株式会社的股东没有类似的限制，尽管公司章程可能要求股东只有在征得董事会同意时才可以处置股票。

日本有两种主要的合伙形式，合名会社（*gomei kaisha*）是一般或无限责任合伙；合资会社（*goshi kaisha*）是有限和无限结合的合伙，它由一个或多个有限合伙人与一个或多个无限合伙人组成。

12.2.3 法规框架

第一个法规来源是《商法》。《商法》由法务省（Ministry of Justice）执掌，适用于所有的株式会社。它根植于德国19世纪的《商法》之上，并于1890年经过改编而成。然而随着对商法的多次修订，德国的影响已经逐渐消失。

通常法务省的职员具有法律背景而非会计背景。因此日本同德国拥有一样的观念，即保护债权人利益至少和保护股东利益同等重要，这一观念对商法管理具有影响。这也许能够解释为什么《商法》中具体的会计规则对谨慎的资产计价的重视更甚于对收入计量的重视。《商法》规定满足以下两条标准之一的公司必须聘请独立的职业审计人员进行审计：公司的股本超过5亿日元，或是公司的总债务超过200亿日元。

第二个法规来源是《证券交易法》。2000年以前该法由大藏省（Ministry of Finance）管理，目前由金融服务局（Financial Services Agency，FSA）管理，并且仅适用于公开交易股票的株式会社。《证券交易法》于第二次世界大战结束后不久颁布，当时由麦克阿瑟将军负责管理盟军监控下的日本（Chiba，2001）。麦克阿瑟政权将美国的会计规章体系作为修订日本会计体系的范本。美国对日本证券交易法的主要影响源自美国《1933年证券法》和《1934年证券交易法》。因此，大藏省和现在的金融服务局关于财务报告方面的职能和权力在许多方面与美国证券交易委员会相似。1947年美国驻日管理者在日本设立了一个与证券交易委员会类似的机构，但它在1952年美军撤离后被撤销。

日本《证券交易法》关于会计计量的要求，尤其是关于披露和归档的要求比《商法》的要求更广泛也更具体（相关比较见Cooke，1993a）。公司必须向金融服务局和在其中上市的任何一个证券交易所提交财务报表。公众可以在大藏省或相关的交易所查阅财务报表（见第12.2.5部分）。《证券交易法》监管范围内的所有公司必须经过审计。

金融服务局负责准备一份参考文件，即企业会计原则，这份文件在1949年首次发行，大约每10年修订一次。所有根据《证券交易法》报告的公司必须遵守这些原则。与上文提到的法务省制定的《商法》相比，金融服务局的财务报告要求的对收入计量和股东权益保护往往甚于对资产计价和债权人利益的保护。

金融服务局设有一个顾问机构，名为企业会计审议会（Business Accounting Deliberation Council，BADC），其成员具有不同的背景，他们来自工业界、会计职业界、政府界和大学等领域。直到 2001 年会计准则委员会（Accounting Standards Board）成立（见下文），企业会计审议还会针对特殊问题发表“意见”和“准则”。目前企业会计审议会已经被企业会计委员会所代替，后者仍然关注审计指南问题。

公开交易股票的株式会社受上述两方面的政府影响，因此它必须编制两套财务报表：一套按《商法》的要求编制送交股东，另一套按《证券交易法》的要求编制送交有关机构存档。两套财务报表的净收益是相同的。二者的一个显著区别是《证券交易法》要求披露的内容更多，另一个显著的差异是《商法》不要求编制集团报表。《商法》要求株式会社必须在报纸或政府公报上公布简要的财务报表。在上文所述的标准规模以下的公司只需要公布简要的资产负债表。

法规的第三个来源是税收法律法规。这些法律法规对财务报告有重大的影响，因为正如许多欧洲国家一样，只有当特定的费用扣除项目和递延收益反映在公司依据《商法》编制的法定财务报表上，它们才可以因纳税目的而扣除或者允许收益进行递延。这些费用扣除项目和递延项目有折旧、坏账准备、应计雇员遣散赔偿金以及分期付款销售利润等。总的来说，《商法》、《证券交易法》和企业会计原则在某些领域规定得相当模糊，因此当遇到具体问题时往往要参考《税法》的规定。例如，《商法》要求流动资产以成本计价，除非其市价“实质上更低”。这导致会计人员更倾向于采用《税法》所作出的跌价 50% 或 50% 以上的标准（Sawa，2003，第 179 页）。

公司经常选择能获得最大纳税利益而不是能更准确地反映基本经济事实的会计政策。《税法》的另一个影响是，对于某些不可扣税的项目，例如董事奖金，公司往往不在计算利润时抵减收入，而是从留存收益中扣除。

因此，政府根据上述三个方面的法律显著影响着财务报告。与法务省相比，金融服务局在日本的影响日益增强。由于这两个部门的立场存在根本的差别，这种相对影响力的变化已经导致日本对财务报告的监管从采用“法制化”的手段转向采用更“经济化”的手段。

12.2.4 会计职业界和会计准则

与日本政府相比，会计职业界对财务报告的影响相当微弱，它远不及英美国家会计职业界的影响（Sakagami *et al.*，1999）。日本注册会计师协会是根据 1948 年《注册会计师法》成立的（尽管其有一个根据 1927 年法律成立的前身机构）。日本注册会计师协会大约拥有 17 000 名会员。因此，日本注册会计师协会是最近时期的新生物，它和英美国家的职业机构相比，规模仍然很小。

直到 2001 年，日本注册会计师协会才对会计事务发表建议公告。根据《证券交易法》向金融服务局提交财务报告的公司必须遵守这些公告，否则将被视为背离可接受的会计惯例。如果公司严重背离日本注册会计师协会的公告，金融服务局将要公司修改其财务报表。然而，尽管日本注册会计师协会的公告通过这项措施得到金融服务局强有力的认可和支持，但是它们处理的通常是相对不太重要的事务。

极少数的日本注册会计师协会成员在工商业界担任高级财务职位。因此，日本会计职业界对财务信息的编制者几乎没有影响。这种情形与英国相反，例如，英国许多大公司的财务总监都是会计职业界的成员。日本和德国一样，也具有单独的（比德国更大的）税务专家职业界。如前文所述，企业会计审议会的成员中包括会计职业界的代表，这些日本注册会计师协会的个别代表可能通过影响企业会计原则的内容和形式来影响财务报告。

2001 年，日本成立了一个民间准则制定机构（财务会计准则基金会），部分原因就是为了有一个明确的机构和新的国际会计准则理事会进行联络。该基金会由 10 个民间组织构成，其中包括日本注册会计师协会。其目标是将制定准则的权力从公共机构（如企业会计审议会）转移到民间机构手中。与美国、英国及国际会计准则理事会的准则制定机构的安排一样，日本的组织也有一个管理监督委员会和一个由 13 位成员组成的会计准则理事会（其中 3 位为全职人员）。新的理事会的主要任务之一是协助日本会计实务与国际会计实务趋同。

到 2008 年 1 月为止，日本会计准则理事会已经发布了 15 个“公告”和一些指南文件（见表 12—1）。其中部分（例如第 8 号公告以股份为基础的支付和第 11 号公告关联方披露）在很大程度上与国际财务报告准则一致。其他的公告与日本的特殊问题相关（例如第 6 号公告净资产变动报告）。12. 2. 9 部分讨论日本会计准则与国际财务报告准则的差异。

表 12—1　　**日本会计准则（到 2008 年 1 月为止）**

公告	
1	库藏股和法定公积的分配
2	每股盈余
3	对退休福利准则的修订
4	董事奖金
5	净资产的呈报
6	净资产变动报告
7	企业分割
8	以股份为基础的支付
9	存货计量
10	金融工具
11	关联方披露
12	季度财务报告
13	租赁交易
14	对退休福利准则的修订
15	建造合同

资料来源：作者在国际会计准则理事会理事山田辰己（Tatsumi Yamada）的帮助下完成此表。

12. 2. 5　年报内容

1. 《商法》的要求

《商法》对财务报表格式和内容的特殊规定包含在《关于股份有限公司资产负债表、利润表、营业报告书和支持性附表的条例》（Regulations Concerning the Balance Sheet, Income Statement, Business Report and Supporting Schedules of Joint Stock Corporations）中。法务省于 1963 年首次发布该条例，此后屡经修订，1982 年进行过

一次大型修订。

根据《商法》编制的财务报表必须包括资产负债表、利润表和拟议的盈余分配表。就第2章讨论的报表格式来看，日本的资产负债表是账户式的，其列示从流动资产开始，日本的利润表是竖式的，根据功能列示。公司必须向股东大会提交各项补充附表，包括股本和公积金变动的具体情况、固定资产的购置和处理以及与董事或股东的交易。日本注册会计师协会曾公布了一套按《商法》条款中的披露要求编制的财务报表范本（JICPA，1991）。

日本《商法》规定的财务报表的格式和内容与美国财务报表的格式和内容存在差异，日本注册会计师协会发布的财务报表范本指出了其中几个关键之处：

（1）在日本资产负债表中，应收票据（例如商业票据）的金额几乎总是大于应收账款的金额。同样，应付商业票据的金额也几乎总是大于应付商业账款的金额。日本的公司通常签发不带息票据以抵付应收和应付账款。票据期限通常为90天期和120天期。

（2）日本的应付账款只包括对商品和原材料供应商的欠款，对劳务提供者的欠款列入其他应付款或应计费用中。

（3）董事会可以建议增加或减少留存收益二级科目中的通用拨款账户的金额。这种增加或减少可以通过计入“未分配留存收益”账户或从其中转出来来完成。董事会的建议必须在股东年会中得到核准。董事会建议留存在“未分配留存收益”中的金额通常代表董事会打算在近期分派的股利数额。

（4）利润中特殊利得与损失部分包括任何来自预计负债转回的收益贷项，这些是公司原先出于特定目的而计提但现在却认为没有必要继续的项目。

（5）特殊利得与损失部分包括计算得出本年损益之前的以前年度调整。然而在美国，公司是从留存收益的期初余额中进行以前年度调整的。

（6）特殊利得与损失部分包括递延资产预计不再带来未来收益而被核销时产生的非常利得和损失，以及非正常交易与事件产生的非正常损益。因此，非正常损益在日本不受预计不再发生和不经常性这两条标准的限制。

（7）日本的公司必须承担3种不同的税赋：公司税、工商企业税和居民税，它们均以收益为课税基础。公司不把工商企业税作为所得税的一部分，而是将其列入销售费用和一般管理费用中。

2.《证券交易法》的要求

《证券交易法》对财务报表的格式和内容的特殊规定包含在大藏省1963年发布的《关于财务报表的术语、格式和编制方法条例》（Regulations Concerning the Terminology，Forms and Preparation Methods of Financial Statements）中。根据《证券交易法》编制的财务报表必须包括资产负债表、利润表、拟议的盈余分配表、各项补充附表和某些不需审计的补充信息。补充附表包括股本和公积金、长期负债、固定资产和集团内部交易的具体情况。不需审计的补充信息包括公司组织结构、雇员、产品和现金流量的详细说明。

公司分别根据《证券交易法》与《商法》编制的两套财务报表中的某些项目（如当年损益和股东权益）是一致的，然而前者的条款对财务报表的术语、格式和内容的规定更详细，并且通常要求公司披露某些项目的补充信息或对根据《商法》编制的财务报表的某些项目重新分类。

1991年日本注册会计师协会的出版物中提到了一些关于《证券交易法》的额外要求，其中包括：

- 资产和负债按流动性递减的顺序排列。
- 关联方交易和余额应与其他交易和余额分开披露。
- 以占资产负债表的1%作为重要性标准。例如，特定类别的存货（如原材料）若其总额超过总资产的1%，则应单独披露。利润表的重要性标准为10%和20%，视情况而定。例如，如果对关联方的销售收入超过总销售收入的20%，则公司应单独披露该项目。又如，如果出售有价证券的损失超过非经营费用总额的10%，则公司应单独披露这项损失。
- 披露财务报表的补充附注。例如，任何会计政策重大变动的详细说明，包括变动原因。
- 披露销售费用、一般管理费用的各个单独组成部分。

3. 便携式翻译版本

使用日本财务报表的外国用户普遍面临的急迫和重大的困难是语言障碍。很明显，日语的财务报表不但在单词方面与英语的财务报表不同，而且措辞亦不同。因此几乎没有西方用户能够猜测日本报表的关键词汇。语言障碍可以通过多种不同的途径克服。西方的股票经纪公司可以雇用日本人翻译并评价日本的财务报表，个人股东亦可从中受益。对特定日本公司的财务报表感兴趣的用户也可以雇用精通日文翻译的公司和个人为其提供服务。

某些大型的日本跨国公司会编制英文版的年报。例如一家在纽约证券交易所上市的日本公司必须遵守美国证券交易委员会的有关规定。这些规定要求提供根据美国公认会计原则编制的或从日本会计准则调整为美国公认会计原则的英文版财务报表。尽管根据美国公认会计原则编制或调整的财务报表可能对用户有所帮助，但这种转换意味着这些财务报表不是日文版财务报表信息的可靠来源。不过，在美国证券交易委员会注册的外国公司中，尤其是在那些根据美国公认会计原则编制财务报表的外国公司集团中，日本公司是最大的团队之一（Godwin *et al.*，1998）。

未在外国证券交易所上市的日本公司可能也会编制英文版的财务报表。此类报表有时被称为“便携式翻译版本”。公司可能对财务报表进行便携式翻译并以此作为公共关系和市场营销的一部分。便携式翻译通常包括以日元表示的相关金额以及采用合适的年终汇率将日元换算为美元后的金额。报告通常强调公司将日元换算为美元仅仅是为了方便用户，并不意味着公司实际上已经或可能会将日元换算为美元。便携式翻译版本一般采用与日本公认会计原则一致的收益计量原则和资产计价原则。不过便携式翻译版本可能包括日本公认会计原则中不要求额外披露的事项，而且它可能将某些财务报表项目重新分类成外国用户更熟悉的形式（Nobes and Maeda，1990）。上述的重新分类一般不影响总资产、股东资金或本年利润。便携式翻译版本提供日本财务报告某些方面的有用信息。然而，上述的额外披露和重新分类意味着便携式翻译版本同样无法完全准确地反映日文版财务报告的原貌。

12.2.6 会计原则

1. 有形资产及折旧

日本公司的资产负债表必须以历史成本（减累计折旧额）列示固定资产。除了土地以外（见下文），法规不允许对资产进行重估。这种保守的做法与德国和美国的实务相同，但和国际会计准则理事会的一些准则中允许重估的规定相反。1998 年，日本的一项新法令（于 1999 年修订）允许大公司（见第 12.2.3 部分）在 2001 年 3 月前对土地价值进行重估。由此产生的任何重估准备都不作为利得进行纳税，从而导致了递延所得税负债的产生。

日本最常见的折旧方法是余额递减法。一项对日本财务报告的调查（Gray *et al.*，1984）发现，在被调查的 50 家日本公司中，有 47 家公司采用余额递减法计提折旧（也可参见 Cooke 和 Kikuky，1992，第 223 页）。公司通常采用税法中规定的折旧率。

国际财务报告准则和美国的规则均要求将融资租赁资本化，但在日本，融资租赁资本化现象极少见，这正是一个注重税法和法律形式而忽略经济实质的国家会出现的情况。然而，1993 年企业会计审议会发布一项指南，规定"所有权转移"租赁必须资本化，其他融资租赁可以资本化或是通过提供实质上相同的信息对其进行披露。在日本，情况依然没有发生变化。

2. 无形资产

直到最近，《商法》和企业会计原则才允许公司递延确认研究和开发费用。然而企业会计审议会要求公司自 2000 年 4 月开始将研究和开发费用作为当期费用处理。国际会计准则理事会的准则规定，在满足某些标准的时候公司必须将研究开发费用资本化，而在美国，大多数开发费用不允许递延。巴伦等人（Ballon *et al.*，1976）认为某些日本公司采用灵活的递延政策并且通过在经营状况差的年份里递延开发费用，在经营状况好的年份里将其转销来平滑各年的利润。然而，后来对日本财务报告的调查（Gray 等人，1984；Cooke 和 Kikuya，1992，第 224 页）发现，80%的日本公司在开发费用发生时即将其注销。

在日本，其他无形资产（如开办费和证券发行费用）也可以资本化，但国际会计准则和美国准则却不允许这种做法。非合并取得的商誉可以资本化，并在 5 年以上的时间内以直线法摊销。摊销费用是可扣税项目（Nobes and Norton，1996）。

3. 投资

在 2000/2001 年以前，金融资产一般按照成本计价或在大幅减值时以更低的价值计价。所以利得的确认会推迟很多年，直到售出时才确认，而且大多数情况下金融资产的价值下跌也会被忽视。但是在 2001 年 3 月 31 日之后的资产负债表中，可供出售的金融资产大致按照美国或国际会计准则理事会的规则来处理，总的来说处理方法如下：

- 投资者的非合并报表，对子公司、合资企业和联营企业的投资都按照成本计价。
- 持有至到期日的债券按照摊余成本计价。
- 可供出售的有价证券按照公允价值计价，利得和损失计入净利润（无论是否实现）。

- 其他投资按照公允价值计量，利得和损失计入所有者权益。

4. 存货

过去公司一般以成本计量存货（Cooke 和 Kikuya，1992，表 12—3）。然而，《商法》和企业会计原则不允许在存货市价大幅度跌落且无望回升的情况下采用成本进行计量。正如前文所述，一般而言，流动资产损失仅当其市价跌至历史成本的 50% 或更低时才准予作为扣税项目，因此公司对较小的损失往往不作会计处理。日本会计准则理事会第 9 号公告（2006 年）要求采用成本与市价孰低法对存货进行计价，这里的市价通常指的是可实现净值。

在美国，当存货的重置成本低于其成本和可变现净值时，公司会采用重置成本计价。在《国际会计准则第 2 号》的要求下，必须使用成本和可实现净值孰低的价格。根据日本会计准则公告，即使存货市场价值后来上升，公司也可以继续用之前更低的价格来计量存货（和美国一样），或者使用成本和现行可实现净值孰低法计量存货（和国际财务报告准则一样）。

若公司无法逐个辨明存货项目的实际成本，它可以选择以下的存货流动假设：加权平均成本法、先进先出法（FIFO）或后进先出法（LIFO）。在实务中，加权平均成本法比先进先出法和后进先出法更常见。自然，正如美国在此方面的做法一样，会计处理上选用的方法一定与纳税上选用的方法一致。国际会计准则委员会从 2005 年起禁止使用后进先出法。

5. 应收账款

公司有时会按照税法允许抵扣的上限对存疑债务计提坏账准备，因此该数额可能大于其他国家的相似公司所计提的数额（JICPA，1994，第 13 页）。日本公司可以计提超过税法规定金额的预计负债，但超过部分不得作为扣税项目，所以极少公司采取这种做法，这也是税法影响日本财务报告的一个方面。

2000 年之前，日本对外币借款和贷款的会计处理与绝大多数国家不同。短期项目（一年以内到期）以期末汇率进行折算，但长期项目以交易日的历史汇率进行折算（除非发生重大损失）。但是目前，日本已经采纳了美国和国际会计准则理事会对短期项目和长期项目都采用期末汇率进行折算的处理方法。

6. 法定公积金

《商法》要求公司计提至少等于已发放股利 10% 的法定公积金，直到公积金达到股本的 25% 为止。此规定与法德的法定公积金规定相似，但日本公司计提的比重更大。法定公积金不可用于分配，但可按照适当的法律程序（如发放红股）转作资本。对法定公积金的要求体现了《商法》对债权人利益保护的导向。公积金是专门确保公司不能采取以牺牲债权人利益为代价的方式恣意制定股利政策。

7. 递延税款

如前所述，税法对日本的财务报告具有重大影响。重大的时间性差异极少出现，因为财务报表的金额通常与纳税报表的金额十分接近。例如，公司通常在财务报表中计提的折旧费金额与以纳税为目的计提的折旧金额是一致的，也即税法允许的最高限额。因为重大的时间性差异极少产生，所以递延税款的会计处理实务在日本未能得到发展。

《商法》没有特别关注递延税款，但其会计条款将可递延费用的项目限制在特定范围内，其中不包括所得税。因此，《商法》实际上禁止公司记录递延所得税资产，虽然它未禁止记录递延所得税负债。然而允许某些公司记录递延所得税负债而禁止另一些公司记录递延所得税资产似乎是相互矛盾的。所以根据《商法》编制的财务报表极少报告递延税款项目（JICPA，1994，第35页）。

传统上，递延税款也极少在合并财务报表中报告。然而，企业会计审议会的声明要求从2000年3月末开始的所有财务报表必须全额计提递延税款。日本注册会计师协会就递延所得税资产的确认方法公布了审计指南。

8. 非常项目

在利润表账户格式中，非常项目必须与其他项目分开，并作为一个独立部分在公司所得税之前单独列示。它们包括固定资产销售的利得和损失以及由于差错更正而产生的重要重述。这个概念比美国的概念更为宽泛（在美国会计实务中这样的项目很少出现）。国际会计准则委员会从2005年起禁止公司列报这些项目。

9. 养老金

传统上，几乎所有的日本公司都有雇员退休和辞职计划（不建立基金），以便在雇员离开公司时按其服务年限、薪水和其他因素计算需要支付的金额。公司计提的养老金费用通常仅限于税法允许抵扣收入的金额范围，也就是如果所有的雇员在年终自愿辞职，该金额为所要求支付的金额的40%。企业会计审议会公告要求从2001年3月后的会计年度在合并报表中计提全额的雇员福利准备金。越来越多的大公司开始制定西方式提存的外部养老金计划。

10. 已付/应付股利

日本利润表的股利仅是公司当年支付的中期股利。年终股利在年末尚未经过批准，因此只能记录在分配表中并影响结转的留存收益。相反，在美国，当年支付的股利不在利润表中反映，并且不编制分配表。

12.2.7 合并报表及外币折算

与美国的集团财务报告相比，日本的集团财务报告是近期的新生物。在日本的财务报告中，传统上重视的是母公司的财务报表而不是合并财务报表。如前文所述，《商法》不要求编制合并财务报表，而《证券交易法》在1992年以前也只是要求将合并财务报表作为补充信息披露。1998年日本对其法规进行了修改，对于上市的株式会社，合并报表成为其证券报告的基本组成部分。

规范合并财务报表的法规的第一个来源是《关于合并财务报表的规定》（Regulations Concerning Consolidated Financial Statements），它是大藏省1976年发布的，大藏省还发布了相关的解释性规定和条例。如果公司在1977年之前已对外公布了按外国认可的准则编制的合并财务报表，大藏省将豁免其遵守上述规定的义务，并允许其继续采取这种做法（直到2001年）。例如，某些日本公司曾根据美国会计准则编制合并财务报表（Cooke，1993b）。

过去，日本与欧洲或国际会计准则理事的规定会存在的一个差异是，子公司在日本被定义为被持有一半以上有表决权股票的公司，而不是采用基于“控制”这一模糊概念之上的定义。从于2000年3月结束的会计年度起，情况已发生改变（Seki，2000）。但是那些正式的关联公司集团由于没有母公司而不受合并法规的管制。

日本的法规中包含某些非常具体的合并财务报表的编制程序，例如公司必须消除集团内部余额和交易，必须确认非全资子公司中的少数股东权益。有时候日本的合并报表可以包含不执行相同政策的国外子公司的数据。2006年日本会计准则理事会指南仍然允许那些按照国际财务报告准则或者美国公认会计原则编制报表的外国子公司在某些方面采取这样的做法。

在日本，合并商誉的计算曾经以取得的净资产账面价值为基础，或者像美国或国际会计准则委员会规则那样以公允价值为基础（JICPA，1994，第26页）。然而从2000年开始，商誉的计算必须参考子公司净资产的公允价值，这和《国际财务报告准则第3号》类似。关于集团在此之后如何从资产负债表上注销商誉的问题，目前仍存在相当大的国际差异。在日本，集团必须将商誉在其有效的使用年限内摊销。摊销年限通常遵循非合并商誉的摊销年限，即不超过5年，有时商誉仅在一年内摊销完毕。然而，日本的一项举措再次体现了国际协调的效果，即自2000年3月的会计年度开始，摊销年限最长可达20年。正如前面章节所指出的，美国和国际会计准则委员会已经对商誉采取了一项只允许减值的措施，但是日本还没有赶上这项变化。在日本，负商誉被视作负债，逐渐摊入利润。在国际财务报告准则中，负商誉被视作当期损益，而按照美国公认会计原则的规定，公司很少出现负商誉。

日本的集团公司必须使用权益法将联营企业纳入合并报表中，这一点与美国和国际财务报告准则相同。合营企业通常也采用权益法。

日本对合并外国子公司的会计处理与美国和国际财务报告准则有很大差异。有关的要求包含在企业会计审议会一份名为《外币交易会计准则》（Accounting Standard for Foreign Currency Transactions）的文件中，这份准则于1979年发布，之后在1984年和1995年进行了修订。在最近的这次修订（自1996年起生效）之前，日本的准则一直要求集团采用修正的时态法折算外国子公司的财务报表以编制合并报表。在修正的时态法下，以历史成本取得的资产、资本和非流动负债用历史汇率折算，绝大多数以现行价值计价的资产和负债（例如应收款项、应付款项和以市价计量的存货）用期末汇率折算。修订后的准则要求资产负债表项目以期末汇率折算，利润表项目以平均汇率折算。这些规定与美国公认会计原则和国际会计准则的要求相似。

12.2.8 审计

日本《商法》要求株式会社进行法定审计，但是进行法定审计的审计师却不一定必须具有职业资格。只有符合下列两条中的一条的公司才要求必须由独立的职业审计师审计：

- 公司的股本总额超过50亿日元；
- 公司负债总额超过20亿日元。

控制着审计准则的是企业会计审议会而非日本注册会计师协会，这再一次证明了日本会计职业力量的相对薄弱（见第 12.2.5 部分）。不过从 1991 年开始，企业会计审议会认可日本注册会计师协会作为编制和发布审计准则的机构。金融服务局规定按照《证券交易法》要求进行财务报表审计，必须符合一般认可的审计惯例，也就是企业会计审议会所发布的审计准则和工作规则。因此，金融服务局已经将制定审计准则的权力委托给了企业会计审议会，其制定的准则就有了法定权威。

12.2.9 与国际财务报告准则的差异

在过去的几年中，日本会计实务发生了重大的变化。如前所述，2001 年建立了一个民间准则制定机构。在此之前，企业会计审议会就已经开始调整日本的会计规则，向国际会计准则委员会或美国的规则靠近。到于 2001 年 3 月 31 日结束的会计年度为止，许多传统的日本会计惯例被废弃，然而和一些欧洲国家不同，尚不存在日本公司直接采用国际财务报告准则来编制财务报表的例子（Sawa，2003，第 183 页）。表 12—2 列示了 2008 年日本规则不允许或不要求符合国际财务报告准则的一些主要方面。表 12—3 对比列示了日本会计实务与国际财务报告准则的规定的实务中存在的一些主要差异。

表 12—2　**日本规则不允许或不要求与国际财务报告准则一致的一些方面**
（2008 年 3 月底）

- 减值在未贴现现金流量的基础上进行评估，并且不允许转回
- 除了所有权转移给承租人的租赁，其他租赁均按照经营租赁处理
- 存货减值到市价之后可以一直按照该市价来计量
- 在确定存货价值时允许采用后进先出法
- 开发费用不可以资本化
- 经营开始之前的开办费用可以资本化
- 建造合同中可以采用完成合同法来确认收入
- 在支付义务产生之前可以根据董事决策来计提准备
- 准备金不需要被折现
- 在合并资产负债表中可以记录拟派股利
- 可转换债券本质是权益的部分并没有按照权益入账
- 非常项目的披露和定义都很广泛
- 差错和政策变更通过利润来更正和变更
- 允许在某些企业合并中使用权益结合法
- 商誉在 20 年的期限内摊销
- 当联营企业采用权益法入账会严重误导利益相关者时，不可以这样做，但并没有何时适用的指南
- 没有对下列披露的具体要求
  — 综合收益的基本报表
  — 以后进先出法计价的存货在先进先出法或现值法下的价值
  — 非持续经营
  — 分部的负债报告

表 12—3 **日本/国际财务报告准则的主要差异**

标题	日本	国际财务报告准则
1. 融资租赁，除了那些转移所有权的	不予以资本化	资本化
2. 存货	允许采用后进先出法	禁止使用后进先出法
3. 结果可以可靠计量的建造合同	可以使用完成合同法（2009 年以前）	完工百分比法
4. 预计负债	如果没有支付义务也可以确认，一般不贴现	有支付义务时才确认，必需贴现
5. 商誉	20 年期间内摊销	每年进行减值
6. 拟派股利	可以计提	不可以计提
7. 可转换债券	通常作为负债	不可以计提
8. 非常项目	定义广泛	不允许

12.3 中国

12.3.1 会计环境

在中国，虽然没有剧烈的政治变革，但强大的经济改革推动了会计的发展。中国已从社会主义计划经济体制向“社会主义市场经济体制”转变。这个过程开始于 1978 年，那是 1976 年“文化大革命”结束之后的第二年。有关经济改革的例子如下：

- 虽然企业的所有权仍然牢牢掌握在政府手中，但管理权和所有权已经分离，因此“企业主体”的概念开始有意义。
- 银行系统中非政府性贷款筹资日益重要，权益性融资也开始出现。
- 巨额的外国投资资本已流入中国（Davidson *et al.*，1996）。

尤其相关的发展包括：

- 中国人民银行于 1984 年确认并开始监管证券发行（Winkle *et al.*，1994）。
- 20 世纪 90 年代早期，上海和深圳两地成立证券交易所。
- 1992 年，中国公司（华晨汽车公司）在纽约证券交易所首次公开发行。
- 中国公司目前可发行 A 股（必须由中国人持有）、B 股（可由外国人持股，从 2001 年起也可由中国人持股）和 H 股（在香港上市）。一些中国公司也已经在美国、英国、新加坡和其他地方上市。

12.3.2 1992 年的会计法规

中国的会计体系曾经适应当时的经济体制，并以前苏联的统一会计制度为基础。它包括会计科目表、以资金来源和资金运用为基础的资产负债表和编制多种分析附表的要求。企业资金由政府提供，并根据其用途分为固定资金、流动资金和专用资金等三项。每一项资金来源都有必须遵循的规定用途。恩托文（Enthoven，1987）、斯考森和杨（Skousen and Yang，1988）以及周（Zhou，1988）都曾描述过中国的会计体系及其改革的开端。

伴随着经济改革，中国政府开始实行会计改革，其重要目的之一就是鼓励外国投资。1992 年财政部发布了四项会计法规，其中包括对利润分配和审计的说明。与会计改革最相关的法规是《中华人民共和国外商投资企业会计制度》和《股份制企业会计制度》。1993 年《企业会计准则》开始生效。它制定了若干基本规则（例如，必须采用复式记账法，财务报表必须包括现金流量表或财务状况变动表，以及在一定条件下必须提供合并财务报表），建立了概念框架（尽管名称不同），制定了详细的会计科目表和若干详细的财务报告规定。《企业会计准则》的译文可参见汤云为等人（1994）的著作。

中国会计规范的概念框架与美国和国际会计准则委员会的概念框架相当接近（Davidson *et al.*，1996）。然而，会计规范并未具体而明确地说明财务报表的主要使用者或目标。事实上，企业的财务报表包括不同层次的使用者，如政府、银行、公众以及企业自身的管理人员。这与美国或国际会计准则委员会重视外部投资者的财务决策制定完全不同，不过它适用于政府仍然是企业资金最重要的提供者以及借贷资本比权益资本重要得多的国家。另一个相关的事实是纳税申报数据与会计数据仍然保持高度统一，因此计算应纳税所得额成为会计的主要目标之一。《企业会计准则》建立在历史成本基础上，不允许国际会计准则理事会或英国规则中所允许的重估，也不允许使用国际会计准则理事会/美国/英国规则中使用程度日渐增多的公允价值。此外，“实质重于形式”尚未作为一项会计原则确立，而且可靠性优先于相关性。然而，中国的会计体系承认“企业主体”以及相关的“所有者权益”和“利润”概念。

值得关注的是，中国的法规框架与英美国家的法规框架相去甚远。中国的“准则”由政府部门制定，中国注册会计师协会也受政府控制。中国注册会计师协会成立于 1988 年，其成员数量增长迅速（见表 1—10）。

1992 年法规中的具体会计制度是不完整的。这些会计制度包括固定资产采用历史成本计价；存货计价可选用先进先出法或后进先出法等，但不得采用“成本与市价孰低”法；坏账准备和折旧的计提以税法条例为基础。有关的详细内容请参见葛家澍等人（1997）的著作。作为企业会计准则的补充，实施了一系列的行业会计制度（Xiao *et al.*，2004）。

12.3.3 1992 年以后的发展

自 1992 年法规出台后，世界银行提供了 260 万美元的贷款以资助中国财政部进行会计职业方面的改革并发展会计准则（Davidson *et al.*，1996），改革和发展中的主要顾问是德勤会计师事务所。德勤全球公司派出的咨询委员之一是国际会计准则委员会的前成员（Cairns，1996）。国际会计准则委员会和中国注册会计师协会签订了多项合同。

1994 年至 1996 年中国发布了三十个准则征求意见稿，它们大体上都与国际会计准则委员会制定的准则保持一致。制定的第一个准则，《关联方关系及其交易的披露》于 1997 年发布。

1997 年，中国加入国际会计准则委员会，并成为理事会正式观察员。国际会计准则委员会的理事会曾在北京召开过一次大会，中国政府宣布支持国际会计准则委员会。同样在 1997 年，香港（自 1993 年开始已将其准则建立在国际会计准则基础之上）回归中国。

1998 年 10 月，中国成立了隶属于中国财政部的会计准则委员会（Accounting Standards Committee，CASC）。委员会包括学术界人员、会计师事务所的成员和政府专家。会计准则委员会获得了更多的世界银行资助，并再一次聘任德勤全球公司作为其咨询专家。到 2005 年初，会计准则委员会已经发布了 16 个准则，其中一些准则只适用于上市公司。

同时在 1998 年，财政部发布了《股份有限公司会计制度》，确定了财务报告的格式（Taylor，2000）。所有的上市公司都必须考虑其存货、投资和应收账款是否减值。但其他类型的公司则不允许进行减值。

为了增强对投资者的保护，1999 年修订了《会计法》（1985 年第一次颁布，1993 年第一次修订），该法包括公司治理和内部控制等方面的主题。根据《会计法》，国务院（全国人民代表大会的立法执行机构）发布了《企业财务会计报告条例》（Financial Accounting and Reporting Rules，FARR），从而更新了《企业会计准则》的概念框架，使之与国际会计准则委员会的概念框架更加一致（Pacter and Yuen，2001b）。

2000 年，财政部颁布了一个为所有行业制定的《企业会计制度》（Enterprise Accounting System），从 2002 年起生效。该制度的第一部分把计提减值的要求扩大到大多数资产并且引入了“实质重于形式”的概念。第二部分包括一个适用于所有行业的会计科目表（见第 14 章）以便改善会计的统一性。这种会计制度与会计准则同时并存。

从 2005 年起，实行了非上市公司与其他中小企业适用《小企业会计制度》（Accounting System for Small Business Enterprises）。它的规则比较简单。2006 年 2 月，财政部发布了一套新的《企业会计准则》：由一个基本准则和 38 个具体准则组成，并且和国际财务报告准则基本一致。上市公司从 2007 年开始执行这些准则，并且允许其他企业也执行这些准则。本章附录 12.1 提供了该套准则的目录。

这套新的《企业会计准则》的发布导致中国会计实务发生了巨大的变化，但是该套准则与国际财务报告准则仍然存在差异（见第 12.3.6 部分）

12.3.4 发展历程概述

有人（Zhou *et al.*，1995）认为，文化差异将延缓中国会计朝英美会计方向发展的进程。大量尚存的与国际财务报告准则（见下面的12.3.6部分）的差异证实了这一点。不过肖泽忠和潘爱香（Xiao and Pan，1997）认为采用英语国家的概念框架是改革陈旧的中国会计实务的一种协助手段。概念框架被视作持续改善准则的途径之一。

肖泽忠等人（Xiao *et al.*，2004）认为政治因素使得中国能够在发展会计准则的同时继续使用统一的会计制度（例如2000年的《企业会计制度》）。

12.3.5 审计

上文已提过中国注册会计师协会的成立。目前大量公司必须经过审计，其中包括外资公司（总数超过200 000家）、有限责任公司（大约5 000家）以及许多国有公司。大型国际会计师事务所在中国发展迅速，不过对它们还有若干限制，例如审计报告通常只能由中国的注册会计师签字，中国注册会计师协会的某些外国会员在特定条件下也被允许在审计报告上签字（*Accountancy*，1997）。

郝振平（Hao，1999）回顾了20世纪尤其是1978年以后中国会计职业界组织和规范的变化，从中可以看到国家仍然具有很强的影响力。

关于中国审计准则和国际指南的比较分析，请参考其他学者（Lin and Chan，2000）的著作。

12.3.6 与国际财务报告准则的差异

凯恩斯（Cairns，1996）曾考察了18家在香港证券交易所上市的中国公司的年报。如前所述，这些公司发行“H”股。它们被要求公布根据国际财务报告准则或香港准则（与国际财务报告准则相近）编制的财务报表。在凯恩斯考察的18家公司中，5家选用国际财务报告准则，另13家选用香港准则。与最初的中文版财务报表相比，根据国际财务报告准则编制的报表仅作了很小的调整，最常见的调整是由外币折算的会计处理方面的暂时性问题所引起的。从中国准则到美国准则的调整则要多得多。然而，随着新准则的生效，预计所有的这些调整都将变得微不足道。

陈杰平等人（Chen，1999）研究了根据中国会计准则计算的报告收益与根据国际会计准则计算的报告收益之间的调整问题。他们认为根据中国准则计算的报告收益明显更高。陈世敏等人（Chen，2002）考察了1997年到1999年之间中国会计实践从中国规则向国际会计准则的调整，试图发现1998年的规则是否减少了两套规则之间的差异。他们没有发现两套规则之间差异减少的证据，并认为这是因为缺乏基础架构的支持，从而导致出现了盈余管理和较差的审计质量。

国际会计准则委员会/理事会对中国的影响在前面已经提到过了，不过中国规则和国际财务报告准则仍然存在大量差异（参见Deloitte，2006）。表12—4列示了其中一些重要差异。这些表的内容是和上市公司相关的。对非上市公司来说，差异更大。

表 12—4　　　　中国会计规则和国际财务报告准则存在差异的领域

不同之处

- 《企业会计准则第 8 号》禁止所有减值损失的转回（与美国公认会计原则相同，但与《国际会计准则第 36 号》不同）
- 《企业会计准则第 5 号》通常要求按照历史成本来计量生物资产（与美国公认会计原则相同，但与《国际会计准则第 41 号》不同）

差距

- 《企业会计准则第 9 号》，雇员福利没有与设定受益计划相关的内容，但是这种计划在中国较罕见
- 《企业会计准则第 11 号》，以股份为基础的支付没有包括当主体收到一项资产或者以现金结算时的情况，然而这种情况在中国很罕见
- 相对《国际财务报告准则第 5 号》，《企业会计准则第 4 号》和《企业会计准则第 30 号》对持有待售资产和非持续经营的规定只有很少的要求

取消选择

- 《企业会计准则第 4 号》和《企业会计准则第 6 号》不允许选择使用公允价值来计量资产（与美国公认会计原则相同，但与《国际会计准则第 16 号》、《国际会计准则第 38 号》和《国际会计准则第 40 号》不同）
- 《企业会计准则第 2 号》只允许对合营企业采用权益法（与美国公认会计原则相同，但与《国际会计准则第 31 号》不同，该准则允许比例合并法）
- 《企业会计准则第 16 号》不允许用政府补助来抵减资产价值（与《国际会计准则第 20 号》不同）
- 《企业会计准则第 31 号》不允许使用间接法编制现金流量表（与《国际会计准则第 7 号》和美国公认会计原则都不同）
- 《企业会计准则第 30 号》要求按照功能来呈报利润表（《国际会计准则第 1 号》和美国公认会计原则都允许按照性质来呈报）

从表 12—4 中可以看出，主要的差异在于取消了国际财务报告准则允许的一些选择方法，而且这些方法多数都是美国规则不允许的。因此遵守了中国企业会计准则也就是遵守了国际财务报告准则。

小结

- 在日本的财务报告环境中，政府具有主要的影响作用。政府的影响作用有三个不同的来源，即《商法》、《证券交易法》和税收法规。这三个来源代表着对财务报表目标的不同看法。
- 与英美历史悠久、力量强大的会计职业界相比，日本的会计职业界规模相对比较小，对财务报告的影响也较小。
- 日本的某些会计要求和做法可能显得比较保守。例如，日本公司通常以历史成本计量固定资产，而从不采用评估价值。日本公司中最常见的折旧方法是余额递减法，余额递减法将导致在资产寿命期的早期计提相对较高的折旧。日本公司通常计提不可分配的法定公积金。许多公司通常在财务报表中报告税法所允许的最高限额的费用，即使它已超过了谨慎性会计原则所要求的限额。

• 日本的法规在20世纪90年代末期被大规模修订，以缩小与美国和国际财务报告惯例的差异。2001年日本成立了一个民间准则制定机构。

• 在经济改革的作用下，中国的财务报告已经发生了转变。英美会计已经在中国建立了影响力。在中国，会计和会计职业界的地位和影响力都在提高。

• 中国会计的一些传统特征仍然存在，这导致了理念的融合。

• 新一套中国会计准则与国际会计准则仍然存在差异。

参考文献

Accountancy (1997) 'China's profession lets the outside in', *Accountancy International*, June, p. 17.

Accountancy (2000) 'More standards planned', *Accountancy*, June, p. 9.

Arai, K. and Shiratori, S. (1991) *Legal and Conceptual Framework of Accounting in Japan*, Japanese Institute of Certified Public Accountants, Tokyo.

Ballon, R. J., Tomita, I. and Usami, H. (1976) *Financial Reporting in Japan*, Kodansha International, Tokyo.

Cairns, D. (1996) 'When East meets West', *Accountancy* (international edn), August, pp. 53–5.

Chen, C. J. P., Gul, F. A. and Xijia, S. (1999) 'A comparison of reported earnings under Chinese GAAP vs. IAS: evidence from the Shanghai Stock Exchange', *Accounting Horizons*, June.

Chen, S., Sun, Z. and Wang, Y. (2002) 'Evidence from China on whether harmonized accounting standards harmonize accounting practices', *Accounting Horizons*, Vol. 16, No. 3.

Chiba, J. (2001) 'The designing of corporate accounting law in Japan after the Second World War', *Accounting, Business and Financial History*, Vol. 11, No. 3.

Chow, L. M., Chau, G. K. and Gray, S. J. (1995) 'Accounting reforms in China: cultural constraints on implementation and development', *Accounting and Business Research*, Vol. 26, No. 1, pp. 29–49.

Cooke, T. E. (1993a) 'Disclosure in Japanese corporate annual reports', *Journal of Business Finance and Accounting*, June.

Cooke, T. E. (1993b) 'The impact of accounting principles on profits: the US versus Japan', *Accounting and Business Research*, Autumn.

Cooke, T. E. and Kikuya, M. (1992) *Financial Reporting in Japan*, Blackwell, Oxford.

Davidson, R. A., Gelardi, A. M. G. and Li, F. (1996) 'Analysis of the conceptual framework of China's new accounting system', *Accounting Horizons*, Vol. 10, No. 1, pp. 58–74.

Deloitte (2006) *China's New Accounting Standards*, Deloitte.

Economist (1996) *Pocket World in Figures 1997*, *The Economist*, London.

Enthoven, A. J. H. (1987) 'A review and some observations', in *Accounting and Auditing in the People's Republic of China*, Shanghai University of Finance and Economics, and Center for International Accounting Development, University of Texas at Dallas, pp. 205–26.

Financial Times(1999) *FT 500*, Financial Times, 28 January, p. 23.

Gee, M. A. and Mano, T. (2006) 'Accounting for deferred tax in Japanese banks and the consequences for their international operations', *Abacus*, Vol. 42, No. 1, pp. 1-21.

Godwin, J. H., Goldberg, S. R. and Douthett, E. B. (1998) 'Relevance of US - GAAP for Japanese companies', *International Journal of Accounting*, Vol. 33, No. 5.

Gray, S. J., Campbell, L. G. and Shaw, J. C. (eds) (1984) *International Financial Reporting*, Macmillan, London.

Hao, Z. P. (1999) 'Regulation and organization of accounts in China', *Accounting, Auditing and Accountability Journal*, Vol. 12, No. 3, pp. 286-302.

Huang, A. and Ma, R., (2001) *Accounting in China in Transition*: 1949-2000, World Scientific Publishing, Singapore.

IASB(2005) *Insight*, International Accounting Standards Board, April/May, p. 2.

Japanese Institute of Certified Public Accountants (1991) *Corporate Disclosure in Japan, Reporting*, JICPA, Tokyo.

Japanese Institute of Certified Public Accountants (1994) *Corporate Disclosure in Japan, Accounting*, JICPA, Tokyo.

Jiashu, G., Lin, Z. J. and Feng, L. (1997) 'Accounting standards and practices in China', in N. Baydoun, A. Nishimura and R. Willett, *Accounting in the Asia-Pacific Region*, Wiley, Singapore.

Lin, K. Z. and Chan, K. H. (2000) 'Auditing standards in China-a comparative analysis with relevant international standards and guidelines', *International Journal of Accounting*, Vol. 35, No. 4, pp. 559-80.

Liu, K. C. and Zhang, W. G. (1996) *Contemporary Accounting Issues in China*, Prentice Hall, Singapore.

Nobes, C. W. and Maeda, S. (1990) 'Japanese accounts: interpreters needed', *Accountancy*, September.

Nobes, C. W. and Norton, J. E. (1996) 'International variations in the accounting and tax treatments of goodwill, and the implications for research', *Journal of International Accounting, Auditing and Taxation*, Vol. 5, No. 2.

Pacter, P. and Yuen, J. (2001a) 'Chinese standards in the international arena', *Accounting and Business*, March, pp. 36-9.

Pacter, P. and Yuen, J. (2001b) 'Accounting standards in China: a progress report', *Accounting and Business*, February, pp. 22-5.

Sakagami, M., Yoshimi, H. and Okano, H. (1999) 'Japanese accounting profession in transition', *Accounting, Auditing and Accountability Journal*, Vol. 12, No. 3.

Sawa, E. (2003) 'Accounting in Japan', Chapter 7 in P. Walton, A. Haller and B. Raffournier(eds), *International Accounting*, Thomson, London.

Seki, M. (2000) 'Reshaping Standards', *Accountancy*, June.

Skousen, C. R. and Yang, J. (1988) 'Western management accounting and the economic reforms of China', *Accounting, Organizations and Society*, Vol. 13, No. 2, pp. 201–26.

Tang, Y. W., Chow, L. and Cooper, B. J. (1994) *Accounting and Finance in China*, 2nd edn, Longman, Hong Kong.

Taylor, S. (2000) 'Standard bearer', *Accountancy*, August, pp. 114–16.

Winkle, G. M., Huss, H. F. and Xi-Zhu, C. (1994) 'Accounting standards in the People's Republic of China: responding to economic reforms', *Accounting Horizons*, Vol. 8, No. 3, pp. 48–57.

Xiao, J. Z., Weetman, P. and Sun, M. (2004) 'Political influence and coexistence of a uniform accounting system and accounting standards: recent developments in China', *Abacus*, Vol. 40, No. 2, pp. 193–218.

Xiao, Z. and Pan, A. (1997) 'Developing accounting standards on the basis of a conceptual framework by the Chinese government', *International Journal of Accounting*, Vol. 32, No. 3, pp. 279–99.

Zhou, Z. H. (1988) 'Chinese accounting systems and practices', *Accounting, Organizations and Society*, Vol. 3, No. 2, pp. 207–24.

后续读物

Choi, F. D. S. and Hiramatsu, K. (1987) *Accounting and Financial Reporting in Japan*, Van Nostrand, Reinhold.

Cooke, T. E. (1991) 'The evolution of financial reporting in Japan: a shame culture perspective', *Accounting, Business and Financial History*, Vol. 1, No. 3.

Cooke, T. E. (1994) 'Japan', in T. E. Cooke and R. H. Parker (eds), *Financial Reporting in the West Pacific Rim*, Routledge, London.

Kuroda, M. (2001) 'Japan-Group Accounts', in Ordelheide, D. and KPMG, *Transnational Accounting*, Palgrave, New York, pp. 1807–907.

McKinnon, J. L. (1984) 'Application of Anglo-American principles of consolidation to corporate financial disclosure in Japan', *Abacus*, June.

Oguri, T. and Hara, Y. (1990) 'A critical examination of accounting regulation in Japan', *Accounting, Auditing and Accountability*, Vol. 3, No. 2.

Sakurai, H. (2001) 'Japan-Individual Accounts', in Ordelheide, D. and KPMG, *Transnational Accounting*, Palgrave, New York.

实用网址

www. asb. or. jp

www. jicpa. org. jp

www. csrc. gov. cn

www. cicpa. org. cn

www. worldbank. org/ifa/rosc_ aa. html

课后问题

书末提供带星号问题的参考答案。

12.1* “与美国会计不同，日本会计不是自身环境的产物而是外部影响的产物。”请讨论这种说法。

12.2* 根据20世纪90年代初的哪些因素可以预测中国会计在未来10年的发展方向？

12.3 请比较日本注册会计师协会和美国注册会计师协会的作用。

12.4 请讨论中国和日本在财务报告及其规定方面存在差异的原因（请举出与其效果相关的例子）。

12.5 “日本是独一无二的，因此日本会计也是独一无二的。”请讨论这种说法。

12.6 假设你是一个习惯于美国或英国公司报表的财务分析师，当你在评估日本公司时会遇到哪些困难？

12.7 讨论诺比斯（1998）模型中日本会计的分类（见图3—4）。是什么特征导致了这种分类，日本会计及其环境与该组的其他国家有哪些相同之处？

12.8 根据你对日本会计的了解，按照格雷模型（1988）你认为日本会计具有哪些特征？

12.9 为什么在20世纪90年代中国会计的发展道路与东欧国家不同？

12.10 请比较20世纪90年代英美会计和欧洲大陆会计在东欧与中国的影响的重要性。

附录12 《企业会计准则》

- 《基本准则》
- 《企业会计准则第1号——存货》
- 《企业会计准则第2号——长期股权投资》
- 《企业会计准则第3号——投资性房地产》
- 《企业会计准则第4号——固定资产》
- 《企业会计准则第5号——生物资产》
- 《企业会计准则第6号——无形资产》
- 《企业会计准则第7号——非货币性资产交换》
- 《企业会计准则第8号——资产减值》
- 《企业会计准则第9号——职工薪酬》
- 《企业会计准则第10号——企业年金基金》
- 《企业会计准则第11号——股份支付》
- 《企业会计准则第12号——债务重组》
- 《企业会计准则第13号——或有事项》
- 《企业会计准则第14号——收入》
- 《企业会计准则第15号——建造合同》

- 《企业会计准则第 16 号——政府补助》
- 《企业会计准则第 17 号——借款费用》
- 《企业会计准则第 18 号——所得税》
- 《企业会计准则第 19 号——外币折算》
- 《企业会计准则第 20 号——企业合并》
- 《企业会计准则第 21 号——租赁》
- 《企业会计准则第 22 号——金融工具确认和计量》
- 《企业会计准则第 23 号——金融资产转移》
- 《企业会计准则第 24 号——套期保值》
- 《企业会计准则第 25 号——原保险合同》
- 《企业会计准则第 26 号——再保险合同》
- 《企业会计准则第 27 号——石油天然气开采》
- 《企业会计准则第 28 号——企业会计政策、会计估计变更和差错更正》
- 《企业会计准则第 29 号——资产负债表日后事项》
- 《企业会计准则第 30 号——财务报表列报》
- 《企业会计准则第 31 号——现金流量表》
- 《企业会计准则第 32 号——中期财务报告》
- 《企业会计准则第 33 号——合并财务报表》
- 《企业会计准则第 34 号——每股收益》
- 《企业会计准则第 35 号——分部报告》
- 《企业会计准则第 36 号——关联方披露》
- 《企业会计准则第 37 号——金融工具列报》
- 《企业会计准则第 38 号——首次执行企业会计准则》

第四部分　单个公司的财务报告

第 13 章 单个公司财务报告的环境

克里斯托弗·诺比斯

内容

目标

读完本章后您应当能够

- 举例说明各国规则和两个“世界性准则”的差异。
- 解释各国规则能够继续存在的原因和存在的目的。
- 概括财务报告、税收和利润分配之间的联系。
- 通过案例解释为小企业制定特殊准则的进程。

13.1 引言

世界上大多数公司都没有在证券交易所上市，这些未上市的公司包括了几乎所有上市公司的子公司。这些子公司是独立的法人主体，因此需要编制与公司相关的非合并财务报表。不仅子公司，作为集团一个部分的母公司，无论上市与否，也都需要编制非合并财务报表。即使单个主体无需公开其财务报表，它也需要为各种目的提供会计数据，例如计算应纳税所得，计算法定可分配利润或提供用于合并的数据。

在许多国家（例如大多数欧洲国家），非上市公司的合并报表和非合并报表都要继续按照本国会计规则来编制。即使集团公司的合并报表必须遵循国际财务报告准则或美国公认会计原则（见第 5 章），多数情况下其单个公司报表的编制也可以遵循或者必须遵循本国会计规则。换句话来说，许多国家的大部分会计实务都没有遵守国际财务报告准则或者美国公认会计原则。本书的这个部分（第 13 章到第 15 章）将考察这种会计实务。

第 14 章考察不同国家的会计规则有哪些差异。第 15 章考察几个主要国家的会计规则，并将这些会计规则与国际财务会计准则进行比较。在此之前，该章还介绍了一些环境问题。13.2 部分概括了各国会计规则与国际财务报告准则或美国公认会计原则之间的差异。13.3 部分总结了一些主要国家在多大程度上继续使用本国规则。13.4 部分考察了财务报告、税收和利润分配计算之间的联系。第 13.5 部分看一下对小企业或非上市公司制定特殊规则的争论。13.4 部分还介绍了国际会计准则理事会为这些公司制定的准则。

13.2 各国规则与国际财务报告准则或美国公认会计原则的差异概要

第 15 章将考察会计准则和实务的一些国际差异，阐释这种差异的另外一个方法是考察从国内规则向国际财务报告准则或美国公认会计原则的调整。本书已经在其他章节也考察了一些这样的转化。表 1—1、表 1—2 和第 5.4 部分分别展示过一些例子。我们将在第 16.2 部分和第 16.3 部分介绍大众汽车公司和德意志银行从德国规则向国际财务报告准则转换的例子。

这些调整都是与合并报表相关的。公司不提供非合并报表的调整，理由是国际投资者对此不感兴趣。例如在世界上最大的资本市场——美国，非合并报表很少是经过审计的，公司甚至根本就不会提供这些报表。然而对合并报表的多数调整都适用于非合并报表，两者最大的不同之处是和商誉有关的部分。

表 13—1 列示了德国巴斯夫公司提供的从德国会计向美国会计调整的信息。带星号的项目与合并报表无关。我们用另外一家德国化学公司——拜尔公司——在国际财务报告准则被强制要求执行之前一年的报告，来说明国际财务报告准则和德国会计规则之间的差异，其中部分内容列示在表 13—2 中。同样，这些问题中只有一个是与合并报表有关的。第 15 章讨论了其中的部分主题。

表 13—1　**巴斯夫公司的调整项目（从德国会计调整到美国会计）**　单位：百万欧元

	股东权益
按照德国会计准则报告的股东权益	15 765.0
少数股东权益	(331.8)
扣除少数股东权益之后的股东权益	15 433.2
按照美国公认会计原则进行的调整	
* 资本化的利息费用	472.7
* 资本化为内部使用而开发的软件	128.3
* 养老金会计处理	924.3
* 准备金会计	244.4
* 衍生工具和长期外币项目的会计处理	3.2
* 按照市价进行的证券估价	191.5
使用权益法进行会计处理的公司所进行的价格调整	39.0
* 存货计价	18.9
* 商誉摊销转回	469.5
* 其他调整	58.6
* 递延所得税和对股利支付的所得税影响的确认	(810.8)
少数股东权益	(13.7)
按照美国公认会计原则报告的股东权益	17 159.1

注：标注星号的不是合并报表问题。

资料来源：节选自 *BASF Annual Report*，2004，p. 93. BASF SA，Ludwigshafen，Germany。

表 13—2　**拜尔公司对国际财务报告准则与德国规则之间差异进行的解释**

按照国际财务报告准则编制的财务报表，目标是为投资者提供可用于决策的信息。因此国际财务报告准则规定要严格区分商业目的会计报告和税收目的的会计报告，禁止为费用计提准备金，在特定情况下对已实现利得使用不同的定义，确认和计量方法的选择的定义更严格，并要求提供更详细的附注和解释。

两个规则之间最重要的差异主要是和证券、外币应收款和应付款、衍生金融工具等有关。国际财务报告准则要求按照期末价值报告，然而德国会计规则要求应用非平等的处理原则……

国际财务报告准则和德国会计规则都要求根据经济上的所有权来确认租赁资产。但是两个规则对于经济所有权的定义存在差异。国际财务报告准则要求承担相关风险和报酬的一方确认租赁资产……

《国际财务报告准则第 3 号——企业合并》出台后替代了《国际会计准则第 22 号》，它规定在 2004 年 3 月 31 日及以后签订的企业合并协议中，其所产生的商誉不再进行摊销，而要进行年度减值测试。与之对照，德国会计准则仍然允许公司摊销商誉或者直接冲销留存收益……

按照国际财务报告准则，只有对第三方的负债才可以计提准备。养老金准备要使用预期累积福利单位法计算，并且考虑未来报酬和养老金的增长。国际财务报告准则不允许公司采用以税收为基础的方法……

如果对于损失结转的可使用性有足够的确定性，那么就必须对这些亏损结转确认递延所得税。德国会计规则不允许对由于税收亏损结转而带来的递延所得税资产进行资本化处理。

资料来源：节选自 Bayer AG Annual Report，2004. Bayer AG，Leverkusen，Germany。

13.3　各国规则的继续存在

第 5 章已经讨论过了采纳国际财务报告准则和与之趋同的区别。有很多原因使得公司不愿意采纳国际财务报告准则来编制合并报表或所有报表。最典型的例子是美国，美国证券交易委员会尚未允许国内的注册公司采用国际财务报告准则编制财务报表，因为该委员会认为美国公认会计原则更好。当然，美国公认会计原则确实有更多更加详细的规则，而且其要求披露的内容也比国际财务报告准则的更多（见第 2 部分）。

有趣的是，由于美国证券交易委员会的监管范围只限于向其注册的公司，因此大量的美国公司并不受其控制。此外，美国证券交易委员会只关注合并财务报表，所以即使对于那些注册公司的单个报表及其子公司的报表该委员会也没有作出任何要求。除了在证券交易委员会注册的公司的合并报表之外，其他报表既不需要披露也不需要经过审计。尽管如此，多数情况下美国公司还是会为它们的债权人和股东编制符合美国公认会计原则的财务报表，而其利润还是计算应纳税所得额的基础（见第 13.5 部分）。

日本不愿意放弃本国的会计规则，原因是它认为日本的情况很特别。例如，日本人反对取消权益集合法（见第 8 章），原因是受到文化传统的影响，日本人倾向于将企业并购看成是双方同意的合并而非充满敌意的兼并。这种情绪可能会延缓日本与国际财务报告准则趋同的步伐（IASB，2005）。民族自豪感也使得欧盟的某些地区不喜欢国际财务报告准则或美国公认会计原则，它们把这些会计准则看作是藏有英美会计的特洛伊木马（见第 4 章）。不过，有更重要的理由在非合并报表中谨慎地采纳国际财务报告准则。最根本的一个原因是上市公司的合并报表和其他公司或其他报表的会计目标存在差异。例如，一个非上市公司可能除了其董事之外就没有别的股东了。完全采用国际财务报告准则对这种公司而言成本高昂。第13.5部分考察了这些问题。

此外，非合并报表的主要目的可能是计算应纳税所得额或者可分配利润，而不是给投资者提供有用的信息以帮助他们预测现金流量。既然财务报表的目标不同，或许其本来就应该与国际财务报告准则不同。许多欧盟国家的税收和财务报告联系密切（见第13.4部分），这也就不难理解为什么这些国家不愿意采纳国际财务报告准则来编制非合并报表了，因为根据国际财务报告准则计算的利润需要作出很多职业判断，计算出来的应纳税所得额可能就会因判断不同而有所不同。而且，如果这样做的话，国家可能需要派代表参加国际会计准则理事会讨论应纳税所得额的计算问题，但是国际会计准则理事会对这个问题是没有兴趣的。

欧盟《1606/2002号条例》允许非合并报表采用国际财务报告准则，表13—3举例说明了欧盟国家对该条例作出的反应。该表中下半部分的国家中税收与报告的联系更紧密。需要注意的是，这些国家都是在第4章分类中被列在右边。以德国为例，公司可以在非合并报表中采用国际财务报告准则，但前提是公司还需按照国家税收和利润分配目的规则编制另外一套报表（Haller and Eierle，2004）。在第13.4部分我们将进一步考察这个问题。

表13—3　　**对允许非合并报表使用国际财务报告准则的一些反应**

强制使用	塞浦路斯、马耳他
上市公司强制（2009年以后），非上市公司可选择*	丹麦
可选择*	英国、荷兰、挪威
上市公司强制，非上市公司禁止*	捷克共和国
可选择，但仅针对财务报告	德国
禁止	奥地利、比利时、法国、西班牙、瑞典

注：星号说明计算应纳税所得额有两种不同的基础。

资料来源：作者总结。

即使那些允许采用国际财务报告准则的国家，也仍然保留着本国的会计规则。不过许多国家，例如英国，已经开始进行与国际财务报告准则趋同的改革项目。

13.4　财务报告、税收与利润分配

我们在第2章曾解释过，一般会计规则下报告的利润是计算应纳税所得额和可分配利润的起点，任何一个国家都是如此。但是利润和上述两者之间的接近程度则有差异。兰姆等人（1998）考察了一些会计主题，并指出在法国和德国，财务报告与税收之间的接近程度远大于美国或英国。诺比斯和施文克（2006）以挪威为例，研究了财务报告与税收之间关系的演化，发现二者的关系在挪威有日渐松散的趋势。

当财务报告和税收规则相同时，原来税收使用财务报告利润为起点的理论地位就可能发生逆转，反而成为选择会计数据时往往要考虑其税收影响。在德国的国内规则中情况正是如此（Haller，1992）。这种紧密的联系也使得这些国家不大可能在实务

中采用国际财务报告准则或与之完全趋同，因为按照国际财务报告准则计算的利润主观性更强，该准则也不是受到某个国家所控制的。使用国际财务报告准则意味着这种紧密联系必须被打破，或者必须对同样的事项做两次会计处理。

有些国家允许某些公司，甚至允许所有公司选择使用国际财务报告准则或者国内规则来编制财务报告，这会带来一个更加复杂的问题，即公司运用不同方法可能会出现不同的税前利润，也就是计算应纳税所得额的两个不同起点。表13—3中加星号的国家就是这样。其中有些国家对许多会计主题都有特殊的税收规则（见第2.5部分和第22.2部分的讨论），对这些国家来说问题不大，但是其他国家对特定主题没有专门的税收规则，税收实务完全依赖会计规则，这些国家就可能出现很大的困难。例如，按照《国际会计准则第32号》（见第6.3部分），某些支付项目被重新分类为股利而非利息，或者反过来支付项目被重新分类成利息而非股利。利息是可以在税前抵扣的，股利则是不可以的。这样就出现了问题，在计算应纳税所得额时可否按照财务报告的分类来抵扣利息。各国对这个问题的处理方法存在差异。

在许多国家（例如法国和德国），单个法律主体的法定可分配利润就是会计利润。按照第四号指令，可分配利润是“累积已实现利润减去累积已实现损失”。在英国，则需对会计利润进行调整，例如加上由于过去自愿重估资产增值而多计提的折旧。然而可以假设，单个公司（指那些有权可以分配利润的公司）开始采用国际财务报告准则的行动会影响“已确认”的内容。

在美国，对可分配利润的限制主要取决于偿付能力而不是利润，这也许是可值得欧洲借鉴的一个好办法。

13.5 小公司或非上市公司的特殊规则

13.5.1 特殊规则案例

“大公司会计原则与小公司会计原则的对比”或者“报告差异”的存在有很长的历史。典型的例子是美国，在第13.3部分已经提到过，证券交易委员会仅仅要求上市公司遵守美国公认会计原则。在欧洲，根据第四号指令，小公司可以按照本国法律免于审计并公开财务报告。所谓“小公司”指的是雇员在50人以下、销售额和总资产的货币价值在一定金额（该限额在逐年增长）范围内的公司（见第14.3部分）。

英国、中国香港和新西兰等国家或地区有专门的小公司会计准则。英国的中小企业财务报告准则（Financial Reporting Standard for Smaller Enterprises，FRSSE）最初于1997年颁布，该准则是一般准则的缩写版，而且披露要求也减少了很多。“小公司”按照上一段提到的第四号指令来定义。关键问题是主要准则中的计量规则并没有重大变化，而且如果小公司出现了在小企业财务报告准则中未提及的会计问题，它们也必须参考一般准则。由于其他准则不断变化，小企业财务报告准则也需要被经常修订。

13.5.2 国际会计准则理事会的中小企业会计准则草案

在旧的国际会计准则委员会的整个生涯中存在一个核心思想，即为大型上市公司的合并报表制定准则。然而，在国际会计准则理事会成立的初期，为中小企业提供适用的国际财务报告准则的需求就出现在了其面前。尽管理事会的一些成员提出过反对，认为为中小企业提供国际财务报告准则可能会分散其在主要任务上的精力，然而国际会计准则理事会仍从2003年开始研究该项目。

在澳大利亚、塞浦路斯、新西兰或南非等国家已经在所有公司报告中全面采用国际财务报告准则，针对中小企业（无论按照规模还是按上市情况来定义）的国际财务报告准则无疑会帮助这些公司减轻负担。然而对于如法国和德国等仅仅在合并报表范围内使用国际财务报告准则的国家，国际中小企业财务报告准则的必要性似乎不是那么清楚。尽管如此，欧盟向来是支持中小企业国际财务报告准则的先锋。这可能是因为欧盟希望最终能够完全统一欧洲会计实务，然后在欧洲实现相同的纳税基础（见第22章）。这些目标与国际会计准则理事会服务于投资者的国际可比性目标并不相同。结果之一是欧洲委员会希望中小企业会计准则比目前的国际财务报告准则更加简化（例如在计量方面与现行国际财务报告准则存在差异）。

差异化计量基础的问题减缓了国际会计准则理事会在该项目方面的进程。尽管该项目的名称是中小企业国际财务报告准则，但理事会在决定被规范的对象时主要并不依赖于规模，而是看报告主体是否涉及公众利益，特别是该公司是否为上市公司。2004年国际会计准则理事会发布了一份讨论文件（IASB，2004）。根据收到的反馈，国际会计准则理事会决定，在考虑成本效益的条件下，原则上允许存在一些计量差异。

2007年国际会计准则理事会发布了征求意见稿。在本书写作时（2008年初），尚未发布新准则。尽管征求意见稿仍然以“中小规模主体”为主题，但是该准则仅适用于不对公众存在受托责任的主体，例如非上市公司以及没有承担信托活动的主体，如银行或保险公司。

完整的国际财务报告准则有大约2 500页，而该份征求意见稿只有大约250页，而且读起来也更加顺畅。在征求意见稿中对披露的要求减少了很多，在其他方面也有许多的简化和豁免。

原则上，完整的国际财务报告准则所允许的选择方法（见第7章）在中小企业会计准则中也是允许的。某些选择并没有在中小企业会计准则中详细阐述，但对于那些希望采用这些可选择方法的主体来说，可以参考完整的国际财务报告准则（例如采用公允价值而非历史成本来计量资产（如《国际会计准则第16号》、《国际会计准则第38号》和《国际会计准则第40号》）。还有一些比较复杂的问题也可以参考完整的国际财务报告准则（例如如何使用权益法或比例合并法，见《国际会计准则第28号》和《国际会计准则第31号》）。中小企业会计准则的征求意见稿中省略了部分准则（例如与分部报告相关的《国际财务报告准则第8号》和与每股盈余相关的《国际会计准则第33号》）。

与完整的国际财务报告准则相比，中小企业国际财务报告准则征求意见稿进行的简化总结于表13—4中。有些评论者认为还应当进一步简化，例如将所有的租赁都作为经营租赁处理，或者甚至取消递延所得税会计。

表 13—4　　2007 年中小企业会计准则征求意见稿中的简化建议

完整的国际财务报告准则	中小企业会计准则的建议
《国际会计准则第 12 号》	对于联营或合营企业的不确定性收益只有在可预见的未来很可能会支付时，才确认相关的递延所得税负债
《国际会计准则第 19 号》	精算利得和损失需要立刻在收益中确认
《国际会计准则第 20 号》	政府补助在可收到时确认为收益（和《国际会计准则第 41 号》一致）
《国际会计准则第 23 号》	建造中的借款费用可以费用化（和旧的《国际会计准则第 23 号》一致）
《国际会计准则第 27 号》	母公司不必编制投资报表
《国际会计准则第 28 号》和《国际会计准则第 31 号》	可以按照成本来计量在联营和合营企业中的投资
《国际会计准则第 38 号》	所有开发成本都要费用化
《国际会计准则第 38 号》和《国际财务报告准则第 3 号》	使用寿命不确定的无形资产在出现"减值迹象"时进行减值，而非按照年度进行减值测试。
《国际会计准则第 39 号》	金融资产的分类中没有持有待出售这一类（因此只存在历史成本或者市场价格）

某些地区（例如欧盟成员国）将考虑是否允许或要求公司使用中小企业会计准则。如果欧盟或其他的国家或地区认为国际会计准则理事会的准则仍然不够简单，它们就可能为"最小"公司发明更低层次的会计规则，但是"最小"公司实际上意味着大多数公司。

小结

- 世界上大多数会计实务都仍然使用国内规则而非国际准则（无论内部使用还是对外公开）。
- 许多会计主题仍然存在着国际差异，例如无形资产会计、养老金和其他准备金会计，以及金融工具会计等。
- 世界各国会计规则仍然存在差异的原因有很多，例如不愿意发生改变、对"外国"影响的抵制等。更重要的原因是国内规则对税收和可分配利润的计算更为适用。
- 某些国家规则的一个典型特征是，对于小公司或非上市公司的要求较少。
- 国际会计准则理事会的中小企业会计准则征求意见稿主要和那些不涉及公众受托责任的公司相关。该准则只有完整国际财务报告准则的十分之一，其中包括对计量的一些简化处理。

参考文献

Haller, A. (1992) 'The relationship of financial and tax accounting in Germany: a major reason for accounting disharmony in Europe', *International Journal of Accounting*, Vol. 27.

Haller, A. and Eierle, B. (2004) 'The adaptation of German accounting rules to IFRS: A legislative balancing act', *Accounting in Europe*, Vol. 1, No. 1.

IASB (2004) *Preliminary Views on Accounting Standards for Small and Medium-sized Entities*, International Accounting Standards Board, London.

IASB (2005) *Insight*, International Accounting Standards Board, London, P. 1.

Lamb, M., Nobes, C. W. and Roberts, A. D. (1998) 'International variations in the connections between tax and financial reporting', *Accounting and Business Research*, Summer.

Nobes, C. W. and Schwencke, H. R. (2006) 'Tax and financial reporting links: a longitudinal examination over 30 years up to IFRS adoption, using Norway as a case study', *European Accounting Review*, Vol. 15, No. 1.

实用网址

第 6 章、第 8 章、第 15 章和第 22 章结尾所列示的网址对于本章的许多方面也适用。

课后问题

书末提供带星号问题的参考答案。

13.1* 根据本章和以前各章（第 2 章、第 3 章和第 5 章）所提供的信息，举例说明两个国家会计制度或某个国家会计制度与国际财务报告准则之间在某些主题上存在的主要差异。

13.2* 存在差别报告的理由有说服力吗？这种差别化处理应该根据公司规模还是根据其他特征进行？

13.3 根据本章和以前的章节的内容，解释财务报告利润与应纳税所得额如何不同，并解释这种不同在国际间的差异性。

13.4 解释国际会计准则理事会中小企业会计准则与完整的国际财务报告准则如何不同。你认为这些差异是否足够？

第 14 章　制定欧洲非上市企业会计规则

罗伯特·帕克

内容

目标

读完本章后您应当能够

- 解释谁为法国、德国和英国的非上市公司制定会计规则。
- 解释为什么适用会计规则的公司形式在欧盟不同国家间存在差异。
- 描述法国、德国和英国的公司法律形式。

14.1　引言

第 13 章解释了欧盟强制使用国际财务报告准则的要求仅限于上市公司的合并报表范围内。本章和第 15 章将关注其他的欧洲公司，它们占据了所有公司中的绝大多数。这些公司的会计和财务报告规则并不是由国际会计准则理事会来制定的，与美国公认会计原则也不同。这些章节不考察上市公司或者合并报表问题。第 15 章将考察单个公司的会计规则和实务。本章重点考察两个相关的问题：

- 对于不在证券交易所上市的公司，谁来为它们制定会计规则（第 14.2 部分）。
- 哪些公司需要遵守这些会计规则。

对这两个问题的答案在不同国家有相当大的差异。这些差异与在第 2 章区分过的法律制度（普通法系和罗马法系）以及融资来源是密不可分的，这一点毫不令人感到奇怪。第8章和第12章所讨论的美国和日本的法规框架已经很好地说明了法律制度和融资来源对财务报告规则和实务的影响。本章我们将深入分析目前法国、德国和英国的情况。选择这些国家的原因很多，具体包括它们是欧盟最大的经济体，而且这些国家有欧洲最大的股票市场。它们对欧盟的其他国家以及世界上其他国家和地区的法律和会计实务都有影响。所有这些国家都仍然存在会计处理方法上的差异。所选的三个国家（不仅仅包括欧洲大陆的两个国家，还包括英国在内）的法规框架都与美国的存在巨大差异。

14.2 谁制定会计规则？

14.2.1 引言

最近10年，欧盟内部会计准则制定机构的差异性已经有所下降。实际上，表面证据说明目前欧盟内部的会计准则仅存在极少的差异。例如比较法国和英国，二者均为欧盟成员国，都通过国内法律来执行欧盟会计指令（见第11章）。两个国家都有公司法案和次级法律，都有适用于公众公司和私人公司的混合监管和准则制定机构。可能两国之间唯一的重要差异是英国没有类似于法国那样的全国会计总方案。然而如果深入分析，我们会发现表面上的相似性并不真正存在。随着下文对法国、德国和英国的准则制定机构的详细考察，这一点会逐渐清晰。

14.2.2 法国

至少从17世纪开始，法国政府就已经成为影响会计实务的主要因素，不过这种影响往往是非直接的并且形式复杂。科尔伯特（Colbert）在路易十四统治时期所颁布的1673年《商事王令》（*Ordonnance de Commerce*）构成了1807年《拿破仑商法》（*Code de Commerce*）的基础（Howard，1932），该商法后来传遍了整个欧洲大陆。20世纪后半叶，尤其是从1946年到1983年，政府的影响非常强大，但从那以后外部因素的冲击又使政府的影响开始削弱。这些外部因素包括来自欧盟（在欧盟内法国一直是领袖国家之一）的公司法协调计划和日益增强的全球资本市场的影响。全球资本市场是被英美国家，尤其是美国所控制的。

科拉斯和斯坦迪什（Colasse and Standish，1998）将法国会计划分为四个阶段：

（1）1946—1957年，战后重建与法国国家计划经济时期。法国在这段时期建立了会计总方案（*plan comptable général*，PCG），其中以宏观经济目标为主，很少有来自会计职业界的观点。

（2）1958—1973年，现代化和经济高速增长时期。在这段时期会计总方案的应用领域扩大，并和税收规则产生了进一步的联系。

（3）1974—1983年，经济动荡和法国式会计标准化（*normalisation à la francaise*）的鼎盛时期。在这段时期欧盟公司法指令被融入法国会计中，从而正式的法国会计规则数量激增。

（4）1984至今，全球化、放松管制和私有化时期。在这段时期内法国方法面临着严峻的考验，法国重新组建了会计协会，会计职业界的作用得到了加强，国际会计准则开始成为国内准则强有力的竞争对手。

所有这些影响的最终结果是导致法国会计出现双轨制，即单个公司的财务报表和集团财务报表采用不同的规则编制。从1987年合并报表成为强制要求开始，公司就需执行特定的规则，因此对于国际财务报告准则只适用于合并报表的想法，法国会计师早已作好了准备。

法国会计规则的数量不断增加，最终导致了《会计法》的出台，这些规则来源广泛，下面是雷伯德—特里罗和特勒（Raybaud-Turrillo and Teller，1998）对其来源的分类：

- 公共来源

法国政府：法律（*loi*）、法令（*Décret*）、部长令（*arrêté*）、全国会计总方案。

欧盟：指令（通过国内法规来实施）

- 公共/民间混合来源

国家会计准则制定机关（*Conseil National de la Comptabilité*，CNC）。

会计法规委员会（*Comité de la Réglementation Comptable*，CRC）。

我们在后面的讨论中将采用这种分类方法，并将解释税法和法国注册会计师协会（*Ordre des Experts Comptables*，OEC）的作用。金融市场管理局（见第9章）的工作与单个财务报表不直接相关。

全国会计总方案（*plan comptable général*，PCG）是法国会计最具特色的部分，它不仅仅是一个账户分类表，而且是一个有关财务会计的非常详细的手册。其内容包括会计术语的定义、估价与计量规则以及财务报表模式。许多会计教材都以此为基础。所有的法国会计师都要学习如何使用它来记录会计交易，起草财务报表和填报纳税申报单。斯坦迪什（Standish，1997，第273页至第276页）认为会计总方案实际上创造了一种全国性会计语言，其中国家会计准则制定机关对会计准则的作用类似法兰西学院（*Académie Francaise*）在语言规范中的作用。

斯坦迪什（1990）、福廷（Fortin，1991）和理查德（Richard，1992）讨论了会计总方案的历史。会计总方案的第一个版本于1947年颁布，该版本中的思想并不完全源自法国，其中许多思想还来自德国。1957年总方案进行了修订，随后于1982年和1986年再次进行修订，修订目的是为了贯彻欧盟第四号指令和第七号指令（见第11章）。比较重要的一点是，1982年的会计总方案和以前的不同，所有的工商企业都被强制要求执行该方案。会计总方案最近一次修订版本发表于1999年。为了将新的规则（例如长期合同等）加入会计总方案，每次修订都会发生一些改变。这些修订的一个特别目的是促使法国规则和国际财务报告准则的要求更加一致（见第15.2.2部分）。与1982年的会计总方案不同的是，1999年的修订版本不包括对成本管理会计和合并财务报表的任何规定。除此以外，其他方面基本上只是对1982年的规则进行了汇编和整理。

附录14.1列示了1999年会计总方案的内容；附录14.2列示了该方案中会计科

目表。[①] 该方案的基础是一个十进制的会计科目表。主要的会计科目类别有：

资产负债表账户

1. 资本（所有者权益、长期贷款和应付款项）；
2. 固定资产；
3. 存货和在产品；
4. 应收账款和应付账款；
5. 财务。

营业账户

1. 费用；
2. 收入。

对以上的科目还可以作进一步的分类，例如 211 土地、2114 矿场、21141 采石场。

从附录 14.2 中可以看出对费用和收入的分类是按照性质而非职能来划分的。这对某些使用者不利，但这使得所有公司实体都可以按照同样的方式来使用会计总方案。每个行业都有针对各自特点制定的会计总方案，被称作职业方案。

总方案是由国家会计准则制定机关管理的，该团体是一个公共和民间混合组织，成立于 1957 年，并在 1996 年进行了大的改革，这次改革将其成员从 115 名减少到 58 名。该组织包括 1 位主席（著名的会计师，且以前不是公务员）、6 位副主席（包括法国注册会计师协会和国家法定审计师协会的主席）、40 位会计知识丰富的成员（包括会计职业团体任命的 8 名成员）和 11 位公务员（包括金融市场管理局主席）。成员结构于 2007 年再次改革，审计师和银行家获得了更多的权利，但是这次改革被批评为力度不够，未能建立起一个有能力针对国际会计准则制定机构提出的挑战迅速作出有效反应的机构。

国家会计准则制定机关发表意见公告，发表的大多数意见公告会提交给会计法规委员会并成为法规。那些没有成为法规的部分意见公告会被作为最佳实务的范例。会计法规委员会成立于 1996 年，是一个规模小但拥有高度权力的公共和民间混合性理事会，主席为财政部长或财政部长委任的代表。其他成员包括司法部长、预算部长、国家行政法院法官（根据公法裁决任命）、最高法院法官（根据私法裁决任命）、金融市场管理局主席、国家会计准则制定机关主席、法国注册会计师协会主席、国家法定审计师协会主席、三名公司代表和两名工会代表。其成员和美国财务会计准则委员会（见第 8 章）及英国会计准则理事会非常不同。会计法规委员会和国家会计准则制定机关不同，它拥有制定法规的权力，它或是遵循来自国家会计准则制定机关的提议，或是认可（*homologation*）国际财务报告准则和其他“国际认可的准则”。

税收法规在法国公司以及其他非公司单位的单个报表中发挥着重要的作用，原因有二：计量会计报告利润的规则和计量应税收益的规则区别不大；在年度报表内列示的费用只有在税收目的报表中才能抵减。对单个公司来说，立法者更关注的是如何协

① 本附录的英文版本源自国家会计委员会（CNC）网站。

调会计和税法的关系，为此他们在税收法令和会计总方案之间建立了正式的联系。尽管《商法》和《公司法》并未明确指出，但它们与会计总方案是一致的。不过最近一些年税收法规的影响备受攻击，兰姆等人（1998）详细地研究了法国会计与税收之间的关系。

法国的职业会计团体比英国和美国发展得晚，四大会计师事务所虽然都早已在法国经营，但没有一个是源于法国的。法国注册会计师协会成立于1942年，并在第二次世界大战后于1945年进行了重组。尽管其规模和影响在不断增长，但是相对如英国特许会计师协会等机构来说仍然是一个规模小、力量弱、自治能力差的团体，而且从来没有负责过会计准则的制定工作。然而如前所述，它参与国家会计准则制定机关和会计法规委员会的工作，它还对会计问题发布意见公告。第9章讨论了法国的国家法定审计师协会和审计师高级理事会的职能。

14.2.3 德国

在德国，对单个公司的会计规则多数是由德国政府来制定的，这一规律体现在《商法》（*Handelsgesetzbuch*，HGB）和税收法规中。《商法》要求按照记账原则（*Grundsätze ordnungsmässiger Buchführung*）来编制年度财务报表。如果这些原则并没有在法律中说明，那就需要根据《商法》、注册会计师协会（*Institut der Wirtschaftsprüfer*）声明、税收法规以及企业会计实务进行推断。

在实务中，会计规则的主要来源是《税法》和联邦财政法院决议。所谓的“决定作用原则”（*Massgeblichkeitsprinzip*）适用于确定应税收入。该原则要求纳税报表必须以商业性的资产负债表为基础（Haller，1992）。在实践中，这意味着所有应税收入的抵减项目，例如特殊折旧、估价抵减准备或准备金项目都必须记录在商业性的资产负债表上。《税法》一般要求特殊折旧应记录在商业性的资产负债表上，但这样做可能歪曲净资产额、财产状况和经营成果，因此可能有人反对“决定作用原则”。所以会计原则的发展很大程度上应取决于联邦财政法院。兰姆等人（1998）详细考察了德国税法和会计之间的紧密联系，并将之与美国、英国和法国的情况进行比较。德国财政机关仍然反对将会计规则凌驾于税收规则之上，因为如果这样做的话，它们就无法影响作为纳税计算基础的财务报表。

虽然德国会计职业界的影响近年来有所加强，但其力量仍然微弱。德国的会计师团体，德国法定审计师协会（*Institut der Wirtschaftsprüfer in Deutschland e. V.*，IdW）根据1931年《公司法》的规定于1931年成立。该机构的规模小于英国和法国的职业团体，且成员的加入全凭自愿。不过大部分的德国注册会计师（*Wirtschaftsprüfer*，WPs）都已经加入该机构。此外，根据1961年为规范会计职业界而颁布的《注册会计师法案》（*Wirtschaftsprüferordnung*），德国成立了德国注册会计师公会（*Wirtschaftsprüferkammer*），注册会计师加入该公会是法定要求。德国的注册会计师协会主要通过提出建议，发布非强制性文件并在立法过程中提供咨询意见等途径对会计实务施加影响。德国官方机构，例如证券交易所和商业行会等（这些机构在其他国家都能对会计实务施加直接影响）对德国会计的影响很小，但是它们却参与制定准则的讨论。会计学术界也通过这种方式对会计实务施加影响——尽管德国会计理论源远流长，研究方法多种多样。1998 年德国会计准则委员会（German Accounting Standards Committee，GASC）（德语为 *Deutsches Rechnungslegungs Standards Committee*，DRSC）成立，其目标是制定编制合并财务报告所适用的会计准则（不适用于单个公司财务报告的编制）。2007 年德国正在讨论制定会计现代化法案（*Bilanzrechtsmodernisierungsgesetz*）。该法案将促使德国会计规则与国际准则进一步趋同，并且将改变商法对单个财务报表的规则。

14.2.4 英国

英国政府通过公司法律的形式来规范财务报告。1844 年，英国首次可以通过注册来设立公司，而无需再办理皇家法庭或议会的私有法案等复杂手续。随后，有限责任公司也于 1855 年应运而生，从此英国《公司法》进行了无数次的修订。该《公司法》适用于英格兰、威尔士和苏格兰，同时也通过了一个仅适用于北爱尔兰的单独法令。在 20 世纪，法案的条例不仅数量增加了，而且也更为复杂了。明显的标志是 1947 年的《公司法》（后来统一为 1948 年的《公司法》），这部《公司法》要求公司必须编制集团报表，区分“公积金”（reserve）和“准备金”（provision）（这使得设立秘密准备更为困难），增加许多新的披露要求，并要求董事编制能体现“真实和公允原则”的财务报表（审计人员对此出具报告）。这部《公司法》以 1945 年的关于公司法修订的科恩委员会报告（Report of the Cohen Committee）为基础，而该报告及公司法中的会计和审计内容均受到英格兰及威尔士特许会计师协会于 1942 年发布的“会计原则建议书”（Recommendations on Accounting Principles）的极大影响。

1948 年的《公司法》在近 40 年中一直被作为主要的法令保留下来，但其一系列条款也进行过修订。第一次修订是在 1967 年，要求公司必须披露营业额，这极大地扩充了董事会报告和注释所提供的信息，并取消了家族私人企业不披露营业额的特权。第二次修订是在 1976 年，这次修订从法律上严格要求公司保存并公布信息，增强了审计人员的权利，并增加了对董事股份的披露。第三次修订是在 1980 年，在此次修订中执行了欧盟第二号指令。第四次修订是在 1981 年，在修订中执行了欧盟第四号指令。1985 年，所有这些法令合并在 1985 年的《公司法》中，这是一部特大型的法规，其中包括 747 节和 25 个附表。法案中的会计和审计条款在 1989 年的《公司法》中得到修订和重申，这部《公司法》主要贯彻欧盟第七号和第八号指令。

尽管经过了这些修订，英国《公司法》仍有很多 19 世纪起源时的烙印。贸易工业部于 1998 年建立了一个公司法检讨督导小组（Company Law Review Steering Group，CLRSG），该组织于 2001 年发布了最终报告，对于公司法整个框架的主要重建工作提出了建议。该报告中的大多数建议都被政府所接受，贸易工业部在 2002 年 7 月发表了《实现公司法的现代化》（Modernising Company Law）白皮书。2004 年，英国颁布了新的公司（审计、调查和社区企业）法案。2006 年，英国最终制定了一个改革后的新公司法，其中包括了执行许多欧盟指令的要求（见表 11—1），也融合了所有以前的法律条款。这部新的公司法甚至超过了 1985 年的《公司法》的规模，2006 年的

《公司法》包括了1 300个节和16个附表，是英国法典中最长的法律。

英国公司法的规定与美国证券交易委员会的规定不同。它适用于除少数几个由皇家特许或依据国会特殊法令成立的公司外的所有英国有限责任公司。然而，该公司法对中小型公司却有一些重要的豁免规定（见第14.3部分）。

除了国家之外，对财务报告规则产生最大影响的是会计师。1969年，英格兰及威尔士特许会计师协会（ICAEW）对一些被广泛认为有极大误导性、损害性的年度报表范例和对职业界的恶意批评（尤其是来自媒体的批评）作出了反应。为了反驳批评，解决所存在的问题并保持其道义上的权威，英格兰及威尔士特许会计师协会成立了会计准则筹划指导委员会，后来该委员会更名为会计准则委员会（Accounting Standards Committee），英国的其他五个职业会计团体也加入了该委员会。虽然会计准则委员会的成员历经变动，但其规模一直较大（在1990年解散时仍有21名成员），其中包括不领取薪金的兼职人员。会计准则委员会的成员主要来自职业界，其作用只限于制定标准会计实务公告（Statement of Standard Accounting Practice，SSAPs），而该公告的发布和实施仍由六个职业团体负责。

1988年，由会计职业团体咨询委员会设立的德林委员会（Dearing Committee）发布的报告受到批评，该委员会接受了批评意见并同意接近美国的做法更为可取（见第8章）。1990年，会计准则委员会被会计准则理事会取代，理事会包括1名专职主席、1名专职技术董事和7名（目前是8名）兼职的付薪成员。会计准则理事会受独立于职业界的财务报告理事会的监督。与会计准则委员会不同的是，会计准则理事会有权发布会计准则。

会计准则理事会的准则被称为财务报告准则（Financial Reporting Standards，FRSs）。会计准则理事会还接受了会计准则委员会现有的标准会计实务公告，这些公告在被财务报告准则取代之前一直有效。财务报告准则和标准会计实务公告都包含披露规则（例如《财务报告准则第1号》是关于现金流量表的披露原则）和计量规则（例如《标准会计实务公告第4号》是关于政府补贴的计量）。一些准则同时包含两方面规则，例如《财务报告准则第14号》要求披露每股收益（公司法不要求），同时也制定了计算每股收益时应遵循的规定。大部分准则适用于所有大中型公司，除非这些公司必须遵守国际财务报告准则（见第5章）。小公司和其他实体只须遵循一套准则，即中小企业财务报告准则，这套准则很好地总结了英国各个领域的会计标准。

从2002年开始，会计准则理事会的主要任务是为英国和国际财务报告准则的趋同作准备。表14—1列示了2008年年初存在的财务报告准则和标准会计实务公告。其中《财务报告准则第12号》、《财务报告准则第20号》至《财务报告准则第26号》以及《财务报告准则第29号》基本上是国际财务报告准则的翻版。有些准则只适用于上市公司，这也就是存在两个关于外币的准则（《标准会计实务公告第20号》和《财务报告准则第23号》）的原因。此外还存在非法定执行但很有影响力的建议实务公告（Statements of Recommended Practice，SORPs），这些公告关注于如慈善机构和大学等机构的财务报表方面的问题。

表 14—1　　截至 2008 年年初的标准会计实务公告和财务报告准则

标准会计实务公告
4. 政府补贴会计
5. 增值税会计
9. 存货和长期合同
13. 研究和开发会计
19. 投资性房地产会计
20. 外币折算
21. 租赁与分期购买合同会计
25. * 分部报告
财务报告准则
1. 现金流量表
2. 对子公司的会计处理
3. 报告财务业绩
5. 报告交易实质
6. 收购与兼并
7. 收购会计中的公允价值
8. 关联方披露
9. 联营企业和合营企业
10. 商誉和无形资产
11. 固定资产和商誉的减值
12. 准备、或有负债和或有资产
13. 衍生工具和其他金融工具：披露
15. 有形固定资产
16. 流通税
17. 退休福利
18. 会计政策
19. 递延所得税
20. （《国际财务报告准则第 2 号》）以股份为基础的支付
21. （《国际会计准则第 10 号》）资产负债表日后事项
22. * （《国际会计准则第 33 号》）每股收益
23. * （《国际会计准则第 21 号》）汇率变动的影响
24. * （《国际会计准则第 29 号》）恶性通货膨胀经济中的财务报告
25. （《国际会计准则第 32 号》）金融工具：披露
26. * （《国际会计准则第 39 号》）金融工具：确认和计量
27. 人寿保险
28. 对价
29. * （《国际财务报告准则第 7 号》）金融工具：披露

注：* 只适用于上市公司。

由于德林报告（1988）的影响，会计准则的地位得到加强。公司法要求股份公开有限公司和其他大型公司的董事在其年报中披露所有背离会计准则的内容。同时，除了会计准则理事会外，又有两个新的团体于1990年建立。一个是财务报告委员会的附属机构——财务报告复核小组，另一个是类似美国的新问题工作小组（见第8章）的紧急问题工作组（Urgent Issues Task Force，UITF）。律师界（Arden，1993）认为，由于这些变化，法庭通常会发现为了表达真实与公允的观点，财务报表遵循会计准则是必要的。第9章已经讨论过财务报告复核小组的工作。

紧急问题工作组的主要作用是帮助会计准则理事会解决在会计准则和公司法中已经存在但其解释令人不满意或可能出现冲突的问题。紧急问题工作组试图达成一致意见，使公司将其意见视为会计准则来遵循。这一程序大大加速了会计准则运用领域（例如遭受恶性通货膨胀国家的会计）中规章的制定过程。英国财务报告准则和解释的数量远远少于美国，这其中的一个原因是，英国准则的修改不需要变更其编号，这和美国的做法不同。另外一个主要的风格差异是英国（以及国际会计准则理事会）准则没有美国准则那么详细，这也可以看作是“原则基础”和“规则基础”准则的不同之处（见第5.6部分）。

真实和公允观点发挥着重要作用。虽然“真实和公允观点”并没有在任何地方被定义过，但其凌驾于所有其他要求之上。为保证公司提供了真实和公允的观点，《公司法》要求公司在必要时提供额外信息，而且允许公司在特殊情况下可以背离详细的条款。《公司法》要求在必要的地方提供附加信息，在特殊的情况下必须将详细的信息单独列示。特威迪（Tweedie，1988）曾说明了真实和公允观点这个概念是如何既有助于防范创造性会计又可用于防止创造性会计的。这一概念曾被认为是理所当然的，但在最近几年也引起了广泛的争议（Park and Nobes，1947；Park，Wolnizer and Nobes，1996；Alexander，1999 and 2001；Nobes，2000）。美国的安然事件强化了那些支持“原则基础”准则并反对“规则基础”准则的人的地位。

在实务中，准则制定者比公司更常使用真实和公允高于一切的概念。与国际会计准则理事会不同，英国以及其他各国的会计准则制定机构必须在法律的约束下制定准则。执行欧盟指令使得英国的详细规则越来越多，因此准则制定就变得更难了。但会计准则委员会和会计准则理事会在这一点上是很灵活的，它们利用真实和公允观点的一般性要求来超越公司法的具体要求。偶尔，它们也会对法律许可的某些备选方法进行限制使用，或是通过认定某项合法的备选方法有名无实而将其有效地摒弃。以下是一些例子：

• 《公司法》明确允许采用后进先出法，但《标准会计实务公告第9号》认为采用后进先出法往往无法体现真实和公允观点，因此在实务中实际上禁止了后进先出法的使用。

• 《标准会计实务公告第9号》已被修订，长期合同在产品中所确认的利润被归类为“合同可收回金额”而非存货的一部分，以避免把可能未实现的利润计入存货价值。

• 《标准会计实务公告第12号》（现已被《财务报告准则第15号》取代）已被修订，修订后取消了《公司法》中明确允许的备选方法，即对已重估的建筑物按历史成本计提折旧。

• 《标准会计实务公告第19号》要求，为了体现真实和公允的观点，投资性房地产不应计提折旧，而《公司法》规定（在2004年之前没有例外）所有具有有限使用寿命的固定资产都应计提折旧。

- 《标准会计实务公告第20号》（现已被适用于上市公司的《财务报告准则第23号》取代）运用“真实和公允观点”的标准，允许将利得和损失确认为未结算的长期货币性项目，尽管这背离了审慎性原则。
- 《财务报告准则第2号》不认可《公司法》所允许的将子公司排除在外的多种选择，例如《公司法》允许将具有不同经营活动的子公司排除在外，但准则认为在实务中不可能发生这种情况。
- 《财务报告准则第3号》通过对普通项目定义的扩展，有效地取消了非常项目的概念。
- 《财务报告准则第4号》通过增加新科目“非权益股份”（non-equity share）回避了法律对股份定义的限制。
- 《财务报告准则第5号》要求将准子公司视同子公司，尽管它们不是法律意义上的子公司。
- 法律禁止资产和负债相抵消，但在一些特定情况下，准则会将这一现象理解为“借贷平衡”。
- 《财务报告准则第10号》允许商誉不能被摊销的可能性的存在，但正如其与《标准会计实务公告第19号》发生冲突一样，这一做法也与《公司法》有冲突。

上述规定的存在，使得英国准则与国际财务报告准则的趋同成为可能。

税法对公司财务报告只有很小的影响。与欧洲大陆的很多地方不同，英国税法不是非合并财务报表内容和与之相关规则的主要决定因素。会计利润不同于应税收益，为递延税项计提准备是标准的会计实务。兰姆等人（1998）考察了英国和一些其他国家的税务和财务报告之间的复杂关系。然而税务管理当局（英国税务海关总署（HM Revenue and Customs））有一项政策是尽量使应税收益的计算更接近于会计净利润的计算。其中有关英国的税负转嫁制度和税收抵免作用的内容将在第22章详细阐述。

14.3 哪些公司适用会计规则

14.3.1 引言

哪些公司适用会计规则？有几种可能性，这些可能性与法律和经济标准相关：

- 所有公司；
- 具有某种特定法律形式的公司；
- 在一定规模以上的公司；
- 股份公开交易的公司；
- 上述标准的各种组合。

如果簿记的主要目标是保护债权人和便于纳税，那么由法律来要求所有公司保留账簿记录是有意义的。这种思想起源于法国，最初的形式是哥尔伯特（Colbert）在1673年推行的《商事王令》。显然，保留记录的要求有助于政府监管破产程序并征缴税收。英国的情况则相反，尽管保护债权人的需要也没有被忽视，但重点是规范那些股东有限责任公司以及所有权和控制权相分离的公司，要求这些公司编制并公布财务报表。法律将股东看作是最主要的利益相关者，目的是保护作为委托人的股东不受到作为代理人的董事的侵害。法国的法律不太强调投资人的信息需求。德国采纳的是法国的方法而非英国的方法，但是20世纪60年代，非有限责任的大型合伙公司大批破产，这极大地打击了所有的利益相关者，法律因此提出了一定的规模标准，要求在该标准以上的公司应当披露其年报。这一举措被写入了1978年欧盟第四号指令（1971年的第一稿受到了德国法律的强烈影响）对公司法的要求中，并在欧盟广泛传播。另外一个极端是美国，从20世纪30年代开始，美国集中精力管制那些股票在市场上公开交易的公司，同时忽视其他公司的利益相关者的需求。

14.3.2 法国

与美国或英国的法规不同，法国的会计法和政府法令适用于所有公司，而非仅针对公司，并且内容包括保存账簿记录、税务机关的需求以及向所有者和债权人报告等。2000年9月22日重新组合后的商法第L123－12到L123－28条款为总会计规则提供了概念框架，该框架适用于所有类型的公司。商法同时强调了保存账簿记录和编制年度财务报表。

法国最重要的公司形式是股份有限公司（*société anonyme*，SA）和有限责任公司（*société à responsabilité limitée*，SARL）。法国的股份有限公司和英国的开放式公司①大致相同，而法国的有限责任公司大致和英国的股份不公开公司类似，不过有限责任公司源于德国的有限责任公司（GmbH）（见第14.3.3部分），而且在有些方面还类似于英国的合伙公司。法国并不定期报告在特定日期股份有限公司和有限责任公司的数量。1999年，法国大约有154 000家股份有限公司和742 000家有限责任公司，此外1999年还大约有60%的公司没有采用公司制。公司还应当遵守公司法中的会计条例，该条例也被融入重新组合后的商法中（第L232－1到L233－27款）。《公司法》从1966年开始生效，但为了实施欧盟第四号和第七号指令，该《公司法》在20世纪80年代进行了修订。

法国会计总方案以资产负债表总额（balance sheet total）、销售额和员工人数作为计量公司规模的标准，并以此来决定公司应当选择哪种财务报表格式以及在附注中必须披露哪些内容，但每个临界点并不完全相同。在实务中，无论公司规模多大，多数公司都使用标准格式（见第15.2.1部分）。因为不同的规模标准用于不同目的的报表，所以没有哪种格式是更加简化的，例如表14—2中所列示的德国的情况。

表14—2　**德国中小规模公司的界定标准**

	小型公司	中型公司
销售额	803 万欧元	3 212 万欧元
资产负债表总额	401.5 万欧元	1 606 万欧元
雇员	50 人	250 人

① 英美法系依据股份公司是否公开发行股票及票是否允许自由转让为标准，将股份有限公司分为封闭式公司与开放式公司。——编者注

法国不允许公司采用国际财务报告准则编制非合并报表。

14.3.3 德国

和法国一样，在德国包括个人独资公司和合伙公司（一般的和有限责任的）在内的所有公司都要符合商法中对会计的要求，不过在法律形式和规模方面有所不同。公司形式主要包括股份公司和有限责任公司。股份公司是与英国的开放式公司或法国的股份有限公司最为相似的一种公司形式。德国股份公司的决策权和责任由董事会承担。此外，公司还设有监事会（*Aufsichtsrat*），三分之一的监事会成员（若雇员数超过2 000人，则半数以上监事会成员）须由工会任命，其他成员由股东大会任命。监事会包括非执行监事。类似的监事会在英国法律中并不要求，但荷兰有相似的公司机构，法国公司则可以选择是否建立。监事会的主要职责是任命或解雇董事会的成员，监督董事会并核准年度财务报表。监事会不得参与公司管理，而董事会的成员亦不得加入监事会。1998年的公司控制和透明度准则（见第9章）要求将任命审计师的权力从董事会移交至监事会，并通过其他途径强化后者的职能。

有限责任公司的基本法律特征与股份公司很相似，例如都有独立的法人资格和公司的特征（尽管它同时具备合伙公司的特征）。然而有限责任公司仍有许多与众不同之处，尤其表现为对它的法律规定较为宽松。因此，与股份公司相比，有限责任公司的成立手续更简便，成本更低廉。除非有限责任公司的雇员数超过500或其章程要求，否则没有设立监事会的要求。与英国和法国不同，德国《公司法》中有专门针对有限责任公司的单独条款。常见的公司组织形式是一人公司。

其他的公司形式包括个人独资公司（*Einzelkaufmann*）、无限公司（OHG）、两合公司（KG）和最普遍的公司参与合伙公司（GmbH&Co.）。[①]

德国官方不公布有关公司数量的数据。然而前不久的资料表明，股份公司的数量从1926年的17 000家左右降至1992年的3 000家，但2006年又回升至18 000家以上。与英国的开放式公司（PLC）或法国的股份公司类似，只有很少一部分股份公司（大约650家）在证券交易所上市。相反，有限责任公司从1909年的15 500家左右增至2006年的814 000家以上。中小型公司乐于采用有限责任公司形式，而那些需要在资本市场上大量筹资的公司则采用股份公司形式。在德国，2001年营业额排名前104位的德国工业公司中，有27家是股份公司，31家是有限责任公司，1家是有限合伙公司，5家为一般合伙公司，39家为公司参与合伙公司，还有1家为其他组织形式的公司。

除了遵守商法外，德国公司还必须分别遵守《股份公司法》（AktG）和《有限责任公司法》（GmbHG）。大型合伙公司必须遵守1969年颁布的《公告法》（PublG）中的披露要求。这部法律的出台是因为一些大型合伙公司经营失败，结果虽然没有影响到这些公司的股东，但对包括政府在内的其他利益相关者造成了巨大的影响（Eierle，2005）。

公司对商法补充条款的遵守程度取决于其规模。表14—2列示了中小规模公司的

---

① 无限公司、两合公司的德文单词分别为 Offene Handelsgesellschaft 和 Kommanditgesellschaft，为德国合伙公司的两种形式。——编者注

界定标准。公司必须连续两年达到该表中三条规模标准的两条以上。大公司是没有豁免权的。小公司可以提交简化的资产负债表，不必提交利润表和附注。中型公司也可编制简要的利润表，也无须在附注中对销售进行分析。单个公司可以按照国际财务报告准则编制报表，但必须同时按照商法编制（但无需提交）另外一套报表。从2007年开始，所有公司都要用电子版的方式向联邦公报提交财务报表，然后联邦公报将这些报表转交给当地商业注册地。

14.3.4 英国

在英国，所有公司都要为纳税目的而保留会计记录，但是特定的财务报告计量和披露要求仅仅适用于公司制企业，不适用于独资企业和合伙企业（除了有限责任合伙之外，见下文）。从19世纪开始公司就已经成为商业企业最重要的组织形式。英国公司法确认的最具有经济意义的公司类型是开放式公司，而为数最多的却是封闭式公司。当然还有一些担保有限责任公司和无限责任公司，但数量相对较少。表14—3列出了2006年英国开放式公司和封闭式公司的数量。从1980年开始，英国公司的性质就一直以其名称的最后一个单词来表示，“PLC”或“plc”代表上市公司，“Ltd.”代表私人公司。

表14—3　　**截至2006年3月31日注册成立的股份有限公司**

	数量（千）	百分比（%）
开放式公司	11.5	0.5
封闭式公司	2 118.7	99.5
总计	2 130.2	100.0

资料来源：贸易工业部（2006）。

开放式公司和封闭式公司的本质区别在于前者有权向公众发行股票和债券，而后者没有。要在证券交易所上市，开放式公司仅仅是必要条件但不是充分条件。在英国大约有2 600家国内的上市公司。

为了执行1981年欧盟第四号指令，大型、中型和小型公司的财务报告差异成为非上市公司最典型的特征。公司规模大小是以营业额、资产总额（即固定资产加流动资产）和雇员数量来衡量的，其划分标准一直在变化。表14—4列示了目前根据欧盟要求的上限确定的标准。

表14—4　　**中小型公司规模标准**　　金额单位：万英镑

	小型	中型
营业额	650	2 590
资产总额	326	1 290
雇员数（人）	50	250

大型公司必须提交一份完整的经审计的财务报表供公司注册处备案。中型公司被允许只将资产负债表和简略的利润表（被称为根据国际财务报告准则编制的利润表）进行备案并送交股东。对小型公司只要求将简单的资产负债表进行备案，并无需将利

润表备案。根据特定限制，销售额不高于560万英镑且资产负债表总额不多于280万英镑的封闭式公司无需进行审计，这是欧盟允许的上限。

封闭式公司形式对那些只有少数合伙人的小公司特别有吸引力，但是对提供专业服务的公司例外。有限责任合伙制的形式（LLPs）的出现主要是大型会计师事务所政治游说的结果。有限责任合伙制和一般公司一样具有法人形式和有限责任（对所有合伙人）的优点，但各个合伙人分别纳税，有限责任合伙公司不需要缴纳公司所得税。经审计的财务报表表达了真实和公允的观点，并遵循了会计准则，这些报表由有限责任合伙公司存入公司注册处。2006年3月31日，英国共有13 426家有限责任合伙公司。

小结

法国

- 会计规则包含在商法和全国会计总方案中，两者都受到了欧盟指令的影响。
- 全国会计总方案受国家会计准则制定机关的管理，国家会计准则制定机关是一个公共和民间的混合机构。
- 税收法规和全国会计总方案相协调，是影响单个公司财务报表的重要因素。
- 法国会计职业界的影响力日益增长，但从未发布过会计准则。
- 会计规则适用于所有公司，但最重要的公司组织形式是股份有限公司和有限责任公司。

德国

- 对德国会计影响最大的是商法和税法。税法要求凡是可扣税的费用都应记入财务报表中。
- 德国和英国一样，没有全国会计总方案。
- 由德国会计准则委员会制定的准则不适用于单个公司。
- 德国有多种公司组织形式，最重要的是股份公司、有限责任公司和公司参与合伙公司。
- 商法和税法适用于所有公司。

英国

- 英国公司法对公司财务报告具有重要影响，但会计准则（财务报告准则和标准会计实务公告）的影响也非常重大。
- 法律和准则都受到职业会计师、欧盟指令、美国公认会计原则的影响，在2005年以后还受到国际会计准则的影响。
- 会计准则包括披露和计量的要求，但是披露要求针对公司是否为开放式公司以及其规模大小（大型、中型或小型）而不同。
- 公认的准则制定机构是会计准则理事会，该理事会独立于政府和会计职业团体，发布的准则适用于所有公司，其发布的准则正在与国际准则趋同。
- 英国准则制定机构通过真实和公允要求来限制或增加公司法的具体要求。
- 最重要的公司组织形式是开放式公司和封闭式公司。

参考文献

法国

Colasse, B. (ed.) (1998) *Encyclopédie de Comptabilité, Contrôle de Gestion et Audit*, Economica, Paris.

Colasse, B. and Standish, P. (1998) 'De la réforme 1996 – 1998 du dispositif français de normalisation comptable', *Comptabilité, contrôle, audit*, September.

Fortin, A. (1991) 'The 1947 Accounting Plan: origins and influence on subsequent practice', *Accounting Historians Journal*, December, reprinted in Lemarchand and Parker (1996).

Howard, S. E. (1932) 'Public rules for private accounting in France, 1673 to 1807', *Accounting Review*, Vol. 7, No. 2, reprinted in Lemarchand and parker (1996).

Lamb, M., Nobes, C. W. and Roberts, A. D. (1998) 'International variations in the connections between tax and financial reporting', *Accounting and Business Research*, Summer.

Lemarchand, Y. and Parker, R. H. (eds) (1996) *Accounting in France/La Comptabilité en France. Historical Essays/Etudes Historiques*, Garland Publishing, New York.

Raybaud-Turrillo, B. and Teller, R. (1998) 'Droit et comptabilité', in Colasse (1998).

Richard, J. (1992) 'De l'histoire du plan comptable français et de sa réforme eventuelle', in Lemarchand and Parker (1996).

Standish, P. E. M. (1990) 'Origins of the plan comptable général: a study of cultural intrusion and reaction', *Accounting and Business Research*, Autumn, reprinted in Lemarchand and Parker (1996).

Standish, P. E. M. (1997) *The French Plan Comptable*, Ordre des experts comptables and Institute of Chartered Accountants in England and Wales, Paris.

德国

Eierle, B. (2005) 'Differential reporting in Germany. A historical analysis', *Accounting, Business and Financial History*, Vol. 15, No. 3.

Haller, A. (1992) 'The relationship of financial and tax accounting in Germany: a major reason for accounting disharmony in Europe', *International Journal of Accounting*, Vol. 27, No. 4.

Lamb, M., Nobes, C. W. and Roberts, A. D. (1998) 'International variations in the connections between tax and financial reporting', *Accounting and Business Research*, Summer.

英国

Alexander, D. (1999) 'A benchmark for the adequacy of published financial statements', *Accounting and Business Research*, Summer.

Alexander, D. (2001) 'The over-riding importance of internationalism: a reply to Nobes', *Accounting and Business Research*, Spring.

Arden, M. (1993) 'The true and fair requirement', *Accountancy*, July, reprinted in Parker and Nobes(1994).

Dearing, Sir R. (1988) (The Dearing Report) *The Making of Accounting Standards*, *Report of the Review Committee*, presented to the Consultative Committee of Accountancy Bodies.

Department of Trade and Industry(2006) *Companies in 2005 – 2006*, HMSO, London.

Department of Trade and Industry (2002) *Modernising Company Law*, Cm. 5553.

Lamb, M., Nobes, C. W. and Roberts, A. D. (1998) 'International variations in the connections between tax and financial reporting', *Accounting and Business Research*, Summer.

Nobes, C. W. (2000) 'Is true and fair of over-riding importance: a comment on Alexander's benchmark', *Accounting and Business Research*, Autumn.

Parker, R. H. and Nobes, C. W. (1994) *An International View of True and Fair Accounting*, Routledge, London.

Parker, R. H., Wolnizer, P. and Nobes, C. W. (1996) *Readings in True and Fair*, Garland Publishinjg, New York.

Tweedie, D. (1988) 'True and fair v the rule book: which is the answer to creative accounting?', *Pacific Accounting Review*, December, reprinted in Parker *et al.* (1996).

后续读物

法国

Mikol, A. (1995) 'The history of financial reporting in France', in P. Walton (ed.), *European Financial Reporting. A History*, Academic Press, London.

Raffegau, J. *et al.* (latest edition) *Mémento Pratique Francis Lefebvre Comptable*, Editions Francis Lefebvre, Paris.

德国

Ballwieser, W. (2001) 'Germany-Individual Accounts', in Ordelheide and KPMG(2001).

Beckman, J., Brandes, C. and Eierle, B. (2007) 'German reporting practices: an analysis of reconciliations from German commercial code to IFRS or US GAAP', *Advances in International Accounting*, Vol. 20.

Fey, G. and Fladt, G. (2006) *Deutsches Bilanzrecht Deutsch-Englische Textausgabe begruendet von J. Brooks and D. Mertin-German Accounting legislation, Synoptic Translation with Introduction founded by J. Brooks and D. Mertin*, 4th edition, IDW-Verlag, Düsseldorf.

Institut der Wirtschaftsprüfer (2000) *Wirtschaftsprüfer-Handbuch*, Band I, Institut der Wirtschaftsprüfer-Verlag, Düsseldorf.

Leuz, C. and Wuestemann, J. (2004) 'The role of accounting in the German financial system', in Krahnen, J. P. and Schmidt, R. H. (2004), *The German Financial System*, *Oxford University* Press, London.

Seckler, G. (2001) 'Germany' in D. Alexander and S. Archer (eds), *European Accounting Guide*, 4th edn, Harcourt Brace, San Diego.

英国

Accounting Standards (texts of FRSs, SSAPs, SORPs, exposure drafts, important technical releases; published annually by the Institute of Chartered Accountants in England and Wales).

Cooke, T. E. , Choudhury, M. and Wallace, R. S. O. (2001) 'United Kingdom-Individual Accounts', in D. Ordelheide and KPMG, *Transnational Accounting*, Vol. 3, Palgrave, Basingstoke.

Ernst & Young, *UK and International GAAP (latest edition)*, Butterworths Tolley, London.

Lamb, M. (2001) 'United Kingdom', in D. Alexander and S. Archer (eds), *European Accounting Guide*, Aspen, New York.

Napier, C. (1995) 'The history of financial reporting in the United Kingdom', in P. Walton (ed.), *European Financial Reporting, A History*, Academic Press, London.

实用网址

法国：

www. afc-cca. com

www. minefi. gouv. fr/themes/enterprises/compta _ entreprises/directions _ services-CNComptarcrc_ modify. php

www. cncc. fr

www. directions_ services/CNCompta

www. expert-comptables. com

德国：

www. idw. de

www. wpk. de

英国：

www. frc. org. uk/asb

www. accaglobal. com

www. shef. ac. uk/baa

www. cimaglobal. com

www. cipfa. org. uk

www. berr. gov. uk

www. frc. org. uk

www. icaew. co. uk

www. icas. org. uk

www. companieshouse. gov. uk

课后问题

书末提供带星号问题的参考答案。

14.1* 对于什么样的公司适用会计法规，美国、英国、法国和德国的答案各不相同，你认为哪个国家的规定是“正确的”？

14.2* 为什么英国单个公司的会计规则并不仅仅按照开放式公司和封闭式公司进行区分？

14.3 像法国那样，同时规定保存会计簿记和编制财务报表有用吗？

14.4 支持和反对全国会计总方案的观点各是什么？

14.5 “英国会计职业界对单个公司财务报表的会计规则不再有任何影响力。”请讨论这种说法。

14.6 比较英国会计准则理事会和法国会计法规委员会的职能和组成存在哪些差异？

14.7 为什么英国的会计准则理事会决定将英国单个公司的会计准则与国际财务报告准则趋同（部分趋同，而非全部趋同）？

附录 14.1 会计总方案的内容（关于财务会计和报告）

主题一：会计目标与原则
　　第一章：运用范围
　　第二章：原则
　　第三章：年度报表的定义
主题二：资产、负债、收入和费用的定义
　　第一章：资产与负债
　　第二章：费用与收入
　　第三章：利润或损失
主题三：会计确认与计量规则
　　第一章：资产、负债、收入与费用的会计处理
　　第二章：资产与负债的会计计量与方法
　　第三章：特别的计量与会计确认程序
　　第四章：受到外国货币波动影响的资产与负债计量
　　第五章：重估
　　第六章：对特定资产和负债的计量和会计确认
　　第七章：对特定金融交易的计量和会计确认
　　第八章：考虑跨会计年度的交易
　　第九章：对联合交易和为第三方进行的交易进行计量和会计确认
主题四：会计记录、会计结构和会计职能
　　第一章：会计的组织
　　第二章：记录
　　第三章：会计术语
　　第四章：账目的功能
主题五：财务报表
　　第一章：年度报表
　　第二章：年度报表格式——资产负债表——利润表

附录 14.2　财务会计科目表：会计总方案中的第 1 至 7 类

资产负债表						营业账户
第一类	第二类	第三类	第四类	第五类	第六类	第七类
资本（所有者权益、长期贷款和应付款项）	固定资产	存货与在产品	应收账款和应付账款	财务账户	费用账户	收益账户
10 资本及公积金	20 无形资产	30	40 供应商及相关账户	50 短期投资证券	60 购货（除 603 外） 603 库存变动（物料及转销商品）	70 产成品、服务及转销商品的销售
11 结转的损益	21 有形资产	31 原材料（及消耗品）	41 客户及相关账户	51 银行及信贷机构	61 外部服务	71 产成品和在产品的存货变动
12 财务年度损益	22 特许权资产	32 其他消耗品	42 雇员及相关账户	52 短期金融工具	62 其他外部服务	72 资本化自用产品
13 投资补贴	23 在建资产	33 在产品（商品）	43 社会保险及其他社会机构	53 库存现金	63 税、课征及类似付款	73 长期交易净收益
14 备付税金	24	34 在产品（服务）	44 政府及其他公共机构	54 费用核定及信用证	64 员工成本	74 经营补贴
15 债务及费用准备	25	35 产成品	45 集团及联营公司	55	65 本期其他营业费用	75 本期其他营业收益
16 贷款及类似负债	26 参股权益及相关应收款	36	46 杂项应收债务和应付债务	56	66 财务费用	76 财务收入
17 与参股权益有关的应付债务	27 其他金融资产	37 转销商品	47 临时账户及暂计账户	57	67 非常项目费用	77 非常项目收益
18 互惠分支机构及合资企业账户	28 固定资产累计折旧	38	48 应计项目	58 内部转让	68 折旧及准备金分配	78 转回的折旧及准备金
19	29 固定资产减值准备	39 存货及在产品减值准备	49 呆账准备	59 金融资产减值准备	69 员工利润分享收入及类似税项	79 转让费用

第 15 章 欧洲单个公司的会计规则和实务

罗伯特·帕克

内容

目标

读完本章后您应当能够

- 比较法国、德国和英国所使用的财务报表格式。
- 比较法国、德国和英国适用于单个公司的会计原则。
- 描述各国会计原则与国际财务报告准则的差异，并解释为什么会存在这些差异。

15.1 引言

第 13 章讨论了世界上单个公司和集团公司的财务报告有多大的差异。第 14 章考察了三个对比鲜明的欧洲国家——英国、法国和德国——为单个公司而制定的会计规则。本章考察这些国家单个公司的会计规则和实务存在哪些差异，并与国际财务报告准则进行比较。本章与合并报表无关。通过本章的讨论可以发现，即使在欧盟已经进行了几十年的协调努力之后，以及在所有欧盟上市企业合并报表中已经采纳了国际财务报告准则之后，这些国家的会计仍然存在重大差异。这些差异不仅体现在财务报表的格式上（第四号指令对此有详细要求，但国际财务报告准则几乎没有提到这个问题），而且体现在会计原则方面（国际财务报告准则阐述详细，但第四号指令只是泛泛地提及部分原则）。学习本章要首先了解第14章讨论的准则制定机构的知识。本章的重点是法国和德国，而非英国，原因是这两个国家中单个公司的会计制度和国际财务报告准则的差异更大。不同于英国，法国和德国不仅在国际财务报告准则未涉及的领域内存在差异，而且在国内准则和国际财务报告准则都包含的领域内也有各不相同的规则（丁远等，2007）。国际财务报告准则对这三个国家的国内会计规则和实务都有着影响，但是影响程度存在差异。国际财务报告准则的概念和规则对英国单个公司的影响最大。这些影响在法国也逐渐出现，但在德国还远未感受到。

15.2 法国

15.2.1 财务报表的格式

第14章已经强调过法国会计总方案的重要性，它的全国会计总方案规定了财务报表的格式。这并不是欧盟第四号指令带来的新要求，而是长期形成的惯例。当然，欧盟指令的实施还是带来了一些变化。单个公司的资产负债表和利润表格式在会计总方案中都进行了规定，其中包括标准格式、缩略格式和扩展格式，公司可根据其规模（通过资产负债表总额、销售额和雇员人数来确定规模）进行选择，但在实务中几乎所有公司都使用标准格式。附录15.1介绍了这些格式。会计总方案有对单个公司报表格式中每个项目的具体描述。标准资产负债表通常按照表格形式（左右两侧）编制，标准利润表也按照这种格式编制，但是大多数公司（以及税务机关）采取附录15.1中的纵栏格式进行编制。

与英国资产负债表（见附录15.3）相比，法国的资产负债表内容更加详细，英国的信息则更多地体现在附注中。在法国资产负债表的资产一方，固定资产（划分为无形资产、有形资产和金融资产）和流动资产按照流动性从高到低的顺序排列。排除在固定资产和流动资产以外，单独列示在资产负债表底部的是管制账户（*comptes de régularisation*），它指的是超过一个会计期间的费用，包括预付费用、递延费用、赎回溢价和负汇兑差额。根据国际财务报告准则，只有预付费用是资产。

法国资产负债表的负债和资本一方，列示了股东基金、为负债和费用计提的准备以及负债，底部列示了正的外币汇兑差额。股东基金被划分为：

（1）股本（share capital）；

（2）股本溢价（share premium）；

（3）重估价准备（revaluation reserve）；

（4）法定公积金（legal reserve）；

（5）法定储备（statutory reserve）；

（6）税法规定公积金（tax-regulated reserve）；

（7）其他公积金（other reserve）；

（8）以前年度损益（profit or loss brought forward）；

（9）本年损益（profit or loss for the year）；

（10）投资补贴（investment grant）；

（11）备付税金（tax-regulated provision）。

其中一些项目是典型的在债权人/税法导向会计下需设立的。计提法定公积金是法国公司的法定义务，按照每年利润减去以前年度损失以后的5%计提，当达到股本的10%时停止计提。这些公积金不可以分配，但可以转增股本。重估价准备是税务当局要求时或当允许重估资产时计提的公积金。一些法国公司的资产负债表仍然还留有一些在1976年12月31日对非折旧固定资产进行重估时计提的重估价准备。税法规定公积金包括销售固定资产的未纳税长期利得等项目。备付税金则是那些当公司存在只为纳税目的而产生的费用（如超额折旧等）时需要为税收目的建立的抵减准备。有时法国公司的资产负债表也采用两栏格式：一栏是利润分配之前的数据，另一栏是分配以后的数据。如果只有一栏，则是利润分配之前的数据。

利润表通常按照纵列格式呈报，收入和费用被划分为经营类的、财务类的和例外类的。这里的例外类收入和费用经常被翻译为英语中的非常项目（extraordinary），但它的含义要比特别项目或例外项目（*exceptional*）更宽泛。

法国国家会计准则制定机关建议公布以营运资本流为基础的资金表（*tableau de financement*）。法国注册会计师协会（OEC）建议与国际惯例保持一致，要求公司公布现金流量表。但这两种报表对单个公司来说都不是强制要求。虽然现在前者更加普遍，但正逐渐被后者所代替。

在1983年欧盟第四号指令实施以前，法国法律并不要求公司提供财务报表附注（Parker，1996），但是在资产负债表和利润表之外，法律还要求公司编制大量的其他表格。商法规定了附注的作用，其内容如下：

（1）补充资产负债表和利润表中的信息使其变得完整，并对其进行评论。

（2）当通过遵循规则不足以提供真实和公允观点时，提供补充信息。

（3）指出例外情况下，为了提供真实和公允信息而背离会计要求的情况。

（4）描述并说明会计政策的变更和年度报表呈报的变更。

所有的法国公司都要提供附注，不过一定规模以下的独资公司可以豁免。对于一定规模以下（按照资产负债表总额、销售额和雇员人数来衡量，但规模标准和报表格式的标准不同）的开放式公司、封闭式公司和合伙公司可以提供简化的附注。

附注既是真实和公允的要求，也对财务报告和税收法规的密切联系发挥着重要的作用（见第10.5部分）。公司必须在附注中披露税收对会计的重要影响。在实务中，折旧是受到影响的最重要项目。单个报表的附注中所需要披露的项目内容参见盖拉德（Gélard，2001，第1 098页至第1 099页）。

15.2.2 会计原则：与国际财务报告准则的差异

自从执行了欧盟的第四号指令，在法国无论是单个公司报表还是集团报表，都不仅必须遵循合法性（*régularité*）（即符合法规要求）和真实性（*sincerité*）（即符合法规的精神实质）的要求，而且还需要提供真实和公允的观点（*une image fidèle*）（见第11章）。合法性和真实性是传统的法国会计概念。由于真实和公允观点是引进的概念，法国传统上并没有关于这个概念的精确定义，因此在法国出现了许多关于其含义和重要性的讨论（例如Pasqualini，1992）。单个公司的报告遵循为满足债权人和税务当局的需要而设计的会计原则，集团报表遵循为满足法国和海外的权益投资者需要而设计的会计原则（对国外而言指的是国际财务报告准则），在实务中这两种报表都应当能够提供真实和公允观点。

本节将重点论述单个公司。这些公司对资产和负债的确认与计价主要遵循“祖传”（patrimonial）方法，即根据法律权利而非经济实质来进行。主要的计价方法是受到谨慎性影响的历史成本法，对利润和资产宁可低估而不能高估。这是满足债权人和税务当局需要而非权益投资需要的财务报告模式。会计职能在这种环境下，用一句著名的话来说，即成为“法律的代数集合”（algebra of the law）（Garnier，1947）。

国家会计准则制定机关和会计法规委员会正式决定不将国际财务报告准则的应用扩展到单个公司的层面上。然而在实务中，它们却采用了另外一种方式，即在某些主题上逐渐促使法国规则与国际财务报告准则趋同。特别是会计法规委员会发布了关于准备金、折旧、资产的确认和计量以及金融工具的公允价值等法规，这些都和相关国际财务报告准则的描述非常一致。理查德和克利特（Richard and Collette，2005）介绍了这些新法规的详细情况以及法规在多大程度上与国际财务报告准则趋同。这些新规则与税法不一致，但是税务局还比较灵活，提出了摊销法案（见下面第 3 点）来克服这种不一致的情形。

在某些领域，为了实现与国际财务报告准则的趋同，法国必须修改法律和法令，但这已经超出了国家会计准则制定机关和会计法规委员会的权力范围（见第 14. 2. 2 部分）。

从单个公司的角度来看，法国会计原则和国际财务报告准则在细节上存在许多差异。要总结出这些差异并不容易，何况它们还处于不断变化之中。下面列举了一些例子。应当注意的是，从总体上看，谨慎性原则还没有被放弃，而且对费用是按照性质而非功能进行分类的（见第 2. 9. 4 部分）。

（1）一些无形项目可以被确认为无形资产（市场份额、客户名单），尽管这些无形项目并不符合国际财务报告准则对无形资产的定义。同时也不要求对这些无形资产以及许多其他无形资产进行摊销。

（2）不允许对融资租赁进行资本化，合同的法律形式（租赁）比其经济实质（购买固定资产）更重要。会计法规委员会已经接受了国际会计准则理事会对资产的定义，但将该定义的适用范围限定在公司自己的长期资产范围内（patrimony①）。

（3）最近修订的折旧规则与国际财务报告准则更加接近，而与税务局的规定相背离，但公司仍然需要计提由于税收而产生的额外折旧。财务会计和税务会计分离的原则尚未被接受。

（4）支付的雇员退休福利必须记作一项费用。国家会计准则制定机关声明它们倾向于要求公司在资产负债表内记录一项负债，但也允许仅在附注中披露，而且在实务中这种做法很普遍。

（5）允许在利润表和资产负债表中列示递延税款，但在实务中这种做法很罕见。

（6）根据会计总方案，在长期建造合同中鼓励使用完工百分比法，但也允许使

① 这个词源自法语“patrimoine”，指公司的长期资产，法国律师认为只有属于公司并且公司可以出售的资产才能被称为公司的资产，这样租赁资产就不可以作为公司资产。——译者注

用完成合同法，而且在实务中后者也更常见。

（7）在利润表中确认未实现外币汇兑损失，但却不确认未实现外币汇兑利得。

（8）非常项目定义广泛。

（9）不允许以前年度调整。

（10）不要求对下列事项的披露：

— 基本的权益变动表；

— 除了有限的要求以外没有要求披露与关联方的交易；

— 非持续经营。

表15—1总结了在单个财务报表中法国财务会计原则和国际财务报告准则的一些主要差异。戴威尔等人（Delvaille *et al.*，2005）讨论了法国（以及德国和意大利）与国际财务报告准则的趋同。

表15—1　**法国/国际财务报告准则在单个公司财务报表中的部分重大差异**

主题	法国	国际财务报告准则
1. 开办费	可以资本化	费用化
2. 融资租赁	不可以资本化	资本化
3. 退休福利负债	可以在附注中披露	必须在资产负债表内确认
4. 发行者资本工具的呈报	按照法律形式	建立在经济实质基础上，将工具划分为权益和负债计入收入
5. 未实现外汇利得	可以递延	计入当期利润
6. 建造合同	可以用完成合同法	当结果可以可靠计量时使用完工百分比法
7. 非常项目	定义广泛	不允许存在
8. 政策变更及基本错误更正	通过收入	可以调整以前年度损益

目前国际会计准则理事会针对中小企业会计准则的草案正在讨论中，虽然法国尚未接受，但该准则可能会导致具体规则发生一些变化。

15.3 德国

15.3.1 财务报表的格式

德国商法确定了所有公司编制年度财务报表的义务。通常所有公司都要遵守为公司制定的格式要求（见附录15.2），不过非公司制企业并不局限于某一种格式。由于在德国法律中不存在重要性概念，因此所有法定的项目必须在德国的财务报表中列示，即使该项目的金额微不足道。

在德国，资产负债表只允许采用复式记账形式，利润表只能采用竖式（见附录15.2）。公司前后几年财务报表的项目分类必须保持一致并禁止随意变更呈报的形式。第 14 章解释了中小企业的例外情况。

正如附录 15.2 所示，股东权益包括资本、资本公积、盈余公积和当年的留存收益。已认购而尚未支付的股本应单独列示在资产方或直接从股东权益中扣除。资本公积由发行溢价或股东的其他资本投资构成。盈余公积由管理层或股东从本年或以前年度收益中计提。

股份公司必须计提法定公积金。公司应从每年的净收益中计提 5% 作为法定公积金，直到法定公积金和资本公积金（不包括股东的其他资本投资）总额已达到名义资本额的 10% 或公司章程中规定的更高金额为止。法国、日本和其他欧洲国家也要求计提此类用于保护债权人利益的公积金，但英美国家并无此规定。

盈余公积中包括具有股权性质的特殊项目（*Sonderposten mit Rücklageanteil*），它是从收入中计提纳税准备金的结果。该项目很好地说明了德国的税收法规决定了商业性财务报表。设计这些项目的目的之一是为了冲减土地或建筑物出售时获得的资本收益，这样可以递延交纳所得税。这些特殊项目也包括法律允许计提的额外折旧。因此该项目既有股权性质又是未来的所得税负债。

在德国，利润表必须按照竖式报告（见附录 15.2）。和法国报表相同，德国报表的基本结构也包括经营性收入和费用、融资性收入和费用以及非常收入和费用。中小规模的公司可以使用简化的报表格式（见第 14 章）。

德国允许使用两种成本分类法。“总成本法”会将费用根据其性质（例如生产成本、工资费用、折旧费用等）进行分类。费用应从生产的角度进行确认。存货的增减变动和资本化自用产品应作为计算综合业绩的调整项目列示。这是德国公司常用的格式，而且在 1985 年商法修正之前，总成本法是唯一允许使用的方法。“销售成本法”将费用根据其功能，即制造、销售、一般管理及其他进行分类。

德国不要求单个公司财务报表中包括现金流量表。

15.3.2 会计原则：与国际财务报告准则的差异

商法总结了主要的会计原则：谨慎性原则、权责发生制原则、一致性原则、持续经营原则和个别计价原则。此外，德国还要求公司必须遵循历史成本原则。德国没有重要性原则。因此，所有法定的项目必须在德国的财务报表中列示，即使该项目的金额微不足道。自从欧盟第四号指令开始实施以来，年度财务报表必须遵守正规的簿记（orderly bookkeeping）原则，真实公允①地反映净资产、财务状况和经营成果。如果因出现特殊情况而导致财务报表偏离真实公允观点，则应在附注中加以披露。要求遵守正规的簿记原则意味着真实和公允的概念并非凌驾于一切之上，同时也不要求对会计原则进行修正（Alexander，1993 and 1996；Ordelheide，1993 and 1996）。在不确定情况下，对真实公允原则的遵循就通过在附注中进行披露这一方式来实现。德国的会计从总体上说是相当保守的（Evans and Nobes，1996）。税法的影响在很大程度上决定了单个公司财务报表的编制。正如第 14.2.3 部分所解释的，只有当也包括在商业性账户（*Handelsbilanz*）中时费用才可作为可扣税项目（在税款清单中）。这一做法

① Unter Beachtung der Grundsätze ordnungsmässiger Buchführung ein den tatsächlichen Verhältnissen entsprechendes Bild... zu vermitteln（《商法》第 264（2）款）。更精确地说，最后八个词可译为报告企业的真实情况。

可能严重歪曲净资产、财务状况和经营成果。

哈勒和艾尔乐（2004）总结了德国的状况，并分析了个别公司采纳国际财务报告准则的优势和劣势。他们指出，政府行为是被动（在资本市场压力和欧盟法律要求下）、保守和缓慢的，但也是坚定和持续的。德国允许非合并报表采纳国际财务报告准则，但前提条件是要为税收和股利分配目的按照商法编制另外一套报表。

个别公司的会计原则和国际财务报告准则仍然存在许多重要差异。下面的例子说明了德国会计的一些主要特征：

（1）土地以取得成本计价，建筑物和其他固定资产以取得成本或制造成本减系统性折旧后的金额计价。公司通常计提税法允许的最大限额的折旧。相反的，“决定作用原则”适用于税法允许计提的折旧项目。因此，特殊折旧在商业性资产负债表上要么记为资产的抵减项目，要么作为“特殊项目”（见第15.3.1部分）记录，公司必须在附注中披露其影响。

（2）有形资产和无形资产不可以按照超过历史成本的价格计量。公司取得的无形资产（除商誉外）必须资本化并根据其使用年限进行摊销。筹集权益性资本的成本和无代价获得的无形资产不得列示在资产负债表内。然而公司可以资本化开办费和公司扩张费用。这在国际财务报告准则下是被禁止的。开发费用不可以资本化。单个公司购买的商誉（通过购买其他公司的净资产而产生）可以资本化，并且必须在4年内摊销，或者根据预计使用期限进行摊销。由于税法要求对这类商誉进行资本化，并且允许在15年的期限内用直线法进行摊销，所以这种方法成为公司最常用的方法。斯托罗威等人（Stolowy *et al.*，2001）及其他人比较了德国、法国和国际会计准则理事会对无形资产的处理。

（3）租赁通常按照税法要求来分类，并且很少被确认为融资租赁并被资本化（Garrod and Sieringhaus，1995）。

（4）有价证券和其他金融资产都不按照市价计量。如果出现了暂时性减值，流动性金融资产必须减少账面金额，非流动金融资产可以按照更低的价值计量。如果出现了永久性减值，流动性和非流行性资产都必须减值到更低的金额。

（5）存货计价可用加权平均法、先进先出法或后进先出法。由于后进先出法具有纳税上的优势，因此会计上通常采用此方法避税。存货应当按照成本和可实现净值孰低法计量，如果无法得知可实现净值，就按照重置成本计量。存货成本中可以包括分配的一般管理费用。出于纳税考虑，公司除将直接材料和生产成本计入制造成本之外，还将其他材料和制造费用计算在内，因此存货的成本通常包括所有的制造费用。长期建筑工程应采用完工合同法处理。完工百分比法只有在客户已经认可某阶段的完成后才可以使用。

（6）无息或低息的应收账款应折算为现值，这也体现了德国会计处理方法的谨慎性原则。公司通常通过一次性计提坏账准备来防御一般信用风险。无法收回的应收账款则予以冲销。

（7）列示的应付账款金额为应偿还的数额。法律不允许无息或低息的负债以现值计价。德国资产负债表的负债项目一般不分为流动负债和非流动负债，这样的分类在报表附注中说明。

（8）公司应针对不确定的负债和已签订合同的交易可能导致的潜在损失计提准备。此外，公司还应针对次年前三个月发生的维修维护费计提准备。准备金额应当基于合理的公司判断来计提。在此特别体现出“谨慎”一词的含义。德国公司对谨慎性原则的遵循促使其计提了各种各样的准备金。由于准备金对应纳税所得额的计算具有重要影响，公司计提的金额通常都尽可能达到最大，以达到避税的作用。公司还可以为次年第四个月起至次年年末发生的维修维护费设立准备金，同时公司可以为需要在更长时间内支出的费用，如大修理费用建立准备金。税法不允许抵扣以后两种情况为目的而设立的准备金。由于某些准备金并非可扣税项目，因此公司为了避免减少利润或增加亏损，可能会在利好的年份里酌量计提准备，在利差的年份里转回，从而掩盖利润的下降甚至亏损。

（9）与其他多数准备金不同，养老金准备需要折现。雇员福利通常采用税法规定的精算估价方法和折现率来计算，通常不考虑未来工资的预期上涨。1987 年 1 月 1 日之后设立的养老金必须予以记录，但在此之前设立的养老金是否记录可自由决定。根据税法条例，养老金可作为扣税项目。一般来说，在美国公认会计原则和国际财务报告准则下所报告的养老金数额更大，因为不考虑其抵税作用。这是德国会计不够稳健的范例之一。德国养老金的另一个不同之处在于德国的养老基金计划通常不设基金，也即公司并非一定要存一部分不能撤销的现金专门用于支付养老金。因此养老金负债列示在资产负债表上。绝大多数英美国家的公司通过向外部机构（例如信托基金组织）缴存现金的方式设立养老金以履行养老金契约，这部分基金可以全部或部分地覆盖公司养老金负债，因此列示在资产负债表上的是负债的净值。

（10）如果公司当年和以前年度的应纳税所得额低于当年的商业税前利润，或者公司本年度较低的税费可能被以后年度较高的税费抵销，那么公司应为递延税款计提准备金。若公司当年和以前年度的应税收益高于税前商业利润，并且公司本年度较高的税费可能被以后年度较低的税费抵销，则公司可以但非必须记录递延所得税资产。该项目必须归入合适的分类中单独列示，并在附注中予以说明。这种处理方法反映了所有项目正负两方面影响的净额。当然，由于德国的税法与会计法规存在着密切关系，相对而言这些问题在英美国家更为重要。递延所得税按照时间性差异而非暂时性差异进行计算。不得确认由于亏损结转而产生的递延所得税资产，大多数其他方式产生的递延所得税资产则无需确认。

（11）德国没有针对外币折算或套期会计的特定规则。外币的货币项目余额按照交易汇率或期末汇率中比较不利的一个来折算，从而避免对未实现利得余额的确认。

（12）没有对下列项目披露的特别要求：

— 现金流量表；

— 权益变动表；

— 没有要求披露除了有股权参与以外的关联方的交易；

— 非持续经营；

— 每股收益。

表 15—2 总结了在单个公司财务报表中德国会计原则和国际财务报告准则的一些主要差异。

表 15—2　**德国/国际财务报告准则在单个公司财务报表中的部分重大差异**

主题	法国	国际财务报告准则
固定资产	成本或比成本更低	可以按照公允价值计量
商誉	作为当期费用或者资本化并逐年摊销	资本化并减值
建造合同	一般使用完成合同法	完工百分比法
交易性和持有待售的有价证券	成本与市价孰低	公允价值
外币的货币项目余额	交易汇率或期末汇率中比较不利的一个	期末汇率
存货	普遍使用后进先出法	不允许使用后进先出法
准备	即使没有义务也可以计提，不贴现	只有成为义务时才确认，贴现
雇员福利准备	按照税收法规记录	考虑未来预期工资，使用市场折现率
递延所得税	时间性差异，一些递延所得税资产不予确认	暂时性差异
政策变更及基本错误更正	通过收入进行	以前年度调整

德国广泛讨论了国际会计准则理事会发布的中小企业准则草案，但是国际财务报告准则和商法财务报表尚存在众多差异，而且国际财务报告准则并不适用于计算所得税和制定股利分配决策等目标，德国的立法者不太可能执行该准则。

15.4　英国

15.4.1　财务报表的格式

传统上英国的公司法案很少强调财务报表的格式问题。公司法案适用于单个公司，其基本要求是公司要么按照法案的详细规则，要么按照国际会计准则编制一份资产负债表和一份利润表。前者被称为“公司法单个账户”，后者被称为“国际会计准则单个账户”。

公司法单个账户必须遵守资产负债表和利润表的法定格式，其中有一系列项目需要披露在附注和账户中。该格式（见附录 15.3）是从欧盟第四号指令派生而来的，但是英国政府和其他欧盟成员国（如德国）不同，它们特意为这些格式提供尽可能大的灵活性。这样英国公司就有两种资产负债表格式和四种利润表格式（2003 年对指令修改以后种类更多，见第 5.5 部分）可供选择。英国公司公布的财务报表（特别是损益账户，这些损益账户也与德国公司的损益账户不同）初看与法定报表格式并不很像。这主要是因为，除了主要主题之外，许多细节被允许以注释的形式表述，同时还因为对格式的理解有时是注重实质而非形式的。

另外两张必须编制的报表不是由法规而是由会计准则进行规范的。它们是全部已确认利得和损失表（statement of total recognized gains and losses，STRGL）以及现金流量表。全部已确认利得和损失表的功能在《财务报告准则第 3 号》中有所描述，其目的是记录未列入利润表的损益，例如由财务报表外币折算带来的折算差异和对资产的重估增值等。《国际会计准则第 1 号》中允许采用两种方法报告权益变动，一种是采用源自美国的所有者权益变动表，另外一种是采用已确认收入和费用表，后者的历史可追溯到英国的全部已确认利得和损失表。在法国和德国内部没有与之相对应的规则。

《财务报告准则第 1 号》要求编制现金流量表，但是特定小型公司可以豁免。英国现金流量表的格式与《国际会计准则第 7 号》的要求非常不同。例如，在《国际会计准则第 7 号》中有三大类现金流量（见第 6 章），但是在英国的《财务报告准则第 1 号》中将现金流量分成了九大类，而且《国际会计准则第 7 号》调整的结果是定义广泛的“现金和现金等价物”（包括三个月到期的投资）。《财务报告准则第 1 号》调整的总额是“现金”（包括 24 小时存款通知）。

15.4.2 会计原则：与国际财务报告准则的差异

正如在第 14 章提到的，英国的会计准则理事会采取了一种系统的趋同政策，要求所有公司报表（包括单个公司报表和集团的合并报表）都与国际准则趋同。表 14—1 所列示的英国准则包括许多直接以国际财务报告准则为基础的准则（见《财务报告准则第 20 号》以后的《财务报告准则》）。英国法律和准则的关系，以及在会计原则方面的关系，均已在第 14.2.4 部分讨论过。

英国的公司法允许公司的非合并报表和非上市公司的合并报表选择根据国际财务报告准则或英国的公认会计原则来编制。不过由于英国会计准则理事会公开宣布了趋同政策，目前国际财务报告准则和英国公认会计原则的差异有限。许多与合并问题相关的差异不是本章关注的主题。表 15—3 总结了 2007 年与单个公司财务报表相关的差异。其中那些与递延所得税有关的差异具有重要影响。目前尚无消除多数差异的计划。

表 15—3　**英国/国际财务报告准则在单个公司财务报表中的部分重大差异**

主题	英国	国际财务报告准则
使用寿命不确定的无形资产	可以摊销（而且往往会这样做）	必须进行年度减值测试
满足特定标准的开发成本	可以资本化	必须资本化
投资性房地产	必须使用公允价值计量，利得和损失计入全部已确认利得和损失表（STRGL）	可以使用公允价值，利得和损失计入当期损益
精算利得和损失	直接计入全部已确认利得和损失表	可以递延，未来逐渐计入利润
递延所得税	以时间性差异为基础，可以折现	以暂时性差异为基础，禁止折现
报表格式	公司法有明确规定	没有规定
现金流量表	9 个类别，调整为现金	3 个类别，调整为现金和现金等价物

国际会计准则理事会发布的中小企业准则草案，在内容上与法国和德国中小企业的会计实务相差较远，而与英国中小企业现存会计实务较为相似。但是，该准则在英国并没有受到热情的欢迎（Shearer and Sleign-Johnson，2007）。该准则可以看成是英国中小企业财务报告准则的竞争对手。国际会计准则理事会的准则可能更适合于中型企业，而非小型企业（见第14.2.4部分）。

小结

总体情况：

• 与集团之间相比，国家间会计规则和实务的差异在单个公司之间表现得更为突出，在财务报表格式和会计原则方面尤其如此。

法国：

• 会计总方案中确定了单个公司资产负债表和利润表的标准格式，其中的一些项目，例如法定公积金和税收规定的公积金，是债权人和税务导向会计的特定产物。

• 所有的财务报表必须提供真实和公允的观点，但是这不影响资产负债表和利润表，只影响到附注。

• 传统的法国会计理论运用一种“祖传”方法来对资产、负债进行确认和计量。

• 在递延所得税、租赁、重估和存货计价方面，法国规则和国际财务报告准则（以及单个报表和集团报表所运用的规则）存在差异。

德国：

• 商法规定了资产负债表和利润表的格式，所有项目无论是否重要，都必须披露。

• 尽管德国已经引入了真实和公允观点的要求，单个公司的财务报表仍然在很大程度上由税收规则来决定。

英国：

• 财务报表格式在欧盟指令的约束下尽可能保持灵活。

• 会计准则理事会尽可能地将英国规则与国际准则协调。尽管如此，现存英国公认会计原则仍然与国际财务报告准则存在许多重要差异。

参考文献

Alexander, D. (1993) ‘A European true and fair view?’, *European Accounting Review*, Vol. 2, No. 1.

Alexander, D. (1996) ‘Truer and fairer, Uninvited comments on invited comments’, *European Accounting Review*, Vol. 5, No. 3.

Delvaille, P., Ebbers, G. and Saccon, C. (2005) ‘International financial reporting convergence: evidence from three continental European Countries’, *Accounting in Europe*, Vol. 2.

Ding, Y., Hope, O-K., Jeanjean, T. and Solowy, H. (2007) ‘Differences between domestic accounting standards and IAS: measurement, determinants and implications’, *Journal of Accounting and Public Policy*, Vol. 26, No. 1.

Evans, L. and Nobes, C. (1996) 'Some mysteries relating to the prudence principle in the Fourth Directive and in German and British Law', *European Accounting Review*, Vol. 5, No. 2.

Garnier, P. (1947) *La comptabilité, algèbre du droit et méthode d'observation des sciences économiques*, Dunod, Paris.

Garrod, N. and Sieringhaus, I. (1995) 'European Union harmonization: the case of leased assets in the United Kingdom and Germany', *European Accounting Review*, Vol. 4, No. 1.

Gélard, G. (2001) 'France-Individual Accounts', in D. Ordelheide and KPMG, *Transnational Accounting*, Vol. 2, Palgrave, Basingstoke.

Haller, A. and Eierle, B. (2004) 'The adaptation of German accounting rule to IFRS: A legislative balancing act', *Accounting in Europe*, Vol. 1.

Ordelheide, D. (1993) 'True and fair view: A European and a German perspective', *European Accounting Review*, Vol. 2, No. 1.

Ordelheide, D. (1996) 'True and fair view. A European and a German perspective II', *European Accounting Review*, Vol. 5, No. 3.

Parker, R. H. (1996) 'Harmonizing the Notes in the UK and France: a case study in de jure harmonization', *European Accounting Review*, Vol. 5, No. 2.

Pasqualini, E. (1992) *Le principe de l'image fidèle en droit comptable*, LITEC, Paris.

Richard, J. and Collette, C. (2005) *Système Comptable Français et Normes IFRS*, Dunod, Paris.

Shearer, B. and Sleigh-Johnson, N. (2007) 'Decision time for private company GAAP?', *Accountancy*, Vol. 139, No. 1364.

Stolowy, H., Haller, A. and Klockhaus, V. (2001) 'Accounting for brands in France and Germany compared with IAS 38 (Intangible Assets): An illustration of the difficulty of harmonization', *International Journal of Accounting*, Vol. 36(1).

后续读物

见第 14 章。

实用网址

参见第 14 章课后所列的网址。

课后问题

书末附有带星号问题的参考答案。

15.1* “美国会计优于德国会计。”请讨论这种说法。

15.2* 讨论类似德国这样的国家要求或允许公司在单个财务报表中使用国际财务报告准则为基础的会计原则，各有哪些优势和劣势。

15.3 比较税法对财务报告的影响，在英国和德国有哪些不同。

15.4 “德国单个公司财务报表仅适用于税收目的”，请讨论这种观点。

15.5　为什么英国和法国的单个公司财务报表中对租赁资产处理方法不同。

15.6　本章附录中三个欧盟国家的报表格式都符合欧盟第四号指令的要求。请评论它们之间的差异

15.7　“德国的会计法规适用于单个国内公司，但不适用于跨国公司。”请讨论。

附录 15.1　法国财务报表格式

资产负债表标准格式（表格形式）

资产	
固定资产	未收到的认购资本 无形资产： 　　开办费 　　研究开发费用 　　特许权、专利权、许可证、商标、工序、软件及类似权力和资产 　　商誉 　　其他 　　其他正在形成的无形资产 　　预付账款 有形资产： 　　土地 　　建筑物 　　厂房及机器、其他装置和设备、工具及设备 　　其他 　　在建资产 　　预付账款 金融资产： 　　参股权益 　　和参股权益相关的应收款项 　　长期证券投资组合 　　其他长期证券投资 　　贷款 　　其他 **合计 I**
流动资产	存货和在产品： 　　原材料和消耗品 　　在产品（商品和服务） 　　半成品和产成品 　　转售商品 　　定单预付款 应收款项： 　　应收账款及相关账户 　　其他 　　催缴但尚未支付的已认购资本 短期证券投资： 　　自有股份 　　其他证券 　　短期金融工具 流动资产 预付款 **合计 II** 待摊销费用（III） 偿还债券溢价（IV） 实现的汇兑损失（V） **总计（I + II + III + IV + V）**

资产负债表的标准格式（表格形式）

	负债
资本和公积金	股本（实缴） 股票发行、合并、捐赠溢价 重估准备 权益账户公积金 公积金： 法定公积金 法定或合同所要求的公积金 税法规定公积金 其他 结转的损益 **小计：持仓净额** 投资补贴 备付税金 **合计Ⅰ**
准备	负债备付 费用备付 **合计Ⅱ**
应付款项	可转换债券贷款 其他债券贷款 信贷机构贷款 零星贷款和财务应付款 预收订货款 商业应付款及有关账户 税务和社会福利应付款 固定资产及有关账户的应付款 其他应付款 短期金融工具 递延收入 **合计Ⅲ** 可实现汇兑收益（Ⅳ） **总计（Ⅰ+Ⅱ+Ⅲ+Ⅳ）**

利润标准格式（纵栏式列示）

经营收入：
转售商品的销售
产品销售（产成品和劳务）
净销售额
产成品及在产品变更
资本化自用产品
经营补贴
转回备抵、转让费用
其他经营收益
合计 I
经营费用：
转售商品的购买
存货的变更
原材料及其他物资的购买
存货的变更
其他购买及外部变更
税费及类似支出
工资和薪金
社会福利成本
折旧和准备的分配
固定资产折旧
固定资产贬值准备
流动资产贬值准备
负债及费用贬值准备
其他经营费用
合计 II
1. 经营损益（I－II）
合营企业损益份额：
结转的损益 III
结转的损益 IV
财务收入：
参股权益
其他固定资产投资额
其他利息及类似收入
转回的准备金和费用
汇兑收益
短期证券投资净收益
合计 V
财务费用：
折旧与准备
利息及类似费用
汇兑损失
短期证券投资费用净额
合计 VI
2. 财务损益（V－VI）
3. 税前日常经营活动损益（I－II＋III－IV＋V－VI）
额外收入：
经营交易
资本交易
转回准备及费用
合计 VII
额外费用：
经营交易
资本交易
折旧及准备注销
合计 VIII
4. 额外损益（VII－VIII）
职工分享利润 IX
所得税 X
总收入（I＋III＋V＋VII）
总费用（II＋IV＋VI＋VIII＋IX＋X）
损益

附录 15.2　德国财务报表格式

资产负债表

固定资产

无形资产

特许权、工业及类似产权以及资产以及对此类产权或资产的许可使用权

商誉

赊账支付

有形资产

土地、土地权利和建筑（包括在第三方土地上的建筑）

技术设备和机器

其他设备、产房和办公设备

预付账款和在建资产

金融资产

在联营企业中的股份

对联营企业的贷款

参股

对被参股企业的贷款

长期投资

其他贷款

流动资产

存货

原材料与物资

在产品

完工产品与商品

预付账款

应收账款及其他资产

贸易应收款

应收联营企业款

应收被参股企业款

其他资产

证券

联营企业的股票

自有股份

其他证券

支票、库存现金、中央银行和邮局转账结余、银行账目余额

预付费用

权益

已认购资本

资本公积

盈余公积

法定公积

自有股份的准备金

法定公积金

其他盈余公积

留存收益/以前年度累计亏损

本年净收益/净损失

准备

养老准备及类似义务的准备

纳税准备

其他准备

负债

借款

银行欠款

预收订货款

贸易应付款

对已开出和已承兑票据的债务

应付联营企业款

应付被参股企业款

对其他债权人的欠款

递延收益

利润表（格式 1）

1. 销售收入
2. 完工产品和在产品的增加或减少
3. 资本化的自有产品
4. 其他经营收入
5. 材料成本

原材料、设备和外购商品的成本

外购劳务成本

6. 人事费用

薪水和工资

社会保险和其他基金费用

7. 折旧

无形固定资产和有形资产折旧、资本化的开办费和公司扩张费的摊销

超过公司正常折旧部分的流动资产折旧

8. 其他经营费用
9. 从被参股企业分得的收益
10. 其他长期投资和长期贷款收益
11. 其他利息收入和类似收益
12. 属于流动资产项目的金融资产和投资的摊销
13. 利息支出和类似费用
14. 正常经营活动损益
15. 非常收益
16. 非常支出
17. 非常损益
18. 所得税
19. 其他税款
20. 本年净收益/净损失

利润表（格式2）

1. 销售收入
2. 销售成本
3. 销售毛利
4. 销售费用
5. 总管理费用
6. 其他经营收入
7. 其他经营费用
8. 从被参股企业中分得的收益
9. 其他投资和金融资产收益
10. 其他利息收入和类似收益
11. 属流动资产项目的金融资产和投资的摊销
12. 利息支出和类似费用
13. 正常经营活动损益
14. 非常收益
15. 非常支出
16. 非常损益
17. 所得税
18. 其他税款
19. 本年净收益/净损失

附录15.3 英国财务报表格式

下面的格式是由法律所规定的，然而需要指出的是：

1. 很多公司不在报表内用阿拉伯序号披露项目，但在注释里使用；
2. 尽管财务报表格式中没有包括利润分配，但该项目必须予以披露；
3. 字母和数字是为了参考的需要，实际中通常被省略；

4. 非重要项目可能会被省略掉；

5. 很多公司并非绝对和精确地使用此格式；

6. 某些项目（例如未付已催缴股本）的位置可以变动。

资产负债表格式 2 是资产负债表格式 1 的水平版，利润表 3 和表 4 是利润表 1 和表 2 的水平格式，由于水平格式较少使用，所以此处不列示。

资产负债表——格式 1

A. 未付催缴股本

B. 固定资产

Ⅰ. 无形资产

1. 开发成本
2. 特许权、专利权、许可权、商标权及诸如此类的权利和资产
3. 商誉
4. 暂付款

Ⅱ. 有形资产

1. 土地及建筑物
2. 厂房及机器
3. 装置、配件、工具和设备
4. 暂付款及在建资产

Ⅲ. 投资

1. 集团内公司股份
2. 对集团内公司的贷款
3. 参股
4. 对在其中参股的公司的贷款
5. 除贷款外的其他投资
6. 其他贷款
7. 自有股份

C. 流动资产

Ⅰ. 存货

1. 原材料及消耗品
2. 在产品
3. 成品及待销商品
4. 暂付款

Ⅱ. 债权

1. 应收商业账款
2. 集团内公司欠款
3. 在其中参股的公司的欠款
4. 其他应收款
5. 未付催缴股本
6. 预付款及应计收益

Ⅲ. 投资

1. 集团内公司股份

2. 自有股份

3. 其他投资

Ⅳ. 银行存款及库存现金

D. 预付款及应计收益

E. 债务：一年内到期的金额

1. 债券借款

2. 银行借款及透支

3. 预收款

4. 应付商业账款

5. 应付汇票

6. 欠集团内公司账款

7. 欠在其中参股的公司的账款

8. 其他债务，包括税金和社会保险

9. 应计及递延收益

F. 净流动资产（负债）

G. 资产总额减流动负债

H. 债务：一年后到期的金额

1. 债券借款

2. 银行借款及透支

3. 预收款

4. 应付商业账款

5. 应付汇票

6. 欠集团内公司账款

7. 欠在其中参股的公司的账款

8. 其他债务，包括税金及社会保险

9. 应计及递延收益

Ⅰ. 备付负债及费用

1. 养老金及类似债券

2. 税金，包括递延所得税

3. 其他准备

J. 应计及递延收益

K. 资本及公积金

Ⅰ. 已缴股本

Ⅱ. 股本溢价

Ⅲ. 重估价储备

Ⅳ. 其他公积金

1. 资产赎回公积金

2. 自有股份公积金

3. 按公司章程提供的公积金

4. 其他公积金

V. 损益

注：对集团会计来说，少数股权可插入在K上或K下。

利润——格式1

1. 营业额
2. 销售成本
3. 毛利或亏损
4. 销售费用
5. 管理费用
6. 其他经营费用
7. 集团内公司股份投资收益
8. 有参与股权公司的股份投资收益
9. 其他固定资产投资收益
10. 其他应收利息及类似收益
11. 投资注销额
12. 应付利息及类似费用
13. 正常活动损益的所得税
14. 税后正常活动损益
15. 少数股权
16. 非常收益
17. 非常费用
18. 非常损益
19. 非常损益的所得税
20. 少数股权
21. 未反映在上述项目中的所得税
22. 财政年度损益额

利润——格式2

1. 营业额
2. 成品及在产品库存变动
3. 资本化自用产品
4. 其他经营收益
5. （a）原材料及消耗品

（b）其他外部费用

6. 雇佣职工成本

（a）工资及薪金

（b）社会保险成本

（c）其他养老金成本

7. （a）折旧及有形和无形固定资产其他注销额

（b）流动资产意外注销额

8. 其他经营费用

9. 集团内公司股权投资收益

10. 在其中参股的公司的股份投资收益

11. 其他固定资产投资收益

12. 其他应收利息及类似收益

13. 投资注销额

14. 应付利息及类似费用

15. 正常活动损益的所得税

16. 税后正常活动损益

17. 少数股权

18. 非常收益

19. 非常损失

20. 非常损益

21. 少数股权

22. 非常损益的所得税

23. 未反映上述项目中的所得税

24. 财政年度损益额

第五部分　跨国公司财务报告专题

第 16 章　财务报告专题

克里斯托弗·诺比斯（Christopher Nobes）

内容

目标

读完本章后您应当能够

- 解释无形资产的重要性及哪些无形资产是可以确认的。
- 概括各种资产计量基础。
- 批判性地总结金融工具处理，包括套期会计的处理。
- 解释准备金和公积金的区别。
- 区分养老金安排、养老金预计负债和养老金基金，并能举例说明每个国家的区别。

- 解释递延所得税产生的原因，并解释各种会计处理方法。
- 概括和收入确认有关的主要问题。

16.1 引言

本章将考察一些能够产生关键会计数据的领域，这些数据对决策制定有重要影响。我们集中讨论那些产生大量量性影响而且有争议的问题，特别关注采用国际财务报告准则或者美国公认会计原则的大型公司。

我们要讨论的所有话题都或多或少地与资产和负债相关，而且大多数也和收入及费用相关。资产和负债的会计处理分为五步：

（1）确认某个项目是否属于资产（或负债）？

（2）决定该项目是否应在资产负债表中确认？

（3）决定应当如何进行初始计量？

（4）决定应当如何进行后续计量？

（5）决定如何计量其价值变动（折旧、减值、终止确认）？

首先我们将考察无形资产的确认（第 16.2 部分），在这方面国际财务报告准则和美国的会计实务具有重大差异。通过企业合并产生的商誉将在第 17 章考察。随后，我们会关注资产的计量（第 16.3 部分），在这方面国际财务报告准则比美国公认会计原则有更大的灵活性。第 16.4 部分的主题是金融工具，包括金融资产和金融负债，在这一部分我们还将介绍套期会计。接下来在第 16.5 部分至第 16.7 部分我们将考察各种各样其他类型的负债，包括准备金、雇员福利以及递延所得税。和负债确认紧密相关的是收入的确认，我们将在第 16.8 部分讨论这个问题。最后我们在第 16.9 部分考察综合收益的报告。

16.2 无形资产的确认

国际财务报告准则对无形资产的确认标准是与资产有关的未来经济利益很可能（可能性超过 50%）会流入主体，并且资产的成本或价值可以可靠地计量（*Framework*，paragraph 89；ISA 38，paragraph 21）。为了应用该确认标准，有必要区分三种无形资产的取得方式：内部产生，作为企业合并的一部分取得以及单独购买。第三种方式非常简单，即如果购买了一项资产（例如一项专利权或者商标），通常会对其进行确认。对于以其他方式获得的这项资产，是否确认就没那么容易判别了。

内部产生的资产可能无法满足未来经济利益很可能流入主体以及可靠计量的确认标准。因此美国会计原则（《财务会计准则公告第 2 号》）要求将研究开发费用作为当期费用处理，但是计算机软件开发成本除外（《财务会计准则公告第 86 号》）。同样也禁止对内部产生的商誉和商标资本化。

对大多数内部产生的无形资产的成本，国际财务报告准则（《国际会计准则第 38 号》）也要求作为费用处理，但是对于那些满足特定标准的开发成本则必须资本化，这些要求是对上述确认标准的详细化。为此必须区分“研究”阶段和“开发”阶段，并学会应用这些标准。

第 38 号国际会计准则的定义是：

研究，指为获取新的科学或技术知识并理解它们而进行的具有创造性和有计划的调查。

开发指在开始商业性生产或使用前，将研究成果或其他知识应用于某项计划或设计，以生产新的或具有实质性改进的材料、装置、产品、工序、系统或服务……（第 8 段）

资本化的标准包括有足够的资源完成开发，以及有能力证明如何产生未来经济资源以及能够计量开发阶段的支出。

尽管为此需要作出很多的判断，大众公司从德国会计向国际财务报告准则进行的调整（在第 2 章曾考察过，这里为了便于说明，在表 16—1 中再次重复列示）说明了该调整会导致多大规模的资产增加额：公司净资产增长了 41%。

表 16—1　　2001 **年大众汽车公司（期初余额调整）**

	百万马克
权益（以德国准则为标准）2000 年 1 月 1 日	9 811
开发成本的资本化	3 982
有形资产与无形资产可使用年限与折旧方法的修正	3 483
存货间接费用的资本化	653
出租方对租赁合同的处理方法的差异	1 962
金融工具的评估差异	897
递延税款的影响	-1 345
特殊项目的取消	262
养老金和类似债务评估的修正	-633
准备金会计处理方法的修正	2 022
不属于权益部分的少数利益的分类	-197
其他变化	21
权益（以国际财务报告准则为标准）2000 年 1 月 1 日	20 918

资料来源：摘自大众股份公司 2001 年年报。

顺便需要提及的是，资本化是从满足标准那一天开始的，而不是从该项目之初进行的。以前发生的支出都不可以在之后加到资产上，一旦资产开始使用，资本化过程就结束了。

如果无形资产是通过第三种方式获得的，即作为企业合并一部分时，问题就更复杂了。最近一些准则（例如美国的《财务会计准则公告第 141 号》和《国际财务报告准则第 3 号》）的目的都是使购买者确认尽可能多的无形资产，这样就可以尽可能少地确认商誉。例如《国际会计准则第 38 号》（第 25 段和 33 段）都假设购买的无形资产是满足确认标准的。

16.3　资产计量

如果资产被确认，就必须进行计量。直到最近，计量资产的最一般方法，至少在初始时都是使用其成本。对于许多资产而言，将来也会继续如此，例如无形资产和固定资产（不动产、厂房和设备，也叫做有形固定资产），这里的“成本”基础包括由折旧和减值造成的价值减少。然而，如果一项资产的后续计量采用公允价值（如下所述），那么可能初始就需要按照该方法计量。目前国际财务报告准则对那些后续按照公允价值计量的资产都持有这样的观点，其中包括某些金融资产（《国际会计准则第 39 号》）和所有的生物资产（《国际会计准则第 41 号》）。这些在表 16—2 的“初始计量”栏进行了标注。

表 16—2　　　　**按照国际财务报告准则进行的初始计量和后续计量**

	初始计量	后续计量
仅采用历史成本	固定资产、无形资产、投资性房地产、非交易性投资、存货	存货、没有活跃市场的无形资产、持有至到期的投资
历史成本或公允价值	一些非交易性投资	固定资产、有活跃市场的无形资产、投资性房地产、一些非交易性投资
仅采用公允价值	交易性投资、衍生工具、生物资产	交易性投资和可供出售的投资、衍生工具和生物资产

国际财务报告准则还允许按照公允价值对一些其他类型的资产（见表 16—2 的“后续计量”栏）进行后续计量，主要原因是准则制定者还没能决定在可靠的成本和相关的公允价值之间如何选择。美国规则更倾向于使用历史成本，除了某些类型的投资（见 16.4 节）可以使用公允价值之外，其他都要求使用成本进行计价。

第 5 章的第 5.6 部分简要地记录了国际财务报告准则中不同资产在后续计量时所使用的各种计量基础。除了对不同资产采用成本和公允价值计价之外，减值的资产按照折现金流和销售净价孰高法来计量。图 16—1 描述了这些计量基础。该图没有单独列示折旧的历史成本，这种价值既非成本也非市场价值。折旧成本是在使用年限内，从历史成本（即初始公允价值加购买成本）逐渐向残值（即可实现净值）的递减。

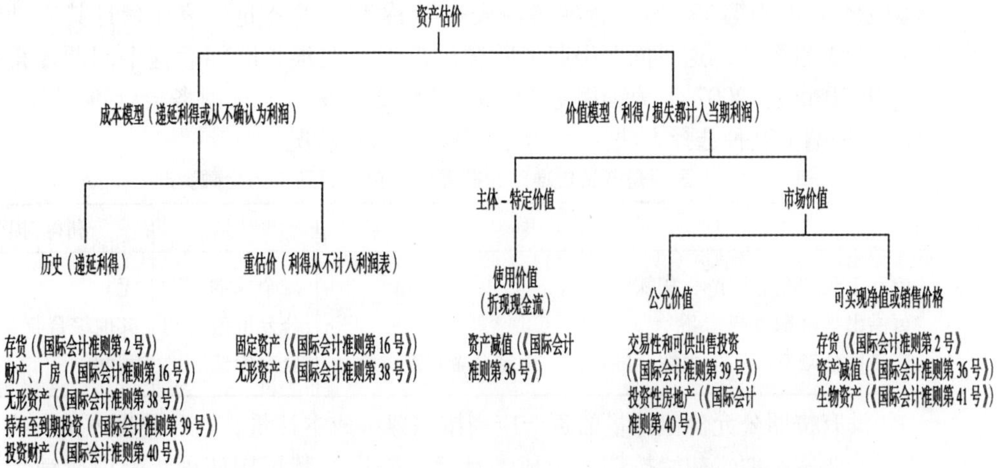

图 16—1　国际财务报告准则中按照成本/价值划分的可能的资产估价模式

尽管图 16—1 中“重估”成本项目指的是按照公允价值计量的金额，但是重估利得不计入利润，重估价将作为折旧和处置时所使用的新成本。这与“公允价值”项目不同，因为在“公允价值”项下没有折旧。

我们在第 6 章中解释过，国际财务报告准则中所使用的“公允价值”是有买卖意愿的双方进行交易的当前市场交易价格。美国财务会计准则委员会决定（在 2006 年公布的《财务会计准则公告第 157 号》中），“公允价值”主要是指出售价格，即主体出售该资产时的价格。然而，因为它并不是销售成本净价，因此国际会计准则理事会和财务会计准则委员会的定义实际上并不存在重大差异。

对于利得的定义，我们可以想象一下一块价格上涨的土地。有三种在利润表中确认利得的可能性：

《国际会计准则第 16 号》和《国际会计准则第 40 号》：递延到售出时确认；

《国际会计准则第 16 号》：重估价模式，永远不确认（见第 6 章的第 6.3.1 部分）；

《国际会计准则第 40 号》：公允价值基础，立即确认。

如果考虑折旧，问题就更加复杂了，特别是当重估以后的折旧资产发生减值时。显然需要澄清这个问题。国际会计准则理事会和美国会计准则委员会正在这个领域开展一项研究，2005 年公布了初始确认的讨论稿。

16.4 金融工具

16.4.1 金融资产

第 8 章曾提到过，美国公认会计原则中偏离历史成本基础的最主要方面就是交易性或可供出售金融资产的定价。对于这些金融资产，准则制定者接受了这样的观点，即金融市场的流动性足够高，从而可以采用一个可以可靠计量的市场价值。国际会计准则委员会在《国际会计准则第 39 号》中接受了这一观点。为了允许主体选择按照公允价值计量许多其他的金融资产，国际会计准则理事会在 2004 年进一步修订了《国际会计准则第 39 号》。这些金融资产被称为“以公允价值计量且其变动计入损益”的金融资产。这一问题引起了欧盟的反对，在很长时间后这个问题才得以解决（见第 10 章）。2007 年美国财务会计准则委员会发布了《财务会计准则公告第 159 号》，采纳了这种选择方法。表 16—3 总结了这一状况。

表 16—3　**国际财务报告准则和美国公认会计原则下的金融资产**

	计量	利得/损失
持有至到期金融资产、贷款	摊余成本	无
可供出售金融资产	公允价值	其他综合收益
交易性金融资产、衍生性金融资产、指定金融资产	公允价值	利润

没有按照公允价值计量的资产应当按照摊余成本计量，这种处理方法与有形固定资产的非常类似，初始按照历史成本计量，随后在其预期使用年限内摊销到预计残值。例如，假设一个公司买了 5 年期政府债券，面值为 1 000 美元，因为债券的利率相对较高，因此买价为 1 100 美元。该项资产最初按照 1 100 美元记账，随后在 5 年内摊销至 1 000 美元。摊销费用部分地抵减了利息收入。因为账面价值是可靠的，我们不一定仅仅是摊销溢价，也可以摊销折价，这种处理方法和大部分固定资产的

类似。

对于持有至到期的债券，我们可以说市场价值的波动是不具相关性的，因为公司不受其影响。但是如果情况相反，同样的债券是打算用来短期出售的，则市场价值的波动就具有相关性了。问题是董事的意图很难去审计，可能连董事们自己也不清楚自己的意图，而且这种意图会发生变化。所以有人就认为，类似的债券应该用同样的方法计量，不必考虑董事所宣称的意图。

公司的经理通常都不喜欢波动的收益，所以他们希望尽可能少地把资产归类为“交易性”的。由于一些金融资产很明显地不能被划为“持有至到期”类别的，因为这些资产根本没有到期日（例如股票），所以美国公司普遍将大多数金融资产作为可供出售类别处理。但是准则制定者却认为所有的金融资产都应该被看作是“交易性”金融资产（JWG，2000）。这就是为什么国际会计准则理事会在《国际会计准则第39号》中增加了一个选择条款，其他金融资产也可以按照交易性资产来处理。

许多国家（例如法国或德国）的会计规则还没有与国际财务报告准则趋同，它们的金融资产仍然按照成本计量或者按照成本与市价孰低法计量。但这并不适用于银行业，银行在使用公允价值计量其投资方面要领先于其他公司。

16.4.2 金融负债

这里首要的问题是确定某个项目为一项负债还是一项权益。《国际会计准则第32号》在20世纪90年代建立了一个新规则，要求所有符合负债定义的项目都被确认为负债。这也适用于某些优先股。我们回顾一下国际会计准则理事会对于负债的定义：

负债是主体由于过去事项而承担的现时义务，该义务的履行预期会导致含有经济利益的资源流出主体。

（概念框架，第49段）

类似的，《国际会计准则第32号》通过要求将复合金融工具（例如可转换债券）按照经济实质分别确认为一项负债和一项权益而弃用了现有的传统方法。大多数国家的会计规则都建立在金融工具的法律形式基础上。除了2003年《财务会计准则公告第150号》要求特定类型的股权应当被划分为负债（由于具备负债特征）外，这一基础对美国公认会计原则也适用。

一旦负债被确认，正常的程序是按照摊销方法来估价，即摊余成本的镜像效果（mirror image）。然而美国公认会计原则和国际财务报告准则要求交易性负债要按照交易性资产的方法来处理，例如按市价计值（以公允价值计量且其变动计入损益）。2004年和2005年，《国际会计准则第39号》修订之后允许某些其他负债也可以按市价计值。在美国，《财务会计准则公告第159号》也采用了同样的方法。这样修订的目的是允许金融机构的资产负债表中的部分甚至两边都可以采用公允价值。

16.4.3 套期会计

套期会计在多大程度上被许可是一个争议性很大的问题，这是国际财务报告准则和欧盟采纳的国际财务报告准则存在差异的主要原因（见第5章）。《国际会计准则第39号》有32个段落（该准则总共有110个段落）是关于套期会计的，在准则后面还有 13 页的“应用指南”、29 页的“结论基础”和 108 页的对于该问题的“实施指引”。所以我们这里只能简要地介绍这个问题。

为了理解这个问题，有必要区分下面四个概念：

- 套期；
- 被套期项目；
- 套期工具；
- 套期会计。

套期保护主体不受到价格变动（例如商品或货币的价格变动）的影响。可以被套期的项目包括资产、负债、境外经营的净投资、确定承诺或很可能发生的预期交易，这些使主体面临公允价值或现金流量变动的风险，从而会影响损益。例如，假设英国航空公司（British Airways，BA）2008 年 7 月 1 日承诺 2009 年 12 月 31 日将从波音公司购买价值 5 亿美元的飞机。如果英国航空公司的功能性货币（见第 18 章）是英镑，则支付美元的承诺将使公司面临着美元货币价格上涨的风险，导致其英镑的预期现金流量减少。这样的项目就可以使用套期。

套期工具是一项金融资产或金融负债，其公允价值或现金流量预期可抵消指定的被套期项目公允价值或现金流量的变动。在英国航空公司的例子中，该公司可能在 2008 年 7 月 1 日从一个金融机构购买 5 亿美元，这些美元将在 2009 年 12 月 31 日交付，到时以 2.7 亿英镑来交换。这样，英国航空公司就可以通过购买美元远期合约（一个衍生金融工具）来保护自己不受由美元价值升高而带来的风险的影响。

在《国际会计准则第 39 号》和美国公认会计原则的正常要求中，衍生工具要按市价计值。例如，如果美元相对英镑贬值，衍生合同就是一项负债，损失应当立即确认在当期损益中。这是很荒谬的，英国航空公司本来打算保护自己不受美元变动的损害才购买了该金融工具，但现在却因为美元贬值而遭受了损失。其原因是按照现行会计规则，向波音公司支付美元的承诺没有被记录在报表中，所以承诺中英镑价值的下降没有得到记录。

为了保护在套期工具寿命期中“利润”不受利得和损失的影响，公司有必要使用套期会计。这种方法的会计处理不同于一般的会计处理，在这种方法下，衍生工具的利得和损失记录在“其他综合收益”中。

现在我们假设美元继续贬值，英国航空公司按照承诺购买了飞机。英国航空公司可以按照 2.7 亿英镑的价格记录飞机成本，这一金额包括了所有衍生工具的累计损失。所以此时没有必要在利润表中记录任何货币兑换损失。当然，如果英国航空公司没有做这样的远期合约，它就会按照比较低的价值来记录飞机的成本，这样的话，以后的折旧费用也会比较低，在飞机使用年限中会给公司带来比较高的利润。

对于套期会计有三种不同的观点：

（1）让公司自己判断选择处理方法（这基本上是欧盟国家法律的态度）。

（2）在某些情况下允许使用套期会计（《国际会计准则第 39 号》和美国公认会计原则）。

（3）完全禁止使用套期会计（国际会计准则委员会和美国财务会计准则委员会等机构以前的规定，请参考 JWG（2000））。

如果采用上述的例子，禁止套期会计的理由是英国航空公司已经对美元下了赌注，所以如果美元贬值，该公司赌输了，就应该立即确认损失，而不应该将其伪装成未来一些年度中的折旧费用。同样的，如果美元升值了，就该确认利得。

公司管理层似乎会按照不同的方法进行套期（例如采用某种保险合约），它们成功地游说准则制定者允许使用套期会计。《国际会计准则第 39 号》和美国公认会计原则在套期工具预期能够有效抵御风险并使用主体文件记录所购买套期工具的性质和目的时，允许使用套期会计。

《国际会计准则第 39 号》对套期会计所施加的限制对于某些公司而言过分严格（特别是法国公司），因此这些公司成功地游说欧盟在 2004 年采纳该准则时去掉了其中的一些限制条款。

16.5 准备金

16.5.1 一般定义

《国际会计准则第 17 号》（2007 年本书写作时的版本）将准备金定义为时间和金额不确定的负债。养老金就是一个很好的例子，不过养老金由另外一个更加详细的准则来规范（见第 16.6 部分）。假设公司向雇员保证在其退休以后为其支付养老金，那么随着雇员在公司工作的继续，养老金权利也会日益增多。养老金将从雇员退休以后的年份开始支付直到其死亡，每年支付的金额可能等于雇员在公司工作的最后一年薪酬的一半。这种权利被称为“设定受益养老金”（defined benefit pension）。

从公司的角度来看，养老金是雇员报酬中的一个组成部分，它相当于当前的工资费用被延期支付了。因此每年公司都应当记录养老金工资费用，同时增加一项未来支付养老金的负债。很明显，公司对雇员的这种义务满足了负债的定义。然而，该项负债具体的金额却取决于许多因素，例如最后一年的工资水平，雇员退休以后能活多长时间等等。公司只能估计这一金额，所以这种类型的负债被称为“准备金”。第 16.6 部分将更详细地介绍养老金准备金。

对将要支付的税款进行的估计以及矿业公司在采掘以后恢复环境的支出都是准备金。同时，大多数国家还要求公司将由其销售时的维修承诺所带来的未来产品维修成本作为一项义务确认准备金。

在准备金这个问题上，最具争议的问题是预期的费用和损失在多大程度上存在时就应该被确认。欧盟成员国法律的基础——第四号指令（2001 年修订版第 20 条）指出，准备金指的是：

（1）可能会发生或肯定会发生的负债，但该负债发生的时间和金额不确定。

（2）各国法律制定机构可以选择这一处理方法，即准备金可以包括未来将发生的费用，但费用的根源产生于资产负债表日以前。

这种定义允许对交易损失、货币折算损失或下年度修理费用计提准备金，这些损失和费用是和当前或以前年度行动相关的。在国际财务报告准则的要求下，这些项目通常不符合负债的定义，因此不能够被确认。幸运的是，上述欧盟指令的第 2 条要求只是一种备选方法，因此没有与国际财务报告准则相冲突。

举例说明，假设某公司的财务年度结束于20×1年12月31日。该公司经历了非常糟糕的一年，在20×1年12月15日的董事会上，董事决定关闭一半的工厂，并在20×2年1月底辞退一半的雇员。董事会上制订并记录了详细的计划。然而，为了避免破坏雇员的圣诞节心情，该计划一直到20×2年1月7日才公开。那么，在20×2年2月编制20×1年财务报表时，资产负债表上是否应当记录该大型重组和遣散成本呢？

传统（也是稳健的）回答应当是肯定的，而且这一准备金也符合欧盟第四号指令的选择性定义（如上所述）。然而，资产负债表日存在负债吗？可以预期未来会有资源流出公司，也可以预期20×2年的工资会流出公司，但是这部分工资并不会发生。在20×1年12月31日是否有对第三方的义务？就本例而言，答案似乎是否定的。因此，按照国际财务报告准则的要求或其他类似规则的要求，不应当确认准备金。不过在财务报表附注中应当解释这一状况。

那么，按照国际财务报告准则编制的资产负债表没有确认20×1年12月31日已经决定且很可能在20×2年支付的重组计划费用所带来的准备金，其是否呈报了公允的信息呢？为了回答这个问题，我们应当回想一下作为资产负债表编制基础的一系列惯例，使用者应当熟悉这些惯例。在国际财务报告准则中，“负债”的定义自从在概念框架中发表以来，在数项准则中都重复过，且在近二十年来都没有发生过变化。如果将一个项目列示在“负债”类别中，且该项目很明显不符合负债的定义，这样的记录是公允的吗？很可能不是。进一步来说，如果不坚持这一清晰的定义，就很难阻止公司通过在好的年份计提准备金，并在坏的年份不计提准备金，从而歪曲利润。

为了为使用者提供充分的信息，国际财务报告准则要求公司在附注中披露任何已宣布的或从资产负债表被批准公布时已开始的重组计划。

近年来美国对于计提准备金的要求更加严格。《财务会计准则公告第146号》要求仅宣布详细且正式重组的计划还不足以证明负债的存在，还必须有一个事项发生，该事项能改变管理层对是否作出支出决定的判断。

决定要确认一项义务以后，就面临着计量的问题。从定义可以看出，估计是不可避免的。会计人员必须进行最佳的估计，并准备好在每个资产负债表日根据新的信息对估计进行复核。类似清除核电站这样的准备金可能需要几十年的时间才会发生实际的支出。这意味着要对其作出公允的计量就必须通过使用折现的方法来考虑时间价值问题。目前国际财务报告准则要求对这样的准备金进行折现，但在大多数欧洲大陆国家这种要求还不常见，在美国也没有这样的要求。

2005年国际会计准则理事会发布了对《国际会计准则第37号》进行大规模修订的征求意见稿。但由于存在诸多争论，该项修订工作进展缓慢。不过，我们仍然可以预计《国际会计准则第37号》会被修订，在第16.5.3部分我们将进一步考察这个问题。

16.5.2 准备金和公积金

本章所讨论的问题中最容易混淆的部分是由“准备金”（provision）和“公积金”（reserve）这两个术语在语言上的国际差异所带来的。混淆的一个根源是“准备金”这个词可以指资产价值的减少。我们用“应收账款的价值变化”（例如“备抵”或“减值”），而不是准备金或公积金来说明情况可能更有帮助。还需铭记在心的是，准备金是一项支付现金的义务（负债），而不是一项基金（资产）。与准备金不同的是，公积金指的是所有者权益下面的一个项目。在准备金和公积金之间存在着重大的差别。计提100万英镑的准备金需要做如下会计分录（单位：万欧元）：

借：费用 100

贷：负债 100

计提一项法定公积金（见第12章和第15章），则需要做如下会计分录（单位：万欧元）：

借：所有者权益（未分配利润） 100

贷：所有者权益（法定公积金） 100

计提准备金会减少公司的利润和净资产，但计提一项法定公积金对利润和净资产不会产生影响。

此外，由于英国英语和美国英语在术语使用上的不同也导致了进一步的混淆。按照英国（国际财务报告准则也是如此）的用法，本章通篇都对“公积金”和“准备金”作出了明确的区别使用。然而，正如在第2章中指出的，美国的语言中“公积金”这个词就是“准备金”的意思。例如，美国人有时候会说养老金公积金（pension reserve），而不是养老金准备金（pension provision）。这对美国人来说不会造成混淆，因为他们一般不使用“公积金”来表达所有者权益的一个部分。事实上，

- 美国根本不存在所谓法定公积金；
- 与投资相关的重估价公积金被列示为“累积其他综合收益”；
- 由外部折算带来的公积金（见第18章）被称为“累积折算调整”；
- 损益账户公积金被称为“留存收益”。

如果翻译或分析师没有注意英国和美国的这种差异，就会出现混淆。第2章的表2—7总结了几种语言中所使用的词汇。

经常可以看到另外一种表达方式，这一表达方式通常在比较谨慎的国家的国内规则中出现，或者与银行相关，这就是所谓的“秘密准备金”或“隐藏的准备金”。之所以存在这些准备金，是因为公司

- 在资产负债表上没有确认一项资产，或者，
- 故意按照不合理的低价计量一项资产，或者，
- 建立不必要的高额准备。

这些行为的产生可能是以谨慎性为借口，或者在某些国家是为了满足税收减免的需要。无论上述哪种情况，净资产都会被低估，当然所有者权益也会被低估。低估的金额就被称为秘密准备金。

大多数会计制度都包含某种程度的秘密准备金。例如国际财务报告准则、德国和美国的会计准则都不确认内部产生的资产——“研究费用”，而且按照折旧成本来计量一些资产也是很正常的，这些成本往往低于公允价值。

发现秘密准备金的最佳时机是当公司从一种会计制度转向另外一种会计制度时。例如1996年德国最大的银行，德意志银行首次按照国际财务报告准则和德国会计准

则披露了其财务报表。表 16—4 列示了其所有者权益的数据，从中可以发现按照国际财务报告准则编制的公积金数据要大很多。对净资产收益率的分析或对资产负债率的比较会因此受到很大的影响。

表 16—4 **德意志银行所有者权益** 金额单位：百万德国马克

年份	德国会计准则	国际财务报告准则	增加的百分比（%）
1994	21 198	25 875	22. 1
1995	22 213	28 043	26. 2

16. 5. 3 或有负债

这里要考虑的另外一点是“或者负债”。假设 X 公司试图从银行借款 100 万英镑，但只能通过说服 Y 公司保证在 X 公司无法偿还的情况下答应替 X 公司偿还，银行才答应借给 X 公司这笔钱，X 公司无法偿还的可能性非常小。因此对这笔贷款提供了担保。对于 Y 公司来说，这一担保是否能成为一项负债呢？Y 公司确实存在法律义务，但不大可能会被要求支付此款项。当义务或可能的义务不是很可能要求资源流出时，这些义务被称为“或有负债”。按照《国际会计准则第 37 号》（本书写作时的要求）和许多其他国家的准则要求应当在财务报表的附注中披露或有负债。

这种要求将会对公司的财务状况产生重要影响。假设主体由于过去事项产生了两种义务：

- A：有 60% 的可能性很快会被要求支付 1 000 万英镑（40% 的可能性是不作任何支付）。
- B：有 40% 的可能性很快会被要求支付 1 000 万英镑（60% 的可能性是不作任何支付）。

应当如何计量这些义务？

按照现行的《国际会计准则第 37 号》（本书写作时的版本），应当按照 600 万英镑来计量 A，按照 0 英镑来计量 B。A 应当按照“主体在履行该义务，或将该义务转让给第三方而合理支付的金额”来计量。如果 A 可以找到保险公司来支付此笔款项，则在有效市场中的价格应当是 600 万英镑。与 A 不同，B 没有很可能的资源流出，所以根本不用确认任何负债，而仅需在附注中披露。

在国际会计准则理事会 2005 年的征求意见稿中建议将“很可能”从确认标准中去除，仅在计量中使用这个概念。按照这种建议，A 将继续按照 600 万英镑计量，但是 B 将按照 400 万英镑来计量。这种修订将意味着取消“或有负债”的概念。

16. 6 雇员福利

16. 6. 1 引言

前面在举例说明准备金的时候已经提到过了养老金负债（第 16. 5. 1 部分），如果雇主承诺在雇员退休以后为其支付医疗费用，则会产生类似的负债。正如我们在第 8 章中提到的，这在美国是很普遍的。

本节首先将考察各国公司和其雇员之间所建立的不同的制度性安排，然后考察对该项负债的确认，最后将阐述针对该项负债所建立的基金。美国雇员的股份为基础的支付福利已经在第 8 章中讨论过。

16.6.2 制度性安排

为了保证雇员在退休以后还能有一些收入，各国存在各种类型的制度性安排，例如：

- 国家计划；
- 行业计划；
- 中止合同赔偿；
- 设定提存计划；
- 设定受益计划。

许多国家有国家规划（也就是国家计划），要求国内公司（有时雇员也需要）向国家交纳一定金额，从而保证在雇员退休以后或到达一定年龄之后能获得退休金。所支付的金额类似一种税收。这些钱通常属于政府财政的一部分，最终所获得的养老金由交纳年限决定。然而一旦公司支付了养老金款，就再没有其他义务了。

行业计划在如荷兰和瑞典等国家的一些公司中实行，类似于国家计划，不过范围限定在某个特定行业的所有公司中。同样的，一旦公司支付了养老金款项，就再无其他义务了。

意大利和日本执行中止合同赔偿。这些国家的法律强加给雇主一项义务，即要求在雇员无论是由于退休或其他任何原因而离开公司时，公司必须向其支付一定的金额的中止合同赔偿。换句话来说，雇员每年都为自己建立起了一个月的中止合同赔偿。所以在资产负债表日雇主的负债金额是明确的。

设定提存计划指的是雇主（也有可能是雇员）向该计划交纳特定数量的货币，这些货币由一个养老金信托基金或人寿保险公司来经营。最终的养老金取决于该项计划的投资有多成功。一旦雇主支付了一定期间的缴款计划，就不再有任何的支付义务。

设定受益计划是指雇员被保证获得养老金，但是并没有固定的缴款计划。例如必须按照雇员 20 年的服务期建立养老金权，其金额相当于雇员最后一年工资的一半。雇主的义务取决于雇员在退休以后存活的年限和其最后一年的工资。这样的计划在德国、英国和美国被普遍使用。

16.6.3 设定受益义务的会计处理

1. 引言

如果雇主公司存在一项支付义务（例如中止合同赔偿或设定受益养老金），现在的问题是如何对这项义务进行会计处理。

在意大利和日本，对这项义务的计算是很精确的。例如，意大利要求在资产负债表内按照确切的金额将其确认为准备金，并将每年的金额变化计入利润表。这项金额不需要按照货币时间价值进行贴现，每年的费用支出可以在税前扣除。

在美国、英国公认会计原则和《国际会计准则第 19 号》中，公司被要求在资产负债表日对这项义务进行最恰当的估计，按照现行市场利率进行折现。该计算在英国和美国都与税收无关，因为其需要进行的估计太多。也正因为如此，所计算出来的养老金费用是不可以在税前抵扣的。在德国，由于税收与会计的紧密联系（*Massgeblichkeitsprinzip*，见第2章），税收制度确定了一个折现率，并且不考虑未来工资上涨的部分。这些假设通常会导致记录的准备金过低（under provision）（除非财务报表是按照国际财务报告准则编制的）。这样做并不是出于对谨慎性原则的考虑，但却可以使会计和税法一致。

根据欧盟第四号指令（第43款（1）、（7）），似乎只要在附注中披露养老金义务就可以了，而无需在资产负债表中体现出来。一些法国公司就这么做，这说明这些公司没有对它们的某些负债进行记录。

2. 精算利得和损失

设定受益的义务每年都因为许多原因而发生变化，这些原因可以分为两类：预期内和预期外的。义务增长的预期内的原因有两个：因为雇员持续提供服务，从而使其获得养老金的权利逐渐增加（因此被称为“服务成本”），以及由于义务支付年限的提前，从而使得少折现了一年（有利息费用或折现率变动）。

然而可能还有预期外的变化，这将产生精算利得和损失。例如下列原因可能会引起精算损失：公司提供薪金的增长幅度超过了预期，受益人实际存活年限超过预期，折现率降低。这些损失可能是金额巨大的。如果立刻确认则会导致利润表中出现不可预期的巨大亏损。公司经理不喜欢这种未预期的亏损，他们总是希望能够使盈余平滑增长。因此，为了保护利润表不受这种实际情况的影响，美国财务会计准则委员会受到很大的压力来寻找掩盖真相的方法，最终在《财务会计准则公告第87号》中发明了两种方法：

（1）如果精算利得和损失的金额较小，则可以忽略不计（“小”指的是低于义务与基金孰高的10%）。

（2）如果精算利得和损失的金额不小，则在雇员服务的剩余年限内平均摊销。

这是规则导向会计准则和原则导向会计原则的极好的例子。国际会计准则委员会（国际会计准则理事会）在《国际会计准则第19号》中沿袭了这种做法，目的是为了满足管理者因为利润波动过大的抱怨。同时《国际会计准则第19号》也允许对其提前确认。

英国会计准则理事会发明了另外一种保护利润表的方法，在2000年发布的《财务报告准则第17号》中规定将精算利得和损失记录在全面已确认利得和损失表内。2004年《国际会计准则第19号》进行了修订，也允许采用这种方法（按照国际财务报告准则的术语则是计入综合收益表）（见第6章）。美国公认会计原则在2006年进行了修订，改为《财务会计准则公告第158号》。修改后的准则仍然采用上述做法，不过要求在资产负债表内进行全面的确认。

16.6.4 雇员福利义务基金

应当特别注意的是，准备金（即使是全面准备金）并不意味着一定要存一笔钱或进行一项投资，以便在未来向雇员进行支付。存资金或进行投资是一种很好的方法，但这需要公司专门进行这样的一种活动，而这种活动又是和该支付义务的会计处理不相关的。公司将一笔钱永久性转入金融管理者手中进行投资，用于支付雇员的养老金，这种行为就叫做“建立基金”（funding）。在资产负债表上，累计基金的价值从累计支付义务中抵减，因为基金可以用来支付养老金，因此会减少公司负债的规模。资产负债表将支付义务中未建立基金的部分作为准备金列示。

重要的一点是不要将准备金和基金混淆起来。准备金是支付货币的义务，基金是一系列的金融资产（货币或投资）。从国际上来看，这两个概念经常会发生混淆，例如意大利语中“准备金”一词为*fondo*。

在美国和英国，公司有计划地建立基金是很普遍的现象，这种基金是长期的，用于偿付养老金义务。当然一项义务的金额是通过估计得出的，而基金的价值则是随着市场价格而浮动的，因此建立完全基金是很少见的。此外，在这两个国家，由于基金投资很容易被税收检查（和养老金费用不同），因此是可以在税前扣除的。

表16—5列出了美国汽车巨头通用汽车公司的简化资产负债表。在负债部分，存在一项119亿美元的养老金负债和501亿美元的退休健康福利负债。这两笔负债拖累了股东权益，2006年的股东权益为负数，2005年也只有147亿美元。养老金负债是一笔数目很大的支付义务和一笔数目很大的基金之间的差额。相对而言，为健康负债而建立的基金很少，所以相关义务的大多数都列示为负债。

表16—5 **通用汽车公司2006年12月31日的简化资产负债表** 单位：10亿美元

现金与证券		24.7
应收账款		8.2
存货		13.9
递延所得税		44.9
租出设备		17.9
联营企业权益		9.5
有形资产		41.9
无形资产		1.1
其他		24.1
总资产		186.2
应付账款		28.1
应计费用和其他短期负债		40.9
债务		42.5
退休福利（非养老金）		50.1
养老金		11.9
其他		16.9
总负债		190.4
少数权益等		1.2
普通股	1.0	
资本溢价	15.3	
留存收益	0.4	
累计其他综合损失	(22.1)	
股东权益总额		(5.4)
负债和所有者权益总额		186.2

在那些公司义务较为普遍的欧洲大陆国家（如德国和意大利），建立大量基金是

很少见的。公司会为一般目的而保留一些资金，达到这些目的就会取消保留资金的行为。因为在这两个国家养老金准备费用是可以在税前抵扣的，而支付基金则不可以进行抵扣。公司必须保证它们总是有足够的现金来支付到期的雇员福利。这种做法的结果是在德国和意大利的资产负债表上可以看到金额巨大的对雇员的负债。

16.6.5 对一些国家的小结

把各种制度、建立准备金和建立基金等安排结合起来，会出现一幅形式各异的图片。图16—2包括7个国家的情况，该图中列出了8种类型的计划，以及施行这些计划的国家。

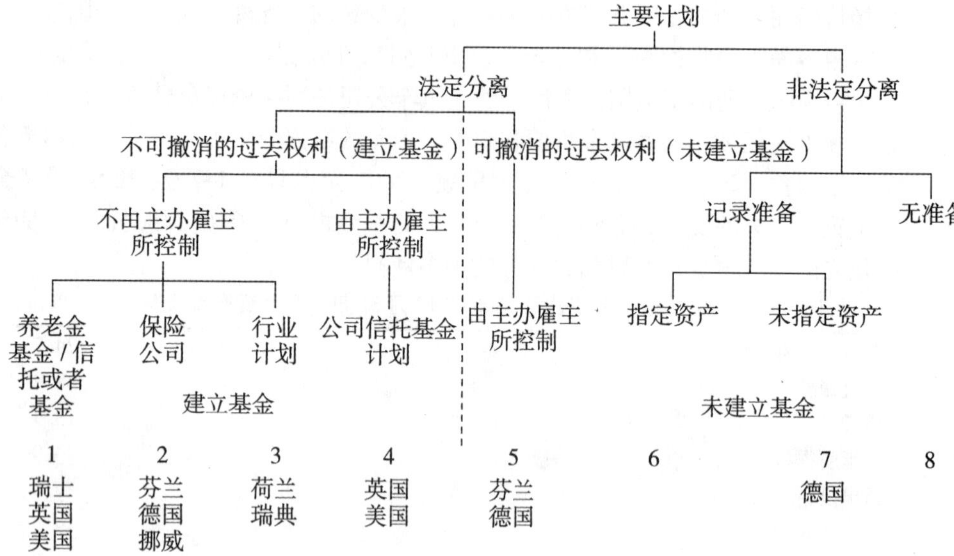

图16—2 对非国家养老金计划的分类

资料来源：节选自FEE（1995）*Survey of Pensions and Other Retirement Benefits in EU and non-EU Countries* 中的“A classification of non-state pension schemes”。Routledge，London。

16.7 递延所得税

16.7.1 一般解释

递延所得税是存在国际会计差异的主要领域。递延所得税不是税务当局允许纳税人递延支付的税款金额。递延所得税会计是对财务报表中所包含的税收金额的确认。

固定资产重估时所产生的递延所得税问题是最简单的一个例子。假设一个荷兰公司在资产负债表上对其持有的土地进行了重估，价值从300万欧元上升到900万欧元。同时假设荷兰针对资本利得征收的公司所得税税率为35%。按照荷兰税法的规定，在资产处置以前是不需要纳税的，该公司在可预见的未来不会出售这块土地。因此这项重估不会产生应付税款，但是我们可以看一下对于在资产负债表日结束的会计期间，会计师是如何考虑潜在的210万欧元（600万欧元的重估溢价×35%）的应纳税款的。如果将应纳税款看作是潜在的负债，则会在资产负债表内对潜在的递延所得税进行会计处理，如表 16—6 所示。由于重估没有实现，因此在利润表上也没有记录利得，也没有记录相关所得税。

表 16—6　**重估的递延所得税**　单位：百万欧元

荷兰公司资产负债表的调整			
固定资产：			
历史成本	+3.0		
重估增值	+6.0		
	+9.0	重估价公积	+3.9
现金：	−3.0	递延所得税	+2.1

在上述例子中，600 万欧元的重估价值在与税收目的尚未有关系时，国际会计准则理事会和美国的规则都将其称作“暂时性差异”。《国际会计准则第 12 号》或《美国财务会计准则公告第 109 号》都要求公司按照暂时性差异以现行所得税税率对递延所得税进行会计处理。暂时性差异是资产或负债为财务报告目的所持有的账面价值和其为税收目的而记录的价值之间的差额。在上述荷兰土地的例子中，财务报告的账面价值是 900 万欧元，税收价值是 300 万欧元，因此暂时性差异为 600 万欧元。

在美国，不允许土地的重估增值，但却要求对某些证券按照现值计价。在一些其他的欧洲大陆国家，重估是法定的，但不会增加当前的税收负担。结果是在按照大多数欧洲大陆国家规则所编制的个别公司报表中，没有与土地相关的递延所得税，在许多会计问题上也是同样如此。然而尤其是在德国、法国等国家的公司集团中，由于使用国际财务报告准则或美国准则编制合并报表，会计实务与重估等税收法规相脱离，因此这些国家也会产生递延所得税。此外，按照国际财务报告准则和美国公认会计原则以及大多数其他国家的规则，当子公司的资产和负债第一次被合并时是按照公允价值来合并的，这些公允价值不在任何与税收有关的记录中体现，而这些又都会导致暂时性差异的产生。

折旧会导致大量递延所得税的出现，这是英美国家最常使用的例子。根据行业的不同，折旧可能是很大一笔费用，正如第 2 章所述，税收规则和会计规则可能存在显著不同。表 16—7 介绍了一个简单的例子。在购买设备和厂房的当年，税法允许公司 100% 计提折旧，公司所得税税率为 35%，购买机器的价值为 10 000 欧元，预计可以使用 5 年，所在国的税收规则和会计规则是分离的。100% 的税收折旧率并不稀奇，英国从 1972 年到 1984 年期间对所有的厂房设备都使用这样的折旧率，而且 20 世纪 80 年代末以前，西柏林也对某些资产使用这样的折旧率，还有对某些希腊岛屿的资本投资也是如此。当然在欧洲大陆更普遍的是不这么极端的例子。

表 16—7　**折旧和税收**　单位：美元

会计记录			税收计算			
年	折旧额	账面净值	年	费用	税收账面价值	扣减所得税
1	2 000	8 000	1	10 000	0	3 500
2	2 000	6 000	2	0	0	0
3	2 000	4 000	3	0	0	0
4	2 000	2 000	4	0	0	0
5	2 000	0	5	0	0	0

在表 16—7 中会计师假设该资产没有残值，并且随着时间的发展平均损耗，与其使用无关。因此按照会计目的，公司将每年提取 2 000 欧元的折旧费用。另一方面由于税法允许第一年提取 10 000 欧元的折旧费用，如果公司这样做了，则第一年结束以后就没有可以抵扣的费用了。结果第一年扣减税收 3 500 欧元（10 000 欧元在 35%税率下的额外税收费用）。设计这种现金流优惠的目的是为了鼓励投资。

假设公司非常无效率地使用该新资产，或者第一年根本没有使用它。在这种情况下公司仍然要计提折旧，因为该资产是按照时间来计提折旧的。这种无效率的资产购买会导致在第一年税后利润增加 1 500 欧元（折旧费用 2 000 欧元，所得税扣减 3 500 欧元）。当然，如果公司有效率地使用该项资产，利润会增长地更多，因为公司至少可以通过使用资产来赚取更多的钱，从而弥补资产的折旧。

以上折旧对利润的奇怪影响是由于故意缓慢地提取折旧费用，但却立刻计算税收抵扣而造成的。然而到目前为止公司仍然没有计算任何递延所得税。按照《国际会计准则第 12 号》或美国的规则，为了计算递延所得税，公司必须计算暂时性差异。正如前面所解释的，这是资产在财务报告的账面价值和其税收价值之间的差额。对于在第一年年底提取折旧的机器，财务报告账面价值是成本减去折旧（8 000 欧元），税收价值为零，因为税收目的的完全折旧已经提取完毕。因此暂时性差异是 8 000 欧元，以及（在税率为 35%时）2 800 欧元的递延所得税负债。

反映上述递延所得税会计的复式记账分录应为借记“税收费用”2 800 欧元，贷记“递延所得税负债”2 800 欧元。第一年公司的利润将减少 1 300 欧元，这是购买了资产却没有使用的结果（额外折旧费用 2 000 欧元，实际税收抵扣 3 500 欧元，但递延所得税负债 2 800 欧元）。大多数准则制定者认为这种方法是对当前利润最为合理的计算。

目前我们已经看了两种可能引起递延所得税的例子：税收制度不加以考虑的资产重估，以及税收制度的折旧率高于会计折旧率。还有一些其他的例子，例如：

- 当税收制度仍将其视为经营租赁时的资本化租赁；
- 当税收制度只考虑长期合同完成时的利润时，将长期合同的利润当作生产收益。

在国际财务报告准则和美国的规则下，为了对递延所得税进行会计处理，有必要考虑资产负债表内所有资产和负债的价值，并将它们与所应用的税收价值进行比较，这样就会出现大量的暂时性差异以及由此而产生的递延所得税资产和负债。不允许通过考虑这些资产和负债实现的时间来进行折现。

国际财务报告准则和美国规则已经发生了很大的改变，而且国际间的规则差异也很大。相关的发展回顾可以参考舒尔茨和约翰逊（1998）的研究。一个主要的问题是递延所得税负债是否是一项负债：在一张合并资产负债表上，是否仅仅因为选择了对一项资产进行重估，就产生了支付税款的义务（Nobes，2003，第 4 章）？一个可能的结论是递延所得税根本不应该进行会计处理（Weetman，1992）。

16.7.2 一些国际差异

一些国家没有对递延所得税进行会计处理的要求，部分是因为这些国家的公司很少产生暂时性差异。欧盟第四号指令并不要求确认递延所得税，第七号指令（第 29 款（4））似乎只在递延所得税作为合并程序的一部分时才要求进行确认。

一些国家（例如挪威）的会计规则和以上所述的国际财务报告准则及美国规则类似。另外一些国家（例如法国和荷兰）的会计规则与国际财务报告准则及美国规则的主要差异在于有时会对递延所得税余额进行折现。在德国和英国，递延所得税不按照暂时性差异而按照时间性差异来确认。时间性差异是基于利润表计量的，无需参考资产和负债金额。它比暂时性差异所包含的内容要少。

更进一步的区别是，在某些国家（例如意大利和 2001 年以前的英国），递延所得税的确认是局部的，取决于所要支付的金额是否是可能的或可预见的。

16.7.3 递延所得税资产

对递延所得税的确认可以同时产生资产和负债。产生递延所得税资产的两个主要原因是：

- 为税收目的而结转的损失被未来应纳税利润所抵减；
- 为财务报告目的而确认的雇员福利负债还未被税收目的所确认。

表 16—5 中，通用汽车公司的简要资产负债表可以用于说明递延所得税资产的潜在重要性。递延所得税资产（449 亿美元）主要是乘以税率后的未建立基金的养老金（119 亿美元）和健康福利负债（501 亿美元）。应当注意的是公司的净资产（其值等于所有者权益）在 2006 年为负，在 2005 年也只有 147 亿美元。

按照美国规则，递延所得税资产应当在最终会实现的可能性大于不会实现的可能性时进行确认。相对而言，大多数其他规则所要求或暗示的确认条件其要求的可实现可能性大于美国的。在损失结转方面，必然存在对其实现可能性的怀疑，因为这涉及未来的利润。

16.8 收入确认

贷方余额可能是以下三者之一：负债、收入或权益要素。区分这三者的界限并不十分明晰。第 16.4 部分曾指出，优先股可以被看作是负债，可转换债券可以被部分地看作是权益。第 8 章简单介绍了负商誉有时可以被看作是一项公积金（权益），有时则可以被看作是一项负资产（不管具体名称是什么），而目前按照《国际财务报告准则第 3 号》的规定，负商誉是一项利得。按照《国际会计准则第 20 号》的规定，政府补助可以被作为一项权益（递延收入），然而根据《国际会计准则第 41 号》却被看作是一项利得。本节将考察收入和负债的界限。

根据《国际会计准则第 18 号》（第 7 段）：

收入，指主体在正常经营活动中形成的、导致本期内权益增加的经济利益的总流入，但不包括与权益参与者出资有关的权益增加。

该定义满足国际会计准则理事会概念框架（第 74 段）对“收入”（例如销售收入）和“利得”（例如固定资产的销售收入）的区别（见图 16—3）。然而，该定义存在严重的问题。首先固定资产的销售也属于“正常经营”。从 1993 年开始，《国际会计准则第 8 号》严格限定了“例外”事项的内容，而且从 2005 年开始，《国际会计准则第 1 号》又取消了这一概念。因此，所有的现金流都来自正常的经营活动。其次，有些固定资产的销售收入导致了所有者权益的减少。（所以它们就不是“收入”了吗?）如果国际会计准则理事会的回答是，这需要考虑其综合结果，那么这个词汇就有些冗长，因为任何销售（无论是流动资产还是固定资产）都会带来某些现金流入。假设该定义的意思是想说收入由对客户销售物品而产生的总的现金流入。这个概念虽不是明显错误的，但仍然是含混不清的。

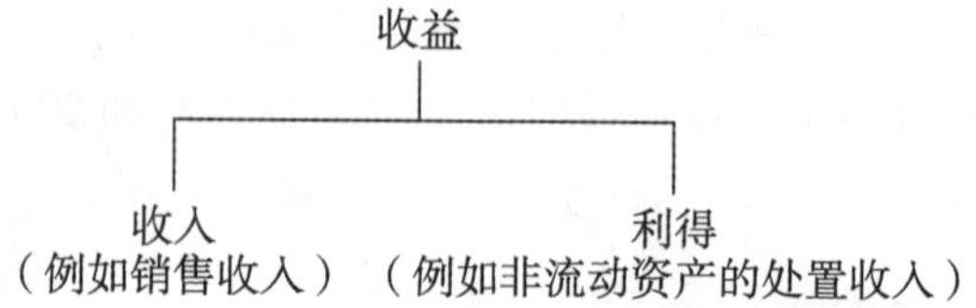

图 16—3　国际会计准则理事会有关收益的定义

顺便需要提及的是，“收入”（revenue）有时与“收益”（Income）相关联，有时则又是无关的。事实上，“收入”不是“收益”的一种，但它的出现总会意味着需要确认一些收益或损失。

根据《国际会计准则第 18 号》，销售收入（因此也是收益）在“主体已将商品所有权上的重大风险和报酬（以及控制）转移给购货方”之前，是不可以确认的。例如，一个约束性的销售合同就还不是“收入”。

根据美国公认会计原则，收入确认的门槛要更高，而且由证券交易委员会严格执行。《专职会计公报第 104 号》要求在下列四个条件都满足之前不得确认收入：

（1）交易安排有充分证据；

（2）交货；

（3）价格固定或可确定；

（4）收款可以得到合理的保证。

传统上多数国家的国内法律都没有对这个问题进行规范，所以向国际财务报告准则或者向美国公认会计原则的趋同会导致收入确认时间被延后。

奇怪的是，在转向合同会计的过程中，上述逻辑和规则却被取消了。例如，《国际会计准则第 18 号》和《国际会计准则第 11 号》要求对于未完工合同采用完工阶段方法，条件是该合同的收益可以可靠计量，而且该合同是盈利的。以建造电力火车的五年期合同为例，该合同明显是盈利的。假设因为所有的火车都只完工了一半，因此无法向客户交货。我们现在应该确认利润吗？这时候风险和控制权转移给客户了吗？没有！

我们现在看一个更简单的例子。假设一个杂志出版商在 200×年的 1 月 1 日收到了不可退回的 100 英镑的杂志订单，并承诺全年提供 12 本杂志。将所有客户考虑在内，生产和运送 12 本杂志的总平均成本预期为 75 英镑。该出版商应当什么时候确认利润呢？传统答案是在一年内逐渐确认 25 英镑的利润，因此在开始的时候 100 英镑的订单应记录为负债。现在的回答是（在 1 月 1 日）：

（1）存在一项资产吗？是的，银行存款有 100 英镑。

（2）存在一项负债吗？是的，预期需要提供成本为 75 英镑的 12 本杂志。

（3）因此，目前有 25 英镑的利得。

注意，该杂志出版商不可能有 100 英镑的负债（尽管按照传统会计我们是这样记录的），因为未来不是很可能会有 100 英镑的现金流出。还要注意，我们需要区分 100 英镑的“收入”和 25 英镑的“收益”。这个结果除了满足概念框架的定义之外，还是非常有道理的：对于出版商来说，其面临的困难不是提供杂志，而是寻找愿意支付 100 英镑的客户。一旦找到了这样的客户，就已经实现了其“业绩”。

2004 年，国际会计准则理事会和美国财务会计准则委员会已经开始研究这个问题。在本书写作时，我们还在期待征求意见稿的出现，预计该征求意见稿将会为传统会计实务带来巨大的挑战。

16.9 综合收益

1993 年从英国开始（《财务报告准则第 3 号》），各国的准则制定者都陆续决定所有的利得和损失应当在一个主要报表中进行报告，而不能再像以前那样隐藏在“公积金变动”中。英国的报表被称为全面已确认利得和损失表。这与国际财务报告准则或美国准则中的综合收益表是一样的。《国际会计准则第 1 号》对该表进行了规范，但是美国公认会计原则没有要求必须提交该报表，并允许在所有者权益变动表中披露其他综合收益的要素。

正如在第 6 章中所解释的，国际财务报告准则和美国公认会计原则允许主体呈报不包括其他综合收益的一份利润表。这是会计实务中的普遍做法。根据美国公认会计原则，如果主体不呈报利润表，就必须呈报一份综合收益表。表 16—8 列示了国际财务报告准则（2007 年修订）和一些国家规则对报表的要求。

表 16—8　**要求呈报的报表**

报表	要求者			
	国际财务报告准则	美国	英国	法国和德国
利润表（或损益账户）	否	否	是	是
综合收益表（或全面已确认利得和损失表）	是	否	是	否
所有者权益变动表	是	是	否	否

根据国际财务报告准则，其他综合收益的内容包括：

- 资产重估（根据《国际会计准则第 16 号》和《国际会计准则第 38 号》）；
- 可供出售金融资产的公允价值调整（根据《国际会计准则第 39 号》）；
- 现金流套期利得和损失（《国际会计准则第 39 号》）；
- 财务报表折算的外币利得和损失（根据《国际会计准则第 21 号》（见第 18 章））；
- 精算利得和损失（根据《国际会计准则第 19 号》，可以选择）。

除了第一条之外，以上所列的内容和美国公认会计原则的规定差不多。《国际会计准则第 1 号》要求主体列示与综合收益表每个部分相关的所得税。

没有什么原则可以解释为什么上述部分不应当被列入利润表。它们都满足“收益”或“费用”的定义。理由并不是它们“未实现”，因为尚未销售的投资性房地产和森林的利得也没有实现，却包括在利润表中。更何况国际财务报告准则并没有提到“已实现”的概念，而且在欧盟法律中它的意思也不清楚。

国际会计准则理事会试图寻找一个原则来为收益进行分类，但尚未成功。另外一个相关的问题是，一旦利得和损失计入综合收益之后，是否还可以再次分类到利润表中。这个问题在第 8 章中讨论过，表 16—9 对这个问题进行了拓展。它说明了另外一套规则，也是毫无原则根据的。政治上的解释是，但凡受到美国影响的准则都有重分类规则，而受到英国影响的准则就没有。如果重新分类，则必须体现在综合收益表中。

表 16—9　**之前计入“其他综合收益”的利得和损失是否重新分类为利润或损失**

	国际财务报告准则	美国	英国*
有形资产和无形资产的重估	否	N/A	否
可出售金融资产的公允价值	是	是	N/A
现金流套期的利得和损失	是	是	N/A
精算利得和损失	否	是	否
外币报表的折算	是	是	否

注：* = 未上市公司标准。

N/A = 由于未包括在准则中而不适用。

小结

- 无形资产对许多成长迅速的公司而言非常重要。国际财务报告准则和美国规则对无形资产的确认存在差异。
- 根据美国公认会计原则，资产的计量大多建立在历史成本的基础上，但是国际财务报告准则在很多方面允许偏离历史成本。
- 根据管理者意图，金融资产被划分为三大类。
- 在多数国家，金融工具的分类是建立在法律形式的基础上的，对负债的折现很少见。
- 国际财务报告准则和美国公认会计原则在某些情况下允许进行套期会计。
- 为未来的费用确认准备金的程度在国际上存在差异。按照国际会计准则理事会的规则，资产负债表日必须存在一项义务。
- 在翻译例如准备金、公积金、备抵和基金等词时要特别小心。
- 各国对于退休福利的制度性安排是不同的。会计师需要确认公司所具有的负债的程度。
- 国际财务报告准则包含一些方法来保护利润表不因为精算利得和损失的原因而过分波动。

● 各国建立基金的安排也是不一样的，美国和英国通常建立全面基金，但欧洲大陆国家则不是如此。

● 国际财务报告准则/美国规则在计算递延所得税时以资产负债表作为基础（暂时性差异），其他国家的规则运用利润表为基础（时间性差异）。

● 递延所得税负债可能会由于加速税收折旧而产生，也可能由于资产重估而产生。

● 在是否运用折现方面存在国际差异，在对所有暂时性差异/时间性差异的考虑方面也存在国际差异。

● 国际会计准则理事会对“收入”的定义令人困惑。收入的确认是目前受到关注的主要话题。

● 没有基本原则可以解释为什么有些收入和费用是“其他综合收益”，或者哪些部分将来可以被重新划分到利润表中。

参考文献

FEE(1995) *Survey of pensions and other Retirement Benefits in EU and non-EU Countries*, Routledge, London.

JWG(2000) *Draft Standard: Financial Instruments and Similar Items*, FASB, IASC and others.

Nobes, C. W. (2001) *Asset Measurement Bases in UK and IASC Standards*, ACCA, London.

Nobes, C. W. (2003) *Liabilities and Their Measurement under UK and International Accounting Standards*, ACCA, London.

Schultz, S. M. and Johnson, R. T. (1998) ‘Income tax allocation: the continuing controversy in historical perspective’, *Accounting Historians Journal*, December.

Weetman, P. (1992) *SSAP 15: Accounting for Deferred Taxation*, Institute of Chartered Accountants of Scotland, Edinburgh.

课后问题

书末提供带星号问题的参考答案。

16.1* 请讨论下列说法：“秘密准备金使一个公司更加强大，所以应当加以鼓励。”

16.2* 根据《国际会计准则第32号》，一些股份被作为负债处理，而一些明显的负债却又被作为部分权益处理，这样做恰当吗？

16.3 在什么样的情况下，下一年度的工资和下一年度的维修费用应当在本年度作为费用计提？

16.4 国际财务报告准则和美国规则对无形资产的确认充分吗？

16.5 解释国际财务报告准则是如何计量资产的，并讨论该如何改善现状？

16.6 解释“套期”和“套期会计”之间的差异。支持两者的观点分别是什么？

16.7 解释备抵（allowance）、负债（liability）、或有负债（contingent liability）、义务（obligation）、准备金（provision）、应计费用（accrual）、基金（fund）和公积

金（reserve）之间的区别。指出你的回答是建立在哪种会计规则基础上的。

16.8　比较德国、意大利和美国在雇员福利会计方面的谨慎程度。

16.9　举例说明在美国会计规则下，产生递延所得税资产和递延所得税负债的各种不同原因。

16.10　考虑由于资产重估产生的暂时性差异而导致的递延所得税负债是否符合国际财务报告准则和美国对负债的定义。

第 17 章　合并理论

罗伯特·帕克、克里斯托弗·诺比斯

内容

目标

读完本章后您应当能够

- 解释为什么美国和英国比欧洲大陆国家更早地开始编制合并财务报表。
- 讨论集团的不同概念及它们在国际财务报告准则和美国公认会计原则中是如何体现的。
- 概述欧盟和国际会计准则理事会的协调化进程对合并财务报表的影响。
- 描述美国、英国、德国和法国的公布要求有何不同。
- 讨论国际财务报告准则和美国公认会计原则在使用购买法、权益集合法、比例合并法、权益法和合并价差方面的不同。

17.1　引言

不同国家在合并会计领域都自成一体，不论在理论上，还是实务中都存在一些实质性的差异。这些差异主要表现在以下四个方面：

（1）合并财务报表的应用程度不同；

(2) 编制合并报表时所应用的集团的概念不同；

(3) 当前公司所公布的信息不同；

(4) 采用的合并方法不同。

国际会计准则理事会以及欧盟已经实质性地缩小了这些差异，但是将其完全消除是不可能的。本章的主要目的就是描述并尽可能地解释这些差异。

本章的内容主要涉及国际会计准则理事会、欧盟和美国。在第 12 章中我们已经讨论过日本的合并实务，澳大利亚实际上已经采纳了国际准则；中国和加拿大的会计实务正在和国际会计准则趋同。

17.2 应用程度

合并财务报表最早出现于美国。早在 20 世纪初，一些美国公司就编制了合并财务报表（Broes，1934；Hein，1987；Mumford，1982）。但是直到 1901 年成立于新泽西州的美国钢铁公司编制合并报表时，美国才正式确立了合并财务报表的模式。

合并报表之所以在美国得到广泛的应用，部分得益于控股公司的发展，同时也和各个州之间行使独立的立法体系不无关系。20 世纪初在美国出现的合并浪潮不是由个别独立的公司所推动的，而是涉及了许多集团公司，这一浪潮影响了整个商业和产业活动。在创新观念被人们所高度认同的社会环境下，会计方法的发展没有为法律和法规所限制。

在英国和欧洲大陆，控股公司和合并报表的出现比较迟。在英国，直到第二次合并浪潮（1916—1922 年）时，控股公司才成为公司组织的一种重要形式。英国最早是在 1910 年出现合并财务报表的（Edwards and Webb，1984）；最早涉及合并财务报表的著作是吉尔伯特·格塞（Gilbert Garnsey）于 1923 年出版的《控股公司及报表编制》（*Holding Comoanies and their Published Accounts*）。正如格塞本人所说的，合并理论当时在美国正方兴未艾。在 1929 年英国对公司法进行全面修订时，并未将合并财务报表列为正式的法律条文。20 世纪 30 年代，邓洛普有限公司（Dunlop Ltd）首先开始编制合并报表，尽管伦敦证券交易所在 1939 年规定发行新股时必须披露合并报表，但合并报表仍未普及（Bircher，1988）。直到 1947 年第二次世界大战结束之后，英国才正式以法律的形式规定了集团报表（通常要求编制合并财务报表）。

在英国，对这一新方法的需求（控股公司的增加）及认可都比在美国来得迟。格塞认为“是这个国家的人们守旧且不愿意改变旧事物的天性使然，因而无可厚非”。然而，他对董事会提出了批评，因为依照英国法律，董事会要对公布的报表负责。要求每个控股公司公布它们的资产负债表（在美国并不要求）有可能阻碍合并资产负债表的公布。

合并财务报表在欧洲大陆的起步则更晚。根据博尔斯（Bores，1934）的论述，在荷兰最早编制合并报表的是 1926 年海牙的 Wm H. Müller & Co. （见 Zeff 等人，1992）。德国的公司在 20 世纪 30 年代开始编制合并报表，而直到 1965 年才制定相应的法律要求编制合并报表。法国发展得更晚，在 1967 年只有 22 家公司公布合并资产负债表，在 1983 年，大约只有 75% 的上市公司公布合并报表，直到 1986 年才有相应的法律要求编制合并报表。在意大利、西班牙、希腊和卢森堡等国家，直到 20 世纪

80 年代，合并报表仍然比较少见。但是在 20 世纪 90 年代颁布欧盟第七号指令之后，这种状况得到了改善（见第 17.4 部分）。

在其他一些国家，要么还不编制合并报表，要么合并报表还处于非常初始的发展阶段。例如摩洛哥和印度直到 2001 年才开始要求编制合并报表，土耳其则到 2003 年才开始提出这样的要求。

17.3 “集团”的概念

合并财务报表是建立在这样一个假设之上的，即认为公司集团是一个会计主体。在定义这样一个主体的界限时，首先应该关注主体信息的使用者，其次应该关注提供信息的目的。美国和国际会计准则理事会的概念框架认为，财务报表主要是为现有及潜在的投资者服务的。同时，它强调的是母公司或控股公司的股东权益，不考虑非全资子公司中少数股东的权益。这就是“母公司理论”中集团的概念。

这样的理论存在许多缺陷，例如：

- 它认为集团内有一个控制着许多附属公司或子公司的母公司，而不考虑由两个或两个以上规模相当的企业合并组成一个集团，或是由几个公司共同控制集团，或是其他公司对集团有重大影响却没有控制权的情况。
- 它忽视了除权益股东之外的其他利益方，因此将少数股权列示在股东权益之外。

母公司理论是以法律上的控制权为基础的。它通常是基于对多数股权和表决权的拥有，但它也允许通过“控制合同”而取得控制权（正如德国的公司法所允许的），一个公司可以通过签订“控制合同”而使其他公司在法律上拥有该公司的控制权。

集团的另一种概念是“主体理论”，它强调集团中所有公司的经济主体，因而不论是多数股权或是少数股权，都予以同等对待。按照这种理论编制的报表可供或者说更适合内部员工和管理者使用。在主体理论下可以很好地解释由两个同等规模公司所组成的集团。在采纳国际财务报告准则之前，澳大利亚、德国和意大利的会计实务将少数股权作为股东权益的一部分列示。这样做是有道理的，因为很明显少数股权不符合负债的定义（见第 6 章）。《国际会计准则第 27 号》（第 26 段）原本指出少数股权不应该作为母公司股东权益的一部分列示，但是允许它作为集团股东权益列示。该准则在 2003 年修改以后将集团股权列示作为一项要求提出，这是符合主体理论的。

然而，无论是母公司理论还是实体理论，都没有很好地解决一个公司由几个集团共同控制或者一个公司只是部分附属于一个集团的情况。在这些情况下，既不存在单一的母公司，也不存在少数股东权益，既没有法律上的控制权，也没有经济主体，因此需要引入“所有权理论”来解决这些问题。这一理论着眼于母公司在子公司所持有的所有权而非法律上的控制权或是业主权，这种所有权使母公司能够对子公司的经济和财务政策施加“重大影响”。依据这一理论，在编制合并财务报表时，对于子公司当年的利润或损失、资产或负债，只按母公司所持有股权的份额记入合并报表。在这种情况下，既可以采用比例合并法又可以采用权益法。采用比例合并法时，将这些项目逐项加总合并，采用权益法时，则以独立的项目列入合并报表，即所谓的“单行”基础（“one-line” basis）。

我们必须分别援引这三种概念，以阐释国际会计准则及美国公认会计原则。

17.4 20世纪70年代以后的协调

国际会计准则委员会（理事会）和欧盟对集团会计的协调存在本质上的区别，但是在所有欧盟上市公司被要求使用国际财务报告准则编制合并报表之后，这两大协调力量最终殊途同归。

国际会计准则委员会首先致力于成功制定一项能促进合并报表在仍未发展成熟的国家中发展的准则，再设立一套为美国及英国的会计师所认可的惯例。国际会计准则委员会最初的准则（《国际会计准则第3号——合并财务报表》，1976）中，特意不对权益集合法（pooling of interests，在英国称为 merger accounting）和合并商誉的处理方法作相应规定，因为实践中存在多种处理方法。近年来，国际会计准则委员会相继颁布了一系列更为全面的准则：《国际会计准则第22号——企业合并》（先后于1993年和1998年进行修订，并于2004年被《国际财务报告准则第3号》所替代）对兼并和收购进行了规定；《国际会计准则第27号》取代了原先的《国际会计准则第3号》；《国际会计准则第28号》规定联营主体的问题；《国际会计准则第31号》规定了合营企业的问题。2003年和2008年，国际会计准则理事会对会计准则进行了进一步的修订工作。

《国际会计准则第22号》对权益集合法的使用进行了严格的限制（详见第17.7部分），只有在少数难以确认合并方的情况下才允许使用权益集合法。同时，要求将合并所产生的商誉进行资本化并在其有效使用年限内摊销。在1998年第二次修订之前，《国际会计准则第22号》规定商誉的摊销年限最长不超过20年，修订后则允许更长的摊销年限，这与英国在1997年颁布的《财务报告准则第10号》相似。《国际财务报告准则第3号》取消了权益集合法，商誉不再进行摊销，而是每年进行减值测试。这和2001年以后的美国规则达成了一致。

《国际会计准则第27号》对子公司的定义是以实质性控制权为基础的，它不允许因为母子公司性质的不同而将子公司排除在外。《国际会计准则第28号》要求对联营企业采用权益法进行披露。《国际会计准则第31号》允许公司选择比例合并法（基准方法）或是权益法（备选方法）对合营企业进行披露。虽然欧盟的第七号指令（见下文）对子公司的定义及报表格式的要求更为详尽，但是在计量方面，国际会计准则的要求更为严格。

除了直接采用国际财务报告准则的公司受到其有关集团会计规定的影响以外，那些基本参照国际财务报告准则作为本国会计准则的国家也会受到影响。欧洲的一些国家的主要公司也根据国际财务报告准则编制集团报表。例如20世纪80年代在法国和意大利，以及90年代在瑞士和德国的表现最为明显。正如第11章所述，《国际会计准则第3号》的存在可能曾影响了欧盟第七号指令的商订。

欧盟所从事的是一项艰巨的任务，即制定一套具有法律效力的法规，同时还要使这套法规被英国、德国、法国、荷兰和意大利这样一些做法极为不同的国家所接受。第七号指令最初是作为埃尔蒙多弗报告（见第11章）的附录提出的。最初的框架（如欧洲共同体于1976年颁布的）基本上是以德国的法规为基础的，但是德国的影响随着英美惯例的引入而逐渐减弱（Diggle and Nobes，1994）。1983年第七号指令的采用无疑是合并会计史上的一个重大事件，各成员被要求必须在1988年之前行使执行该指令的国内法律，并在1990年之前开始实行这些条款。然而这些要求并未被执行（见表17—1）。

表17—1 **欧盟第七号指令的执行**

	国内法律颁布时间	执行时间（年末）
法国	1985	1986（上市公司），1990（其他类型公司）
德国	1985	1990
希腊	1987	1990
卢森堡	1988	1990
荷兰	1988	1990
西班牙	1989	1991
英国	1989	1990
比利时	1990	1991
丹麦	1990	1992
奥地利	1990①	1994
意大利	1991	1994
葡萄牙	1991	1991
爱尔兰	1992	1993
芬兰	1992①	1993
瑞典	1995	1997
挪威②	1998	1998

注：①表示不完全执行。

②欧洲经济区成员，非欧盟成员。

表17—2列出了指令的主要条例及每一款条例的主要来源国。

表17—2 **欧盟第七号指令的主要规定**

条款	条款的来源国家
1 主要依据形式上的标准而非实质上的标准定义子公司	英国
3 包括外国子公司的合并	英国、荷兰、法国
4 不考虑形式上的子公司的合并	德国
4 包括所有类型公司的合并	英国、荷兰
7 全资子公司可免予编制集团会计报表	英国、荷兰、法国
13 不同情况下合并范围不同	英国
14 规定包括一些不相似的子公司（2003年删除）	英国
16 真实公允的观点	英国、荷兰
17 使用统一格式	德国、法国
19 在首次合并日确认商誉	英国、荷兰
19 基于公允价值确认商誉	英国、荷兰
29 "修正"或至少披露课税依据的计价	—
30 对商誉进行摊销或冲销	英国、荷兰
33 对联营公司采用权益法	英国、荷兰、法国

该指令是对"母公司理论"和"主体理论"的折中，且更倾向于前者。在考虑合并报表与其他年度财务报表相比的特性所做的必要调整之下，应用第四号指令给出

的格式（第 17 款）。

指令对集团会计进行规范的一个目的很明确，即和会计的其他方面一样，协调化能够使财务报表（无论其是否为跨国公司的）的国际比较及跨国公司财务报表的编制更为容易。然而，第七号指令对公司法的规定显然还有另外两个目的。首先，如果实施协调化只是唯一目的，则最为简单的方法是不编制合并报表，因为这是在 20 世纪 70 年代初期指令开始起草时盛行于欧盟各国的一种最简单的方法。因此，第七号指令的一个目的是通过规定集团中一定规模的子公司的合并来“改善”会计实务。另一个目的则很清楚地体现在指令的草案中：要求披露信息以帮助母公司所在国对跨国公司的控制。

在最终所发布的指令中，这一“控制”目标比其在 1976 年和 1978 年的草稿中不明显得多。很显然，在这些草稿中，除了将合并财务报表作为股东和投资者评价集团的依据之外，欧共体还有其他的目的。曾有建议非法人公司控制的集团，以及非关联的欧盟公司（只要没有共同被欧盟以外的实体所控制）都编制合并报表。对于前一种情况，有人提出将全球内属于基督教徒的各种不同商业权益都进行合并，因为它们都是由教皇所控制的。对于后一种情况，应该对所涉及的欧盟内福特公司的所有不同的子公司进行“同业合并”，虽然它们都不为其他的任何一家公司所拥有或控制。那么欧盟的股东或者投资者能从这些合并中获得什么呢？如何进行会计的国际协调呢？对这些问题的穷追不舍，无疑会动摇这些条款的法律地位。

回到协调问题上来，很显然，协调的目标并不在于达到完全的一致，它也并不意味着要制定一系列严格而精密的法规。指令无疑是实现以下目标的主要手段，即促使更多的欧洲公司编制合并报表，并使这些报表具有可比性。同时，指令还影响着欧洲大陆国家的会计实务与英美国家的趋向一致。然而，这些指令往往要经过长时间的讨论及一系列的折中处理之后才会被各国所接受，而且指令中有很多允许成员国进行自由选择的条款。

在希腊、意大利、卢森堡、葡萄牙及西班牙等合并报表比较罕见的国家，指令的影响是最大的。1993 年，欧洲会计师联合会提交了一份详尽的关于指令在 12 个成员国中的应用情况的调查报告。该指令还会影响欧盟的 10 个新成员国，但不涉及被要求采纳或选择采纳国际财务报告准则的领域。

有一些与欧盟密切相关的国家根据第四号及第七号指令制定了相应的法律，比如瑞士在 1991 年制定的相关法律以第七号指令为基础（虽然不是十分严格地遵照该指令）（Zünd，1993）。欧洲经济区的非欧盟成员国（如挪威）也被要求执行相关的法律。

17.5 集团公司的定义

在第 17.3 部分中我们已经讨论过集团的概念。在这部分我们将讨论子公司、联营企业和合营企业的定义。

17.5.1 国际财务报告准则

国际准则使用了所有三种集团的概念（见第 17.3 部分）。对子公司的定义建立在“控制”的基础上，在《国际会计准则第 27 号》中，控制被定义为统驭一个主体的财务和经营政策，并借此从主体的活动中获取利益的权力，这个主体可能不是一个公司。母公司拥有一个主体的超过半数以上的表决权时就假设存在控制关系。若母公司拥有一个公司半数或少于半数的表决权，但是拥有下述权力，也认为存在控制关系：

- 通过与其他投资者的协议，拥有半数以上的表决权；
- 根据章程或协议，有权统驭主体的财务和经营决策；
- 有权任免董事会或类似机构的多数成员，并且主体由该董事会或机构控制；
- 在董事会或类似权力机构上拥有多数表决权，并且主体由该董事会或机构控制。

国际财务报告准则的一个解释（第 12 号解释公告）提醒我们应当考察与其他主体所签订协议的实质，除了上述《国际会计准则第 27 号》中描述的情形之外，在其他情况下也可能获得控制权。

自从 2003 年修订《国际会计准则第 27 号》，并且在 2004 年发布《国际财务报告准则第 5 号》以来，公司集团就不再有任何理由可以排除那些本应纳入到合并范围的子公司了。《国际财务报告准则第 5 号》要求将打算出售的子公司的净资产按照“持有待售”资产列示在资产负债表中。如果子公司的规模较大，达到了非持续经营的程度，则还需要披露更多的内容。

《国际会计准则第 31 号》（2003 年修订）将合营定义为两方或两方以上从事某项共同控制的经济活动的合同约定。共同控制指合同约定的对某项经济活动所共有的控制，仅在与该项经济活动相关的战略财务和经营决策要求分享控制权的全体（合营者）一致同意时才存在。该准则区分了共同控制经营、共同控制资产和共同控制主体三种情况。《国际会计准则第 31 号》和国际会计准则理事会的概念框架对合营主体是否应当作为“集团”的一个部分都不能进行清楚的定义，因为这两个准则都没有考察报告主体的定义。这种模糊性使得主体可以选择采用比例合并法或权益法进行会计处理（见第 17.7 部分）。

《国际会计准则第 28 号》将联营定义为投资者对其有重大影响的主体，但该主体既不是投资者的子公司也不是投资者在合营中的权益。重大影响指参与决定被投资者的财务和经营政策的权力，但不是控制或共同控制这些政策。如果投资者直接或间接地持有被投资者 20% 或 20% 以上的表决权，即认为投资者对被投资者具有重大影响。同样的，如果投资者拥有不足 20% 的表决权，就认为其没有重大影响。但是这些假设是可以推翻的。对于联营企业是否可以作为集团的一个组成部分，仍然是不清楚的。对联营投资的某些处理（见第 17.7 部分）说明它应该作为集团的组成部分。

17.5.2 美国

美国的惯例是以母公司概念为基础的，并对具有法人地位的联营企业及合营企业采用权益法。2001 年以前权益集合法的使用也很普及，在第 17.7 部分我们将会进一步讨论该种方法。权益集合法似乎是以实体概念为基础的，它与母公司概念很难协调。在美国，权益集合法的使用更多的是出于管理上对提高每股收益（EPS）的需要而非出于理论上的考虑。

美国对子公司的定义类似于国际财务报告准则中的定义，即以“控制”概念为基础。《会计研究公告第51号》认为合并报表主要从公司的股东及债权人的利益出发，其目的在于提供一个母公司及其子公司的经营成果及其财务状况，使其等同于一个有若干个分支机构或部门的单一公司的报表。一个拥有其他公司50%以上表决权的公司的财务报告必须进行合并，这和国际财务报告准则及欧洲宽松的实质控制的概念不同。这使许多特殊目的实体（SPVs）的建立成为可能，它们被实质控制，但没有被多数拥有。这些特殊目的实体可以用来掩盖负债，安然公司就是这样做的。1998年以前对财务关系子公司（finance-related subsidiaries）也免于合并，但是《财务会计概念公告第94号》规定除非是短期控股或是没有控制权的情况，否则必须对所有的子公司进行合并。2003年财务会计准则委员会发布了一个解释（第46号解释公告）要求将部分被称为变化利益主体的特殊目的主体纳入到合并范围中。

对于联营和合营并不是“集团”的组成部分这一点，似乎美国公认会计原则比国际财务报告准则稍微清楚一些，但是也没有在哪个文件中作过这样的解释，甚至在概念框架中也没有对此进行定义。

17.6 公布报表的要求与实务中的做法

在第5章我们已经解释过，欧盟上市公司必须根据国际财务报告准则来编制合并报表，欧盟成员国可以允许非上市的母公司也按照国际财务报告准则编制合并报表，事实上这也是普遍的做法。对于母公司的非合并报表，有些国家坚持要求上市的母公司也按照国际财务报告准则编制（例如捷克共和国），另外一些国家允许母公司选择采用国际财务报告准则编制非合并报表（例如英国），还有一些国家禁止非合并报表遵守国际财务报告准则（例如法国）。第13章详细介绍了有关情况。所以在欧盟成员国和美国之间，公布的规则和实务各不相同。例如：

- 美国公司公布合并资产负债表、合并利润表、合并所有者权益变动表、合并现金流量表，但是不公布任何母公司的单独报表。
- 英国公司仍然按照本国规则公布与美国公司相同的合并报表（还包括一个全面已确认利得和损失表），此外还公布母公司的非合并资产负债表，但不公布其非合并的利润表。
- 在法国和德国，公司被要求公布按照本国规则编制的整套母公司报表，此外还要编制一套合并报表（可以按照国际财务报告准则编制）。

在欧盟，成员国法律（根据第七号指令）豁免了一些小型公司集团编制合并报表的义务。豁免编制合并报表所采用的规模标准一直在发生变化，而且在欧盟成员国之间也各不相同。然而所有这些标准都是以销售额、资产负债表总金额以及雇员人数来确定的。前两个标准可以是“总额”（是指未经过合并调整的总值）或“净额”（是指经过适当的合并调整之后的数额）。某些成员国使用总额衡量，某些使用净额衡量，还有一些则将两种方法结合使用。

美国的合并实务是根据证券交易委员会制定的法规及相关的会计准则确定的。证券交易委员会管理范围内的所有公司（见第8章）每年都要提交合并财务报表。不在合并范围之内的子公司的财务报表也必须提交。规程 S-X 的第 4 条发表了证券交易委员会对有关合并财务报表和联合财务报表的格式及内容的要求。它要求合并报表必须能提供集团的财务状况及注册公司及其子公司的经营成果，而且它只要求对拥有多数股权的子公司进行合并，但要说明合并或不合并该子公司的理由。规程 S-X 的第 4 条还要求在当年的资本、留存收益以及合并收益中对少数股东权益进行单独披露，同时消除公司间往来业务和项目。

17.7 合并技术

17.7.1 引言

欧盟和美国所采用的合并方法存在着相当大的差异，不过这些差异因为第七号指令的执行及国际财务报告准则的影响而有所减少。概括来说，主要的差异在于：

（1）根据国际财务报告准则和美国公认会计原则，所有企业合并都被看作是一方购买了另外一方。

（2）权益集合法仅是美国（2001 年以前）和英国过去常见的会计方法，但目前国际财务报告准则和美国公认会计原则都不再允许使用该方法。

（3）比例合并法在法国和其他一些欧洲大陆国家很普及，但是在英国和美国则相对罕见。

（4）权益法以不同的方式得到应用。

（5）各个国家对合并价差的处理都有所不同。

下面我们将逐一讨论这些差异。

17.7.2 购买法

购买法假设一方（通常是集团的母公司）购买了另外一个主体的控制权。这是企业合并中经常见到的情况。

根据企业合并的购买法，将这一业务看作是集团购买了一个新子公司的全部资产和负债。因此从集团的角度来看，有必要确定这些资产和负债的“成本”。该成本不太可能是子公司财务报表上所列示的资产和负债的账面价值。购买法的“成本”按照项目的公允价值（当前市场价格）进行计量。

通常对这些资产，购买方有比被购买方更好的用途，购买方支付的价格往往会高于净资产的公允价值。超出的这部分就形成了商誉（见第 17.7.6 部分）。

美国公认会计原则和国际财务报告准则都要求集团尽可能去辨认无形资产，剩余尽可能少的部分作为商誉。因此出现外购品牌这样的无形资产是很正常的。此外，集团还需要对或有负债进行定价，但是对或有资产则无需这样做。

17.7.3 权益集合法

正如第 8 章所述，当美国公司通过交换股份而取得子公司的股份时，在某些情况下必须（2001 年以前）采用权益集合法进行合并。在这种方法下，无须在股权取得日用公允价值重估资产（而在其他方法下则必须重估），也不发生合并商誉。在收购公司的账册上，对子公司的投资按所取得的股份的名义价值计价。合并留存收益仅仅是相关公司的留存收益之和。当然在这种方法下，因为没有股份的收购，所以不区分取得日前和取得日后的利润。同样的，从收购当年的第一天开始，子公司取得当年的全部利润都要纳入合并利润表中。

显然权益集合法可能导致较低的报告费用（因为按照历史成本价值而非重估价值对折旧进行计价，而且不存在商誉的摊销），从而得到较高的每股年报收益。相应的，留存收益和集团的可分配公积金也会较高。母公司不会记录由于合并而形成的股权溢价。

在美国，第 16 号意见书（1970）对购买法（在英国称为“acquisition method”）和与之相区别的权益集合法（在英国称为“merger accounting”）规定了详尽的标准（2001 年之前适用）。以现金换取股权时不得使用权益集合法，它只适用于不是通过现金取得股份的特定情况。《会计发展趋势和方法》（*Accounting Trends and Techniques*）（AICPA，2000）对 600 家公司进行了调查，其中只有 54 家新近的企业合并采用了权益集合法，而有 343 家则采用购买法。前三年的数据显示，使用这两种方法的公司都相对较少。

权益集合法会带来比较乐观的财务报表，因此大型公司集团都愿意使用它。结果，准则制定机构和管制机构决定取消该方法。2001 年美国财务会计准则委员会发布了《财务会计概念公告第 141 号》，禁止使用权益集合法，从此所有的企业合并都必须使用购买法进行会计处理。同时，它还确定了在购买行为不明显时的辨认购买的标准。

在欧盟成员国中，权益集合法仅在英国显得比较重要。1981 年，这种方法在英国通过追溯被合法化，1985 年被列入会计准则（SSAP 23）中。1994 年，《标准会计实务公告第 23 号》被《财务报告准则第 6 号》所代替，后者的制定旨在使权益集合法的运用受到更多的限制，使其仅在不可能区分收购方和被收购方的情况下才能使用。

国际会计准则理事会在该领域的要求包含在《国际会计准则第 22 号》中，这一准则类似与英国的《财务报告准则第 6 号》。2004 年，《国际财务报告准则第 3 号》取消了权益集合法。

17.7.4 比例合并法

如前所述，《国际会计准则第 31 号》要求对共同控制的经营活动和资产采用比例合并法，并将其作为合营主体的基准处理方法。然而，对于合营主体（也即合营本身是单独的主体）来说，比例合并法可能并不合适，因为投资者虽然对其所使用的资产有重大影响，但并没有控制该公司的任何资产（Milburn and Chant，1999）。不愿意使用比例合并法的一个明显原因是，与权益法相比，它会增加集团记录的负债金额。另一方面，它也增加了合并的现金和销售额。国际会计准则理事会可能会取消合营主体中使用的比例合并法（见 2007 年的征求意见稿）。

在 2005 年采纳国际财务报告准则编制合并报表以前，欧盟成员国各公司所使用的合并方法多种多样。法国的规则要求合营企业采用比例合并法。在执行第七号指令之前，德国禁止使用比例合并法。现在会计指令法律允许但不要求对合营企业采用比例合并法，因此某些公司集团选择采用这种方法。在英国，《财务报告准则第 9 号》不允许合营主体采用比例合并法。

17.7.5 权益法

《国际会计准则第 28 号》要求在合并报表中对联营企业采用权益法。在资产负债表中按照成本加上投资后享有的被投资者净资产的份额计量。利润表不包括详细的收入和费用（对于子公司或比例合并法是要求的），只列示联营利润中的份额。《国际会计准则第 31 号》允许但不要求对合营主体采用权益法，另外一种可选择的方法是比例合并法（如上述）。

美国第 18 号意见书规定在披露对以下公司的投资时必须采用权益法：未合并子公司，具有法人地位的联营企业，以及拥有对方公司至少 20% 但不超过 50% 的表决权且能够对该公司的经营政策、财务政策施加重大的影响的公司。美国还允许权益法在母公司财务报表（不是那些经常需要公布的报表）中使用，也可以用于编制合并财务报表。

诺比斯（2002）考察了随着时间推移，权益法在国际间的传播情况。他指出大多数权益法的使用是不恰当的，而且重大影响的 20% 临界点是偶然达到的（见第 17.5.1 部分）。特别是，假设集团由母公司和被其控制的主体构成，集团在联营中的利润份额没有在集团中实现（可能集团也没能力要求实现）。那么为什么要将其纳入到集团的利润中呢？除了权益法之外，另外一种可供选择的方法是对投资采用公允价值计量。在无法获得可靠公允价值的时候，可以将权益法作为一个替代方法。

17.7.6 合并价差

“合并价差”指的是在合并中投资公司支付的金额与被投资公司的有形的和可以认定的无形净资产按股权比例的分享额之间的差异。

根据国际财务报告准则和美国公认会计原则，标准的做法是在收购日计算这一差异，并在当时按公允价值（一般是指重置成本）对净资产进行计价，将其与最终的收购额之间的差异视为“合并商誉”。一个重要的差异是美国在计算时（2009 年之前）需要考虑购买方的意图，然而《国际财务报告准则第 3 号》不允许这样做。例如，假设一个集团以 10 亿欧元购买了一个新子公司的全部股份。该子公司净资产在购买日的公允价值被购买方评估为 8 亿欧元。购买方预期在购买后会立即重组该子公司，需要花费 1 500 万欧元。根据《国际财务报告准则第 3 号》，应确认的商誉为 2 亿欧元（即 10 亿欧元减去 8 亿欧元）。按照美国公认会计原则，应确认的商誉为 3.5 亿（即 10 亿欧元减去 8 亿欧元再加上 1 500 万欧元）。假设计算的目的是为了和子公司净资产的历史成本相比较，则国际财务报告准则的处理更有利。1 500 万欧元并非子公司在被购买日的负债。

在美国，2001 年以前合并商誉必须在不超过 40 年的期限内摊销（《会计原则委员会意见书第 17 号》），不过证券交易委员会有时会规定更短的摊销期限。目前根据第 142 号财务会计概念公告，商誉不再进行摊销，而是每年进行减值测试。在 1998

年以前，《国际会计准则第 22 号》允许集团立刻在公积金中注销商誉，那时候这种做法在英国和德国很流行。1998 年《国际会计准则第 22 号》进行了修订，开始要求进行资本化、摊销，提出 20 年之内摊销年限的可推翻假设以及要求在超过 20 年的摊销年限中进行减值测试等。2004 年国际会计准则理事会用《国际财务报告准则第 3 号》取代了《国际会计准则第 22 号》，实现与美国公认会计原则的趋同，取消了对商誉的摊销，并要求进行年度减值测试。

美国公认会计原则和国际财务报告准则对合并中负商誉的处理实务也不同。《国际会计准则第 22 号》要求将负商誉记入正商誉的贷项，然后再贷记收入，以抵减预期损失或在所购买固定资产使用年限内计入收入。《国际财务报告准则第 3 号》要求将负商誉贷计入收入。在美国（2009 年之前）通常按比例贷记固定资产而非投资的公允价值。然而还有其他的处理方法。法国和德国的规则要求将负商誉列作公积金，英国的《财务报告准则第 10 号》将其列示为一项负资产。

对于采用权益法或比例合并法处理的联营和合营企业也要辨认商誉，并进行年度减值测试。根据《国际会计准则第 28 号》，商誉要作为投资的一部分列示，但是应当在附注中进行单独披露。按照美国公认会计原则，这种商誉要和其他商誉一并列示。

欧洲对国际财务报告准则的采纳将延续第七号指令对欧盟国家合并报表采用不同处理方法的协调进程，主要使用的是英美方法而非欧洲大陆模型。诺比斯和诺顿（1996）对不同国家的更为广泛的集团内商誉的处理进行了研究。乔伊和李（Choi and Lee，1991）对不同国家商誉处理法规的差异是否影响公司行为的研究结果表明，因为英国的公司无须对商誉进行摊销，所以英国公司比起美国公司在收购子公司时要支付更多的金额。

小结

- 合并财务报表首先在美国使用，后来其他英美国家以及荷兰、德国和法国也开始使用。
- “集团”的主要概念包括建立在法律控制基础上的母公司概念，建立在经济实体基础上的实体概念，以及建立在所有权基础上的所有权概念。
- 对合并资产负债表在国际范围内（《国际会计准则第 22 号》、《国际会计准则 27 号》、《国际会计准则 28 号》和《国际会计准则 31 号》）和欧盟范围内（第七号指令）的协调都取得了成功。欧盟内上市公司从 2005 年开始遵守国际准则。
- 国际财务报告准则和美国公认会计原则仍然存在差异。这些差异包括在以下方面：集团的构成、公开要求及合并方法（即权益法、比例合并法和合并差异）。

参考文献

American Institute of Certified Public Accountants(2000)*Accounting Trends and Techniques*, New York, p. 94.

Bircher, P. (1988) 'The adoption of consolidated accounting in Great Britain', *Accounting and Business Research*, Winter, pp. 3 – 13.

Bores, W. (1934) 'Geschichtliche Entwicklung der konsolidierten Bilanz (Konzernbilaz)', *Zeitschrift für handelswissenschaftliche Forschung*, Vol. 28.

Choi, F. D. S. and Lee, C. (1991) 'Merger premia and national differences in accounting for goodwill', *Journal of International Financial Management and Accounting*, Vol. 3, No. 3.

Diggle, G. and Nobes, C. W. (1994) 'European rule making in accounting: the Seventh Directive as a case study', *Accounting and Business Research*, Autumn.

Edwards, J. R. and Webb, K. M. (1984) 'The development of group accounting in the United Kingdom', *Accounting Historians Journal*, Spring, pp. 31 – 61.

FEE (1993) *Seventh Directive Options and Their Implementation*, Routledge, London.

Garnsey, G. (1923) *Holding Companies and Their Published Accounts*, Gee, London.

Hein, L. W. (1978) *The British Companies Acts and the Practice of Accountancy* 1844 – 1962, Arno Press, New York.

Higson, C. (1990) *The Choice of Accounting Method in UK Mergers and Acquisitions*, ICAEW, London.

Milburn, J. A. and Chant, P. D. (1999) *Reporting Interests in Joint Ventures and Similar Arrangements*, G4 + 1 Standard Setters, Norwalk.

Mumford, M. (1982) 'The origins of consolidated accounts', University of Lancaster Accounting and Finance Working Party Series, No. 12, September.

Nobes, C. W. (2002) 'An analysis of the international development of the equity method', *Abacus*, Vol. 38, No. 2.

Nobes, C. W. and Norton, J. E. (1996) 'International variations in the accounting and tax treatments of goodwill, and the implications for research', *Journal of International Accounting, Auditing and Taxation*, Vol. 5, No. 2.

Zeff, S. A., van der Wel, F. and Camfferman, K. (1992) *Company Financial Reporting*, North-Holland, Amsterdam, Chapter 2.

Zünd, A. (1993) 'Group accounting in Switzerland', in S. J. Gray, A. G. Coenenberg and R. D. Gordon (1993) *International Group Accounting*, Routledge, London.

后续读物

Walker, R. G. (1978) Consolidated Statements, Arno Press, New York.

课后问题

书末提供带星号问题的参考答案。

17.1* 讨论对集团概念的不同解释，以及各种解释与公司治理、融资的风格有怎样的关联。

17.2* "欧盟的第七号指令在协调化方面比第四号指令发挥的作用更大。"请讨论这种说法。

17.3 为什么合并报告在美国的产生要早于法国?

17.4 试比较以下项目按照国际财务报告准则和美国公认会计原则的处理方法:

（a）对子公司的合并；

（b）对合并商誉的计算和处理。

17.5　第七号指令对合并会计在德国和英国之间起到了多大程度的协调作用？

17.6　第七号指令最初的目标之一是帮助跨国公司总部所在国控制这些跨国公司，考察并讨论对这种控制愿望的支持观点和反对观点。

17.7　解释权益法的各种使用及在美国公认会计原则和国际财务报告准则中的不同应用。

第 18 章　外币折算

约翰·弗劳尔

内容

目标

读完本章后，您应当能够：

- 概括外币折算问题的性质，以及如何对历史汇率和期末汇率进行选择。
- 解释交易折算与财务报表折算之间的差异。
- 总结交易折算的不同方法。
- 指出 3 种传统的财务报表折算方法以及对每种方法的支持观点与反对观点。
- 理解美国公认会计原则和国际财务报告准则中有关外币折算的主要条文。
- 指出交易利得与损失应当如何入账。
- 简要总结购买力评价理论（PPP）和费雪效应。

18.1 引言

18.1.1 术语

首先，有必要定义“折算”一词。作为会计学术语，“折算”一词拥有其特定的含义，即是指将以一国货币来计价表示的财务数据重新用另一国货币进行表述的过程。在这里，我们可以举一个简单的例子予以说明。有这样一家英国公司，其财务报表以英镑为计量单位，而该公司的资产中却包含着一张 100 美元的银行券。为了能在该公司的资产负债表中列示该项资产，则必须使用英镑对其进行计量。因为如果将美元与英镑直接相加，其结果将变得毫无意义。假设当前汇率为£ 1 = $ 1.78，则 100 美元的银行券的价值为 56.18 英镑（$ 100 ×£ 1/ $ 1.78），这样在资产负债表中就能够以 56.18 英镑的价值列示该项“100 美元”的资产。用会计术语来说，该项资产已由美元“折算”才成英镑了。

我们还必须明确区分“折算”与“兑换”这两个概念。事实上，经过“兑换”之后，资产会由一种货币被实际转换成另一种货币，比如将美元在外币兑换处兑换成英镑。而在进行“折算”时，资产却没有发生改变：美元银行券本身仍保持不变，只是使用不同的计价基础来表示而已。使用英语国家的会计师借用语言学家的术语“翻译”一词来表达其这一特有的工作程序，然而这很容易使非会计人员产生误解，以为会计师所指的是语言上的翻译。法国会计师使用“*conversion*”一词，也很容易引起人们的误解，因为在法国财务报告的英文版本中，该法国术语经常被错误地翻译为“兑换”。德国的术语是“*Währungsumrechnung*”（字面上的意思为货币的重新计算），因为该词只在会计领域使用，所以不会导致含混不清。但是在德国财务报告的英文版本中，该词也会经常被错误地翻译为“货币兑换”。因此对会计人员而言非常容易区分的“折算”和“兑换”，对一般人来说却很难以理解。

本章主要讨论财务会计中有关外币折算方面的内容。我们考察了有关各种折算方法的不同观点，然后集中讨论了美国公认会计原则和国际财务报告准则的要求。外汇管理是另外一个问题，第23章将会涉及这一内容；此外，还可以参阅其他书目（如Buckley，2004）。

18.1.2 折算问题

汇率不固定给折算带来了很多问题。例如，如果英镑与美元的汇率被固定为£1 = $1.78，那么将账面价值为$100的资产折算成英镑，其价值就是固定的，也就不会存在不同的观点。然而，事实上，汇率却是浮动的，表18—1列示了30多年来英镑对美元、德国马克以及巴西克鲁塞罗的汇率情况。该表呈报了不同日期外汇交易市场上每英镑可以兑换的外国货币量。从中我们可以看出，汇率存在大幅波动。例如，在1970年，1英镑可以兑换2.39美元；到1984年，却下降到只可以兑换1.15美元；到1990年，却又回升至可以兑换1.93美元；之后在经历了持续几年的汇率下跌之后，2004年又恢复至可以兑换1.93美元。事实上，在20世纪七八十年代这段时期内，汇率非常不稳定。近年来，尤其是在1996年之后，这种不稳定程度有所下降。发生这种变动所导致的结果是，在20世纪七八十年代，外币折算成为非常热门的话题；然而近些年来，对该话题的关注则有所下降。

表18—1　　三种其他货币对1英镑的汇率

日期	美元	德国马克(1999年之后为欧元)	巴西克鲁塞罗/克鲁扎罗/里亚尔
1970年12月31日	2.39	8.73	11.85
1975年12月31日	2.02	5.29	18.34
1980年12月31日	2.38	4.67	156.22
1984年12月31日	1.15	3.66	3 622.00
1985年12月31日	1.44	3.56	15 152.81
1986年12月31日	1.47	2.86	21 970.05
1987年12月31日	1.87	2.96	135.22①
1988年12月31日	1.81	3.22	1 384.81
1989年12月31日	1.62	2.73	18.24①
1990年12月31日	1.93	2.88	341.37
1991年12月31日	1.87	2.84	1 999.40
1992年12月31日	1.51	2.44	18 729.90
1993年12月31日	1.49	2.56	471.28①
1994年12月31日	1.56	2.42	1 319.76
1995年12月31日	1.55	2.22	1 508.06
1996年12月31日	1.70	2.64	1.76①
1997年12月31日	1.65	2.96	1.85
1998年12月31日	1.66	2.78	2.01
1999年12月31日	1.62	1.61	2.89
2000年12月31日	1.49	1.60	2.91
2001年12月31日	1.46	1.64	3.50
2002年12月31日	1.61	1.54	5.70
2003年12月31日	1.78	1.42	5.11
2004年12月31日	1.93	1.41	5.13
2005年12月31日	1.72	1.46	4.02
2006年12月31日	1.96	1.49	4.18

注：①使用新货币：1单位等于1 000单位旧货币。

资料来源：国际货币基金组织。

1999年，欧盟12个成员国达成共识建立一个货币联盟，将欧元作为其共同的货币。实行欧元区的国家包括奥地利、比利时、法国、芬兰、德国、希腊、意大利、爱尔兰、卢森堡、荷兰、葡萄牙和西班牙。欧元区的建立，使得诸多欧洲大陆国家的公司在欧元区内所开展的贸易不再存在外币折算问题。

汇率不固定给会计人员带来如下两个问题：

（1）在折算一项以外币表示的资产（或负债）时，使用什么汇率合适？

（2）当汇率发生变动时，对于由此所产生的损益应如何进行会计处理？

为说明上述两个问题，仍以前述100美元的银行券为例，并进一步假设英国公司于2003年12月31日汇率为£ 1 = $ 1.78时取得该票据，到2004年12月31日汇率为£ 1 = $ 1.93时仍持有该项资产。为了于2004年12月31日将该项资产列入资产负债表，要对该100美元的银行券进行折算。有如下两种可能的汇率以供选择：

- 资产取得日的即期汇率：按£ 1 = $ 1.78的汇率，则该100美元可折算为56.18英镑，这实际上也就是以英镑表示的该项资产的历史成本，因此资产取得日的即期汇率也被称为“历史汇率”。
- 资产负债表日的即期汇率：按£ 1 = $ 1.14的汇率，则该100美元可折算为51.81英镑，这实际上也就是该项资产于2004年12月31日的现行价值，因此资产负债表日的即期汇率也被称为“期末汇率”。

使用历史汇率进行折算时，以英镑来表示的资产价值在取得日当天即被固定下来。在上例中，美元银行券于2003年12月31日取得时的价值为56.18英镑，随后其价值不再发生变动；但是如果使用期末汇率的话，其折算价值将会随时产生波动。2003年12月31日，该美元银行券的价值为56.18英镑；而到了2004年12月31日，其价值则变为51.81英镑。事实上，4.37英镑的减少正源于折算过程，资产的美元价值并未发生变动，因此习惯上将这种“价值变动”称为“折算利得或损失”，或者有时更中性地将其称为“折算差异”。另外，在财务报表中必须对这类损益进行确认。

总之，有关折算有如下两个主要问题：

（1）应该使用哪一种汇率对以外币来计价的资产和负债进行折算：历史汇率还是期末汇率？

（2）若使用期末汇率，资产折算价值的变动（折算损益）应如何在财务报表中进行反映？

我们认为第一个问题更为重要，因为它关系到公司资产与负债价值的确认，而这不仅会影响到资产负债表，而且最终还会影响到利润的计算；之所以这么说，是因为从原则上来说，公司利润是指一段时期内资本净值的增加额。有鉴于此，本章将更多地关注这一问题。

第二个问题则主要涉及财务报表的编制问题——怎样披露利得或损失，以及在财务报表中应将其放在哪个位置上比较合适？这一问题将主要集中在18.9部分进行讨论。另外，财务报表对利得或损失的会计处理将会影响到诸如净利润、每股盈余等许多重要的会计变量。

18.1.3 交易折算与财务报表折算

会计人员主要面临着如下两大领域中的折算问题：

• 交易折算，指的是在单个公司的会计账簿中对以外币计价的交易所做的记录，以及随后根据会计账簿编制公司的财务报表。

• 财务报表折算，指的是编制集团公司的合并财务报表，其中，控股母公司及其下属子公司的财务报表分别用不同的币种来计价。

在交易折算中，只存在一套账簿体系（和一套财务报表体系），它以公司的报告货币来计价，以下将其称之为“记账本位币”。会计人员在会计账簿中记录以某一外币计价的交易时，必须进行相关的折算，随后还要定期检查资产和负债的折算价值，以确保其符合基本的计价原则。有关“交易折算”的问题将在下一部分讨论。

“财务报表折算”问题源于母公司拥有某一主体（分公司或子公司）的股份，且该主体日常会计账簿的记录以及财务报表的编制均以外币为计量单位。最常见的情况是该主体位于国外且在该国开展基本业务，折算问题出现在期末，这时需要对以外币计价的财务报表进行折算，使其能够纳入以记账本位币计价的合并财务报表之中。

本章主要探讨财务报表折算问题，或将其称之为跨国集团合并财务报表的折算，之所以强调这一问题是基于以下几个原因。首先，依据重要性原则，这是一个十分重要的问题，涉及的金额往往可达数百万美元或欧元；其次，这一领域长期受到关注，本章的后续部分将讨论其历史发展脉络；最后（或许是出于作者的真正目的），有关财务报表折算存在着截然不同的处理方法，正是缘于这一事实，使其成为了一个对于进行实证与理论研究来说极富吸引力的领域。从这个意义上来说，本章至多只是一个引言。

18.2 交易折算

18.2.1 观点

正如前一部分所述，交易折算主要涉及单个公司的会计账簿以及财务报表中对以外币进行计价的交易的处理。毫无疑问，会计账簿以公司所在国的记账本位币进行计价。因此，在会计账簿中列示某一以外币进行计价的交易时，必须先对其进行折算。出于对会计账簿中交易进行记录的实际需要，人们通常遵循这样一条简单的法则：以确认并记录交易日当天的即期汇率来对该项以外币计价的交易进行折算。

用现行汇率进行折算符合历史成本会计的一般计价原则。以一项通过外币支付而取得的资产为例，公司所付出的成本为其将要放弃的记账本位币的价值，因为公司不可能继续行使对该外币的处分权。也就是说，这种成本为将外币进行兑换从而可以获得的记账本位币金额（当其持有外币时），或者为获得外币所需支付的记账本位币金额。在这两种情况下该金额都可以看作资产取得日当天该资产的机会成本——也就是按照记账本位币进行计价的历史成本。至于应付款项和应收款项以及其他货币性资产和负债，应在其交易发生时按照假如当时就收或支的记账本位币金额来计价。

非货币性资产在会计账簿中按照记账本位币以历史成本列示，此后对该数据所作的全部调整都遵循通常的会计原则。例如，固定资产的系统性折旧以及存货的市场性贬值（以记账本位币计量）。事实上，一旦某资产在会计账簿中以记账本位币列示，则该资产是否为通过支付外币而取得的就显得无关紧要了。

在某些情况下，非货币性资产也可能按照历史成本以外的计价基础列示，例如重置成本或可实现价值。当该资产按照外币进行计量时，按照确定该价值时所使用的汇率进行折算最为恰当。

对货币性资产和负债来说，情况则截然不同，因为在期末编制资产负债表时，按照记账本位币计价的历史成本有可能不再确切地反映这些项目的实际价值。原则上来说，我们可以运用以下 3 种不同的方法对以外币计价的货币性资产和负债进行折算：

（1）历史汇率法。在该法下，资产和负债等项目的记账本位币金额自始至终不发生变动，也不会产生折算利得或损失。

（2）期末汇率法。根据资产负债表编制日的汇率进行折算可以得到资产和负债等项目的现行记账本位币价值，也就是假设在资产负债表编制日，将货币性资产转换成记账本位币时所能够取得的货币金额（对负债而言则是当时需要支付的货币金额）。如果期末汇率与历史汇率不同，则会产生折算差异，通常将其视为利润表中的利得或损失。

（3）资产（负债）历史汇率与期末汇率孰低（高）法。采用该法时，资产以两种可能的价值中的较低者来记录，负债则以其中的较高者来记录。只有产生折算损失时，才使用期末汇率，同时还要在利润表中记录该折算损失。

3 种方法中，第 1 种方法很少被使用。一些会计人员认为在汇率波动期间，历史汇率同期末汇率一样，都可以作为支付应付款项或收取应收款项的指导汇率。尤其当涉及长期货币性资产和负债时，记录由于汇率波动而产生的利得或损失经常被看成轻率的举动，因为这些利得或损失在未来时点很可能会被抵消。因此，人们认为采用历史汇率也是可行的。然而，在笔者看来，这种观点并不正确。将货币性资产以高于现行价值的价值进行报告，却将负债以低于现行价值的价值进行报告，将违背基本的会计原则。

有关后两种方法，虽然存在着诸多争议，但其均有着坚实的理论基础。期末汇率法以“权责发生制原则”为依据；而资产（负债）历史汇率与期末汇率孰低（高）法则以“谨慎性原则”为依据。因此，在两种方法之间进行抉择时，必须对上述两个会计基本原则的优劣、利弊进行权衡并作出判断。

18.2.2 权责发生制原则与谨慎性原则之间的争论

1.“权责发生制原则”

国际会计准则理事会的概念框架将“权责发生制”界定为：在其基础之上，当交易和事项发生时（不论现金及其等价物是否已收支），确认交易和事项的结果，在会计账簿中进行记录并在其所对应的会计期间的财务报告中列报。

如果遵循权责发生制原则，会计人员就必须在其位于国外的货币性资产或负债变现（以记账本位币计价）之前，确认其价值的变动。假定有现行价值的确凿资料（根据市场上的汇率报价），则会计人员必须马上确认其价值的变动。在确认现行价值的过程中所产生的利得或损失通常与当期相关，因为该损益是由当期的汇率变动所引起的，其与货币性资产或负债未来的偿付期并不相关。

2. “谨慎性原则”

然而，财务报告编制者必须面对这样一个现实：其无法百分之百地确定资产和负债的价值。因此，财务报告需要谨慎性。国际会计准则理事会的概念框架这样定义“谨慎性原则”：在充满不确定性的环境下，因估计需要而作出判断的会计实务应包含一定的谨慎性，即不应高估资产或收益，低估负债或费用。按照这一原则，许多会计人员对于其公司位于国外的货币性资产的增值（因外币升值所导致的）或货币性负债的减值（因外币贬值所导致的）而产生的利得并不予以确认。他们认为，将这类资产或负债折算为记账本位币时并不能以合理的确定性对其进行估计。未来汇率所发生的变动很可能使当期的收益化为虚有，因此将这类收益在报表中反映是不谨慎的，因为它并未真正实现，很可能在将来某一时点消失。正如所预料的那样，有关这种方法的应用多见那些以谨慎性原则为先的国家，尤其是德国。

3. 结论

鉴于这两种方法均十分合理且理性地以人们所公认的（不同的）会计原则作为自身的理论基础，因此不可能单凭逻辑或理论在这两者之间进行选择。事实上，笔者认为这两种方法均有其可取之处。总的来说，基于权责发生制原则的方法提供了更多的相关信息，我们通过以下的例子来说明（具体计算过程见表18—2）。1990年12月31日，一家英国公司借入100万巴西克鲁塞罗，至2000年12月31日仍未偿付该款项，因此需将其作为一项负债记入公司的资产负债表之中。若以历史汇率进行折算，则其价值为2 929英镑；而若以期末汇率进行折算的话，则仅为0.34英镑，也就是若在2000年12月31日偿付贷款所需要付出的全部金额。毫无疑问，在2000年记录0.34英镑该项负债是较好的方法。因为克鲁塞罗逐年在贬值，所以其将来会恢复到1990年时价值的机会将变得非常渺茫。

表18—2　　**基于“权责发生制原则”的例子**

1990年12月31日：	英国公司借入100万巴西克鲁塞罗
	根据当日汇率所得的折算价值为：
	$1\,000\,000\text{ 巴西克鲁塞罗}\times\frac{1\text{ 英镑}}{341.37\text{ 巴西克鲁塞罗}}=2\,929\text{ 英镑}$
2000年12月31日：	根据期末汇率所得的折算价值为：
	$1\,000\,000\text{ 巴西克鲁塞罗}\times\frac{1\text{ 英镑}}{2.91\text{ 巴西克鲁塞罗}\times1\,000\times1\,000}=0.34\text{ 英镑}$

然而，鉴于管理层往往更倾向于依据最好的方面来公布其经营成果，而谨慎性原则恰好可以约束这种乐观主义倾向。这可以用以下的例子来说明，具体计算过程见表18—3。1995年12月31日，一家英国公司借入1000美元，并定于2000年12月31日偿还。该项负债在会计账簿中最初以1995年12月31日的汇率计价为645英镑，一年后，也就是1996年12月31日，该项负债以期末汇率计价且其价值为588英镑。此时，公司是否要将由汇率变动所引起的57英镑的负债减少，并贷记利得？如果考虑到随后英镑对美元的汇率将发生的波动，那么此时对利得进行记录还为时尚早。在

接下来的时间里，英镑对美元的比价下降，使得以英镑计价的负债增加。事实上，在2000年12月31日偿还借款时，英镑与1995年时相比已有所贬值，因此该项借款总共损失了26英镑。许多会计师都认为1996年的折算利得不能视为已经实现。假如1996年的“利得”被分配给了股东，则为维持其资本，公司在之后的两年里将不得不向股东索回这些资金。

表18—3 **基于“谨慎性原则”的例子**

1 000美元的折算价值为：
1995年12月31日1 000美元×£ 1/ $ 1.55 = 645英镑
1996年12月31日1 000美元×£ 1/ $ 1.70 = 588英镑
2000年12月31日1 000美元×£ 1/ $ 1.49 = 671英镑

也许最好的解决办法是对这两种方法的折衷，这样可以各取所长；通常对货币性资产和负债采用期末汇率计价，但是将利润表中折算利得的确认延迟至外币资产/负债实现时。

看待此问题的另外一种方式是采用资产负债表观。资产负债表观在国际会计准则理事会和美国标准里越来越普遍。根据这种观点，任何外币债权债务均按其最现实的价值列示，任何利得与损失都进入利润表。在这种情况下所得到的结果，与采用“权责发生制”所得到的结果相一致。

18.2.3 交易折算：规则与实务

在本书的其他部分（特别是第5章和第13章）已更为详细地解释过，有3个来源的规则主导着世界上所有公司的财务报表编制，它们是：

（1）国际会计准则理事会。国际会计准则理事会的标准为在欧盟和其他一些在国际贸易中占有重要地位的国家（如澳大利亚）注册的大部分公司提供会计准则。

（2）美国公认会计原则为大部分美国公司提供了会计规则。

（3）国家规则：在其他大部分国家，由各国监管机构所制定的规则规范着公司的财务报告编制。其中，欧盟国家的情况有如下两方面特殊之处：

（a）在大部分欧盟国家里，国际会计准则理事会的规则只在上市公司编制合并财务会计报表时才予以强制施行，而这些公司却对资本市场有着举足轻重的影响。其他一些财务报表，如上市公司的单独财务报表（即“个别公司的账户”）和非上市公司（其在数量上占了公司总数的绝大部分）的合并财务报表以及单个财务报表，在大多数情况下仍然按照国家规则的要求进行编制。

（b）由国家监管机构制定的规则必须与欧盟有关公司会计的指令相一致。

有关外币交易折算，人们已对有关其的一些基本原则达成了共识。这与外币报表折算的情况形成了鲜明的对比，后者将在本章的后面部分进行讨论。三大准则（国际会计准则理事会、美国公认会计原则和各国规则）都采用了基本的原则：以外币计价的交易应按交易被确认时的汇率将其折算为记账本位币并记录。而它们的差异之处即在于对货币性资产或负债的后续报告问题，特别是折算汇率的确定以及由汇率变动所带来的折算差异的处理。

1. 货币性资产：汇率

国际会计准则理事会和美国公认会计原则都要求以外币计价的货币性资产在资产负债表日按期末汇率进行折算。相关的标准有《国际会计准则第 21 号——外汇汇率变动的影响》和《财务会计准则公告第 52 号——外币折算》。

就其国家规则而言，欧盟国家并没有颁布什么专门针对外币折算的规定。因此，国家监管机构在制定规则时需要作出许多判断，特别是欧盟的指令既包含了权责发生制又包含了谨慎性原则。鉴于上述两个原则有所冲突（在前面部分已有所论述），欧盟内部各国家之间在其国家规则覆盖的领域（特别是个别财务报表）内不论规则上还是实务上都不存在一致性也就不足为奇了。

在大部分欧盟国家里，国家规则要求货币性资产按期末汇率进行折算。然而，德国法规却要求，货币性资产按照历史汇率与期末汇率孰低法进行折算，并选择以记账本位币计价时两种价值中的较低者进行报告；负债则按照两种汇率中的较高者进行折算。对上述规则的理论解释为，对资产、负债（资产不可以高估，负债不可以低估）以及任何未实现折算利润的计价要保持谨慎。然而，作者怀疑这种做法的最初动机为德国公司试图将所得税拖延至外币项目已经实现时再进行支付，因为在德国，公司所得税是按照财务报表所报告的利润来计算的。也正是由于在德国，所得税是在单个公司账户的基础上计算的，同时还要求上市公司的合并财务报表使用国际会计准则理事会的标准来编制，因此许多大型企业集团只在其单个报表中运用谨慎性原则。

2. 有关折算损益的报告

一般说来，折算利得或损失之所以仅仅是由货币性资产所引起的，是因为非货币性资产通常都按历史汇率进行计价。国际会计准则理事会和美国公认会计原则在报告折算差异方面是一致的：折算差异必须作为利得或损失纳入利润表进行报告。英国准则制定者在下面这段话里把这样做的原因解释得很清楚：①

为了真实公允地呈报公司的经营成果，货币性项目中所产生的汇兑利得和损失通常应当作为期间损益的一部分，这是符合会计权责发生制原则的；以简单的现金流动为基础来处理该项目将不符合这一原则。未决交易中的汇兑利得应当和汇兑损失一样客观地在资产负债表日得到确认。如果应递延利得却将其确认为损失，则这种做法不仅不合逻辑地否认汇率已向好的方向变动，同时还妨碍对该公司当年业绩的公允计量。

这段话很清楚地表明英国准则的制定者对权责发生制的关注要超过对谨慎性原则的关注。

在欧盟，这条原则被那些采用英美模式会计的国家应用到财务报告方面的国家规则之中，比如爱尔兰（非英国部分）、荷兰和北欧等国家。而在其他国家（例如，法国和德国），实务中通常将负的折算差异（损失）作为费用计入利润表。但是在正的折算差异方面（利得），却情况各异。在德国不会产生折算利得（至少对于单个账户而言），因为如果按照期末汇率折算货币性项目将会产生折算利得，因此人们总是按照历史汇率进行折算。在其他一些欧洲国家，很普遍的做法是递延折算利得，并在相

① 摘自英国准则 SSAP 20 中的第 10 段，该准则于 2005 年由于英国采纳《国际会计准则第 21 号》而终止了其在某些公司的使用。

关货币性项目的使用期内将该利得转移到收入之中。埃贝斯（Ebbers，1997）报告了一项对欧洲公司所展开的调查，并指出在大多数欧盟国家，均有一些公司递延折算利得；而且在法国、西班牙、意大利和比利时，大部分公司也都这样做。另外，必须加以强调的是，上述做法目前只允许在非上市公司财务报表和上市公司的单个财务报表中使用。

3. 一般规则的例外情况

针对上面所讲的一般规则而言，还存在着大量的例外情况，其中最重要的两个例外情况为：套期交易或通过外币贷款购买固定资产：

（a）套期交易。当对一项外币应收款或应付款通过远期合同进行套期保值时，通常采用合同中所规定的汇率而非期末汇率进行折算。但是，美国公认会计原则和国际会计准则第39号指定了一种不同的处理方法：外币货币性项目应当按照期末汇率折算，远期合同按照公允价值进行报告，所有的价值变动都在当期利润表中予以反映。两种处理方法的影响结果都一样：不报告通过远期合同进行保值的外币应收款和应付款所产生的重要利得和损失。

（b）通过外币贷款融资购买固定资产。当一项固定资产通过外币贷款进行融资时，一些国家的做法是将该项贷款的所有折算损失资本化，以作为固定资产取得成本的一部分。使用该法，在利润表中将不再列报折算损失。然而，美国和英国的会计准则则不允许使用该种方法。2003年国际会计准则理事会修订了《国际会计准则第21号》，以便在这方面与美国取得一致。因此，将折算损失资本化的做法仅仅在少数国家允许使用，尤其是西班牙和意大利等国。

上述对折算差异的简要介绍并不包括所有可能发生的复杂情况。要想获得有关该领域的进一步信息，读者可以参阅章末推荐的“后续读物”。本章的后续部分将介绍财务报表的折算。

18.3 财务报表折算简介

18.3.1 问题

正如18.1.3部分所述，一家公司如果拥有某一主体（分公司或子公司）的股份，且该主体以外国货币记录其会计账簿并编制财务报表，在这种情况下就会发生外币财务报表折算问题。最常见的情形为该主体位于国外。

如今跨国集团早已屡见不鲜，实际上几乎所有美国和欧洲的主要公司都拥有其外国子公司。然而，这些跨国集团的合并财务报表面临着这样一个特殊的问题，那就是其子公司的财务报表是按不同货币进行计价的。例如，一家由英国母公司和其美国子公司所组成的企业集团在编制合并资产负债表时，其母公司和子公司的报表必须以同种货币计价，而不能将以英镑计价的母公司的资产和以美元计价的子公司的资产简单相加——必须将其中的一种货币折算为另一种货币。考虑到合并财务报表的主要使用者是母公司的股东及其债权人，因此通常采用母公司所在国的货币来统一编制合并财务报表。因此，以美元计价的子公司的财务报表必须进行折算以英镑来计价。下面，我们将要介绍会计人员对这项操作所采用的方法。

18.3.2 3种传统的折算方法

在实务中，国外子公司的资产和负债可以采用历史汇率或期末汇率进行折算。但是在20世纪70年代初，在世界范围内对用哪一种汇率折算哪一类资产并无定论。当时有3种不同的折算方法被人们广泛应用：

（1）期末汇率法。即对所有的资产和负债进行折算时均采用期末汇率。

（2）流动/非流动法。即对流动资产和负债采用期末汇率进行折算，而对其他资产和负债则采用历史汇率进行折算。

（3）货币/非货币法。即对货币性项目（即货币和将以货币进行收支的项目，如应收、应付账款、贷款等）采用期末汇率进行折算，而对非货币性项目（即多数固定资产及存货）采用历史汇率进行折算。

18.3.3 实例

下面，我们可以用一个简单的例子来说明上述3种方法的具体应用（本例使用的是20世纪70年代的汇率）。1976年12月31日，一家美国公司位于德国的子公司已取得的资产和发生的负债如表18—4的第一栏所示。为了便于说明，假定1977年未发生交易，因此在1977年12月31日，子公司以其所在国货币（马克DM）进行计价（根据历史成本原则）并编制子公司资产负债表，与1年前的报表几乎完全相同。表18—4列示了如何应用上述3种方法将子公司的资产负债表折算为以美元计价。

表18—4 **3种不同的折算方法**

1976年12月31日及1977年12月31日国外子公司资产负债表（注：1977年未发生交易）		折算后1977年12月31日国外子公司资产负债表					
		期末汇率法		流动/非流动法		货币/非货币法	
		汇率	折算价值	汇率	折算价值	汇率	折算价值
固定资产（厂房）	DM100 000	CR0.50	$ 50 000	HR0.42	$ 42 000	HR0.42	$ 42 000
流动资产							
存货	DM30 000	CR0.50	$ 15 000	CR0.50	$ 15 000	HR0.42	$ 12 600
应收账款	DM20 000	CR0.50	$ 10 000	CR0.50	$ 10 000	CR0.50	$ 10 000
资产总额	DM150 000		$ 75 000		$ 67 000		$ 64 000
长期负债	DM130 000	CR0.50	$ 65 000	HR0.42	$ 54 600	CR0.50	$ 65 000
1977年12月31日资本净值（资产总额减负债总额）	DM20 000		$ 10 000		$ 12 400		（$ 400）
注：1976年12月31日资本净值	DM20 000	0.42	$ 8 400	0.42	$ 8 400	0.42	$ 8 400
折算利得（损失）			$ 1 600		$ 4 000		（$ 8 800）

注：1976年12月31日汇率（历史汇率，用HR表示），HR $ 1 = DM 0.42；

1977年12月31日汇率（期末汇率，用CR表示），CR $ 1 = DM 0.50。

以美元计价的子公司资本净值，可以用折算后的资产减去折算后的负债得到。可以看出，使用3种不同的方法所得出的1977年12月31日的子公司的资本净值截然不同：期末汇率法下为10 000美元；流动/非流动法下为12 400美元；货币/非货币法下为-400美元。而1976年12月31日子公司的资本净值为8 400美元，对这一数字并不存在争议，因为所有的资产和负债均在这一天里取得或发生，所以期末汇率和历史汇率是一样的。而1977年子公司资本净值的变动则表现为利得（在期末汇率法和流动/非流动法下）或损失（在货币/非货币法下）。很显然，利得（损失）产生于折算过程，因为在子公司以马克计价的财务报表中并未显示任何利得或损失。因此，在表18—4中，将其表述为“折算利得（损失）”。

18.3.4 对折算利得的检验

折算过程所产生的利得或损失的差距之大，着实令人惊讶：在货币/非货币法下的损失为8 800美元；而在期末汇率法下的利得为1 600美元；在流动/非流动法下的利得则高达4 000美元。仔细考查这些损益，我们可以发现一些问题。在1977年初，1马克可折合0.42美元，而在年末则可折合0.50美元。因此，对于1977年所持有的以每1马克计价的资产，控股公司可以确认0.08美元的利得。如果所涉及的资产为现金（例如，1马克硬币），情况便会很显然。然而，根据会计惯例，例如厂房或存货等资产，其以马克计价的账面价值在当年应保持不变，这样汇率的变动将导致对这些资产利得的记录。同样的，对应付的每1美元，将会发生0.08美元的损失。

表18—5解释了如何记录3种方法下产生的损益：

表18—5 **折算净利得和净损失**

折算方法	受折算利得（损失）影响的资产/负债	相关的资产减去负债之后的净额	每1马克净资产上的利得（损失）	净利得（损失）
期末汇率法	所有资产/负债	+DM20 000	$ 0.08	$ 1 600
流动/非流动法	流动资产/负债	+DM50 000	$ 0.08	$ 4 000
货币/非货币法	货币资产/负债	-DM110 000	$ 0.08	($ 8 800)

（1）在期末汇率法下，所有的资产和负债在1977年12月31日，都要用新的期末汇率进行重新计价。因此，要按照控股公司对子公司的全部净投资来计算利得。

（2）在流动/非流动法下，非流动资产和负债采用历史汇率计价，保持其最初以美元进行计价的价值。因此，这些资产和负债并未产生折算利得。因此，只对流动资产和负债确认利得。

（3）在货币/非货币法下，遵循类似的原则：只对货币性项目确认利得。在本例中，由于货币资产为负值（即负债大于货币资产），因此需要确认损失。

使用这3种方法之所以会得到截然不同的折算损益数字，是因为对于哪类资产和负债将会受汇率变动的影响的假设不尽相同。

18.4 美国的首创

18.4.1 时态法

上述3种方法的存在，导致外国资产的计价以及折算利得/损失方面的极大差异，确实令人困惑。很显然，就同一个目标而言，这3种方法并非都是正确的。

美国率先着手解决这一问题。美国注册会计师协会第一个系统地处理了这一问题。首先，该机构授权其研究小组一名叫做伦纳德·洛伦森（Leonard Lorensen）的成员，进行一项详细的研究工作（Lorensen，1972）。可以毫不夸张地说，就会计领域中对某项主要的实务问题的学术研究而言，这份报告是最好的成果之一；当然，也是最具影响力的成果之一。这一报告确立并明确阐述了普遍适用的“时态原则”，在历史成本会计下，这一原则同货币/非货币法非常相近。

时态法的实质是，在子公司已进行折算的报表中，应保留子公司对其资产负债表中资产和负债所使用的计价方法。在资产负债表中，可以用如下几种方法对资产进行计价：

（1）历史成本：过去为取得某项资产所支付的款项（或等价物）的数额。

（2）现行重置成本（CRC）：在资产负债表编制日，公司为取得类似资产而需支付的款项数额。

（3）可变现净值（NRV）：在资产负债表编制日，公司出售该项资产可获得（扣除费用后）的款项数额。

（4）未来收入价值：应收账款和应收票据，应以公司预计未来可收入的款项数额来确认。同样的，应付账款及其他负债将以公司为偿还债务而预计未来需支付的款项数额来确认。

对于上述4种计价方法而言，可分别确认一个与子公司资产计价数额相关的日期，并在折算中使用该日的汇率。因此有：

（1）历史成本：其所对应的日期为资产取得日，因而适用相应的历史汇率。

（2）现行重置成本和可变现净值：其所对应的日期为资产负债表编制日，因而适用期末汇率。

（3）未来收入价值：其对应的是未来资产和负债将被兑换为现金的日期，因而适用相应的未来汇率。然而，洛伦森所得出的结论是：对按未来收入（支出）的金额计价的资产（负债）进行折算时，应采用期末汇率，而非未来汇率。得出这一结论是出于几方面的原因，有的是出于实用方面的考虑，有的则更多地出于理论方面的考虑。在编制资产负债表时，相应的未来汇率是未知的，对其而言最好的（或至少是最客观的）估计即为期末汇率。此外，在外币交易市场上报价的未来汇率（或远期汇率），一般不同于当前汇率（或即期汇率），而二者之间的差异通常会被利率之间的差异所抵消；也就是说，在远期汇率低于即期汇率的国家，其利率将会更高（见18.10.2部分有关“费雪效应”的讨论）。为了使利息费用得以在恰当的期间内予以分配，应以期末汇率对借款进行折算。如果使用未来汇率，则必须对利息进行估计。否则一个公司只要投资于以其远期汇率对比即期汇率升水的货币计价的债券，就可以立即确认利润。

最后，如果资产负债表编制日的汇率与债务或负债偿还日的汇率不同，则可以认为利得（或损失）是由以后期间（即汇率发生变动时）所发生的事项引起的，应将其计入该期间。基于上述原因，应用时态原则时应采用期末汇率而非未来汇率。

18. 4. 2 时态法的普遍性

一般来说，时态法与历史成本会计下的货币/非货币法是一致的。在时态法下，基于当前或未来成本进行计价的资产（包括货币性资产）应以期末汇率折算；而以历史成本计价的资产（多数情况下为非货币性资产）则应以历史汇率折算。它与货币/非货币法的主要差异在于，在货币/非货币法下，以可变现净值计价的存货采用历史汇率折算；而时态法的优势即在于它不拘泥于历史成本惯例，它为其他计价惯例下编制的财务报表提供折算规则。因此，如果子公司的某些资产在资产负债表编制日以现行重置成本计价，则显然应采用期末汇率。在资产负债表编制日以可变现净值计价的资产，同样适用这一原则。而当子公司的固定资产不是在资产负债表编制日被重估时，则会出现更为复杂的情形，显然这时应采用重估日的历史汇率。

使用时态法的另一个原因即在于它可以确保一家公司对相同的资产或负债所报告的金额一致，而不管公司使用什么样的财务方案（直接购买或通过子公司持有）来安排其国外业务。下面举一个英国公司的例子，该公司打算购买位于美国的一个仓库。它可以将资金兑换后汇入美国以直接购买该建筑。按照在 7. 2 部分所介绍的外币交易折算规则，该英国公司将会在其资产负债表中把仓库作为一项资产来报告，且金额为以美元计价的购买成本按购买日当天的汇率折算为英镑的数额。另一种购买方法是，英国公司可以通过其在美国注册的子公司来购买该仓库。美国子公司将会按美元计价以将其记录到会计账簿并纳入财务报表之中：到年底，这些财务报表将会按时态法折算为以英镑计价。在该英国公司的财务报表①中该项建筑的报告金额不会因购买仓库所使用方法的不同而有所差异。因此，时态法遵循了如下一条基本的财务报告原则：对于实质相似的交易，应按照相似的方式来报告。

正是因为时态原则的普遍适用性，使得这种方法对许多会计学家而言有着很强的吸引力，同时也使他们完全先验性地相信，这个原则正确地解决了折算问题。

18. 4. 3 美国《财务会计准则第 8 号》

美国财务会计准则委员会（FASB）几乎毫无保留地接受了洛伦森研究成果中所提出的意见。1975 年 10 月，该委员会颁布了《财务会计准则公告第 8 号》（1975），规定自 1976 年 7 月 1 日起各会计年度的财务报表必须采用时态法（即对时态原则的应用），而不允许采用其他方法。

《财务会计准则第 8 号》的颁布引发了一场轩然大波，尤其是那些发现在合并财务报表时不得不披露巨额折算损失的公司。根据《财务会计准则第 8 号》的要求，这些损失应当抵减合并利润，从而减少了每股收益。20 世纪 70 年代中期，美元对许

① 若英国公司直接购买该仓库，则上述报表为独立财务报表；若其通过子公司来购买，则为合并财务报表。

多主要货币疲软，例如日元、德国马克和英镑。如果采用时态法，美国的跨国公司将不得不报告外币借款（甚至长期借款）上的折算损失，却无法反映用上述借款购入的外国固定资产的折算利得。而在其他折算法下，则不会有这样的损失：在流动/非流动法下，无论是固定资产还是长期负债都不会发生折算利得或损失；在期末汇率法下，负债所引起的损失会被资产所带来的利得抵消。这一点在表 18—4 中可以得到说明，1977 年美元对马克贬值，结果使用货币/非货币法时需要报告大量的折算损失，在该例中这和使用时态法是一致的。

因此，许多美国公司不喜欢这一强制进行的变动，在 1975 年之后，公众对这一始于美国并在世界范围内其他国家也很流行的时态法展开了激烈的讨论。这也是诺比斯（1980）一篇精彩论文的主题。在这场争论中，多数团体一致认为应摒弃流动/非流动法，因此这场争论只剩下时态法与期末汇率法之间的直接对立了。

18.5 有关时态法与期末汇率法的争论

在会计界，有关时态法与期末汇率法之间的争论可能是有关折算问题的一个最为重要的方面。然而，需要我们注意的是，在现行价值会计下，不会出现这种对立，两种方法会得到一致的结论。笔者认为，正如 18.4.2 给出的那些原因，在历史成本会计下，只有采用时态法才是正确的。我们可以将会计学家反对在历史成本会计中使用期末汇率法的意见概括如下：对于外国子公司资产负债表上以历史成本计价的资产，采用期末汇率法得到的折算数字毫无意义，因为这个数字既不是以母公司所在国的货币来表示的历史成本，也不是以子公司所在国的货币来表示的历史成本；其既非现行重置成本，也非可变现净值。“实际上，这个数字仅仅是两个互不相关的数字的乘积而已”（Lorensen，1972，第 107 页）。德国著名会计学家布塞·冯·科伯（Büsse von Colbe）更加委婉地指出了这一点：“用现行汇率对以外币计价的历史成本进行折算，所得的数字将没有任何意义”（Gray 等人，1993，第 327 页）。在许多会计学家看来，期末汇率法这一根本性的缺陷使得人们难以接受它。

而采用期末汇率的原因在英国会计准则委员会（ASC）第 21 号征求意见稿（1977 年颁布）中有所提及，其中的第 9 段和第 10 段尤其值得我们注意：

9 期末汇率法是基于以下概念，即报告公司在某一位于国外的子公司的经营活动中有净投资，且正是该净投资经受着货币波动的风险……

10 期末汇率法有着如下优点：

(a) 它能有效地处理通过外币借款筹集资金购买海外固定资产的情况，汇率变动使得利得与损失相互抵消。

(b) 以外币计价编制的财务报表上的余额之间的相互关系在折算后仍保持不变，而采用历史汇率对某些资产进行折算时，情况却并非如此。

18.5.1 子公司财务报表中各种关系的保留

上面所引述的第 10 段（b）中指出了时态法（即在历史成本会计下采用时态原则）的一个值得我们注意同时又有点让人觉得困扰的方面，即在折算过程中可能会改变原财务报表中各项目之间的关系。之所以会产生上述情况，是因为采用不同的汇率对不同的项目进行折算：对固定资产采用历史汇率；而对绝大多数其他项目则采用期末汇率。因而子公司以外币计价的资产负债表中固定资产所占的比重，与折算后资产负债表中固定资产所占的比重不同。这会对很多比率产生影响，例如债务/权益比率。更为重要的是，在折算后的利润表中，折旧比重（产生于以历史汇率折算的固定资产）也不同于原先在外币报表中所占的比重。若在取得固定资产之后，外币发生贬值（相对于本国货币），则折算后利润表中折旧费用的相对比重将会增加。这很可能使得子公司外币报表上原本报告的利润，在折算后的财务报表上反而变为损失。表 18—6 所举的例子可以详细地说明这一问题。

表 18—6　　**时态法如何将利润折算为亏损的示例**

	外币金额（美元）	折算系数	折算金额（英镑）
1996 年利润表			
营业利润	105 000	£ 1/ $ 1.68	62 500
减：折旧	100 000	£ 1/ $ 1.55	64 516
利润（亏损）净额	5 000		(2 016)
1996 年 12 月 31 日			
资产负债表			
固定资产：成本	1 000 000	£ 1/ $ 1.55	645 161
减：折旧	100 000	£ 1/ $ 1.55	64 516
	900 000		580 645
流动资产（现金）	200 000	£ 1/ $ 1.68	119 048
资产总额	1 100 000		699 693
减：长期负债	500 000	£ 1/ $ 1.68	297 619
资本净值（权益）	600 000		402 074

注：权益负债比率 =　　1：1.20　　1：1.35

资料：外国公司于 1995 年 12 月 31 日购入其全部固定资产。

假定所有的交易均在年末发生。

汇率：1995 年 12 月 31 日，£ 1 = $ 1.55；1996 年 12 月 31 日，£ 1 = $ 1.68。

在其他情况下，利润也可能会在折算时变为亏损，特别是当汇率和利润每年都发生非常大的变化时。例如，子公司在前半年记录的是损失，在后半年却记录了很多的利润，结果全年的经营成果表现为获利。在折算后的财务报表中，假设对损失的折算采用比较有利的汇率，对利润的折算采用比较不利的汇率，结果折算后财务报表中的损失超过了利润，导致全年的经营成果表现为亏损。

对于时态法的支持者而言，这是一个相当尴尬的结果，他们必须绞尽脑汁来解释为什么某种币值的利润在折算为另一种货币后却变为亏损的事实是合理的。不过还是有一些理由可以解释这一点的。首先，需要强调的是，折算的目的在于编制合并财务报表。作为一般原则，子公司资产、负债、收入和费用的折算数据，在合并财务报表中，要和母公司的相应数据相加；外国子公司的独立主体在合并财务报表中也将不复存在。因此，从合并财务报表的角度来看，作为独立公司其有着某个负债/权益比率这一事实本身是无关紧要的。相反，如果有人（例如，子公司的少数股东或债权人）希望将外国子公司作为独立主体来考察其财务状况，那么他应该考察子公司以所在地货币计价的单独财务报表；集团报表与此并不相关。子公司的债权人一般不可能要求母公司来偿还债务，同样的，子公司的少数股东也不可能从集团利润中分配到股利。

尽管上述论证已解释了子公司财务报表之间的关系与合并财务报表不相关的缘由，但对于子公司利润表（当地货币）中的利润被折算为合并利润表后却很可能变成损失的具体原因，仍没有给出令人满意的解释。人们自然会提出这样的疑问：哪一类财务报表代表着公允的观点——是子公司的外币财务报表还是纳入合并财务报表后的折算金额？如果时态法是正确的，那么对这一问题的回答肯定是两者都是公允的。就子公司的债权人和股东而言，子公司自己的财务报表代表了公允的观点；就母公司的股东而言，合并财务报表（已合并子公司折算后的财务报表）也代表了公允的观点。但是，这怎么可能呢？

回想一下，只有当某些资产（即固定资产和存货）在财务报表中以历史成本计价时，利润才可能在折算后变为亏损。采用这种做法时，财务报表的编制对象（即股东）会将该资产的账面价值理解为占用这些资产的资金金额。而占用这些固定资产的资金金额，是以提供资金的那种货币来计价的。以通过子公司从而拥有海外资产的控股公司为例，这些资产最终是由母公司的股东来提供资金的。当取得资产时，股东们即付出了提供资金的代价。这种代价的付出是否是出于自愿，抑或资产的取得是由母公司汇出现金还是通过减少发放给子公司的股利来实现的，事实上，这样的争论毫无意义。重要的是，在过去的一年里，母公司的股东付出了资金代价，且这一代价是以投资当年所放弃的本国货币来计价的。因此，在合并财务报表中，必须以记账本位币的历史成本来记录子公司的这些资产。对于外国子公司的少数股东而言，情况则截然不同，他们所付出的代价是以其当地货币计价的。所以，当当地货币相对母公司货币发生贬值时，母公司股东所付出的代价会远高于子公司少数股东所付出的代价，于是就会出现利润被折算为损失的怪事。

总之，对于英国会计准则委员会第 10 段（b）部分的答复，首先是外国子公司财务报表间的关系在很大程度上与合并财务报表并不相关。其次，如果相关，从母公司股东的角度出发，应用时态法所得出的关系是正确的。

最后，“致命的”（*Coup de grâce*）：期末汇率法存在同样的问题，亦即使用期末汇率法同样会使得利润被折算为损失。当然，如果我们使用期末汇率来折算收入和费用，那么折算后的利润表应当是原始财务报表的线性转换（正如该法的名称所暗示的），而不会存在利润被折算为损失的可能性。但实际上，正如我们在 18. 8 部分曾详细讨论过的，在期末汇率法下，我们通常不会使用期末汇率来折算利润表。《国际会计准则第 21 号》规定应当使用交易日汇率来折算收入费用。因此前述例子中的子公司，前半年报告损失，后半年却报告利润，采用期末汇率法的话同样也会将利润折算为亏损。

18.5.2 有关“净投资”的概念

最后，必须对英国会计准则委员会第10段（a）部分加以考虑。这一部分与其第9段的内容是紧密相关的，即期末汇率法是基于这样一个概念：报告公司在某一国外子公司的经营活动中有净投资，正是该净投资承受着货币波动的风险。这一陈述相当简要，其完整的推导过程可表述如下：

（1）实务中，在许多情况下位于国外的子公司都享有自主权；当地的董事会有权决定取得或持有某项资产，或进行经营决策。

（2）此外，这些位于国外的子公司多数情况下自筹资金，使用当地的贷款或留存收益。

（3）在这样的情况下，母公司所享有的子公司的利益主要表现为每年的股利。如果每年的股利令人满意，则母公司不会过分干预子公司的财务状况或经营情况。

（4）因此母公司并不关注子公司的资产、负债、收入及费用的详尽信息；其所关注的是对子公司的净投资，因为它是唯一的有形利益——每年股利的来源。

（5）这一净投资的价值在以期末汇率折算为资本净值时，得到最好的体现。

（6）由于采用期末汇率来折算资本净值，因此，为保持折算后资产负债表的平衡，在对资产负债表其他项目进行折算时，也必须采用同种汇率。

考虑到记账本位币会发生贬值的情形（如上述表18—4中的例子），上述推导过程看来似乎无懈可击。在常见的位于国外的子公司具有净货币性负债（即负债总额超过货币性资产）的情况下，采用时态法会导致子公司折算后的资本净值价值的减少；既然固定资产的折算价值不会发生变化，然而折算后的负债净额却会增加，这显然不符合逻辑。因为本国货币发生贬值之后，外国货币相对于记账本位币的价值变得更高了；因而以外币计价的净投资的价值也应该随之增加。另一种观点则认为，随着记账本位币的贬值，以记账本位币计价的子公司每年的股利也可能增值。如果人们合理地进行保守的假定，即以外币计价的每年股利不会发生变动，那么情况当然如此。基于一项投资是以未来收入的净现值计价这一原则，因此对位于国外的子公司的净投资，即这些股利的来源来说，其价值将会增加。这基本上就是第10段（a）部分所阐述的情况。

这一观点看起来既合乎逻辑又能自圆其说。时态法的支持者们的回答却很简单。当母公司对位于国外的子公司的投资在母公司的资产负债表中作为单列项目反映，即采用列示联营公司中的权益的方法时，则上述程序可能是适当的。但是，如果子公司的资产、负债、收入及费用都被纳入集团合并财务报表相应的部分中时，这种程序就不再适当了。从根本上讲，上述推导过程中有两个地方不太恰当。首先，适用于资本净值的计价法，并不一定适用于某项单独的资产和负债，因此上述推导直接导致以期末汇率折算的某项资产的历史成本毫无意义。其次，如果子公司在很大程度上是一个独立的主体，那么将其完全纳入集团的合并财务报表之中则显得不大恰当。

美国财务会计准则委员会将合并财务报表定义为：把企业集团当作一个单一的经

济主体进行报告。[1] 欧盟第七号指令（第26条）则规定“合并财务报表必须表述企业在合并日当天的财务状况，并视合并后的企业为一个单一的企业。”使用“单一主体”及“单一企业”十分重要，很显然，单一主体的存在是编制合并财务报表的前提。因此，在编制合并财务报表时不能采用期末汇率法，因为这种方法是建立在母公司拥有对半自主的位于国外的子公司净投资这一概念的基础之上的。所以我们可以得到以下结论：

• 如果位于国外的子公司享有很大的自主权，则不应编制合并财务报表（这时控股公司对子公司的投资在其资产负债表中通常被作为一个单独项目来列示——可能使用权益法）。

• 或如果把母公司和其位于国外的子公司视为一个主体，则应采用的比较恰当的折算方法为时态法，正如18.4.3部分所述，这时所报告的子公司的经营活动，仿佛该经营活动只是母公司活动的延伸一样（也就是说，和企业集团中的其他成员没有任何区别，整个集团被当作一个主体）。

然而，尽管笔者赞同上述观点，但有关这一争论的真正解决办法却倾向于使用期末汇率法。1981年12月，美国财务会计准则委员会最终向其所承受的巨大压力让步，颁布了《财务会计准则第52号》(1981)，这一准则事实上推翻了《财务会计准则第8号》，并规定在多数情况下必须采用期末汇率法。

《财务会计准则第8号》的作废是会计准则制定史上一个十分重要的事件。事实上，该准则是纯粹的逻辑推理的产物。伦纳德·洛伦森坐在他自己的象牙塔里，仅仅通过逻辑推理的办法创造出该项适用于外币折算的原则。但是，美国财务界中很多有影响力的主体（主要是财务报表编制者，也有审计师和报表使用者）之所以反对《财务会计准则第8号》，不是因为它有什么逻辑上的错误，而是因为这些人不喜欢由该项原则的应用导致新报表数字的产生。他们向财务会计准则委员会施加压力要求改变准则，并最终导致财务会计准则委员会被迫作出让步。上述事件生动地说明准则制定是一个政治过程，在这个过程中理论推理仅仅起了很小的作用（还可以参阅第10章）。

18.6 美国《财务会计准则第52号》

即使是最反对《财务会计准则第8号》的人，也不得不承认《财务会计准则第52号》的表述并不是很清晰。多数条款的理论基础模糊不清，且反映了这样一个事实，即该准则偏重于报表编制者和使用者的意见，并不重视研究和推理的结果。《财务会计准则第52号》在美国财务会计准则委员会中以极其微弱的优势通过：4票对3票，其中投反对票的包括该理事会的主席。事实上，该公告最为感人的部分是由3位反对者所撰写的反对意见。然而，不管怎么说，《财务会计准则第52号》是目前美国通行的有效准则。

财务会计准则委员会在《财务会计准则第52号》的引言（第3页）中指出，折算的目标包括如下两个层面：

---

① IAS 27，第4段。

(1) 汇率变动会对企业的现金流量和权益产生一些可以预见的经济影响，而折算通常应当能够提供与这种经济影响相一致的信息。

(2) 被合并的每个主体按照其功能货币计价，同时按照美国公认会计原则计算财务结果和财务关系，在折算以后能够反映在合并财务报表之中。

在设定上述目标时，财务会计准则委员会显然考虑到了在18.5部分进行讨论的对时态法的两点主要批评：第一个目标涉及外币升值将会导致折算损失的怪事；第二个目标则涉及利润在折算后变为亏损的怪事。因此，即便在设定目标之初，财务会计准则委员会似乎就已下定决心要反对时态法。

第一个目标由于财务报表应反映预期的经济影响这一前提而著称。在笔者看来，这是对当时人们所普遍接受的有关时间的公认会计原则的革命性背离，事实上，该时间原则认为进行会计计量的依据必须是在过去（采用历史成本时）或现在（采用重置成本或可变现净值时）已被证明了的现实。如果更为详细地分析第二个目标，则很显然该目标无异于直接推行期末汇率法。原因是为了在合并财务报表中保持子公司各自财务报表的成果及各报表间的相互关系，每个项目必须乘以同一个系数（即折算后的财务报表与折算前以记账本位币计价的财务报表是线性关系）。如果对所有项目使用同一个系数，则很显然要使用期末汇率。

考虑到上述目标，《财务会计准则第52号》不可避免地得到如下结论：位于国外的主体以其功能货币计价的财务报表，必须使用期末汇率进行折算。另外，还对“功能货币”这一全新的概念作出了如下的定义：“一个主体的功能货币是指，该主体经营活动所处的主要经济环境中的货币”（美国财务会计准则委员会，1981，第3页）。看来很显然，对多数位于国外的主体而言，其功能货币即是当地货币；而对于这样的情况，《财务会计准则第52号》直截了当地规定应采用期末汇率法。

对于上述通用法规，主要有如下两种例外情况：

(1) 如果境外子公司的经营活动是母公司经营活动的有机组成部分或延伸——在这样的情况下，其主要经济环境是母公司所处的经济环境，因此功能货币为母公司所使用的货币。

(2) 如果位于国外的主体在“高通货膨胀”（定义为3年内物价翻两番）经济中经营——在这种情况下，《财务会计准则第52号》规定其功能货币为母公司所使用的货币，从某种程度上来说，这一规定纯粹是主观臆断的结果。

在这些例外情况中，位于国外主体的财务报表不以其所使用的功能货币计价，而应采用时态法将其折算为功能货币来计价。《财务会计准则第52号》将该过程称为“重新计量”，这一术语有些令人感到困惑，因为它同其他形式的折算并无区别。

虽然将美元作为境外子公司的功能货币是一种例外，但在实务中确实会碰到。例如，一家名为Caterpillar的公司在其年报中有着如下表述：

我们从事机械和发动机行业的合并公司大部分以美元为功能货币，而从事金融产品和权益交易的合并公司的大部分功能货币则为其各自所在地的当地货币。

类似地，德国公司——巴斯夫，在其按照美国公认会计原则进行编制的财务报表（2004年，即转换为国际财务报告准则的前1年）中说：

当地货币或美元是巴斯夫在北美、日本、韩国、中国、巴西、马来西亚和新加坡的子公司和联营公司的功能货币，因此我们使用现行汇率折算……剩下的公司其功能货币为欧元，所以我们使用时态法折算。

“剩下的公司”包括处于非欧元区的欧洲子公司，例如，位于英国的子公司。

因此，《财务会计准则第 52 号》允许继续使用时态法，但从这个意义上来看，它并未解决几种折算方法并存所产生的问题。财务会计准则委员会宣称，其已经规定了一种单一的折算方法，即基于功能货币概念上的方法；然而，这一宣称可以说是一种诡辩，因为功能货币这一概念是由财务会计准则委员会所提出的，其目的似乎旨在混淆允许使用两种不同的折算方法这样一个事实。

财务会计准则委员会保留时态法，以供那些与母公司构成有机整体的子公司进行折算时使用，以确保这些子公司的资产在合并资产负债表中所报告的金额与母公司直接购买这些资产所报告的金额相同，也就是说，实质上相同的交易应按照相同的方式处理（在 18.4.2 部分已有论述）。如果子公司与母公司是一个有机的整体，那么由母公司直接购买该项资产很可能将会是另外一个很容易实现的方式。如果子公司是一个相对独立的主体，则上述情况将很少发生。

事实上，《财务会计准则第 52 号》是基于这样一个原则，即应该将母公司与其位于境外的子公司视为不同的独立主体。合并资产负债表不过是这些独立主体的资产负债表的算术加总，只是必须对集团内部的项目进行调整。虽然为进行该算术加总，必须首先使用期末汇率来折算位于境外的子公司的资产负债表，但是母公司所用货币绝对不会比子公司所用货币更居主导地位。从本质上来说，所有这些货币都是平等的。这一命题可以通过如下方法证明：编制合并财务报表时并不按照常规手法来编制，而是以子公司所使用的货币为基础进行编制，将母公司的资产等项目运用期末汇率法进行折算；这样所编制出来的合并财务报表中各项目之间的关系与传统的合并财务报表（按母公司货币进行编制的）一样。如果运用期末汇率将该合并财务报表再次折算为母公司所用货币的报表，则它将和传统的合并财务报表一模一样。运用期末汇率法的话，位于境外的子公司资产的计价基础仍为外国货币。事实上，合并资产负债表是基于多重的功能货币，《财务会计准则第 52 号》拒绝接受笔者在 18.5 部分为支持时态法所使用的概念：合并财务报表是基于母公司股东的利益而编制的，因此应按这些股东所提供的货币来反映其相应的投资回报。财务会计准则委员会中持不同意见的 3 位成员认为，只有从记账本位币的角度而不是从多重功能货币的角度，来计量成本、成本补偿和外汇风险，才能得到更有意义的合并结果。

财务会计准则委员会通过改变跨国公司合并财务报表性质的方式，成功解决了有关期末汇率法与时态法之间的争论。尽管它是为解决 20 世纪 70 年代末在相当特殊的外汇环境下美国公司所面临的问题而出现的，然而这一准则迄今仍为人们所使用。

18.7 《国际会计准则第 21 号》

考虑到世界范围内会计实务的多样性，国际会计准则委员会难以就折算问题颁布相应的准则，这丝毫不让人感到奇怪。直到 1983 年 7 月，国际会计准则委员会才颁布了《国际会计准则第 21 号——外币汇率变动的影响》。事实上，该准则出现于《财务会计准则第 52 号》之后绝非偶然，显然国际会计准则委员会要等美国财务会计准则委员会先作出决定。《国际会计准则第21号》很明显是以《财务会计准则第52号》为基础，并在所有重大方面紧跟《财务会计准则第52号》的后尘。2003年，国际会计准则理事会（IASC，国际会计准则委员会的后身），修订了《国际会计准则第21号》，其所作出的一些内容上的调整和所用术语方面的变化似乎并不小。在这里，我们所要分析的是最近的版本。

如果你了解过去30年中外币折算领域的发展历史，你就会觉得这个准则有些令人感到困惑和难以理解。例如，该准则并未提到“时态法”的字眼，只规定了一种折算方法——期末汇率法。然而，事实上，时态法是存在的（只不过范围有所局限）；理解上的困难来自于其所采用的术语。其中有3个名词术语特别重要：

（1）功能货币，是指企业经营所处的主要经济环境中的货币。

（2）外币，是指主体所用功能货币之外的其他货币。

（3）报告货币，是指公司编制财务报表所用的货币。

准则的大部分内容与这里所定义的功能货币相关。很明显，对于绝大部分公司而言，功能货币是其位于并从事经营活动的所在地的货币。这些公司使用该货币来记录会计账簿和编制财务报表。如果公司拥有以另一国家货币来计价（即用外币计价）的业务，那么这些交易就必须按照外币交易折算准则进行折算，这些准则实际上在18.2部分讨论过，要求货币性资产按期末汇率进行折算且所有的折算利得和损失都要在利润表中报告。

但是，《国际会计准则第21号》为公司功能货币而非其所在地的当地货币留下了可能性的选择空间。这种情况就是公司的收入和成本主要受外国和外国货币影响的情形。例如，假设美国的母公司在中国拥有一家子公司，该子公司的主要业务是销售由母公司货船所运过来的货物，货物以美元计价且价格由母公司来确定，销售收入也被汇回母公司。在这种情况下，子公司的功能货币即为美元。《国际会计准则第21号》要求公司必须使用功能货币记录交易并编制财务报告。因此，这家中国子公司必须使用美元来编制财务报表。请注意，按照《国际会计准则第21号》的标准，对于这家中国子公司来说，中国货币即为外国货币，这种观点看起来着实有些奇怪。《国际会计准则第21号》（21段）要求公司使用功能货币来记录外币业务账户金额，其折算汇率为交易日当天的即期汇率。通常来说，国际会计准则理事会只为财务报表制定准则，而不管作为财务报表来源的账簿记录。事实上，期望这家中国子公司以美元记账也是不合理的，因为这极有可能违反中国的法律。因此，国际会计准则理事会有关业务记录的准则常常被人们所忽略。然而，要求中国子公司折算以中国货币表示的报表并使用美元来编制财务报表也是合理合法的。这一点在《国际会计准则第21号》（34段）中有所提及，且其已对折算过程有所规定，实质是使用时态法进行折算。因此，可以这样总结：在把财务报表折算为以功能货币进行表示（通常是把公司记账所使用的货币折算为功能货币）时使用了时态法。当然，也有极少数外国子公司其基本财务报表并没有以功能货币来表示。因此，人们很少使用时态法。

不管怎样，我们能够找到实例。例如，一家名叫拜尔的德国制药公司，在其按照国际财务报告准则编制的2006年财务报告中提到：

欧元区以外的参与合并的外国公司大部分都被认为在财务、经营和组织上是独立的。按照《国际会计准则第 21 号——外汇汇率变动的影响》的要求，这些公司的功能货币为各自的当地货币。

所谓“大部分”欧元区以外的公司将外国货币作为其功能货币，也就是说，还有一些公司将欧元作为功能货币，即采用了时态法。

另外一个名叫巴斯夫的德国医药公司，在其 2006 年按照国际财务报告准则进行编制的财务报表中更为清晰地指出：

对于在欧元区和美元区以外的某些公司，欧元或美元是其功能货币。

因此使用时态法进行折算：长期资产按照历史汇率折算，贷款和投资资本不包含在内。其他资产、负债和准备按照年末汇率折算。权益则根据折算后的差额计算。除那些由按照历史汇率折算的资产负债表项目衍生而来的项目之外，所有费用和收入按照月平均汇率转换，并累积成年末数据。转换过程中所产生的资产和外币折算利得或损失，将作为其他经营费用或其他经营收入来报告。

对于绝大部分位于境外的子公司来说，功能货币即为其所在国的当地货币。为编制合并财务报表，它们的财务报表（以它们的功能货币表示）必须被折算为以另外一种报告货币（也就是合并财务报表货币，通常为母公司的货币）来表示。对于上述折算程序，《国际会计准则第 21 号》规定使用期末汇率法。因此，我们可以这样总结：将以功能货币表示的财务报表折算为以另外一种不同的报告货币表示的财务报表时所使用的折算方法为期末汇率法。

18.8 综合收益表的折算

为了提供一套完整的合并财务报表，有必要对外国子公司的综合收益表进行折算。事实上，其所遵循的程序随资产负债表所使用折算方法的不同而不同。

18.8.1 时态法

我们可以很容易地看出时态法所遵循的原则：对于收入和费用中各项目而言，其所采用的汇率为其在会计账簿中进行确认的交易发生日当天的即期汇率。对于销售而言，则为其发货的当天；对于支付现金所取得的商品和劳务，为进行付款的当天；对于赊购的商品和劳务，为收到商品或接受劳务的当天，因为如果假定在这一天编制资产负债表，那么所欠的金额应按这一天的汇率来折算。从理论上来说，每一笔交易都应按其所适用的汇率来折算；而在具体的实务中，却往往倾向于更多地采用期间的平均汇率，或较为频繁地发生季节性波动时采用加权平均汇率，从而得到较为合理的近似值。

尤其要注意如下两个费用项目：

（1）折旧。用于折算折旧费用的汇率显然与用于折算相应资产的汇率相同——即对以历史成本计价的资产采用历史汇率进行折价，而对以现行价值计价的资产则采用期末汇率来折算。确定折算汇率的交易日为资产的最初购买日：折旧并不是交易。该程序是 18.5.1 部分所述的“利润折算为损失”这一怪事的主要原因之一。

（2）销售成本。销售成本一般包括存货项目，因而一般应按相应的存货资产所适用的汇率来折算。

此外，必须反映货币性资产和负债在财务报表首次记录日至资产负债表日期间的折算利得或损失。该折算利得或损失只在合并利润表中报告，它不属于子公司利润表的一部分，因为若不按通货膨胀会计来提供财务报表的话，子公司将不会报告有关货币性项目的任何利得或损失。

18.8.2 期末汇率法

在采用期末汇率法折算资产负债表时，就应如何对利润表进行折算的问题并未达成一致意见。2003 年国际会计准则理事会在修订《国际会计准则第 21 号》时，考虑过如下两个可供选择的方法：

方法一：使用期末汇率来折算。这种方法的优点是简单易行、便于理解，折算后的财务报表能够与原始报表保持线性关系，也就是说，所有的利润表和资产负债表项目都采用一种汇率进行折算，因此包含利润表和资产负债表项目的财务比率（比如资产报酬率）能够得到恰当的折算。

方法二：使用交易日的汇率来折算，并且认为在大多数情况下，期间平均汇率可以提供一个很好的近似值。这种方法的优点是可以更好地以记账本位币来重新表述外币现金流量的价值，此外年末财务报表也能够和中期报表相一致。而这种方法的缺点是折算后的利润表可能无法再与原始的外币账户保持严格的线性关系了（因为从原则上看，对于不同的收入和费用项目可以使用不同的汇率进行折算），更为严重的是，折算后资产负债表和利润表之间的关系不同于相应的外币财务报表之间的关系，这是因为用于折算资产负债表的汇率可能不同于那些用来折算收入和费用的汇率。而这将会影响用于利润表和资产负债表进行比较所使用的那些比率（比如资产报酬率）。应当指出的是，由于 18.5.1 部分所给出的原因，采用方法二可能会导致利润被折算为亏损，而采用方法一则不会出现这个问题。

国际会计准则理事会最终决定否决方法一而采用方法二。《国际会计准则第 21 号》要求收入和费用应按照交易日当天的即期汇率进行折算，但是也可以使用期间平均汇率，除非出现明显不合适的状况（比如在该期间汇率发生巨大变动时）。它给出了如下解释：

> 这种方法【指方法二】导致按列报货币【即折算后】表示的同一项目的金额相同，无论境外经营的子公司的财务报表是（1）先折算成另一集团主体（例如母公司）的功能货币【采用时态法】，然后再算成列报货币【采用期末汇率法】，还是（2）直接折算成列报货币【采用期末汇率法】。
>
> （《国际会计准则第 21 号》，结论依据，第 BC18 段；文中方括号中的解释是后添加的）

实际上，这条陈述起到了一定的误导作用，甚至是不正确的，在如下 3 个方面：

（1）只有当外汇市场在某种意义上是完美的（也就是说，外汇市场上不同货币之间的交叉汇率必须是一致的），才能说使用这种方法能得到相同的金额。举个例子，如果英镑兑欧元的汇率为£ 1 = €1.60，而英镑兑美元的汇率为£ 1 = $ 2.08，那么欧元兑美元的汇率就应为€1.60 = $ 2.08，也就是€1 = $ 1.30（2.08/1.60）。事实上，尽管大的差异很快会被商人通过套利交易消除，交叉汇率仍是很少能 100%

一致。

（2）国际会计准则理事会的陈述提到了两种不同的程序：第一种需要两次连续的折算，而第二种只需要折算一次。如果折算所采用的汇率都是同一天的，那么这两个程序将会得出相同的金额（以上面指出的第 1 点为条件）。例如，考虑用两种方法将 100 英镑折算为美元：一种方法是直接折算；另一种方法是先折算为欧元，再由欧元账户折算为美元。使用上段中所引用的汇率，直接折算的结果为 208 美元（£ 100 × $ 2.08/£ 1）；采用后一种方法，则先折算为 160 欧元（£ 100 ×€ 1.60/£ 1），然后再折算为 208 美元（£ 100 ×€ 1.60/£ 1 × $ 2.08/€ 1.60），这在算术上与直接将英镑折算为美元的账户金额一样。但是，如果使用平均数的话（方法二的应用），只有当这个平均数是几何平均数而不是算术平均数（在表达平均数时更为常用的概念）时，才能保持两种折算程序得出一致的结果。

（3）国际会计准则理事会有关两种程序都能得出相同账户金额的说法是正确的，只要收入和费用的折算汇率（应用时态法和方法二的期末汇率法）是一样的。例如，两种方法（应用时态法和方法二中的期末汇率法）都可以使用平均汇率来折算销售额、工资和其他现金费用。但是，折旧费用的折算在时态法下应采用以前年度的历史汇率，在方法二的期末汇率法下则应采用当年的平均汇率。这样的话，对于该费用项目，折算后的账户金额通常不能保持一致。

因此，国际会计准则理事会所给出的之所以选择方法二而不选择方法一的理由是经不起推敲的。方法二的另一个问题是它并没有明确折算“折旧”费用项目的汇率，因为折旧“业务”的日期就在当期这一点并不是显而易见的。

无论是有关收入和费用的折算，还是有关资产和负债的折算，国际会计准则理事会都是紧跟美国财务会计准则委员会后尘的。《财务会计准则第 52 号》规定采用确认收入和费用时的当日汇率，但由于这一做法并不切实可行，所以也允许采用适当的加权平均汇率。笔者怀疑，国际会计准则理事会之所以选择方法二是为了与美国保持一致，而不是因为上述虚假的原因。

在笔者看来，之所以不能就利润表所采用的汇率达成一致意见，是因为期末汇率法缺乏理论基础。也就是说，期末汇率法的支持者们缺乏使他们得以从中找到解决这一问题的办法的基本原则。

18.9 折算利得和损失的会计处理

18.9.1 问题

外币交易折算和外币财务报表折算都可能导致折算利得或损失。在第一种情况下，利得和损失应该在利润表中报告已成为普遍共识。这也是国际会计准则理事会和美国公认会计原则的共同立场。在 18.2.3 部分曾解释过，在少数国家的准则里，利得的报告有时会被递延。但是，最终它还是会被纳入利润表。

外币财务报表折算所带来的折算差异该如何报告已引发了诸多争论。人们可能觉得这并没有什么问题：因为利润可定义为净资产价值的增加，那么如果某项资产或负债的折算价值与原先的折算价值不同，则自然会产生利得（或损失），并应将其作为当年利润的组成部分反映在利润表之中。时态法根据上述推理，要求在利润表中反映所有的折算利得和损失。然而，这一简单的规则并不为人们所青睐。这也正是美国《财务会计准则第 8 号》受到批评最多的方面。

尽管引入期末汇率法是为了减轻人们认为是由时态法所带来的负面效应，可是这并没有消除折算差异。当汇率发生巨大波动时，正如过去数十年间所经历的那样，对一个在国外有大量股份的集团而言，折算利得和损失对其有着很大的影响。它们完全有可能是利润表上金额最大的一个单独项目，有可能将损失变为利润，或反之将利润变为损失。因此，要注意怎样减轻折算利得和损失所带来的影响。

18.9.2 期末汇率法下的折算差异

处理折算利得和损失的一种可能办法是将其单独列示于利润表之中，比如作为非常项目来列示，但是这种方法尚未被任何地方采用。

相反，现在的方法是将这些利得和损失排除在利润表之外。《财务会计准则第 52 号》和《国际会计准则第 21 号》都规定，在期末汇率法下折算所产生的损益，应当被看做其他综合收益。

《财务会计准则第 52 号》和《国际会计准则第 21 号》都将折算利得和损失排除在利润表之外的主要原因之一即在于，准则制定者认为这些金额并非“真正的”利得或损失，而只是在折算过程中形成的差异。因此，《财务会计准则第 52 号》称之为“折算调整额”，而《国际会计准则第 21 号》将其称为“汇兑差异”。

英国准则的制定者就其对汇兑差异的处理方法做出如下说明：[①]

在集团的利润表中对一家位于境外的子公司经营成果的最好的反映方式即为，对以当地货币计价的财务报表中的净利润或净损失不加调整地予以合并……如果将汇兑差异……纳入利润表中，则以当地货币计价的财务报表中的经营成果就会被歪曲。这些差异可能是由与位于境外子公司的经营业绩不相关的多种因素所引起的；尤其是，它们并不代表或计量实际的或预期的现金流量的变化，因此将其视为利得或损失是不合理的，而应将其作为对准备金的调整来处理。

笔者接受这一观点，即在评价位于境外的子公司的业绩时把“汇兑差异”排除在外很可能是恰当的，但是并不同意这一“汇兑差异”不能代表控股公司真正的利得或损失的意见。只要控股公司决定对其海外资产和负债投入一定的价值（它会毫不犹豫地将其正确价值纳入合并资产负债表中），我们就不能否认由于这一决定而自然形成的利得或损失也是真实的。

《财务会计准则第 52 号》中的推理更加令人难以理解，因为财务会计准则委员会 4 名持赞同意见的委员也无法就折算调整额的本质达成一致看法。这种不同的看法具体表现在《财务会计准则第 52 号》第 112 段至第 115 段的内容中，并提出了两种不同的观点。第一种观点认为，“折算调整额反映汇率变动所带来的经济影响……这是综合收益的一个未实现的部分……应该与净收益分开报告……。”第二种观点则认为，折算调整额“仅仅是折算过程的机械副产品”。笔者更倾向于第一种观点，不同

① SSAP 20，第 19 段。

意第二种观点，因为第二种观点似乎暗示着列入资产负债表的项目并没有实际意义。

《财务会计准则第52号》和《国际会计准则第21号》都指出，折算利得和损失的金额应在对位于境外主体的投资进行完全或几乎完全清算时，由“股东权益的单独组成项目”转入利润表，并作为清算利得或清算损失的一部分予以报告。这也被称为“利得的重新分类”。无独有偶，英国准则（《标准会计实务公告第20号》）[①]却不允许这一条款，原因是折算利得和损失已经被确认（Whittington，2005）。

18.9.3 交易产生的折算利得和损失

如果一家公司持有以外币计价的货币性资产或负债，那么当外汇汇率发生变动时公司必须在自己的个别财务报表中报告折算利得或损失。如果是家子公司，则其折算利得或损失将被纳入合并利润表之中。这可能会导致报告一些奇怪的利得或损失，下面这个例子可以对其加以说明，具体计算过程见表18—7。

表18—7 **一个有关货币性账户折算利得和损失的实例**

美国公司拥有一家位于荷兰的子公司，该子公司仅仅持有两项资产：100美元的银行存款和100英镑的银行存款。假设200×年公司未发生任何交易，外汇市场汇率为：

年初： 1英镑＝1.60欧元＝2.08美元

年末： 1英镑＝1.80欧元＝1.98美元

年平均：1英镑＝1.70欧元＝2.03美元

年末，荷兰子公司在其个别财务报表中报告下列折算利得：

对于100美元的银行存款来说

年初价值：100美元×1.60欧元/2.08美元 ＝ 76.92欧元

年末价值：100美元×1.80欧元/1.98美元 ＝ 90.91欧元

折算利得： 13.99欧元

对于100英镑的银行存款来说

年初价值：100英镑×1.60欧元/1英镑 ＝ 160欧元

年末价值：100英镑×1.80欧元/1英镑 ＝ 180欧元

折算利得： 20欧元

以年平均汇率将这些折算利得折算成美元，并在美国公司的合并利润表中进行报告，具体金额如下：

100美元银行存款的利得：13.99欧元×2.03美元/1.70欧元 ＝ 16.70美元

100英镑银行存款的利得：20欧元×2.03美元/1.70欧元 ＝ 23.88美元

如果美国公司直接持有这100英镑的存款，那么它将会在财务报表中报告折算损失，具体金额如下：

年初价值：100英镑×2.08美元/1英镑 ＝ 208美元

年末价值：100英镑×1.98美元/1英镑 ＝ 198美元

折算损失： 10美元

美国母公司的一家荷兰子公司持有如下两项资产：100美元的银行存款和100英镑的银行存款。公司在其以欧元表示的个别财务报表中要报告所持有的100美元与100英镑在折算成欧元之后的利得。其与18.2部分所讨论的有关货币性资产报告准

① 除被要求遵循FRS 23（基于IAS 21）的公司外，该准则截至2007年仍旧有效。

则的要求完全一致。当按照期末汇率法对荷兰子公司的利润表进行折算以纳入合并财务报表中时，这些折算利得又被以年平均汇率从欧元折算为美元，折算结果为美元存款折算利得16.70美元，英镑存款利得23.88美元。在合并利润表中所报告的这些折算利得将会显得很奇怪。由于集团成员持有100美元的资产，美国母公司就要在其合并利润表中报告16.70美元的利得。在笔者看来，这些折算利得完全是“虚幻的”；不可能由于持有美元资产而获得以美元来表示的利得。然而，100英镑所产生的23.88美元利得则更令人感到困惑，因为当年英镑兑美元的汇率下降了，所以从美国股东的角度来看，当年末100英镑存款的价值应该比其年初价值减少10美元。在其所持有的一项资产的美元价值于当年下跌了之后，集团还在财务报表中报告该项资产获得了23.88美元的利得，这似乎是很难让人接受的。

需要指出的是，只有在期末汇率法下才会出现这些怪事。在时态法下，合并利润表中不会出现100美元存款的利得或损失，而100英镑存款的损失则是10美元。

这个例子说明运用作为期末汇率法基础的多重功能货币进行计算将产生的后果。当使用其功能货币——欧元来计量时，这家荷兰子公司所持有的美元和英镑资产就产生了利得。这些利得从欧元折算为美元时并没有改变其计算基础，仍保持以功能货币进行计量（欧元）。发生改变的仅仅是对这些利得所做的报告（从欧元形式变为美元形式）：即《国际会计准则第21号》中的术语“报告货币”。这也就是在上面的例子中，之所以报告美元资产的利得，还被美国公司集团认为是完全可以接受的原因——这些利得是由荷兰子公司以欧元进行计量从而产生的，且计算后也不会发生改变。

实际上，在由诸多位于境外的子公司所组成的跨国集团的合并财务报表中，每个子公司的利润都是按其功能货币来计算的。为了编制合并财务报表，这些利润必须按更为通用的报告货币来重新表述。但是，这并没有改变其原来的利润计算基础。在笔者看来，使用更为通用的货币来编制报告使其看起来更像一出闹剧。事实上，这样做并没有改变这样一个基本的事实：不同子公司的利润都是按不同的方式计算的，把这些利润合并起来并没有任何意义。依笔者的观点来看，把这些利润折算为以一种更为通用的报告货币来表示并将其合并起来就好像把苹果和桔子直接加到一起一样。

18.9.4 集团内部贷款产生的折算差异

《国际会计准则第21号》虽然没有完全解决上一部分中所提到的那些怪事，但解决了集团内部成员之间相互借贷的特殊情况。举一个例子来说，假设母公司提供一笔贷款给位于境外的子公司。如果贷款是按子公司的功能货币进行计价的，则当外汇汇率发生变动时母公司就要报告该项贷款的折算利得或损失。在合并财务报表中并不报告该项贷款（母公司的资产和子公司的负债相互抵消）。但是，母公司个别财务报表中所报告的折算利得或损失该如何处理呢？《国际会计准则第21号》第45段涉及此问题，其具体内容如下：

……集团内部一项货币性资产（或负债）……不能与相应的集团内部的货币性负债（或资产）相互抵消。这是因为货币性项目代表着将一种货币转换成另一种货币的承诺，并且它使报告主体面临因汇率波动而产生利得或损失的风险。因此在报告主体的合并财务报表中，这种汇兑差额将继续被确认为收益或费用……

在笔者看来，上面所引述的原因并不正确。国际会计准则理事会提出集团应报告由集团内部交易所产生的利得或损失。而这和一条基本原则相抵触，即集团内部的利润和亏损在合并财务报表中应该相互抵消。在存在集团内部销售的情况下，销售利润（在个别财务报表中已被恰当记录）在合并财务报表中会被抵消。这一原则对于记录在母公司个别财务报表中的集团内部贷款所产生的利得或损失来说同样适用。

我们举一个例子来帮助说明国际会计准则理事会上述推理中存在的错误，详细计算过程见表18—8。某德国母公司拥有一家位于美国的子公司。该子公司总资产为100 000美元，其中所有者权益20 000美元，负债80 000美元，权益和负债均由母公司提供。假设集团没有其他资产，2004年也未发生交易。2004年间，汇率由年初的1美元=0.80欧元下跌到1美元=0.73欧元，即每1美元下跌0.07欧元。因此德国母公司在其个别财务报表中报告该项贷款折算损失为5 600欧元（80 000美元×0.07欧元/1美元）。表18—8提供了美国子公司2004年初和年末的资产负债表，分别以子公司的功能货币（美元）和报告货币（欧元）来表示。美国子公司所有者权益的折算价值从年初的16 000欧元下降到年末的14 600欧元，折算损失为1 400欧元。2004年集团的总损失可以通过比较年初集团资产价值（80 000欧元）和年末价值（73 000欧元）来得出，其总损失为7 000欧元。按照国际会计准则理事会的推理，这个损失的组成部分为：

子公司所有者权益的折算损失	1 400欧元
贷款折算损失	5 600欧元
总损失	7 000欧元

为了正确报告所有账户所发生的损失，应把该项贷款的折算损失纳入合并利润表之中。

表18—8　**一个有关集团内部贷款的实例**

美国子公司资产负债表			
2004年1月1日	美元	汇率	欧元
资产	100 000	0.80欧元/1美元	80 000
负债	80 000	0.80欧元/1美元	64 000
所有者权益	20 000	0.80欧元/1美元	16 000
2004年12月31日	美元		欧元
资产	100 000	0.73欧元/1美元	73 000
负债	80 000	0.73欧元/1美元	58 400
所有者权益	20 000	0.73欧元/1美元	14 600

然而，笔者认为子公司所有者权益的折算损失应被分解为各组成部分，具体计算过程如下：

子公司资产的折算损失	100 000美元×0.07欧元/1美元	7 000欧元
－贷款折算利得	80 000美元×0.07欧元/1美元	5 600欧元
＝子公司所有者权益的折算损失		1 400欧元

+ 贷款折算损失	5 600 欧元
= 总折算损失	7 000 欧元

笔者认为，国际会计准则理事会对总损失的表述是错误的，因为它会令人觉得集团正是由于其内部成员间的交易而遭受损失。此外，按照《国际会计准则第 21 号》的要求将贷款折算损失作为合并利润表中的一个费用项目，而与此同时，其他折算损失将被直接纳入公积金之中，国际会计准则理事会作出这样规定的目的即在于减少报告利润。国际会计准则理事会认为其做法是有依据的：货币性项目代表着将一种货币转换成另一种货币的承诺，并且它使报告主体面临因汇率波动产生利得或损失的风险。在笔者看来，这是错误的。事实上，集团中任一成员由于货币性项目所引起的损失将会被其他成员的利得所抵消。报告主体（集团）不会因成员之间的内部交易而产生任何利润或损失。

学习会计的同学毫无疑问要大跌眼镜，因为像国际会计准则理事会这样著名的权威机构，竟然也会作出存在错误表述。不管怎么说，每个人都应对所谓“专家”的结论有所警惕，有些时候，权威并不意味着绝对可靠。

18.10 研究成果

18.10.1 沃克的研究

经济学家和一些会计学家对之前所讨论的折算方法提出批评，他们认为采用这些方法计算的资产价值及折算利得和损失与经济实际并不相符。沃克（1978）认为位于境外的子公司的价值可视为其未来现金流量的净现值，他提出“经济学家分析认为，位于境外的子公司所在地的货币发生贬值的话，并不能像会计处理方法所显示的那样，自动减少以母公司所用货币计价的位于境外子公司的净资产价值。”然而，尽管他详细分析了货币贬值对位于境外子公司现金流量的影响，但他还是不能得到任何一般性的原则。为此所做的估计会有实际上的困难，但是“尽管存在这些困难，所做的有关汇率风险方面的经济学分析显然是正确的方法。”

事实上，多数会计学家可能都会反对沃克如下两个主要结论：根据公认会计原则所确定的资产在资产负债表上的价值，并不能很好地反映其经济价值；同时很难估计其未来的现金流量。多数会计学家可能还会说，并不指望常规的资产负债表能够反映经济价值。

18.10.2 阿利伯和斯蒂克尼的研究

阿利伯和斯蒂克尼（1975）提出了令人感到惊讶的观点，他们应用两种经济理论，证明了汇率变动并不会影响位于境外子公司的价值。这两个理论是：

（1）购买力平价定理。该定理认为，两个国家间的汇率变动与其相应的物价水平成正比。

（2）“费雪效应”。该理论认为，在两个国家之间，对同类财务资产所得到的利率差异与预期的汇率变动相等。

我们可以用一个简单的例子来说明购买力平价定理的含义。在某年初，一家英国公司创建了两个完全相同的工厂：一个在英国，造价为 100 000 英镑；另一个在罗利塔尼亚，造价为 100 000 美元。当时的汇率为 1 英镑 = 1 美元，预计年投资报酬率为 20%，并假定每年在扣除重置损耗的厂房成本之后，英国和罗利塔尼亚公司的年现金流量分别为 20 000 英镑和 20 000 美元。在下一年度，罗利塔尼亚的物价上涨了 50%，罗利塔尼亚工厂预计的年现金流量为 30 000 美元；而英国的物价上涨了 10%，英国工厂预计的年现金流量为 22 000 英镑。根据购买力平价定理进行预测的新的汇率应为 1.10 英镑 = 1.50 美元，以这一汇率进行折算的两个工厂的未来现金流量完全相同，因此两个工厂的价值也完全相同。所以，汇率的变动并没有影响罗利塔尼亚工厂的价值。

上述折算的含义最令人感兴趣。如果资产基于历史成本来计价，那么英国工厂在资产负债表上的价值应为 100 000 英镑。而对于罗利塔尼亚工厂来说，如果按同样的价值列示在合并资产负债表上，则必须采用历史汇率来折算以当地货币计价的历史成本（100 000 美元）。如果资产按未来现金流量的净现值来表示，则情况要稍为复杂一些：英国工厂的价值为 110 000 英镑（22 000 × 100 ÷ 20），而罗利塔尼亚工厂的价值为 150 000 美元（30 000 × 100 ÷ 20）。为了得到完全相同的价值，罗利塔尼亚工厂的现值必须按现行汇率来折算。如果购买力平价定理是正确的，那么这一分析恰恰证明了时态法（即历史成本按历史汇率折算，现值则按现行汇率折算）的正确。

用同一个例子来说明“费雪效应”。这两个工厂，一个在英国，另一个在罗利塔尼亚，都通过当地贷款筹资。考虑到前述预期的通货膨胀率，贷款人要求 5% 的实际报酬。也就是说，实际上，英国的名义利率为 15.5%，而罗利塔尼亚的名义利率为 57.5%。一年后，汇率从 1£ = 1 $ 变为 1.10£ = 1.50 $，以下是根据“费雪效应”进行预计的全部内容：利率的差异（1.575 ÷ 1.155 = 1.36）与汇率变动（1.50 ÷ 1.10 = 1.36）完全相同。换言之，一位投资者在年初将其拥有的 100 000 英镑投资于英国与其投资于罗利塔尼亚结果是完全一样的。投资于英国的话，他在年末将会获得 115 500 英镑；而投资于后者将会获得 157 500 美元，若以现行汇率 1 英镑 = 1.36 美元折算，仍为 115 500 英镑。如果情况并非如此——比如，在英国的报酬率更高的话——则在两个市场之间进行套汇即可以减小这一差异；投资者会减少对罗利塔尼亚的投资，更多的贷款便会流向英国。这样随着两个市场对相对短缺和相对过剩的资金的调整，英国的利率将会下跌，而罗利塔尼亚的利率将会上升。

就会计处理而言，这些含义是令人感兴趣的。既然两笔贷款的实际利率是相同的，那么可以预计两者在合并利润表上报告的筹资成本也是相同的。然而由于罗利塔尼亚的利息费用远高于英国的利息费用，因此只有通过从罗利塔尼亚贷款的利息费用中扣减贷款以英镑计价的减少额，即按期末汇率折算该项贷款，才能使两者的筹资成本完全相同。如果进行上述处理，则应该这样计算以英镑计价的罗利塔尼亚贷款的筹资成本：

利息：100 000 美元的 57.5% = 57 500 美元 × 1 英镑 ÷ 1.36 美元 = 42 167 英镑

减贷款价值的减少：

年初数：

100 000 美元 × 1 英镑 ÷ 1 美元 = 100 000 英镑

年末数:

100 000 美元×1 英镑÷1.36 美元=73 333 英镑	26 667 英镑
总融资成本	15 500 英镑

罗利塔尼亚贷款的净成本(15 500 英镑)当然等于英国贷款的利息成本。

时态原则的正确性再次得到了验证。这个例子还证明,有些过时的流动/非流动法是不正确的,而且将折算利得和损益排除在收益之外的做法也是错误的,因为一项外国贷款的实际筹资成本,只有在同时考虑利息支出以及与贷款的资本价值相关的汇兑利得或损益时才能确定。

值得注意的是,阿利伯和斯蒂克尼(1975)认为他们应用"费雪效应"进行的分析表明折算的时态原则是错误的,然而这一看法并不正确。他们的另一看法是正确的,即认为金融负债与汇率风险无关,因为不论负债发生于何处,其总的筹资成本都是一样的;然而,他们由此推断对外国贷款的资本价值不应根据汇率变动进行调整,却是不正确的。事实上,只有考虑贷款的损失(或利得),才能反映真正的筹资成本。

于 1990 年突然宣布破产的英国公司波利佩克(Polly Peck)的例子,很好地说明了用贷款的折算损失冲减准备的误导性(Gwilliam 和 Russell,1991)。该公司在土耳其有一笔巨额的银行存款,其年利率为 30%;而其借款主要来自美元和英镑,年利率为 10%。事实上,这一利率差异完全可以用"费雪效应"来解释。预计土耳其里拉对美元的汇率将像过去一样以每年约为 20% 的比率贬值。在利润表中报告收入的利息和需要支付的利息,并将土耳其银行存款的折算损失用以冲减准备。结果 1989 年,该公司在其利润表中报告其收入的利息超过其所支付的利息 1 200 万英镑,尽管在 1989 年末,其货币性负债超过货币性资产 7 亿英镑。尽管波利佩克在表面上遵循了相关准则(《标准会计实务公告第 20 号》)的规定,将国外存款的折算损失用来冲减准备,但是毫无疑问,这种做法所提供的筹资成本信息会使人产生误解。

18.10.3 比弗和沃尔夫森的研究

也许对折算问题所进行的最为严密的分析是由比弗和沃尔夫森(1982)所进行的研究。他们分析了 3 种不同的折算方法对折算后合并财务报表如下两种性质的影响:

- 经济可解释性,发生于:

——在资产负债表中报告的账面价值,等于公司资产、负债及资本净值的未来现金流量的现行价值时;以及

——报告的投资报酬率(年初资产分配的净收益)等于以本国货币表示的名义投资报酬率时。

- 对称性,发生于:

——两项经济上相等的投资(一项在外国,一项在本国)被折算为同一货币,得到相同的财务报表数据时。

其所分析的 3 种折算方法分别是:

- H/H:用历史汇率折算的基于历史成本的报表,即对时态法的一种应用。

- H/C：用现行汇率折算的基于历史成本的报表，即对期末汇率法的一种应用。
- C/C：用现行汇率折算的“全面市场价值会计”，即对时态法的另一种应用。

他们利用一个严密定义的数学模型，对这3种方法进行分析。得出的结论并不令人惊奇：

（1）第1种方法H/H具有对称性，但不具有经济可解释性。这是因为在时态法下，构筑外币财务报表基础的会计原则在折算过程中保持不变，所以其具有对称性。而之所以缺乏经济可解释性，是因为在外币财务报表中经济可解释性并不存在；在历史成本会计下，资产的账面价值通常不等于其现行价值。通过折算，也不能将外币财务报表中所缺乏的性质赋予折算后的财务报表。

（2）第2种方法H/C既不具有对称性也不具有经济可解释性。

（3）第3种方法C/C同时具有对称性和经济可解释性。

这些结论代表着对时态法的强有力的支持，以及对期末汇率法的比较彻底的批判。同时，也为笔者18.5部分的观点提供了严密的论证，即在期末汇率法下，某项资产基于历史成本的折算价值是毫无意义的。

18.10.4 路易斯的研究

路易斯（2003）通过实证检验分析了公司价值变化与其披露的外币折算金额的大小和变动方向之间的关系。他研究了美国的部分制造公司，并且发现，遵循会计准则所产生的结果通常与外汇汇率变动所产生的经济结果相反。积累起来的证据再一次表明现行会计实务的不恰当性。

18.11 对汇率的取舍

在本部分的以上内容中，我们假定在折算中采用汇率作为换算因子的可以是历史汇率或现行汇率。但是，有一个学派并不使用汇率；而是建议使用购买力平价指数（PPPI），并将这一指数定义为：

$$\text{购买力平价指数}=\frac{\text{本国货币购买力}}{\text{外国货币购买力}}$$

购买力的计量与物价水平的计量相同，对具有代表性的一揽子商品及劳务的计价，首先应以本国货币来计价，其次再以外国货币计价。两者之间的比率即为购买力平价指数。

对这一方法最主要的支持者是帕兹（Patz，1977），他认为折算报表的目的在于：

……表述位于境外的子公司的经济能力及经营成果，并将其视为在当前设备下在可预见的未来得以持续经营的可行性的衡量标准。公司的目标旨在尽可能多地控制当地的商品及劳务，而非当地的货币。相应地，报告的重点在于其所控制的当地商品及劳务。

考虑到这些假定，使用购买力平价指数显然是很合理的。在理论上，用购买力平价指数代替汇率很简单。可以将这一整章的内容进行重新表达，只要将所有的“汇率”用“购买力平价指数”代替即可，例如历史购买力平价指数与现行购买力平价指数之间将有着很大的不同。

然而迄今为止，在折算中对购买力平价指数的应用仍停留在纯理论的阶段。没有一项会计准则允许采用这一方法，而且，就笔者的调查发现，尚没有一家公司在其财务报表中采用该方法。当然，如果这一方法为人们所接受，则必须关注如何构建客观而精确的指数这一实际问题。很显然，人们就得去比较伦敦的炸鱼和炸薯条的成本以及柏林的泡菜的成本或里约热内卢红辣椒的成本。

小结

• 折算是将以一种货币计价的财务数据，重新表述为以另一种货币计价的财务数据的过程。在如下两种情况，必须对其进行折算：

——交易折算。当在某独立公司的会计账簿和财务报表中记录以外币表述的交易时，需要对其交易进行折算。

——财务报表折算。母公司拥有一家位于境外的子公司，则必须将其子公司以外币计价的财务报表纳入母公司的合并财务报表中，这时要对财务报表进行折算。

• 人们就交易折算达成一致的看法，即认为对于非货币性项目应采用历史汇率折算。对于货币性资产和负债，除了一些喜欢谨慎原则胜于权责发生制原则的国家所制定的准则另有规定外，一般使用期末汇率折算。

• 美国公认会计原则和国际财务报告准则都要求，有关折算损益或货币性余额的处理所带来的损益都应当被视为当期利润或亏损。

• 在财务报表的折算领域有 3 种传统的折算方法：（1）期末汇率法，这种方法仅采用现行汇率；（2）流动/非流动法，这种方法对非流动项目采用历史汇率；（3）货币/非货币法，这种方法对非货币性项目采用历史汇率。随着汇率的变动，不同的方法自然会导致不同的结果，这其中包括折算利得/损失数额大小的不同。

• 美国注册会计师协会在 20 世纪 70 年代初，提出了一种新的方法。其所进行的一项研究项目导致了《财务会计准则第 8 号》的问世，在该准则中介绍了有关折算的时态原则。时态原则要求按价值基础确定日的汇率折算某一项目。在历史成本会计下，这一做法的结果类似于货币/非货币法。然而，时态原则同样适用于现行成本会计体系或其他会计体系。

• 按照时态法，折算利得和损失被记录为当期利润或亏损。按照期末汇率法则被列示为其他综合收益。

• 在美国，人们对推行时态法提出了相当多的反对意见，尤其是那些更倾向于期末汇率法的公司。1981 年，美国的财务会计准则委员会颁布了《财务会计准则第 52 号》，将期末汇率法作为一般准则；并规定时态法仅适用于某些明确定义的特殊情况。随后国际会计准则委员会（在《国际会计准则第 21 号》中）也遵循了同样的方针。

• 《财务会计准则第 52 号》和《国际会计准则第 21 号》都指出了主体的“功能货币”。如果子公司的功能货币与集团财务报表中所使用的货币不一致，就应当使用期末汇率法进行折算。若子公司的功能货币与集团公司财务报表的货币一致，且子公司报表是按照外国货币来记录的，则应当使用时态法来折算。

• 有关折算问题的学术研究证明，从理论上来看，时态法优于期末汇率法。

参考文献

Aliber, R. Z. and Stickney, C. P. (1975) 'Measures of foreign exchange exposure', *Accounting Review*, January.

ASC (1977) 'Exposure Draft 21, Accounting for Foreign Currency Transactions', Accounting Standards Committee, *Accountancy*, October.

ASC (1983) SSAP 20, *Foreign Currency Translation*, CCAB, London. (Printed in Accountancy, May 1983).

Beaver, W. H. and Wolfson, M. A. (1982) 'Foreign currency translation and changing prices in perfect and complete markets', *Journal of Accounting Research*, Autumn.

Buckley, A. (2004) *Multinational Finance*, Prentice Hall, Harlow.

Ebbers, G. (1977) 'Foreign currency reporting in Europe: consensus and conflict', in Flower (1997).

FASB (1975) *Statement of Financial Accounting Standards No. 8: Accounting for the Translation of Foreign Currency Transactions and Foreign Currency Financial Statements*, Financial Accounting Standards Board, Stamford.

FASB (1981) *Statement of Financial Accounting Standards No. 52: Foreign Currency Translation*, Financial Accounting Standards Board, Stamford.

Flower, J. (ed.) (1997) *Comparative Studies in Accounting Regulation in Europe*, Acco, Leuven.

Flower, J. and Ebbers, G. (2002) *Global Financial Reporting*, Palgrave, Basingstoke.

Gray, S. J., Coenenberg, A. G. and Gordon, P. D. (1993) *International Group Accounting*, Routledge, London.

Gwilliam, D. and Russell, T. (1991) 'Polly Peck: where were the analysts?', *Accountancy*, January.

LASB (2003) *LAS* 21, *The Effects of Changes in Foreign Exchange Rates*, International Accounting Standards Board, London.

Lorensen, L. (1972) *Accounting Research Study No. 12: Reporting Foreign Operations of US Companies in US Dollars*, AICPA, New York.

Louis, H. (2003) 'The value relevance of the foreign translation adjustment', *Accounting Review*, Vol. 78, No. 4.

Nobes, C. W. (1980) 'A review of the translation debate', *Accounting and Business Research*, Autumn.

Parkinson, R. M. (1972) *Translation of foreign currencies*, a Research Study, CICA, Toronto.

Patz, D. (1977) 'A price parity theory of translation', *Accounting and Business Research*, Winter.

Radebaugh, L. H. and Gray, S. J. (2002) *International Accounting and Multinational Enterprises*, Wiley, New York.

Walker, D. P. (1978) 'An Economic Analysis of Foreign Exchange Risk', Research

Committee Occasional Paper No. 14, ICAEW, London.
Whittington, G. (2005)'The adoption of international accounting standards in the European Union', *European Accounting Review*, Vol. 14, No. 1.

后续读物

折算的简介，可参考《国际会计准则第 21 号》(2003)。

对时态法和其他方法的分析，可参考 Lorensen（1972)。

维护期末汇率法的观点可从 Parkinson（1972）中找到。

对美国和国际会计准则理事会的监管体系的分析，可参考 Flower 和 Ebbers (2002)。

折算的经济问题，可参考 Walker（1978）和 Aliber 和 Stickney（1975)。

折算争议的综述可参考 Nobes（1980)。

支持购买力平价的观点可参考 Patz（1977)。

交易折算问题可参考 Radebaugh 和 Gray（2002，第 9 章)。

对欧洲大陆的规则和实务的分析，可参考 Ebbers（1997)。

课后问题

书末提供带星号问题的参考答案。

18.1* 为什么有关集团会计的货币折算方法存在如此大的争议？你更倾向于使用哪一种方法？

18.2* 为什么对于外币折算尚难以制定一项令人满意的会计准则，尤其是在美国？

18.3 未决外币余额中的利得是否实现了？何时应将其确认为收入？

18.4 是否存在一种最好的货币折算方法？

18.5 披露会计折算是否重要？说明你的理由。

18.6 对谨慎性原则的不同态度将如何影响外币折算政策？

18.7 时态法对比率分析有哪些影响？

第 19 章　分部报告

克莱尔·B. 罗伯茨[①]

内容

目标

读完本章后，您应当能够：

- 解释分部报告的性质和目的。
- 概括分部报告自 20 世纪 60 年代以来的发展历程。
- 描述国际会计准则理事会和美国对分部披露的要求。
- 概述在试图确认分部以及试图在该方面确立规则时所遇到的主要困难。
- 解释学术研究在帮助理解分部报告的收益和成本方面所做的贡献。

19.1　什么是分部报告

长期以来，人们一直认为财务报表使用者需要的是合并财务报表。然而，事实上，合并财务报表无法提供使用者其所需要的所有信息，而大型企业集团的年报却往往包含着更多的信息。例如，它们一般会披露一些非财务或描述性信息，以描述公司各部门或其主要部门各自的经营活动。这些信息可能会按产业类型、经营地点、产业类型与经营地点混合以及其他公司认为对信息使用者有用的分类标准进行分类。此外，一般情况下财务报表附注也会包含分类的财务信息，通常将其称为分部报告。

分部报告意味着要将企业按照其组成部分或分部进行分解，并报告每个分部的财

① 本章是对以前版本（由克莱尔·B. 罗伯茨和悉尼·格雷所著）相应章节进行修订而得。

务信息。一个公司（例如，大型企业集团）可以通过多种方法对其经营业务进行分解，而最为常见的两种方法是根据其所处的产业或经营类型（常被称为行业）以及所处的地区（可以是所经营的地区或客户所在的地区）等进行分解。表 19—1 给出了一个相当简单的分部披露示例，该分部报告由美国的卡特彼勒（Caterpillar）公司编制。该表显示了美国准则对分部报告的要求，下面将会讨论到。从该表中我们可以看出，卡特彼勒公司将其销售收入和固定资产净值按照两个分部进行列示：美国国内和美国国外。

表 19—1　**卡特彼勒的地区分部披露**

地区信息	外部销售收入			固定资产净值		
				12 月 31 日		
	2006	2005	2004	2006	2005	2004
美国国内	19,636 美元	17,348 美元	14,198 美元	5,424 美元	4,725 美元	4,424 美元
美国国外	21,881	18,991	16,108	3,427	3,263	3,258
合计	41,517 美元	36,339 美元	30,306 美元	8,851 美元	7,988 美元	7,682 美元

资料来源：摘自卡特彼勒有限公司（2007），《卡特彼勒有限公司 2006 年综合财务信息》，伊利诺伊州皮奥里亚市，A-36。

在表 19—2 中，日本的一家企业集团本田汽车公司为我们提供了更为详尽的信息。该公司分别披露了 5 个地区分部的外部销售额、内部销售额、经营收入和分部资产。

表 19—2　**本田公司的地区分部披露**

结束于 3 月 31 日的会计年度	单位：百万日元	
	2005	2006
销售收入净额和其他经营收入		
日本		
销售给外部客户	¥1,983,182	¥2,021,999
地区分部之间的转移	2,155,756	2,415,874
合计	4,138,938	4,437,873
北美		
销售给外部客户	4,585,650	5,475,261
地区分部之间的转移	119,904	141,064
合计	4,705,554	5,616,325
欧洲		
销售给外部客户	858,936	1,001,177
地区分部之间的转移	184,136	188,341
合计	1,043,072	1,189,518

续表

结束于3月31日的会计年度	单位:百万日元	
	2005	2006
亚洲		
销售给外部客户	773,753	856,892
地区分部之间的转移	86,810	140,501
合计	860,563	997,393
其他		
销售给外部客户	448,584	552,667
地区分部之间的转移	17,373	19,023
合计	465,957	571,690
抵消	(2,563,979)	(2,904,803)
合并	¥8,650,105	¥9,907,996
经营收入		
日本	¥184,899	¥370,950
北美	321,154	353,943
欧洲	41,243	26,305
亚洲	60,692	64,999
其他	33,193	57,163
抵消	(10,261)	(4,455)
合并	¥630,920	¥868,905
资产:		
日本	¥2,480,052	¥2,737,454
北美	5,202,980	6,026,342
欧洲	649,547	800,786
亚洲	541,331	717,933
其他	203,605	309,209
公司资产和抵消	239,455	(20,043)
合并	¥9,316,970	¥10,571,681

资料来源：摘自本田公司2006年年报，本田公司，日本东京，第63页。经允许后复制。

如果我们来看一家名叫沃达丰的英国公司的情况（见表19—3），就会发现该公司将其业务分为两个业务分部，然后将其中一个业务分部划分为6个地区分部，将另外一个业务分部划分为2个地区分部。表19—3提供了更加详细的信息，如来自联营公司和合营公司的利润、减值、商誉摊销和折旧等。这些都是国际财务报告准则要求进行披露的内容。此外，沃达丰公司还披露了分部的坏账和以股份为基础的支付，而这些信息则属于自愿披露的内容。

表 19—3　　　　　　　　　　**沃达丰公司披露的信息**　　　　　　　　　　单位：百万英镑

	德国	意大利	西班牙	英国	美国	移动通讯 其他移动业务	通用功能	合计	其他业务 德国	其他	集团
2006年3月31日											
服务收入	5,394	4,170	3,615	4,568	—	8,530		26,277	1,320	19	27,616
设备和其他收入	360	193	380	480	—	720		2,133	—	—	2,133
分部收入	5,754	4,363	3,995	5,048	—	9,250		28,410	1,320	19	29,749
子公司	5,754	—	3,995	5,048	—	7,812		22,609	1,320	—	23,929
联营公司	—	4,363	—	—	—	1,470		5,833	—	19	5,852
减:分部内收入	—	—	—	—	—	(32)		(32)	—	—	(32)
通用功能							145	145			145
分部间收入	(64)	(44)	(105)	(65)	—	(121)	(19)	(418)	—	—	(418)
净收入	5,690	4,319	3,890	4,983	—	9,129	126	28,137	1,320	19	29,476
减:移动业务和其他业务之间的收入	(91)	—	—	—	—	(1)		(92)	(34)	—	(126)
集团收入	5,599	4,319	3,890	4,983	—	9,128	126	28,045	1,286	19	29,350
分部结果	(17,904)	(1,928)	968	698	—	1,296		(16,870)	139	4	(16,727)
子公司	(17,904)	—	968	698	—	933		(15,305)	139	—	(15,166)
联营公司	—	(1,928)	—	—	—	363		(1,565)	—	4	(1,561)
通用功能	—						215	215			215
联营公司经营成果中的份额	—	—	—	—	1,732	712	8	2,452	—	(24)	2,428
经营(损失)/利润	(17,904)	(1,928)	968	698	1,732	2,008	223	14,203	139	(20)	14,084
非经营性收入和费用											(2)
投资收益											353
融资成本	(17,904)	(1,928)	968	698	1,732	2,008	223	(14,203)	139	(20)	(1,120)
税前损失											(14,853)
对损失缴纳的税收											(2,380)
持续经营部分的年度损失											(17,233)
经营损失	(17,904)	(1,928)	968	698	1,732	2,008	223	(14,203)	139	(20)	(14,084)
加回											
减值损失	19,400	3,600	—	—	—	515	—	23,515	—	—	23,515
与收购和处置相关的非经常性项目	—	—	—	—	—	(20)	(12)	(32)	—	—	(32)
调整后的经营利润	1,496	1,672	968	698	1,732	2,503	211	9,280	139	(20)	9,399
非流动资产	24,360	19,422	12,596	8,743	—	17,200	1,907	84,228	754	64	85,046
在联营企业中的投资	—	—	—	—	17,898	5,182	37	23,117	—	80	23,197

续表

	德国	意大利	西班牙	英国	美国	移动通讯			其他业务		集团
						其他移动业务	通用功能	合计	德国	其他	
流动资产	669	888	443	743	—	1,555	79	4,377	266	13	4,656
总的分部资产	25,029	20,310	13,039	9,486	17,898	23,937	2,023	111,722	1,020	157	112,899
未分配的非流动资产											
递延所得税资产											140
应收账款和其他应收款											231
未分配的流动资产											
现金和现金等价物											2,798
应收账款和其他应收款											79
可退税款											8
包含在处置组中的资产											10,592
总资产											126,738
分部负债	(753)	(1,370)	(914)	(827)	—	(2,638)	(1,458)	(7,960)	(362)	(26)	(8,348)
未分配负债											
当期所得税负债											(4,448)
递延所得税负债											(5,670)
应付账款和其他应付款											(219)
短期借款											(3,448)
长期借款											(16,750)
包含在处置组中的负债											(2,543)
总负债											(41,426)
其他分部项目:											
资本化的固定资产附加物	592	541	502	665	—	1,456	112	3,868	129	8	4,005
其他无形资产上的支出	—	1	—	11	—	4	—	16	—	—	16
非现金项目:											
折旧	653	398	281	486	—	1,113	6	2,937	140	2	3,079
无形资产摊销	514	190	114	438	—	186	183	1,625	—	—	1,625
商誉减值	19,400	3,600	—	—	—	515	—	23,515	—	—	23,515
坏账费用	39	5	41	9	—	64	—	158	10	—	168
以股份为基础的支付	6	7	5	18	—	17	54	107	2	—	109

资料来源：摘自沃达丰公司2006年年报，沃达丰公司，英国纽伯里，第79页~80页。

本章随后的部分将会考察为什么分部报告是有用的（19.2部分），美国和国际财务报告准则的要求是什么（19.3 部分）以及对分部报告有用性的研究发现（19.4 部分）。

19.2 对分部信息的需求

表 19—4 列示了欧洲十大非金融企业所列报的分部信息。① 从中我们可以看出，所有公司报告的行业分部都超过 1 个，最多的达到 6 个。最大的行业分部占总销售额的比重介于 26% ~95%。同时，这些公司还报告了地区分部的信息，最大的地区分部的销售额占总销售额的比重介于 32% ~66%。更引人注意的是，上述公司最大分部的所在地既不在其母国也不在欧洲。例如瑞士的诺华公司和罗氏公司，其国内经营只占其销售总额的 1%；而对于葛兰素史克公司来说，其销售额中超过 6% 的部分来自英国本土。事实上，这些公司的国内销售额占总销售额的比重都超不过 25%。

表 19—4　　**欧洲公司的分部信息，2006**

公司	行业分部数量	最大销售额占总销售额的比重（%）	地区分部数量	最大销售额占总销售额的比重（%）		本国销售额占总销售额的比重（%）
英国石油公司	4	85	4	美国	35	20
英国/荷兰壳牌	4	69	4	欧洲	43	N/A
俄罗斯天然气工业公司*	5	57	3	欧洲	66	24
法国道达尔石油公司	3	61	5	欧洲（法国除外）	46	24
英国葛兰素史克公司	2	86	4	美国	48	6
瑞士诺华	8	65	3	美洲	47	1
瑞士罗氏	4	73	9	欧盟	32	1
法国赛诺菲—安万特公司	2	91	3	欧洲	45	N/A
英国沃达丰	2	95	4	德国	35	25
瑞士雀巢	6	26	6	美洲	34	N/A

注：* 俄罗斯天然气工业公司的数据以其 2005 年的年报为基础，且其地区分部的数据仅和天然气销售有关。

N/A = 没有数据。

数据来源：相关公司 2006 年年报。

相对整个企业而言，许多财务报表使用者往往会对企业某个特定部分的业绩和前景更为感兴趣。例如，雇员所在特定分部的业绩和整个集团的业绩一样都会影响到雇员的工作、工资以及地位的保障。同样的，东道国政府主要关心的是企业集团位于他们国家分部的业绩；顾客、供应商和债权人则更关心与他们相关联的企业集团分部。因此，所有这些使用者既需要单独的信息，也需要合并的信息。分部信息虽然并非完美，但仍能满足某些方面的需求。这类信息对于那些没有能力要求提供其所需信息的

① 按市值计价，摘自 2006 年 FT 欧洲 500 强。

使用者来说，如工会和发展中国家的东道国政府等，尤其重要。

相对地，股东通常将公司（及其集团）作为一个整体来对其进行投资，因此其所关心的是整个公司的经营业绩和前景，而不是单个分部的。正因为如此，才导致有人认为分部报告对于股东而言没有相关性或有用性。然而，事实上，这是对分部报告目标的误解。一家公司是由多个组成部分所组成的，因此，只有当你了解各个部分时，你才能真正了解整个公司。再回头看一下表 19—2 中的例子，你就会明白这一点。本田公司各地区分部经营收入与其销售收入的比重相差很大，日本分部只有 4.5%，而在亚洲分部的比重却达到了 7.3%。然而在表 19—3 中，沃达丰公司在意大利的移动通讯分部，扣除减值前的经营收入占销售收入的比重为 38.7%；而在德国（经营其他业务），该项比重只有 10.9%。而且，扣除减值之后的差异就更大了，该项比重将变为 -320%。这说明不同分部有着不同的盈利潜力、成长机会、资本需求和不同类型以及程度的风险。因此，只有当使用者了解每个经营分部在整个公司经营中的重要性时，才能了解一个公司过去的业绩及其将来的前景。

因此，与分部报告相关的美国准则（《财务会计准则公告第 131 号》）指出：

要求披露一个企业的分部及其相关信息的目的在于使其提供有关企业从事不同种类经营活动的信息和企业在不同的经济环境下经营的信息，以帮助财务报表用户：

a. 更好地理解企业的业绩。

b. 更好地评估其未来净现金流量的前景。

c. 对企业整体作出更有依据的判断。

（目标，第 3 段）

国际会计准则理事会在分部报告准则（《国际会计准则第 14 号》）中，对分部报告披露的目标也有类似的描述：

帮助财务报表使用者

(a) 更好地理解企业以往的业绩。

(b) 更好地评估企业的风险和回报。

(c) 从整体上对企业作出更有根据的判断。

（目标）

19.3 披露规则

19.3.1 引言

披露分部信息对于上市公司来说尤其重要。在第 5 章我们曾提到，世界上大多数上市公司都在采用美国公认会计原则或国际财务报告准则。下面我们将考察这两套准则的具体要求。

对于国际财务报告准则而言，情况稍微有些复杂，因为在 2006—2008 年间相关的准则有两个：《国际会计准则第 14 号》和《国际财务报告准则第 8 号》。下面我们将分别考察这两个准则。

19.3.2 美国的要求

美国最初的披露规定始于1969年，证券交易委员会要求在注册文件中披露行业分部的信息。一年之后，证券交易委员会扩展了该规定，将类似的披露要求包括在年报格式10-K之中；自1974年起，所有向证券交易委员会提交财务报表的公司均须在其年报中披露该信息。

《财务会计准则公告第14号——经营分部的财务报告》（1976）对披露要求作了相当大的扩展。它要求行业分部和地区分部应披露如下信息：来自非关联方客户的收入、集团内部交易、营业利润/亏损或净收益或其他获利能力计量以及可辨认资产。另外，对于行业分部来说，公司还必须披露：折旧、资本支出及其在联营方的净收益和净资产中应享有的权益。《财务会计准则公告第14号》还要求，在满足重要性的前提下，必须披露从国内分部出口的销售收入、对任何单一客户的销售以及对所有国内政府机构和所有外国政府的销售。所谓“重要的”出口销售收入，是指销售收入占公司总销售额10%以上的出口销售收入。事实上，该重要性标准为后来的美国和国际会计准则所接受。

然而，该准则还是受到了来自不同方面的批评。因为准则中缺乏如何辨认不同分部和如何计量报告项目的指南，而且还忽视了企业的内部结构问题。如果企业的内部结构不是按照地区或行业来组织的，那么按照披露要求提供信息即意味着公司可能需要重新设计其信息系统，而这对公司来说成本巨大。此外，地区分部和行业分部信息是否总能发挥作用，也还不清楚。有可能该公司的特殊组织形式是有原因的，而且按照这种组织形式来报告信息可能才是更有用的。

信息使用者的利益往往与公司的利益相悖，这将使问题变得更加复杂化。管理者不仅仅担心披露的直接成本，而且还担心披露分部数据将突显特别差的业绩和特别好的业绩。事实上，报告分部信息所可能导致的竞争劣势的确被多数公司当做主要问题来看（Edwards 和 Smith，1996）。

美国公司总是试图报告相对尽可能少的分部信息，而分析家则往往需要更多的分部信息。改革的主要推动力来自美国注册会计师协会1991年成立的财务报告特殊委员会（詹金斯委员会）。其倡导改进分部报告，并建议所提供的信息应与企业组织方式以及经理经营企业的信息相一致。因此，经与国际会计准则委员会的磋商（见19.3.3部分），加拿大和美国的准则制定机构建立了一个联合项目来考察分部报告，并最终各自发布了新的准则：加拿大特许会计师协会手册第1700节以及《财务会计准则公告第131号》（1997）。

《财务会计准则公告第131号》标志着对以前法规的重要发展，分部报告规则不再以“风险回报”的方法来划分地区分部和行业分部，而是运用“管理的”方法进行划分。具体划分方法在参考企业内部经营结构的基础之上来决定。该准则将其称为“经营分部”，也就是：

……企业的一个组成部分：

a. 从事可以赚取收入和承担费用（包括与同一企业其他组成部分之间进行交易所发生的相关收入和费用）的业务活动。

b. 企业的主要经营决策者要定期对其经营成果进行评价，以做出有关分部分配资源的决策并评估其业绩。

c. 可以获得其分离的财务信息。

（第 10 段）

企业的内部结构以及报告通常建立在行业或区域的基础之上，然而也有可能是两者的联合或建立在任何其他企业已使用的基础之上。目前所报告的分部与由“首席经营决策者”所考查过的分部相一致。这种对内部信息和决策制定的强调，意味着信息使用者拥有公司内部所使用的信息，披露的分部信息更可能与年报的叙述部分所讨论的内容相一致。这也意味着，使用者应当可以对某个特定公司以及该公司的首席经营决策者在制定未来公司战略决策时所使用的信息有着更好的理解。从公司的角度来看，这种方法即意味着可以更加快速、便捷和低成本地提供要求披露的信息。

在分辨出经营分部之后，公司还必须明确是否可以进行报告。如果将分部合并报告不会丢失有用的信息，那就可以将分部合并为更大的单位。例如，在以下各方面不存在显著差异时就可以进行合并：

1. 产品和服务的性质。
2. 生产过程的性质。
3. 产品和服务的客户的种类。
4. 销售产品或提供服务时所采用的方式。
5. 如果可行的话，诸如银行、保险或公共设施等制度环境的性质。

如果个别经营分部的销售收入占公司总收入的 75% 以上，且其他分部在收入、利润或亏损以及资产等方面并不重要的话，就可以进行合并。

按照公司首席经营决策者对信息的看法来报告分部的想法，甚至已延伸至对特定项目的披露规则之中。因此，所有公司必须像对内部报告那样来披露分部的利润或亏损。此外，如果分部报告中包括下列项目，则必须对其进行披露：

- 外部与内部收入。
- 已收利息和已付利息。
- 折旧、损耗和摊销。
- 例外项目。
- 联营企业净收益份额。
- 所得税。
- 非常项目。
- 对联营企业的投资。
- 长期资产支出，不包括在金融工具以及类似资产上的支出。

表 19—5 提供了上述披露的一个具体事例。

尽管《财务会计准则公告第 131 号》的要求意味着使用者可以看到的信息是用于内部决策制定的，然而这样做所要付出的代价是，导致财务报表缺乏连续性以及缺乏公司分部之间和不同公司之间的可比性。不同的公司，甚至同一家公司不同的分部都可能使用不同的会计规则，从而导致对利润或资产计量上的差异。当一家公司内部缺乏可比性时，在某种程度上可以通过额外要求来最小化这种不可比，这些额外要求具体包括解释分部与总利润和资产之间的差异，以及在分部间分配问题上的差异。公司还必须披露相关的调整信息，以解释分部报告和合并数额之间的差异。

表 19—5　**雷科塞（Lakeside）公司（美国）*2006 年的分部披露**　（单位：千美元）

	美国 批发	美国 零售	国际	未分配 公司	合并
收入	$ 795 240	$ 290 434	$ 605 224	$ —	$ 1 690 898
折旧和摊销	764	2 680	4 506	14 553	22 503
经营收入（损失）	277 957	27 213	63 257	(129 602)	238 825
利息费用	—	—	—	884	884
其他、净值	—	—	—	(828)	(828)
税前收入（损失）	277 957	27 213	63 257	(129 658)	238 769
总资产	157 089	28 064	152 691	300 827	638 671
商誉	6 804	794	6 565	—	14 163
额外投资费用	3 190	2 339	5 555	9 848	20 932

注：* 该公司是虚构的，并省略了 2004 和 2005 年的比较信息。

除了对经营分部扩展信息的披露要求之外，公司还必须披露少量的企业范围内的有关行业和地区分部以及主要客户的信息，具体包括：

- 将每种产品和服务或产品服务的组合销售给外部客户所得的收入。
- 来自属于企业所在国的外部客户的收入。
- 来自属于所有位于境外的子公司的外部客户的总收入。
- 来自个别客户，如果其收入占总收入的 10% 以上。

表 19—1 所列举的公司即按照这些要求来披露地区分部和重要客户的信息。

随着《财务会计准则公告第 14 号》向《财务会计准则公告第 131 号》的转变，每个分部所披露的信息量和披露的分部数量似乎都有所增加（Herrmann 和 Thomas，2000；Street 等，2000）。然而，问题却依然存在。尽管许多公司采用低于 10% 的标准来划分重要性（Doupnik 和 Seese，2001），从而提供了更多特定国家的数据（Nichols 等，2000），但是地区披露的数量已经减少了，尤其是披露地区分部盈余的公司已显著减少（Herrmann 和 Thomas，2000）。此外，还有非常少的公司所提供的经营分部信息仍然与管理层所讨论分析或其他年报所报告的分立信息不一致（Street 等，2000）。

19.3.3　《国际会计准则第 14 号》

1981 年，国际会计准则委员会发布了有关分部报告的准则（《国际会计准则第 14 号》），其内容与美国《财务会计准则公告第 14 号》相当接近。它要求行业分部和地区分部都必须披露下列信息：销售额、内部收入和外部收入（分别披露）、经营成果、可辨认资产（用绝对或相对术语），以及如有必要，还需披露调整财务报表，以解释分部所披露的销售额、利润或资产的金额与总额或合并数字之间的区别。此外，还要求公司描述其所从事的各行业的活动、地区分部的构成以及用于确定内部转移价格的基础。

如前所述，美国《财务会计准则公告第14号》存在着大量的问题，《国际会计准则第14号》当然也不例外。这促使国际会计准则委员会联合北美会计准则制定者对该准则进行了重新的考查，并于1997年发布了《国际会计准则第14号》的修订稿。2003年12月又对其进行了进一步的修改，以使其与一些新修订或新颁布的准则相一致。尽管1997年着手修改所涉猎的范围不像修改美国《财务会计准则公告第131号》所涉猎的那么广，但是在分部确认和披露要求方面还是作出了实质性的变动。

根据《国际会计准则第14号》，必须使用内部经营和管理结构作为确定主要分部（即地区分部或行业分部）的首要基础。在较少的情况下，即使管理结构的组织方式既非建立在地区也非建立在行业的基础之上，主要的分部报告仍必须建立在其中之一的基础之上。如果地区与行业之间的差异会严重影响公司的风险和收益，那么两种类型的分部将同时被视为主要分部。如果主要分部是地区分部，那么行业分部就是次要分部；反之亦然。

如果出于内部目的划分的分部不同于所报告的行业或地区分部时，确定恰当的分部往往是很困难的。但是，我们依然可以采用一些标准来进行划分。首先，所报告的每一个分部都应当反映企业明显的部门或部分，这也就意味着分部之间很可能相互独立，且所报告的数据可以反映企业有意义的方面；更进一步也就是说，相应的收入和成本不需要分摊；其次，为保证信息不会出现冗余，各分部应有其各自不同的风险、收益以及发展特征；第三，出于有助于预测的目的，它们应在与用于报告外部行业或地区数据时所使用的相同的基础之上分立；最后，分部应具有持续性，它们应与其他公司所报告的分部相一致。然而，这4个标准对于行业分部和地区分部而言往往不可能同时达到。当它们相互矛盾时，公司需要判断哪一个最为重要。

因此，《国际会计准则第14号》针对分部的确认制定了详细的指南。它是这样定义经营分部的：能够提供单独产品和服务或一组相关产品或劳务、并可区分的企业的组成部分，且该组成部分承担了不同于其他组成部分的风险和报酬。确定企业某个经营部分是否满足分部的定义时，通常需要考虑下列因素：

- 产品或服务的性质。
- 生产过程的性质。
- 产品或服务的客户类型或级别。
- 产品的分销渠道。
- 与经营某部分相关的任何单独的立法框架，如银行或保险公司（第9段）。

因此使用了与美国会计准则中相同的标准来决定是否合并分部。

《国际会计准则第14号》作出了类似的规定，对地区分部要求如下：

地区分部是企业可辨认的组成部分，在一个特定的经济环境中提供产品或服务，其所面临的风险和收益与在其他经济环境中经营的企业分部不同。在确认地区分部时应考虑的因素包括：

（1）经济与政治环境的相似性。

(2) 不同地理区域间经营活动的关系。

(3) 经营活动的接近程度。

(4) 与某一特定领域经营活动相关的特殊风险。

(5) 外汇兑换的控制规定。

(6) 潜在的货币风险。

(第 9 段)

这与《财务会计准则公告第 131 号》很相似，之后公司还必须明确其所辨认的分部是否也是可以报告的。销售收入、资产和盈亏的 10% 再次作为重要性原则以用于确定较小的分部是否可以与未辨认的分部合并。然而，同样该分部的销售收入不得超过总销售收入的 25%。

当主要分部的划分基础已经确定并已辨别出报告分部时，对于主要的分部来说，其披露要求包括：

- 外部和内部收入。
- 经营成果（分别披露持续经营和非持续经营部分）。
- 分部资产的账面价值总额。
- 分部负债的账面价值总额。
- 资本支出。
- 包括在分部经营成果中的当期分部资产的折旧费和摊销费总额（不包括非披露现金流）。
- 包括在分部费用中的重大非现金费用，从而在计算分部经营成果时将其扣除（不包括非披露现金流）。
- 在联营、合营或其他投资中的净损益份额。

对于次要分部的披露要求则没有如此详尽，主要包括：

- 外部收入。
- 资产的账面价值总额。
- 资本支出。

《国际会计准则第 14 号》对分部盈余和资产（必须包括所有可直接归属或合理分配的项目）进行了定义；与《财务会计准则公告第 131 号》不同的是，它要求所有分部使用相同的会计政策，且该会计政策还应与外部报告中所使用的相一致。

虽然这些报告的标准相对明确，但是并没有详细的法规用以弥补由于不适当或不正确定义分部所引起的问题。尽管这些准则试图对分部确认提供指导，然而很明显最终仍然得由企业自己来进行判断。这意味着或许我们无法避免，希望提供最小披露或“利好消息”的公司只需控制其分部披露即可达到自己的目的。《国际会计准则第 14 号》已经缩小了可操纵披露的范围，但并没有完全将其消除。《国际会计准则第 14 号》（与《财务会计准则公告第 131 号》一样）还要求对分部报告的变化进行披露。因此，如果一家公司变更了所采用的政策，则其必须披露变化的性质、原因以及影响。相反地，如果其改变了披露的分部，则应修改比较数据以反映这一变更。

正如所预料的，修改后的准则似乎增加了大量的披露项目，而且还增强了对分部披露与年报其他信息披露应保持一致性的要求，然而为数不少的公司分部报告仍然与其所提供的其他信息相矛盾。此外，有关地区分部的划分仍然经常是模糊不清或定义含糊的（Street 和 Nichols，2002）。

19.3.4 《国际财务报告准则第 8 号》

如前所述，作为会计准则国际趋同的一个重要的组成部分，国际会计准则理事会和美国财务会计准则委员会自 2002 年 9 月起开始了一项短期合作项目，目的是减少其准则中那些可以在相对较短的时间内予以解决的差异，其中就包括分部报告。国际会计准则理事会认为《财务会计准则公告第 131 号》具有一些明显的优势，具体包括：

（1）主体能够提供与内部管理报告相一致的分部报告。

（2）主体报告的分部信息与其年报的其他部分更能保持一致。

（3）某些主体将报告更多的分部。

（4）主体将在中期财务报告中提供更多的分部信息。

（《国际财务报告准则第 8 号》，结论基础第 9 段）

因此，2005 年国际会计准则理事会决定与《财务会计准则公告第 131 号》趋同，并采用管理层方法来辨认可报告分部以及报告信息。国际会计准则理事会认为这样做的好处如下：

对许多主体而言，建议的国际财务报告准则降低了其所提供的分部信息的成本，因为它运用了为管理层使用而生成的分部信息。

（《国际财务报告准则第 8 号》，结论基础第 9 段）

该项目的成果是发布于 2006 年 1 月的《第 8 号征求意见稿——经营分部》，国际会计准则理事会于 2006 年 11 月还发布了《国际财务报告准则第 8 号》。该准则适用于从 2009 年 1 月 1 日起所有的会计年度，并允许在此之前对其加以选择使用。除了如下 3 个方面之外，《国际财务报告准则第 8 号》与《财务会计准则公告第 131 号》非常相似。首先，尽管两个准则都要求，如果需要向首席经营决策者报告长期资产的信息，就应当对其加以披露，但是《财务会计准则公告第 131 号》所指的长期资产仅指有形资产，而《国际财务报告准则第 8 号》所指的长期资产还适用于无形资产；其次，《国际财务报告准则第 8 号》还要求，如果定期向首席经营决策者提供负债信息，则应披露分部的负债信息；最后，当企业内部组织采用矩阵形式时，二者决定经营分部的规则也略有不同。

如前所述，由《国际会计准则第 14 号》向《国际财务报告准则第 8 号》转变的过程中，两个最主要的变化即是按照管理层方法来辨认分部，且披露的多数具体项目和使用的会计规则也仅供内部使用，以及由此导致分部之间或与合并数据之间并非必须保持一致。征求意见稿发布之后收到了 182 份评论意见；如果不包括那些仅关注在一个国家披露信息要求的意见，总共有 102 份评论意见。在这 102 份意见中，支持《财务会计准则公告第 131 号》的占绝大多数，有 51% 的支持率；而支持《国际会计准则第 14 号》的只占 18%。正如我们所预期的，这些评论者认为采用风险回报法和一致的会计规则即意味着披露的信息会更具可比性，被操纵的可能性也更小，且符合国际财务报告准则。因此，相对来说更容易理解，且不易误导使用者。其中一些评论者还认为，没有必要在可比性项目中考虑分部报告的问题。因为这个准则基本上是一个披露准则，它不会影响主要财务报表的可比性问题，也不会影响是否要求在美国上市的外国公司编制调节表的问题。国际会计准则理事会的两名理事也持同样的观点，并公开表示意见。另外，还有 19% 的评论者选择管理层方法作为分辨分部的标准，但同时还认为应当在披露中采用一致的规则。然而也有一些人认为，在准则中要求采用一致的会计规则越来越没有必要了。因为随着国际会计准则得到日益广泛的应用，跨国公司逐渐在其经营所在的每个国家都采用了国际准则，出于内部管理目的采用的方法也是如此。仅存的差异将变得微不足道。另外，还有 12% 的评论者没有对此发表任何意见。

评论者提出了另外两个问题。英国上市公司联盟（QCA）是一家位于英国的小型公司联盟（非富时 350 公司），该联盟及其 10 位支持者提出了他们所关心的问题。他们认为分部信息对于小型公司来说可能会使他们处于商业上不利的竞争地位，这些公司有的只有几家大型客户，有的需要和那些有着更大分部却披露更少信息的大型公司竞争，或者需要和美国的非上市公司竞争，而这些公司无需遵守《财务会计准则公告第 131 号》。这些公司的意见可概括如下，上述所有评论意见都与之相类似：

我们非常担心这些建议没有考虑到商业敏感信息的问题。作为较小的上市公司，有时在其真正立足之前，新经营分部的信息是不能让竞争对手直接了解的。对我们来说，这是至关重要的。

我们希望对于小型上市公司来说，有关分部报告披露的要求可以采用一种选择性排除的方法，亦即“遵守或者如果不遵守则需要解释”，这样可以避免对成长中的企业造成损失。

80 份评论意见来自企业公告付费联盟（PWYP）的支持者。这个联盟由乔治·梭罗斯（George Soros）于 2002 年 6 月发起，目的在于帮助资源丰富的发展中国家，促使其政府负责管理来自石油、天然气和矿产行业的收入。因此，该组织倡议以国家为基础披露这些公司向政府进行的支付。这 80 个组织支持者提供了相同或非常相似的意见，其主要观点如下：

企业公告付费联盟受到来自全球 50 多个国家 300 多个民间社会组织联盟的支持，我们也是该联盟的支持者，我们的组织倡议，在资源丰富的发展中国家或转轨国家，对于石油、天然气和矿产行业向政府支付的收入的管理要更加的透明化。国际社会逐渐达成一致意见，增加透明度是在这些国家抑制腐败、改善治理和实现可持续发展的基本步骤。

我们倡议在国际会计准则中加入以国家为基础的披露要求，这样公司的年度财务报表中才会提供向个别政府进行支付的信息。因为我们相信这对资源消耗型行业来说是至关重要的，我们认为对以国家为基础的支付的披露将对其他行业的财务报表使用者有益，这些使用者需要了解所有报告主体国际行为的规模和地点等信息以帮助其决策。

在提交《第 8 号准则的征求意见稿》时，我们注意到国际会计准则理事会的作用是“本着公众利益，制定一套高质量、可理解并具有强制性的全球性会计准则”，目的是“满足对更高质量信息的需求，这对财务报表的所有使用者而言具有重要价值……以及公众”（《国际会计准则理事会应循程序手册》，2006 年 4 月）。

我们的观点——为诸多其他利益相关者所支持——以国家为基础公布资源消耗型行业经营者和其他公司向政府支付的收入，这种信息需求将满足所有财务报表使用者和普通公众的利益。发展中国家和发达国家的投资者和民间社会组织都是公司财务报表的使用者。向政府支付收入的信息对于比较不同国家的生产成本或经营成本来说是非常重要的。对社会而言，更多的信息披露可以改善其对收入支出和预算程序的监督。

英国上市公司联盟和企业公告付费联盟都没有对最终发布的准则产生实质性影响，不过国际会计准则理事会承诺将与企业公告付费联盟讨论有关国家层面的披露问题。

除了对于这些方面的关注之外，我们可能还会认为用《国际财务报告准则第 8 号》代替《国际会计准则第 14 号》并不会引发很大的争议，因为《财务会计准则公告第 131 号》已于 1997 年起在美国开始使用，且其并没有受到过多的关注。然而，结果却并非如此。欧洲财务报告咨询小组（EFRAG）于 2007 年建议欧洲委员会应当接受《国际财务报告准则第 8 号》，欧洲委员会也同意了。但是欧洲议会和英国议会都表达了对该问题的关注。在英国，工党议员奥斯汀·米切尔（Austin Mitchell）代表跨国公司于 2007 年 4 月提出了“先期动议”。所谓先期动议是指由议员提出的一种正式动议，其他议员可以随后加上自己的名字以示支持。尽管其中很少有动议会被真正讨论，但这种方式的确提供了一种将问题公开化和表达支持率的途径。下面有 37 个签名支持的动议，看上去有着相当大的支持率：

议院认为《国际财务报告准则第 8 号》中有关跨国公司经营分部的披露，是完全无法接受的。因为它将赋予公司董事以全部的权力来决定他们所要披露的内容以及如何进行披露，并且不要求在各会计期间或者公司之间保持一致性，因此该准则并没有建立明确清晰的披露基础来帮助投资者，只是取消了以前有关地区披露的要求，并且允许分部信息中应用与公司其他财务信息所使用的不同的会计规则。因此我们督促英国政府和欧洲议会立刻着手深入评估《国际财务报告准则第 8 号》所产生的影响，另外要求跨国公司除了披露分部数据之外，还应对其每个地区分部的所有活动以国家为基础进行全面披露，包括这些地区分部的详细销售收入、利润以及缴纳的税款。

（先期动议 1369）

该动议与一周之前欧洲议会的动议观点相一致。

B. 然而，在国际财务报告准则与美国公认会计原则趋同的过程中，国际会计准则理事会建议用《国际财务报告准则第 8 号》代替《国际会计准则第 14 号》。

1. 这与欧盟委员会建议采纳《国际财务报告准则第 8 号》相关，这意味着将美国《财务会计准则公告第 131 号》纳入欧洲法律，并强制欧洲上市公司执行。

2. 指出对《国际财务报告准则第 8 号》的这种采纳将意味着不再使用原来的方式，即清晰定义欧盟上市公司应当如何定义和报告分部信息，而采用另外一种方式，允许管理层根据自己认为恰当的方式来定义经营分部。另外，对披露的要求也进一步降低，然而这可能导致报告缺乏一致性。

3. 相信被采纳的准则应当包括已明确定义的分部盈亏度量方法，正如《国际会计准则第14号》中所给出的定义。

4. 强调《国际财务报告准则第8号》并没有要求公司在披露经营分部时使用国际财务报告准则中的方法，这可能会对财务信息的可比性带来负面影响，因此会给使用者（比如投资者）带来困难。

5. 关注欧盟委员会提出的建议，不是以更好的监管为原则，而是给欧盟法律带来一个未进行任何影响评估的外国准则。

6. 关心这种改变将如何影响欧洲财务报表编制者和财务报表使用者，并强调对这种影响进行评估的迫切性。

7. 倡议欧盟委员会在采纳该准则之前对其影响进行紧急评估。

8. 强调如果欧盟委员会不进行这种评估，欧洲议会将亲自进行影响评估。

9. 要求其总统将解决方案转发给欧洲部长理事会和欧盟委员会，以及欧洲议会和成员国政府。

（欧洲议会，B6-0157/2007号会议文件）

欧洲委员会同意对上述影响进行评估，并于2007年11月接受了《国际财务报告准则第8号》。

19.4 有关分部报告有用性的证据

19.4.1 引言

很显然，分部信息能帮助使用者更好地理解公司过去的业绩，并预测其可能的未来现金流量。然而，在实务中这些好处也许并不存在。实际上，由公司提供的分部披露或许对其使用者来说毫无意义。分部披露的预期好处可能由于许多原因而无法实现。如前所述，在分部辨认上缺少明确的规则即意味着公司可能报告为数很少、涉及范围却很广的分部，这样的分部往往涉及众多非常不同且独特的国家或行业。例如，哈里斯（Harris，1998）发现，公司通常不愿报告在竞争激烈程度较弱的行业经营的分部，可能是出于保护超额利润或市场份额等考虑。但是海斯和伦德霍尔姆（Hayes和Lundholm，1996）提供了一个模型，证明了如果所有分部的经营成果相类似时，公司往往更愿意报告其分部信息。然而，即使公司并非故意试图披露尽可能少的信息，分部披露仍可能不具有特别的有用性。如果公司高度一体化，分部之间相互依赖，则任意一个分部的成功或失败对公司其他分部的依赖，都会胜过对它所经营的行业或国家的经济或政治特征的依赖。如果公司实施垂直合并，且分部的许多产品对内销售，那么这种情况就很可能发生。将分部信息与外部信息相结合将没有太多的实际意义，只需将公司作为一个整体来考虑。如果公司分摊相当多的共同成本，则可能发生类似的问题，因为每一个分部所报告的盈利将高度依赖于其所采取的成本分配政策。最后，还可能存在其他原因致使所提供的信息无法与外部信息相结合，并且使分部无法与其他公司所报告的分部之间进行比较。这可能更是美国经营分部方法所存在的问题，这些分部可能被分散在诸多国家和不同的行业之中。事实上，这更多的是由历史因素所造成的，而非故意出于对经营结构的理性设计。

然而，即使不存在这些问题，假如因为所有信息无论出于什么原因，在年报和财务报表公布之前就已为使用者所知，使得其突现价值随之消失，那么信息对其使用者而言仍旧毫无用处。因此仅仅在理论上证明分部信息的有用性还是不够的，必须从实践的角度来考察该问题，并从公司所披露的实际的分部信息中寻找有用性的证据。

分部披露的好处已通过一系列不同的方法得到了检验。早期的诸多研究只是简单地询问使用者是否想要分部信息，这可能提供了一些有用的知识。但如果潜在的投资者对分部数据并不熟悉，他们就无法对其有用性作出准确的评估。即使已熟悉分部披露，鉴于其并不直接承担披露成本，因此依旧很可能导致使用者高估分部信息的有用性。所以，要求对有用性进行更多直接的检验，主要包括以下 3 类：使用者决策分析；不同类型预测者的预测能力比较以及证券市场反应测试。

使用者决策分析是有关不同类型的信息是如何影响使用者所做的决策的。这些检测可能是人为的、实验类型的检测，从而为人们提供各种不同的信息并要求其作出各种类型的决策。另外，这种检测着眼于使用者所做的实际决策，包括分析家预测的准确性。预测能力测试则比较了基于合并信息和分部信息对销售、盈利或其他会计变量所做的机械预测的准确性。最后一种方法，即检测证券市场的反应，其在信息含量方面，可产生最小模糊性的结果。他们进行上述检测以发现分部披露是否对每股价格或市场风险计量产生影响。如果存在影响，则信息必然会通过某种方式得以运用并因此具有有用性；反之，如果分部披露对证券市场没有影响，则说明证券市场参与者并未利用这些信息或已通过其他渠道获取信息。然而，这并非暗示着分部信息没有价值，因为它或许仍为阅读报告的其他团体所使用，例如政府、工会或企业雇员。

19.4.2 基于使用者决策的研究

人们采用各种方法来研究使用者是否以及怎样使用分部信息。最为直接的检测着眼于现有所做的决策，以及在决策中所使用的信息类型。然而不幸的是，搜集有关实际投资决策及影响决策的因素的准确数据是很困难的。在这里，另一种可供选择的方法即是着眼于对财务报表使用者的预测，以评价其在可以得到分部信息的期间或对于可以得到分部信息的公司的预测是否更为准确。很显然，这就要求我们对财务分析师这一团体进行研究。因为这个团体不但相对先进，且他们的预测通常也可以公开得到，尤其是在美国。

这种方法为鲍德温（Baldwin，1984）所采用，他着眼于美国公司首先着手披露行业分部数据后，分析师对每股收益的预测。他发现这些披露显然有助于分析师作出更为准确的预测。在有关该问题最近的研究中也得到了类似的结论，其中罗博（Lobo，1998）等考察了行业分部的披露，尼古拉斯（Nichols，1995）等则着眼于地区分部对分析师盈利预测的影响。

在其他国家，分析师的预测并非如此易于得到，因而必须采用不同的方法来研究这一问题。例如，伊曼钮尔（Emmanuel，1989）等着眼于向英国分析师提供特别构造的案例数据时分析师所做的预测。他们发现，向分析师提供更多的分部数据时，多数分析师往往会改变其对点估计和估计区间两个方面的预测，而该结论显然支持美国的更为直接的研究结论。

话题转回到美国的证据上来，分部披露的有用性看起来依赖于分部的特征。因而，多谱尼克和罗尔夫（Doupnik 和 Rolfe，1990）进行了一系列有关该问题的相似的试验，这些试验具体包括提供给分析师的各类地区分部数据。所提供的信息在分部数量及其相互之间相似与否的程度上有所变动。他们发现，建议投资的被感知的风险明显与所披露的分部数量相关联。更为重要的是，只有当人们察觉到所披露的分部在不同风险描述之间并不相似时，分部披露才真正发挥作用。

19.4.3 基于研究者预测能力的研究

有关预测能力，人们已做过大量的研究。在这些研究中，研究人员创立了其对公司业绩的预测。虽然基于这些研究我们得到了一些有趣的结论，但应认识到这种方法是建立在有关内含的假设基础之上，即至少一些市场参与者不但可以以这种方式利用而且实际上正在利用分部数据。事实是否如此并不明确，因此当从上述类型的研究中推导结论时应当谨慎。

首次尝试利用行业分部数据进行预测的是金尼（Kinney，1971）。他对 24 家公司的盈利进行了预测。金尼使用了 4 种模型，其中两个是建立在合计数据的基础之上，一个利用了分部的销售信息，另一个则利用了分部的销售额和分部的利润数据。他还推断，最准确的预测模型是利用行业分部的销售额和利润的模型。虽然这种模型比任何一种合并模型更为显著地成功，但与合并分部的销售额和合并毛利的模型相比，其比较优势则非常微弱。尽管这些结论令人信服，但它们可能在很大程度上依赖于所选择的特定样本（本例中是小规模且进行自我选择的公司，其中所有的公司都自愿披露其分部数据）以及所采用的模型（在之后的研究中，利用特定模型的方法备受批评）。因此，在断定行业分部披露是否有用之前，应通过不同样本和不同模型来获取进一步证据。

在这一领域，另一个重要的研究是由柯林斯（Collins，1976）所进行的。在披露行业数据在美国已成为强制要求之后，他增加了抽样总体，并从中随机抽取了 96 家公司样本。另外，他利用建立在合并信息基础上的 7 个模型，对 1968—1970 年的实际销售额、利润和最初的差异（一个期间到另一个期间的变动）作出预测。他还利用相关行业的销售额数据对行业分部的销售额进行调整，从而来预测销售额。对于销售额，其实际和最初的差异来说，分部模型显然优于 7 种中其他 6 种合并模型；而基于利润的分部预测甚至更为成功，因为对于盈利水平和最初差异来说，分部模型显著优于上述所有合并模型。此外，正如金尼得出的结论，分部毛利的使用导致在预测能力方面有了微弱的改进，使用分部销售额和合并毛利则没有相应的改进。当把季度数据用于预测盈利时，也会得出相似的结论（Silhan，1983）。

在利用英国而非美国公司数据的一个相似的研究中，伊曼钮尔和匹克（Pick，1980）预测了 39 家公司 1973—1977 年间的销售额和盈利。当他们发现以分部为基础的营业额和盈利预测比合并随机游走模型（该模型假定下一年度的销售额或盈利与当年相同）更为准确的时候，他们得到了相似的结论。然而，他们的结论与美国的研究稍微有些不同，因为他们发现，分部利润的相加不会导致基于分部销售预测的即使是很微弱的改善。

虽然这些研究明确支持这样一个结论，即如果利用分部数据的话，销售和盈利预测将会发生变动。但他们都忽略了许多公司本身的特定因素。尤其是，他们忽视了所报告分部的数量和公司规模的大小。有证据表明，当分部数量增加时，预测的准确性也会随之增加（Silhan，1982）。此外，由于增加分部数据而获得的预测能力对于规模较小的公司来说更为普遍（Silhan，1984）。的确，对于规模较小的公司，人们发现以分部为基础的预测往往更为准确，不论所披露的分部的数量是多少。而基于行业分部进行预测的相对优势也可能取决于公司所经营的特定行业，如果公司所经营行业的增长率可反映整个公司的成长模式，则使用特定行业的预测将不会有额外的收获。相似地，如果公司高度地实施行业多元化，则公司的整体增长率将可能反映出其作为整体的经济增长率。利用这些类型的研究结论，加罗德（Garrod）和伊曼钮尔（1987）发现，基于行业预测的相对成功的确取决于公司的多元化经营模式。

近年来有关地区分布数据有用性的研究减少了，很可能是出于很难将公司地区分布数据与外部经济数据结合起来进行分析的原因。在美国，获得大量行业的成长率预测数据相对容易一些；而在英国，数据就会稍微少一点。然后，我们可以将这些行业增长率的预测数据与行业分布数据结合起来，以获得有关分布成长率的预测数据（假设所有的销售收入都是在国内创造的，或者如果销售收入来自国外，相关的成长率与其在国内经营所适用的成长率相一致）。

如果对地区分部采取相似的方法，则必须对所披露的地区分部进行预测。这就带来了一些问题，事实上，我们只能对单个国家的外部经济加以预测，而无法预测某些地区分部，这是因为其通常是一些国家集团，如“北美”或“欧洲”，而不是某一个国家。例如，一家披露标题为“欧洲”分部的公司，其经营范围限于有限的但又不特定的几个欧洲国家。此外，其位于境外的子公司的经营成果以其所在地的货币计价，且必须将其经营成果折算成以母公司货币计价的数据。因此，预测者在对各地区分部进行预测时，必须结合对特定国家预期的实际国民生产总值增长率、通货膨胀率及汇率变动的预测。尽管存在上述问题，在英国和美国，有关地区披露的有用性这一问题专家们依旧进行了相应的探究。

在英国，罗伯茨（1989）引用跨国公司的例子，并利用这些跨国公司所披露的分部销售额及分部盈利信息，对1981年—1983年间的盈利加以预测。他使用了两个基本的分部模型：利用合并毛利进行调整的预期分部盈利和预期分部销售额。预期分部盈利及销售额是通过对前期的分部盈利及销售额进行调整而得到的。假设各公司其分部报告上所有国家的经营都与其本国的国民生产总值成一定比例，则可根据每一相关地区分部的国民生产总值对其进行调整。由此产生了上述基本分部模型的4种形式，且每种形式均基于对预期通货膨胀率的不同假设。在这些模型中，汇率的预期变动可以忽略不计，并将其与两种合并模型做比较，最后得出的结论与早期行业分部研究所得出的结论非常相似。基于模型的分部通常显著地优于合并模型；同时，基于分部盈利的模型通常要比基于分部销售额的模型精确得多，且在多数情况下其在预测精确度上的差异并不显著。

布拉克里斯南（Balakrishnan，1990）等从89个美国公司的地区分部数据着手，进行了一项有关盈利预测精确度的研究。他们使用了两种模型：第一种采用了相关经济变量（国民生产总值和汇率）的预测值；另一种则基于精确的经济预测假设而采用了实际的经济变量。采用经济预测值，其最后预测的成功与否取决于两个因素：所提供的分部数据及其有用性；所采用的经济预测及其精确性。使用事后的经济数据或精确预测值，即意味着这两个因素是相互独立的。虽然他们使用的方法和罗伯茨的有所不同，但得到的结论却非常相似，即地区分部数据有助于盈利的预测。正如所预料的，他们还发现可用的经济预测值并不精确，因此利用地区盈利数据和实际的或事后的经济数据所进行的预测，要比利用地区盈利数据并结合预测预期的国民生产总值和汇率变动的方法所得出的结论精确得多。

后来的一些研究进一步证明了可用的经济预测的有用性。例如，赫尔曼（Herrmann，1996）发现对汇率变动、国民生产总值变动以及通货膨胀的经济预测有助于对销售额以及毛利的预测，但对盈利的预测却没有多大帮助。然而，约翰逊（Johnson，1996）却提出，如果不考虑实际的分部报告，也许根本无法充分讨论披露地区分部的有用性。这是因为当她对汇率变动预测的有用性进行分析时，她发现结论取决于该公司境外经营所在国及其所处的行业。这一发现并不奇怪，因为诸如通货膨胀率和汇率变动的影响等经济因素，与某个国家的特定环境是息息相关的。同时，公司所处的行业及其内在的组织机构，对于某家公司可以在多大程度上改变其经营计划，使其在所面临的经济环境发生变化时，能够将预期外任何不利因素的影响降到最低，并利用预期外的有利因素，起到了决定性的影响作用。最后，本恩（Behn，2002）等证明了从《财务会计准则公告第 14 号》变更到《财务会计准则第 131 号》提高了地区分部信息的预测能力。

19.4.4 证券市场对分部披露的反应

有关分部信息对证券市场影响的研究主要分为两个类型：对分部披露的市场反应以及对取得分部信息和未取得分部信息的成功投资之间的比较。同样的，最早的研究倾向于从行业分部的披露着手，而后来的研究则多从地区分部的披露着手。

首先，让我们来看一下有关市场反应的研究。事实上，有关该类型的研究结论表明分部数据对市场具备有用性。例如，西蒙兹和柯林斯（Simonds 和 Collins，1978）对差异进行分析以检验市场风险或公司市场风险的变动，并发现对行业数据的披露能显著降低风险。在之后进行的更为复杂的移动市场风险检验中，也得到了相似的结论（Collins 和 Simonds，1979）。

除了检验行业披露对市场风险系数的影响之外，另一种方法是检验市场风险系数和特定的分部披露之间是否具有相关性。步早期金尼（1972）研究的后尘，莫尔（Mohr，1983，1985）利用行业数据估计公司对每一类工业活动的相关投资，并利用这些数据计算会计基础上的 β 系数（该系数由 56 家公司的市场 β 系数还原而来）。摩尔发现，这两种风险计量之间显著地正相关，市场 β 系数与基于行业资产而非行业销售额或盈利数据的会计 β 系数之间有着很强的关联性。

除了检验分部披露对风险或报酬计量的影响之外，还可以对两种投资方法下的回报进行比较，一种是仅以合并数据为基础进行比较，另一种则是基于分部数据来进行比较。柯林斯（1975）率先着手进行了该研究，他以美国 92 家遵循 10-K 披露要求的公司为样本，该规定要求公司披露前期行业的分部数据。投资战略是当分部数据的预测盈利超过基于合并模型的盈利时买入股份，反之则卖空。对那些非自愿披露行业营业额数据的公司而言，基于分部数据的投资方法于1968年和1969年收效甚大，这些公司的比例大约为每个月1.44%～1.51%。相反地，对于那些以前自愿披露行业营业额数据的公司来说，收效却不大。而这正意味着，市场只有在分部信息刚刚被披露时，才对其有反应。

普鲁德汉（Prodhan，1986）对15个至少自1973年以来一直披露地区分部信息的英国公司，以及21个于1977年12月首次披露这类信息的公司进行了检验。他采用中断的时间序列进行分析，发现β系数的变化与分部披露之间有着显著的相关性。1973年—1977年间，那些披露分部数据的公司（合约公司）的β系数明显高于那些不披露分部信息的公司（控制集团）。1977年之后，两者都对分部数据予以披露，且它们的β系数并没有什么差异。此后对更多的美国公司进行检验时，也得到了类似的结论（Prodhan和Harris，1989）。由森特尼和贝兹（Senteney和Bazaz，1992）进行的一系列相当不同的分析也证实了这一结论。他们不是就β系数进行调查，而是研究非预期股票价格变动或累积异常回报（CARs）与每年合并盈利变动之间的关联性，并发现如果公司按照美国《财务会计准则公告第14号》的要求来披露地区数据，则两者之间的关联性就会比较微弱。由此，我们得到这样一个结论：如果地区数据能为市场所得，则很可能据以对盈利作出更为精确的预测，这也就能很好地解释上述发现。考虑到由分部信息披露所可能导致的更为精确的预测，或许会降低年报公布的价值，同时由年报公布所引发的股价波动也会因此而消减。

博斯曼（Boatsman，1993）等试图对披露分部信息的公司的累积异常回报规模作出解释，而不是对两种公司（披露地区数据和不披露地区数据的公司）间的累积异常回报进行比较。他们分别于5个地区（亚洲、欧洲、英国、南美和加拿大），将累积异常回报追溯至由公司所引起的非预期盈利。普拉德—斯蒂瓦特（Prather-Stewart，1995）通过研究累积异常回报和非预期地区销售（在亚洲、欧洲、南美、北美和美国）之间的关联性及分部披露的数量拓展了这一研究。博斯曼等人发现，除了南美外，其他分部的结论都很明确；而普拉德—斯蒂瓦特也发现，除南美和亚洲外，其他地区的结论都很明确。

这些发现表明，市场不仅对位于境外的分部信息有所反应，而且境外子公司的盈利或销售额与本国或美国的盈利或销售额相比，将以更低的倍数被资本化。其中英国是一个例外，因为博斯曼等人发现英国的盈利数据比起美国来其价值往往更高。然而应当指出的一个有趣的问题是，与其相反，加和德和里斯（Garrod和Rees，1998）的研究发现，在以英国公司为样本时，以美国为基础的交易比所有其他包括以英国为基础的在内的交易都要更有价值。汤姆斯（Thomas，2000）扩展了博斯曼等的工作，不仅对其方法进行了改进，还增加了考察的期间。特别是，他将主要的期间回报（即将当前和过去期间的市场回报合并为5年的期间）还原为当前地区的盈余。结果表明，地区分部信息反映了市场参与者在3年或更长期间的回报间隔中所使用的信息。分部盈余似乎再次大致按照每个分部的风险和成长特征来进行估价。

普英特和多谱尼克（Pointer和Doupnik，1996）采取类似的方法将证券市场计量追溯至分部数据，研究市场风险系数及经营风险与国际间多元化的不同计量之间的关系，所有这些都是基于地区的分部数据。在对更大范围内的美国公司6年间的数据进行研究时，他们得到了同样的结论：地区分部信息和市场风险计量之间是显著相关的。

小结

- 增加大量多元化经营公司给报表使用者带来了诸多问题，特别是有关某公司的未来现金流量及其风险或与这些现金流相关的不确定性的估计。分部报告在一定程度上满足了投资者以及其他使用者的信息需求。
- 不是所有的公司都愿意披露恰当的分部信息。许多公司认为披露分部信息的成本大于收益，这一成本具体包括搜集资料的成本、加工资料的成本以及公布信息的成本；同时，对许多公司来说，竞争劣势也是一个问题。
- 考虑到公司不会自愿进行恰当的披露，会计法规的制定者开始着手要求公司披露其分部信息。英国和美国在几年的时间内逐步形成了这些要求，并最终以会计准则的形式来要求相当广泛的披露。
- 人们认为法规给予高级管理层太多的自由来选择适当的分部，特别是在美国，而这些选择很可能减少其所提供的信息量，甚至导致有些公司提供潜在的误导信息。考虑到这些情况，北美和国际会计准则理事会的准则制定者对其分部准则作出了相应的变动。目前，其都将企业的经营结构作为确定划分分部的主要基础。
- 旧会计准则（《国际会计准则第14号》）不使用经营分部法，而于2009年之前这种方法为国际财务报告准则所允许。
- 分部报告是进行学术研究的重要领域。该研究包括分析人员如何使用分部数据，研究者是否可以利用这些数据作出更好的预测以及股价是否发生变动等。
- 对预测能力的研究结果表明，行业分部和地区分部数据在盈利预测方面比合并数据更有用。然而，似乎所有的研究都认同分部的销售额数据是有用的，而于分部盈余数据的披露是否会有更多的好处问题，研究者尚未达成完全一致的意见。在大多数研究中，即使发现使用分部盈余数据进行的预测比使用分部销售额数据得出的结论更准确，但准确程度的差异相对较小，常常是不显著的。
- 还有证据表明，预测的准确性有赖于公司经营所处的特定行业，对较小公司和披露较多分部的公司的预测准确性往往更高。
- 对分部数据的市场反应进行考察的结果也很清楚地说明，行业分部数据和地区分部数据对市场来说都是有用的。而且分部信息披露与累积异常回报显著相关，通常会导致市场风险系数的降低，至少在美国和英国的权益市场上是这样的。

参考文献

Balakrishnan, R., Harris, T. S. and Sen, P. K. (1990) 'The predictive ability of geographic segment disclosures', *Journal of Accounting Research*, Autumn.

Baldwin, B. A. (1984) 'Segment earnings disclosure and the ability of security analysts to forecast earnings per share', *Accounting Review*, July.

Behn, B. K., Nichols, N. B. and Street, D. L. (2002) 'The predictive ability of geographic segment disclosures by US companies: SFAS No 131 vs SFAS No 14', *Journal of International Accounting Research*, Vol. 1.

Boatsman, J. R., Behn, B. K. and Patz, D. H. (1993) 'A test of the use of geographical segment disclosures', *Journal of Accounting Research*, Supplement.

Collins, D. W. (1975) 'SEC product line reporting and market efficiency', *Journal of Financial Economics*, June.

Collins, D. W. (1976) 'Predicting earnings with sub-entity data: Some further evidence', *Journal of Accounting Research*, Spring.

Collins, D. W. and Simonds, R. (1979) 'SEC line of business disclosure and market risk adjustments', *Journal of Accounting Research*, Autumn.

Doupnik, T. S. and Rolfe, R. J. (1990) 'Geographic area disclosures and the assessment of foreign investment risk for disclosure in accounting statement notes', *International Journal of Accounting*, No. 4.

Doupnik, T. S. and Seese, C. P. (2001) 'Geographic area discloures under SFAS 131: materiality and fineness', *Journal of International Accounting, Auditing and Taxation*, No. 2.

Edwards, P. and Smith, R. A. (1996) 'Competitive disadvantage and voluntary disclosures: case of segmental reporting', *British Accounting Review*, June.

Emmanuel, C. R. and Pick, R. (1980) 'The predictive ability of UK segment reports', *Journal of Business Finance and Accounting*, Summer.

Emmanuel, C. R., Garrod, N. W. and Frost, C. (1989) 'An experimental test of analysts' forecasting behaviour', *British Accounting Review*, June.

Financial Accounting Standards Board (1976) *SFAS* 14; *Financial Reporting for Segments of a Business Enterprise*, December.

Garrod, N. W. and Emmanuel, C. R. (1987) 'An empirical analysis of the usefulness of disaggregated accounting data for forecasts of corporate performance', *Omega*, No. 5.

Garrod, N. W. and Rees, W. (1998) 'International diversification and firm value', *Journal of Business Finance and Accounting*, November/December.

Harris, M. S. (1998) 'The association between competition and managers' business segment reporting decisions', *Journal of Accounting Research*, Spring.

Hayes, R. M. and Lundholm, R. (1996) 'Segment reporting to the capital markets in the presence of a competitor,' *Journal of Accounting Research*, Vol. 34, No. 2.

Herrmann, D. (1996) 'The predictive ability of geographic segment information at the country, continent and consolidated levels', *Journal of International Financial Management and Accounting*, Spring.

Herrmann, D. and Thomas, W. T. (2000) 'An analysis of segment disclosures under SFAS 131 and SFAS 14', *Accounting Horizons*, September.

Hope, O-K, Kang, T., Thomas, W. B. and Vasvari, F. (2004) 'The effect of SFAS 131 geographic segment disclosure on the valuation of foreign earnings', Working paper,

December.

Johnson, C. B. (1996) 'The effect of exchange rate changes on geographic segment earnings of US-based multinationals', *Journal of International Financial Management and Accounting*, Spring.

Kinney, W. R. (1971) 'Predicting earnings: Entity versus subentity data', *Journal of Accounting Research*, Spring.

Kinney, W. R. (1972) 'Covariability of segment earnings and multisegment company returns', *Accounting Review*, April.

Lobo, G. L., Kwon, S. S. and Ndubizu, G. A. (1998) 'The impact of SFAS 14 segment information on price variability and earnings forecast accuarcy', *Journal of Business Finance and Accounting*, September/October.

Maines, L. A., McDaniel, L. S. and Harris, M. S. (1997) 'Implications of proposed segment reporting standards for financial analysts' investment judgements', *Journal of Accounting Research*, Special issue.

Mohr, R. M. (1983) 'The segment reporting issue: A review of empirical research', *Journal of Accounting Research*, 1983.

Mohr, R. M. (1985) 'The operating beta of a US multi-activity firm: An empirical investigation', *Journal of Business Finance and Accounting*, Winter.

Nichols, D., Tunnell, L. and Seipal, C. (1995) 'Earnings forecasts accuracy and geographical segment disclosures', *Journal of International Accounting, Auditing and Taxation*, No. 2.

Nichols, N. B., Street, D. L. and Gray, S. J. (2000) 'Geographic segment disclosures in the United States: Reporting practices enter a new era', *Journal of International Accounting, Auditing and Taxation*, No. 1.

Pointer, M. M. and Doupnik, T. S. (1996) 'The relationship between geographic segment information and firm risk', *Advances in International Accounting*, Vol. 9.

Prather-Stewart, J. (1995) 'The information content of geographical segment disclosures', *Advances in International Accounting*, Vol. 8.

Prodhan, B. K. (1986) 'Geographical segment disclosures and multinational risk profile', *Journal of Business Finance and Accounting*, Spring.

Prodhan, B. K. and Harris, M. C. (1989) 'Systematic risk and the discretionary disclosure of geographical segments: An empirical investigation of US multinationals', *Journal of Business Finance and Accounting*, Autumn.

Roberts, C. B. (1989) 'Forecasting earnings using geographic segment data: Some UK evidence', *Journal of International Financial Management and Accounting*, June.

Senteney, D. L. and Bazaz, M. S. (1992) 'The impact of SFAS 14 geographic segment disclosures on the information content of US-based MNEs' earnings releases', *International Journal of Accounting*, Vol. 27, No. 4.

Silhan, P. A. (1982) 'Simulated mergers of existent autonomous firms: A new approach to segmentation research', *Journal of Accounting Research*, Spring.

Silhan, P. A. (1983) 'The effects of segmenting quarterly sales and margins on extrapolative forecasts of conglomerate earnings: Extension and replication', *Journal of Accounting Research*, Spring.

Silhan, P. A. (1984) 'Company size and the issue of quarterly segment reporting', *Journal of Accounting and Public Policy*, Fall.

Simonds, R. and Collins, D. (1978) 'Line of business reporting and security prices: An analysis of a SEC disclosure rule: a comment', *Bell Journal of Economics*, Autumn.

Street, D. L., Nichols, N. B. and Gray, S. J. (2000) 'Segment disclosures under SFAS 131: Has business segment reporting improved?' *Accounting Horizons*, September.

Street, D. L. and Nichols, N. B. (2002) 'LoB and geographic segment disclosures: an analysis of the impact of IAS 14 revised', *Journal of International Accounting, Auditing and Taxation*, No. 2.

Thomas, W. T. (2000) 'The value-relevance of geographic segment earnings disclosures under SFAS 14', *Journal of International Financial Management and Accounting*, Autumn.

课后问题

书末提供带星号问题的参考答案。

19.1* 试解释会计准则制定者难以起草有关分部报告准则的原因。

19.2* 如何证明分部报告的收益大于其成本?

19.3 请讨论“研究表明，行业报告比地区分部报告有用得多”这种说法。

19.4 以分部报告为例，解释会计准则制定者在计划增加额外披露要求时是如何利用调查研究的。

19.5 大量公司自愿披露其分部报告，超出了法规的要求。管制者在建立分部报告准则时面临很多困难，管制法规是否真的有必要存在?

19.6 试讨论分部报告在多大程度上对不同的使用者和利益相关团体是有益的。

19.7 请讨论“《国际财务报告准则第8号》忽视了许多利益相关者的需求”这种观点。

第六部分　分析与管理专题

第 20 章　国际财务分析

斯图尔特·麦克利[1]

内容

目标

读完本章后，您应当能够：

- 讨论不同的社会制度、金融制度、税收制度和法律制度对会计的影响。
- 解释为什么在国际资本市场上市的跨国公司和只在国内上市的跨国公司之间会存在财务报告行为上的差异。
- 描述跨国公司为了向外国读者提供财务报告以外的附加信息可采用的各种方法。
- 指出“便捷外币折算”如何使销售收入和利润产生明显不同的变动趋势。
- 解释为什么公司不报告按照标准定义计算的系列标准比率。
- 解释基准比率的使用。

---

① 本章中作者所使用的数据来自 Thomson、Worldscope 和 IBES。

• 讨论影响分析师对跨国公司未来盈余预测的因素。

20.1 引言

本章将讨论在国际环境中如何进行财务报表分析，其主要涉及以下几个方面：

• 对跨国公司经营状况的分析。事实上，这些公司在许多国家进行交易，并按照不同的货币分别来计量，因此跨国公司的财务报表是这些交易的综合结果。

• 对位于不同国家但不一定存在跨国交易的公司之间进行国别比较。

• 不仅是公司，公司财务报告的用户也在不断地跨地域拓展，而这正意味着财务分析者来自不同的国家，如来自意大利的投资者、来自美国的银行家或来自日本的基金管理者，他们会根据各自对公司经营活动的不同预期来分析公司财务报告。

上述3种应用“国际”视角进行的财务报表分析各有特色，但其交流财务信息的基本程序几近相同。事实上，我们关注的根本问题是上述3种视角的分析对象——在不同阶段跨越国界的财务信息。为此，需要我们重述财务数据并翻译术语。例如，跨国公司披露的某些信息，在合并财务报表的过程中已经用另外一种体系的会计方法重新计算，语言也被翻译，外币也已经折算。在对两个及两个以上的公司进行跨国比较时，财务分析师们经常会面临重新表述财务数据和翻译财务术语的问题。事实上，国际财务报告分析的核心问题就是对财务报告的重新表述和翻译。也就是说，这些财务报告反映的是某一个环境下的经营活动，而对这些财务报告的阅读和分析却是在另一个环境下进行的。

因此，本章将分析公司财务信息的披露是如何受公司经营环境的影响的，公司如何报告这些问题以及分析师们又是如何应对这些问题的。

20.2 理解会计差异

在这里，我们无需再次证明，在世界各国之间会计差异是客观存在的，因为对此问题已有大量篇幅的论述（参见本书前面第1章~第3章）。然而，在国际背景下，有必要了解和分析为什么各国之间的会计差异始终存在，且这些差异究竟只是出于对会计政策的选择存在多种观点所导致的，还是更深层次地反映了由于特定国家的法律和社会制度以及金融环境的不同而导致的结构性差异。下面为该问题提供了大量的解释。

20.2.1 不同的社会制度

表20—1比较了来自3个国家的公司（1个英国公司、1个法国公司和1个意大利公司），其雇员的长期报酬如何对计算“经营活动产生的资金”产生不同的影响。需要注意的是，这3个国家有着不同的商业实践惯例。我们从第1栏的英国公司开始分析，英国习惯于将所有的递延雇员福利费用全部并入一个养老金计划之中。当然，在这种处理方式下，我们所研究的那部分资金就会被立即从企业中分离出去。而法国的公司，则需要遵循法定要求在公司的税后利润中计提一部分资金作为雇员福利，且这部分资金最终将被重新投资于外部资产。从短期来看，可以将这部分资金看成“经营活动产生的资金”项目下的一个要素（在本例中，为+800欧元），而其具体

数额则视当期的分配情况而定；同时，唯一的现金流出是对外投资支出的现金（-700 欧元），具体数额按其占前期利润的比例而定。

我们将上述两种处理方式与意大利的处理方式进行了对比。在意大利，雇员在最终离开公司时会获得相当于该雇员在职期间一个月工资数额的离职津贴。尽管并不要求公司进行投资来建立一个专门的基金，但却要求对此计提相应的准备。因而“经营活动产生的资金”包括为此计提的准备（+800 欧元），同时还要扣减支付给退休雇员的津贴（-300 欧元）。

表 20—1　　不同的员工报酬计划对经营活动中产生的资金的影响

	英国（英镑）	法国（欧元）	意大利（欧元）
收益	1 000	1 000	1 000
加：			
固定资产折旧	2 500	2 500	2 500
计提的雇员养老准备	800	—	—
减：当年使用的资金	(800)	—	—
按比例可分配给雇员的利润	—	800	—
减：当年使用的资金	—	(700)	—
递延的雇员报酬	—	—	800
减：当年使用的资金	—	—	(300)
从经营活动中产生的资金	3 500	3 600	4 000

当然，编制资金或现金流量表的方法有许多；另外，上述例子中的处理方式也不是完全没有争议的。然而，上述例子证明了会计问题与社会结构之间是相互联系的。事实上，这难免涉及有关主体性质的争论——这些都是什么类型的资金？从利润中按比例提取雇员福利和递延雇员报酬所代表的含义是什么？我们可以很容易地看到，一家意大利公司的净资产不仅取决于其股东权益和其所需支付利息的负债，而且还取决于其既不能取得利息，也不能分享利润，而仅仅是基于工资通胀所引起的一个积累额。这使得原本对“杠杆”的简单认识变得复杂起来。事实上，产生上述困惑的原因是基于公司所采用的负债和权益融资的简单模式似乎已不再适用于当前的社会环境。

以上例子表明，当我们比较各国公司所创造的资金时，其内部融资水平的差异可着重用公司经营所处的社会制度来解释。当然，会计政策对递延雇员权益的确认和计量也是存在差异的（见本书第 15 章和第 16 章）。

20.2.2　不同的金融制度

尽管欧盟致力于建立一个统一的金融体制（见本书第 5 章），但其各国的公司在融资方面仍然存在着个性差异。例如，在欧洲许多国家，公司通过可贴现票据的方式提供商业信用是很流行的做法，公司既可将商业票据持有至到期日，也可对应收票据办理提前贴现。在后一种情况下，公司在增加流动资金的同时，还产生了一项对贴现银行的或有负债，这项或有负债将持续至债务得以清偿之时为止。这样，一项 1 000 欧元的商业债权在资产负债表上可能表现为以下几种情况：

应收账款　　1 000 欧元

或：

应收票据　　1 000 欧元

或：

银行存款　　975 欧元

其中，最后一种情况假定贴现费用为 25 欧元。有关贴现的一种解释认为，贴现可以有效地将商业债权按当前价值进行重新列示，而不是按将来某一时点可收回的价值来列示（尽管两者的差异对于短期项目而言，是微不足道的）。票据贴现着重对速动资金计算的影响，由于应收票据可以立即变现，因此应将其包括在企业的速动资金中。

很显然，公司资产的流动性状况在某种程度上取决于金融制度所能提供的具有变现能力的金融工具，贴现票据只是其中的一种工具。这类工具在欧洲的某些国家很常见，但在另外一些国家却不是很普遍。由此我们可以得出结论，企业速动资金存在差异的部分原因，可归结于公司经营所处的金融体制。

20.2.3　不同的税收制度

税收是各国政府渴望保留其自治权的一个领域，因此而导致的各国税收制度的差异对公司融资产生了重要的影响。在这种环境下，试图厘清有效税率面临着很大的困难。首先，各国的基本税率不同，而且实际的征收税率可能还要更高；其次，各国对税收计算的要求不同，对税损和税收抵免的规定也不同；第三，在税收的会计处理方面存在着大量的方法，尤其是在处理递延所得税问题时，如收入实现的确定性以及由于会计收益和应纳税所得不同而产生的暂时性差异和永久性差异的会计处理。这些问题在本书第 16 章已进行了较深入的讨论。表 20—2 通过一家法国食品公司——埃里达尼亚公司（Eridania Béghin-Say）的数据列示了上述部分因素所产生的影响。事实上，这些影响说明了从国内（法国）法定税率调整为其国际经营产生的有效税率时所存在的税制差异。

表 20—2　　**不同税制的影响：埃里达尼亚公司公布的有效税率分析**

法国的法定税率	33.3
法国的临时性附加税	4.5
外国低税率的影响	(5.5)
利用税收损失结转	(1.0)
投资税收抵免和其他税收抵免	(4.7)
永久性差异	(2.6)
有效税率	24.0

在某些情况下，当地特定的税收制度会对公司财务报表产生非常重要的影响，以至于要想进行任何有意义的财务分析，就必须恰当地理解公司所在国家的税收制度。

下面我们来了解一下瑞典的情况。瑞典会计的一个独特之处即在于对未纳税公积金的使用。瑞典公司可以在税前提取部分收益来形成这种公积金；而在之前的年度里，政府有时会强制性地要求计提这种公积金。例如，瑞典政府曾要求公司按照当年税前收益的20%计提一项特殊的投资公积金；同时，还要求将等额的资金存入瑞典中央银行的无息账户之中。在公司被批准投资于某项不动产、工厂和设备时，公司可以从瑞典银行的账户中提取这些资金。目前，仍然可以在瑞典公司的资产负债表上看到这种被限制用途的资金。

这种做法具有显著的财政意义。许多年来，瑞典的公司通过计提可以抵免税收的税前公积金来减少税金的缴付，这些公积金包括上述的投资公积金、税金等值公积金等。在确定净利润之前，需要先扣除这些公积金，然后再将相应的金额作为未纳税公积金列示在资产负债表上。这些做法对公司融资结构的影响也是十分重要的。可将未纳税公积金视为股东权益和递延税款的综合，其中递延税款类似于一笔无确定到期日的无息债务。事实上，这是当下瑞典合并财务报表的处理方法。对公司杠杆传统且简单的认识又一次被公司融资的这些替代方法弄的复杂起来。在这些方法中，政府扮演了一个主要的财务合伙人的角色。

20.2.4 不同的法律制度

财务报告的信息是否可靠，是国际财务分析中的一个关键问题。我们认为，好的监管和有效的会计准则能增加财务报告的准确性。为达到此目的，监管者和准则制定者缩小了会计政策的选择空间，较少地使用需要会计判断的规则；对于那些必须进行会计判断的情形，则引入了更多的详细规则进行指导。但是，当法律和准则较松懈时，就给予了经理掩饰公司经济业绩的机会，他们通过高估盈利和资产来隐藏不利的情况，或通过低估盈利和资产来为冲减后期的成本计提准备。

从这个角度来看，保护投资者的法律非常重要。这些法律使得投资者有权要求经理为其自身行为负责，至少能强制经理将公司的不利业绩在当期完全披露出来。在高度竞争的环境下，经理可能会更倾向于将损失的确认推迟到以后期间，因为长期如此，就可以将损失转移到继任经理的任职期间才予以确认。因此，较强的投资者保护会导致盈余金额较低，其原因是亏损必须立即确认，而利得只有在实现的时候才能确认。

保护小股东也会对财务报告的质量产生重大影响。在股权持有较集中的公司，经理和大股东的利益趋于一致，大股东无需通过财务报告来监管经理人，因为他们具有多种获取企业内部信息的渠道。同样的，如果经理或者控股股东能够控制公司，他们就有动机隐藏自身的利益，尤其是当可能会损害小股东以及其他利益相关者的利益时。这些经理人可能会运用盈余管理以达到向外部隐蔽公司业绩的目的，尤其是通过高估利润来隐藏不利损失，因为这些损失会导致外界的干预。所以，在那些对外部股东保护较弱的国家，盈余管理会更为普遍。

勒兹（Leuz，2003）等最近发表的一项有关国际会计的研究对该问题进行了阐述。图20—1列示了他们的一个研究结论。在此我们对比了欧洲国家和美国，并将德国和意大利作为一类加以突出显示，而将英国和美国作为另一类加以突出显示。通过对比，我们发现，当法律对股东的保护较弱，而且所有权集中度较高的时候，盈余管理通常较为普遍。例如，德国和意大利在投资者保护上的得分较低，而在股权集中度上的得分则相比较高；另外，勒兹等所测度出的盈余管理分值在这类环境中通常也较高。然而，我们应该区分以下两者：一是通过寻机性会计进行的会计操纵；二是通过实际交易导致的真实盈余变化。有趣的是，随着更为严格的监管和准则所导致的会计判断的减少，“真实”盈余管理的水平会相应增加。如果法律制度限制寻机性会计的使用范围，就会增加实际盈余管理的边际收益（见 Ewert 和 Wagenhofer，2005）。

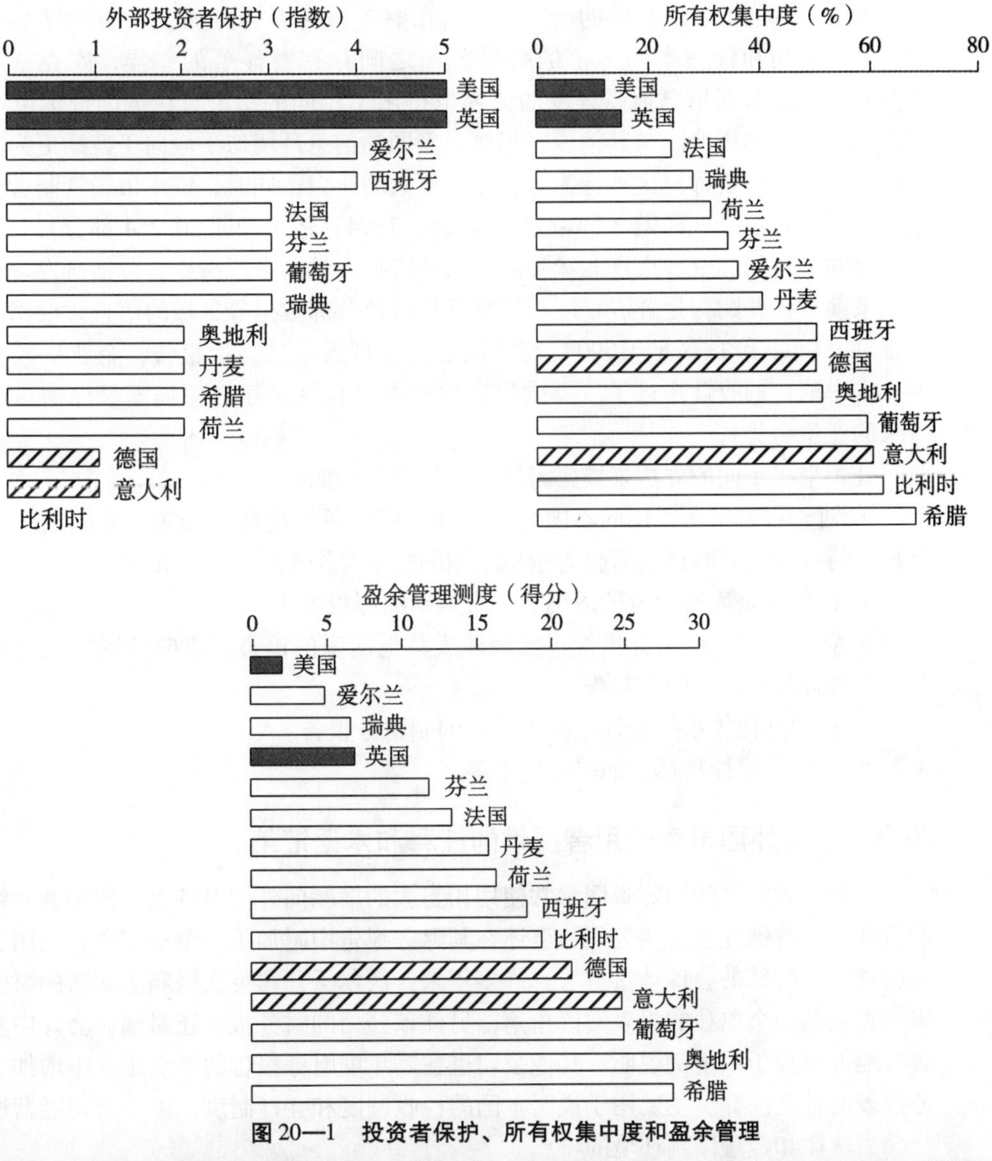

图 20—1　投资者保护、所有权集中度和盈余管理

20.3　国际财务报告披露实务

20.3.1　法定披露和自愿披露

以上论述的例子清楚地说明了在国际环境中对公司财务报表进行分析需要了解以

下信息：

- 公司的国内经营环境，这将影响公司的结构和公司的业绩。
- 所讨论国家所采用的特定会计方法。

遇到这种需求的公司可能会作出相应的反应，提供这种信息，有时是监管机构强制要求披露（例如，在美国，当公司尚未按照美国的会计规则编制全套财务报表时），有时则是公司自愿进行披露。

格雷（Gray，1995）等的研究表明，在财务报告行为方面，在国际资本市场上市的跨国公司和仅在本国上市的跨国公司之间存在着显著的差异，库克（Cooke，1989）对瑞典公司信息披露程度的研究也得出了相同的结论。在美国资本市场进行披露具有显著的影响。与其他国家相比，美国的信息环境似乎倾向于鼓励更为频繁和及时的披露，分析师对这种行为也施加了更大的压力；同时，资本市场管制者为消除信息不对称也鼓励这样做（Frost 和 Pownall，1994；还可参阅 20.2.4 部分）。

公司参与国际资本市场意味着需要额外进行大量的自愿披露，包括研发费用、公司未来前景、并购与处置、董事与雇员信息以及分部数据等领域的信息。根据乔伊和利维奇（Choi 和 Levich，1990）与跨国公司管理人员的会谈报告，企业从较低的资本成本中取得的收益超过了所提供信息的成本（包括由于自愿披露额外信息所可能带来的竞争劣势）。

公司采用不同的方法来披露跨国财务信息，例如：

- 对于报告中所采用的本国会计原则，可以通过注释的方式向外国报表使用者解释其特殊性，有时还会对报告中所采用的技术性词汇提供术语汇编。
- 按外国报表使用者的适用货币来重新编制报表。
- 将公司的年度财务报告直接翻译成其他国家的语言，或向外国报表使用者发布一个翻译过的简明财务报告。
- 利用其他体系的会计原则来重新编制财务报告。
- 披露可比性指标，如财务比率等。

20.3.2 向外国报表使用者提供的注释和术语汇编

一些较大规模的国际集团常常使用相当大的篇幅向外国财务报告使用者介绍公司经营环境的特殊性。有些公司甚至还在其财务报告中附加了一个小辞典，以用于解释其所采用的特殊的会计计量方法。许多年来，沃尔沃公司英文版和法文版的财务报告中一直包括一个单独的报表阅读指南，另外该公司的财务报告还对瑞典会计中复杂难解的地方单独予以举例说明。其他公司也在其年度财务报告的外文版本中增加了对财务报表的补充注释，主要用于说明本国的税收制度和会计制度，以及公司经营所处的社会、法律和金融体制环境的特点。

20.3.3 外币折算

本书第 18 章详细考察了外币折算问题。财务分析师可能会对此特别关注，因为有证据表明外币折算会对公司价值产生重要影响。品托（Pinto，2001）在其对跨国公司的研究中发现，外币折算调整可被成功地应用于每股盈余估计，尤其是在结合规模、行业、外国直接投资区域和资本密集度等因素进行估计时。

除了第 18 章所讨论的折算问题之外，还存在另外一类折算：一些公司仅仅为了便于报表使用者了解财务信息，就将财务报表用另一种货币重新表述，这也就是所谓的“便捷外币折算”。然而，联合利华公司的例子更加有趣，其位于荷兰的母公司用欧元来编制报表，而位于英国的母公司则用英镑来编制报表，二家公司却通过一个公平协议相互联合，并将其财务报表合并在一起以提供集团的合并财务数据。表 20—3 和图 20—2 所列示的数据即是该集团 2003 年和 2004 年的季度净利润数据。欧元、英镑及美元的币值变化显然对联合利华公司按不同货币来编制的财务报表的盈利情况产生了有趣的影响。

表 20—3 **联合利华公司季度净利润**

（百万）	2003 年第 1 季度	2003 年第 2 季度	2003 年第 3 季度	2003 年第 4 季度	2004 年第 1 季度	2004 年第 2 季度	2004 年第 3 季度
英镑——固定汇率	433	395	574	507	366	532	611
现行汇率	426	397	578	508	352	501	582
欧元——固定汇率	670	573	830	733	530	770	883
现行汇率	637	564	831	730	515	749	867
美元——固定汇率	705	645	934	825	597	866	994
现行汇率	683	641	933	852	644	907	1 061

正如上表数据所示，货币折算对报告利润产生了影响。在本例中，可以看出，汇率假设的不同（即采用固定汇率还是现行汇率）会对结果产生持续有偏的影响，且偏差的方向取决于所使用的货币种类。许多公司曾明确表示，编制外币财务报告的目的仅仅是为了方便报表用户。实际上，目前美国证券交易委员会所颁布的规则并不允许外国公司将报表折算成美元来披露，而是要求按原货币进行报表的编制和披露。然而在年报中，我们发现在外币折算这一尚未被明确规范的领域，公司可以采用一系列不同的方法，例如：

- 利润表项目按平均汇率折算，资产和负债项目按年末汇率折算。
- 所有项目均按平均汇率折算。
- 所有项目按年末汇率折算。在某些情况下，不仅当年的数据乃至以前年度相应的项目均按当年的年末汇率折算。

20. 3. 4 语言问题

当公司财务报告面向一个国际用户时，我们倾向于将其翻译成外文。但是由于其中有些问题，涉及我们前面所提及的社会结构和其他文化障碍，因此财务报告的翻译

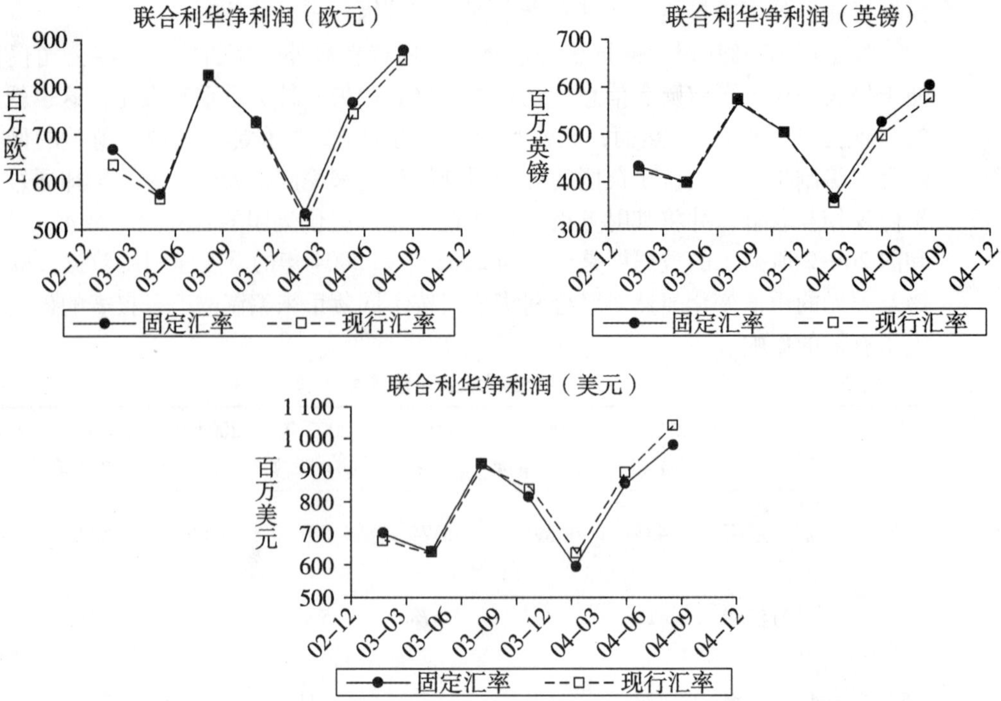

图 20—2　联合利华公司按照欧元、英镑和美元计算的季度净利润（2003—2004 年）

工作也并不是那么轻松容易的。毕竟，在翻译中要做到完全、真正的表意相同是很难的。问题是：在对财务报告进行翻译的过程中丢失了哪些信息，又增加了哪些信息？一些公司已经意识到将财务报告由原来的语言翻译成另一种语言时，国际财务交流中可能会出现错误。例如，一家世界领先的荷兰公司在其英文版财务报告中就指出："如果翻译存在冲突，那么应以荷语版的年度财务报告作为参照"。一家德国的跨国公司在其英文版财务报告中甚至发表了一项更加清晰的声明，否认其应对翻译的准确性负责，其声明称"审计师出具的审计报告是针对德语版的财务报表和经营报告作出的"。

对翻译准确性予以关注的原因之一是会计的专业术语具有特别的专用性。例如，术语"净营运资本"或"流动资金"就具有特定的意义，这是被与财务报告相关的会计职业界所认同的惯用含义，但对于其他人而言却很可能成为其阅读财务报告的障碍。甚至对于职业分析师来说，语言障碍也会成为其进行国际财务分析所面临的一大问题。例如，"真实和公允的观点"这个词汇，法文会将其翻译为"真实状况"（*une image fidèle*），对英国分析师来说这种翻译倒也还不算很难理解；但对于德文财务报表审计报告中相对不精确的表述"*ein den tatsächlichen Verhältnissen entsprechendes Bild*"，英国分析师则需要花费更大的精力去理解。

事实上，在有关财务比率等专业术语上我们也遇到了同样的问题。德语中的 *lnnenfinanzierungsspielraum* 一词兼有"内部融资"和"能力"的含义，而事实上它只是经营现金流量与新投资额的比值。在法语中，也存在这种有语言习惯的专业术语，如"*taux d' autofinancement*"（自我融资率），然而"自我融资"这一提法在英语中却并不常用。在某些情况下，一些专业术语只在翻译中使用，例如法语中的存货周转率（*rotation des stocks*）。另外，还有一些使用隐喻的情况，如德语中 *Anspannungskoeffizient* 与牛顿定律中杠杆的含义相同，同时还隐喻财务杠杆（即指总负债与总资本之比）。说法语的人都了解法兰西学院（Académie Française）的影响，因此即使在官方期刊《共和国杂志》（Official Journal of the Republic）中指出 *le software*（软件）一词用 *le logiciel* 来描述更为恰当，他们也不会感到惊讶。所以，*le PE ratio*（每股收益）更倾向于使用 *le coefficient de capitalisation des résultats* 来表达。如果需要的话，我们还可以举出更多的例子来证明国外的财务专业术语确实就像有着自身社会结构和文化内涵烙印的特洛伊木马，其出现并不仅仅是法语纯洁性的保护者们的反应。

20.3.5 根据国际公认会计原则重新编制财务报表

对于在多个国家经营的公司来说，会计准则国际化的进程应当有助于提高其财务报表的可比性。目前，许多公司的财务报表都是根据当地的会计制度编制的，然而为了帮助国外的财务报告使用者，这些公司又自愿根据国际公认会计原则来重述报表。例如，表 20—4 是瑞典沃尔沃公司在年报中所做的有关调整。该公司与其他许多跨国公司一样，提供按美国公认会计原则重新编制的财务报表。在一些证券交易所，例如伦敦证券交易所，对外国的上市公司也有一些类似的要求。当然最主要的影响来自美国证券交易委员会，其规定在该委员会注册的外国公司应按美国公认会计原则来编制财务报表或按其进行相应调整。目前，除非注册的外国公司按照国际财务报告准则编制财务报表，否则仍然需要遵守上述规定（见第 5 章）。

表 20—4　**沃尔沃公司根据美国公认会计原则编制的合并净收益等财务信息**

单位：百万瑞典克朗

净收益	2002 年	2003 年	2004 年
根据瑞典会计准则计算的净收益	1 393	298	9 355
净收益的增（减）项目：			
衍生工具和套期活动	1 772	882	228
商业合并	1 094	556	826
债务和权益证券投资	(9 616)	4 007	5 157
重组成本	—	—	311
离职后福利	669	(651)	(273)
软件开发	(212)	(211)	(119)
产品开发	(1 236)	(352)	(828)
入会费、飞机工程计划	(219)	(20)	(392)
其他	447	2	(60)
上述按美国公认会计原则调整所产生的所得税影响	(357)	(532)	211
净收益的净增加值（减少值）	(7 658)	3 681	5 061
符合美国公认会计原则的净损益	(6 265)	3 979	14 416

资料来源：获得沃尔沃集团总部的允许，根据沃尔沃集团 2004 年度财务报告改编。

应当指出的是，并不是所有跨国公司的年报都以类似的补充报表来提供重述数据，即使为美国投资者编制的年报也是如此。因此在这个领域内要获得更加全面的信息，分析师可能需要查询公司所编制的全套财务报告，包括在证券交易委员会存档的报告。

惠特曼和格雷（Weetman 和 Gray，1991）详细分析了不同会计准则对利润的影响，他们发现按照美国公认会计原则计算的利润比按照英国公认会计原则和荷兰公认会计原则计算的利润结果更加保守。诺顿（Norton，1995）比较了澳大利亚和美国的情况，而惠特曼等人（1998）则研究了 1988 年和 1994 年将按英国会计准则编制的财务报表调整为按美国会计准则编制的财务报表的情况，发现差异在扩大，主要原因在于对商誉、递延所得税和养老金成本等会计处理上的差异（也可以参考 Whittington，2000）。

最近，阿诗堡（Ashbaugh，2001）调查了自愿采用国际会计准则编制财务报告的情况，结果发现如果转换为美国公认会计原则则需要更多的会计政策变更，因此公司就更倾向于采纳国际会计准则。换句话说，公司愿意向国际读者提供更加标准化的财务信息，但同时也希望花费尽可能少的成本。有趣的是，在美国的上市公司不仅增加了对国际会计准则的遵循程度，同时也增加了整体的披露水平（Street 和 Bryant，2000）。而且还有证据表明，由于国际会计准则和美国公认会计原则之间的差异而带来的影响似乎正在减少（Street 等，2000）。事实上，在 2002 年对趋同达成正式协议（参见第 5 章）之前就已经如此了。

其他研究也探讨了美国公认会计原则、国际会计准则和其他国家的公认会计原则之间的差异。例如，巴思和克林奇（Barth 和 Clinch，1996）发现，与采用美国公认会计原则计算的收益相比，澳大利亚和英国所报告的净收益在解释股价的变动方面更加具有说服力，然而该净收益却与股票收益却呈反向关系。阿默（Amir，1993）等人也讨论了这一问题，哈里斯和穆勒（Harris 和 Muller，1999）所提供的进一步证据表明，对盈余调节表的调整是价值相关的。事实上，对国际会计准则调节表的调整似乎和股价更相关，而美国公认会计原则则与股价的变化更相关。

20.3.6 财务比率

进行财务比率分析或利用财务比率进行更为复杂的统计分析，通常是理解财务报表的基础。在公开披露的年报上一般附有财务比率；在一些国家，披露一系列财务比率指标也是很常见的。表 20—5 摘自芬兰诺基亚公司所披露的年报，通过该表我们可以了解公司披露财务比率信息的情况。

外部压力要求公司披露按照标准方法计算的财务比率，其原因之一是年报中可能没有提供按照统一方法计算这些比率所需要的信息；另一个原因为相同的比率常常可以用不同的公式进行计算。例如，在美国，在由罗伯特·莫里斯协会（Robert Morris Associates）发表的《年报分析》中，有关存货周转率的计算是将销售成本除以存货余额；而在《邓氏报告》（*Dun's Review*）中发布的“制造业公司的财务比率”中，有关存货周转率的计算则是用销售收入净额除以存货余额（Gibson，1980）。但是，公司披露财务比率时，也会采用多种不同的计算方法。例如，吉布森在对 100 家样本公司所做的分析中，就介绍了比较边际利润的 8 种计算方法。

表 20—5　　**诺基亚公司财务比率的披露**

关键比率和经济指标	2000 年	2001 年	2002 年	2003 年	2004 年
资本报酬率（%）	58.0	27.9	35.3	34.7	31.6
股东权益报酬率（%）	43.3	19.1	25.5	24.4	21.8
权益比率（%）	55.7	56.0	62.5	64.8	64.4
净债务权益比率（%）	-26	-41	-61	-71	-78

关键指标计算公式

$$\text{资本报酬率（\%）}=\frac{\text{扣除所得税和少数股东股利之前的损益}+\text{利息和其他财务费用}}{\text{股东平均权益}+\text{短期借款}+\text{长期有息负债（包括其中流动的部分）}+\text{少数股东权益}}$$

$$\text{股东权益报酬率（\%）}=\frac{\text{持续经营所获利润}}{\text{当年平均股东权益}}$$

$$\text{权益比率（\%）}=\frac{\text{股东权益}+\text{少数股东权益}}{\text{资产总额}-\text{预收款}}$$

$$\text{净债务权益比率（\%）}=\frac{\text{长期带息负债（含相关的当期部分）}+\text{短期负债}-\text{现金和其他流动性资产}}{\text{股东权益}+\text{少数股东权益}}$$

资料来源：诺基亚集团 2004 年年报，第 59 页。

另外，还有其他证据证明公司是有选择地进行财务比率披露的。在这里，我们要强调的观点是，公司管理者的“自利”原则将影响公司对外发布的财务指标的范围和计算方法，而分析师则很可能因此而忽视公司的整体实际状况。

20.4 理解财务报表

20.4.1 业绩的驱动因素

到这里为止，本章重点强调了企业在国际范围内经营的特殊性，因为其决定了企业的盈利性和组织结构，说明财务报表应当结合公司的经营环境来理解，并解释了一些国际公司实际上是如何报告这些问题的。

为了理解企业创造经营业绩的原动力，财务分析师发明了区分不同价值驱动因素的财务报表分析方法，包括企业以资产为基础获得销售收入的能力、可获得的销售利润边际以及在为这些经营活动提供资金时可以有效组合各种来源的资本等方法。按照上述方法，股东权益报酬率（ROE）可以按照下列财务比率进行分解（这些符号将在表 20—6 中的简要资产负债表和利润表中进行解释）：

股东权益报酬率 = 资产报酬率 ×（1 - 收入杠杆比率）/（1 - 资本杠杆比率）

其中，资产报酬率 = 销售报酬率 × 资产周转率

$$\frac{E}{SE}=\frac{OI}{NA}\times\left[\left(1-\frac{IC}{OI}\right)\Big/\left(1-\frac{TD}{NA}\right)\right]，\text{其中}\frac{OI}{NA}=\frac{OI}{S}\times\frac{S}{NA}$$

从上式中可以看出，股东权益报酬率（E/SE）是由下列因素所驱动的：

表 20—6 **简化资产负债表和财务比率**

资产负债表		**比率**	
股东权益	SE	盈利能力	
+负债	TD	权益报酬率	E/SE
=总资产	NA	总资产报酬率	OI/NA
利润表		销售报酬率	OI/S
销售收入	S	效率性	
-经营成本	OC	资产周转率	S/NA
=经营收入	OI	杠杆	
-利息	IC	收入杠杆比率	IC/OI
=盈余	E	资本杠杆比率	TD/NA

注：为简便起见，表和例子中不考虑税盾问题。经营收入是指扣除优先股股利和利息开支前的净收入。收入杠杆比率是利息与经营收入的比率，因此 IC/OI + E/OI = 1。资产负债表中与收入杠杆比率对应的是资本杠杆比率，是指短期和长期债务与总资本的比率，即 TD/NA。总资本也就是总资产，TD/NA + SE/NA = 1。由此，E/SE = OI/NA × E/OI × NA/SE。

- 经营活动，从总经营性资产（NA）中产生经营性收入（OI）——可总结为资产报酬率（OI/NA）；
- 融资活动，产生利息费用——这些杠杆效应从收入杠杆比率（这里指利息与息前收入的比率，IC/OI）和资本杠杆比率（这里指总债务和构成总资产来源的总资本的比率，TD/NA）中联合产生。

反过来，资产报酬率由下列因素所驱动：

- 利润边际，以销售报酬比率（OI/S）来说明；
- 为创造收入而对资本的使用效率，以资产周转率（S/NA）来说明。

表 20—7 列示了 3 家欧洲汽车制造企业的比率分析结果：菲亚特汽车公司（Fiat），大众汽车公司（Volkswagen）和沃尔沃公司。图 20—3 是以上 3 家公司的比较趋势图。从中我们可以看出，菲亚特在这段期间报告了较大的亏损。另外，在 2000 年—2004 年间，大众公司的股东报酬率逐渐下降，而沃尔沃公司的股东报酬率却逐渐上升。菲亚特的趋势是典型的“陡弯”，从 2002 年的低点处反弹上升，尽管总体水平仍然较低。有趣的是，5 年间，菲亚特和沃尔沃的资产周转率是上升的，而大众却在逐步下降。菲亚特的问题在于其依赖较高的债务比率，使得其股东报酬率不能反映经营收入的上升。分析表明，菲亚特的杠杆持续高于其竞争对手，而沃尔沃的杠杆持续低于其竞争对手。菲亚特的收入杠杆比率在这段期间相当不稳定——大于 1，这说明其经营收入不足于弥补利息支出。

表 20—7　　**比率分析：菲亚特汽车公司、大众汽车公司和沃尔沃公司**

	年份	股东权益报酬率（%）	收入杠杆	资本杠杆	资产报酬率（%）	销售报酬率（%）	资产周转率（%）
菲亚特	2001	-3.34	1.29	0.71	3.34	2.67	1.25
	2002	-46.85	-1.11	0.77	-5.01	-3.38	1.48
	2003	-25.46	4.27	0.75	1.97	1.20	1.64
	2004	-27.67	5.44	0.77	1.46	0.77	1.90
大众	2001	12.15	0.36	0.64	6.81	4.95	1.37
	2002	10.49	0.19	0.65	4.56	3.56	1.28
	2003	4.48	0.59	0.69	3.35	2.95	1.13
	2004	2.84	0.69	0.72	2.58	2.46	1.05
沃尔沃	2001	-1.72	-1.82	0.49	0.48	0.43	1.14
	2002	1.78	0.43	0.48	2.15	1.74	1.24
	2003	0.41	0.14	0.51	1.49	1.19	1.25
	2004	13.48	0.12	0.47	8.07	5.03	1.60

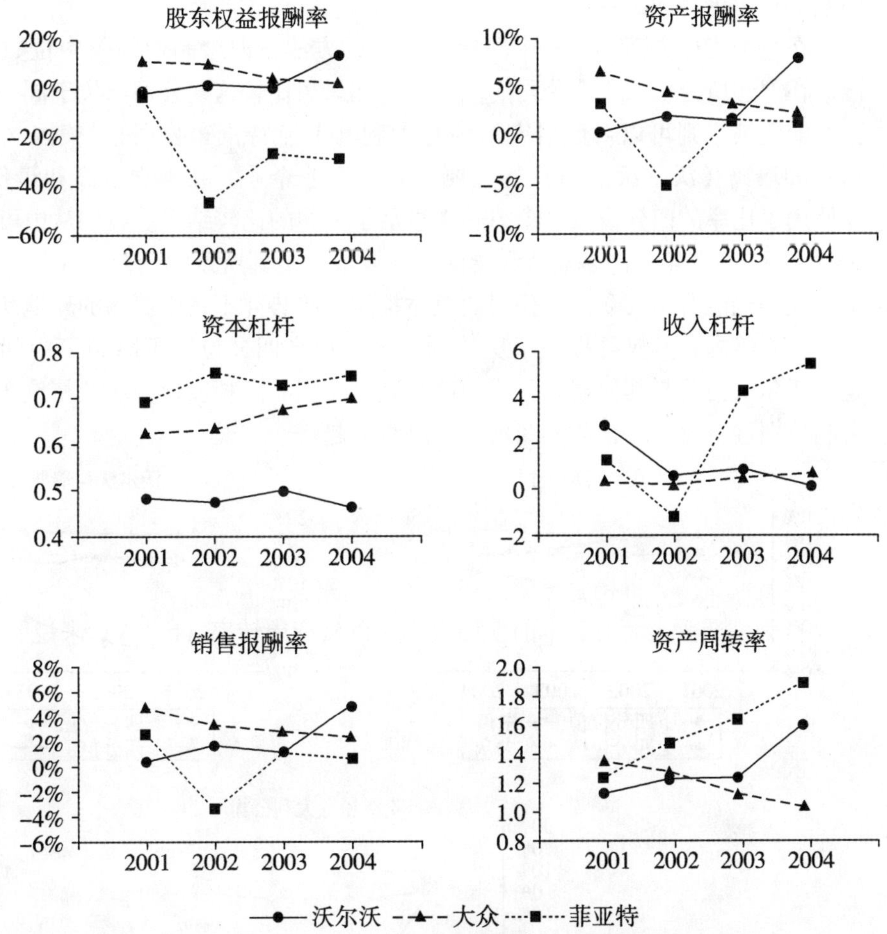

图 20—3　股东权益报酬率的驱动因素

20.4.2　基准

若想将公司和其经营环境联系起来，一种方法即是比较该公司的财务比率和宏观经济或行业的综合指数。可以将这些基准比率看作代表性指标，从而来评价对国家或行业的影响，也就是对所有参考公司产生的大致影响。分析师们在其分析报告中引用了诸多此类基准比率。另外，由于电子财务信息网络的迅速发展，有关部门和整体经济的统计资料如今已经可以轻松获得。诸如像汤姆森（Thomson）这样的信息中介和像世景（Worldscope）这样的产品，提供了定期更新的指数以作为同行评论的基准。

但是，当我们利用商业性财务信息服务机构所提供的信息来对某个特定国家（或一个国家的某个特定行业）的“平均影响”下结论时千万要谨慎。因为建立这些基准指标的子样本通常并不是专门为此目的而采集的。此外，这里还有一个很重要的理论问题，根据行业总体值计算的比率（例如，用该行业总的经营活动现金流量除以总销售额）很可能不同于根据该行业各个公司的平均值计算的比率，而且该值还依赖于公司的规模分布、成长性和其他行业结构因素（Mcleay 和 Fieldsend，1987；Mcleay 和 Trigueiros，2001）。乔伊（Choi，1983）等人对国际财务分析中比率的误用问题进行了更为详细的分析。

在基准指标方面存在一个简单却有效的方法，即绘制业绩与中位数比率的对照图。在上述所分析的 3 个公司的例子中，如果想比较这些公司与位于同一国家的其他公司的业绩，则可以对照研究组为意大利（菲亚特汽车公司）、德国（大众汽车公司）和瑞典（沃尔沃公司）的主要工业和商业企业。在确立最高和最低参考点时，还使用了比率的四分位数。图 20—4 显示了具体的比较结果。我们从中可以看出，在 2001 年和 2002 年，许多瑞典和德国的企业报告了其所发生的重大净损失。在此背景下，我们也能看出大众汽车公司的权益报酬率趋势并不是由德国的环境所决定的，因为在这 4 年内，其权益报酬率从德国公司的最高四分位数下降到了中间值以下。但是，沃尔沃公司与其他瑞典公司的趋势则是相同的。相反地，菲亚特汽车公司在和意大利公司进行比较时，其业绩出现了反常的趋势。

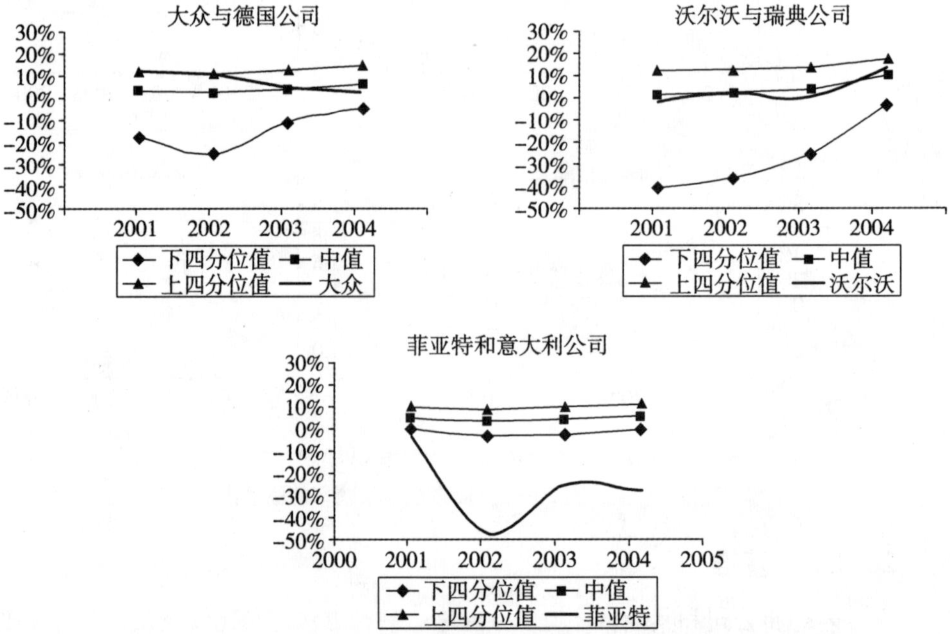

图 20—4　权益报酬率基准

20.5 财务分析与资本市场

财务信息的价值相关性在每个资本市场上都有所不同，特别是在公司盈余方面（Alford 等，1993；Saudagaran 和 Meek，1997）。欧洲于20世纪80年代所做的协调努力并没有将这些差异完全消除。乔斯和朗（Joos 和 Lang，1994）所做的研究考察了欧盟会计指令对盈余和股票价格之间关系的影响，同时也调查了诸如权益报酬率、市盈率和账面价值对公平市价的比率等其他指标。当时会计环境的变化似乎对资本市场的影响很小，因此上述作者得出结论，会计指令在融入各国法律之后，并没有发现盈余和其他会计数字的价值相关性有趋同的迹象。

从德国公司来看，德国财务分析和投资咨询协会（DVFA）试图通过设计一种公式来克服这些缺陷，主要目的是为了调整利润数据以便用于市场估价。波伯和瑞斯（Pope 和 Rees，1992）以及海尔斯（Harris，1994）等人的研究发现，德国会计法律发生变化之后的一年中，按德国财务分析和投资咨询协会的要求所进行的调整提高了盈余的股价解释能力。迈尔斯和诺比斯（Miles 和 Nobes，1998）在有关伦敦分析师的一项研究中，报告了其为国际会计差异所进行的调整。他们还发现，对于许多重要差异，人们并不经常对其进行调整，不过按照20.3部分所述，经常公布对诸如国际会计准则和美国公认会计原则等的调整为这方面提供了更加详细的信息。

财务分析师的一个重要任务即是在财务报告数据质量不高时，为投资者提供“更优质”的每股盈余数据，并对未来的每股盈余进行预测。例如，图20—5总结了许多分析师对诺基亚盈余的预测，这显示了机构经纪人预测系统（IBES）对诺基亚未来一年（FY1）和未来两年（FY2）盈余情况的平均估计，并将其与对S&P 500公司所做的平均未来盈余估计进行了对比。有时分析师的预测误差（即预测盈余和其后所报告的实际盈余之间的差距）也会过大，以至于投资者不能依赖这种预测。然而证据表明，分析师提供的未来每股盈余预测有助于进行市场估价。进行这样的预测需要理解企业及其竞争者的发展方向，莫耶斯（Moyes，2001）等人的调查结果显示，有关预测所需考虑的各种因素的重要性在不同国家之间存在着差异。上述调查人员还指出，英国分析师更加关注国际化的问题，而美国分析师则更依赖管理者指南。然而，很显然，分析师预测每股盈余的难易程度受诸多其他因素的影响。

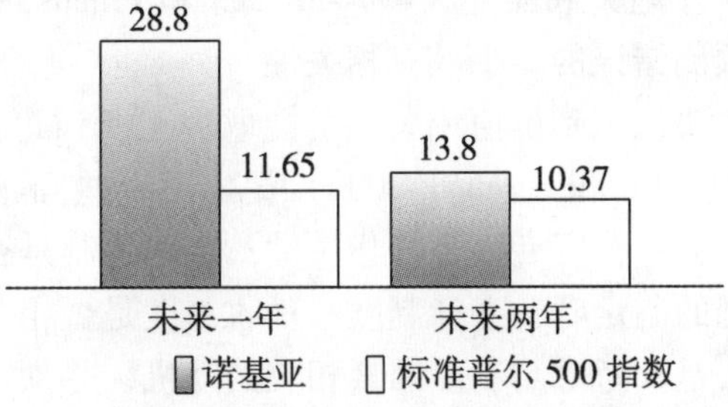

图20—5　分析师对诺基亚的盈余预测

在盈余不稳定时进行预测将变得更加困难，如果会计实务中存在平滑收益或夸大收益的行为，则对每股盈余的报告行为也将受到影响。图20—6展示了欧洲公司的盈余情况，其中意大利公司的盈余情况最不稳定，而荷兰最稳定。卡普斯塔夫（Capstaff，

2001）等人的研究也证明，分析师的盈余预测通常胜过无知的预测，但这种预测一般都比较乐观，并且预测期间越长越不准确。这些研究人员还发现，分析师所做的预测在荷兰的公司中运用得最好，在意大利的公司中则最不成功。这和图20—6中的不稳定性排序是一致的。

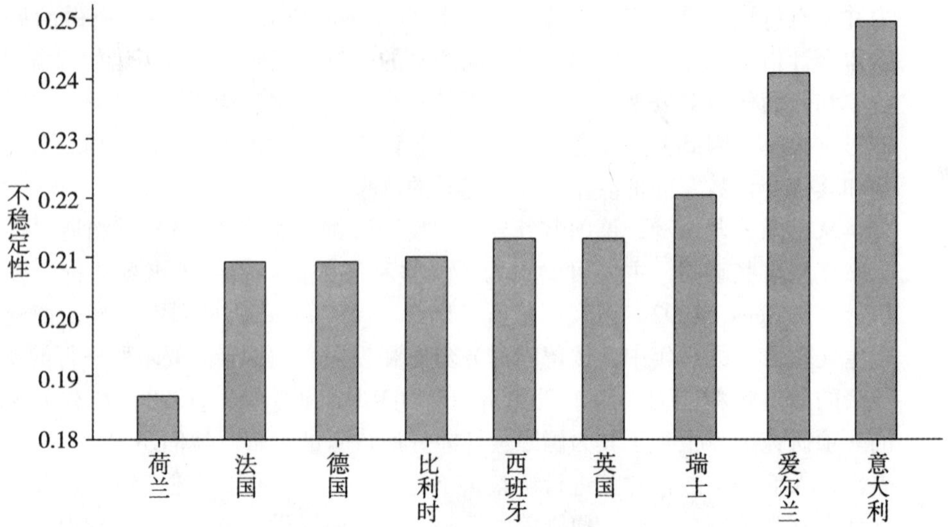

图20—6　欧洲盈余的不稳定性

财务披露的频率和时间也会影响分析师的预测。披露的形式各异，不仅有法律要求的年度财务报告，还有资本市场的额外披露规定，以及为投资者提供的中期报告和其他公告，如初步盈余报告等。如前所述，来自分析师的压力促使公司更频繁和及时地披露报告。例如，在对大型国际公司的研究中，弗罗斯特和波纳尔（Frost 和 Pownall，1994）指出美国年末和报告发布日中间的报告延迟期平均为39天，在英国则为48天。一些公司的报告日期一直延迟到所准许的最后期限。对年报来说，有时这种准许的期限很长，在德国竟长达9个月。

预测的准确度还与任务的复杂性相关（Hope，2003）。尤其是在那些会计准则得到强有力执行的国家，经理人会遵守指定的规则，这似乎减少了分析师的不确定性，并由此导致更准确的预测。最后，本地和国际会计准则的差异也与分析师的盈余预测准确性相关。阿什鲍夫和品克斯（Ashbaugh 和 Pincus，2001）的研究表明，采用国际会计准则和预测错误的减少具有相关性。

重要的是，要认识到价值相关性可能取决于所讨论国家/地区的制度背景。在这方面，阿里和黄（Ali 和 Hwang，2000）提出了一些问题。例如，一般的犯罪是否会导致财务报表失去对投资者而言的相关性？金融体制是否以银行为导向？政府是否是会计法规和规则的制定者？会计制度和税收制度是否相关联？事实上，有关上述问题的一般处理方法是，考虑与制度因素相关的动机，并预计其将如何影响会计盈余。例如，当政府构建并实施国家会计准则时，一般会有来自企业协会、银行和雇员组织的代表参加。在企业层次，往往采用利益相关者治理。鲍尔（Ball，2000）等比较了利益相关者治理和股东治理。在前一种治理模式下，对利益相关者的支付更多地和会计收入相联系，管理者也会有更多的判断能力来决策什么时候将利润和损失纳入会计收入。另外，与内部人的直接沟通应当解决管理者和利益相关者之间的信息不对称问题。相对而言，股东治理模式更多地依赖资本市场的外部监管，对及时公开信息披露也有更多的要求，其保守的盈余计算也会使得管理者看上去更值得信赖。

及时性和保守性是导致不同国家间会计数字差异的关键因素（Pope 和 Walker，1999）。及时性是指当前收益中包含经济收益的程度，经济收益可以通过权益市场价值的变化来体现。保守性则被定义为损失确认的速度超过利得确认速度的程度。例如，未实现利得不进行确认，资产的未实现减值则被立刻确认。图 20—7 根据鲍尔（Ball，2000）等人的研究，显示了市场价值变化与盈余变化之间的关系，其中市场价值以收入来表示，盈余以收益率来表示。与好消息（正收益）相比，坏消息（负收益）的曲线更为陡峭，这说明了会计的保守性。德国的情况尤其有意思。一般都认为德国的会计是谨慎的，因为资产价值的增加不可以在财务报表中体现。而且在过去，准备金的存在使得企业有很大的决定权通过在好的年份减少收入来平滑收益（Gray，1980）。然而在这种市场导向的分析中，德国会计不应再被看作是极端保守的。

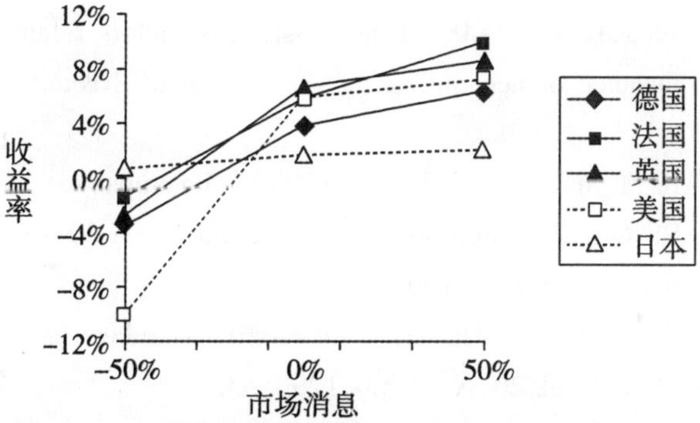

图 20—7　会计的保守性和及时性

日本是另外一种类型的内部人体系，其会计既不及时也不保守。盈余中根本不包括经济收入，负的和正的斜率都接近于零。另一个极端是美国（一种典型的外部人体系），美国的会计被认为是更加及时和最为保守的。

总而言之，想对财务报告信息进行国际间的比较，需要较好地理解司法体系、证券法和所有权结构等如何影响企业经理人出具财务报表的方式，以及导致对可靠会计信息进行缔约和监督的需求。在这种背景下，布什曼和皮奥托斯基（Bushman 和 Piotroski，2005）的研究表明，相对于司法体系质量较低的国家，在司法体系质量较高的国家中，企业对报告中坏消息的反应往往更快；如果证券法能够得到强有力地公开执行，则能够通过减缓对盈余利好消息的识别从而来减少乐观主义；在资本所有权已从经营权中被分离出来情况下，若股份被分散持有，则盈余通常是保守的。由于企业不断加强对全球市场的开发，因此国家间的会计差异所起的影响作用将越来越小（Raonic 等，2004）。但是差异仍然存在：在美国上市的外国企业，和其他企业相比，仍然有更多的盈余管理以及更少的及时确认损失等迹象（Lang 等，2003）。

小结

- 国际财务分析师需要考虑公司所处的经营环境对其所报告的经营成果将产生

哪些影响。由于某种原因，分析师们在评价公司业绩差异或公司本身的结构时，应当考虑到由于公司经营所处国家的不同而产生的影响。

• 同时还需要考虑会计方法的差异，事实上，会计方法在某种程度上取决于公司经营所在国的社会制度和金融制度，甚至会与其发生互动作用。

• 一些公司提供了那些能够帮助外国使用者更好地理解本国会计制度、税务制度等的财务信息以及与当地融资约束相关的其他信息。

• 考虑到上述问题的存在，财务分析师可参考恰当的同行业对照组来评价公司的业绩和结构，并意识到预测的准确性和市场价值将会受到国际会计差异的严重影响。

参考文献

Alford, A., Jones, J., Leftwich, R. and Zmijewski, M. (1993) 'The relative informativeness of accounting disclosures in different countries', *Journal of Accounting Research*, Vol. 31 (Supplement), pp. 183 – 223.

Ali, A. and Hwang, L. S. (2000) 'Country-specific factors related to financial reporting and the value relevance of accounting data', *Journal of Accounting Research*, Vol. 38, No. 1, pp. 1 – 22.

Amir, E., Harris, T. and Venuti, E. K. (1993) 'A comparison of the value-relevance of US versus non-US GAAP accounting measures using Form 20 – F reconciliations', *Journal of Accounting Research*, Supplement.

Ashbaugh, H. (2001) 'Non-US firms' accounting standard choices', *Journal of Accounting and Public Policy*, Vol. 20, No. 2, pp. 129 – 53.

Ashbaugh, H. and Pincus, M. (2001), 'Domestic accounting standards, international accounting standards and the predictability of earnings', *Journal of Accounting Research*, Vol. 39, No. 3, pp. 417 – 34.

Ball, R., Kothari, S. P. and Robin, A. (2000) 'The effect of international institutional factors on properties of accounting earnings', *Journal of Accounting and Economics*, Vol. 29, No. 1, pp. 1 – 51.

Barth, M. and Clinch, G. (1996) 'International accounting differences and their relation to share prices', *Contemporary Accounting Research*, No. 1.

Bushman, R. and Piotroski, J. (2005), 'Financial reporting incentives for conservative accounting: the influence of legal and political institutions', *Journal of Accounting and Economics*, forthcoming.

Capstaff, J., Paudyal, K. and Rees, W. (2001) 'A comparative analysis of earnings forecasts in Europe', *Journal of Business Finance and Accounting*, Vol. 28, No. 5 – 6, pp. 531 – 62.

Chang, L. S., Most, K. S. and Brain, C. W. (1983) 'The utility of annual reports: an international study', *Journal of International Business Studies*, Spring/Summer, pp. 63 – 84.

Choi, F. D. S. and Levich, R. M. (1990) *The Capital Market Effects of International*

Accounting Diversity, Dow Jones Irwin, IL.

Choi, F. D. S., Hino, H., Sang, K. M., Sang, O. N., Ujiie, J. and Stonehill, A. I. (1983) 'Analyzing foreign financial statements: the use and misuse of international ratio analysis', *Journal of International Business Studies*, Spring/Summer, pp. 113 – 31.

Cooke, T. E. (1989) 'Voluntary corporate disclosure by Swedish companies', *Journal of International Financial Management*, Summer, pp. 171 – 95.

Ewert, R., and Wagenhofer, A. (2005), 'Economic effects of tightening accounting standards to restrict earnings management'. *Accounting Review*, October.

Frost, C. and Pownall, G. (1994) 'Accounting disclosure practices in the United States and the United Kingdom', *Journal of Accounting Research*, Vol. 32, No. 1, pp. 75 – 102.

Gibson, C. H. (1980) 'The need for disclosure of uniform financial ratios', *Journal of Accountancy*, May, pp. 78 – 84.

Gray, S. J. (1980) 'The impact of international accounting differences from a security-analysis perspective', *Journal of Accounting Research*, Spring, pp. 64 – 76.

Gray, S. J., Meek, G. K. and Roberts, C. B. (1995) 'International capital market pressures and voluntary annual report disclosures by US and UK multinationals', *Journal of International Financial Management and Accounting*, Vol. 6, No. 1.

Harris, T. S., Lang, M. and Möller, H. P. (1994) 'The value relevance of German accounting measures – an empirical analysis', *Journal of Accounting Research*, Vol. 32, No. 2, pp. 187 – 209.

Harris, M. S. and Muller, K. A. (1999) 'The market valuation of IAS versus US-GAAP accounting measures using Form 20-F reconciliations', *Journal of Accounting and Economics*, Vol. 26, No. 1 – 3, pp. 285 – 312.

Hope, O. (2004) 'Variations in the financial reporting environment and earnings forecasting', *Journal of International Financial Management and Accounting*, Vol. 15, No. 1, pp. 22.

Joos, P. and Lang, M. (1994) 'The effects of accounting diversity: evidence from the European Union', *Journal of Accounting Research*, Vol. 32, Supplement, pp. 141 – 75.

Lang, M., Raedy, J. and M. Yetman (2003), 'How representative are firms that are cross-listed in the United States? An analysis of accounting quality', *Journal of Accounting Research*, Vol. 41, No. 2, pp. 363 – 86.

Leuz, C., Nanda, D. and Wysocki, P. D. (2003), 'Earnings management and investor protection: an international comparison', *Journal of Financial Economics*, Vol. 69, pp. 505 – 27.

McLeay, S. J. (1986) 'The ratio of means, the mean of ratios and other benchmarks: an examination of characteristic financial ratios in the French corporate sector', *Finance – the Journal of the French Finance Association*, Vol. 7, No. 1, pp. 75 – 93.

McLeay, S. J. and Fieldsend, S. (1987) 'Sector and size effects in ratio analysis – an indirect test of ratio proportionality', *Accounting and Business Research*, Spring, pp. 133 – 40.

McLeay, S. J. and Trigueiros, D. (2002) 'Proportionate growth and the theoretical foundations of financial ratios', *Abacus*, Vol. 38, No. 3, pp. 297 – 316.

Miles, S. and Nobes, C. W. (1998) 'The use of foreign accounting data in UK financial institutions', *Journal of Business Finance and Accounting*, April/May, pp. 309 – 28.

Moyes G. D., Saadouni B., Simon J. and Williams, P. A. (2001) 'A comparison of factors affecting UK and US analyst forecast revisions', *International Journal of Accounting*, Vol. 36, No. 1, pp. 47 – 63.

Norton, J. (1995) 'The impact of financial accounting practices on the measurement of profit and equity: Australia versus the United States', *Abacus*, September.

Pinto, J. A. (2001) 'Foreign currency translation adjustments as predictors of earning changes', *Journal of International Accounting, Auditing and Taxation*, Vol. 10, No. 1, pp. 51 – 69.

Pope, P. F. and Rees, W. (1992) 'International differences in GAAP and the pricing of earnings', *Journal of International Financial Management and Accounting*, No. 3.

Pope, P. and Walker, M. (1999) 'International differences in the timeliness, conservatism, and classification of earnings', *Journal of Accounting Research*, Vol. 37, Supplement, pp. 53 – 88.

Saudagaran, S. M. and Meek, G. K. (1997) 'A review of research on the relationship between international capital markets and financial reporting in multinational firms', *Journal of Accounting Literature*, Vol. 16, pp. 127 – 59.

Raonic, I., McLeay, S. and Asimakopoulos, I. (2004), 'The timeliness of income recognition by European companies: An analysis of institutional and market complexity'. *Journal of Business, Finance and Accounting*, Vol. 31, Nos. 1 & 2, pp. 115 – 48.

Street, D. L. and Bryant, S. M. (2000) 'Disclosure level and compliance with IASs: A comparison of companies with and without US listings and filings', *International Journal of Accounting*, Vol. 35, No. 3, pp. 305 – 29.

Street, D. L., Nichols, N. B. and Gray, S. J. (2000) 'Assessing the acceptability of international accounting standards in the US: an empirical study of the materiality of US GAAP reconciliations by non – US companies complying with IASC standards', *International Journal of Accounting*, Vol. 35, No. 1, pp. 27 – 63.

Weetman, P. and Gray, S. J. (1991) 'A comparative international analysis of the impact of accounting principles on profits: the USA versus the UK, Sweden and the Netherlands', *Accounting and Business Research*, Autumn, pp. 363 – 79.

Weetman, P., Jones, E. A. E., Adams, C. A. and Gray, S. J. (1998) 'Profit measurement and UK accounting standards: a case of increasing disharmony in relation to US GAAP and IASs', *Accounting and Business Research*, Summer.

Whittington, M. (2000) 'Problems in comparing financial performance across international boundaries: a case study approach', *International Journal of Accounting*, Vol. 35, No. 3, pp. 399 – 413.

实用网址

http：//money. cnn. com/magazines/fortune/global500

http：//finance. yahoo. com

www. irin. com/cgi – bin/main. cgi

www. tdd. lt/slnew/Stock – Exchanges/Stock. Exchanges. html

www. oanda. com/convert/classic

课后问题

书末提供带星号问题的参考答案。

20.1* 在一个尚未实现充分协调的世界中，上市公司年度财务报表的编制者和使用者是如何应对国际会计差异的？

20.2* 在对各国公司的年度财务报告进行分析比较时，财务分析师遇到的主要困难是什么？财务报告中的哪一部分最有助于他们进行这类比较分析？

20.3 请讨论“对年度财务报表使用者而言，最好的办法是避开外国公司”这种说法。

20.4 跨国公司通常会将其年度财务报告译成哪些国家的语言？为什么？

20.5 本章讨论了两种衡量保守性的方法：比较不同公认会计原则下的利润数据以及对好消息和坏消息进行对称确认。上述方法都有哪些优点和缺点？

20.6 辨认并讨论分析师在区分和考察与公司政策和特征相关的特殊行为之前所必须考虑的文化与制度因素。

20.7 国际会计准则在世界范围内的应用是否会解决国际财务分析师的问题？

第 21 章　国际审计

简·布斯曼、格雷厄姆·吉尔摩①

内容

目标

读完本章后，您应当能够：

- 解释审计为什么会国际化以及它是如何国际化的，尤其要考虑跨国公司的作用、国际资本市场、国际会计师事务所和协调化等问题。
- 解释国际会计师联合会为什么以及如何成为国际审计准则的主要制定者。
- 讨论道德、技术标准和质量控制在国际审计中的作用。
- 讨论国际审计程序的各个步骤。
- 讨论在国际环境下的审计期望差距。

21.1　引言

本章的标题“国际审计”看起来是个新名词，但本章将向您说明当今的审计实际上早已国际化了。美国会计学会（AAA）的“基础审计概念委员会”（Committee

---

① 在早期版本中，本章第一版本的合作者有阿姆斯特丹自由大学的简·克拉森（Jan Klaassen）。

on Basic Auditing Concepts）曾在其 1973 年发布的“基础审计概念说明书”（A Statement of Basic Auditing Concepts）中对“审计”一词做过如下定义：

审计是一个客观地获取和评价与经济活动和经济事项的认定有关的证据，以确认这些认定与既定标准之间的符合程度，并把审计结果传达给有利害关系的用户的系统过程。

这些有关经济活动和经济事项的认定通常会被具体化为会计数据，储存于会计信息系统之中，并最终形成财务报告。这些数据表现了诸如市场价格变动等交易活动或事项。

审计是一个系统过程，具体包括如下步骤：

- 接受委托并签订业务委托书。
- 编制审计计划和进行风险评估。
- 收集审计证据。
- 审计报告。

上述程序适用于相当广泛的业务委托类型，例如对非财务信息的报告。目前世界上有许多项目都是审查公司对各种非财务信息的报告，而且也有许多审计师可以对这些信息提供鉴证或保证服务。然而，在本章，我们仅仅讨论财务报表审计。

公共会计师或外部审计师是指那些能够就某组织的财务报表是否真实、公允，以及是否遵循了会计原则等发表意见，从而对该组织的财务报表实施独立审计的人员。外部审计师通常是为了财务信息的外部利益关系人，如投资者和债权人等而对财务报表进行评价，但他们所起的作用通常会因国而异。如前所述，在美国和大多数盎格鲁—撒克逊国家中，外部独立审计师的审计意见被包含在企业对外发布的财务报告之中，用以增强财务报表对于投资者和债权人的可信度。事实上，在德国，对企业财务报告合法性的要求与企业的税务申报紧密相关，结果导致德国的审计历来更注重财务报告的合法性以及报表是否符合纳税的要求，而并不关注外部利益关系人对财务报表披露的真实性和公允性的要求。但威尔腾（Vieten，1995）所做的研究则指出，盎格鲁·撒克逊国家和德国之间的差异并不像我们通常所认为的那样泾渭分明。

审计国际化是指各国审计准则和规则的协调，以及建立在一个或多个审计规则基础上、对跨国公司财务信息所做的审计。

若公司的经营活动被局限在其所在国家的疆界范围内，且公司股东大多居住在公司经营所在国，则该公司用于审计的原则和技术取决于该国的审计师，以及制定本国惯例的国家会计机构。结果是，审计师的作用和审计师对诸如股东、投资人、管理层和其他利益关系主体等公司各利益关系人的责任，均在特定国家的社会环境中得到了发展。这些影响还反映在审计师接受教育的过程中。在一些国家，未来的审计师们主要在大学的经济系或商学院接受教育；而在另一些国家，大多数审计师的教育则是通过专门的教育机构所提供的正式培训或通过在职培训来获得的。

此外，由于从传统意义上来说各国进行财务报告的目的各不相同，因此各国的审计职业对公司的管理层、银行、投资者以及税务部门所发挥的作用也不尽相同。在这里，本章只讨论独立审计人员出于股东的利益对公司所公布的财务报表发表审计意见的活动。而其他的审计活动，如税务审计、内部审计和政府部门审计等则均不在本章讨论的范围之内。

审计的国际化始于跨国公司编制合并财务报表。这些报表的编制通常建立在一系列会计原则的基础之上，为此公司总部需将其所采用的会计原则告知子公司；同时，母公司的审计师还应积极建立规则以确保其对子公司进行审计的质量。一段时间后，对国际审计职业界协调各国审计师的工作方法并建立国际审计规则的需求越发显著。

导致审计国际化的因素包括：

- 跨国公司的出现。
- 资本市场的日益国际化。
- 国际会计师事务所的成长，且这些事务所在审计方法、培训和质量审核方面运用相同的方法。
- 围绕会计和审计共同的国际性框架所进行的协调。

下一部分我们将讨论这些因素。第 21. 3 部分讨论包括会计师国际联合会在内的国际机构在颁布国际审计准则方面所发挥的作用；第 21. 4 部分则详细描述了国际审计程序。

21. 2　审计国际化的原因

21. 2. 1　跨国公司的作用

跨国公司的产生在很大程度上促进了审计的国际化。首先，跨国公司开展境外业务，而这些业务正需要审计。当跨国公司编制合并财务报表时，通常需要审计师按照跨国公司母公司所在国的规则来对这些财务报表进行审计。

因此，跨国公司总部通常会要求审计师制定一些标准以保证其在外国子公司的审计质量。这促使母公司的审计师向分公司所在国的审计师提供有关审计要求的指南，以便向公司最高管理层报告公司的全球经营状况，报告真实公允的合并财务报表并承担审计责任。事实上，不仅审计师们关注跨国公司分公司所在地的报表审计质量，跨国公司总部的管理层同样也需要确定当地的审计能保证分公司管理层所提供信息的可信度。这就要求在分公司当地实施审计的审计师按照跨国公司总部的管理层和母公司审计师所要求的审计方式来实施审计。这些发展使新的审计技术被引入某些国家，并使各地分公司与跨国公司总部的管理层之间有了新的交流方式。

跨国公司的发展还促进了会计师事务所职能的发展，并促进了会计师事务所之间的合并。合并的原因之一是为了保持会计师事务所的独立性。一般而言，审计职业界认为，其客户的规模不应当成为会计师事务所保持独立性的威胁。进一步来说，由于大的会计师事务所通常拥有一定的技术和地域能力，因此能为其大客户提供恰当的服务。

需要强调的一点是，随着客户逐渐成长并将其业务拓展到国外，会计师事务所希望能继续为这些跨国客户提供服务。一些会计师事务所为此在其主要客户的所在地成立国外办事处，朴斯特（Post，1998）等人对荷兰的大型会计师事务所在国外成立办事处的过程进行了考察。另一些会计师事务所则通过与国外的会计师事务所合并，来保持其为客户提供全球服务的能力。通过以上两种努力，会计师事务所可以让其跨国客户相信，由一个会计师事务所来完成跨国公司子公司和分公司于各所在国的业务的审计工作是可能的。这就需要会计师事务所对在全球范围内进行审计的广度、深度以及审计的优先次序等问题进行集中决策（例如，会计师事务所所使用的重要性水平，可能导致其对小规模的分公司实施有限的审核）。当然，当在全球范围内使用同一个会计师事务所所提供服务的同时，也出现了有关全球审计费用问题的讨论。

除了由于合并财务报表目的而产生的审计需求外，还有对各地子公司实施法定审计的需求。当然在这种情况下，法定审计的审计程序通常会与因合并财务报表目的而实施审计的程序相结合。由于会计协调尚未达到使跨国公司经营所及的所有国家均可按照统一的会计原则编制法定报表的阶段，因此各国的国家会计制度仍是进行法定审计的依据。正因为如此，在许多审计程序已经国际化的情况下，位于各地的子公司仍然遵循所在国财务报告制度的要求来编制法定财务报表。

21.2.2 国际资本市场对国际审计的需求

某些公司在国际资本市场上融资，其对国际审计的需求在相当程度上也可以从报表使用者的角度来解释。对于国际资本市场的投资者而言，审计报告和审计工作的质量对其判断财务报表和其他财务信息的可信度是至关重要的，他们将根据审计后的财务报表和财务信息来做投资和信贷决策。

在国际资本市场中，投资者和债权人面对着外国公司的资本需求，而这些外国公司所公布的财务报表则是按照国外的法律和制度编制的。从某种程度上来说，财务报告上所附加的信息披露可以满足使用者对信息比较的需求，因此在一些资本市场中，市场的规范者要求所出具的财务报告需披露大量的附加信息。为了能够依据外国公司所公布的财务信息作出正确的决策，加强信息披露很重要，提高审计的质量也同样重要。因此，不论对资本市场的监管者来说，还是对投资者（对外国的权益工具和债权工具进行投资）来说，让审计报告所能发挥的作用、实施审计的质量与资本市场的预期保持一致都是十分重要的。为了达到这样的质量水平，国外的审计师们必须十分熟悉资本市场所在国对财务报告和审计的要求，并按照这些要求对财务报表实施审计。同时，为了有效表达审计师的观点，审计报告的措辞也是很重要的。各国审计师在强调“真实与公允的观点”（Nobes，1993）以及财务报表遵循法律规范的重要性等问题上所持的观点不尽相同，因此各国审计师对审计报告发表所持的意见也有着很大的差别。为了在国际资本市场上恰当地表达审计师的观点，有必要基本统一审计报告的国际通用措辞以准确表达审计师的审计意见。

国际证监会组织（IOSCO）希望能够消除国际资本市场的壁垒（见第4章）。为了实现统一的审计质量水平，增强通过审计报告进行国际交流的有效性，该组织已经就国际审计准则问题与国际会计师联合会（IFAC）进行了密切磋商。正如21.3部分所述，国际证监会组织已经开始着手对国际审计准则进行研究，以确定这些准则是否适用于跨国上市的公司。

21.2.3 国际会计师事务所的作用

审计的国际化在很大程度上是在国际会计师事务所内部进行的。如表21—1所示，在过去的几十年里，许多本地的会计师事务所均被并入国际审计集团之中。从20世纪80年代到90年代，国际化的会计师事务所之间曾经有过4次大的并购浪潮，结果导致五大（现在是四大）国际会计师事务所的出现（由于最近一些公司出售了咨询分部，导致表中的收入数据并没有显示出统一的增长趋势）。

表21—1　**大型国际会计师事务所的发展和并购（收入以百万美元来表示）**

名称	1992年		2000年		2006年	
	世界	美国	世界	美国	世界	美国
普华永道国际会计师事务所			19 566	8 299	21 986	6 922
（前身为永道会计师事务所和	5 350	1 557				
普华会计师事务所）	3 761	1 370				
安达信会计师事务所	5 577	2 680	8 400	3 600	—	—
安永会计师事务所	5 701	2 281	9 200	4 271	18 359	6 890
毕马威会计师事务所	6 153	1 820	13 500	4 724	16 880	4 802
德勤会计师事务所	4 800	1 955	12 508	5 838	20 000	8 769

资料来源：摘自《国际会计公告》，1992（12）、2000（12）和2007（2）；《会计师》，2007（6）（其中一些数据是估计的）。安达信和安永2000年的收入数据不包括已经分拆出去的咨询分部，否则上述数据的数值将会更高。2002年，由于安达信中止经营，因此没有其这一年度的收入数据。普华永道2006年的数据不包括事务所咨询业务被处置之后的咨询收入。

这些最重要的国际会计师事务所是从它们的母国——美国或英国发展起来的，但其相互之间却有着很大的个体差异，这种差异既表现在它们的活动方式上，也表现在它们的组织结构上。另外，从历史上来看，其经营模式各异，既有采用高度集权式经营模式的（安达信会计师事务所），也有采用分权式经营模式的（毕马威会计师事务所）。然而，它们在国际业务方面却越来越多地倾向于采用统一的方法。集权管理的会计师事务所的许多职能均是由中央层次来行使的，而分权管理的会计师事务所主要对营销战略和一些技术职能采用中央决策。

至于这些会计师事务所的组织结构，大多数大型国际会计师事务所都采取成员公司国际网络的形式，它们有着共同的技术和经营标准以及方法、培训和流程。然而每个国家的成员公司同时还是各自独立的法律实体。

大型会计师事务所的国际化特征可从以下方面得以证实：

- 审计采用国际化的方法。
- 国际化的质量控制系统。
- 审计产品开发。
- 国际化的营销和沟通战略。

审计的国际化方法通常是指采用统一的审计程序，且程序中的每一个步骤都有明确的定义和对审计方法的详细描述。例如，对审计计划程序的描述，对风险评估程序的描述，对测试方法的描述（如实质性测试——检查凭证的真实性或检查内控制度）等。另外，对审计报告和审计结果交流程序的描述也是这种国际审计程序的组成部分。

建立国际通用审计程序的目的主要包括如下 2 个方面：

（1）让跨国公司客户确信会计师事务所在全球范围内的所有成员均采用统一的标准以确保审计质量。

（2）在国际范围内实施统一审计的主要程序可以在全球范围内提高会计师事务所的审计效率和效果。采用全球统一的审计方法还便于各国或各组织间审计技术问题的交流，例如在实施审计的过程中对重要性水平的选择等。

通过国际化审计方法的运用，使会计师事务所在国际范围内制定审计程序成为可能，会计师事务所的部分成本也因此得以降低，同时这也防止了运用于跨国公司某一子公司的具体审计方法与国际通用方法不一致的情况发生。然而，就当地法定审计的强制性和被审计公司各主要经营或者融资所在地的管制差异而言，这样的成本节约额是非常有限的。与各国所采用的不同的审计方法相比，采用国际化审计方法的另一个好处是使会计师事务所可以更方便地在各国间进行人事调动，这也提高了管理效率。此外，采用国际化的审计方法还可以帮助审计师洞察在全球范围内应优先关注哪些风险。

尽管会计师事务所对跨国公司客户进行审计时所运用的审计方法是国际通用的，但是编制报表所采用的会计方法却并未实现完全的国际化。当然，跨国公司客户应当采用其母公司所在国的会计制度。同时，为了编制合并财务报表，所有子公司不得不采用母公司制定的有关会计计量和财务信息披露的规则。然而，大部分子公司还必须根据所在地的会计准则编制当地的财务报表。

为了开展国际审计业务，国际会计师事务所位于各地的事务所必须有足够多的审计人员熟悉当地所采用的会计制度。因此，大型会计师事务所都有特定的培训计划以对其合伙人和员工进行国际会计培训。例如，在对美国跨国公司位于国外的子公司所进行的审计中，大型会计师事务所在各国的大多数事务所所采用的都是美国公认会计原则。越来越多的跨国公司开始采用国际财务报告准则，这是因为自 2005 年起所有欧洲上市公司开始采用国际财务报告准则。因此，大型会计师事务所也开始着手在这种国际通用的会计框架中开发培训项目并对其员工进行培训。

国际化业务的拓展对国际会计师事务所来说也是十分重要的。除了审计程序之外，会计师事务所还开发了开展国际业务所使用的软件，并建立了国际网络和工作方法。例如，能够为上市公司客户提供有关国际股票交易的建议，为国际并购提供咨询等。

审计国际化的一个重要特征是，在大型国际会计师事务所内部建立国际审计质量控制标准。审计质量控制主要在下列 3 个层面上实施：客户业务约定、各家事务所和各个国家。国际会计师事务所通过建立质量控制系统，可以使其位于每个国家的成员都能采用恰当的审计程序，从而确保审计工作的质量。正如 21.4.4 部分所讨论的，大型会计师事务所实施的质量控制方法已被正式列入国际质量控制标准（ISCQ）。除了对部分已完成的审计工作进行复查外，在一些国家还采用了其他的手段来提高审计质量。质量控制手段之一是安置好移居某些国家的员工，以保证跨国公司的母公司与其审计师之间在有关各地子公司的审计问题上能进行充分、有效的交流。

国际审计质量控制的另一个重要方面，是对会计师事务所的专业人员进行国际培训。为了更好地引进新技术和新的支持系统，并对跨国客户所采用的重要会计制度有足够的了解，会计师事务所必须进行大量的内部教育和培训。鉴于会计师事务所能从上述举措中获取重大收益，多数举措已在国际范围内逐步实施。

2001年，作为国际会计师联合会和大型会计师事务所的一项重要举措，一家名为公司论坛的新团体成立了，其成立的目的即在于敦促公司增加其在职业准则发展方面所做的贡献，以及进一步强调审计的质量问题。许多公司需要遵守该论坛的质量准则，事实上，该准则要求公司做到：

- 除了遵守相关的国家质量控制标准外，还必须遵守由国际审计与鉴证准则理事会所发布的质量控制国际标准。同时，不得违反国家立法，并定期实施全球统一的内部质量控制审查。
- 具有基于实用国际审计准则来执行审计的政策和方法。
- 具有与国际会计师联合会所发布的职业会计师道德守则以及国家道德守则相一致的政策和方法。

以上讨论已清楚地反映了，在通常情况下跨国企业聘请国际会计师事务所为其审计是大有好处的。表21—2以“四大”会计师事务所2004年的审计业务量来反映其各自所占的市场份额。“四大”在各国相应的实力状况见表21—3，其中各国最大的会计师事务所以星号标出。

表21—2　　**2004年“四大”在一些国家的审计业务量所反映其各自所占的市场份额（单位:%）**

	美国	日本	英国	德国	法国
普华永道会计师事务所	34	30	33	42	17
毕马威会计师事务所	17	13	23	38	11
德勤会计师事务所	22	23	23	6	17
安永会计师事务所	27	29	15	5	28
其他会计师事务所	0	5	6	9	27

资料来源：“财富全球500强”、“财富欧洲500强”和“财富英国500强”。

表21—3　　**2004年根据收入排行在特定国家的两家最大的会计师事务所**

	美国	法国	德国	澳大利亚	日本	加拿大
普华永道会计师事务所		★	★	★		
毕马威会计师事务所			★		★	★
德勤会计师事务所	★				★	★
安永会计师事务所	★	★		★		

资料来源：摘自《国际会计公告》。

21.3 国际审计准则的颁布

21.3.1 引言

对国际审计的一个共同要求是对集团公司实施审计的审计师应对公司的合并财务

报表或集团的财务报表发表审计意见，并对财务报表中所有重要事项承担相应的审计责任。

为了能够承担上述审计责任，集团公司的审计师必须确保其所有的审计工作都是按同一水平的质量要求来实施的，以保证对各部分所实施的审计都按照对整个集团实施审计所持的统一要求来进行。一般而言，上述要求可通过以下3种方法来实现：

（1）对集团公司实施审计的审计师为参与审计过程的其他审计师提供详细的审计操作指南。

（2）对集团公司实施审计的审计师应要求其他审计师按照他们所采用的审计准则实施审计（例如，要求所有参与审计的审计师遵循国际审计准则进行审计）。

（3）对集团公司实施审计的审计师应要求所有的审计工作均按照适用于所有审计师的一系列审计原则和程序（例如，按所有审计师所属的国际会计师事务所的审计手册的要求）来实施。

由于国际集团是由不同国家的法人实体所组成的，因此对集团所属的各子公司的财务报表的审计既要遵循其注册所在地通行的制度，又要按照集团审计师的要求。不言而喻，如果在审计要求上不存在差异，那么对相关各方都将是受益匪浅的。这也是在全球范围内进行各种努力，力图推出协调的国际审计准则的原因所在。

21.3.2 国际审计准则的制定者

制定适用于国际水平的审计标准，通常是由一家具有权威性的机构来担任。这种超越国家层级的机构是由政府或区域性、国际性组织通过会计职业界进行组建的。目前在国际审计准则制定方面，最重要的一家权威机构是国际会计师联合会。

1. 国际会计师联合会

国际会计师联合会成立于1977年，它是一个非营利、非政府、非政治性且由会计职业团体建立起来的组织。该组织所吸纳的会员是被各国法律或舆论所承认的、在会计职业界有着良好声誉的国家级会计职业组织。目前，已有来自100多个国家的、超过150个会计职业团体成为国际会计师联合会的成员。国际会计师联合会的基本目标是“通过建立和促进高质量职业准则的使用，来推进准则的国际协调，并通过反映与专业技术最相关的利益问题，来增强全球会计职业界为世界经济体的发展作出的贡献”。

国际会计师联合会的会员代表大会是由各成员团体所指派的一名代表所组成。会员代表大会每年召开一次，并负责选举理事会。理事会包括来自15个国家的代表，其共同负责贯彻国际会计师联合会的工作计划；但工作计划的具体实施则是由更小的工作组或委员会来进行的。国际会计师联合会有大量包括教育、道德、国际审计和保证标准以及公共部门等在内的标准委员会。

国际审计与鉴证准则理事会（International Auditing and Assurance Standards Board，IAASB）由国际审计实务委员会（International Auditing Practices Committee，IAPC）于2002年改组而来，是最重要的委员会。它负责发布有关审计和审计报告实务的公告。与其他委员会不同的是，国际审计实务委员会拥有不经理事会同意自行发布公告的权力。制定审计实务公告的恰当程序中包括发布征求意见稿，并要求公众尤其是各成员国的国家会计职业团体在一段时期内对征求意见稿发表意见。无论是征求意见稿还是最后正式的审计公告，都要求至少有2/3的代表赞成，才能通过。表21—4中列示了截至2007年6月该委员会已发布的审计准则。国际审计与鉴证准则理事会还发布了复核业务标准（ISREs）、除历史财务信息审阅或审计之外的保证业务标准（ISAEs）及其他相关服务标准（ISRSs）等。

表21—4 **国际审计准则**

200－299	**总则和责任**
200	规范财务报表审计的目标和一般原则
210	审计业务约定书的条款
220	审计工作的质量控制
230	形成书面文件
240	审计师在财务报表审计中认定舞弊的责任
250	在财务报表审计中对法律和规章的考虑
260	就与治理相关的审计问题进行沟通
300－499	**风险评估及对所评估风险的反应**
300	财务报表审计计划
315	了解主体及其经营环境并评估发生重大错报的风险
320	审计重要性
330	审计师回应审计风险的程序
402	与利用服务机构的主体有关的审计考虑
500－599	**审计证据**
500	审计证据
501	审计证据——对特殊项目的追加考虑
505	外部证据
510	初次执行审计约定——期初余额
520	分析性程序
530	审计抽样和其他选择性测试程序
540	对会计估计的审计
545	对公允价值计量和披露的审计
550	关联方
560	期后事项
570	持续经营
580	管理当局的声明
600－699	**利用他人的工作**
600	利用其他审计师的工作
610	考虑内部审计的工作
620	利用专家的工作
700－799	**审计结论和报告**
700	对财务报表审计所出具的审计报告
701	修改独立审计师的报告
710	比较
720	包括已审计财务报告在内的、文件中的其他信息
800－899	**特殊领域**
800	对特殊目的审计约定业务所出具的审计报告

根据2001年对前国际审计实务委员会结构、责任及程序的评论，国际审计与鉴证准则理事会的成员吸取了更为广泛的经验。理事会的18名成员包括由国际会计师联合会的成员职业团体提名的10人、大型公司通过企业论坛提名的5人以及来自公共利益集团的3个代表。该评论还为准则制定带来更多可以使用的资源——这是国际审计准则（ISAs）被国际证监会组织和欧盟于短期内接受的一个关键条件。

除了准则以外，国际审计与鉴证准则理事会还针对特定行业和特定审计问题颁布了权威性指南——国际审计实务公告（International Audit Practice Statements，IAPSs）。例如，对银行审计、小企业审计以及信息系统环境下审计所提供的详细指南。近期的审计实务公告有《国际审计实务公告第1012号——金融衍生工具审计》和《国际审计实务公告第1014号——与国际财务报告准则财务报表相关的审计报告》。

如果审计准则按照最低的共同标准来制定，那么有关准则的国际协调将很容易实现，但这并不是国际会计师联合会的政策。国际会计师联合会要求按照有经验的会计师所认可的会计职业界应当做到的最好标准来制定准则和指南。国际会计师联合会下属的审计实务委员会的代表都由其国家会计团体提名，但代表们不允许按照其所属团体的授意进行投票，他们被要求为制定最有益于世界会计职业界的标准而工作和行使投票权。

历史上的国际审计准则，在结构和详细程度上都非常类似于英国或荷兰的一般公认审计准则，而美国一般公认审计准则通常要更加详细。2004年后期，国际审计与鉴证准则理事会开始重新审视其准则的结构（常被称为“明晰项目”）。除了结构之外，其考虑的重要内容还包括准则应该有多少解释指南和要求，以及用于描述预期执行步骤的语言等。这个项目咨询了广泛的利益相关者，因为最终的决策将会是决定国际审计准则未来发展方向的关键——此时，欧盟正在考虑采纳该准则，且人们也正在评价加强准则（尤其是美国公众公司会计监督委员会的准则）趋同的可能性。在写作本书时，国际审计与鉴证准则理事会以其“停用”的前明晰格式或重新起草的明晰格式前后发布了12个修订准则。然而，国际审计与鉴证准则理事会至少不会在2009年以前实施“明晰准则”，这样的话，世界各国就有足够的时间来吸收整套准则的内容了。

由于国际会计师联合会尚未持有对会计师的管辖权，因此其也没有权力要求会计师必须遵循审计实务公告。然而，作为国际会计师联合会成员的各个国家的会计职业团体却拥有这种权力。正因为如此，若成员团体注册成为国际会计师联合会的一分子，则其需遵守成员义务声明（SMO），包括尽最大努力来实施国际审计准则（要认识到在有些国家，全国审计准则的制定是独立于审计职业界的）。在许多国家，国际审计准则已被视为本国的审计准则，其还被译成多种语言流通于世。

国际证监会组织在其2007年的工作议程中表示，将密切关注国际审计准则的发展，特别是国际审计与鉴证准则理事会的明晰项目，并考虑是否应当建议其成员国在跨境上市公司的审计中采纳该套准则。国际证监会组织的认可对于资本市场全球化的发展至关重要，因为这意味着来自其他国家的财务报表以及其他文件只要经过按国际审计准则要求所实施的审计，就可以被证券交易所所接受。欧盟也开始了考察和接受该准则的程序，并通过考察来建议其成员国将国际审计准则作为各自国家的准则。

2. 国际会计师联合会的区域性组织

区域性的会计职业组织存在于世界的许多地方，其中最重要的包括：

- 阿拉伯注册会计师协会（Arab Society of Certified Accountants，ASCA）。
- 亚太地区会计师联合会（Confederation of Asian and Pacific Accountants，CAPA）。
- 欧洲会计师联合会（Fédération des Experts Comptables Européens，FEE）。
- 泛美会计协会（Interamerican Accounting Association，IAA）。
- 东非、中非和南非会计师联合会（Eastern，Central and Southern Africa Federation of Accountants，ECSAFA）。

由于大部分上述组织均已采用国际会计师联合会所制定的国际审计准则，因此它们本身并不是准则的制定者。然而，它们在促进将国际审计准则翻译成其他语言（如阿拉伯语、西班牙语等）并加以采用，以及通过教育、研讨会和协调等措施促进本地区会计职业的发展等方面发挥着重要的作用。另外，欧洲会计师联合会在将欧洲职业界对公共政策事务方面的观点传达给欧盟一事上起到了重要的作用。

3. 欧盟

在欧盟内，欧洲共同体议会为了协调联盟内各国的会计制度，已针对会计年报的编制、公告和审计先后颁布了第四号指令和第七号指令。其所颁布的第8号指令是有关审计师的资格和教育的标准的。但所有这些标准均未涉及对实施审计的方法所做的要求。若要了解更详细的情况，请参阅第11章的内容。

欧洲委员会于2003年5月发表了一份名为“加强欧盟内法定审计”的通讯，并提出了将在未来几年内部署有关审计方面的战略，具体包括更新第8号指令、加强对职业界的公共监管和在欧盟范围内建立合理的管制结构。第8号指令的修改草案于2004年5月公布，在经过广泛的磋商和欧洲议会的审核后，在2006年4月最终获得通过。修改的指令要求欧盟在法定审计中使用国际审计准则——一旦该准则在欧盟经过了认可程序。因此，成员国政府只能就特定情况提出额外的要求。

欧盟尚未决定使用何种认可机制来认可国际审计准则在欧洲的使用——该认可机制很可能会不同于国际财务报告准则所采用的认可机制。同时，欧盟还成立了一个名为欧洲审计监督机构（European Group of Audit Oversight Bodies，EGAOB）的组织。随着国际审计与鉴证准则理事会的明晰准则的建立，该组织的委员会已开始着手对其进行审阅和评议。

伊万斯（Evans）和诺比斯（1998a，1998b）研究了欧盟最初的第8号指令对德国和英国会计师事务所的组织结构以及独立性所产生的有限的作用。

4. 美国公众公司会计监督委员会（PCAOB）

本章通常不会特别讲述某个特定国家的准则制定者，但是美国公众公司会计监督委员会是个特例，该委员会依据《萨班斯—奥克斯利法案》于2002年成立（见第8章），其独特之处在于对世界其他地方的审计准则和实务所具有的潜在影响力。公众公司会计监督委员会成立的目的即在于为在美国资本市场上市的公司所实施的审计制定准则并监管其审计质量。尽管其主要关注美国国内的公司及其审计师，但监管范围有时也会延伸到对注册的外国公司的审计。

除美国注册会计师协会（AICPA）已发布美国公认会计准则之外，公众公司会计监督委员会也已经开始着手发布自己的审计准则，尤其是已就与内部控制相关的审计责任（《萨班斯—奥克斯立法案》第404条）发布了第2号审计准则。2007年11月，在经过激烈的公众辩论之后，美国公众公司会计监督委员会发布了取代第2号准则的第5号审计准则。在美国市场上市的外国公司的审计师也将受到美国公众公司会计监督委员会所发布准则的影响。

目前还很难说美国公众公司会计监督委员会所发布的准则在多大程度上会影响国际准则的制定以及国际审计实务工作。在美国上市的外国公司的审计师，已被要求在公众公司会计监督委员会注册。公众公司会计监督委员会是否会直接监督外国审计师的工作，以及是否依赖某些国家先前使用的外部审计程序等问题，还有待观望。然而，已经很明显的是，公众公司会计监督委员会对国际审计环境所产生的影响正日益增加。

5. 其他组织

诸多其他国际组织，例如经济合作与发展组织、联合国贸易发展大会（UNCTAD）以及世界银行等都先后发表了有关财务报告问题的宣言，然而他们并没有在技术层面上直接参与审计准则的制定。

其他一些国际组织，例如国际证监会组织和欧盟都参与了咨询小组（Consultative Advisory Group，CAG），为国际审计与鉴证准则理事会的准则制定献计献策。

2003年末，国际会计师联合会得到成员团体和国际监管机构的支持，通过了一系列改革方案，以确保国际会计师联合会的准则制定活动能合理地反映公众利益。上述改革方案包括：准则制定的“应循程序”应更加透明；吸收更多的公众和监管者到各个程序之中；对管制实行监督以及公众利益监督等。国际会计师联合会的公众利益监督委员会（Public Interest Oversight Board，PIOB）于2005年2月正式成立。

公众利益监督委员会由管理机构推荐的10名成员组成，负责监督审计和鉴证，道德和独立性，并为教育领域制定准则。它还监督成员团体对有关计划的遵循情况。欧洲委员会任命两名观察员参与该委员会，但同时还表明在应循程序中，其观察员将被任命为公众利益监督委员会的正式成员。公众利益监督委员会还应对其监督活动提供年度公开报告。

21.4 国际审计程序

21.4.1 引言

以下对国际审计程序的描述可以帮助我们大致了解国际审计的含义。事实上，该程序是按照国际会计师联合会所颁布的国际审计准则来制定的。每个国际会计师事务所的审计手册中所描述的程序基本与此类似，但也仅仅是类似而并非完全一致，因为有时会对其中的基本原则和核心程序做一些相应的调整，使之与会计师事务所自身的审计方法相适应。例如，某个会计师事务所可能倾向于更多地采用制度基础审计方法，或倾向于更多地采用分析性复核或抽样方法。在进入具体的审计程序之前，审计师应当判断其实施审计所处的具体环境，如图21—1所示。

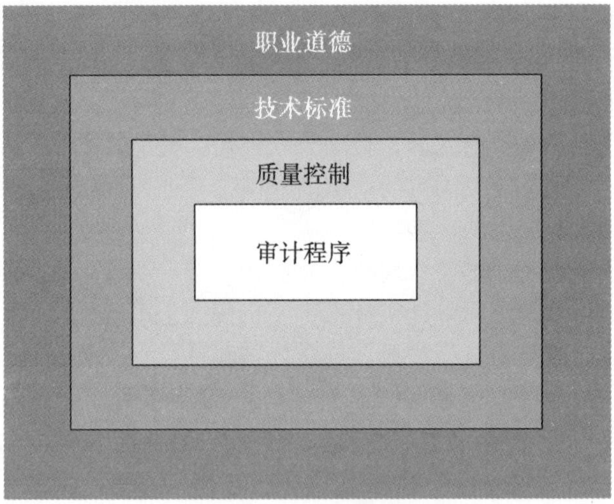

图 21—1　审计的环境

审计的目的是让审计师就财务报表是否真实公允或是否按照“适用的财务报告框架”（正在使用的一套准则，如国际财务报告准则）进行公允报告而发表审计意见（合理保证）。由于对财务信息的可靠性负责的人与使用这些财务信息的人并不是同样一个群体，因此审计师必须实施经过设计的审计程序来获取足够的、恰当的证据，以形成相应的审计意见。审计师所出具的审计意见通过提供一个合理但不是绝对水平的保证，来保证其所审计的财务报表并不存在重要的错报漏报，从而有助于建立财务报表的可信度。绝对的保证既不可能达到，同时它也不是财务报表使用者真正的要求。审计之所以无法提供绝对保证的原因有很多，如审计中需要进行专业判断，需要进行测试，任何一个内部控制系统都存在固有的局限，以及大部分审计证据仅具有说服力而非结论性的，等等。而财务报表的使用者们不要求绝对保证的原因则在于，对他们的决策而言，对企业的财务状况、经营成果及未来前景趋势的公允评价要比精确的数额更为相关。另外，财务报表编制中存在的会计政策选择、会计估计和判断等，也不可能并也不必要全是精确的。

审计师还可提供其他的保证服务，这些服务如图 21—2 所示，这些业务与国际会计师联合会框架中的审计业务不同。其中，“审阅”业务要求审计师实施相应的程序，并为财务信息提供中等程度的保证，它所提供的保证水平要低于审计业务所提供的保证水平。该业务所实施的程序主要包括查询和分析性复核，其目的在于为审计师提供合理的依据，以便他们可以声明在审核中是否有什么事项引起了他们的注意，致使他们相信财务报表并没有根据适用的会计报告框架进行客观、公允地报告。审计师经常对中期财务信息（如半年或季度信息）进行审核。“商定程序业务”是指审计师受聘就财务数据、一张财务报表或一套财务报表中的个别项目，实施与客户约定的程序。审计师只需向使用者出具其所收集的证据；另外，其所具的实际报告的结果并不能对认定提供保证。使用者必须根据审计师发现的情况自己下结论。这类服务的例子包括在并购过程中对合同履行情况的符合性审查。“编制报表”包括收集、分类和汇总财务信息。在这种情况下，审计师是作为会计专家的身份接受聘任，不要求其对认定进行测试或提供任何保证。

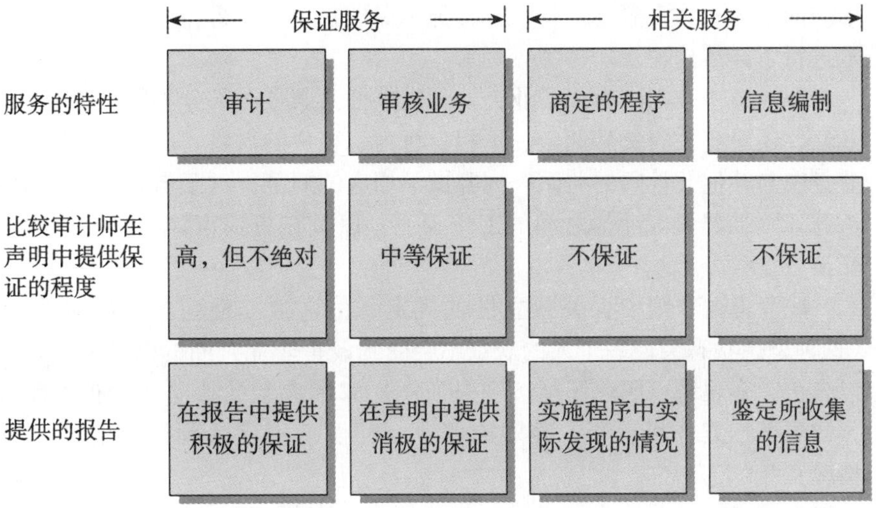

图 21—2　审计师的业务

21.4.2　职业道德

国际会计师联合会发布的职业会计师道德守则为指导和明确审计师所必须遵守的基本原则确定了标准。国际会计师联合会要求审计师在遵循国际审计准则实施审计时还必须遵守职业道德守则。会计职业界的一个显著特点即在于要对全体公众承担审计责任，因为社会公众依赖会计职业界的客观和公正以进行有序的商业运作。因此，这种依赖性要求会计职业界承担维护公众利益的责任。

职业道德守则指出会计职业界的目标是按照会计职业的最高标准来开展工作，以取得最高水平的工作业绩，并最大限度地满足前面所提出的公众利益要求。

职业道德守则提出了所有职业会计师都必须具备的基本特征，具体包括：

- 公正。
- 客观。
- 专业胜任能力和应有的职业谨慎。
- 保密性。
- 职业行为。

下面我们将对前面所列示的这些特征加以阐释。“公正”是要求审计师必须正直和诚实。“客观”要求审计师公正，没有偏见和倾向，不受他人的影响。“专业胜任能力和应有的职业谨慎”是指审计师提供专业性服务必须具备一定水平的专业能力，并保持应有的职业谨慎，勤勉地工作，合理地运用知识、技术和经验，同时还要求审计师不断地更新已有的知识。“保密性”要求审计师在未经合理授权的情况下不得使用和披露信息，但保密性可能会因履行法律义务或职业责任（或权力）的需要而无法得以坚持。保密性是会计师事务所最严格的规定之一，尤其是大型会计师事务所，因为他们很难避免同时为相互竞争的客户提供服务的情况。但是，这些事务所都有着非常良好的制度以防止其为某一客户提供服务的业务小组同时获得其他客户的信息。“职业行为”是指审计师的行为举止应当与其职业声誉相符，应避免任何有损其职业信誉的行为。大多数会计师事务所为了保护公司的声誉，在其实务指南中均对这一要求进行了详尽描述。

职业道德守则中有关职业会计师提供公共服务的部分不仅强调了职业会计师的独立性，还对有关收费和佣金、不相容行为、客户的财富、广告和争取业务以及在公共业务中与其他会计师的关系等内容做了相应的规范。对于与其他会计师的关系，职业道德守则强调了审计师之间的工作关系，以及在更换审计师时审计师之间应进行的交流。

职业道德守则中有关独立性的规定认为，独立性应当被解释为实质上的独立（这种思想状态会使一个人的观点不会受到侵害职业判断的因素的影响，从而使其可以公正、客观地以职业怀疑态度去工作）和形式上的独立（避免可能会引起合理可预知的第三方作出公正、客观或职业的怀疑态度已受到损害的结论的所有事实和情况）。

为了应对最近的公司丑闻和相关各方（包括董事会、审计师、分析师、投资银行和监管者等）之间的利益冲突，国际会计师联合会于2004年发布了新版本的道德守则。新守则不仅适用于审计业务，还适用于保证业务。新守则在独立性问题上使用了概念的方法，目的是帮助审计师：（1）分辨可能会威胁独立性的因素；（2）评估这种威胁是否重要；（3）寻找和使用恰当的保护方法来消除或减少这种威胁，并使其达到一个可接受的水平上。保护方法包括诸如采用第二“复核”合伙人，以及在一定的年限以后轮换签定业务约定书的合伙人等类似的措施。如果没有什么保护方法能够减少威胁，则唯一可能采取的行动就是消除导致这种威胁的行为或影响，或者拒绝接受或继续该项业务。进一步的指南包括独立性受到损害的情况，例如和客户发生了财务关系，接受客户的管理层任命（在审计前或审计后），为客户提供非保证服务（如咨询或记账服务），存在私人关系，等等。

在实践中，国际会计师事务所可能会有更多、更详细的规定，如在对公众持股的上市公司进行审计时，不允许全部或部分合伙人及事务所的员工对该上市公司有投资行为，同时还对如何遵循这些规定提出了具体的审计程序指南。

2007年初，会计师国际道德委员会对职业会计师道德守则的进一步修订进行了咨询。这可能会使得未来的道德准则包括合伙人轮换要求及与非保证服务条款相关的要求，且可能会将道德准则延伸到包括所有涉及公众利益的审计独立性方面。

21.4.3 技术标准

国际会计师联合会的职业道德守则要求，审计师提供专业服务时应当遵守由国际会计师联合会、审计师职业团体以及其他的监管机构和相关立法机构颁布的技术和职业准则（如国际会计师联合会所属委员会发布的国际审计准则等公告）。

多数大型国际会计师事务所的审计方法是基于国际审计准则的。但是基本的方法由各个国家的准则补充，这些国家的准则在不同程度上有别于或超越国际审计准则。会计师事务所的实务手册中的技术标准通常比国际审计准则的标准更加具体。例如，某一会计师事务所的实务手册中会明确指出应当填制哪些表格，或者哪些文件应保留在工作底稿中存档等。这些详细的要求确保了在全世界的审计都是按照相同的方式实施的，同时也使以质量控制为目的国际性业务检查能得以进行。

21.4.4 质量控制

国际会计师事务所用同一个名称在全球开展业务，相应地，其国际客户也期望能享受到相同质量的服务。国际审计准则已发布了有关审计质量公告的草案，该草案不仅针对公司层次，也针对业务约定层次。《国际质量控制准则第 1 号——审计、保证服务和其他相关业务的质量控制》（ISQC 1）已具体指出在公司层次应采取的措施，其将目前许多大公司已经采用的各种审计实务作为条文规定下来。例如，大多数大型会计师事务所实施的全球统一的质量控制审核计划的目的在于，确定其在各国的所有会计师事务所均遵守国际公司的标准。通常这类检查都采用轮流进行的办法。上述审核着重对各国会计师事务所的质量检查，同时也可能包括在测试的基础上对工作底稿的检查。检查中发现的不良表现，会被要求予以更正。在最糟的情况下，还可能出现将该会计师事务所或合伙人从国际会计师事务所开除的结果。

公司层次的质量控制制度的目标是合理保证公司及其员工遵守职业准则和相应的法律规定，以及公司所发表的报告在当时的情况下是恰当的。《国际质量控制准则第 1 号》还具体指出，公司的质量控制制度应当包括下列文件政策和程序：

- 公司内部领导的审计质量责任：公司领导有责任促进保证审计质量的企业文化并传播质量控制政策和程序。
- 道德要求：对国际会计师联合会道德守则的遵守应被纳入公司的质量控制制度中。
- 对客户关系以及具体业务约定的接受和续约：在这方面应当建立详细的政策和程序。
- 人力资源：公司应当建立程序，来分配具有相关技术和其他必要能力的人手，从而保证其按照职业准则来执行业务。
- 合约的执行：需要建立程序以保证合约的执行符合职业准则（包括对员工的监督、对有争议问题的咨询以及不同意见的解决等）。
- 合约质量控制审核：上市公司的合约执行应当由第二复核合伙人进行复核。
- 监督：公司应当有内部检查程序，以保证各事务所和合伙人的工作能得到定期的审核。

除了《国际质量控制准则第 1 号》中对公司层次所做的要求外，修改后的《国际审计准则第 220 号——审计工作的质量控制》草稿对业务约定层次的要求也进行了具体的描述。这些要求是从审计业务的角度对《国际质量控制准则第 1 号》的反映（例如，要求签定业务约定的合伙人对下列事项的实施持满意的态度：对独立性的潜在威胁已经进行了评估，遵守了恰当的业务约定接受程序，业务执行小组的工作已经被充分地监督和审核）。

因为在许多国家，会计职业界尚处于存在较多诉讼的环境下，因此大多数会计师事务所进一步强化了其质量控制程序，增加了风险管理计划（这种计划包括接受客户约定和更换客户时所需遵循的更为严格的规则），并放弃了一些被认为带有不可接受的高风险的服务和客户。监管者和其他利益相关者有兴趣更多地了解会计师事务所的质量控制程序。例如，欧盟第 8 号指令草案包括这样一个条款——要求会计师事务所公开披露有关审计质量更详尽程序的信息。最近，许多大型会计师事务所开始自愿发布全球“透明”报告，以解释其于全球采用的部分质量控制政策和程序。

21.4.5 审计程序

审计程序的 4 个主要阶段是：

- 接受委托并签订审计业务约定书。
- 编制审计计划，包括评估审计风险和审计重要性水平。
- 收集审计证据。
- 出具审计报告。

国际会计师事务所对以上各阶段所使用的标题可能不同，但原则上所有的审计程序都是按这些步骤执行下来的，下面我们将按照这些标题的顺序展开讨论。

1. 接受委托并签订审计业务约定书

作为质量控制的一部分，会计师事务所在接受每一项审计业务前应当实施一些特定的程序。这些程序通常包括：必须有一个以上合伙人同意，同时还应确保接受该业务不会损害会计师事务所的独立性和为客户提供适当服务的能力，这其中一个主要的考虑因素是客户的管理层、董事和主要的所有者是否正直。

审计业务约定的条款应在审计业务约定书中予以列示。通常审计业务约定书由审计师起草，并经客户同意、签名。审计业务约定书被设计成规范性文件，用以使客户明确了解审计师接受的业务、工作范围、责任和报告的形式。《国际审计准则第 210 号》描述了业务约定书的主要内容，而且在其附录中包括了一个审计业务约定书的范本。国际审计准则还讨论了在什么情况下审计师才可以接受对审计业务约定书中条款的修改。

2. 计划和风险评估

编制审计计划是建立整体工作战略和根据预期的审计工作性质、时间和范围确定具体审计方法的一个程序。编制审计计划的目的在于通过及时有序的时间安排，保证审计的效率和效果。

整体工作战略或称总体审计计划规范了审计的预期范围和实施方式。在编制总体审计计划时通常应与客户（如企业的审计委员会）进行讨论并达成一致意见。但是，由于审计师最终应决定必须完成哪些工作程序才能为他发表审计意见提供足够的依据，因此他应当具有最终的决策权。

在编制审计计划的阶段，必须充分考虑以下因素：

- 了解企业（包括影响客户经营状况的宏观经济形势及其所在行业的情况，客户的重要特征，客户的业务经营状况和财务状况及其对报告的要求，管理层的能力和水平）。
- 会计和内部控制制度（客户采用的会计政策，新的会计公告或审计公告的影响；审计师积累的对其会计核算和内部控制制度的了解）。
- 审计风险和审计的重要性水平（见下一部分）。
- 审计程序的性质、时间和范围（包括审计重点的改变，信息技术对审计的影响以及对内部审计人员工作的认可度）。

• 协调、指导、监督和检查（对工作人员的要求，专家的参与，与审计小组中其他审计师的协调和指导）。

对企业的了解在审计的所有阶段都是非常重要的，因为对企业的规范大多是针对行业进行的。在特定行业内还对会计和报告建立了相关的要求，例如银行业和保险业。即使在“主流”行业（如能源和通讯业），当今的法规也越来越严格，现代审计通常必须拥有对特定行业的知识和专长。

在审计计划阶段还应考虑的其他因素包括公司持续经营的能力，法律或规章的变化对客户及审计业务的影响。

当对一个在许多国家都有子公司的跨国公司进行审计时，审计的计划程序，尤其对这些国家审计师的及时指导和交流都是十分重要的。国际会计师事务所在审计计划程序中明确了各方应承担的责任，并将工作进行了适当布置，从而使这些复杂的事务处理起来容易多了。

审计计划阶段编制的总体审计计划，必须足够详细以便成为编制具体审计方案的基础。总体审计计划被认为是分析被审公司的财务报表及相应制度，提出审计中应注意事项的基础。实施审计的第一步可能是就审计程序做一个初步的选择，如是否对会计估计事项或非常规性业务进行实质性测试，是否依靠内部控制制度和信息处理系统对常规业务（一般为日常业务如销售、采购和薪酬等）进行审计，以及在审计小组中是否需要专家等。在对跨国公司的审计中，对审计重点进行转换也是通常的做法，例如对不那么重要的子公司，采取上一年实施全面审计而下一年只进行小范围审计的策略。

3. 审计风险和审计重要性的确定

审计的重要性和审计风险的概念，它们之间的相互关系以及对这两个概念的合理运用对审计师成功完成一项审计业务十分重要。在编制审计计划，实施具体审计以及对完成审计程序的结果进行评价时，都要用到这两个概念。

如果信息的漏报和错报会影响使用者依赖财务报表作出经济决策，那么该信息就达到了重要性水平的要求，对重要性的评估主要依靠审计师的职业判断，包括在整个财务报表层次和个别账户层次。审计风险是指审计师对出现重大错误呈报的财务信息发表不恰当的审计意见的风险。

从对审计风险的定义中可见，审计风险和审计重要性二者是相互联系的。将审计重要性的标准定得越高，审计风险就越低。审计师不能凭自己的主观意愿任意提高重要性水平，对财务报表使用者的信息需要进行专业判断，是重要性水平的确定基础。诸如国际会计准则这样的财务报告框架中所包含的信息披露指南将有助于审计师形成专业判断。遵循公认审计原则进行审计要求审计师将审计风险维持在一个可被接受的低水平上。

审计风险由 3 部分构成：固有风险（指存在错误的风险），控制风险（指内部控制程序不能发现错误的风险），检查风险（指审计师不能检查出错误的风险）。固有风险和控制风险通常被合在一起评估，因为当企业管理层觉得固有风险很高时，通常会采用严格的内部控制制度。

审计师要合理保证企业的会计制度是健全的，所有应当记录的会计信息均已入账。通常内部控制制度有助于这种保证，但是任何内部控制制度都存在固有风险。因此，审计师的工作包括：了解企业识别商业风险与财务报告是否相关的程序、企业信息系统和企业内部与财务报告有关的程序（包括控制程序）。审计师有责任向被审企业管理层报告其所发现的企业内部控制制度在执行和设计上存在的重大缺陷。审计师对企业控制风险的评估可用于决定审计程序（可能包括实质性测试）的性质、时间和范围，从而将检查风险限制在一个可以接受的水平上。实质性测试程序中蕴含的固有风险和控制风险的关系在审计准则中有相关论述。审计准则还指出某些实质性测试是必须实施的，如果审计风险的构成状况发生变化，审计师应当对审计风险进行重新评估。

4. 收集审计证据

在对审计风险构成状况的评估程序产生出具体审计方案的审计计划阶段。具体审计方案是就审计小组应实施哪些具体审计程序给予的一系列指导。应当实施的具体审计程序，包括对内部控制制度的符合性测试和实质性测试，可视为收集审计证据的过程。对内部控制制度的符合性测试是为了取得对有关企业会计制度和内部控制制度的设计和运行情况的审计证据。实质性测试则是为了取得审计证据，发现财务报表中存在的重大错误呈报。实质性测试通常分为两类：（1）分析性程序；（2）对具体交易和余额的测试。在这一过程中可以采用审计抽样技术。

审计证据是审计师为了对财务信息形成审计意见而收集的信息。通常情况下，审计师必须依据审计证据才能形成审计意见，但这些证据只是说服性的而不是结论性的。因此，审计人员必须从不同性质的不同渠道中去寻找证据以支持其判断。获取审计证据的方法有：

- 检查（包括对会计记录，其他书面文件和资产的检查）。
- 观察（对内部控制程序的观察）。
- 查询和函证（询问和发函询证）。
- 计算（进行预算或验算）。
- 分析性复核。

上述最后一种方法，即分析性复核由对被审单位财务报告中重要的比率和趋势进行的分析所构成，包括对与预期数额和相关信息不一致的指标之间的关系和波动进行调查。指标之间的关系可能是十分稳定的（如销售成本与销售收入之间的差额可能是一个相对固定的毛利额），这种关系对审计人员而言，是一个十分有效的分析工具。

会计估计和公允价值。会计估计是指对某一无法精确计量的事项进行估计入账。企业的管理层应当对会计估计负责，这些估计是建立在对已经发生或即将发生的会计事项的不确定结果进行判断的基础上作出的。这可能是一个非常困难和高度敏感的领域。审计师必须评估会计估计的合理性，并承担相应的责任。但是，会计估计本身内在的不准确性，决定了审计师所做的相应评估不可能像对其他领域的审计一样准确。由于在财务会计中对公允价值的使用日益增加（在国际财务报告准则的概念框架下），这意味着审计师必须理解和评价管理当局在确定公允价值计量时所采用的程序。

管理层的声明。审计准则明确指出被审单位管理层的声明不能替代其他预期可获取的审计证据。但是，审计人员还应当取得书面的管理层声明，用以证明被审单位的管理层了解自己对财务报表所承担的责任，以及当其他充足的审计证据预期不能合理存在的时候，提供与财务报表相关的重要事项。可能需要特别声明的事项包括：企业关联方信息的完整性、或有债务和担保、期后事项以及未估权益等。

内部审计。内部审计是内部控制制度的一项单独的构成内容，它是由被审单位中的一些经过特别指派的人员来开展的。内部审计师的目标是确定单位内部控制制度的设计是否合理，运用是否恰当。被审单位内部审计部门的大部分工作均有助于独立审计师对被审单位财务信息进行检查。

5. 审计报告

审计的报告阶段由两个部分构成：（1）检查和评估根据审计证据得出的审计结论，以及所收集的审计证据是否足以将审计风险降低到一个可以接受的水平：（2）检查财务报表以确定这些报表都遵循了相关的财务报告框架。

针对财务报表出具的审计报告往往是公众唯一能见到的报告，然而它却不一定是审计师出具的唯一报告。根据法律的有关规定或是审计业务约定书中有关条款的规定，审计师必须将他/她在审计中发现的有关情况更为详细地报告给被审单位的管理层和职责管理部门，例如审计委员会或者是任何监督董事。

有趣的是，全部或部分由独立非执行董事构成的审计委员会逐渐成为公司与外部审计关系的核心。该委员会的责任是代表董事会监督管理当局在实施财务报告控制和程序时是否公正，以及监督公开财务信息本身。2003 年普华永道公司进行的一项研究发现，目前世界上 41 个主要经济体中的 16 个已经强制要求建立审计委员会，另外还有 14 个允许自愿建立审计委员会。

国际审计与鉴证准则理事会意识到外部审计和客户关系的这种转变，因此发布了《国际审计准则第 260 号——就和治理相关的审计问题进行沟通》。该准则列举了审计师平时应当向审计委员会报告的问题，包括：

- 审计范围和审计的局限性。
- 重要的会计政策。
- 重要风险和披露对财务报告的潜在影响。
- 审计调整，无论客户是否记录这些调整。
- 持续经营问题。
- 与管理当局的分歧。
- 对审计报告可能的修改。
- 内部控制的重大缺陷。

在对多元化集团进行的一项国际审计业务中，审计师还可以收集一些对集团的高级管理层有用的信息，例如有关各子公司财务控制方面的信息。这些通常被称为办公室内部备忘录，它是指子公司所在地的审计师在与子公司管理人员进行充分讨论后报告给母公司的审计师信息，母公司的审计师将这些信息并入母公司高级管理层的综合报告中。因此，除了正式的审计报告外，在许多情况下审计师还要向公司管理层出具特制的报告，这些报告中包括了与财务分析相关以及与公司经营控制相关的信息。

国际审计准则为财务报表独立审计所应出具的审计报告的格式和内容提供了指南。“无保留意见”是最常见的一种，它是当审计师认为被审单位的财务报表遵循了特定的财务报告框架，真实而公允地反映了公司的财务状况时所发表的审计意见。无保留意见的审计报告也暗示着被审单位所采用的会计政策和会计方法发生的变化，以及因这些变化而产生的影响都已恰当地进行了确认并在财务报表中进行了披露。

图 21—3 根据《国际审计准则第 700 号》列示了一份无保留意见审计报告，以上所述的报告的基本要素均列示于其中。当审计师对审计证据或财务报表符合既定规则的状况不满意时，会出具保留意见、否定意见或拒绝发表意见的审计报告。

独立审计师的报告

致 ABC 公司的股东和董事会

对财务报表的审计

我们已经对 ABC 公司 200×年 12 月 31 日的资产负债表和截至该年度的相应的利润表、权益变动表、现金流量表以及重要会计政策小结和其他解释性说明进行了审计。

管理层对财务报表的责任

管理层负责根据国际财务报告准则和×国家《公司法》的要求编制并公允呈报这些财务报表。其责任包括：设计、实施和保持与编制并公允呈报财务报表相关的内部控制制度，以使这些报表不存在由舞弊、差错等而导致的重大错报；选择和应用恰当的会计政策，以及作出符合当时环境的会计估计。

审计师的责任

我们的责任是在审计的基础上对这些财务报表发表审计意见。我们是按照国际审计准则进行审计的。这些准则要求我们遵守职业道德的要求进行计划并实施审计，以便对这些财务报表是否存在严重的错报进行准确判断。

审计包括执行相应程序，获得财务报表中所披露的内容和金额的审计证据。所选择的程序取决于审计师的判断，包括评价财务报表重大错报的风险是源自舞弊还是错误。在进行这些风险评估时，审计师要考虑与主体编制和公允呈报财务报表相关的内部控制制度，以便设计适合当时环境的审计程序，但其目的并不是为了对主体内部控制的有效性发表意见。审计还包括对公司所采用的会计政策和公司管理层作出的重大估计的合理性进行评估，同时还包括对财务报表整体呈报进行评价。

我们相信我们的审计为我们的审计意见提够了充分合理的依据。

意见

我们认为，该套财务报表真实而公允地反映了（或者说在所有重大方面公允呈报了）公司在 200×年 12 月 31 日的财务状况，以及公司当年的经营成果和现金流量，并符合国际财务报告准则和×国家《公司法》的要求。

对其他法律和监管要求的报告（需要时使用）

（审计师报告中这部分的格式和内容因审计师对其他报告承担责任的不同而不同）

（例如）

董事还负责按照适用法律编制公司治理报告和董事薪酬报告。

根据（某适用法律）的要求，我们审计了董事薪酬报告，该报告声称经过了审计，见第 XX 页到第 YY 页。

我们也按照（某适用法律）的要求评价了公司治理报告是否反映了公司对（例如×国家公司治理准则）的遵守情况，并在未遵守的情况下提出报告。我们并没有被要求考虑董事会的内部控制报告是否包含了所有的风险和控制因素，也没有被要求对集团公司的治理程序或其风险和控制程序的有效性发表意见。

审计师的签名

日期

地址

图 21—3　审计师出具的无保留审计意见审计报告的范例

6. 对审计师责任的其他评述

在特定领域，审计责任的范围经常被经理和财务报表使用者误解，这导致了“审计期望差距”的产生，也就是使用者对审计信息的期望超过了审计师实际能够提供或能够合理提供信息的能力。在一个动态的社会里，这一差异总是存在的，因为利益关系人可能会改变信息需求（过去只有股东被视为法定利益关系人）或其需求的信息没有（或尚未）被管理者所重视（如企业在控制制度或环境保护等方面的信息），因而目前还未纳入财务报表和审计中。本部分讨论有关审计过程中的舞弊和错误、相关人员遵守法律、后续事项以及与持续经营相关的期望差距等问题。

阻止发生舞弊和错误的责任在企业的管理者。审计师在制定审计计划时应当合理期望自己能够检查出因舞弊和错误产生的重大错报。当审计师发现可能存在舞弊和错误的迹象时，还将实施附加审计程序。同时审计师负有向董事会（在某些国家是向外部监管者）单独报告的义务，如果被审单位管理层选择让舞弊继续，甚至有可能是管理层串通舞弊，那么审计师将别无选择地考虑退出该审计业务。

在审计计划，审计实施，以及随后在评估并审计结果的过程中，审计师应认识到如果被审单位没有遵循有关的法律、法规将严重影响其财务报表信息的真实性。审计师没有相应的技能同时也没有被要求对所有的法律、法规加以考虑。但是他/她对被审单位经营业务的了解，以及向被审单位管理层查询其对法律、法规的遵守情况等行为，都将有助于审计计划的制订。审计师对未遵守法律、法规的行为不负有检查责任，但是如果他/她发现了企业存在违反法律的迹象，那么就有责任向董事会单独报告（在一些国家，审计师还可能负有向监管和执行机构报告的责任）。如果被审单位管理层选择继续不遵循有关法律、法规，那么审计师将别无选择地考虑退出审计业务。

审计报告的出具日期决定了审计师对后续事项，如资产负债表编制日后发生的重大事项和财务报表公布后出现的情况承担审计责任的时间边界。审计师通常需要实施特别步骤以确定审计报告出具日前发生的后续事项。

为了履行在持续经营方面的责任，审计师将考虑管理当局采取的程序，以评估将“持续经营”作为编制财务报表的基础是否恰当。管理层和审计师通常将“可预见的将来”看作是资产负绩表编制日后不少于一年的时间。一般的观点认为如果没有发现相反的信息，那么就可以认为被审单位是符合持续经营假设的，将持续经营下去。如果对此存在疑问，审计师应当实施相关程序以确定或打消疑虑，并要特别明确被审单位遵循了这种状况下的财务报告框架要求。

小结

- 审计是一个收集和评估证据的系统化程序，这些证据是有关经济行为和事项的声明，以保证声明与已有标准之间的一致程度，并向利益相关者报告。
- 国际审计可视为对各国审计准则和规则的协调，也可视为在一系列审计原则的基础上对跨国公司编制的财务信息的审计。
- “二战”以后审计的国际化进程加速。这一过程源自跨国公司的发展，跨国公司需要有效率和有效果的审计以支持其信息系统和控制系统的正常运转。直到 20 世纪中叶，大部分会计师事务所只在本国开展业务。然而为了服务于不断发展的客户，会计师事务所之间开始了相互合并以及结成战略同盟的运动，以便能够服务于遍布全球的大客户。审计实践活动过去是一个主要受地域传统影响并在当地发挥作用的活动，现在改变为进行国际调查和报告的活动。

• 资本市场的全球化已表明我们需要对审计的作用进行清晰的界定，因为对那些在国际资本市场上寻求融资的公司而言，审计是增强其所呈报财务信息的可信度的有效手段。为了清晰界定审计的作用，国际会计师联合会制定了国际审计准则。这一准则已逐渐被商业界、使用者和监管机构视为评判审计业务的标杆。

参考文献

American Accounting Association, Committee on Basic Auditing Concepts (1973) *A Statement on Basic Auditing Concepts*, Sarasota.

Evans, L. and Nobes, C. W. (1998a) 'Harmonization of the structure of audit firms: incorporation in the UK and Germany', *European Accounting Review*, Vol. 7, No. 1.

Evans, L. and Nobes, C. W. (1998b) 'Harmonization relating to auditor independence: the Eighth Directive, the UK and Germany', *European Accounting Review*, Vol. 7, No. 3.

Nobes, C. W. (1993) 'The true and fair view requirement: impact on and of the Fourth Directive', *Accounting and Business Research*, Winter.

Post, H., Wilderom, C. and Douma, S. (1998) 'Internationalization of Dutch accounting firms', *European Accounting Review*, Vol. 7, No. 4.

PricewaterhouseCoopers (2003) *Audit Committees-Good Practices for Meeting Market Expectations*, PricewaterhouseCoopers, London.

Vieten, H. (1995) 'Auditing in Britain and Germany compared: professions, knowledge and the state', *European Accounting Review*, Vol. 4, No. 3.

后续读物

Arens, A. A. and Loebbecke, J. K. (2000) *Auditing: An Integrated Approach*, Prentice Hall, Englewood Cliffs, NJ.

Barrett, M., Cooper, D. J. and Jamal, K. (2005) 'Globalization and the coordinating of work in multinational audits', *Accounting, Organizations and Society*, Vol. 30, No. 1.

Center for International Financial Analysis and Research (1993) International Accounting and Auditing Trends, 1995, 4th edn, Princeton.

Davidson, S. and Anderson, G. D. (1987) 'The development of accounting and auditing standards', *Journal of Accountancy*, March.

Dunn, L. J., III (2002) 'Harmonization of financial reporting and auditing across cultural boundaries: An examination of 201 company financial reports', *International Journal of Auditing*, Vol. 6, No. 3.

Gangolly, J. S., Hussein, M. E., Seow, G. S. and Tam, K. (2002) 'Harmonization of the auditor's report', *International Journal of Accounting*, Vol. 37, No. 3.

IFAC News.

International Accounting Bulletin.

Margerson, J. and Moizer, P. (1996) 'Auditor licensing in the European Union: a comparative study based on cultural differences', *European Accounting Review*, Vol. 5, No. 1.

Needles, B. E., Ramamoorti, S. and Shelton, S. W. (2002) 'The role of international auditing in the improvement of international financial reporting', *Advances in International Accounting*, Vol. 15.

Richard, C. (2006) 'Why an auditor can't be competent and independent: a French case study', *European Accounting Review*, Vol. 15, No. 2.

Schilder, A. (1996) 'Research opportunities in auditing in the European Union', *Accounting Horizons*, December.

实用网址

www. deloitte. com

www. ey. com

www. ifac. org/forum_of_firms

www. ifac. org/IAASB

www. kpmg. com

www. pwc. com

www. ipiob. org

课后问题

书末提供带星号问题的参考答案。

21.1* 为什么需要建立国际审计准则?

21.2* 由联合国制定国际审计准则是否比由当前的机构来制定更好?

21.3 为什么各国的审计准则存在差异?

21.4 从哪些方面我们可以明确地将审计描述为国际化的审计?

21.5 人们对国际审计准则是否比对国际会计准则更易达成一致? 如果是这样, 为什么?

21.6 讨论跨国公司的成长对会计师事务所产生的影响。

21.7 国际会计师联合会在有关执业会计师的道德守则中罗列了大量的基本审计原则, 请讨论这些原则可能会在多大程度上在不同国家产生不同含义。

21.8 安然事件对国际审计准则产生了怎样的影响?

第 22 章 公司所得税的国际问题

克里斯托弗·诺比斯

内容

目标

读完本章后您应当能够

- 概括主要的公司所得税国际差异。
- 通过各种会计专题的举例，说明在德国税基和会计基础非常接近，在法国二者接近程度较低，在美国和英国接近程度更低。

- 解释公司和税务机关在国际税务策划，包括转移定价方面的目标。
- 比较公司所得税的古典制和归属制的目的和方法。
- 概括欧盟公司所得税协调的目标和进程。

22.1 引言

22.1.1 本章的相关性

本章与其他章节的内容是紧密联系的，但讲述的主题却在其他章节的范围之外。首先，即使是在英美国家，公司的税收显而易见对公司的净利润金额和其他财务报告事项有着显著的影响。更重要的是，有研究显示在一些欧洲大陆国家以及中国和日本，公司所得税的相关法规对按当地会计准则编制的财务报告在诸多方面起着决定性的影响作用。其次，了解不同国家公司所得税的差异是研究国际商业融资和管理会计的必要基础。然而在许多书中，对这一专题通常只是简略提及，甚至是忽略此专题的。因此，本书决定对此作一个相当详细的介绍。最后，公司所得税的分类和协调是对本书第 3 章和第 4 章所讨论问题的进一步深化。

出于某些纳税目的，集团中的部分公司可以合并为整体看待（见下面的第 22.1.2 部分），但总的来说，税收是建立在独立公司的基础上，而不是在集团的基础上的。因此，虽然欧盟及世界其他地方决定采用国际财务报告准则编制合并报表，除非国际财务报告准则的普及要求范围延伸到非合并报表，否则这一举动不会影响纳税计算。例如在法国和德国，单个公司的会计和税收计算仍然紧密联系，虽然因为其他目的而采纳了国际财务报告准则，但这种紧密关系基本上没有受到影响。

22.1.2 税收的差异

在不同国家或不同时期，公司所得税的两个基本差异是税基的差异和税收制度的差异。公司所得税税基（或称为应纳税所得额）的国际差异是巨大的。尽管在所有国家，会计利润和应纳税所得额之间都存在一定关系，但在法国和德国，二者之间的关系就比在英国和美国要紧密得多。此外，正如本书自始至终所指出的，不同的国家对会计收益计量本身就存在显著不同。这两个因素加在一起，使相似的公司在不同的国家存在差异巨大的应纳税所得额（见第 22.2 部分）。

因为税收存在国际差异，使用某些方法会使跨国公司受益，有些则会使之受损。在这种环境下最小化税款的行为称为国际税收筹划（international tax planning）。该主题将在第 22.3 节中讨论。其中一方面，跨国公司努力将从经营中产生的应纳税收益由高税收的国家转移到低税收的国家。这样做的办法之一是在集团公司的内部交易中对在低税率国家出售的商品制定高的转移价格。关于转移价格的问题我们将在本章第 22.4 部分中介绍。

第二个基本差异是税收制度的差异。一旦应纳税所得额确定后，结果会因不同的税收制度而不同，尤其是在对股利的处理方面。公司制企业与合伙制企业不同，在大多数国家，对合伙制企业的收益征税是基于假定它的企业收益在每个纳税年度的期末全部都进行了分配的基础上进行的。对于公司制企业，其留存收益和已分配收益都应纳税。如果仅针对公司，并仅当收益获得时才对所得进行征税，那么不同的股东就不必按不同的税率计缴个人所得税。如果收益只在分配时才征税，那么所得税税款肯定会被递延。另一方面，如果收益在取得和分配时均需纳税，则将产生“经济性双重征税”（economic double taxation），这通常被认为是不公平的，而且是无效率的（见第 22. 5 部分）。

这些税基和税收制度方面的差异将产生一系列重要的经济影响，例如对股利政策的影响、对投资计划的影响和对资本筹集方式的影响。这些问题在这里将不展开论述，它们也不是国际双重征税中的重要问题。国际双重征税有助于确定公司实际应付税金（不过在第 22. 3 部分中会有所提及）。

第 22. 2 部分和第 22. 5 部分会分别考察税基和税收制度的问题。当然，还有许多其他重要的国际性差异，例如税率的国际差异巨大，同时又经常变动。另一个差异是税务机关对集团公司的征税方法的差异。在所有国家，税收是对各个公司征收的，而不是对集团征收的，因为公司才是应税的法人主体，而集团则包括了使用不同的会计制度和税收制度的海外子公司。然而，大多数国家允许某种形式的集团内部亏损抵免或股利调剂（要了解更多细节，请参见 James 和 Nobes，2007 年，以及本章的第 22. 2. 6 部分）。

在不同的国家里，出于不同的目的对应纳税集团下的定义可能是不同的。最通常的例子如：在英国应税集团由持股超过 75% 的国内子公司构成，在美国则是由持股超过 80% 的国内子公司构成。换言之，应税集团与会计集团之间没有什么联系，而且应税集团经常小于会计集团。在所有相关的复杂规定中，最典型的是法国的有关规定，其主要做法如下：

• 母/子公司制度（*régime des sociétés mères et filiales*）。根据这一制度，集团内的各个公司需分别纳税。但是，若公司的股利收益是从持股 5% 以上的公司中分配取得的，则仅对其中 4% 的股利征税。

• 合并征税制度（*régime de l'intégration fiscale*）。根据这一制度，集团里的所有法国公司将被视为一个单独的应税主体。然而在这一情况下，集团是由母公司和持股 95% 以上的子公司构成的。在这样的集团内部，各个公司的损益可以相互抵消，同时彼此分配股利也不纳税。

• 以全球范围的合并公司为基础（在财政部门的同意下）。根据这一基础，所有持股 50% 以上的子公司的损益均应加入到母公司的损益中，并按法国的标准纳税，同时对国外的已纳税收给予税收抵免。这一方法已被一些法国大型集团公司采用。

• 以有限制的全球范围的公司为基础（经财政部门批准）。根据这一基础，将采用一个更狭义的子公司概念进行全球范围的公司合并。

应当指出的是，所有的税基都没有真正使用合并财务报表中的数据。这是因为出于纳税目的对子公司下的所有定义与会计中对子公司所下的定义是不同的。同样，在合并中对商誉的摊销将体现在集团的利润表中，但并不影响应纳税所得额。

要了解更多有关应税集团（tax group）的情况，请参见兰姆（1995）的有关论述。

22.2 税基

22.2.1 引言

对公司所得税税基最简单的分类标准是会计收益与应纳税所得额之间的差异程度。正如我们在第2章至第14章的论述中可以清晰看到的，税收对会计的直接影响程度是有巨大差异的，在英国表现得最小，而在德国则表现得很大。这一差异对会计是如此重要，以至于当我们对税基进行简单的分类时看起来就像是在对会计制度进行简单的分类一样。例如，无论是对税基还是对会计制度进行分类，如果分为两组，那么通常会将英国、美国和荷兰归为一组，而将法国、德国和日本归为另一组。

在第一组国家中，财务会计对向股东呈现公允观点的要求优先于财务报告对税收制度的使用。结果是，为了计算出税基（即应纳税所得额），必须对会计利润数字进行大量的调整。在另一组国家中，符合税收制度的要求对这些国家的会计和审计的发展起着主导作用，结果是其税基与会计利润数趋于一致。

胡吉恩多恩（Hoogendoorn，1996）总结了欧洲13国的税收和会计之间的关系。兰姆等人（1998）研究了美国、英国、法国和德国纳税申报与财务报告之间的联系。他们的研究特别注重个别公司的情况，考察了许多会计专题的制度规定和实践操作。研究发现，几乎在所有国家，对于诸如薪金和销售收入等许多项目的计量，税收制度以会计制度为基础。但是在英国和美国，税收制度和财务报告制度存在着差异，而在德国，税收制度和会计制度在制度规定和实务操作上都是相同的。相对应的是，德国税收制度的规定在许多方面都凌驾于合理进行财务报告的要求之上，这在英国和美国是很少见的。由此可见，我们可将英美与德国区别开来。

随着时间的推移，世界各国的情况逐渐发生变化。诺比斯和施文克（2006）指出，如果一个国家的财务报告目标从税务相关转换为投资者相关，那么财务报告将会逐渐地与税收制度相分离。他们通过考察挪威一个世纪以来的情况发现了这一现象。

在兰姆等人（1998）的研究之后，德国的税收和财务报告之间也开始出现差异。例如，按照税收制度的要求，资产的减值只有在预计该减值将会长期持续下去时才可以确认。长期准备也不应该按照折现金额计提。这两种做法在德国的非合并报表中都不常见。

在合并报表方面，财务报告可以比较容易地避免税收的影响。兰姆等人（1998）发现法国的情况就是这样的。在合并报表中使用国际财务报告准则通常可以显著地减少甚至消除税收的影响。然而只要非合并报表因为税收目的而选择了某种会计方法，这些方法就会延伸到合并报表中，从而使得税收仍然会对合并报表产生影响。

许多国家在非合并财务报告方面已经采用了国际财务报告准则或者已经与之趋同（参见第13章），这意味着有必要尽可能地将税收从财务报告中分离开来。否则，每次国际会计准则理事会修改一个会计准则，应纳税所得额就可能改变。在一些国家（例如英国或丹麦），公司可以选择运用国际财务报告准则或本国会计准则，由此会导致不同的利润数字。在这种情况下，税收和财务报告的分离就尤其重要了。否则，公司就能选择其应纳税所得额。公司税基和其财务报告之间的差异在会计中产生了有关递延所得税问题。这在第 16 章中已经讨论过了。

对各个国家的税基问题的讨论在其他地方也曾进行过（James and Nobes，1999，Chapter 12 and Chapter 14；IBFD，yearly；Picciotto，yearly；PricewaterhouseCoopers，2000；Commerce Clearing House，yearly）。这里，我们将按专题讨论各国之间存在的某些差异。一般情况下我们将以法国、德国、日本、英国和美国为例。

22. 2. 2　折旧

在本书曾详细研究过的所有国家中，税务机关均对应纳税所得额计算中所扣除的折旧金额感兴趣，这是很自然的。这涉及在税收制度中具体规定折旧所采用的方法和折旧率（大多数国家均如此），但有的国家只有当折旧费用不合理时才进行干涉（如荷兰）。正如我们在以前章节中所指出的，财务报告中最关键的差异是，在法国和德国会计的折旧额通常与税收确定的折旧额保持一致，而英美国家的会计准则则无此要求。

出于纳税目的对固定资产计提折旧所采用的折旧方法和折旧率的具体规定如下：

• 在英国，2007—2008 年期间，机器按余额递减法计提折旧，折旧率为 25%（小公司则为 40%）。使用年限超过 25 年的资产采用 6% 的折旧率。这种“资本减免”（capital allowance）计划和公司计算会计利润时所提取的折旧费用是完全分离的。与其他国家不同，英国对大部分的商业建筑均不给予折旧税收优惠政策。

• 在美国，不同的资产有不同的折旧范围。通常为了纳税目的，固定资产采用“修正的成本加速回收制度”（modified accelerated cost recovery system）进行摊销。最常用的形式包括 3 年制、5 年制或 7 年制。固定资产均按余额递减法计提折旧，折旧率为直线法的两倍。从 1993 年税法改革开始，商业建筑物按其使用年限 39 年采用直线法计提折旧。

• 在法国，税法允许几乎所有资产采用直线折旧法计提折旧，典型的折旧率为：工业用和商业用建筑物的折旧率为 2% ~5%，办公楼和住宅楼的折旧率为 4%，厂房和店面装置的折旧率为 10% ~20%，交通工具的折旧率为 20% ~25%。厂房可以按余额递减法计提折旧，使用的折旧率为按资产寿命分摊的直线法折旧率的倍数。在法国，公司使用的折旧方法也允许改变。加速折旧法被允许用于某些地区的资产以及用于研发费用、反污染和节能的资产。

• 在德国和日本，折旧率由税法规定。除了对建筑物强制使用直线法计提折旧外，其他资产可以使用直线法和余额递减法计提折旧。在德国，直线折旧法采用的典型折旧率为：2003 年以后建造的建筑物，折旧率为 2%，厂房的折旧率为 6% ~10%，交通工具的折旧率为 11% ~16%。折旧方法允许改变，但只允许从余额递减法改为直线法。加速折旧法只允许对柏林地区、德国东部边界和现在的德国东部地区的资产以及反污染的资产使用。在日本，对某些资产还允许计提额外折旧。

22. 2. 3　存货通货膨胀收益的税收抵扣

1978 年至 1984 年，英国在计算公司应纳所得税时的第二大调整事项为“存货升值税额减免”（stock appreciation relief）（Jame and Nobes，1992，Chapter 13）。允许进行这一调整的部分原因是基于这样一个事实，即在通货膨胀时期，公司会计利润和应纳税所得额的一个重要构成要素是因公司持有可出售存货而产生的未实现利得。这一利得不是“当期经营利润”的构成部分，因此如果对它计算公司所得税，可能导致公司的流动性产生问题。

在美国和日本，财务会计和税务会计均允许采用后进先出法计量存货成本。在通货膨胀时期，这将减少期末库存的价值，提高销货成本，从而降低会计利润和应纳税所得额。1990 年至 2002 年间，德国允许本国公司自由地采用后进先出法。现在，在德国和荷兰，后进先出法只有在具有商业上的合理性的情况下才允许使用。在法国，只有对集团公司财务报表才允许使用后进先出法（因此，它不是因为纳税目的而采用的）。然而在法国，如果存货价格当期上涨超过 10%，则允许公司计提“物价上涨准备”（*Provision pour hausses des prix*）。这会减少利润（以及应纳税利润），并且产生未税准备（*Provision réglementée*）。

22.2.4 资本利得

对公司资本利得的征税在各国差异巨大，但总是建立在利得实现的基础之上的。在德国、日本、英国和美国，资本利得通常都计入应纳税所得额中。在德国，对其他公司的非交易性投资所获得的资本利得自 2001 年可免除纳税。在法国，短期资本利得（不超过两年）及多数长期利得要全额纳税，但某些类型的长期资本利得按一个降低的税率纳税。资金转滚税收减免准备金（rollover relief provisions）（即利得的纳税可以通过再投资而延缓）的计提在各国也不相同。在某些国家（例如马来西亚）通常不对资本利得征税。

22.2.5 损失

对损失的不同处理也会对应纳税所得额产生重要的影响，具体如表 22—1 所示。从该表可以看到，每个国家的规定都不同。当然通常一个表格不能包含所有复杂信息。例如，德国的规则限定了结转或亏损补报的最大金额。更多的国家规定结转到下期的时限（例如，法国在 2004 年之前限定为 5 年）。

表 22—1 **经营损失税收减免** 单位：年

	亏损补报	结转到下期
英国	1	无限制
美国	2	20
法国	3	无限制
德国	1	无限制
日本	1	5

22.2.6 已收到的股利

公司收到的股利应在多大程度上包含在应纳税所得额中，这对公司的应纳税所得额有着重要影响。在英国、日本以及德国（从 2001 年开始），通常对于收受一方公司取得的国内的股利不予征税。在美国，对从关联集团中的公司（例如持股 80% 以上）所分得的股利不征税，但是从其他公司分得股利的 30% 需要征税。在法国，除非持股在 5% 以上，否则要全额纳税（见第 22.1.2 部分）。

22.2.7 长期合同

在大多数国家，税务机关要求或者接受按照完成合同法来计算应纳税所得额。该方法倾向于将收益的确认递延，并且无需作太多的估计。在法国、德国和日本，税收制度的要求与所采用的会计方法一致，因此公司通常选择完成合同法以同时满足会计和税务的需要。相反在英国和美国，在适当的情况下会计采用的是完工百分比法。这会使会计收益和应纳税所得额之间产生差额，这一差额随后应予以转回。

22.2.8 费用

在英国和美国，许多在计算利润中予以扣减的费用项目在计算应纳税所得额时却不允许抵减。在法国和德国，财务会计依据税法要求列支费用项目。在允许费用项目抵扣税收方面，大多数国家的规定均比英国的更宽容，如大多数国家允许娱乐费用税前列支抵税。但是，大多数国家都不允许罚金支出或非营业性费用（non-business expense）在税前列支抵税。

多数情况下，增加准备金的费用允许在税前列支，但该项准备金必须是具体的，如果是一般准备金则不允许抵税（例如，英国或美国，甚至法国都不允许等于应收账款 5% 的坏账准备在税前列支）。然而，德国一般的坏账准备都可以扣税，所以税收制度必须监督这些准备金的规模。在意大利和西班牙，税法规定了财务报告中使用的最高抵扣额水平。

22.2.9 其他税收

在确定公司的整体税收负担时，一个很重要的，同时也是很复杂的因素是，公司负担的其他税负，以及在计算国家公司所得税时的可抵扣程度。在大多数国家，存在某种形式的工薪税或社会福利税。英国对当地财产征收经营税（business rate），德国还征收地区所得税、资本税和工薪税，在法国有营业执照税，在意大利有地区公司所得税。通常这些税项在公司计算应交国家公司所得税时均可作为抵扣项目。然而，由于这些税项的存在，这些国家公司的税收负担比人们乍一眼所见的要高得多。例如德国的地区税就是很重要的税项。

22.3 国际税收筹划

国际税收筹划是极为复杂的，但也是涉及跨国公司可以从低税收中获得巨大利益的一个问题（同时涉及所支付的税务律师和税务会计的费用）。

跨国公司会努力：

- 将利润从高税收国家转移到低税收国家；
- 避免同一份收入在两个国家纳税；
- 对同一项费用试图获得两次税收抵扣；
- 试图使某些收入在任何地方都不必交税。

其中第一个是转移价格的问题，将在下一节讨论。国际双重征税部分地通过国家间的双边税收协定来解决。一般来说，对于在一个国家已经交过税的同一笔收入可能在另外一个国家获得税收豁免。

上述第三个问题（获得两次课税抵扣）有时被称为“双重优惠”（double dipping）。例如，假设一个英国公司从一个法国的金融机构通过融资租赁方式购买了一台机器（见第6章），在英国这方面的税收制度和会计制度大致相同，允许承租人的折旧免税。但是在法国，租赁在单独的资产负债表上或为税收目的都是不可以资本化的。因此，法国的出租人可以对该项资产计提折旧并在税前扣除。结果，出租人会因此而收取相对较低的租赁费用以便能吸引客户，这样承租人就获得了两次好处。一般来说还有其他复杂的因素，例如英国租赁的租金支付方式等。然而还是有一些税收优势的空间的。

上述第四个问题（未纳税收入）有时被称为“白色收入”。例如，假设有一种复合金融工具（见第16章）在发行公司所在的国家被作为负债处理，但在工具持有人所在的国家基本上被看作是一种股权。发行者支付的利息将是可以在税前抵扣的，但持有人收到的利息被看作是不必纳税的股利。

22.4 转移价格

当公司内部各单位之间发生交易时，有必要为其设定一个“转移价格”（至少在管理会计中这样要求）。如果这些单位是一个集团内各个独立的公司，那么转移价格的制定对财务报告和计算应纳税所得额都是必要的。如果这些公司或单位地处不同的税收管辖区域，那么这一问题就会因为各地采用不同的会计制度、税率等因素而显得显著。联合国贸易和发展会议指出，现在跨国公司内部商品和服务转移的价值，超过了国家之间的其他出口价值（UNCTAD，1997）。下面将主要针对跨国公司的情况进行讨论。

转移价格的制定方法取决于跨国公司的政策，但是最通常的方法是以公平价格（arm's length market price）的约当值作为转移价格。这一方法确实有利于客观评价集团内各单位的业绩，尤其有利于保障少数股东的利益。然而，为了在集团内部转移利润或为了将利润从高税收的国家转出，跨国公司也会选择人为价格作为转移价格。此外，特许使用费、利息费用和管理费用也是导致利润转移的一个动因。

从理论的角度来考虑，麦考利和汤姆斯金（McAulay and Tomkins，1992）以及利奇和巴雷特（Leitch and Barrett，1992）考察了可能影响转移定价行为的因素，其中包括金融市场、政府干预和行政管理程序。埃利奥特和伊曼纽尔（Elliott and Emmanuel，2000）谈论了国际背景下的组织问题。林等人（Lin et al.，1993）检验了所得税和关税之间的关系。他们指出了在亚洲太平洋国家预扣税（withholding taxes）的重要性。伊曼纽尔（Emmanuel，1999）使用美国、中国台湾地区和希腊的制度安排建立了一个模型，证明了不同税率是促使集团税后收入最小化的最重要变量。

对跨国公司在实践中是如何进行操作的研究各有不同。普拉斯查尔特（Plasschaert，1985）的研究声称在发展中国家中，使用多种转移价格的现象是很常见的，因为这些国家的政府对跨国公司的监管措施很薄弱。阿尔·俄亚尼等人（AL－Eryani，1990）的研究发现美国的跨国公司守法性很强，同时较大的公司更倾向于使用以市场价格为基础的方法。哈里斯（Harris，1993）、克拉森等人（Klassen et al.，1993）和雅各布（Jacob，1996）的研究则发现，美国跨国公司根据税率的变化在全球范围内转移收益。奥耶勒和伊曼纽尔（Oyelere and Emmanuel，1998）研究了受海外公司控制的英国跨国公司的实际情况，发现同样存在严重的转移收益的事实。Hung Chan 和 Lo（2004）发现，当公司管理层认为必须与当地合作伙伴和地方政府保持良好关系时，公司往往会使用以市场为基础的方法。

当然，税务机关对转移价格问题是十分敏感的，而且随着全球化进程的推进，这一问题的重要性日益增加。结果是，政府授权税务机关对公司应纳税所得额进行调整，并赋予其对未按正常价格运作的转移行为予以纠正的权力。对应纳税所得额进行调整的结果是可能对跨国公司的某些收益进行双重课税。在该领域中，美国的管制处于领先地位，美国国内税收法典的第482款是对转移价格的基本规范条款，由该条款已衍生出许多具体的规范和有关税收的判例。1992年，美国大范围引进了法令要求和处罚条款（US Treasury，1992）。英国1999年/2000年在法定要求中引入了关于转移价格的详细条款（Rust and Graham，2000）。在某些情况下，政府采用了其他方法来解决这一问题，即要求跨国公司对其全球利润进行分配（即“单元法”或“全球法”），然而这种粗线条的方法在国际上尚未形成共识。

因此，为了规范这一领域，政府间在转移价格问题上已经达成了税收协定。这些条款通常以一些组织（例如经济合作和发展组织（OECD，1979 and 1995/6）和联合国）制定的税收协定范本为基础。德勤公司（2002）还总结了几个国家的转移定价制度。

22.5 税收制度

22.5.1 引言

本章第22.2部分已说明了各国对应纳税所得额的定义差异极大。对应纳税所得额征税的方法由税收制度决定，它也同样因国而异。本书所研究的主要国家目前正在使用或近期一直在使用的税收制度，可以归为三类：

（1）古典税收制度（classical system）；

（2）税收归属制度（imputation system）；

（3）税率分割制度（split-rate system）。

以上税收制度以及其他减轻对股利双重征税的方法，我们将在下面进一步讨论。

22.5.2 古典税收制度

古典税收制度也许是最简单和最容易解释的，这种简单导致了它的明显缺陷，这在制定其他税收制度时要明确地加以修正。像其他大多数税收制度一样，按古典税收制度的要求，已付股利在公司计算应纳税所得额时不能予以扣减，更有甚者，股东在取得这些股利时也应全额纳税。至于利息支出，像其他大多数税收制度一样，在古典税制下通常可以抵免税收，尽管它在古典税制中不是一个重要因素。美国、荷兰和瑞典曾经采用过古典税收制度多年，英国也曾在1965年至1973年期间采用过这一制度。一些其他欧盟国家也已改为（或回到）古典税收制度（具体信息请见表22—2，表中涵盖了2004年欧盟扩张之前的所有欧盟成员国）。

表22—2　　　　2007年/2008年欧盟的公司所得税制度

国家	制度	公司税率（%）①
奥地利	古典制（1988年之前是税率分割制度）	25
比利时	古典制（1963—1989年是归属制）	33②
丹麦	古典制③（1977—1991年是归属制）	28
芬兰	古典制（1990—2005年是归属制）	26
法国	古典制（1965—2004年是归属制）④	34.43
德国	股利部分豁免（1977—2000年是归属制）④	26.38⑤
希腊	股利豁免（1992年之前是股利可抵扣）	25
爱尔兰	古典制（1976—1999年是归属制）	12.5
意大利	古典制（1977—2003年是归属制）	33⑥
卢森堡	古典制⑦	22⑧
荷兰	古典制	29.6
葡萄牙	股利部分豁免（1989—2001年是归属制）	25
西班牙	古典制（1986—2007年是归属制）	30
瑞典	古典制	28
英国	归属制（1973年以后采纳）	30

注释：①全部忽略了预扣税。

②包括紧缩附加费（austerity surcharge）。

③对居民股东的所得税税率较低。

④一半股利是需要纳税的。

⑤包括社会附加费。

⑥包括地区税。

⑦居民股东的50%的股利不纳税。

⑧包括营业税。

资料来源：根据不同来源的信息编写，其中包括国际财政文献局（International Bureau of Fiscal Documentation）的《欧洲公司税收》（*Europe-corporate Taxation*）。

对古典税收制度的批评主要集中在两个方面，这两个方面最终都可归咎于该制度下对股利的“经济性双重征税”，即对分配的收益先征收了公司所得税（本章后面也简称为公司税），而后又征收个人所得税。第一个批评意见是，与对非公司制企业分配的收益所采用的征税办法相比，这种对公司制企业双重征税的方式具有不公平性。非公司制企业的收益无论分配与否，均无需缴纳公司所得税，而只有企业的所有者实际分得的货币收益需要征税。对公司制企业难以作此单重征税的安排。因为无论在现实操作中还是为了纳税的目的，公司的留存收益都是客观存在的，因此如果不单独征收公司所得税，那么当公司推迟利润分配时，税收也将被无限期地递延。只在公司层面上对收益征税，意味着所有的收入个体都承担了相同的税率。但是作为累进所得税制度的一个构成部分，这种做法是不能被接受的。因此，对已分配收益的双重征税归根到底是源于政府为了确保对留存收益进行恰当征税愿望的实现。

第二个批评意见是经济性双重征税将导致对股利分配的偏差。由于古典税收制度对公司的全部收益，而后又对已分配的收益均要全额征税，因此股利分配得越多，由公司及其股东负担的全部税款就越多。也许有人认为这样会鼓励公司留存利润，从而会促进公司增加投资。然而，经过更敏锐的经济思考我们会得出以下结论，即只有公司分配利润，而后股东通过新的发行市场将所取得的资金分配给更具有盈利性的公司，这样才能产生具有盈利性和效率性的投资。遗憾的是，没有资料能证实具有较好盈利记录的公司会一直保持其最大的盈利性。

关于第二个说法还应指出的是，即使对已分配的收益不征收公司所得税（即不存在双重征税），而是只在股利分配时才缴纳一项所得税，反对股利分配的错误观念仍会存在。反对股利双重征税的两个理由导致了其他税收制度的产生，这些税收制度的目的在于改进古典税收制度的这些不足。

22.5.3 税收归属制度

缓解经济性双重征税缺陷的常用办法是由公司将公司缴纳的所得税的一部分归集给股东，以抵免股东缴纳的股利所得税。公司缴纳的所得税以公司收益为基础，股东也是从公司的收益分配中获得股利的。欧洲的许多国家（见表 22—2）以及澳大利亚和加拿大都采用税收归属制度。表 22—3 和表 22—4 比较了古典税收制度和税收归属制度的不同。表中所列示的税率并不重要，但它们恰好分别是 1973 年以前和 1979 年至 1983 年期间英国税收制度所采用的税率。假定存在一个所得税的“基础税率”，这一税率是绝大多数纳税人的边际税率，同时我们假设它为 30%，古典税制下公司的所得税税率为 40%，而税收归属制度下公司所得税税率为 52%。另外为简便起见，假定公司的会计收益和应纳税所得额相等（这在德国是很普遍的，但在英国通常不是这样）。为了便于管理，英国的税收抵免（tax credit）与所得税的基础税率相挂钩。从 1979 年/1980 年到 1985 年/1986 年，当基础税率为 30% 时，税收抵免率为 30/70 或 3/7。根据 1973 年以前的税收制度，存在一个扣缴所得税的标准比率。

比较表 22—3 和表 22—4 可以发现，对股东而言，其仅仅按基本税率支付了所得税，英国的税收归属制度完全转移了对股利的双重征税。在税收归属制度下的税收总额（表中为 5 200 英镑）并没有随股利分配的增加而发生变化。但是，如果股东需支付高税率的个人所得税，那么情况就不同了。在这一情况下，双重征税将仍然存在，进而反对股利分配的错误观念仍将被坚持。表 22—5 通过重新计算表 22—3 和 22—4 后半部支付高税率的个人所得税的股东说明了这一点。这个时候，在古典税收制度和税收归属制度下，随着支出的扩大，税收总额都会增加。

表 22—3　**古典税收制度和税收归属制度区别（低股利支付）**　单位：英镑

	古典税收制度	税收归属制度
公司		
公司收益（估计）	10 000	10 000
公司所得税（40%）	4 000	（52%）　5 200
可供分配收益	6 000	4 800
收益分配总额（估计）	2 000	
减：已在税源中扣除的所得税（30%）	600	
收益分配净额	1 400	现金　1 400
留存收益	4 000	3 400
股东（基础税率）		
股利：已收取现金	1 400	1 400
已在税源中扣除所得税	600	0
已获税收抵免（3/7）	0	600
股利总额	2 000	还原股利　2 000
应交所得税（30%）	600	600
减：已扣缴所得税	600	0
减：税收抵免	0	600
应交税款	0	0
税收合计	（4 000 +600）4 600	5 200

表 22—4　**古典税收制度和税收归属制度区别（高股利支付）**　单位：英镑

	古典税收制度	税收归属制度
公司		
公司收益（估计）	10 000	10 000
公司所得税（40%）	4 000	（52%）　5 200
可供分配收益	6 000	4 800
收益分配总额（估计）	5 000	
减：已在税源中扣除的所得税（30%）	1 500	
收益分配净额	3 500	现金　3 500
留存收益	1 000	1 300
股东（基础税率）		
股利：已收取现金	3 500	3 500
已在税源中扣除所得税	1 500	0
已获税收抵免（3/7）	0	1 500
股利总额	5 000	还原股利　5 000
应交所得税（30%）	1 500	1 500
减：已扣缴所得税	1 500	0
减：税收抵免	0	1 500
应交税款	0	0
税收合计	（4 000 +1 500）5 500	5 200

表 22—5　**古典税收制度和税收归属制度（高税率纳税人）**　单位：英镑

	古典税收制度	税收归属制度
低股利支付		
公司（同表 22—3）		
股东（边际税率为 50%）		
股利：已收取现金	1 400	1 400
所得税扣缴	600	0
已获得税收抵免（3/7）	0	600
股利总额	2 000	还原股利　2 000
应交所得税（50%）	1 000	1 000
减：已扣缴所得税	600	0
减：税收抵免	0	600
应交税款	400	400
税收总额	（4 000 +600 +400）5 000	（5 200 +400）5 600
高股利支付		
公司（同表 22—4）		
股东（边际税率为 50%）		
股利：已收取现金	3 500	3 500
所得税扣缴	1 500	0
已获税收抵免（3/7）	0	1 500
股利总额	5 000	还原股利　5 000
应缴所得税（50%）	2 500	2 500
减：已扣缴所得税	1 500	0
减：税收抵免	0	1 500
应交税款	1 000	1 000
税收总额	（4 000 +1 500 +1 000）6 500	（5 200 +1 000）6 200

像其他大多数现存的税收归属制度一样，英国目前的制度为部分税收归属制度。也就是说，只将由公司支付的公司所得税的一部分归集抵免给股东，如表 22—6 所示，2007 年/2008 年为 26%。

表 22—6　　　　英国的部分税负转移制度（2005 年和 2006 年）

	英镑
公司	
收益	1 000
公司所得税	300
	700
股利	700
	0
股东	
现金股利	700
税收抵免（10/90）	78
还原股利	778
部分税负归集抵免率（78/300）	26%

法国的部分税收归属制度很大程度上与英国的类似。但是，只有英国是以公司的所得税税率为基础来确定税收抵免的规模。有关税率的汇总见表 22—2。

大部分欧洲大陆国家的税收制度还采用“预扣税”的办法，即将股利的一部分在其来源处予以扣减。这样的税收征缴办法并不是划分税收制度的要素。由于预扣税可以抵扣应交所得税税金或是应大部分股利获得者的要求予以归还，因而实际的税负水平并未受到影响。预扣税款的主要目的在于减少偷漏税，特别是无记名股票股东和海外股东的偷漏税。

22.5.4　税率分割制度

减少双重征税影响的第二种方法是，对已分配的收益按照比留存收益更低的税率进行征税。前联邦德国直到 1976 年年底以前一直采用这种税率分割制度，对留存收益采用 51% 的税率，而对已分配收益则采用 15% 的税率。从 1977 年到 2000 年，德国采用两种税率的税收归属制度。奥地利在 1989 年以前也采用该税收制度。

部分税收归属制度有可能被改造为税率分割制度，它们具有相等的税负，并产生类似的经济效果（Nobes，1980），正因为如此，在进行分类时，税率分割制度和税收归属制度被视为同一类制度。

22.5.5　其他减轻对股利双重征税的方法

还有许多其他方法可用以减轻双重征税。例如，美国的古典税收制度经过调整后，对个人每年取得的投资收益中部分数额免收个人所得税。德国从 2001 年开始，法国从 2005 年开始，只有一半的股利收入要纳税。在葡萄牙，部分股利也是享受纳税豁免的。在希腊，取得的股利收益可以免税。曾经在瑞典和冰岛实行过的“初级股利制度”（primary dividend system）允许公司在计算应纳税所得额时扣减部分股利。

22.5.6 有关税率的提示

表22—2列示了某年的税率，但是各国的税率每年都在发生变化。税率变化呈下降趋势。例如，美国的里根政府在20世纪80年代末降低了税率，布什政府继续这种降低税率的政策。德国在1998年留存收益的复合税率超过了50%，但2001年已经降低到大约26%。爱尔兰的税率在2002年降为16%，2003年又降为12.5%。

22.6 协调

各国实际税负存在的差异给税收征管当局对跨国公司的征税工作增加了很大的难度，而跨国公司自身也通过在全球转移资本和利润来努力降低税款总额（见第22.3部分和第22.4部分）。这也是国际企业财务管理和管理会计要研究的课题。这些差异的存在并未像会计制度上存在的差异那样导致过多的国际协调计划和协调委员会的产生。然而，欧盟正在进行税收制度的协调，并且已经通过了有关增值税和其他形式间接税的许多协调指令，同时对本章我们所关注的直接公司税收（公司所得税）也已经提出了相应的协调建议。这一领域的协调进程之所以比公司法和会计的协调进程缓慢，原因在于政府不愿放弃对征收直接税收的任何控制。

罗马协议呼吁各成员国之间免去关税，对第三国采用统一关税，消除影响人力、资本、商品和服务自由流动的壁垒。作为罗马协议的监护人，欧洲委员会对协调税收制度的兴趣起源于促进自由流动的目标。商品和服务的自由流动特别要求间接税的协调，而人力和资本的自由流动则要求直接税的协调。如果税收无法协调，而同时自由流动的障碍已被消除，那么在欧盟内部的一些国家就会仅仅出于财政上的原因而促进或阻碍人力和资本等资源的流动。

协调之目的（Burke，1979）在于使竞争的状态和资本利得不会由于其实际税收负担的差异而受到显著的影响。只要简要地浏览一下欧盟一些国家的公司所得税制度，就可以清楚了解需要协调的范围是相当大的。欧洲委员会的建议中就已涵盖了对税制和税基的协调。欧洲委员会在直接公司税领域所作的努力现在已经有了大致的轮廓，而针对增值税所作的努力则更为显著。

在1962年，诺依马克委员会（Neumark Committee，1963）向欧洲委员会建议采用税率分割制度。后来范·登·滕伯报告（van den Tempel Report，1970）描述了三种类型的公司所得税制度，并建议采用古典税收制度。然而欧洲委员会发布的关于协调公司所得税制度的指令征求意见稿（EC Commission，1975；Nobes，1979）则建议采用税收归属制度。提出这一建议的部分原因主要基于这样一个事实，即欧盟的大多数国家已经采用或正计划采用这一制度。在1975年，比利时、法国和英国就已采用了税收归属制度。从那以后，德国、丹麦、爱尔兰和意大利也采用了税收归属制度，然而大多数国家还是已经转回到了采用古典税收制度（见表22—2中的第2栏）。

选择税收归属制度的部分原因我们已经讨论过了，这些原因包括税收抵免减轻了股利分配的偏差，并且有利于小投资者（低税率纳税人）。同时这一税收制度还能减少通过降低股利的实际边际税率来逃税的企图。此外，由于在税收归属制度下对公司所得税采用了较高的税率，因此在公司留存收益承担的税率与合伙制企业承担的税率之间可以作一个更为公正的比较（*European Taxation*，1976；OECD，1974）。

1975 年指令征求意见稿第 3 款建议采用税收归属制度并结合采用 45% 至 55% 的单一税率。同时第 8 款建议税收归属制度中的税收抵免率应为公司按可用于支付股利的应纳税所得额计缴的公司所得税的 45% ~55%（即根据公司税而增加的股利，见表 22—6）。欧盟国家 2007 年/2008 年采用的税率列示在表 22—2 中，从表中可见，即使是采用税收归属制度，这些建议都几乎没有引起关注。在指令征求意见稿中的其他建议还有：应设置一项类似“预缴公司税”（ACT）或“预计应扣款项”（法国）的补偿税项（第 9 款）；应当像英国一样，若股票是不记名的，则应按 25% 的比率扣缴公司税（第 15 款至第 17 款）；各成员国都应向股东提供税收抵免（第 4 款）。最后这一要求主要是用以促进投资资本的自由流动。这些不同的要求使一些欧盟国家必须进行重要的调整，如表 22—2 所示。

指令征求意见稿也招致了许多方面的批评，其中一个重要方面是认为指令忽略了对资本利得提出建议性的处理方法。除非各国的税收制度均已协调，否则将会有很多浪费性的操纵行为，以便在比较有利的国家获得资本利得，而不是在不利的国家中获得任何资本利得的收益。另一个批评是认为其他的公司税，如净值税、流转税和地方税也应纳入协调范围。更一般的观点认为，如果要协调实际的税收负担，那么就应该对有关应纳税所得额计算的不同规定有所重视。一个更深入的批评是欧盟的一些国家由于经济、地理和政治原因，对投资的公司缺乏内在的吸引力，这些国家如果要鼓励投资和扩大就业，就要建立优惠的公司税区域。如果这些因素不改变就进行税收协调，将导致区域性的、消极的副作用。

欧洲议会对指令征求意见稿的“观点”（Official Journal，1979）强调了应当将税基的问题与税制一起协调。部分由于这一原因，部分由于成员国都不热衷于改变其税收制度或丧失其自身的灵活性，1975 年指令征求意见稿的发布被大大地延后了。直到 1988 年，才拟定了一个未发布的关于税基的草案（kuiper，1988）。结果 1990 年欧共体委员会放弃了进行一般性协调的计划，而更专注于解决那些会影响跨国界行为的具体问题。

1990 年，一个关于母/子公司的指令被欧共体议会采纳（EC Council，1990）。指令要求对公司派发的股利免于预扣税款，而对公司取得的股利收益则免于进一步征收公司所得税。这一规定适用于公司控股达 25% 或以上的情况。1992 年，欧共体委员会发布了一个关于税收协调的重要报告——路丁报告（Ruding Report）（Bovenberg *et al.*，1992；Hamaekers，1992；Kopits，1992；Messere，1993；Vanistendael，1993）。从某种程度上来说，该报告（EC Commssion，1992）是由政治事件促成的，正如马斯特里赫特条约所处的困境。这个报告导致了在中短期内委员会只倾向于采用折中的税收协调计划。

2001 年，欧盟委员会出台了一个政策，决定欧盟将向“统一公司税基”迈进。2003 年，委员会建议以国际财务报告准则的会计数据作为税基调整的基础。然而由于整个项目受到某些公司和国家的坚决反对，其进程缓慢。某些公司反对的原因是担心欧盟的竞争力会受到影响，某些国家（如冰岛）反对的原因是这些国家的税率很低。

小结

• 公司税在一些国家的财务会计实践中起着重要的作用，对于国际公司的理财而言，了解公司税同样也是非常重要的。

• 税基因各国对折旧、存货持有收益、资本利得、亏损、股利收益和某些费用及其他许多事项的处理方法的不同而不同。除了国家征收的公司所得税外，其他税收的重要性也有所不同。

• 税收制度的差异主要在于对股利的处理不同。古典税收制度将公司与其所有者截然分开对待，导致了对股利的“双重征税”。

• 其他税收制度力图缓解这一状况，以实现公平和效率。例如，税收归属制度根据股利状况向股东提供部分或全部的公司税收抵免。这一制度如今已在欧盟占据了主导地位，并得到欧洲委员会的青睐。

• 通过对已分配收益采用比对留存收益更低的税率，分割制度产生了同样的缓解双重征税的效果。

• 协调税收制度的建议曾由欧洲委员会在1975年的指令征求意见稿中提出，但其进展十分缓慢。最近，一种分段协调的方法已经被采纳。

参考文献

Al-Eryani, M., Alam, P. and Akhter, S. (1990) 'Transfer pricing determinants of US multinationals', *Journal of International Business Studies*, 3rd Ouarter.

Bovenberg, A. L., Crossen, S., Vanistendael, F. and Westerburgen, J. (1992) *Harmonization of Company Taxation in the European Community: Some Comments on the Ruding Committee Report*, Kluwer, Amsterdam.

Burke, R. (1979) 'Harmonization of corporation tax', *Intertax*, June-July.

Commerce Clearing House (yearly editions) *United States Master Tax Guide*, Commerce Clearing House, Chicago.

Deloitte (2002) *Strategy Matrix for Global Transfer Pricing: Comparison of Methods, Documentation, Penalties, and Other Issues*, Deloitte Touche Tohmatsu, New York.

EC Commission (1975) *Proposal for a Directive Concerning the Harmonization of Systems of Company Taxation and of Withholding Taxes on Dividends*, COM(75)392 final, Brussels.

EC Commission (1992) *Report of the Committee of Independent Experts on Company Taxation*, reprinted in *European Taxation*, Vol. 32, No. 4/5.

EC Council (1990) *Council Directive of* 23 *July* 1990 *on the Common System of Taxation Applicable to Parent Companies and Their Subsidiaries of Different Member States*, 90/435/EC.

Elliott, J. (2005) 'International transfer pricing', Ch. 11 in Lamb *et al.* (2005).

Elliott, J. and Emmanuel, C. R. (2000) *International Transfer Pricing: A Study of Cross-border Transactions*, Chartered Institute of Management Accountants, London.

Emmanuel, C. R. (1999) 'Income shifting and international transfer pricing: a three-country *example*',*Abacus*,Vol. 35,No. 3.

European Taxation (1976) International Bureau of Fiscal Documentation, Amsterdam, Vol. 16,Nos. 2,3,4,pp. 41 –51.

Hamaekers,H. (1992) 'The EC on the brink of full corporation tax harmonization', *European Taxation*,Vol. 32,No. 4/5.

Harris,D. G. (1993) 'The impact of US tax law revision on multinational corporations' capital location and income shifting decisions',*Journal of Accounting Research*,Vol. 31, Supplement.

Hoogendoorn,M. (1996) 'Accounting and taxation in Europe – a comparative overview', *European Accounting Review*,Vol. 5,Supplement.

Hung Chan, K. and Lo, A. W. Y. (2004) 'The influence of management perception of fundamental variables on the choice of international transfer-pricing methods', *International Journal of Accounting*,Vol. 39,No. 1.

IBFD (yearly) *The Taxation of Companies in Europe*, Guides to European Taxation, International Bureau of Fiscal Documentation,Amsterdam.

Jacob,J. (1996) 'Taxes and transfer pricing: income shifting and the volume of intrafirm transfers',*Journal of Accounting Research*,Vol. 34,No. 2,Fall.

James, S. R. and Nobes, C. W. (1992) *The Economics of Taxation*, Prentice Hall, Hernel Hempstead.

James,S. R. and Nobes,C. W. (2007) *The Economics of Taxation*,Prentice Hall,Harlow.

Klassen,K. ,Lang,M. and Wolfson,M. (1993) 'Geographic income shifting by multinational corporations in response to tax rate changes', *Journal of Accounting Research*, Vol. 31, Supplement.

Kopits,G. (ed.) (1992) *Tax Harmonization in the European Community: Policy Issues and Analysis*,International Monetary Fund,Occasional Paper No. 94.

Kuiper,W. G. (1988) 'EC Commission proposes a Directive on the harmonisation of rules for the determination of taxable profits of enterprises',*European Taxation*,Vol. 28,No. 10.

Lamb,M. (1995) 'When is a group a group? Convergence of concepts of "group" in European Union corporation tax',*European Accounting Review*,Vol. 4,No. 1.

Lamb,M. (2005) 'Taxation research as accounting research',Ch. 4 in Lamb *et al.* (2005).

Lamb, M. , Nobes, C. W. and Roberts, A. D. (1998) 'International variations in the connections between tax and financial reporting', *Accounting and Business Research*, Summer.

Lamb,M. , Lymer, A. , Freedman, J. and James, S. (2005) *Taxation: An Interdisciplinary Approach to Research*,Oxford University Press,Oxford.

Leitch, R. A. and Barrett, K. S. (1992) 'Multinational transfer pricing: objectives and constraints',*Journal of Accounting Literature*,Vol. 11,pp. 47 –92.

Lin,L. ,Lefebvre,C. and Kantor,J. (1993) 'Economic determinants of international transfer pricing and the related accounting issues, with particular references to Asian Pacific *countries*',*International Journal of Accounting*,Vol. 28,No. 1.

McAulay, L. and Tomkins, C. R. (1992) 'A review of the contemporary transfer pricing literature with recommendations for future research', *British Journal of Management*, Vol. 3,pp. 101 –2.

Messere,K. (1993) 'A personal view on certain aspects of the Ruding Report and the EC Commission's reaction to it',*European Taxation*,Vol. 33,No. 1.

Neumark Committee (1963) *EEC Reports on Tax Harmonization*, International Bureau of Fiscal Documentation,Amsterdam.

Nobes,C. W. (1979) 'Fiscal harmonisation and European integration:comments',*European Law Review*,August.

Nobes,C. W. (1980) 'Imputation systems of corporation tax in the EEC',*Accounting and Business Research*,Spring.

Nobes,C. W. and Schwencke,H. R. (2006) 'Tax and financial reporting links:a longitudinal examination over 30 years up to IFRS adoption,using Norway as a case study',*European Accounting Review*,Vol. 15,No. 1.

OECD(1974)*Theoretical and Empirical Aspects of Corporate Taxation*,Paris.

OECD(1979)*Transfer Pricing and Multinational Enterprises*,Paris.

OECD (1995/6) *Transfer Pricing Guidelines for Multinational Enterprises and Tax Administrations*,Paris.

Official Journal of the EC(1979)C140;see also report in *Intertax*,October 1979.

Oyelere, P. B. and Emmanuel, C. R. (1998) 'International transfer pricing and income shifting:evidence from the UK',*European Accounting Review*,Vol. 7. No. 4.

Picciotto,S. (1992)*International Business Taxation*,Weidenfeld and Nicolson,London.

Plasschaert, S. R. F. (1985) 'Transfer pricing problems in developing countries', in A. M. Rugman and L. Eden(eds),*Multinationals and Transfer Pricing*,St. Martin's Press, New York.

Pricewaterhouse Coopers(2001)*Corporate Taxes*,*Worldwide Summaries*,New York.

Rust,M. and Graham,P. (2000) 'Transfer pricing – is your house in order?' *Accounting and Business*,April.

UNCTAD(1997) 'Overview' in *World Investment Report – Transnational Corporations*,*Market Structure and Competition Policy*,United Nations,Geneva.

US Treasury(1992)*Regulation S. 1. 6662* of the Internal Revenue Code,Washington,DC.

van den Tempel, A. J. (1970) *Corporation Tax and Individual Income Tax in the EEC*, Commission of the EC,Brussels.

Vanistendael,F. (1993) 'Some basic problems on the road to tax harmonization',*European Taxation*,Vol. 33,No. 1.

后续读物

有关税收体制会计问题的更详细的信息，请参阅普华永道公司的年度国际税务总结，以及詹姆斯和诺比斯2007年的著作。

有关不同税收制度效果的讨论，请参见 *European Taxation* （1976） 和 OECD (1974)。

有关税务会计研究的调查，请参见兰姆等人（2005）的著作。

实用网址

www. atasection. org

www. ifs. org. uk

www. ibfd. nl

www. ntanet. org

课后问题

书末提供带星号问题的参考答案。

22.1* “公司所得税制度的国际差异比会计制度的国际差异更为显著，因此对它们进行分类是不可能的。”请讨论这种说法。

22.2* “如果没有协调应纳税所得额的计算，那么也就无所谓协调税收制度和税率。”请讨论这种说法。

22.3 哪一个国家的税收制度试图对向外发布的公司财务报表产生巨大影响？讨论这一影响是如何奏效的？在合并报表中对税款的处理是如何反映的？

22.4 哪一种分类方式是在任何研究领域都有效的？回答时请以财务报告和公司税收的国际差异作为例证。

22.5 “公司所得税的古典税收制度是有效的，因为它能促使公司保留更多的利润用于投资。”请讨论这种说法。

22.6 有关公司所得税，请指出以下方面的国际差异：

（1）应纳税所得额的计算；

（2）税收制度（如古典税收制度、税收归属制度）；

（3）税收对会计计价和计量的影响；

（4）财务报表中所列示税收金额的计算。

22.7 解释跨国公司是如何以对自身有利的方式利用税收规则国际差异的。

第 23 章 管理会计

斯蒂芬·索尔特

内容

目标

读完本章后您应当能够

- 讨论公司战略目标的选择。
- 概括跨国公司的预算程序。
- 解释跨国公司如何努力避免外币折算风险、外汇交易风险和经济风险。
- 解释行为控制、结果控制和集团控制之间的区别。
- 解释美国《萨班斯—奥克斯利法案》对全球控制的影响。

23.1 引言

在全球化的经营环境下，管理会计和控制具有一个有趣的特征：它是两个学科的综合产物。第一个是相对柔性的管理艺术。至少在“国际化”所涉及的领域，它试图从人类学和心理学角度，探究控制经营性主体这一独一无二的行为问题。第二个是“会计”，所处理的是和记录及操纵最适宜的信息系统有关的技术问题。本章将试图探讨在不同国家经营的公司所遇到的上述两个领域中的问题。

对管理会计和控制的需要源于公司战略。它不仅要为管理层提供信息，而且管理层还需要将这些信息作为工具来运用，从而保证员工的行为和目标与公司的相一致。一家公司的管理会计所遇到的基本挑战可归纳为以下几个方面：

(1) 公司的战略目标是什么？

(2) 在短期计划（经营预算）和长期计划（资本预算）中，公司需要哪些资源？拟从何处获取所需资源？

(3) 公司是否建立了可借以判断其运行是否偏离了轨道并需要加以纠正的制度？

(4) 公司如何才能知道它已经实现了既定目标？

(5) 公司如何评价管理层的业绩并激励其提高业绩？

图 23—1 以图表的形式说明了在一个战略和控制体系中产生的各种关系。

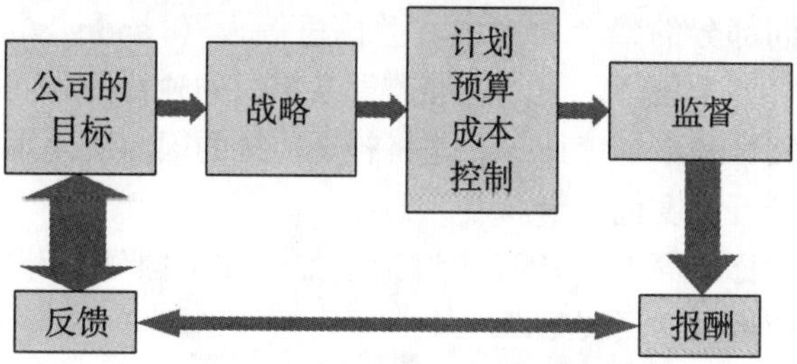

图 23—1　战略与控制概览

第 23. 2 部分将探讨一个用于评估公司是否已经实现了既定目标的通用模型。在国际经营环境中，由于存在不同的货币和文化，目标的实现变得更加复杂。因此第 23. 3 部分和第 23. 4 部分主要关注货币问题，第 23. 5 部分讨论文化问题，第 23. 6 部分考察控制和业绩的问题。

23. 2　平衡记分卡

为了达到公司的上述多层次目标，首先应该考虑的一个工具就是平衡记分卡（Kaplan and Norton，1992）。这种控制工具的思路是让那些衍生出成功战略且在一致和可控的框架下实施该战略的公司得到发展，并保持相对于其竞争者的优势。

目前组织正面临着日益全球化和竞争性的环境。这一趋势影响到了组织的战略选择，例如应当进入的行业和市场等。利用全球化战略也应当包括有关组织结构的决策。例如，集权化和分散化的程度成为战略实施过程中一个不可或缺的部分。按照这种思想，全球化必然带来管理控制系统的日益复杂化。不幸的是，对于准备实施全球战略的国际公司来说，传统的单一财务衡量方法不能为其管理者提供所需要的足够信息。为了解决这个问题，有人倡导采用平衡记分卡来补充现有的组织控制系统并将其作为一种更好的沟通方式，进而来实施战略。罗伯特·卡普兰（Robert Kaplan）和大卫·诺顿（David Norton）1992 年发表于《哈佛商业评论》（*Harvard Business Review*）的一篇文章介绍了这种技术。

自 1992 年以后，平衡记分卡在美国开始普遍使用。德国贝恩咨询公司（Bain & Company）每年都对美国所使用的各种流行管理技术进行调查。他们的报告宣称《财富》1 000 强公司中大约有 50% 都使用平衡记分卡（Furnald，2001）。马尔（Marr，2004）调查了来自美国大型组织的 780 名首席执行官和首席财务官，他所得出的数据相对保守一些，被调查者中有 35% 使用了平衡记分卡。世界各国的数据存在差异。麦威尔（Melville，2003）在对全球 34 个国家的内部审计师进行调查后认为，平衡记分卡已经被广泛使用，并已经是内部控制的坚实基础，是公司战略中必不可少的内容。平衡记分卡对公司战略的影响包括使用一些更加柔性的目标，这些目标和会计的联系较少。弗朗科等人（Franco *et al*，2004）对高级管理人员的研究发现，35% 的澳大利亚公司使用平衡记分卡作为绩效测度，但英国只有 18% 的公司使用平衡记分卡。在英国，更受欢迎的工具是可计量的关键业绩指标（Key Performance Indicator，KPI），这一指标反映了一个组织成功的关键因素，但这个指数是财务比率等硬指标，而不是软指标。

图 23—2 介绍了传统的平衡记分卡。正如我们看到的，平衡记分卡受限于组织增值程序的不同部分的四个角度中。兰德里等人（Landry *et. al*，2001）建议改造这种工具，增加第五个角度，使之能够监管某组织的独特国际问题，例如政治风险、转移价格、兑换利率和市场统计等。这将补充传统的国内所使用的记分卡。图 23—3 介绍了一种可能的五角度记分卡。

最后，兰德里等人（2002）讨论了如何在美国领先跨国公司，通用电气中应用五角度的平衡记分卡（见表 23—1）。

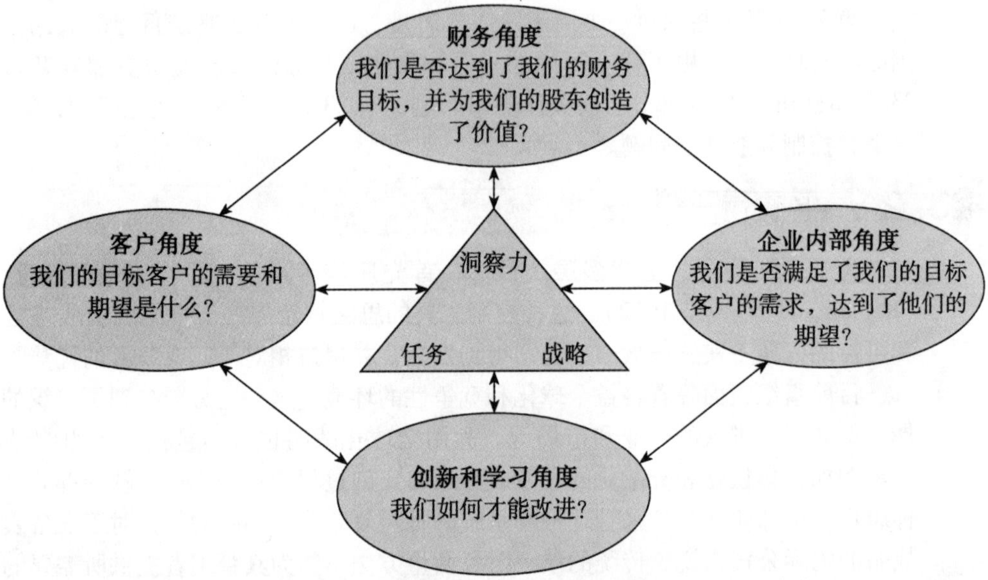

图 23—2　传统的平衡记分卡：四个角度

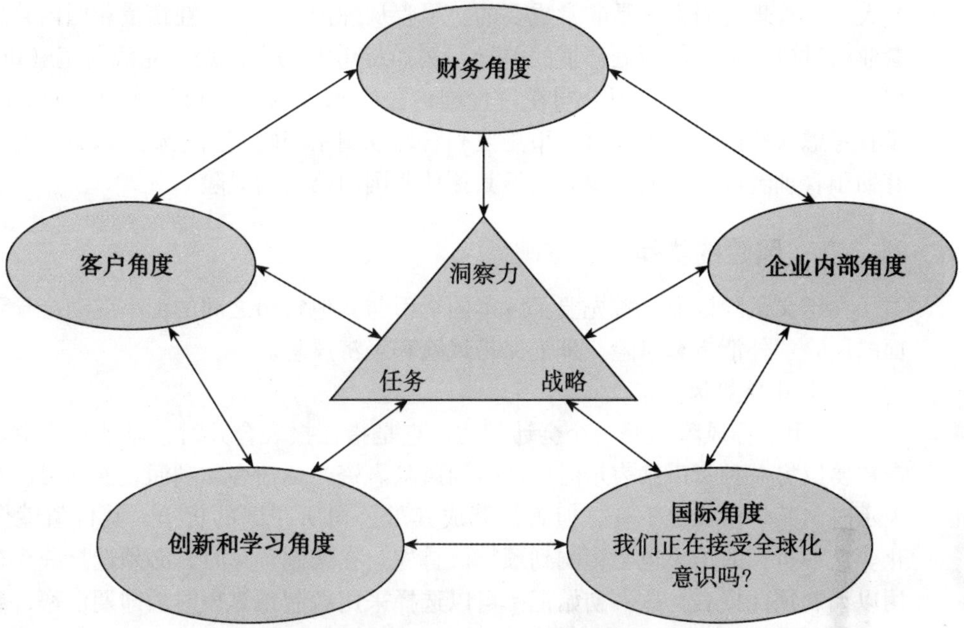

图 23—3　适合国际组织的五角度平衡记分卡

资料来源：Landry，S.，Chan，W. and Jalbert，T.（2002）Balanced scorecard for multinationals，*Journal of Corporate Accounting and Finance*，September/October，p. 38.

表 23—1　**从一个全球公司的国际视野看平衡记分卡**

通用电气国际角度的平衡记分卡（假定）		
	重要的成功要素①	业绩衡量
	客户支持	-国际客户满意度
		-国际客户保持力
		-为国际客户提供高质量服务
	全球投资能力	-进入的新的国际市场的数量
国际视野		-国际市场引进的新产品
		-在国外开设和/或扩展的生产工厂
	建立强有力的全球工作团队	-雇用本土员工的强度
		-跨文化培训
		-文化和工作轮换
		-语言培训

注：①通用电气 2001 年年报在高速增长的"全球化"路线下指出了这些因素。

资料来源：摘自 Landry *et al.*（2002）'Balanced scorecare for multinationals'，*Journal of Corporate Accounting and Finance*，p. 38。

23.3　货币与控制

23.3.1　引言

与财务会计一样，汇率变动对管理会计也有影响，其对预算和业绩评价的影响尤其大。对管理者而言这是非常重要的。尽管从理论上来看，在衡量非国内管理者的经营业绩时应当考虑其所处环境的差异，例如货币波动，但是波克沃斯基（Borkowski，1999）的研究发现，跨国公司在评价国内公司和外国子公司的管理者的业绩时，并没有考虑这些因素。因此对外币兑换和管理控制系统之间的互动关系有良好理解，将有助于管理者应对，或至少有助于其评估非国内公司的风险。

23.3.2 风险的类型

在定义风险以前，首先要了解本国货币与其他货币之间的汇率变动会导致三个方面的风险：外汇折算风险、外汇交易风险和经济风险。

1. 外币折算风险

"外币折算风险"是一个会计问题。它是指在报表合并时，以某一货币表示的资产需要以另一种货币来表示时所产生的风险。资产负债表和利润表的项目以当地货币表示时，其价值稳定不变，但若折算成其母公司所在国的货币，其价值就会发生变化。这一折算的结果也会影响到预算。首先，在编制预算时，必须选择一个初始汇率用以编制预计报表。这一初始汇率可以选择采用编制预算表时的即期汇率，或是预算开始执行时或结束时的远期汇率，或是混合使用多种汇率。在预算覆盖的期间，汇率会发生变动，这会导致实际收入和支出与预算收入、支出数额之间发生差异。如果采用时态法（见第18章）进行折算，则诸如折旧和摊销等与以历史成本计价的资产紧密联系的项目在预算中应采用历史汇率，对其实际成本进行折算时也应采用相同的汇率。如果采用现行汇率法进行折算，若公司持有直至年末经营所需的全部资产，则公司会产生因为汇率变动的额外影响。同样的，从年初开始就持有的资产全年都会受到汇率变动的影响。对所有者权益产生的相应影响即为累计外币折算调整。

在某种程度上，这些不同方法的差异取决于对初始汇率的选择。如果是为了衡量业绩，当管理者个人无需对汇率变动负责时，汇率变动产生的某些影响应予以剔除。但是要注意，汇率变动有时会产生间接的影响，如：

- 需要调整销售价格和海外投入计划；
- 汇率变动对国内市场和出口的销售量产生的积极影响和消极影响；
- 选择了那些因汇率变动而变得更具有价格竞争力的国内和国际供应商，从而使实际情况偏离预算的标准投入效率。

要消除汇率波动的所有影响，应当对预算中的每一个收入项目和费用项目均采用一个单独的汇率，但是这会使计划变得更为复杂。

2. 外汇交易风险

"外汇交易风险"产生于那些未作套期保值的合同现金流量（参见第16.4部分）。通常对国际交易中的现金流量应编制一个单独的预算，用以估定未作套期保值的现金流量的数额是否巨大。这一单独预算将有利于对套期保值行为和政策进行计划、控制和评估。这一预算可以基于本地公司进行编制，但在绝大部分公司中都是由全球性或区域性的财务部门来完成的，这些部门还会制订套期保值战略计划。然而，套期保值的费用应当包括在为公司整体和为各个部门编制的收入和支出预算中。

3. 经济风险

“经济风险”是汇率变动对公司及公司预算所产生的第三方面的冲击。它是指由于汇率变动导致的、由经营和海外投资而产生的未来现金流量发生了未包括进合同的和未预计到的变化。应对这类风险的决策主要是长期决策，其中包括选择市场和生产设备的供应地等。其他的决策包括定价策略、销售品种结构、营运资金管理和员工报酬。每一方面的决策产生的影响都是利润计划和控制结构的构成部分。在编制预算时，如果要求预算全部都符合实际，那么因汇率变动而产生的经济风险影响将决定这些基本决策，而这些基本决策又反过来生成了预算中的大部分基础数据。

23.3.3 外币折算的需要

既然每一种类型的外汇风险都影响了跨国公司的预算编制，那么有人可能会问：“为什么要这么麻烦地进行折算呢？为什么不像当地公司那样，简单地以当地货币编制经营预算呢?”事实上，如果一个公司具有长期形成的传统，并已成为相对独立的经营主体，同时也从当地资本市场上融通资金，那么它确实可能只需要用当地货币编制预算。

然而还有许多理由促使我们选择一个基准外币汇率，并将预算及经营目标按这一汇率进行折算，使它们都用一种相同的货币来表示。提高各分支机构经营状况的可比性是将预算及其控制所需信息折算为单一货币表示的主要原因。由于在许多国家外汇管制已经取消，因此公司经营计划就如同选择外资股构成投资组合一样。其中每一支外资股最终都要与投资组合中的其他股票进行比较，以使股东能获得最大的回报。采用这一战略的公司发现，如果它们要评估一支外国股票是否适合其投资组合，就必须具有共同的基础才便于比较决策。尽管这可能对经营外国子公司的管理者个人极不公平，但对于在全球范围内计算投资报酬率（ROI）的偏离情况仍是十分必要的，毕竟公司必须对股东负责。按母公司所在国货币计算的全球的投资报酬率对股利及最终的股票价格都有重要的影响。

利用折算后的信息编制预算的另一个原因是，有观点认为管理者应负责恰当处理汇率变动的问题。在那些币值相对于母国货币正在贬值的国家，外国子公司的管理层可能负有将收益产生的现金送返母公司的责任，至少在当地法律允许的范围内会被要求这么做。这样，这些管理者就要负责在法律允许的范围内将现金返回母公司，以尽可能减少外汇汇兑损失。用折算后的信息进行预算编制及控制将有助于说明这一政策的执行是成功了还是失败了。最后，许多国家的会计制度要求公司编制合并报表，采用单一币种有利于年末合并报表的编制，同时也有利于管理层对内部和外部财务数据的调整。

23.3.4 外币汇率波动时的经营预算

让我们回到前面的问题，即什么汇率适用于预算编制及预算控制呢？预算的编制程序始于预算年度之前，这就使汇率有了三种选择：预算编制结束时的汇率、预算年度起始日的汇率和预算年度的预计平均汇率（远期汇率）。具体选择哪一种汇率应取决于预算编制期间的有关信息及由谁负责管理外汇。

让我们通过一个简单的例子进行说明。假定一个南非的公司为其澳大利亚的子公司编制2007日历年度的预算。预算编制起始日是2006年9月1日，汇率为5.6南非兰特兑换1美元，这一汇率当然可以作为整个预算的汇率。然而，在这12个月中，南非兰特的币值可能持续下跌，那么公司就要通过编制几个预算脚本来预计持续贬值将产生的影响。同时，如果贬值持续下去，那么无论是在预算中还是在实际中，公司都应采取相应措施以稳定利润，如在财务年度伊始，就要考虑作一个长期的、延续到2007年12月31日的套期保值，以保证以初始汇率为基础的预期澳元利润可以实现。这同时也要求对预算进行调整。

如果南非的公司管理人员要求澳大利亚子公司的管理人员承担汇率变动的责任，那么选择2007年年初的汇率作为初始汇率可能就比较合适了。在这种情况下，澳大利亚子公司的管理者只需要负责2007年1月1日之后的汇率变动损益。或者，公司总部也可以使用2006年9月的汇率进行预算，同时作一个2006年10月1日至2006年12月31日的为期90天的套期保值，以保证预算到起始日之前不会受到汇率变动的影响。从2007年1月1日开始，澳大利亚子公司的管理人员可能也要作一个套期保值以防止在预算年度中汇率发生变动。

最后一个选择预算汇率的战略更多的只是理论上的分析，而不是在预算过程中采取实际行动。因此，由于没有采取外币兑换行为，南非总部决定用预计的年度平均汇率或远期汇率作为预算编制的初始汇率。这样当实际汇率偏离这一汇率时，汇率的预测部门单独承担责任或者和子公司的管理者一起承担责任，处理未预测到的汇率变化。

23.3.5 资本预算

资本预算是前面所讨论的经营预算的长期预算版本。然而，其中许多我们已讨论过的因素，尤其是与经济风险相关的因素在这里仍需加以考虑。与短期计划或短期预算相似，长期计划或资本预算同样必须考虑预计的汇率变动对折现现金流量的影响。它与其他环境的不确定因素一起形成对未来现金流量折现时应考虑的风险系数。环境的不确定性可能是微弱的（如非预期的税负加重风险），但也可能是严重的（如公司被征收的风险）。总体而言，不发达国家的风险影响程度要比其富裕的贸易伙伴大得多。但即便是在富裕的发达国家，同样可能发生许多不可预见的不利事件。对这一问题的讨论，可以参阅科布林（Kobrin，1979）以及埃德蒙兹和埃利斯（Edmunds and Ellis，1999）的文章。

无论跨国公司是否采用标准化的财务报告模式，总是需要考虑这样一个问题，即对其外国的经营状况以及管理者的业绩是以一个全球化的标准进行评估，还是仅仅以所在国家的标准来进行评估。比较投资报酬率或净利润是评价每个公司的经营状况及管理者个人业绩情况的主要方法，这种评价按标准的或全球化的基准进行。但是，采用这种方式是否就能做出有效决策呢？有时，当我们在长期战略决策中考虑环境因素时，就会和追求每年高投资报酬率指标形成冲突。因此，资本预算可能比经营预算更需要良好的判断。在任何情况下，对预算责任的分配都必须非常认真，这事实上已将我们带入了下一个关于管理控制领域的重要问题，即关于控制和业绩评价以及相应的报酬体系结构的问题。

23.4 差异和外汇

在有关预算的那一节中我们已经讨论了当地货币币值的变动是如何影响预算和决策的。同样的，货币币值变动也会影响业绩评估。与业绩评估相联系的关键是一个正式的差异分析系统，它是一个很有效的分析工具，能告诉管理层问题的症结所在。下面我们以一家非洲公司 Zambezi Boards 公司为例进行分析，该公司试图在南非和澳大利亚之间进行冲浪板的套利交易。Zambezi Boards 公司在澳大利亚建立一个子公司（Ozboards 公司）来销售其产品。正如我们将从表23—2 所看到的，Zambezi Boards 公司在澳大利亚的子公司运气不太好。由于很多澳大利亚人直接从南非贸易商购买冲浪板，导致 Ozboards 公司的经营状况没有想象中的那么好。首先销售量（按件计）下降了，即使产品价格维持在以澳元预算的价格水平上，销售收入也因此而减少了872 500元（见 M 栏）。然而每件产品的销售单价已从每件 349 元下降至 275 元，从而导致收入进一步下降 555 000 元（见 L 栏）。无论 Ozboards 公司是一个本国公司还是一个跨国公司的子公司，都会产生相同的差异。幸运的是，这一年南非兰特兑澳元的汇率下降了。和最初预算时相比，每一澳元可以多兑换 6% 的南非兰特。结果，当南非的管理人员考查其经营状况时，发现这些不利差异被外汇汇率差异抵消了。然而外汇汇率差异还不足以抵消由价格下降和销售量下降所带来的负面影响。因此澳大利亚市场仍然存在问题，Zambezi Boards 公司需要决定明年如何来为其冲浪板定价。类似的差异计算还可以用于对直接费用和间接费用的分析。

表 23—2　　Zambezi Boards **公司** 2007 **年的销售预算差异分析**

基础资料	代码	值	计算方法	结果
预算中使用的汇率(兰特/澳元)	A	5.66		
以/澳元来表示的预算年度期末的汇率	B	5.88		
平均汇率(兰特/澳元)	C	6.01		
预算售价(澳元)	D	349		
预算销售量(件)	E	10 000		
预算销售收入(澳元)	F		D×E	3 490 000
预算销售收入(兰特)	G		D×E×A	19 755 843
结果				
在澳大利亚的 Ozboards 公司的实际销售量(件)	H	7 500		
Ozboards 公司按照澳元计价的实际销售价格	I	275		
Ozboards 公司出现了什么问题:以子公司未折算的货币(澳元)为基础进行差异计算分析				
实际销售收入(澳元)	J		H×I	2 062 500
实际销售量(件)×预算价格(标准价)	K		H×D	2 617 500
销售价格差异(负号表示不利差异)	L		J-K	-555 000
销售量差异(负号表示不利差异)	M		K-F	-872 500
Zambezi Boards 公司受到汇率的什么影响:折算为兰特后的差异计算分析				
以平均汇率折算的实际销售量(兰特/澳元)	N		H×I×C	12 395 625
实际销售量(件)×实际售价(澳元)×预算汇率(标准汇率)	O		H×I×A	11 675 194
汇率变动差异(负号表示不利差异)	Q		N-O	720 431
您可以从上述数据中重新计算差异				
实际销售量(件)×预算价格(标准价格)×标准汇率	P		H×D×A	14 816 882
销售价格差异(兰特)(负号表示不利差异)	R		O-P	-3 141 689
销售量差异(兰特)=(实际销售量(件)×预算价格(标准价格)×标准汇率)-销售预算(兰特)	S		P-G	-4 938 961

23.5 文化和管理会计

23.5.1 文化和控制概述

对于在各国之间存在的管理会计和管理控制系统（MCS）差异，人们可以找出许多原因，例如来自历史或经济方面的因素。然而可以将所有这些因素宽泛地归纳为信仰系统，即为“文化”。曾有许多作者试图给文化下定义，并试图按文化差异对国家进行分类，但鲜有像霍夫斯蒂德（Hofstede，1980，1984，1991）那样获得成功并被接受的，他的研究成果我们已经在第2章作了探讨。

高级管理者如何着手解决管理控制系统的文化有效性问题呢？他（或她）可能会希望检验文化价值是否对管理会计有影响。但是这个问题的答案人们还远远没有清楚地了解。格兰德和卢卡（Granlund and Lukka，1998）认为，从宏观角度来看，管理会计实务（包括概念、思想、技术和制度设计）以及管理会计目标的技术方面在全球都已经统一，因而不再受到文化力量的影响。然而，他们认为文化对行为模式和所使用的信息形式等微观层面仍然有影响。有很多证据表明，文化态度反映在信息处理的不同方面以及不同国家的人对管理控制系统的不同反应方面（简要的总结可以参考哈里森和麦克金农（Harrison and McKinnon，1999）的著作，详细内容请参考第23.5.3部分）。根据周等人（Chew，*et. al.*，1999）的总结，现有证据说明许多跨国公司通过为每个国家的子公司创建特殊的管理控制系统来应对这些信息处理的国际差异。此外，波克沃斯基（1999）指出，美国、日本和加拿大的跨国公司对在其他国家经营的子公司所设定的业绩目标正在发生改变。表23—3说明了波克沃斯基（1999）对国内和国外的美国公司的研究发现。

表23—3　　**仅对美国公司的关键业绩衡量标准排序**

业绩目标	美国国内	加拿大子公司	日本子公司	德国子公司	英国子公司
降低成本	1	2	2	2	2
销售额增长	2	1	1	1	1
利润边际率	3	4	4	3	3
达到目标	4	2	3	6	4
符合预算	5	5	5	4	5

注：排名第1=被调查公司运用最多。

资料来源：摘自Borkowski，(1999) “International managerial performance evaluation：a five country comparison”，*Journal of International Business Studies*，Vol. 30. No. 3，pp. 543－4。

为了理解文化价值可能导致管理控制系统需要进行的国际修正，首先就需要理解文化如何决定什么是恰当的和不恰当的管理控制系统。哈里森和麦克金农（1999）的综述对此领域的大量研究进行了一个非常好的总结（见表23—4）。他们得出结论认为，尽管已经证明了在文化和管理控制系统之间存在一定的关系，但是还有大量的概念尚待明确。陈浩（Chenhall，2003，第153页）也有类似的结论：

总体上说，文化是否对管理控制体系的各个方面存在影响，研究结论并不统一。很少有达成一致意见的领域。这是因为对文化研究的维度不同，对管理控制体系的考虑也从不同方面进行。结果，众多研究之间几乎没有重叠之处，以至于无法在研究之间进行比较并进行进一步的总结。

表 23—4 **哈里森和麦克金农对 1990 年以后管理控制系统设计的比较文化研究**

研究	国家和地区（样本规模）	方法	管理控制系统特征	文化维度
Chow, Shields 和 Chan (1991)	新加坡(96) 美国(96)	实验	工作流程相互依赖 支付相互依赖	个人主义
Frucot 和 Shearon (1991)	墨西哥(83)	调查问卷	控制地点、预算参与、业绩、工作满意度之间的关系	权力距离 不确定性规避
Vance, McClaine, Boje 和 Stage (1992)	泰国 印度尼西亚 马来西亚、美国 707 >68% 的回答	调查问卷	结构与控制的形式 个人和团队的发展 员工参与评价 内部和外部报酬 反馈频率	不确定性规避 权力距离 个人主义
Harrison (1992)	新加坡(115) 澳大利亚(96)	调查问卷	预算参与和管理者评价中对会计业绩衡量(强调预算)之间的关系	权力距离 个人主义
Harrison (1993)	新加坡(115) 澳大利亚(96)	问卷调查	依赖高级评价模式中的会计业绩衡量	权力距离 个人主义
Ueno 和 Sekaran (1992) Ueno 和 Wu(1993)	美国(205) 日本(247)	问卷调查	在预算计划过程中使沟通和合作正式化	个人主义 不确定性规避
Harrison, McKinnon, Panchapakesan Leung (1994)	美国(104) 澳大利亚(140) 新加坡(65) 中国香港(55)	问卷调查	组织设计： 分权 责任中心 计划与控制： 使用数量化工具 对时间范围进行计划 集团决策制定与个人决策制定 正式化	权力距离 个人主义 儒家思想
Chow, Kato 和 Shields (1994)	美国(54) 日本(39)	实验	组织： 环境不确定性 层级高度 集中化 独立性 正式规则 计划： 从上至下的计划 标准困难 评价： 可控过滤器 相对评价 报酬： 个人报酬 预先支付	权力距离 个人主义 不确定性规避 刚性

续表

研究	国家和地区（样本规模）	方法	管理控制系统特征	文化维度
Lau, Low 和 Eggleton (1995)	新加坡(112)	调查问卷	预算重点、预算参与和任务特性之间的关系,该任务特性对与工作相关的压力和业绩的影响	权力距离 个人主义
Merchant, Chow 和 Wu (1995)	中国台湾(23) 美国(54)	开放式问题，深入访谈	与业绩相关的报酬规模 以集体为基础和以个人为基础的业绩报酬 长期业绩激励 主观与客观的业绩评价	权力距离 个人主义 集体主义 儒家思想 不确定性规避 刚性
O'Connor(1995)	新加坡(125)	问卷调查	预算设定的参与 评价的参与	权力距离
Chow, Shields and Wu (1996)	中国台湾(155)	问卷调查	分权、业务结构 参与预算 标准的紧密性 业绩报酬 可控过滤器 对会计业绩衡量的依赖 参与业绩评价	权力距离 个人主义 儒家思想 不确定性规避 刚性
Chow, Kato 和 Merchant (1996)	美国(54) 日本(28)	问卷调查	控制的紧密性 程序控制 通过会议指令控制	集体主义 权力距离 不确定性规避

资料来源：改编自 Harrison, G. , and McKinnon, J. , (1999), "Cross-cultural research in management control systems design: a review of the current state", Accounting, Organization and Society, Vol. 24, p. 486（其中给出了引用文章的全部参考来源）。

上述研究看上去都相当悲观，下一节将考察文化怎样在公司战略和其他控制决策中发挥作用。在分析这些问题的同时，应当将第 23.1 部分所讨论的公司目标铭记在心。

23.5.2 选择战略目标

有关跨国公司的战略问题，现有的文献已经很多（Gupta and Govindarajan, 1991; Edmunds and Ellis, 1999）。大多数公司在建立战略目标时会关注如何选择一个恰当的量化目标，即某一特定的预算数额或财务比率。各国和各公司对这一量化的战略目标的选择表现出相当大的差异。可能被选择的目标包括：

- 销售额；
- 成本降低额；
- 质量目标；
- 市场占有率；

- 盈利能力；
- 实际完成预算的情况。

以上这些目标都具有各自的价值，在基础的管理会计理论中，跨国公司确定目标的最佳方法是根据要设定目标的单位自身所关注的焦点来确定。销售额和市场占有率目标特别适用于那些对成本投入没有控制，而且其主要目的是为了销售其他单位生产的商品的经营单位。以财务比率或其他一些计量指标表示的盈利能力目标特别适用于那些受过训练并富有经验的战略经营单位（即集团公司内部的单位，它在各方面的经营决策上都具有自主权，如集团公司的一个主要部门或分公司）。此外，一个单位的目标不仅与它的经营目的紧密相关，而且与它所控制的那部分经营活动紧密相关。

如果我们不再将跨国公司作为一个整体来研究，而转向以国家为基础来对跨国公司进行分析，就会发现很多事实证明，各国公司的最优目标是不同的。波克沃斯基（1999）对1999年以前的研究进行了一个小结（见表23—5）。表23—5中所列的一些研究是非常经典的。在一项以200家美国跨国公司为样本的早期研究中，罗宾斯和斯托鲍夫（Robbins and Stobaugh，1973）指出投资报酬率是美国跨国公司采用的主要目标。然而由于投资报酬率在计算上存在的问题，通常在将实际完成情况与预算情况进行的比较分析中，还会用一些其他的辅助指标。在另外一项以美国70家化学跨国公司为样本的研究中，莫尔斯卡拓（Morsicato，1980）发现有多个指标被用作公司的目标，这些指标按使用的情况从多到少的顺序依次为：利润、投资报酬率以及利润和销售额的实际完成情况与预算情况的对比。阿伯达莱和科勒（Abdallah and Keller，1985）的研究也得出了类似结论。

表23—5 **公司目标和管理行为评估方面的实证研究精选**

作者	年份	例子		结论
		国家	数量	
Robbins 和 Stobaugh	1973	美国跨国公司和国内公司	150	二者目标一致。投资报酬率由实际完成预算情况指标来补充
Morsicato	1980	美国跨国公司和国内公司	70	二者目标一致。投资报酬率由实际完成预算情况指标来补充
Abdallah 和 Keller	1985	美国跨国公司和国内公司	66	二者目标一致。投资报酬率由利润指标来补充
Demirag	1987	日本在英国的和在美国的跨国公司	105	二者目标一致。投资报酬率由实际完成预算情况指标来补充
Borkowski	1993	美国跨国公司	247	在一个公司内，国际和国内子公司拥有同样的目标，但国际分部更注重销售额的增长/成本的减少
Kopp	1994	欧盟跨国公司 日本跨国公司 美国跨国公司	23 34 24	业绩评价方法 国际经营分部各不相同 通过跨国公司的母公司
Keating	1997	美国跨国公司	78	部门会计标准是比整体会计衡量方法更重要的目标

资料来源：摘自 Borkowski，S.（1999）“International managerial performance evaluation：a five country comparison”，Journal of International Business Studies，Vol. 30，No. 3，p. 539。

还值得一提的研究是由贝利斯和阿萨达（Bailes and Assada，1991）以及丹米格（Demirag，1994）所作的研究。通过对美国和日本主要上市公司（256 家日本公司和 80 家美国公司）的比较分析，贝利斯和阿萨达（1991）发现大多数日本公司（86.3%）倾向于采用销售量指标作为其整体目标，而扣减完公司管理费用后的净利润指标只位列第二（44.7%）。与之相反，美国公司倾向于将投资报酬率指标作为部门预算目标的常用指标（68.4%），随后是可控利润指标（51.8%）。丹米格（1994）同样发现在英国的日本公司长期以来倾向于采用销售额和市场占有率作为其目标。

波克沃斯基（1999）不仅回顾了相关的研究，而且还考察了 261 家跨国公司的业绩目标，这些跨国公司是从加拿大、德国、日本、美国和英国的跨国公司中抽取的样本。他发现来自加拿大、德国、日本、美国和英国的跨国公司在本国都有不同的目标（见表 23—6）。在日本，净收益是衡量业绩的最重要指标。日本和德国的公司还非常看重销售增长率。加拿大公司关注成长，但它们的首要目标是利润边际。英国公司成功的首要衡量标准是成本减少和边际利润。对美国公司而言，成本减少、销售额增长和边际利润是首要目标。

表 23—6　　**国家的首要目标**

预算目标	加拿大	德国	日本	英国	美国
净收益	4	3	1	>5	5
资产回报率	>5	>5	>5	>5	5
市场份额	>5	4	>5	>5	>5
成本减少	2	5	>5	1	1
边际利润	1	2	4	1	3
销售额增长	2	1	2	>5	2
预算完成情况	>5	>5	5	3	5
目标完成情况	5	>5	3	3	4

资料来源：总结于 Borkowski，S.（1999）“International managerial performance evaluation：a five country comparison”，Journal of International Business Studies，Vol. 30，No. 3，p. 545。

这些结果中，日本和美国的情况大大不同于贝利斯和阿萨达（1991）研究中的情况。根据波克沃斯基（1999）的研究，美国公司最关注的重心似乎已经从投资报酬率转向边际利润（毛利），第二位重心则从可控利润转向为销售额成长。日本公司的关注重心转向了净收益，而不是市场份额。

总的来说，这些对公司目标的研究告诉我们，公司目标在不同国家是不同的，而且公司需要了解它们竞争对手的目标可能和它们的目标不同。会计主管也需要修正公司目标和每个国家子公司的管理控制系统，从而努力通过社会化或选择来建立一种共同的公司文化以取代国家文化。其中一些独特性问题将会反映在预算程序中，下面我们就来考察这一问题。

23.5.3　跨国预算程序和其他的管理控制系统问题

预算程序包括确定公司目标，并根据目标制订出一系列正式的短期计划和长期计划。关于预算，通常需要解决的问题有：

- 是否存在一个正式的预算制定程序。
- 谁参与预算程序，如何参与。
- 采用何种沟通方式（正式的还是非正式的）。
- 如何制定预算目标。

其他应关注的更具一般性的问题包括：

- 预算应包括哪些期间（短期还是长期）。
- 预算中是确定一个特定的以货币表示的目标，还是以非量化的指标作为目标更为适宜。

因为亚洲国家文化中的“长期导向”（long-term orientation，LTO）分值较高，因此其本质上更可能采取长期观点和制定覆盖长期的预算。因此，人们会期望一个亚洲的公司进行长期计划，并且采用那些长期性的、对利润的即时影响并不明显，但对长期经营却具有潜在价值的目标指标来衡量预算的完成情况。这类长期目标包括质量标准的提高、市场占有率的上升以及销售额的增长等。

这些理论似乎都是有证据支持的。例如，尤诺和瑟卡兰（Ueno and Sekaran，1992）的报告指出，日本公司确实比美国公司更偏爱长期预算期间。尤诺和瑟卡兰的一些研究结果与贝利斯和阿萨达（1991）以及霍金斯（Hawkins，1993）的观点相反。他们认为，尽管日本管理者采用了一个更长的业绩评价和激励的周期，但他们并没有比美国的管理者制定更长的可评估预算期间。应当记住的是，过于长期的计划并不在正式预算编制数字涉及范围之内。哈里森等人（1994）比较了澳大利亚、美国、新加坡和中国香港的400多位管理者的观点，并得出结论认为英美的管理者更偏爱短期的和更数量化的预算目标。

尤诺和吴（Ueno and Wu，1993）从稍微不同的角度进行了分析，他们发现集体主义社会倾向于以团体为对象制订计划并进行奖励，而在个人主义的文化环境下则会建立一系列的预算指标，同时这些预算指标相互结合，与每个雇员的业绩和奖励挂勾。这有两层直接的含义。首先，从时间角度看，团体的业绩及相应的报酬奖励，通常需较长的时间才能表现出来，因此在一个集体主义社会中，团体计划相应也会是长期的。其次，在集体主义社会里没什么必要在预算程序中通过书面记录对个人进行跟踪管理。在集体主义社会中，雇员之间更多使用预算方式中较为不正式的交流渠道和交流方式。这使得雇员之间彼此感觉更为舒服，并会共同寻求最佳的方法去对付共同的外部敌人。当然这并不意味着不会产生一系列非常详细的预算文件资料，但它确实减少了协商过程中文件的编制工作。最后，既然在一个团体或公司内部已经没什么必要对某一个特定的个人进行责罚或奖励，那么界定哪一部分的预算计划是由哪一个部门或部门领导控制的也就不那么必要了。

对于预算参与问题，英美的预算实践说明，参与是重要的。如果经理们被允许参与制定自己的预算目标，那么他们不仅会有自我满足感，同时还会更加努力去实现这些目标。这类行为在布劳内尔（Brownell，1982）的一系列实证研究中都已有记录。此外，布劳内尔还建议说，如果经理们全过程参与了预算的制定工作，而且他们的参与切实影响了决策的制定，并对决策结果产生了一些影响，那么他们就会感觉自己是

"内部人"。这一内部人/外部人的概念被认为是"控制点"(locus of control)。霍夫斯蒂德(1991)的权力距离维度似乎是在决定谁参与了预算制定中最相关的因素。在高权力距离的社会中，所遵循的规则和权威均来自于上层。这似乎排除了在权力平均分配的英美社会中更普遍的咨询和参与式预算。

对参与和预算之间的互动关系的实验结果是不清楚的。弗卢科特和希尔森(Frucot and Shearon, 1991)以墨西哥的经理们为对象进行了一项研究以检验这一理论。墨西哥的文化特征表现为有较大的权力距离和较低的个人主义倾向。按照这一文化轮廓，弗卢科特和希尔森推测墨西哥的经理们将并不热衷于参与预算(即使这么做会带给他们内部人的身份)，相反他们宁愿选择遵循指令行事。弗卢科特和希尔森的研究似乎没有发现任何文化影响。被研究的所有成员不论地位高低都因为参与预算而受到了激励。但是当将墨西哥经理样本按其在公司的级别进行分组，并进一步进行研究时，研究发现只有高级经理人员表现出美国的行为模式，而较低级别的经理则似乎更倾向于较低的参与风格。这一表现正如我们所预期的，符合墨西哥文化。

类似的，周等人(Chow, *et al.*, 1999)以及索尔特和舒尔茨(Salter and Schulz, 2005)比较了高权力距离的亚洲社会和低权力距离的澳大利亚，他们发现参与和信息分享与文化相关，但影响却比预期要小得多。总的来说，低权力距离社会的经理会分享更多的信息，但是也会和次级文化因素(例如保存颜面等)相混合(在拉丁美洲和刚性相混合)。

23.5.4 美国管理控制方法在该领域占主导地位吗?

博亚斯基勒和阿德勒(Boyacigiller and Adler, 1991)认为，包括管理控制在内的组织科学基本依赖于美国的理论家，这反映了组织学在美国经济统治全球经济活动时期的发展。美国跨国公司的实践和理论建立在预先设立好的文化假设基础上。在管理控制及其结构和信息流的基本思想中，令学术界困惑的一个问题是，美国的控制体系是否可以输出到其他国家，尤其是，它是否适用于中国或其他新兴国家市场。

坦白说，对此没有明确的答案，这在四份研究中均得到了体现。哈里森(1994)利用国家文化层面中的权力距离、个人主义价值观和孔子儒家思想，预测并解释了澳大利亚、美国、新加坡和中国香港在公司组织结构设计、管理计划和控制制度上的理念与方法的差异。他们对800家机构的高级会计和财务主管发出问卷调查。研究结果证明了国家文化在影响组织结构设计、管理计划和控制制度方面的重要性。尤其是英美的社会文化价值，在公司组织结构设计上更注重于分权和责任中心的设置，在计划和控制上则更注重于量化的分析技术。与之相反，东亚社会的文化价值观则更注重于长期计划和以集团为中心的决策。

维克拉马辛格和霍珀(Wickramasinghe and Hopper, 2005)运用纵向研究，检验了类似的观点，即组织控制只在本国和类似国家中才能发挥作用。他们描述了对一家斯里兰卡黄麻工厂尝试实施传统管理会计的过程，这家工厂的控制权开始从政府转换到外国私人所有者手中，然后又转回到政府手中。在各种情况下，控制体系都因工人的抵制而失败。然而，在私有化和实施商业预算的初始时期，结果是有所改善的，但由于工会和当地管理者对外国所有者的抵制，文化差异问题被扩大，外国所有者在发现财务不正常的时候逃跑了。政府重新获得所有权，又开始以前的预算措施。这个例子的教训就是，一些“更加复杂”的方法在某些文化中能起作用，但在其他文化中却会失败。

两篇最近的研究否定了“文化就是一切”的观点，提供了一份经济现实驱动管理控制方法全球化的构图。瓦魏如等人（Waweru *et al.*，2004）考察了南非的零售公司，发现南非管理会计体系的较大变化是增加了对英美当前管理会计方法的使用，较引人注意的是作业成本分配法和平衡记分卡。这些变化是政府改革/解除管制和全球竞争不断加剧的直接结果。欧·考诺尔等人（O' Connor *et al.*，2004）研究了中国国有企业对西方管理会计/控制的采纳。他们采用了采访（集中在1995年—1997年）和调查（集中在1996年—1999年）的方法进行调查。调查发现：

（1）中国国有企业增加了对管理会计/控制的使用。

（2）这个变化反映了国有企业向更加正式和透明的管理会计控制的有目的改变。

（3）变化的主要目的是改善决策和增加业绩责任。

（4）对西方管理技术运用的增加是对以下情况的反应：

（a）日益激烈的竞争环境；

（b）制度因素，例如合资经历和股票交易上市；

（c）签订有限期雇用合同的雇员比例及其参与培训的可能性。

（5）变化的障碍包括：

（a）政府或持股公司的干预；

（b）决策权的保留；

（c）管理者才能的缺乏；

（d）雇员个人对工作安全性降低的抵制；

（e）运用非正式商业关系的能力。

上述所有这些研究结果对在全球性机构中工作的管理者都是很重要的，他们需要认识到，尽管英美的某些控制技术可以发挥作用，但是在控制体系设计中，不能完全忽视文化因素，在亚洲和拉丁美洲国家尤其如此。对扩展商业、贸易和外国直接投资而言，这些国家是有巨大潜力的。

另外，由于日本和中国在欧洲和北美进行投资，许多西方人正体验着由应对建立在完全不同的价值体系基础上的控制制度而产生的喜悦感和挫败感。

23.5.5 文化和控制：小结

以上文献似乎说明了管理控制的许多方面都受到组织文化的影响。然而哈里森和麦克金农（1999）曾严厉地批评了这些研究所采用的方法。他们特别指出，该研究没有考虑到文化的许多方面是同时运行的，也没有考虑到在任何一个国家，文化的某个维度可能是决定人们如何对信息和管理控制系统作出反应的核心。这可能会使其他文化构造和某个决策非常不相关。管理控制研究的重心正在从相对具体的报告领域转向更加主观的信息共享，以便从员工那里获得最大的价值，在信息共享领域的研究将逐渐变得更有意义。

23.6 控制和业绩评价

23.6.1 国际方面

一个跨国公司必须采取相应的措施确保所采用的控制制度不会比公司的经营本身更为复杂。一个过于复杂的控制制度会引起高级管理人员的疑虑，导致中层管理人员情绪受挫并浪费他们的管理时间。母公司不能因为提供信息的成本是由子公司承担的就去索取信息。给子公司的反馈必须与从子公司获取的信息水平相对称。

我们来看一个销售计划的例子，该例中，公司通过实施生产预算对制造过程进行管理和监督。这一生产预算包括了一系列不同的决策，如为了降低存货成本和避免缺货成本而作出的最佳存货水平决策等。跨国公司进行存货计划决策时必须考虑并考察运输、海关程序、进口限制、供应问题（如港口罢工、禁止贸易）、关税和汇率变动等因素。

一个可行的办法是在对提供的重要信息进行集中监控的同时，建立一个简单的分权控制系统。当在一个存在大量不确定性因素的外国环境中进行预算控制时，弹性预算是很实用的。另外，许多国际环境中的不可控影响因素也可以剥离出来，以便更好地反映管理层的实际业绩状况。弹性预算让管理层可以预测一系列不同的情况，这样就可以制定相应的战略并在必要情况下运用这些战略。

在有关控制和业绩的文献中提出的一个主要问题是，应如何制定部门之间的内部转移价格。乍一看，这似乎是一个不寻常的问题。如果将每个部门都作为一个成本中心，那么一个部门就会简单地将所有的成本转移到下一个部门，而后续的每一个部门也都会这样做。当最终产品被销售时，产生的收入归入公司，而不是特定的部门，因此控制是通过成本控制来实现的。然而，这不是英美国家的公司的通常做法。通常的做法是将每个部门都作为利润中心，同时还记录内部销售。这种做法具有一系列的根源，具体如文化模式、以往的实践及会计主管的经历（大多数的会计主管都有具有从事财务或注册会计师业务的背景）等。为了恰当地报告部门的业绩，公司必须决定是以市场价格作为内部价格，还是采用其他的含相应利润的价格形式作为内部价格。

除了经济问题，还存在公司或者国家内部的政治问题。例如，陈和罗（Chan and Lo，2004）研究了中国的外商投资公司，这些公司的投资者来自美国、日本和欧洲。他们发现，当管理层越重视当地（中国）合作者的利益以及维持与东道国（中国）的良好关系时，外国投资公司就越可能使用市场为基础的转移定价方式。另一方面，管理者越重视转移定价决策中的外汇控制，外国投资公司就越可能使用成本为基础的转移定价方式。此外，美国和非美国的外商投资公司对这些环境变量的重视度具有一定程度的一致性。因此，转移定价是一个控制、文化和税收问题。有关转移定价的更多讨论请见本书第 2 章。

23.6.2 理念与控制模式

欧奇（Ouchi，1979，1980）提出了三种控制模式（行为控制、结果控制和小集团控制（clan control），其中控制的最佳类型是被控制的任务或过程的性质的函数。行为控制包括参与决策、授权的等级制度、工作编号和制度遵守等措施。结果控制是典型的会计手段。但是，小集团控制则是通过人事政策来确保受到过恰当的培训且拥有适当价值观和规范的人能被选入到组织中。阿伯内西和布劳内尔（Abernethy and Brownell，1994）利用欧奇提出的控制模式框架对美国和澳大利亚的研发机构测试了不同类型控制模式的有效性。根据对选择的样本（他们没有报告这两组样本的差异性）的研究，他们发现在一个任务高度不确定的环境中，小集团控制是最有效的。

以欧奇的控制模式框架为基础，并假定海外经营具有较大的不确定性，人们可以预期国际化经营的控制一开始就应当专注于行为控制系统或集团控制系统。我们应当允许让时间来检验哪一种方式是衡量业绩的最佳方式。这也可能会提供在一个特定的文化约束条件下实现业绩最大化的信息。实际上，主要的控制形式，至少在英美国家中采用的主要控制形式是结果控制，即通常采用与某一特定目标对应的会计收益作为业绩的衡量指标。因此，正如贝利斯和阿萨达（Bailes and Assada，1991）所指出的，美国公司倾向于通过衡量投资报酬率指标或预算差异来确定相应的报酬结构。由于这一偏好，英美国家的研究文献均强调，当评估一个外国子公司的经营业绩时，公司应以一个管理者所能控制的领域作为基础进行业绩评价。

大型制造业公司中通常有某些独立的部门为另外一个部门制造产品。在某些情况下，这仅仅是一个部门的行为。随后，后续部门继续加工这一产品，并将它传递给另一个部门或将完工产品销售到市场。在这种情况下，一个部门唯一能控制的是它的成本。但是公司的整体战略又会要求按市场价格对每个部门进行业绩比较，以确保各部门能继续保持其竞争力。如何进行操作呢？一个好的例子是像德国的大众公司和美国的通用汽车公司那样，将内部成本加成的转移价格定价法转变成以市场价格为基础的具有竞争性的转移价格定价法，进而节约大量的成本。

23.6.3 《萨班斯—奥克斯利法案》和全球控制

美国2002年7月开始执行《萨班斯—奥克斯利法案》，对公司责任设立了新的标准，对错误行为设立了新的严厉惩罚。《萨班斯—奥克斯利法案》要求公司实施新的数据保存政策，并宣布修改和毁坏财务记录是不合法的。这不仅适用于全球各地的美国公司，而且也适用于在美国资本市场上市的非美国公司，例如英国石油公司（见第5章）。

尽管《萨班斯—奥克斯利法案》关注的主要是审计师，管理会计人员还是需要知道，在《萨班斯—奥克斯利法案》404条款的要求下，证券交易委员会制定规则，要求每家公司的年报中包括一份管理层负责建立和维持适当的内部控制结构的声明，以及管理层对内部控制结构和程序的有效性评估。

404条款还要求公司的审计师就管理层对公司内部控制的有效性评估出具证明和报告。《萨班斯—奥克斯利法案》的设立是为了规范后安然时代的美国财务报告环境，但在那些不受美国法律和商业环境问题影响的国家中，《萨班斯—奥克斯利法案》已经开始影响管理控制了。因此，对一家恰巧要到美国融资的完全本土化公司来说，其审计师可能需要证明其控制体系是恰当的。毕马威加拿大公司的《萨班斯—奥克斯利法案》网站[①]就是可以说明《萨班斯—奥克斯利法案》如何影响另一个国家报告的好例子。

23.7 展望

展望未来，在全球化经营下，竞争将更加激烈和残酷，信息系统技术将持续更新，这些都将对公司内部报告制度的发展产生巨大影响。适时存货系统、计算机辅助制造系统以及车间工作站（job shop workstation）都改变了传统的产品成本。作业成本法通过寻找成本动因，将间接管理费用按成本动因分配给产品，而不是按全厂或部门的间接费用分配率进行分配，这使间接管理费用变得类似直接成本。作业成本法的使用正在改变着许多公司到世界的哪个地方制造产品的观念。这也经常导致一些难以通过直觉感受到的结果，如在相对高工资的国家进行商品生产，因为效率和原始成本一样也是间接费用赖以分配的成本动因。

英美国家的公司正寻求在预算或业绩评价中融入非量化的指标或是更具有文化亲和力的控制方式。直到20世纪80年代初还是十分稳定的管理会计，如今开始发生变化，这或许也是全球一体化带给我们的一个有趣的现象吧。《萨班斯—奥克斯利法案》制定之后不断变化的法律环境，以及为了管理外包业务的松散联合体而必须不断变化的管理结构，对全球的管理控制体系提出了挑战。

一个有趣而又极具前瞻性的观点是使用主要的控制工具——平衡记分卡——来监督公司社会责任（CSR）。从严格意义上来说，这并不算是国际话题。在某些国家中，公司社会责任是非常重要的问题，这些国家的公司可以将其作为整体目标的一个组成部分。克劳福德和斯加莱塔（Crawford and Scaletta，2005）在最近的一篇文章中指出，公司关注这一问题不仅会提升公司形象，而且还可能会增加利润。他们以陶氏化学公司平衡记分卡为例进行了说明，参见表23—7。

另外一个正在热议的问题是软件在“平面化”世界中的作用。弗里德曼（Friedman，2007）指出，网络和其他工具创造了一个“平的世界”，在这个世界中诸如会计等日常功能可以在世界上任何一个地方完成。带来这一结果的原因之一是使用了企业报告系统（Enterprise reporting systems），该系统使所有层次和所有国家的管理者可以看到公司最核心的层次。从理论上来看，由于管理者在虚幻世界中一起工作，公司会变成平的。然而夸特罗恩和霍珀（Quattrone and Hopper，2005）在一个案例研究中提出的证据表明，是否存在这个效果取决于公司特征。他们发现公司设计企业资源管理计划（ERP）的方式会使得公司总部和分散的子公司之间出现不同的距离和各种亲疏关系。在一个组织中，企业资源管理计划重塑了现存的结构和距离，这些使得传统的、以远距离行动为基础的会计控制得以维持。在另外一个组织中，使用企业资源管理计划，通过在矩阵结构中的实时信息来消除距离。这并不会产生集权，但会带来不断变化的控制地点和“极简主义”控制的管理感受。这些组织也来自不同国家，这说明在集权和民族血统的交叉方面还需要做更多的研究工作。

---

① http：//kpmg. ca/en/services/audit/sarbanes. html

表 23—7　**将公司社会责任融合到平衡记分卡的四个角度的例子**

平衡记分卡角度	10 个市场力量（目标）	全球报告倡议组织的度量：采用三重底线法度量的成功或失败标准（这是可持续报告的一般框架）	目标：业绩层次或要求改善的比率
财务	“绿色”消费者	主要产品能源消耗足迹（将整个生命周期能源要求年度化）	新产品能源足迹年度减少
财务	能源危机	按照来源划分的直接能源耗用	100%可再生能源
财务	财务	期末留存收益增加或减少	百分比
内部	污染和健康	标准伤害、误工率和工伤数量（包括转包合同）	没有误工伤害和恶性事故或长期疾病
内部	气候变化	总的温室气体排放	年度减少
内部	政府和监管机构	由不遵守法律、法规所产生的事件和罚款	没有事件发生，也不罚款
人和知识	文明社会、非政府组织	建立政策、指南和程序来保障本地居民的需求	本地雇员的数量
人和知识	积极股东	公司单位目前在被保护或者敏感区域的经营或经营计划	在环境管理实务中受训的雇员数量
客户	信任/透明度的侵蚀	禁止使用童工的政策	没有童工
客户	全球化冲击	和环境承诺相关的供应商行为	使用 100% 的有机棉或有机咖啡

资料来源：Crawford，D. and Scaletta，T. （2005）“The balanced scorecard and corporate social responsibility：aligning values for profit”，*CMA Management*，October。

最后，以弗里德曼（2007）的主题为基础，还需要研究文化和宗教在设计某些国家的管理控制时所发挥的作用（例如在外包主要地点印度），但是在英美国家文献中没有关于这方面的知识。建议读者通过阅读本章后面所列的文献来进一步了解国际管理会计并控制这个领域。

小结

- 管理会计和控制领域所面临的挑战受到在国际化环境中经营所面临的两个基本问题的影响，即各国不同的货币和文化的差异。

- 在为位于另一个国家的子公司编制预算时，一个主要的问题就是选择预算适用的货币及其汇率。一些观点认为由于子公司当地的管理人员对于汇率管理几乎无法控制，因此他们应当按当地的货币编制预算。

- 由于大多数公司都按其母公司的货币编制预算，因此主要的问题是在预算编制及控制中，到底应采用哪一个汇率。最不容易发生抵触的是采用预算编制日的汇率，但是由于通常预算编制的时候距离实际预算年度还比较遥远，这就导致了实际结果与预算结果之间将产生巨大差异。如果管理人员要为以母公司货币表示的利润承担责任，那么就要面临不公平的薪酬分配。

• 一些公司采用远期汇率或者连续更新的汇率。采用一种特别形式的传统国内销售价格和销售量的差异分析，公司可以得知货币币值变动给公司带来了什么问题。

• 对第一个问题的考察主要结合对公司战略目标差异的研究。英美国家的公司总体上倾向于使用短期的和以利润为基础的目标，但是这些公司的投资收益正在下降。相反，亚洲的公司倾向于使用长期目标，并且似乎更满足于使用间接性的目标。

• 文化也在预算及其控制领域发挥着重要的作用。与西方国家相比，亚洲国家的预算过程更具长期性，且较不正式。在英美国家之外，还存在对正式参与预算的抵触，尤其是在墨西哥这样崇尚权力主义文化的国家中尤其如此。但是，文化的研究存在许多的缺点，经济需要或者国外主体的经历将可能导致通用的全球控制标准。

• 美国颁布《萨班斯—奥克斯利法案》，这为美国及其他国家的管理会计创造了新的法律环境。

参考文献

Abdallah, W. and Keller, D. (1985) 'Measuring the multinational's performance', *Management Accounting*, October, pp. 26 – 31.

Abernethy, M. and Brownell, P. (1994) 'Accounting, behavior and clan controls: The design of effective management and control systems', presented at the American Accounting Association Annual Meeting, New York, NY.

Bailes, J. and Assada, T. (1991) 'Empirical differences between Japanese and American budget and performance evaluation systems', *International Journal of Accounting*, Vol. 26, pp. 131 – 42.

Borkowski, S. (1999) 'International managerial performance evaluation: A five country comparison', *Journal of International Business Studies*, Vol. 30, No. 3, pp. 533 – 55.

Boyacigiller, N. and Adler, N. (1991) 'The parochial dinosaur: Organizational science in a global context', *Academy of Management Review*, Vol. 16, pp. 262 – 90.

Brownell, P. (1982) 'A field study examination of budgetary participation and locus of control', *Accounting Review*, Vol. 57, pp. 766 – 77.

Chan, K. and Lo, A. (2004) 'The influence of management perception of environmental variables on the choice of international transfer-pricing methods', *International Journal of Accounting*, Vol. 39, No. 1, pp. 93 – 110.

Chenhall, R. (2003) 'Management control systems design within its organizational context: findings from contingency-based research and directions for the future', *Accounting, Organizations and Society*, Vol. 28, pp. 127 – 68.

Chow, C., Harrison, G., McKinnon, J. and Wu, A. (1999) 'Cultural influences on information sharing in Chinese and Anglo-American organizations: An exploratory study', *Accounting, Organizations and Society*, Vol. 24, pp. 561 – 82.

Chow, C. W., Kato, Y. and Merchant, K. A. (1996) 'The use of organizational controls and their effects on data manipulation and management myopia: a Japan vs. US comparison', *Accounting, Organizations and Society*, Vol. 21, pp. 175 – 92.

Chow, C. W., Kato, Y. and Shields, M. D. (1994) 'National culture and the preference for management controls: an exploratory study of the firm-labor market interface', *Accounting, Organizations and Society*, Vol. 19, pp. 381 – 400.

Chow, C., Lindquist, T. and Wu, A. (1996) 'National culture and the implementation of continuous improvement performance standards: An empirical investigation', paper presented at the American Accounting Association Annual Conference, Chicago, IL.

Chow, C. W., Shields, M. D. and Chan, Y. K. (1991) 'The effects of management controls and national culture on manufacturing performance', *Accounting, Organizations and Society*, Vol. 16, pp. 209 – 26.

Chow, C. W., Shields, M. D. and Wu, A. (1996) 'The importance of national culture in the design of and preference for management controls for multinational operations', paper presented at the Accounting, Organizations and Society Comparative Management Accounting Conference, University of Siena, Italy, November.

Chow, C., Shields, D. and Wu, A. (1999) 'The importance of national culture in the design and preferences for management controls for multi-national operations', *Accounting, Organizations and Society*, Vol. 24, pp. 441 – 61.

Crawford, D. and Scaletta, T. (2005) 'The balanced scorecard and corporate social responsibility: aligning values for profit', *CMA Management*, October.

Demirag, I. (1994) 'Management control systems and performance evaluations in Japanese companies: A British perspective', *Management Accounting*, Vol. 72, No. 7, pp. 18 – 20.

Edmunds, J. and Ellis, D. (1999) 'A stock market driven reformulation of multinational capital budgeting', *European Management Journal*, Vol. 17, No. 3, pp. 310 – 17.

Friedman, T. L. (2007), *The World Is Flat Updated and Expanded: A Brief History of the Twentyfirst Century*, Farrar, Straus and Giroux.

Franco, M., Bourne, M. and Huntington, R. (2004) *Strategic Performance Measurement Reward Systems Survey-Result 2004*, Cranfield School of Management/Watson Wyatt, Cranfield.

Frucot, V. and Shearon, W. (1991) 'Budgetary participation, locus of control, and Mexican managerial performance and job satisfaction', *Accounting Review*, Vol. 66, No. 1, pp. 80 – 99.

Furnald, G. (2001) 'On balance almost 10 years after developing the balanced scorecard, Robert Kaplan and David Norton share what they've learned', *CFO Magazine*, Vol. 17, No. 2, February 1, pp. 72 – 7.

Granlund, M. and Lukka, K. (1998) 'It's a small world of management accounting practices', *Journal of Management Accounting and Research*, Vol. 10, pp. 153 – 79.

Gupta, A. and Govindarajan, V. (1991) 'Knowledge flows and the structure of control within multinational corporations', *Academy of Management Review*, Vol. 16, No. 4, pp. 770 – 86.

Harrison, G. (1992) 'The cross-cultural generalizability of the relation between participation, budget emphasis and job related attitudes', *Accounting, Organizations and Society*,

Vol. 17, No. 1, pp. 1 – 15.

Harrison, G. L. (1993) 'Reliance on accounting performance measures in superior evaluative style: the influence of national culture and personality', *Accounting, Organizations and Society*, 18, pp. 319 – 39.

Harrison, G. and McKinnon, J. (1999) 'Cross-cultural research in management control systems design: A review of the current state', *Accounting, Organizations and Society*, Vol. 24, pp. 483 – 509.

Harrison, G., McKinnon, J., Panchapakesan, S. and Leung, M. (1994) 'The influence of culture on organizational design and planning and control in Australia and the United States compared with Singapore and Hong Kong', *Journal of International Financial Management and Accounting*, Vol. 5, No. 3, pp. 242 – 61.

Hawkins, C. (1983) *A Comparative Study of the Management Accounting Practices of Individual Companies in the United States and Japan*, UMI International, Ann Arbor, MI.

Hofstede, G. (1980) *Culture's Consequences: International Differences in Work-related Values*, Sage Publications, Beverly Hills, CA.

Hofstede, G. (1984) 'Cultural dimensions in management and planning', *Asia Pacific Journal of Management*, January, pp. 81 – 99.

Hofstede, G. (1991) *Culture and Organizations: Software of the Mind*, McGraw-Hill, Maidenhead, UK.

Kaplan, R. S. and Norton, D. P. (1992) 'The balanced scorecard measures that drive performance', *Harvard Business Review*, January/February, pp. 71 – 9.

Kobrin, S. J. (1979) 'Political risk: a review and reconsideration', *Journal of International Business Studies*, Vol. 10, No. 1, pp. 67 – 80.

Landry S., Chan W. and Jalbert, T. (2002) 'Balanced scorecard for multinationals', *Journal of Corporate Accounting & Finance*, September/October, pp. 31 – 40.

Lau, C. M., Low, L. C. and Eggleton, I. R. C. (1995) 'The impact of reliance on accounting performance measures on job-related tension and managerial performance: additional evidence', *Accounting, Organizations and Society*, 20, pp. 359 – 81.

Marr, B. (2004) *Business Performance Management – the State of the Art*, Hyperion Solutions, Cranfield School of Management, Cranfield.

Melville, R. (2003) 'The contribution internal auditors make to strategic management', *International Journal of Auditing*, Vol. 7, No. 3, pp. 209 – 22.

Merchant, K., Chow, C. and Wu, A. (1995) 'Measurement evaluation and reward of profit centre managers: A cross-cultural field study', *Accounting, Organizations and Society*, Vol. 20, No. 7/8, pp. 619 – 38.

Morsicato, H. (1980) *Currency Translation and Performance Evaluation in Multinationals*, UMI Research Press, Ann Arbor, MI.

O'Connor, N. G. (1995) 'The influence of organizational culture on the usefulness of budget participation by Singaporean-Chinese managers', *Accounting, Organizations and Society*,

Vol. 20, pp. 383 – 403.

O'Connor, N., Chow, C. and Wu, A. (2004) 'The adoption of "Western" management accounting/controls in China's state-owned enterprises during economic transition', *Accounting, Organizations and Society*, Vol. 29, pp. 349 – 75.

Ouchi, W. (1979) 'A conceptual framework for the design of organizational control mechanisms', *Management Science*, September, pp. 833 – 48.

Ouchi, W. (1980) 'Markets, bureaucracies and clans', *Administrative Science Quarterly*, March, pp. 129 – 41.

Quattrone, P. and Hopper, T. (2005) 'A "time-space odyssey": management control systems in two multinational organizations' *Accounting, Organizations and Society*, Vol. 30, No. 7 – 8, pp. 735 – 64.

Robbins, S. and Stobaugh, R. (1973) 'The bent measuring stick for foreign subsidiaries', *Harvard Business Review*, September/October.

Salter, S. and Schulz, A. (2005) 'Examining the role of culture and acculturation in information sharing', *Advances in Accounting Behavioral Research*, Vol. 8 (forthcoming).

Ueno, S. and Sekaran, U. (1992) 'The influence of culture on budget control practices in the USA and Japan: An empirical study', *Journal of International Business Studies*, 4th Quarter, pp. 659 – 74.

Ueno, S. and Wu, A. (1993) 'The importance of national culture in the design of and preference for management controls for multi-national operations', *Accounting, Organizations and Society*, Vol. 24, pp. 441 – 61.

Vance, C. M., McClaine, S. R., Boje, D. M. and Stage, D. (1992) 'An examination of the transferability of traditional performance appraisal principles across cultural boundaries', *Management International Review*, Vol. 32, pp. 313 – 26.

Waweru, N., Hoque, Z. and Uliana, E. (2004) 'Management accounting change in South Africa: case studies from retail services', *Accounting, Auditing & Accountability Journal*, Vol. 17, No. 5, pp. 675 – 704.

Wickramasinghe, D. and Hopper, T. (2005) 'Cultural political economy of management accounting controls: A case study of a textile mill in a traditional Sinhalese village', *Critical Perspectives on Accounting*, Vol. 16, No. 4, pp. 473 – 503.

课后问题

书末提供带星号问题的参考答案。

23.1* 请阐释跨国公司的目标是如何因其母国的不同而各异的，并解释其原因。

23.2* 跨国公司可采用的控制模式有哪些？在实践中运用的是哪些模式？

23.3 管理会计在增加了国际维度后发生了哪些方面的变化？

23.4 外汇汇率的变动会使跨国公司的业绩评价产生哪些问题？

23.5 根据表23—2 编制 Zambezi Boards 公司来年的销售预算和2008 年的差异报

告。假设该公司计划其 2008 年在澳大利亚的业绩将和 2007 年实际取得的成绩差不多。然而，公司又错了。澳大利亚人直接去南非进口冲浪板的成本太高了，这导致当年的需求量增加到 12 500 件。价格和预算的一样，按照澳元计量，但是南非兰特走势强劲，平均来看，目前 1 澳元等于 5.56 兰特。

23.6　请说明跨国公司的预算过程是怎样因其母公司所在国的不同而不同的。

23.7　文化如何以及在多大程度上为管理会计提供了比财务会计更为有用的工具来分析相关的国际差异的？

部分课后问题的参考答案

第1章

1.1　第二次世界大战以后，世界主要的政治事件对会计和财务报告产生了哪些影响？

答：美国对战后非社会主义国家的主宰意味着资本主义国家的会计受到美国公认会计原则的强烈影响，特别是受到了国际会计师事务所的大力传播。加拿大和澳大利亚等国家的会计尤其受到美国的影响。尽管印度和尼日利亚已经脱离了大英帝国的统治，但是英式会计实务仍然在这些国家继续存在。同样的，法国和其他欧洲国家的前殖民地国家的会计实务也仍然追随着前殖民国家的会计模式。

从1958年开始欧共体（之后为欧盟）的建立和扩张，以及其以后的发展帮助欧洲大陆保留了自身的会计概念和实务，但是1973年以后，随着英国的加入这些观念在逐渐淡化。同样在1973年国际会计准则委员会（现在是国际会计准则理事会）的成立，可以看作是政治上抵抗美国影响的产物，也可以看作是英美概念和实务的渗透。在这方面英国处于美国和欧洲之间两难的地带，这和英国在许多其他事情上的立场是一样的。

前苏联是战后的另外一个超级政治力量，中欧和东欧国家受前苏联的影响，在1989年前苏联社会主义政权解体之前使用的是社会主义会计。所有这些国家都经历了剧烈的会计变革，其中许多国家在2004年或2007年加入了欧盟。它们的会计模式都转换为欧洲大陆会计模式，并且在上市公司中开始采用国际财务报告准则。民主德国和联邦德国的政治合并削弱了德国的经济，结果使得德国的上市公司需要到世界资本市场寻找资本，并且德国的跨国公司开始采用美国公认会计原则或国际财务报告准则。

在东亚，第二次世界大战以后，日本开始引进美国式机构并使之占据主导地位，但是在日本重新获取政治且经济独立之后，这些机构发生了很大的变化。改革开放以后，中国的会计制度也发生了相应的变化。

1.2　为什么主要的会计师事务所已经成为国际性的会计师事务所？它们主要发源于哪些国家？它们为什么发源于这些国家？

答：世界上主要的会计师事务所日趋“国际化”，为了保持在同行业中的领先地位，他们或者在国外设立当地办事机构，或者兼并、收购当地原有的事务所，以满足世界范围内的跨国客户的需要。这些事务所主要发源于跨国公司的发起国，尤其是英国和美国，这些国家的会计职业相当发达。跨国公司和一些国际会计师事务所的其他发源国分布在加拿大、荷兰、德国和日本（见正文表1—11）。德国和日本的会计职业并不发达，加拿大、荷兰会计师事务所的商业化程度远低于英美的会计师事务所。

学习完第21章（国际审计）以后可能可以得出更成熟的答案。

第2章

2.1　“在财务报告实务中，造成国际差异的基本原因是政府对会计不同程度的干预。”请讨论这种说法。

答：在任何给定的国家中，会计和财务报告实务都会因使用者对会计信息需求的不同而有所差异。例如，税务机关强调客观性，有担保贷款的银行强调稳健性，股东们则强调对未来现金流量的可预见性。与债权人和股东不同，税务机关拥有政府权力以确保对信息的需求得到满足，而且如果未招致反对，这种要求就会在财务报告中居主导地位。在英美等国家，资本市场的需求对财务报告影响更大，然而当市场失灵时（如1929年的美国和20世纪60年代的英国）政府就会代表股东们进行“干预”。但是即便如此，在政府主体影响下建立起来的财务报告体系也或多或少地反映了资本市场的力量。

进一步来说，发达的资本市场会形成基本脱离于政府控制的商业会计。例如1998年德国对有关法律进行修改，允许上市公司的合并报表偏离一般的德国会计原则。

有些人认为职业会计师们同政府一样会对财务报告实务产生影响，法国前财政部长（后成为总理）曾在1986年国际经济与合作发展组织会议的报告《会计准则的协调化》（Harmonization of Accounting Standards）（1986，第9页至第10页）中提及：

准则的标准化程度在各国都不尽相同。有时候应用于每一主要问题的特定准则是由会计职业界制定出来的，虽然这有可能咨询了有关利益集团的意见，但是会计职业界仍对准则的制定负完全的责任。与此相反，在政府管制之下，会计准则可能变得愈加单薄和简单。最近，包括法国在内的一些国家采用了一种折中的办法，即在制定准则时咨询所有利害关系主体的意见。在很多情况下这些主体是可以达成共识的，在不可能达成统一意见时，政府的干预将会保护公众利益。我们有充分的理由认为政府应当对准则标准化的主要内容保有最后的决定权，并确保没有任何利益集团可以对其发号施令。

2.2　评价下述观点：历史的偶然性应对公司财务报告的国际差异负主要责任。

答：某些国际差异可能的确只能用与会计无关的“偶然性”或“外生性”的历史因素来解释。例如：

- 迫于殖民势力而接受的明显不合时宜的财务报告体系（比如非洲的前英属和法属殖民地）；
- 欧盟成员国作为政治集团一份子而接受的外来会计思想；
- 占领国的影响（如德国对法国，美国对日本）。

对深受他国影响（例如由于以前的殖民关系）的国家而言，“偶然性”可能是一国会计体系建立的主要影响因素。然而在其他国家，会计体系的建立则可能取决于资本市场的类型及管制的性质（可参考问题2.1的答案）。

第3章

3.1　分类可能以哪些方式作用于任一学科？试通过财务报告的国际差异来阐述你的答案。

答：如正文中所述，分类有助于：

（1）使描述和分析更为深入；

（2）揭示内在结构；

（3）由某一项目所处的类别可以判断其特性；

（4）发现隐藏或丢失的项目；

（5）追踪项目的演进轨迹。

在国际会计中，这意味着分类有助于：

（1）对大量差异数据进行概括；

（2）通过与其他国家类比对一国的会计概况有初步了解；

（3）估量协调化的困难；

（4）描绘协调化的进程；

（5）通过对相似国家的分析揭示问题；

（6）找到与本国相似且已经解决了相同难题的国家作为借鉴。

3.2　试图对世界范围内各种财务报告实务进行归类的本质问题在于基于某一种分类的数据是否适当。请对这种说法进行评论。

答：许多分类所依据的数据并非是为了分类而编制的。例如在普华永道会计师事务所所进行的调查中，由于对所有问题赋予同等权重，因此对数据的依赖可能导致重要的问题被次要问题掩盖，造成本末倒置。另外，人们会提出这样的疑问，即这些数据是关于所有公司的还是主要是关于普华永道的客户的。进一步来说，一个德国的数据收集者和一个美国的数据收集者很可能会对不同的问题提出质疑。在此类数据库中这种问题不胜枚举。最终的结果可能仅仅是对一堆奇怪的数据进行分类，而不是对一个国家的会计体系进行分析。

当然，并非所有的分类都使用这种数据。其他领域的科学家进行了大量的研究来决定选择哪些衡量特征来进行分类。一些会计上的研究也做了这项工作，基于一定标准的正确数据会更有助于分类。

此题问的是“本质问题”。除数据之外当然还有其他问题。比如，分类的目的至关重要，分类的精确度也绝不可忽视，这些问题甚至是更为“本质的”。

第4章

4.1　国际会计准则委员会是成功的吗？请给出你的理由。

答：成功与否要从几个方面来看。本章中对这个问题给了相当好的答案。这个问题暗示我们应当研究在国际会计准则理事会2001年取代国际会计准则委员会之前的情况。

这个问题的答案可能取决于衡量成功的标准，即是国际会计准则委员会所陈述的目标还是我们自己创造的标准。成功的标志表现在以下几个方面：

（1）发布了会计准则；

（2）改进了会计准则；

（3）受到其他国际机构的支持（例如2000年被证券委员会国际组织所接受）；

（4）受到国家机构的支持（例如伦敦证券交易所、意大利全国证券交易委员会和美国证券交易委员会）；

（5）某些国家和地区的准则制定机构以国际会计准则作为制定规则的基础（例如中国香港、新加坡、尼日利亚）；

（6）在缺少国家规则的地方某些大型公司直接采用国际会计准则（例如瑞士和意大利，前者全面采用国际会计准则而后者则部分采用国际会计准则）；

（7）某些大型公司遵循国际会计准则而不是国内规则编制合并报表（例如

德国）；

（8）认可公司采用国际会计准则（例如加拿大）；

（9）国际会计准则委员会在其他有争论的领域中产生影响（例如欧盟第七号指令）；

（10）欧盟上市公司合并报表强制遵循国际会计准则进行编制（2000年时欧洲委员会已经宣布了这个建议）。

4.2　哪些当事方坚持增进会计的国际协调？为了完成协调化它们正在做什么？

在课文中强调了这个问题。受益方可以分为两方：报表使用者和报表编制者。从纳税的角度来看，政府可以算作是报表使用者，但是政府也可能希望帮助报表使用者和编制者。国际政府组织（如欧盟）也同样如此。

报表使用者包括跨境经营的投资者和贷款人，也包括机构（如银行）。作为其他公司股票的购买方和客户或供应商的分析师，公司也会从协调化中受益。

跨国公司的财务报表编制者可以从简化中获益，他们自己也会因使用来自集团内部其他部分的会计信息而受益。会计师事务所有时候可以被看作是受益者，但目前这些事务所还在为现有的国际差异提供审计和咨询工作。

关于谁在做哪些事情促进了会计的协调化，整个画面初看是模糊不清的。因为越大的受益者似乎所做的越有限，也就是说使用者对解决这一问题并没有足够的意识，也没有被充分地组织起来解决这个问题。报表编制者忙于应对或利用国际差异，一些资深企业家将来自公众和民间的压力都推给了会计师，让他们来减少差异。这在壳牌等公司尤其明显，这样的公司在好几个交易所上市，它们希望公布一套能满足所有目的的会计准则。

政府在行动。例如欧共体（后改为欧盟）在20世纪70年代和80年代积极推动会计的协调化。证券委员会国际组织是政府机构之间的一个委员会，该组织从20世纪80年代后期开始为国际会计准则委员会提供了强大的支持。

20世纪90年代最值得称道的可能应该是国际会计准则委员会，该组织是会计师团体的一个委员会，主要受到审计职业界的控制。当然，国际差异使得某些审计师的工作过分复杂。审计师成为消除国际差异的最积极的力量，但其实这些差异的存在对他们来说是有好处的。然而国际会计准则委员会成立了，而且由世界上一些资深的会计师来运作，这些人似乎成为无国界人士，他们代表公众利益和职业界的长期利益。2001年，职业界将国际准则制定的责任移交给了国际会计准则理事会，该理事会是一个独立机构。

国际会计准则理事会受到大型公司、审计公司以及投资者的捐赠支持。

第5章

5.1　区分下列词汇：协调化、标准化、趋同、采纳和欧盟认可。

答："协调化"和"标准化"经常可以互换使用。标准化意味着要求对所有会计主题都采用一个政策；协调化允许保留差异，只要财务报表的使用者能够从不同的报表中获得相似的信息即可。

在两种情况下，后缀"化"说明这二者都还是向某种状态演进的过程，而不见得已经达到那种状态。协调化和标准化都可以既指规则（形式）又指实务（实质）。

第 4 章讨论了这些问题。

“趋同”是最近才出现的新术语，与标准化的意思接近。然而现在说“与国际财务报告准则协调”比说“两个准则标准化”要更贴切一点。“与国际财务报告准则协调”通常指国内的一套准则逐渐朝着国际财务报告准则改进。然而对于美国公认会计原则与国际财务报告准则趋同来说，这意味着两套准则都需改变，直到差异逐渐消失。

采纳国际财务报告准则意味着放弃本国规则，而不是改变这些规则。欧盟对国际财务报告的采纳只是一个程序，不见得是对其全部采纳。

5.2　运用本章给出的调整数据和第 2 章的信息，对 2004—2005 年从德国会计或者英国会计向国际财务报告准则或美国公认会计原则调整所必需的调整步骤进行评价。

答：调整项目说明了最重要的实务差异。这些取决于考察的年份，而且也取决于最初采纳的是哪个会计准则。

从英国和德国的案例来看，一个重要的调整项目是商誉。根据美国和国际财务报告准则的规则，商誉不能进行摊销。少数股权的调整也是巨大的，但令人困惑的是，德国和国际财务报告准则的对少数股权的规则是相同的（都作为所有者权益的一个部分），而美国和英国对少数股权的规则也是相同的（都在所有者权益之外列示）。

在从英国或德国的规则向美国公认会计原则（以及 2009 年以后向国际财务报告准则）调整时，建造项目中的利息需要资本化而不可以作为费用处理，因此所有者权益会增加。而且，根据英国和德国的规则，金融资产的账面价值通常按照成本计量或以比成本低的价格计量，但是根据美国公认会计原则或国际财务报告准则，其中许多资产都需要按照市场价值来计量（利得或损失要记入利润表）。

公司会将这些调整和其他差异都记录在调整表后的附注中（参见公司公布在其网站上的年报）。

第 6 章

6.1　解释“概念框架”的目标和用途。

答：概念框架的主要目标是在制定会计准则时用以指导准则制定者。由于其限定了分歧以及政治干预的范围，因此可能是有用的。这一目标通过对术语（例如“资产”）进行定义以及确立财务报告目标而达到。如果所有准则都符合概念框架，那么这些准则就很可能是相互协调的。然而，因为现有框架的某些特征是模糊的，所以在遵守这些准则时也会继续存在分歧。很自然，有时准则制定者会对他们自己的概念框架的某些项目提出疑问，有时会由于政治或其他原因而超越框架。

概念框架的另外一个目标是使得财务报表的编制者能够理解准则，从准则的各种可选方案中作出选择，并在尚不存在准则的领域制定会计政策。报表的审计者和分析者也可以从这方面获得帮助。

6.2　“中立性指的是没有偏见。审慎性却是一种偏见。在同一个‘概念框架’中很难同时遵守两个原则。”请讨论这一观点。

答：如果审慎性是一种高于一切的原则，就像在欧盟第四号指令中的那样，则对于中立性来说这确实是个问题。但是，在国际会计准则理事会的概念框架中，审慎性指的是当会计师为了会计估计而作出判断时所具有的一种思想状态。应当承认这看上去的确是一种偏见。但是根据概念框架，只有在“为了达到预先确定的结果”而使用的审慎性才会违背关于中立性的要求（第36段）。审慎性在约束管理当局的乐观预言方面仍然是一个合理的惯例。

第7章

7.1　导致欧洲会计制度存在差异的原因在多大程度上会继续影响欧洲采用国际财务报告准则后的会计实务，并成为这些实务差异的原因？

答：第2章认为存在差异的主要原因是金融制度的不同，此外还有税收制度、法律制度以及诸如殖民等外部因素的作用。其中一些原因可以归结为文化差异。这些原因可能仍然存在，只是强度有所减弱，这些是导致存在不同的国际财务报告准则实务的原因。如果我们仅仅关注上市公司的合并报表，则整个欧洲财务报告的主要目的差异很小。然而德国或意大利的上市公司仍然由内部股东（例如政府、银行或家族）所控制，这些会减弱股东选择采纳公允价值或对外披露的兴趣。

如果仍然允许非合并报表采用与税收相关的方式编制，也允许其采用国际财务报告准则编制，则税收的影响仍然存在。这包括隐蔽的备选方案，例如减值的辨认和计量。在这种情况下，税收导向的非合并报表选择会延伸到按国际财务报告准则编制的合并报表中。

不同的法律制度下的执行机制也有所不同，因此对国际财务报告准则的遵守程度也会存在差异。

7.2　举例说明国际财务报告准则中所允许的备选方法，并解释不同国家会如何选择这些方法。

答：假设这个问题和隐蔽的备选方案相关，则回答这个问题的最简便方法是参考表7—1。然而还需要注意的是也有一些隐蔽的备选方案和计量标准可以参考表7—2和表7—3。

作出不同选择的动因已经在问题7.1中得到了回答。除了上述答案之外，继续执行以前国内实务做法的惯性也是导致作出不同选择的原因。所以我们认为，这个问题指的是选择的例子，而不是对选择方法的举例。

一个简单的例子是资产负债表中所列示资产的顺序：从惯性的角度来看欧盟会选择流动性递增的顺序来列示，但是澳大利亚则选择流动性递减的顺序列示。同样的惯性可以说明，与欧洲大陆相比，英国更有可能使用全面已确认收入和费用表。与英国或者澳大利亚（已经禁止）相比，法国更多地使用比例合并法。惯性和不同的权益市场压力可以解释为什么英国会选择将精算利得和损失记入全面已确认收入和费用表，而德国就不会这样做。英国会比比利时、德国、意大利或西班牙更可能选择重估投资性房地产方法。法国会比英国更多地使用宏观套期选择。

第8章

8.1　“美国会计是世界上最好的。”请讨论这种说法。

答：如果良好的会计主要是指披露，并且多披露胜过少披露的话，那么也许你很容易就会赞同这句话。一项对所有的美国年报（包括10-K表格和其他文件）的检验表明，年报中纯粹的信息量比任何其他裁定权中的信息量都大得多。分析师和支持有效市场假说的专业人士经常认为披露比特殊会计规则更重要。

然而，我们应该注意到，虽然许多其他的美国公司采用了其中一项或全部程序，但是这些全面的规则仅仅强制性地适用于12 000家左右在证券交易所注册的公司。就公布经过审计的年报的公司比例而言，直到1993年，美国要求所有现有公司遵守的制度仍比其他国家广泛得多。

“最佳”的另一个隐含意思是“领先”。在此，又一次难以否认会计发展首先开始于美国，然后推广到其他地方。这些发展包括合并报告、租赁会计、分部报告和许多详细的会计实务。

对美国会计法规的一个潜在的批评是它们如此繁多并且具体，以至于会计人员和审计师无从判断，因此导致会计有时会发生错误。

美国会计法规的另一个引人关注之处是它反对现值信息和某些无形资产（例如开发费用）的资本化。这样可能使报表用户无法获得有用的信息。然而，美国准则最近的修订（例如SFAS 15）要求某些投资采用现值计价，这可能是一种趋势的开始。

我们应注意到美国会计的某些特征可能会受到批评（例如允许使用后进先出法）。此外，我们很容易就可发现英国的现金流量表优于美国的现金流量表。

8.2　如果美国会计受其他国家会计的影响，那么其受影响的程度如何？

答：很明显，正如美国的语言和法律体系源自英国一样，美国的会计体系也是如此。这是一股巨大的影响力。然而在20世纪的绝大部分时间里，美国本身是作为领导者而非追随者，因此所受到的外国的影响可能很小。此外，美国一般拥有比其他国家庞大得多的专业会计师团体。它提供了意见和批评。

在最近几年里，证券交易委员会和美国财务会计准则委员会已经认识到会计国际差异的重要性。美国财务会计准则委员会和国际会计准则委员会以及其他国家的准则制定机构之间的联系大大加强。美国证券交易委员会已经对跨国公司产生兴趣，并加入了证券交易委员会国际组织，为国际会计准则委员会提供了一定的支持。

1997年，国际会计准则委员会和美国财务会计准则委员会之间的重要联系导致了双方在每股收益准则和分部报告准则上的变动。从2001年开始财务会计准则委员会和国际会计准则理事会很明显地在试图建立一些协调项目，2002年两个理事会达成了正式协议。

第9章

9.1　在美国，规则的制定在多大程度上与规则的执行是分离的？造成现状的历史背景是什么？

答：美国公开交易证券的公司，其财务报告规则的制定和执行都是证券交易委员会的职责。证券交易委员会是在20世纪30年代由于股票市场崩溃而成立的一个联邦机构。从一开始证券交易委员会就行使严格的执行权力，但授权于一个民间团体（目前是财务会计准则委员会）制定准则，自己仅仅保留监督的权利而不是亲自去制定准则。这一战略的好处是将技术细节交由专家来完成，并避免证券交易委员会受到直接的批评。由于将执行准则，准则制定机构往往会受到游说，但受到游说的不是证券交易委员会而是财务会计准则委员会。如果美国采纳了国际财务报告准则，证券交易委员会可能会比其他国家更严格地执行这套准则。

9.2　支持和反对实施机构采取主动监管措施的论点各是什么?

答：主动监管措施需要建立一个机构，并且需要足够的预算，这些对一个实施机构来说可能一开始都是不存在的。此外，花费资源对之进行调查的公司，未必就一定是违规公司。另一方面，如果将调查所有的上市公司，这种威胁会使得公司减少违规行为，也可能促使审计师更严格地把关。所有的实施机构都至少是被动反应的，但是完全的反应性监管可能会导致亡羊补牢的后果。

第 10 章

10.1　解释对准则制定者进行政治游说的各种动机。

答：答案取决于我们讨论的是哪个国家的情况。在税收导向的环境里（例如德国非合并账户所采纳的规则），游说可能主要是和减少盈余，从而减少纳税相关的。每个国家的管制行业可能都希望减少盈余。然而第 10 章的大部分内容都在考察主要资本市场合并报表环境下出现的游说问题。这里游说主要关注的是如何增加盈余或者使盈余更加平稳。这是因为管理者发现这些会影响股票价格、薪酬以及公司的声誉。

10.2　举例说明对美国准则制定者进行的政治游说，解释为什么这些游说与是否采纳了正确的技术解决方案无关。

答：本章在第 10.3.1 部分、第 10.4 部分、第 10.6.1 部分和第 10.7 部分分别举例进行了说明。我们需要讨论什么是“正确的技术解决方案”。可能它指的是该会计准则与概念框架相一致，在成本效益的限制下会产生相关和可靠的信息。

游说超越技术问题的一个线索是，它参考的往往是一个准则或建议准则的预期经济后果。这里，对投资所得税法案和雇员股票期权的几个阶段的争论是很有趣的。

另外一个线索是，基于自身受影响的方式，不同的公司游说集团会采用不同的游说方式。通货膨胀会计和石油天然气成本会计就是其中的例子。

第 11 章

11.1　协调欧盟内部的公司财务报告是既必要又可能的吗?

答：协调化的必要性是与其受益者相联系的，这些受益者包括股东、债权人、公司及其他。欧盟关于资本自由流动的目标也是相关的。然而，协调化也带来了昂贵的费用。人们经常争论的是，协调化仅仅对跨国公司而言是有意义的，而且还经常存在这样一个疑问，即基于各个国家不同的因素，是否有可能在不同的国家保持不同的会计制度。

讨论协调化的可能性必须从以下两个方面入手：（1）指令的进程等；（2）这一进程实质上的协调化。第一个方面在正文中已有所论述，而第二个方面可以参照上述第 5.1 部分问题的答案。

值得一提的是，不仅仅是欧盟的机构在致力于欧盟的协调化，国际会计准则委员会对欧盟也起到了一定的影响作用。此外，资本市场的压力也使得许多欧洲公司脱离传统的实务。

11.2　社会主义之前和社会主义时期的会计以哪些方式影响了中东欧国家社会主义之后的会计?

答：中东欧社会主义之后的会计之所以受到社会主义之前会计的影响，是因为战前以德国为基础的公司法律和商法被广泛地重新引入，这些被看作是和欧盟指令相一致的。

社会主义时期会计的影响是，在计划经济体制下会计的地位很低，这意味着会计师就是处理日常交易的记账员，所以高级会计实务（例如合并报表）和复杂的会计师和审计职业都是在社会主义时期结束后才建立起来的。因此，职业界很难成为改变实务和法规的领导力量，这意味着财政部必须发挥主导作用。

第 12 章

12.1 “与美国会计不同，日本会计不是自身环境的产物而是外部影响的产物。”请讨论这种说法。

答：这个问题需要说明美国会计是否仅仅是其环境的产物而日本会计是否仅仅是外部影响的产物。当然，这句话夸大其辞，但其中是否也包含着一定的道理呢？

美国的问题可以从对 8.2 问题的回答来得到帮助。

至于日本，很明显，其会计实务受到许多外部影响。《商业法令》中的监管框架基本上以 19 世纪西欧的模式为基础。它同样具有税法条款占据主导地位和传统以来不关注披露或合并报表的特点。

在披露或合并报表问题上，日本受到的是第二次世界大战后美国为日本制定《证券与交易法》（与公开交易股票的公司尤其相关）的过程的影响。

本书的章节描述了日本会计实务所具有的许多德国和美国会计实务的特点。然而，日本准则这一特殊混合物是日本独有的，它在商誉摊销、外币折算和退休福利方面具有令人感兴趣的变化。20 世纪 90 年代，日本似乎对其会计报告的国际接受程度产生了更大的兴趣，而且国际会计准则委员会对其的影响力也加强了。到 2001 年为止，日本会计与美国和国际财务报告准则中的许多差异都已经被消除。从那以后，国际会计准则理事会和日本会计准则理事会的趋同程序就进入了日程。

12.2 根据 20 世纪 90 年代初的哪些因素可以预测中国会计在未来 10 年的发展方向？

答：在 20 世纪 90 年代初期，中国的经济改革已经步入正轨。一个容易预测的变化是香港在 1997 年回归中国。

此外，很明显在全世界的任何地方，只要允许中国人经营业务，他们就很善于把握市场。所有的这些因素都已表明一个强大的、包含重要证券市场的社会主义市场经济体制已经诞生，它反映了适合这种经济体制的会计类型，即英美会计。

自 20 世纪 70 年代尼克松总统时期美国与中国恢复外交关系以来，来自美国的影响开始加深，英国的影响也通过中国香港变得强大。可以预计，中国政府在对会计进行改革时会接受五大会计师事务所的帮助。中国香港于 1993 年采用国际会计准则（代替英国准则）就是一个典型的良好转向，这一点应该也能预料得到。这一切为中国 1997 年加入国际会计准则委员会铺平了道路，并在 2007 年实现了更加完整的趋同。

第 13 章

13.1 根据本章和以前各章（第 2 章、第 3 章和第 5 章）所提供的信息，举例说明两个国家会计制度或某个国家会计制度与国际财务报告准则之间在某些主题上存在的主要差异。

答：特别重要的主题包括养老金、商誉以及递延所得税。在许多情况下，大多数递延所得税差异是由对其他问题的调整所带来的。例如，如果养老金负债增加，那么伴随而来的就是递延所得税资产的增加。

养老金问题是很复杂的。第 6 章已经考察过这个问题，并且在第 16 章将进一步考察。通常从德国会计向美国或国际财务报告准则的调整会使得养老金费用增加，同时也增加负债。巴斯夫公司（见表 5—3）很特殊，它的情况正好相反，因为它有一个养老金基金没有显示在其按照商法编制的合并报表上。该基金是盈余的，因此在合并的时候改善了财务报表的状况（在其年报调节表附注中进行了解释）。

对商誉调整的解释相对简单。在德国或英国的规则中，商誉一般需要进行摊销。然而根据美国或国际财务报告准则的要求，商誉不可以摊销，而是要进行年度减值测试。这将减少一大笔费用，但是在状况差的年度，可能会带来更大一笔减值费用。

13.2　存在差别报告的理由有说服力吗？这种差别化处理应该根据公司规模还是根据其他特征进行？

答：关键问题是不同类型的公司其财务报告的目的是否有差异，以及不同目的的报告是否需要不同的会计处理。公司的规模本身似乎并不是决定因素，尽管这可能和其他问题（例如是否上市）相关。

上市和非上市可能是导致差异的一个明显原因。相对来说这也比较容易定义。尽管对“上市”这个词的确切定义也是有争议的。上市公司有更多的“外部”所有者（见第 2 章），因此更需要公开信息。如果公司没有上市，可能信息使用者（如银行）可以去索取其所需要的信息，因此公开报表或审计规则对这类公司就不是那么必要（例如在美国就是这样）。而且，非上市公司通常规模较小，因此可能会减免公开的成本，或者至少减免一部分。

对于非上市公司是否应当被允许采用简化的确认计量规则还没有达成一致意见。而且诸如贷款人需要的信息是否真的与股东不同这样的问题的答案还不是很清楚。

第 14 章

14.1　对于什么样的公司适用会计法规，美国、英国、法国和德国的答案各不相同，你认为哪个国家的规定是“正确的”？

答：不太可能找到一个适合政治、经济环境各不相同的所有国家的“正确”答案。要求所有公司遵守会计法规（例如德国和法国）说明了为了税收、破产以及保护所有利益相关者，国家干预者寻求对会计记录的控制。然而实务中要做到这一点需要足够的资源。另外一个极端（例如在美国）是国家非干预者可能仅仅希望保护公开交易证券的公司的股东。这忽视了其他的利益相关者的利益，但是可以在可利用的资源范围内获得有成效的效果。英国走的是中间路线，试图保护所有公司的所有利益相关者（主要是股东和债权人，但不包括合伙企业和个人独资企业）。在实务中，对非上市公司的执行并不强硬，主要原因是缺少资源。

14.2　为什么英国单个公司的会计规则并不仅仅按照开放式公司和封闭式公司进行区分？

答：开放式公司和封闭式公司的区分从 20 世纪早期开始出现，当时的目的是为了促使那些有权向公众发行股份的公司执行更加严格的披露规则，而无需对所有公司提出这样的要求。大多数封闭式公司的规模都较小，也不是集团公司的组成部分，但也有一些公司并不是这样。1948 年开始豁免的封闭式公司，用以区分家族公司和公众公司的子公司。对第四号指令的执行引入了德国的创举，即按照根据销售额、资产负债表总额以及雇员人数衡量的规模区分公司。这些衡量方式对所有利益相关者都有帮助，而不仅仅对股东有帮助。现在英国规则通常假设所有的公众公司都是大型公司，并对规模以下的小型公司给予豁免，具体情况因特定规则而不同。给股东寄送摘要而非全部财务报表的可能性不适用于上市公司，因为复核小组需要执行会计准则。看上去英国的监管者很实际，但凡存在且对某个特定目的有用的方式就加以采用。

第 15 章

15. 1　“美国会计优于德国会计。”请讨论这种说法。

答：回答这个问题前先需要说明，所谓“更优的”是针对达到什么样的目标而言的。的确，从希望进行财务决策的投资者所需的信息来看，美国会计似乎是更优的，这不仅仅是因为它披露的信息更多。当然，美国会计的运行成本十分高昂，它需要监管者、准则制定者、审计师、大量的年度报告和季度报告等。对德国这样一个拥有有限资本市场的国家，这些可能是不必要的奢侈品。因此，对德国来说，美国会计实务可能比较糟糕。尤其是，德国财务报告的主要目标是要谨慎地计算可供分配的利润和应税利润，所以将会计和税法条例联系在一起是明智的做法。在美国，纳税计算与财务报告的编制是分离的，从而增加了额外的费用。

美国财务报告比德国财务报告提供更多不稳定的盈利数据。它可能适合参与活跃证券市场的用户，但可能不能反映长期趋势，而后者正是传统上德国财务人员和经理一直关注的。

从 2001 年开始，德国的大型上市公司普遍采用美国准则或国际财务报告准则编制其合并报表。从 2005 年开始，要求德国公司采用国际财务报告准则，而已经采用美国公认会计原则的公司集团可以延迟到 2007 年采用。因此，在德国采用国际财务报告准则编制合并报表，采用商法规定编制其他报表。

15. 2　讨论类似德国这样的国家要求或允许公司在单个财务报表中使用国际财务报告准则为基础的会计原则，各有哪些优势和劣势。

答：不支持向国际财务报告准则转换的人认为，单个财务报表主要是为了确定所得税负债和可分配利润而编制的，而并不是为了给资本市场提供信息。现有德国规则被认为比国际财务报告准则更适合税收和分配目的，规则的改变将带来更高的纳税账单。对这种说法的回应是，可以像英国那样，在税收计算时使用商业数据作为起点，并在会计记录之外进行调整。尽管有时候公司税可能会发生一些变化，但是没有理由使整个税收额都上升。

进一步反对向国际财务报告准则转换的理由是德国会失去制定会计准则的控制权，且并非将其交给欧盟机构，而是交给一个非选举而来的民间机构，该机构是被来自英美国家的会计师把持的。对于那些希望到国际资本市场融资的德国跨国公司来说，付出这个代价可能是值得的，但对于大部分德国公司而言却是没有必要的。

两套不同的规则并存是很困难的，对其进行协调的压力会日渐增加。假设德国认为很难影响国际财务报告准则，当地规则可能逐渐会向国际财务报告准则转换（可能比英国和法国要缓慢），而不是国际财务报告准则向德国规则转变。

第 16 章

16.1　请讨论下列说法：“秘密准备金使一个公司更加强大，所以应当加以鼓励。”

答：秘密准备金可以通过许多方式来实现，例如故意不确认或低估资产，或者建立不必要的准备金。所有这些行为都会使资产负债表看上去比较糟糕，因此存在着秘密准备金。当然，在关于准备金的问题上，究竟哪种准备金是必要的，这的确是一个很矛盾的问题。根据《国际会计准则第 37 号》，只有存在负债的情况下才可以建立准备金。

建立秘密准备金以后，由于利润变少，因此可以减少支付的股利，从而增强公司实力。对于银行来说，建立秘密准备金的这种名声可以使之在经济危机时使自身处于投机压力之外。然而，通过披露其自身的实力（假设它实际上有很强的实力），可获得更好的自我保护。

从财务报告的观点来看，秘密准备金存在的主要问题是减少了财务报告表达“真实、公允”观点的机会。如果有所隐瞒又如何提供公允的观点呢？

16.2　根据《国际会计准则第 32 号》，一些股份被作为负债处理，而一些明显的负债却又被作为部分权益处理，这样做恰当吗？

答：这个问题是关于报告的真实和公允性的。一旦公布了一项负债的定义，似乎就应当使会计实务满足这个定义。否则财务报表的读者会发现列示为负债的某些项目符合标准定义，而另一些却不符合这些定义。

对于某些种类的股份，由于发行者对股份持有者有支付的义务，因此符合国际会计准则理事会关于负债的定义。发行这种股份的公司故意采用这种形式的股份，而不是普通股，是为了利用其不同的法律特征。因此以不同的方式处理这种股份和普通股是合乎道理的。

混合证券的处理更加复杂。有人认为，发行者必须决定这种证券是否包含任何的支付义务，如果包含，就将其作为负债处理。然而《国际会计准则第 32 号》要求发行者将这种证券部分作为股份部分作为负债处理。投资银行也许能够将可转换债权划分为两部分，并能轻易对其进行定价。因此《国际会计准则第 32 号》的处理方式是可行的，而且可能也能提供更完整的信息。

第 17 章

17.1　讨论对集团概念的不同解释，以及各种解释与公司治理、融资的风格有怎样的关联。

答：集团的母公司理论建立在法律控制的基础上，因此依赖多数投票权和股票份额。在一些国家控制权是可以通过合同获取的。主体观的优势在于它对待少数股东权益的方式与大股东没有差异。该观点将集团内的所有公司看作是一个相同的经济主体的组成部分。它的优势似乎还在于其使用者不仅仅是股东，还包括雇员。所有权观点比上述两种观点更容易理解一些，适用于那些公司集团的成员关系不是非常清晰的情况，例如一个公司仅仅是部分地属于一个集团或属于多个集团（很难找到母公司或者一个占法律主导地位的公司）。这里所有权和行使“重大影响”的权力是决定因素。

之所以存在不同的集团概念，并且似乎有些概念更适合某些国家，其原因可能与历史经济发展和公司融资模式相关。例如，美国在20世纪初的经济气候鼓励商业活动和扩张，结果形成了大量的公司，这些公司以集团的方式开展活动。在美国，控股公司比其他国家发展得更早。随着集团或公司网络在日本或德国等欧洲大陆国家的出现，公司融资的不同形式和公司治理（包括监事会）的不同方式鼓励了公司非正式网络的增长，同时也鼓励了如银行等的交叉持股（以及在相互监事会中交叉任董事）融资方式。

17.2　“欧盟的第七号指令在协调化方面比第四号指令发挥的作用更大。”请讨论这种说法。

答：从英美的观点来看，可以断言，许多以前没有编制合并报表的欧洲公司编制合并报表这一行为改变了财务报告实务。我们可以注意到，如果第四号指令不被取代，那么第七号指令也不会被采用，同时资本市场的压力也使得大型的欧洲跨国公司趋于合并。我们可以认为，作为法令第四号指令有一些不是很有用的格式及不灵活的计价规则，而这些都有待于会计准则制定者去解决。

与第四号指令相比，第七号指令在概念和方法的协调化方面也许表现得更为出色。在第四号指令中，一些主要条款或者未被涉及（如租赁和长期合同）或者被允许有多种选择（如资产的计价）。第七号指令则对一些条款（如权益会计、商誉计算的一些元素以及对“附属”的定义）作了明确的规则。当然，在某些问题的处理方法方面仍然存在多种选择，如对商誉的处理和比例合并法的使用。

第18章

18.1　为什么对有关集团会计的货币折算方法存在如此大的争议？你更倾向于使用哪一种方法？

答：会计准则的争议似乎通常存在于管理层及准则制定者之间，只有在个别情况下会涉及政府、公众及使用者，学术界通常只是提出观点，但这样的观点至少都具两面性。管理层的争议涉及额外披露、额外成本、价值或利润计量的变化。在这种情况下，多数的争论似乎与利润计量有关，尤其是在美国，这一争论特别激烈，这是因为多数的其他国家可分为两类：一类国家不重视对国外子公司的合并，同时税法对会计的影响很大，以致集团报表的作用不大（如日本、德国）；另一类国家通常遵循美国的惯例（如加拿大，以及许多程度较轻的其他国家）。在美国，问题似乎是准则制定者已试图建立理论上一致的惯例。相反，英国的准则制定者一直回避这个问题，直到20世纪80年代才允许现行的惯例，并允许有多种选择。

美国编制外币折算报表的历史很长，这一点已经在本书中提及。1975年的《财务会计准则公告第8号》基于理论上的时态原则的巧妙模型建立，当这一模型应用于历史成本会计下可被称为时态方法。该方法将任意项目折算汇率的选择与对计价基础的时间度量联系起来，这就导致资产不论在折算前还是折算后都以历史成本计价（即子公司与母公司均采用历史成本）。与此相反，期末汇率法会使子公司的资产在折算后由于货币贬值而逐渐减少。

时态法的缺陷在于当母公司所在国的货币疲软时会产生损失（体现在集团利润表中）。20世纪70年代末，由于美元疲软，时态法随即给利润带来了更大的易于流失的不确定性，甚至造成了损失。即使子公司已经将海外贷款与海外资产相挂钩还是不能避免这种损失。这一困境引发了公司管理层的抱怨，随之而来的是出现了采用《财务会计准则公告第52号》中期末汇率法的倾向。然而，当汇率波动非常大时，采用期末汇率法很显然会带来十分荒唐的结果，因此在高通货膨胀国家（三年达到100%或更高的通货膨胀率）中，子公司仍然采用时态法。

更为根本的问题是，汇率波动是同物价的变动相联系的。假如会计忽视了后者，任何对前者的认知都会产生不可逾越的计量困难。

在英国和美国的各种草案和准则中可以发现对期末汇率法的进一步的支持性证据。这些在本章中进行了阐述，其中大多数似乎都只不过是"借口"。

在考虑到为财务报表使用者提供的信息质量时，不将损益纳入利润表的时态法可能是最佳的方法。例如，一些德国跨国公司就采用这一方法。否则，问题就在于哪种缺陷是最不重要的。显而易见，如果采用现行汇率法，货币折算的大多数问题都将消失。

顺便要说明的是，本答案内容是以问题基于国外子公司财务报表折算为假设而作出的。还存在另一个问题，即某一个别公司财务报表中交易或外币余额的折算是在集团报表中完成的。在这一点上有一些争论，特别是关于未实现利得能否计入收益中。

18.2　为什么对于外币折算尚难以制定一项令人满意的会计准则，尤其是在美国？

答：对此问题的回答可部分参考上述问题17.1的答案。

美国曾经试图探寻历史成本会计与其他方法在理论上的连续性，但这是一项毫无希望的工作。假如人们忽略物价变动而试图根据汇率波动进行调整，仅仅是数学上的计算是没有任何作用的，因为前者会自然而然引发后者。

英国似乎已经接受了简单而务实的方法。

法国和德国对这一问题的做法会比较轻松，因为很少有公司会为此担忧，而且在这两个国家也没有计税影响。由于这一问题存在许多争议（而且德国人更倾向于时态法），一些国家（包括英国在内）也乐于对这一问题缄口不言，所以第七号指令绕开了这一问题。

第19章

19.1　试解释会计准则制定者难以起草有关分部报告准则的原因。

答：英国的准则制定者遇到的责难包括对内部事务的干预以及对公司竞争力的损害（见19.2题的回答）。换句话来说，存在是否需要给予豁免的问题。但是，如果"小"公司可以被豁免，应当如何定义什么是小公司呢？在美国，这不是问题，因为财务会计准则委员会的规则仅仅在证券交易委员会注册的公司范围内执行。

更一般的情况是，对如何定义分部也存在困难。分部太多会使得数据冗余，分部太少可能会有丢失数据的风险。再则，如何迫使公司提供有用的分部信息，而不仅仅是表面看上去合理的数据呢？例如，从风险和成长性角度来看，将德国和日本合并在一起可能更有用，但公司很可能会将德国与阿尔巴尼亚（欧洲）放在一起，将日本与柬埔寨（亚洲）放在一起。

另外的困难还包括，销售额应当按照产品还是按照客户来划分，利润是否按照扣除例外项目之后的净值报告，应当包括总资产还是净资产等。

19.2 如何证明分部报告的收益大于其成本？

答："收益"与"成本"这两个词人们经常提及，可是要计量其中的某些项目却是十分困难的。

我们在19.2节中已经讨论了分部报告的好处。当然，即使最首要的作用是方便了报告分析师，提供良好的分部数据同样会为公司带来收益，因为这将有助于提高市场对这些公司的信任度。对分部报告收益的研究者们考虑的是使用者们是否需要，是否可用，是否能改进预测的准确度，以及股价是否会作出反应。

成本可能产生于以下两个部分：

（1）编制、审计和披露。不过多数准则允许各公司根据公司的结构决定如何划分分部。这样，编制成本在管理层所考虑的数据中不可能占很大比例，而且还会发生审计和披露费用，但是这部分不会比其他类似项目的注释所发生的费用更多。这些成本都有可能被计量。

（2）商业机密侵害，竞争劣势。这似乎不太重要。较小的公司可能只有一个分部，而较大的公司则不太可能通过收集分部报告来获得商业机密。不管怎样，分部可能非常庞杂而且致使分部报告不足以提供令人惊奇的信息从而警告竞争对手。在英国的准则中充分考虑了这些问题：较小的公司可免予提供分部报告，董事会可以"严重损害"为由不提供分部报告。美国和国际会计准则委员会的法规适用于公开交易证券的公司。

第20章

20.1 在一个尚未实现充分协调的世界中，上市公司年度财务报表的编制者和使用者是如何应对国际会计差异的？

答：这将取决于那些从事海外经营的，尤其是那些从海外融资的会计报表编制者的利益取向。他们会将报表编制得便于他们希望交流的用户们使用，包括便于他们的融资对象使用。可以通过许多办法来达到这一目的，例如通过将会计报表翻译成英文或其他适当的语言；通过解释报表编制所采用的会计政策与其他会计规范的差异（如与美国公认会计原则或国际会计准则的差异）；直接采用国际接受的会计惯例来编制会计报表（当然这应在法律许可的前提下）。

会计报表的使用者可做的选择有：放弃在某些国家或公司的投资；学习外国的会计制度；在可能的情况下坚持要求按他们熟悉的会计制度重新编制会计报表或补充编制会计报表。长期而言，会计报表的使用者应当努力促进会计的国际协调。

对于不同起点的会计报表编制者和使用者来说，以上所有解决方式所需花费的成本和所能取得的收益是不同的。例如，美国公司除了按美国公认会计原则编制英文的财务报告外，几乎无需再编制其他的财务报告；英国公司可能需要为美国投资者提供有关英国公认会计原则与美国公认会计原则之间差异的量化说明；大多数德国公司则认为无须迎合美国的公认会计原则来编制它们的会计报表（尽管它们可能会将财务报表译成英语），因为它们无须吸引其他国家的投资者；许多日本公司则倾向于在相对没有过多要求的海外证券交易所上市。

在实践中，许多财务报表的使用者没有对报表进行充分调整，因为这实在是太复杂、太费时了。

20.2　在对各国公司的年度财务报告进行比较分析时，财务分析师遇到的主要困难是什么？财务报告中的哪一部分将最有助于他们进行这类比较分析？

答：分析家在对各国公司的财务报告进行比较时所遇到的主要困难有：

（1）各国要求披露的程度不同；

（2）各国采用的会计计量方法不同；

（3）缺乏对当地情况的了解（在课文中被麦克里称为“国家影响”）。

其中第一个困难有时可以因为那些需要从国际资本市场上融资的公司所进行的自愿性披露而得以缓解。第二个困难较难解决，因为并非所有的会计计量方法在那些公司的所在国都合法，而提供两套会计报表的成本却十分高昂。第三个困难只能通过对分析家的培训加以解决。

可能会影响分析的主要会计差异有：

- 为了均衡会计收益而计提准备金；
- 对养老金支出的不同会计计量处理；
- 对商誉的处理；
- 对租赁资产的资本化处理（或不进行资本化处理）；
- 有一些国家采用后进先出法。

目前最富有成果的改进在于有更多的公司开始披露它们编制的财务报表与美国和国际公认会计原则的不同。另一个对于“改进”的答案是大集团的分析家通常对那些更大、更好的分部信息的披露较为感兴趣。

第21章

21.1　为什么需要建立国际审计准则？

答：这一问题可以从两个层面来回答：（1）为什么审计成为国际性活动？（2）为什么制定国际审计准则成为必要？正如课文中所阐释的，审计之所以成为国际性的活动，原因在于跨国公司的出现，同时也因为国际资本市场对国际审计的需求。国际审计准则建立的原因在于要使跨国公司，尤其是使国际审计公司在各国从事审计业务时有统一的审计要求。同时它也是为了阐释跨国集团财务报告的需要。

21.2　由联合国来制定国际审计准则是否比由当前的机构来制定更好？

答：目前，国际审计准则由国际审计与鉴证准则理事会发布。该理事会是一个由专业的执业会计师们组成的民间机构。这保证了国际审计准则的技术质量，因为它们都是由专家拟定的。但另一方面，国际审计与鉴证准则理事会也可能从国际审计公司的自身利益出发来开展工作，而不是从大众利益出发来制定准则。同时，它也没有措施来确保准则的贯彻实施，使之得以遵循。由联合国来制定的国际审计准则主要基于认为它能更好地代表公众的利益。然而，谁代表公众目前尚未得以明晰界定，它可能包括部分跨国公司的母公司，但其“主要利益关系人”是跨国公司的股东，而股东们则更倾向于由目前的国际审计与鉴证准则理事会来制定准则。联合国虽然可能没有足够的有关国际审计的专家，但却可以加以聘请。此外，与各国政府不同，联合国也没有权力要求强制实施审计准则。

证券委员会国际组织是一个政府的代理机构，最近也已表现出对国际审计准则的兴趣。

第 22 章

22.1 “公司所得税制度的国际差异比会计制度的国际差异更为显著，因此对它们进行分类是不可能的。”请讨论这种说法。

答：也许比较两个截然不同的制度（如公司所得税制度和会计制度）的国际差异程度是没什么意义和作用的。此外，大量或多方面的差异并不会导致不能进行分类。存在差异的公司所得税层面的确很多，具体包括：

（1）税基差异（如薪酬、收入、资本等方面）。

（2）国家或地区差异（如美国、德国或意大利的地区公司所得税税制以及联邦税制的差异）。

（3）对应纳税所得额所下的定义与会计所得额定义的差异。

（4）税率的差异。

（5）对股利收益处理的制度性差异（如古典税制或税负转嫁制度）。

尽管存在以上方面的差异，公司所得税制度的主要特征仍比会计制度的主要特征要更容易定义和计量，因此对其进行分类也比对会计制度进行分类更容易。由于任何一个国家都可以存在不止一种的公司所得税，因此按税收制度本身进行分类可能要比按国家进行分类更好些。

其中一种分类方式如图 A.1 所示

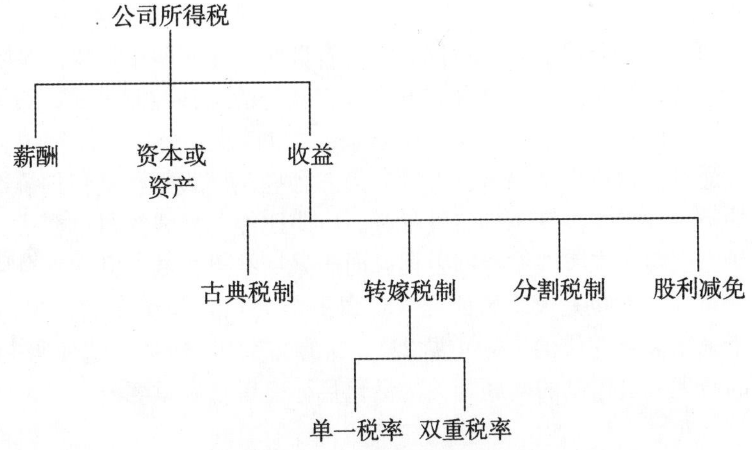

图 A.1 税收制度分类的范例

在两个维度上都难以将其他因素（如税率的高低，或是税额的计算与会计核算的关联程度等因素）涵盖在上述分类中。这可能就要靠其他的分类来解决了。

22.2 “如果没有协调应纳税所得额的计算，那么也就无所谓协调税收制度和税率。”请讨论这种说法。

答：欧盟对直接税的协调计划可以追溯到 20 世纪 60 年代，正如课文中所论述的。对于公司税，最初的建议主要涉及税制和税率，这样的做法是有一定道理的。如果所有欧盟国家都采用税负转嫁制度，并且提供相似的税收抵免，同时税收抵免是向所有欧盟的股东们提供，那么这将有助于消除资本流动的障碍。

然而，公司支付的税收金额直接与应纳税所得额的计算方法相联系。一个国家可以通过对应纳税所得额的不同界定来避免对税负协调作出努力。一个显而易见的例子就是对折旧费用应税规模的规定（如英国允许的折旧免税额）。许多国家都存在大量的不能税前抵扣的费用支出项目和无须应税的收入项目。除非对税制和税率的协调是作为一个更为宽泛的协调计划中的一个构成部分，否则对二者进行协调的价值是令人怀疑的。欧盟最初的建议已经为解决这一困难打下了基础。

第 23 章

23.1 请阐释跨国公司的目标是如何因其母国的不同而各异的，并解释其原因。

答：各跨国公司的目标在许多方面存在差异，包括所采用的时间范围不同、对量化目标的强调程度不同，以及目标的特性不同（如以销售额作为目标而不是以利润作为目标）。

研究发现，与日本和德国的公司相比，英美国家的公司采用的是更为短期的目标。这可能是因为英美国家的公司及其经理人员更经常、更具体地受股票市场投资者的监督。也许因为相同的原因，英美国家公司的目标更倾向于高度量化，它们对利润指标更感兴趣，而日本公司则更注重销售额或市场占有率指标。这也表明了日本公司更注重长期战略目标的特点。

如果从跨国公司内部各经营部门（单位）的角度来看待这一问题，各部门的目标也各不相同。例如，销售部门可能采用销售额目标，而独立的外国子公司则可能采用利润目标。同时，公司的目标甚至会因其母公司所在国的不同而不同，正如前面所证述的。

23.2 跨国公司可采用的控制模式有哪些？在实践中运用的是哪些模式？

答：对控制模式的一种分类方法基于欧奇的三种控制模式：行为控制、结果控制和小集团控制（见正文）。第一种控制模式包括建立公司组织结构和规则；第二种控制模式通过计量产出结果进行控制；第三种控制模式则包括仔细挑选受过良好培训和激励的员工。对于高度不确定的任务，小集团控制模式为最佳模式。

研究表明，在实践中跨国公司倾向于采用结果控制。其中部分原因在于大多数的跨国公司（同时也是大多数研究人员调查的公司）均为英美国家的公司，这些公司倾向于采用标准的量化目标（见 23.1 题的答案）。当然，这使得制定与能被那些受控制的经理人员控制的问题相关的量化目标变得特别重要。

ISBN 81084-685-X
定价 58.00 元
出版时间 2010.5
（配中文翻译版）

译者 薛清梅

Nobes

比较国际会计 （第十版）

Comparative International Accounting

本书是比较国际会计的经典著作，也是该领域最有影响、最具权威性的教科书之一，已被全球许多著名大学选作教材。

作者主要采用比较研究的方法，并借鉴法学、史学、管理学、财务学、税收学乃至自然科学等方面的理论和知识，以大量的研究材料、案例和详实的分析，客观地展示了各国的会计惯例，提示了产业财务报告差异的原因和国际协调的意义、障碍和进展。

作者 LIBBY

（OLC）

译者 陈艳

财务会计学

Financial Accounting

（第六版）

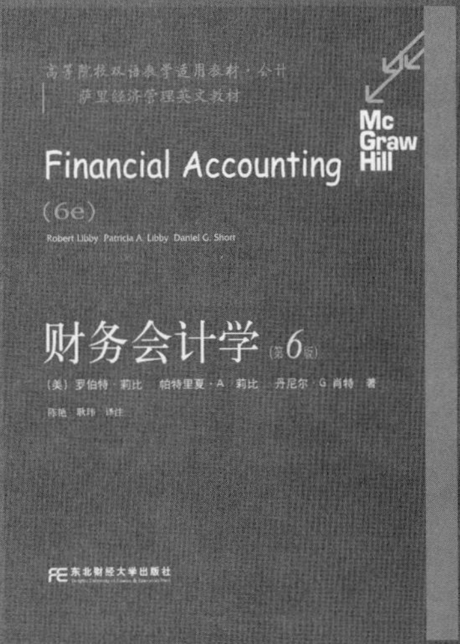

本书是美国市场上公认最有趣、最紧跟时代发展的会计学教科书。

本书作者致力于提升财务会计课程的相关性和趣味性，通过前沿性的科技辅助手段帮助有着不同学习习惯的学生。

教辅 PPT

ISBN 81122-759-8
定价 48.00 元
出版时间 2009.8
（配中文翻译版）

作者 Hopwood

法务会计

Forensic Accounting（OLC）

本书全面涵盖了法务会计学科所涉及的各个相关领域的内容。

本书具有如下显著特点：

1. 将焦点集中在大量发生的民事或刑事会计舞弊及其相关活动上，从虚假的商业估价和雇主舞弊到信息安全和反恐。
2. 针对非会计专业人士的需要，提供了会计信息系统和审计学的基础性的知识内容。
3. 全面覆盖了与会计相关刑事司法系统的内容，包括法证科学、有组织犯罪、诉讼支持和专家证人。

教辅 IM(教师手册）TB（习题库）PPT SM（习题答案）

ISBN 81122-625-6
定价 48
出版时间
（配中文翻译

译者 张磊

作者 Hurt

会计信息系统

基本概念和当前问题

Accounting Information Systems

(OLC)

本书结构合理，内容组织编排灵活，是一本非常适用于本科双语教学的教材。

编辑荐语

一是与真实的企业环境和问题紧密关联，便于学生更好地理解会计信息系统在真实世界中是如何工作的。二是本书的语言轻松活泼，深入浅出地讲解技术相关的概念、观点，介绍相关词汇，以保证学生在以后的职业工作中可以使用这些词汇清晰有效地与会计人员及非会计人员就会计信息系统进行交流。

教辅 IM(教师手册) TB（习题库）PPT SM（习题答案）

译者 甄阜铭

ISBN 81122-466-5
定价 42.00 元
出版时间 2008.10
（配中文翻译版）

作者简介

雷 ·H. 加里森（Ray H.Garrison），美国犹他州杨百翰大学名誉教授。曾就读于杨百翰大学并在那里取得了学士和硕士学位，之后又在印第安纳大学获得工商管理学博士学位。作为一名注册会计师，加里森教授曾在全国性和区域性的会计师事务所中从事管理咨询工作。加里森教授在课堂教学中的创新活动为他赢得了杨百翰大学授予的 Karl G. Maeser 杰出教学奖。

埃里克 ·W. 诺琳（Eric W.Noreen）. 世界知名学者、美国华盛顿大学名誉教授，曾在欧美和亚洲的多所高校任职。诺琳曾就读于华盛顿大学并取得了学士学位，之后又在斯坦福大学获得了工商管理学硕士和博士学位。作为一名注册管理会计师，他曾被美国会计师协会授予杰出执业成就奖。

彼德 ·C. 布鲁尔 (Peter C.Brewer)，美国俄亥俄州迈阿密大学牛津分校会计系教授。布鲁尔教授曾就读于宾州州立大学并取得了会计学学士学位，之后又在维基尼亚大学获得了会计学硕士学位，在田纳西大学获得了博士学位。他是本科生管理会计学教育教学活动中拥有创新思维的领军人物之一，经常出席各类专业和学术会议。

（即将推出第十三版双语版）

ISBN81122-404-7
定价 58.00 元
出版时间 2008.8
（配中文翻译版）

作者 Choi

国际会计学（第五版）

International Accounting

编辑荐语

我国资深会计学家、厦门大学常勋教授不仅对本书盛赞有加，而且还多次撰文大力推介。

本书由美籍韩裔会计学家Choi（乔伊）教授领衔主编，是国际会计/比较会计领域享誉全球的经典教科书之一，被国外诸多优秀大学所采用。本书题材丰富、资料翔实，尤其是在国际会计比较与协调以及国际管理会计和税务筹划等方面。此外，领衔作者所具有的东方式的思维风格，也使得本书较其他同类书而言，更适合中国读者的口味。由于本书结构清晰，层次分明，在实际教学过程中完全可以根据课程目的、授课对象、课时等因素来灵活地加以选择。

译者简介

方红星，男，1972 年 7 月生于湖北省，中共党员，管理学（会计学）博士，现任东北财经大学会计学院院长，MPAcc 教育中心主任，教授，博士生导师，兼任东北财经大学出版社社长，大连市第十、十一届政协委员。

方红星主要致力于财务会计、审计和内部控制等领域的研究。主要学术兼职包括中国会计学会理事、资深会员、财务成本分会副会长兼秘书长、内部控制专业委员会委员，财政部会计准则委员会咨询专家、内部控制标准委员会咨询专家，中国注册会计师协会专业技术咨询委员会委员、审计准则组专家。

教辅 IM（教师手册）TB（习题库）PPT SM（习题答案）

ISBN 81084—718-X
定价 40.00 元
出版时间 2006.12
（配中文翻译版）

译者 方红星

作者 Kaplan

高级管理会计（OLC）

Advanced Management Accounting,3e

（第三版）

管理会计大师 平衡积分卡的创始人

罗伯特·S. 卡普兰是哈佛商学院的著名教授，会计学权威。他主要从事会计与管理领域的研究，曾经担任工业管理研究生院的院长。他先后获得了麻省理工学院电力工程学硕士学位和康奈尔大学的博士学位。

罗伯特·S. 卡普兰的研究和教学集中于新成本与绩效衡量系统，他的主要成果是作业成本法和平衡计分卡。他曾经发表和与他人合作发表了百余篇论文及十部著作。1988 年，卡普兰教授获得了美国会计学会颁发的会计学杰出教育奖。卡普兰还从事欧美领先大型企业的绩效和成本管理系统设计的顾问工作。

教辅 IM(教师手册)TB（习题库）PPT SM（习题答案）

ISBN 81084-982-1
定价 76.00 元
出版时间 2009.7

译者 吕长江